信息革命与当代认识论研究

肖峰 等 著

中国社会科学出版社

图书在版编目(CIP)数据

信息革命与当代认识论研究／肖峰等著 .—北京：中国社会科学出版社，2023.5

（国家哲学社会科学成果文库）

ISBN 978-7-5227-1676-3

Ⅰ.①信… Ⅱ.①肖… Ⅲ.①信息革命—研究②认识论—研究 Ⅳ.①G202②B017

中国国家版本馆 CIP 数据核字（2023）第 050803 号

出 版 人	赵剑英
责任编辑	杨晓芳
责任校对	王 龙
封面设计	宋微微
责任印制	戴 宽

出　　版	中国社会科学出版社
社　　址	北京鼓楼西大街甲 158 号
邮　　编	100720
网　　址	http://www.csspw.cn
发 行 部	010-84083685
门 市 部	010-84029450
经　　销	新华书店及其他书店

印刷装订	北京君升印刷有限公司
版　　次	2023 年 5 月第 1 版
印　　次	2023 年 5 月第 1 次印刷

开　　本	710×1000　1/16
印　　张	42.75
字　　数	613 千字
定　　价	298.00 元

凡购买中国社会科学出版社图书，如有质量问题请与本社营销中心联系调换
电话：010-84083683
版权所有　侵权必究

《国家哲学社会科学成果文库》
出版说明

  为充分发挥哲学社会科学优秀成果和优秀人才的示范引领作用，促进我国哲学社会科学繁荣发展，自 2010 年始设立《国家哲学社会科学成果文库》。入选成果经同行专家严格评审，反映新时代中国特色社会主义理论和实践创新，代表当前相关学科领域前沿水平。按照"统一标识、统一风格、统一版式、统一标准"的总体要求组织出版。

全国哲学社会科学工作办公室
2023 年 3 月

目　录

导　论　认识论研究的信息技术转向　/001

第一章　认识论研究新范式：形成与推进
　　第一节　信息技术进入哲学和认识论研究视野　/022
　　第二节　信息技术范式对当代认识论研究的新推进　/036
　　第三节　新范式的认识论效应：以人工智能为例　/045
　　第四节　新范式与认识论的深度融合：人工智能就是
　　　　　　认识论　/059

第二章　认识对象：技术显现及其实在性
　　第一节　技术显现：当代认识对象的主导样态　/077
　　第二节　技术显现的实在性　/086
　　第三节　技术显现实在的复杂性
　　　　　　——基于现象学的考察　/096
　　第四节　从读脑到读心：心灵作为认识对象的技术显现　/106

第三章 认识来源：网络获取与经验的技术性生成
第一节 网络获取：间接经验的来源方式 /124
第二节 经验的技术性生成 /136

第四章 认识主体：技术赋能与人机分工
第一节 人工智能与认识主体的属人性问题 /164
第二节 技术赋能：认识主体的延展和重构 /173
第三节 智能延展与人机之间的认识论分工 /189

第五章 认识的本质：信息、算法与认知科学的新启示
第一节 强视角：从信息加工模式到计算—表征理论 /201
第二节 具身认知及两代认知科学整合的可能性 /244
第三节 互启互惠：认知科学与实践认识论之间 /267
第四节 从自然化到技术化：认识本质研究的新融合 /290

第六章 认识方式：源自 IT 的差异和基于 AI 的分型
第一节 信息技术发展与认识方式的历史差异和现代特征 /306
第二节 人工智能及其算法视域下的认知分型 /334

第七章 知行问题：从脑机接口到延展实践
第一节 基于脑机接口的知行合一 /372
第二节 延展实践：基于智能技术的实践新形态 /389
第三节 "延展"和"人工"向度的知行关系与实践主体 /419

第八章 知识观：从大数据到人工智能的新拓展

第一节 知识观的变迁及其当代形态 / 448

第二节 大数据：知识发现新模式与域境论知识观 / 468

第三节 人工智能：从知识工程到知识的意义 / 480

第九章 知识生产：电子网络介导的新特征

第一节 信息技术对知识生产的推进 / 493

第二节 当代知识生产的新特征 / 500

第三节 网络知识的评价机制

——以维基百科为例 / 521

第十章 知识传播：从移动网到智能网的新通道

第一节 媒介中的知识传播 / 546

第二节 知识的网络传播及其特征 / 557

第三节 心联网：知识传播的新前沿 / 568

第十一章 知识悖论：信息技术对认知活动的双重影响

第一节 知识获取悖论 / 577

第二节 知识生产悖论 / 581

第三节 知识传播悖论 / 602

第四节 知识主体悖论：认识能力的进化与退化 / 616

结束语 / 626

参考文献 / 628

索　引 / 652

后　记 / 670

CONTENTS

INTRODUCTION   THE INFORMATION TECHNOLOGY TURN IN EPISTEMOLOGICAL RESEARCH / 001

CHAPTER 1   A NEW PARADIGM FOR EPISTEMOLOGICAL RESEARCH: FORMATION AND ADVANCEMENT

1.1   Information Technology Enters the Field of Philosophical and Epistemological Research / 022

1.2   New Advances in the Information Technology Paradigm for Contemporary Epistemological Research / 036

1.3   Epistemological Effects of the New Paradigm: the Case of Artificial Intelligence / 045

1.4   The Deep Integration of the New Paradigm and T Epistemheology: Artificial Intelligence Is Epistemology / 059

CHAPTER 2   OBJECT OF COGNITION: TECHNOLOGICAL MANIFESTATIONS AND THEIR REALITY

2.1   Technological Manifestation: the Dominant form of Contemporary Object of Cognition / 077

2.2   The Reality of Technological Manifestation / 086

2.3   The Complexity of Technological Manifestation of the Reality: an Examination Based on Phenomenology / 096

2.4　From the Brain Reading to the Mind Reading: the Technological Manifestation of the Mind as an Object of Cognition / 106

CHAPTER 3　SOURCES OFCOGNITION: NETWORK ACCESS AND THE TECHNOLOGICAL GENERATION OF EXPERIENCE

3.1　Network Access: A Way of the Source of Indirect Experience / 124

3.2　Technological Generation of Experience / 136

CHAPTER 4　COGNITION SUBJECT: TECHNOLOGICAL EMPOWERMENT AND THE HUMAN-MACHINE DIVISION OF COGNITION

4.1　Artificialintelligence and the Human Nature of Cognition Subject / 164

4.2　Technological Empowerment: Extension and Reconfiguration of the Cognition Subject / 173

4.3　Intelligent Extension and the Epistemological Division Between Human and Machine / 189

CHAPTER 5　THE NATURE OF COGNITION: THE NEW INSIGHTS FROM INFORMATION, ALGORITHMS AND COGNITIVE SCIENCE

5.1　A Strong Perspective: from Information Processing Model to Computation-representation Theory / 201

5.2　Embodied Cognition and the Integrating Possibility of the Two Generations of Cognitive Science / 244

5.3　The Mutual Enlightenment and Reciprocity Between Cognitive Science and Practical Epistemology / 267

5.4　From Naturalisation to Technification: A New Convergence in the Study of the Nature of Cognition / 290

CHAPTER 6 WAYS OF COGNITION: IT-DERIVED DIFFERENCES AND AI-BASED TYPES

6.1　The Development of Information Technology and Historical Differences and Modern Features of the Cognitive Ways ／ 306

6.2　Cognitive Types in the Context of Artificial Intelligence and Its Algorithms ／ 334

CHAPTER 7 KNOWING AND DOING: FROM BRAIN-COMPUTER INTERFACE TO EXTENDED PRACTICE

7.1　The Integretion Between Knowing and Doing Based on Brain-computer Interfaces ／ 372

7.2　Extended Practice: New Forms of Practice Based on Intelligent Technology ／ 389

7.3　Practice Subject and the Relation Between the Knowing and Doing in the Direction of "Extension" and "Artificiality" ／ 419

CHAPTER 8 THE VIEW OF KNOWLEDGE: A NEW EXPANSION FROM BIG DATA TO ARTIFICIAL INTELLIGENCE

8.1　The Change of the Views of Knowledge and Its Contemporary Form ／ 448

8.2　Big Data: A New Paradigm for Knowledge Discovery and A Contextualist View of Knowledge ／ 468

8.3　Artificial Intelligence: from Knowledge Engineering to the Meaning of Knowledge ／ 480

CHAPTER 9 KNOWLEDGE PRODUCTION: NEW FEATURES MEDIATED BY ELECTRONIC NETWORKS

9.1　The Promoting of Information Technology to Knowledge Production ／ 493

9.2　The New Features of Contemporary Knowledge Production ／ 500

9.3　Evaluation Mechanisms of Online Knowledge-the Example of Wikipedia ／ 521

CHAPTER 10　KNOWLEDGE TRANSMISSION: THE NEW CHANNELS FROM MOBILE WEB TO INTELLIGENT NETWORK

10.1　Knowledge Transmission in the Media ／ 546
10.2　Knowledge Transmission Based on Web and Its Characteristics ／ 557
10.3　Network of Mind: the New Frontier of Knowledge Transmission ／ 568

CHAPTER 11　KNOWLEDGE PARADOX: THE DUAL IMPACTS OF INFORMATION TECHNOLOGY ON COGNITIVE ACTIVITY

11.1　The Paradox of Knowledge Acquisition ／ 577
11.2　The Paradox of Knowledge Production ／ 581
11.3　The Paradox of Knowledge Transmission ／ 602
11.4　The Paradox of Knowledge Subject ／ 616

CONCLUSION ／ 626

BIBLIOGRAPHY ／ 628

INDEX ／ 652

POSTSCRIPT ／ 670

导 论
认识论研究的信息技术转向

认识论研究的历史极为悠久，同时也富有极强的时代特征。当代信息技术带来的信息革命[1]造成了整个社会的巨大变革，也对人类的认识活动带来了深刻影响，从而给哲学认识论提出了新挑战，也提供了新启示和新机遇，以至于形成了以信息技术为基点的认识论研究新范式或新转向，由此而会聚起认识论探索的新问题、新焦点和新突破。在信息革命的统领下考察认识论的新特征和新发展并展现当代认识论的新图景，是信息时代认识论研究重获生命力并走向复兴的重要平台。

一 研究背景：信息时代认识论研究的新走向

我们今天所处的时代被称为信息时代，信息时代是由当代信息技术造就的，当代信息技术以电子计算机和互联网为标志，以及由其派生的智能手机、移动通信、人工智能、大数据、云计算、物联网、区块链、机器人、自动驾驶、虚拟现实技术、可穿戴设备、脑机接口、心联网、人工情感、认知增强技术等为表现。这些信息技术在深刻地改变人类社会的生产和生活的同时，也造就了我们认识宇宙和理解世界的新方式，标志着信息革命实现了从物

---

[1] 鉴于"当代信息技术带来信息革命"这一关系，本书的"信息革命"就是"当代信息技术革命"的简称。

质到思想、从肢体到大脑、从肌肉到心灵、从体力到精神、从有形到无形的拓展，[1] 也意味着一场深刻的哲学转向甚至革命正在形成："由信息与计算科学（ICS）和信息与通信技术（ICT）引起的实践与概念的转换，正导致一场大变革，这场变革不仅发生在科学，而且也发生在哲学领域。这便是所谓的'计算机革命'或'信息转向'。"[2]

在信息革命的背景下，人的认识活动及其认识论研究与信息技术的关联日益增强，这既表现为信息技术介入或嵌入人的认识活动，也表现为信息化的社会场景成为认识的根本之境。当前正是最具发展活力的信息技术重构了认识的过程与机制，为我们带来了不断翻新的认识论问题，甚至形成了认识论研究中的"新挑战"，也为实现认识论的新发展甚至新突破带来了机遇，一定意义上使得略显式微的哲学认识论正在"复兴"为学术研究的重心，使得一度陷于低落的认识论问题重新回到哲学的中心舞台，成为牵引哲学智慧的聚焦点。许多新的认识论问题借助信息技术的催生而得到呈现，并且衍生出认识论新形式，如"互联网+认识论""计算机+认识论""人工智能+认识论""脑机接口+认识论""虚拟实在+认识论""大数据+认识论""赛博格+认识论"等，这些都是正在兴起的认识论最新前沿领域。这些新景象的出现显然与认识研究的信息技术转向密切相关，甚至主要由这一转向所带来。

回望历史，认识论研究与信息技术息息相关。可以说，信息技术从起源之时就主要是行使认识世界的功能。当代美国技术哲学家保罗·莱文森（Paul Levinson）区分了"两个序列的技术"：第一序列的技术（meta-technology）"即人的一般技术，是在改造外在的物质的世界"；第二序列的技术

1　R. Baldwin, *Globotics Upheaval: Globalization, Robotics, and the Future of Work*, Oxford: Oxford University Press, 2019, part 1-3.
2　L. Floridi, "What is the Philosophy of Information?" *Metaphilosophy*, 2002, 33 (1-2), p. 3.

(second-order technology)"即认知的技术,是在改造我们内在的心灵世界……认知的技术重新塑造了认知者:我们人类自己"[1]。用今天通行的技术分类来说,第一类技术就是物质生产技术,第二类技术即信息技术,后者的功能就是辅助人类进行认识活动,所以它具有"天然的"认识论倾向。

人的认识必定要受到作为认识工具的信息技术在充当获取与加工处理信息手段时的影响;人的认识方式的历史发展,在很大程度上是由所使用的信息技术所制约和推进的。从宏观的角度来看,不同的信息技术作为认识手段决定我们能认识到什么,从而决定着何种对象及对象的何种层次可以纳入我们的认识范围,即决定着认识的广度和深度;不同的信息技术手段,也决定着我们如何表达,而如何表达又反过来影响我们如何思考;不同的信息技术,还重点"开发"和"训练"人的不同认知能力,从而形成不同的认知特点;不同的信息技术手段,也决定着知识如何传播,从而影响认识如何演进,如此等等,不一而足。当然,更为普遍的是,不同的信息技术决定着我们如何去认识,决定着我们对所获取的信息如何处理,亦即决定着我们的思维认识方式。凡此种种,都是信息技术与人的认识之间的密切关联性。当信息技术对认识发展的影响成为我们关注的焦点时,当这种影响给人类认识活动带来一系列新的特征甚至形成全新的走向时,认识论研究中的信息技术转向就必然会发生。

当代信息技术造就的认识论研究新走向主要体现为如下几个方面:

第一,从自然化认识走向技术化[2]认识。

从一般的意义上,技术和自然是不同的现象,技术是"人工"性的从而是非自然的,而自然是"非人工"的从而是非技术的。在这种意义上所说的

---

[1] 〔美〕保罗·莱文森:《思想无羁:技术时代的认识论》,何道宽译,南京大学出版社,2003,第119—120页。
[2] 这里的"技术化"严格地说是"信息技术化",为了表述的简洁以及与"自然化"的文字对称,将其缩略为"技术化"。

"自然化认识",就是认识主体借助自然手段面向自然对象的认识,也包括主体对人工对象的自然呈现的认识;而技术化认识则是更多地借助技术手段并面向技术中介所建构的对象所进行的认识,亦称为技术介入的认识或非自然化的认识。在口耳相传的时代,人们进行认识活动凭借的只是自身的器官和天然的通道,几无技术的介入和辅助;文字(也是信息技术的一种)的发明尤其是印刷术的使用,使人的认识开启了被技术介入的历程,并且技术介入的类型和范围不断扩大;在信息时代,随着信息技术的全面介入,技术化认识呈现出走向主导地位的趋势。表现在认识对象上,今天人们所面对的自然对象或对象的直接呈现越来越少,越来越多地面对的是在技术设备上尤其是在电子屏幕上显现出来的东西;在认识手段上,人们将越来越多的认识任务交由"电脑"中的"人工智能"而不是人脑这个"自然智能"器官去完成;在认识方式上,也越来越带上互联网技术带来的超链接、即时互动等特征,从而留下了碎片化、图像化的痕迹;在将来,随着芯片植入人脑、记忆移植甚至神经操作等技术的实施,以及人工智能对人类智能的"反哺",人作为认识主体还将得到信息技术更多的赋能与赋智,进而使认识主体也技术化,或走向所谓的"人—机认识主体"或"混合智能主体"。信息技术的介入甚至使得认识的来源和沟通方式也在发生重要变化,例如我们可以在虚拟世界中获得新的认识来源,我们的"经验"可以通过技术性的方式(如记忆移植或神经操作)而生成,也可以使"难言知识"在"心联网"或"脑—机—脑"接口中得以"超语言传播",甚至使得心灵之间可以直接沟通。

总之,信息技术正在延展或嵌入我们的认识过程之中,与我们的认识活动融为一体,共同建构我们的认识结果或知识产品。技术化认识论作为技术化认识的理论形态,力求充分展现信息技术发展对于认识论研究的意义,揭示出信息技术不仅是认识工具,更是一种内在的结构,从而使用什么样的信息技术,就是在按相应的"技术座架"和"信息建构方式"去进行认识,并在一定程度上取得相应的认识结果。通过对信息技术介入认识论的研究来把握当代认识论的信息技术转向，这是顺应时代性技术转型的结果。如果不顺应这一转型，对当代认识论的研究就会失去最重要的根基。或者说，今天的认识论研究，很难再是去除技术因素的"纯认识论研究"，对当代信息技术的关注程度将决定我们的认识论研究能走多远。

第二，从常规认识走向创新认识。

信息技术介入人的认识活动中，作为强有力的辅助工具，极大地提高了人的认识效率和认识能力。例如借助互联网，我们搜索信息、传播知识、交流思想等认识活动都可以高效便捷地进行；而借助计算机、大数据、人工智能等，许多常规的认识活动可以交由作为辅助手段的信息技术快速地完成。如今，我们可以将一些简单、重复而又计算量巨大的认识任务"外包"给智能工具系统，那些可以形式化的信息处理过程越来越多地由信息机器为我们"代劳"，大数据和云计算甚至可以帮助我们完成常规的分析和决策方面的认知工作。凡此种种，都极大地提高了人类处理信息的速度和认识能力，使人从简单的或"低层次"的脑力劳动中进一步解放出来，也有了更多的工作之外的剩余时间和可资利用的新的认识能力，这为人们把精力更多地投向创造性认识活动提供可能。在当代信息技术带来的"智能革命"背景下，一方面，出于"替代"的必然，那些"简单脑力劳动"的岗位将由人越来越多地转让给智能机器系统，而人自己则只能向"更高端"的脑力劳动（如创造、创作、探索未知世界等）领域转移；另一方面，出于人的自由本性和对全面发展的追求，也将借这一时代转型而提升自己的"境遇"，即在摆脱低端重复的脑力劳动之后转向更合乎人性特征的自由创造领域，去从事发现、发明和创新活动。这样，当人的认识活动发生这种现实的转向时，认识论研究的"主战场"也需要从传统的常规认识论转向创新认识论，以便为创新认识主体提供更有效的认识方法和认识规律。这样的认识论还与对人生意义的追寻

（亦即人生观和价值观）可以达到更好的契合。这种创新认识论也可以成为一种新的导向，将作为"认知盈余"[1]的认识能力引向创造性活动，形成富有价值的精神成果。智能时代是一个"万众创新"的时代，创新认识论研究无疑会走向兴盛。

第三，从精英认识论走向大众认识论。

知识是认识的成果，知识的生产无疑是一种重要的认识活动，其中包含的问题有知识如何产生、主要由谁来生产、知识产生方式在历史上有何变迁等。如果将视线聚焦于知识主要由谁来（直接）生产这一问题，就会发现，长期以来知识生产从直接性上只是少数知识精英的事业，各种知识成果无不以个别杰出人物以"科学家""思想家""权威专家"的名字占有其"发现权"，其中看不到普通公众的踪影。于是，在知识生产这一认识论领域中，占支配地位的是"英雄史观"而非"群众史观"。即使像编撰百科全书这类对人类知识成果进行概括和总结的工作，也是由少数"知识精英"所垄断的"专利"。而在电子网络时代，广泛的公众参与成为人类知识活动方式的一个重要新特征。互联网的普及使其成为千百万普通公众可以利用的认识手段，他们可以将自己的自然探索、文学创作或哲学冥思的成果传播于网络公共空间，还可以参与网络百科全书的编撰，并显示出比传统的由少数精英编撰的纸质百科全书更大的优越性。参与其中的千百万公众作为普通的知识创造者和捐献者为人类的知识宝库"添砖加瓦"，他们作为"志愿者"利用业余时间不计名利、不留痕迹地贡献着自己的智慧和劳动，成为人类认识成果的新型积累，并使知识的共创、共享成为新的常态。

知识产生方式的这一时代性转型使得侧重个体的认识论由此而转向侧重

---

[1] 纽约大学教授克莱·舍基（Clay Shirky）在《认知盈余》一书中认为：人们在网络中自由参与和分享信息，利用自由时间更多地从事创造而不仅仅是消费信息，这样每个人都成为潜在的网络信息的生产者，并且为彼此的创造提供了机会；由于全世界的认知盈余太多，加之新的信息交流媒介和沟通工具所创造的集合价值（aggregate value）或会聚效应，使得微小的成果将累积为巨大的成就。

群体的认识论，它真正体现了群众不仅是物质财富的直接创造者，而且也是精神财富的直接创造者，使知识创造中的"集体智慧"得到真正的彰显，使知识生产者队伍扩增，知识创新主体的范围变大，从而也为上面所说的创新认识论提供了雄厚的群众基础。作为由互联网集合而成的这种新技术时代的大众认识论，也为认识论研究提出了新的课题，例如，如何借用互联网使知识创造活动实现更好的整合，如何使得在网络平台上生成的知识具有可靠性和权威性，如何通过新型的知识管理手段来克服其中的无序和混乱，这些问题的解决将有助于进一步推进基于互联网的大众认识论的健康成长，使其产生出更大社会效益和精神价值。

第四，从宏观认识论走向中观认识论。

传统的认识论通常仅限于对认识过程的"宏大叙事"或对认识本质的抽象规定，缺乏有关认识机制的实在而具体的内容。随着当代信息技术的使用，借助日益先进的观测手段和智能模拟技术，人类对自身的认识中所发生的神经活动、脑电过程和信息符号变换等有了越来越深入和丰富的了解，随之兴起了相关的具体科学（新学科）及其新理论、新学派和新视角，它们为认识的机制和本质的哲学研究提供了新鲜"血液"和"养料"，极大地开阔了哲学认识论研究的视界。今天，如果我们将神经科学、认知科学、计算机科学、人工智能科学、机器人学等领域中的新成就整合到哲学认识论研究中，无疑可以极大地推进其走向新的天地。例如，当我们将信息处理、符号表征、功能与计算、意识的神经相关、脑电波、递质传递、神经网络联结及复杂性涌现、模式识别、内隐认知、格式塔、转换生成、具身认知、机器思维、人—机主体、脑机融合等能够局部说明认识活动机制或本质的向度和要素，加以哲学的整合与凝练，或引申出新的哲学认识论问题，无疑可以形成既源于又高于这些具体科学的关于认识机制的哲学理解，尤其是对认识中反映对象、选择信息、建构知识的生理和心灵基础加以充实。这样的认识论无疑不再仅仅是对认识现象的宏观说明，同时也不是将自己归结为某门具体科学从而陷于某一维度的局部理解，而是一种具有"中观"特色的认识论研究，它可以成为连接宏观认识与微观认知的桥梁，填补哲学认识论与具体科学认知研究之间的鸿沟，真正实现经典认识论与现代认知科学、脑科学、智能科学之间的互惠。

当然，认识论研究在信息革命背景下远不止上述几种新的走向，但通过这些侧面，我们确实可以看到人类的认识特征在当代信息技术的深度介入下，正在发生重要而深刻的变化或转型，使得一种充满新意的当代认识论研究图景和成就正在被催生。

二 研究对象：信息技术范式介导的当代认识论

信息革命意味着一种新的哲学范式的形成，这就是从信息技术改变一切的视角去观察我们周围的世界，这一视角也被称为"信息技术范式"或"信息化范式"[1]。本书所研究的是"信息技术范式介导的当代认识论"或"当代信息革命中的认识论新发展"，由此决定了本书的支点或纲领为信息技术范式。保罗·莱文森曾确证了认识论研究中技术范式的重要性："一切知识在一定意义上都取决于技术"，"如果没有技术，人的知识就不可能存在"[2]，而对认识起直接作用的技术就是信息技术，所以这里的技术范式就是信息技术范式，信息技术范式在当代的表现，就是当代信息技术对人类认识世界的决定性作用，就是要看到人的认识活动是深受信息技术影响甚至决定的，从而认识论研究也是在它的冲击和挑战中不断拓展视界、得到推进的。

---

1 〔美〕曼纽尔·卡斯特：《网络社会的崛起》，夏铸九等译，社会科学文献出版社，2001，第24、34页。
2 〔美〕保罗·莱文森：《思想无羁：技术时代的认识论》，何道宽译，南京大学出版社，2003，第103页。

可以说，信息技术范式就是从信息技术的视角去看世界，当这个"世界"就是"认识论"时，就构成基于信息技术范式的本研究的对象。

这一对象涉及的关键词有两个：信息技术和认识论。

信息技术在今天的使用中有广义和狭义两种。从广义上看，凡涉及信息的探测、收集、识别、提取、变换、存贮、处理、传递、检索、分析和利用等的技术都是信息技术。如果按最大的分类将人类所使用的技术分为两类的话，信息技术就是保罗·莱文森所说的"第二序列"的技术，它与物质生产技术形成对照。广义的信息技术和物质生产技术的历史一样悠久，自从有人类时就有了这样的技术。从狭义上看，信息技术则与"电子数字信息技术"相等同，如相关的词典所做的界定："一般认为，信息技术可覆盖通信技术、计算机技术和微电子技术等学科领域。"[1] 这在今天的日常用法中更为普遍，如当说到"搞信息技术的人"时，通常就是指"在IT（Information Technology）界从业的人"，而IT业就是最先进的计算机和互联网行业，于是信息技术就是指"当代信息技术"。本书所讨论的信息技术，是以电子计算机和互联网为标志的相关前沿领域；与此相关的"信息革命"或"信息技术革命"，也特指当代信息革命，即以计算机和互联网的发明与使用为标志的信息革命。广义的信息技术和历史上曾经发生的其他信息革命[2]在相关的讨论中如果有所涉及则会专门注明。基于这一界定，我们在后面将要讨论的主要就是当代信息技术对认识活动和认识论研究带来的多方面、多维度、多层次的影响。

同时需要指出的是，当我们提出和使用"信息技术范式"这一概念时，所指的主要是广义的信息技术，或总体性的信息技术。这种"总体性"一是

---

[1] 郭建波等：《信息技术词典》，化学工业出版社，2004，第441—442页。
[2] 广义的信息革命在历史上已发生过5次，前4次包括从语言的出现到文字的应用，从印刷术的发明到电报、电话的使用；比较起来，过去的信息革命主要是表意形式和传播载体的演进，而今天的信息革命则是信息处理和传播效能的本质性提升。

包括时间上的总体性——不仅指当代信息技术，而且指历史上的信息技术；二是包括类别上的总体性——不仅指计算机、互联网等，而且指观察仪器、显示手段、信息的载入装置等。正是这种总体性才将信息技术扩展为一般的技术范式，从而使信息技术哲学及其认识论的对象从信息技术特殊上升到信息技术一般，并进一步把处于零散状态的信息技术哲学研究成果扩展为一般的技术哲学范式。

认识论作为哲学的重要分支，一般的界定是"关于知识的理论"（epistemology is the theory of knowledge），主要探讨"什么是知识"以及"我们如何获得知识"之类的问题，于是"认识"和"知识"两个概念在一定意义上具有同义语的关系。但知识通常是认识的结果，而不是认识活动的全部；知识作为认识活动的结果，其价值和功能又是发散于哲学领域之外的，形成了诸如"知识经济""知识管理""知识鸿沟"等现象，甚至早在苏格拉底所说的"知识就是美德"和经院哲学的"知识即信仰"中，我们就可以看到知识不仅是一种认识论现象，还是社会的、经济的、政治的、伦理的现象等。所以知识和认识严格地说是一种交叉的关系，正是基于这种关系，本书将"当代信息革命背景下的认识论研究"相应地分为两大主要部分，一部分为认识论的经典问题（包括认识对象、认识来源、认识主体、认识本质、认识方式、知行关系）研究，另一部分为知识问题（包括知识观、知识生产、知识传播、知识悖论等）研究。

还需要指出的是，"认识"和"认知"也是两个彼此交织并在今天被经常互换的概念。从狭义上讲认知就是认识的一部分，认识是比认知更大的范畴，认知是更带学术化、科学化地表达认识的含义时所使用的概念。但在后来的使用中，认知这一概念逐渐宽泛化，不仅在学术表述中，而且在日常表述中也经常被使用，如"某某现象的出现彻底颠覆我的认知"等，于是认知就和认识的使用场合越来越多地交叉叠加，其外延几无区别，成为两个可以互换使用的概念。在后面的讨论中，我们将根据上下文的语境要求和不同场合的使用习惯来具体选择使用"认识"还是"认知"，除了特别说明外，都是在同义语的关系上来使用它们的。

基于以上概念的界定，可以发现能够包含本书的更大的研究对象是"信息技术介入的认识论"，本书只是这一论题的"当代形态"。除了当代形态之外还有"历史形态"，就是历史上的信息技术曾经影响和形塑了历史上的认识活动，它是当代信息技术造就当代认识特征的历史背景，在一些篇章中我们还会部分地涉及这方面的内容。

历史形态和当代形态的结合，使我们进一步看到本书研究对象的显现过程：信息技术从原初功能上就是作为认识技术而存在的，当代信息技术更是增强了这一功能，使得信息技术所具有的"认识论优越性"更为显明，从学理上梳理信息技术的这一功能，就是为了达成这样的目标：借助信息技术提供的新视角、新动力即新范式来促进当代认识论的研究。

三　研究目标：现代信息革命推动的认识论探新

如前所述，认识论研究的信息技术转向之一，就是从常规认识论走向创新认识论，这种创新认识论不仅要研究思维和认识的创新机制与规律，还包括认识论本身的探新，这种探新既是信息革命的结果，也是从哲学上促进信息技术进一步发展的需要。

关于现代信息革命推动的认识论探新将在全书的后面章节中具体展现，这里以人工智能（AI，作为信息技术发展的最前沿）为例，来浓缩地透视认识论借助 AI 所获得的探新动力，由此对本书的研究目标加以专门的阐释。

人工智能虽然取得了辉煌的成果，虽然它已经能够帮助我们高效地处理一些需要智能才能处理的问题，但它离人（越来越高）的要求还相去甚远，因为很难说迄今的 AI 真正地具备了人的"智能"。目前人工智能的发展面临许多瓶颈，如缺乏常识的问题、符号落地问题、框架问题等，其重要的方面就是 AI 的基础理论一直未能取得重大突破，而从更深的层次上看，就是哲学认识论对于 AI 的理论突破还未形成积极的支撑，甚至还存在"认识论供给不足"的状况。要改变这一状况，无疑有待于认识论探新。

就目前人工智能的现状来说，各种专用 AI 虽然在专门领域中大显身手，如有的长于推理计算，有的擅长分类识别，有的则专司感知行动，但能够整合各种能力，像人那样可以灵活应对新情况、处理开放问题、进行新发现新创造的"通用人工智能"的出现还遥遥无期。其中的根源之一，就是人工智能的三大范式之间难以整合，更深层的原因就是三种 AI 所秉持的认识论不同，如符号主义秉持的是理性主义认识论，联结主义 AI 秉持的是经验主义认识论，行为主义 AI 所秉持的是具身认识论。三种范式的人工智能对认知的本质有着不同的理解，分别视智能"由计算—表征来定义""由经验来定义"和"由行动来定义"，这些可以说都是智能或认知的侧面。分离的认识论立场导致了研发者们不同的功能追求和设计方向及技术进路，它们对智能（人的认识）的分割性、局部性模拟，使得 AI 只能限于支离破碎式的研发现状，所以下一代人工智能的发展方向就是要具备多种能力，可以处理多方面的问题，从而成为更接近于人的真实智能。要实现这一发展，就必须改变不同范式人工智能站在不同认识论立场上各自为政的局面，就需要一种能够统摄不同认识论主张的认识论理论来为通用人工智能的研究提供引导。

当然，人工智能既有的发展轨迹，即对人的智能所进行的分解式局部模拟，对某种单一的认知功能加以极致性的发挥，无疑是智能模拟的必经阶段，此即"没有分析就没有综合""没有局部就没有整体"。但是，仅停留于分解式或局部性模拟的人工智能，必定不可能真正地模拟人的智能，因为人的智能在现实中的运作，无论是理性的推算活动，还是经验的归纳学习，或是具身地应对环境，都是集于一体地进行的，它们有机地构成人的整体认识能力。但传统的认识论在进行理论抽象时，由于侧重的方面不同，形成的认识论（派别）也不同。分而治之的人工智能在一定意义上就是相互对峙的认识论的特定产物。随着人工智能走向新的时代，认识论也需要通过新的探索、新的发展来与之相适应。

认识论在人工智能推动下的探新，可以有如下的展开向度：

一是认识论概念研究的创新。人工智能时代，认识论需要澄清对一些相关概念的模糊不清的理解，如"智能""意识""情感""行为"等。人工智能之所以出现分而治之、各行其是，很大程度上是对一些核心概念理解上的分歧，如将"智能"理解为不同东西时，就不可能有智能模拟上共同的追求，而认识论探新中如果能对智能等认识论现象形成哲学上更透彻的理解，对认知的基本构成达到更深入的把握，就可以为不同进路的人工智能提供融合的理论基础。例如，关于认知中是否存在基本单元以及这种单元是什么，就可以把对认知的理解推向深入。目前已有学者分别提出了"组块""知觉物体"或"时间格式塔"作为认知的基本单元，并以此和计算的基本单元（如符号或比特）建立起关联，这就更有利于人工智能专家在进行整体性智能模拟时形成更明确的方向。透彻地理解上述基本概念，就是从认识论上真正搞清楚人是如何动用智能去认识世界和应对环境的，只有在此基础上才可能走向真正"像人一样思考"和"像人一样行动"的 AI，才能研制出较眼下更高形态的人工智能。

二是认识过程研究的探新。如前所述，目前的认识论总体上是"宏观认识论"，对人的认识论过程、智能活动的刻画过度抽象，即使有新观念也难以落地为可直接启示 AI 研究的新思路和新方法，因此需要通过一定程度的"中观化"来更加贴近具体的认知和可操作的认知模拟，这就需要结合具体科学在"微观认识"上取得的新成果，以使过去对认识过程的粗线条描述变得更加精细化。如借助神经科学、认知科学、心理学、信息科学以及人工智能本身的前沿研究，把握认识过程中认识阶段的递进、认识形式的转换、思维内容的形成是如何在信息的加工处理、脑内电信号及化学递质的传递与交换、神经联结拓扑图的改变等中实现的。尤其是人工智能本身就具有人类智能的"镜像"效应，通过它我们可以反观自己思维认知活动的一些微观机制，例如通过 AI 中处理不同问题所使用的不同算法，就可以反观人在认识过程中采用的不同方法。

三是认识流派研究的探新。人工智能的范式融合对哲学认识论提出了新的需要：对不同的认识论流派进行"异中求同"的整合，尤其是在理性主义、经验主义、具身认知的整合上需要有新的突破。上述认识论理论对于揭示认识的机制和本质各有长短，取得了类似于"盲人摸象"的效果，但各自的局限使任何一个流派都不能成为新一代人工智能的认识论基础。可以说，目前还缺乏可以打通各种认识论派别和认识形式的认识论新视角，认识论的局限成为人工智能取得新突破的障碍之一，所以寻求认识论上的探新和融合来消除这一障碍，成为人工智能进一步发展的内在要求。从专用人工智能走向通用人工智能，从基底上就是认识论的整合与融通。AlphaGo 成功地实现了专家系统与人工神经网络的结合，新一代人工智能被表述为知识驱动和数据驱动的融合，就表明了人工智能的符号主义范式和联结主义范式是可以融通的，其背后体现的是理性主义和经验主义之间是可以贯通的。如果进一步能实现理性主义、经验主义和具身认知的融贯，从而在此基础上实现人工智能三种范式的融合，人工智能就可以对人的认知本质加以更全面、更完整的把握以及在此基础上的模拟，由此才能构建出同一个同时具备推理决策、自主学习和适应环境智能特征的人工智能系统，使高阶认知和低阶认知能力集于同一个 AI 系统之中，从而人工智能在通用性上前行一大步。

四是认识的本质和机制研究的探新。目前，各派 AI 都对智能或认识的本质形成了独特的看法，如符号 AI 认为智能是在对物理符号的操作中产生出来的，联结主义 AI 认为智能是在类脑的神经元的结构中涌现出来的，行为主义 AI 认为智能是在身体与环境的相互作用中产生出来的。这些看法实际上是从不同维度上刻画了智能或认识的本质，它们启发了认识论研究需要对其中提出的新问题进行新的思考，尤其是上述理解中开发和激活了一些重要概念和范畴，如数据、信息、表征、计算、算法、神经网络联结权重、并行串行处理等，它们对于说明认识的本质形成了新的启示，认识论探新就需要对这些理解加以进一步的整合与提升，尤其是要探究它们如何与反映、知识、感性、理性、符号等传统的认识论概念相互嵌套，以期达成对认识机理和本质的更全面深刻的理解。这种探新的一个总体要求是，认识论研究不能再像先前那样"盲人摸象"式地考究认识的本质，而要在局域性成就日趋多样的基础上，高屋建瓴地总揽人的认识，并走向对于认识本质的共识性理解，为新形态的人工智能奠立认识论基础。这里同样也展现了人工智能与认识论的这样一种关系：我们将智能或认知的本质在认识论上理解为什么，就会在技术上去追求将人工智能做成什么；而我们实现了什么样的人工智能，则印证了我们对认知本质的相关理解之合理性，从而也更新了相关认识论研究的成果。

五是人机融合认识主体的探新。先前的认识论是人机分离的认识论，在这种背景下甚至还有力求创建独立的"机器认识论"的主张。[1] 由于人工智能的高级形态是走向人机融合，所以与之适应、为其所需的认识论也应该是人机融合的认识论，"人机认识主体""人机交互认知""人机共生智能"等概念的提出为这种融合拓展了视野。这种融合既是对 AI 作为工具辅助人的认识的一种升级，也是对其替代人的认识的一种避免，它基于人机之间在智能上各有优劣的现实，力求通过人机协同而实现互补，形成比无论是单独的人

---

[1] 参见董春雨、薛永红《机器认识论何以可能？》，《自然辩证法研究》2019 年第 8 期。

还是单独的机器都更强并且隶属于人的智能；此时我们需要的不是人机之间的认识论排斥，而是进一步的深度融合，即把机器智能更有效、更有机地纳入人机融合系统之中。

以上的分析表明，人工智能的终极基础就是哲学认识论。认识论能走多远，人工智能及信息技术就可以走多远。在这个意义上，我们只有不断进行认识论探新，才能使人工智能走得更远，行得更顺。

这样的关系，正是信息技术推动并强烈地需要哲学认识论不断探新从而成为名副其实的当代认识论的一般关系。全书所贯穿的主题，正是多维度、多侧面所呈现的基于当代信息技术推动的认识论新见解、新发展。

四 研究内容：认识论新发展的全景呈现

由前述的研究对象和研究目标，确定了本书的运思方向和总体视域，也形成了相应的主干内容及叙事的逻辑框架；再结合"认识"和"知识"的前述区分，以及认知的主要构成要素和环节，按以下三个单元共计十一章来对主要内容加以展开。

第一单元为"第一章 认识论新范式：形成与推进"。作为学术简史，本章主要是梳理本研究的智力资源，奠立基于信息技术的范式来研究当代认识论的学术基础和学科支撑，并以人工智能作为当代信息技术的表征，从"人工智能的认识论效应"及"人工智能就是认识论"的角度，来阐释当代信息技术作为新范式与认识论研究的深度融合。

第二单元为第二至七章，探讨当代信息技术对认识论的经典视域所提出的新问题及形成的新挑战，在对其进行分析和探讨的基础上，提出相关的见解和看法，构成当代信息革命背景下认识论新拓展的主干内容。其中：

"第二章 认识对象：技术显现及其实在性"。当代信息技术对认识活动的全方位改变，最直观或直接的表现就是认识对象的技术化显现，人们所直接面对的对象日益增多，它们是电子荧屏上呈现的关于对象的符号、图像和视频等，而不是直接面对对象本身。当认识对象不再直接在场而是技术化地虚拟在场时，最大的问题就是其实在性问题；只有从前提上确认了技术显现的实在性，才能确保认识过程的合理性与认识结果的可靠性，所以将其作为本书探讨的优先问题。另外，人的认识对象不仅有物质世界，而且也包括自己的精神世界即心灵现象，而认识对象的技术化显现也延伸到了心灵这一最复杂的领域，这就是各种读心（读脑）技术带来的心灵的技术化显现，它使得读心和读脑的关系问题成为认识对象技术化显现的一个极富魅力的问题，并与心灵哲学的前沿探究形成了无缝对接。

"第三章　认识来源：网络获取与经验的技术性生成"。认识活动必须有信息来源，它既可以由主体与客体直接互动的实践来提供，也可以从记载客体信息的各种软硬载体中获得，前者为"直接经验"，后者为"间接经验"。当认识对象更多地"转型"为电子荧屏上的技术显现时，也意味着认识的信息来源更多的是从网络中获取，而不是从人的亲身实践中得到，这就使认识来源理论必须充分关注网络获取的特征及其带来的新问题，尤其是如何处理好作为间接经验的网络获取与亲身获取之间的关系。在信息技术发展的更高阶段，作为认识范畴的经验还将可能通过记忆移植和神经操作等技术获取，这就是"经验的技术性生成"，它使认识的来源渠道更加丰富，带来的问题也更加复杂，成为当代认识论探新的新前沿。

"第四章　认识主体：技术赋能与人机分工"。当代信息革命对认识活动的各种影响和改变，最终都要集中地体现在作为认识主体的人身上。信息技术的发展不断增强着主体的认识能力，人工智能的出现更是极大地延展了人的智能，但随之而来的问题是，由信息技术赋能和赋智而被延展了的认识能力与主体自身的认识能力是什么关系？它是否重构了认识主体？机器智能与人的智能如果实现了技术性融合，人脑的算法如果与机器算法实现了算法融合，其属人性应该如何理解？在目前还未实现这种有机融合的技术水平时，我们应该如何看待人机之间的认识论关系，以及如何进行一种合理且人性化的人机之间的认识论分工？

"第五章　认识的本质：信息算法与认知科学的新启示"。哲学认识论的主干和核心问题就是认识的本质问题，各种哲学流派争论最激烈的也是这一问题，当代信息技术对认识论研究启示最为丰富的同样是该问题。信息革命背景中形成的关于认知的信息加工理论、计算主义、第一代和第二代认知科学等，都对"什么是认知"给予了新的阐释，这些阐释直接或间接都与哲学认识论相接缘，并对我们今天进一步探究认识的本质提供了新的参照，其中既有需要吸取的教训，也有值得汲取的成就，在此基础上进一步探究如何使哲学认识论在说明认识本质上的深邃而全面与认知科学对认知机理揭示的科学而细微之间形成互鉴互惠的关系，这无疑是借鉴当代信息科技成就推进认识论研究新发展的最有可为的问题域。

"第六章　认识方式：源自 IT 的差异和基于 AI 的分型"。认识的本质是对认识寻求一种共性的解释，而认识的方式则将认识的差异性引入认识论研究的视野。认识方式是历史性演变的，这种演变与作为媒介的信息技术的变迁紧密相关，正是这种相关性延伸到当代，使当代信息技术造就了当代认识方式的图景，这一图景的一个总特征是认识手段上的"技术大于自然"，它是前述关于认识对象的技术化显现、认识来源的网络化获取、认识主体的技术赋能的汇聚，由此导向了认识论研究的信息技术转向。与认识方式相近的是"认知类型"，从人工智能的基本类型可以启示我们进行一种新的认知分型："推算认知""学习认知""行为认知""本能认知"，人的这四种类型的认知对人而言的难易程度与人工智能对其模拟的难易程度正好形成一种互逆的关系，这种互逆关系可以反过来启示我们在开发人工智能技术时的战略选择和规划安排，实现人工智能由易到难的循序渐进的发展，从而也显示出对人工智能的认识论研究所具有的现实意义。

"第七章　知行问题：从脑机接口到延展实践"。知行关系问题也是认识论中的一个重要或主干问题，即我们通常所说的认识与实践的关系问题。信息革命尤其是基于人工智能的脑机接口问世后，知和行之间的传统区隔被接口技术所打破，形成了"知行接口"这一新的人机合作系统，使得从知到行的过程以观念调动和控制延展于体外工具系统的方式进行，既实现了技术性的"知行合一"，也造就了新的实践方式：延展实践，它是基于信息技术对认识的延展的再延展，从而必然会对"实践"的哲学含义和"知行关系"的哲学理解带来新的影响，使得包括上述方面的认识论经典问题的传统理解和解释都将发生新的改变。

第三单元为第八至十一章，主要分析由当代信息革命中的认识论问题所延伸出来的知识哲学问题，包括从知识观到知识生产和知识传播，在计算机和互联网出现后都呈现出新特征，引发了新问题，这些问题超出了认识论经典问题的范围，但在今天正走向前台并引人关注，它们对认识论研究的丰富和繁盛起着越来越大的作用，由此成为本书不可分割的组成部分，也是认识论呈现当代性的一个重要向度。其中：

"第八章　知识观：从大数据到人工智能的新拓展"。认识论与知识论在一定程度上是同义语，但各自也有互不包含的论域，在克服近代知识观的局限中，形成了当代域境论的知识观，而信息技术就是当代知识的重要域境因素。在信息技术构成的新域境中，知识的发现也呈现出新的模式，这就是大数据成为知识发现的新路径，形成了"水平式建模"的新特征，它和传统的垂直建模的层级式结构存在显著区别，具有高度的域境特异性和外在的理论负载性。人工智能则通过"知识工程"等使得知识具有新的含义，它和大数据一起拓展了我们对知识的理解。

"第九章　知识生产：电子网络介导的新特征"。信息技术作为认识的手段，也是知识生产的工具，从生产工具决定生产方式的意义上，信息技术的历史发展也决定了知识生产方式的历史变迁，而当代的知识生产方式，在很大程度上是由互联网所造成的，从一阶知识的生产模式 e-Science 到二阶知识的生产范例维基百科，都可以看到大规模协作、即时性互动等新的特征，以及由电子化、数字化、互联化所带来的种种新样态，尤其是基于网络平台的开放性和广阔性，知识生产从少数精英的事业变为大众参与的活动，从而显现出"群众认识论"的显著特征，当然，知识的可靠性也成为知识生产新方式所着力解决的新问题。

"第十章　知识传播：从移动网到智能网的新通道"。知识传播是认识过程的必要环节。既不同于口耳相传时代的气态知识传播，也不同于印刷时代的固态知识传播，当代信息技术将知识传播的方式推进到了电态知识传播的新阶段，网络传播成为知识传播的主要渠道，其可视化、多媒体化极大地增强了传播的效果，微信中的知识传播更是集中体现了电态知识传播的新特点，如分众化、知识的活化、反向与多向传播等，当然也带来了因转发而可能形成的不可预期的蝴蝶效应，以及知识的泡沫化等。互联网中的知识传播还可以借助以心联网为代表的智能网而将其推进到默会知识的层次，使得技术哲学和知识哲学的共同难题获得求解的新前景。

"第十一章　知识悖论：信息技术对认知活动的双重影响"。悖论在这里可被视为由同一原因导致的互反或相悖的效果。信息技术对人类的知识活动所造成的影响不只是单向的积极效应，也不可避免地存在负面的影响，从而出现悖论性效果。在知识信息获取的环节可以发现信息量多和少的悖论，以及注意力悖论；在知识生产环节则存在着质量和数量之间的悖论，以及创新悖论和算法悖论等；在知识的传播环节可以看到知识的共享与垄断之间的悖论，隐私悖论以及知识沟问题；最后它们还集合在知识主体身上体现出认识能力悖论：信息技术是导致了人的认识能力进化还是退化？当代信息技术造就的认知悖论揭示了认识论问题的丰富性、复杂性和具有启示我们进行无限探索的可能性。

【本章小结】信息革命使人类的认识活动及认识论研究形成了新的走向，这就是从自然化认识走向技术化认识，从常规认识走向创新认识，从精英认识论走向大众认识论，从宏观认识论走向中观认识论；由此也兴起了信息技术范式介导的认识论研究，使我们聚焦于信息技术范式与当代认识论研究的深度融合。

第一章
认识论研究新范式：形成与推进

将认识论研究与信息技术相关联，从而形成基于信息技术的认识论研究新范式，这一学术传统的历史并不长久，但一旦形成，就从多种维度展开，积累起较为丰富的学术资源，也留下了广阔的有待进一步拓展的研究空间，为新范式下的推进创造了智力条件。基于信息技术范式的当代认识论研究具有重要的价值和意义，是信息革命将其引向新繁荣的一个重要向度。如果将当代信息技术的最前沿——人工智能——作为考察的对象，那么它所具有的认识论效应以及一定意义上与认识论研究之间的高度契合性，则表征了信息技术范式在不断介入当代认识论研究过程中所呈现出来的两者之间的深度融合。

第一节 信息技术进入哲学和认识论研究视野

信息革命造就了哲学的信息技术转向，催生了信息技术哲学这一新的哲学分支，引导我们发现了越来越多的新的哲学问题，其中必然也包含认识论新问题，从而使信息技术强势进入认识论视野，形成了一个重要的研究新领域。

一 信息技术哲学的兴起

当代技术哲学家斯蒂格勒（Bernard Stiegler）说：信息技术的出现从根本上改变了世界，它已经生成了全新的社会存在，建构出一个全新的直观世界。[1] 当信息革命使信息技术成为人类各个智力领域聚焦的对象，我们意识到"从未有任何技术像现代信息和通信技术那样对哲学造成了如此大的影响"[2] 时，哲学对信息技术的关注就必然走向前台，信息技术哲学就应运而生。

但长期以来，信息技术并没有进入哲学的视野。如同信息哲学家弗洛里迪（Luciano Floridi）所说："哲学虽然一次又一次地研究物质媒介，诸如大气、光和水之类的基本元素，但从远古的文献一直到现代畅销书，却都完全忽视了其自身的技术媒介。"[3] 这里的技术媒介相当于我们所理解的信息技术。直到 20 世纪末，国外才提出了 "philosophy of information technology" 的概念，与此相关的提法还有"信息科学与技术哲学""信息和通信技术哲学"等。美国哲学会哲学与计算机分会的两任前会长拜纳姆（Terrell Bynum）和摩尔（James Moor）认为这是一种正在出现的新的哲学范式，如同一只正在起飞的凤凰。[4] 进入 21 世纪后，著名技术哲学家米切姆（Carl Mitcham）在他参撰的由弗洛里迪主编的《计算与信息哲学导论》一书中，专门介绍了"信息技术的哲学"，认为它可以被视为技术哲学的一个"特例"。他认为信息技

---

[1] 〔法〕贝尔纳·斯蒂格勒：《技术与时间：2. 迷失方向》，赵和平等译，译林出版社，2010，第 114 页。

[2] T. W. Bynum and J. H. Moor, *The Digital Phoenix: How Computers Are Changing Philosophy*, Oxford: Blackwell Publishing Ltd., 1998, p. 1.

[3] 〔德〕弗里德里希·基特勒：《走向媒介本体论》，胡菊兰译，《江西社会科学》2010 年第 4 期。

[4] T. W. Bynum and J. H. Moor, *The Digital Phoenix: How Computers Are Changing Philosophy*, Oxford: Blackwell Publishing Ltd., 1998, p. 1.

术中包含四个层次的哲学问题：伦理学、政治哲学、心理学—认识论、心理学—人类学，而最终都导向本体论层次。米切姆还认为在技术哲学中存在的工程传统和人文传统同样存在于信息技术哲学中[1]。2009 年，荷兰特文特大学的技术哲学家布莱（Philip Brey）和索拉克（Johnny Søraker）发表的长文《计算和信息技术哲学》对信息技术哲学的纲领和研究框架加以了初步的描述，认为该研究的纲领应该是宽广的和多样化的，涉及的问题有计算系统的性质、虚拟世界的本体论地位、人工智能的限度、数据模式的哲学方面、赛博空间的政治规则、因特网信息的认识论、信息隐私和安全的伦理等方面；他们将信息技术哲学的研究领域概括为五个：计算哲学、计算机科学哲学、人工智能哲学、新媒介和因特网哲学、计算机和信息伦理。他们认为，信息技术将新的光亮投射到传统哲学问题之上，提出了一些在传统哲学框架内不易触及的理论和实践问题。[2] 此外，还有的学者分析了信息技术发展带来的不同的哲学问题，包括探讨信息技术与赛博技术引申发展的一种信息本体论或信息形而上学的世界观，[3] 以及人工智能与信息技术产生的一些新的伦理与社会问题等。[4]

作为技术哲学新型分支的信息技术哲学，其内部还可以有更加微观的分支，形成"分支信息技术哲学"。在这方面，国外的研究可以说形成了两个方向的"分支"，一是关于信息技术的"分支哲学"研究，二是关于"分支信息技术"的哲学研究。

---

[1] C. Mitcham, Philosophy of Information Technology; by L. Floridi, *The Blackwell Guide to the Philosophy of Computing and Information*, Blackwell Philosophy Guides, Blackwell publishing Ltd., 2004, pp. 327-336.

[2] P. Brey, J. Hartz Søraker, "Philosophy of Computing and Information Technology", In D. Gabbay, etc. eds., *Handbook of the Philosophy of Science*, Amsterdam: Elsevier, 2009, pp. 1341-1408.

[3] L. Florido, "The Information Society and its Philosophy: Introduction to the Special Issue on the Philosophy of Information, its Nature, and Future Developments", *The Information Society*, 2009, 25 (3), pp. 153-158.

[4] F. Adams, "The Informational Turn in Philosophy", *Minds and Machines*, 2003, 13 (4), pp. 471-501; J. Kizza, *Ethical and Social Issues in the Information Age (Third Edition)*, London: Springer-Verlag London Ltd., 2007.

关于信息技术的"分支哲学"研究,即从哲学的不同侧面(如本体论、认识论、社会哲学或人本哲学等)对信息技术加以研究。麦克卢汉(Marshall McLuhan)的媒介哲学,波斯特(Mark Poster)的"信息方式",卡斯特(Manuel Castells)的"信息主义"可以说构成了关于信息技术的"社会历史哲学研究";此外还有关于信息技术的道德哲学研究[1];关于信息技术的美学研究[2]和关于信息技术的人本学研究,例如,关于赛博格即电子人或半机械人的超人主义研究[3],它们都是目前的热点问题,呈现出一种不断成长和走向兴旺的局面。

关于"分支信息技术"的哲学研究,就是对信息技术的不同领域或侧面所进行的哲学研究,目前较为流行的有计算和计算机哲学、网络哲学、通信技术哲学、赛博哲学、数字哲学、媒介哲学、虚拟实在哲学、人工智能哲学等,其中较为成熟的应推"计算机哲学",成为当前热点的则有人工智能哲学。德雷福斯(Hubert Dreyfus)对人工智能中的哲学问题进行了长期的研究,于1972年出版了《计算机不能做什么?——人工智能的极限》,后续还出版了《计算机仍然不能做什么?》[4]等著作;斯洛曼(Aaron Sloman)于1978年出版了《哲学的计算机革命》一书,提出以人工智能为基础的哲学新范式正在形成,哲学研究者必须熟悉这一新范式,否则就如同学物理学的人不熟悉量子力学一样;塞尔(John Searle)、福多(Jerry Fodor)、丹尼特(Daniel Dennett)、萨伽德(Paul Thagard)等也为计算机哲学的推进发挥了积极的作用。而《数字凤凰》一书的副标题为"计算机如何改变哲学",也意味着该书主要是一本关于"计算机哲学"的著述。除此以外,海姆(Michael Heim)

---

[1] J. Hoven, and J. Weckert, *Information Technology and Moral Philosophy*, Cambridge: Cambridge University Press, 2008.

[2] M. Hansen, *New Philosophy for New Media*, Cambridge: The MIT Press, 2004.

[3] S. Young, *Designer Evolution: A Transhumanist Manifesto*, Prometheus Books, 2005.

[4] H. Dreyfus, *What Computers Still Can't Do: A Critique of Artificial Reason*, Cambridge: The MIT Press, 1992.

的《从界面到网络空间——虚拟实在的形而上学》、尼葛洛庞帝（Nicholas Negroponte）的《数字化生存》、本尼迪克特（Ruth Benedict）主编的《网络空间：第一步》、格里姆（Patrick Grim）等的《哲学计算机》等都是网络哲学或数字哲学、计算机哲学等分支信息技术哲学的代表作。

在国内的学术界，郝宁湘曾预期，在21世纪现有的一般技术哲学中将会分化出包括信息技术哲学在内的一系列全新的部门技术哲学，其兴盛将是21世纪科技哲学发展的一大特色；任晓明认为信息技术的迅猛发展必然会引起哲学范式的转换和变革，成为解决传统哲学问题的新方法；韩强等指出信息技术势必会引起人们哲学观点的变化；周凌波概括了信息技术哲学所研究的基本问题应该有四个：消除不确定性、虚拟世界、信息对称和人工智能。[1]

可以说，信息技术时代必定造就出信息技术哲学，如果信息技术是当代技术的主导形式，那么信息技术哲学也应该成为技术哲学的当代形态，因此它是信息时代的必然产物。

二　从信息技术的哲学研究到认识论研究

信息技术哲学的精神实质就是用信息技术范式看待世界的新变化，包括人类认识的新变化，将信息技术范式作为分析工具可以启示我们对当代认识论进行具有时代性的深入研究，意味着信息技术哲学可以并且必然引申或拓展到对认识论问题的研究，而这种研究，无论在国内还是国外，都已展开。

在国内，信息技术关联的认识论研究起始于人工智能的认识论研究，20世纪80年代的《人类认识的新阶段》（曹伯言、周文彬，1980年）、《智能

---

[1]　参见郝宁湘《引领科技哲学在21世纪的发展潮流》，《科学技术与辩证法》2003年第6期；任晓明《哲学的信息技术转向》，《江西社会科学》2005年第3期；韩强、任应斌《对网络信息技术哲学的思考》，《天中学刊》2009年第1期；周凌波《信息技术哲学研究的四个基本问题》，《工程·技术·哲学2003年卷》，大连理工大学出版社，2004。

机器与认识主体——是否存在"人工认识主体"?》(童天湘,1981年)、《人—机系统认识主体的涵义》(王海山,1982年)、《人工智能的认识论问题》(张守刚、刘海波,1984年)、《现代科学技术与认识论的发展》(江崇国,1989年)都涉及了人工智能对认识论研究的影响;90年代后则有信息科学、计算机和网络中的认识论问题,如《信息科学与认识论》(冯国瑞,1994年)、《电子网络中的知识概念》(尼弗里、杨富斌,1999年)、《信息高速公路对人类思维方式的影响》(金吾伦,1996年)等。进入21世纪后,这方面的研究更为全面地展开,《信息化认识系统导论》(杨富斌,2000年)、《信息认识论》(邬焜,2002年)、《虚拟认识论》(张怡等,2002年)、《媒介认识论》(胡潇,2012年)是这方面的专著。《认识中的中介系统新解》(杨富斌,2000年)、《信息技术对人类认知活动的影响分析》(郑晓齐等,2002年)、《人工智能的认识论问题》(董军、潘云鹤,2002年)、《软智能体的认识论蕴含》(郦全民,2002年)、《论信息技术对认识主体和客体的影响》(胡心灵,2003年)、《数字化时代的认识论走向》(张怡,2004年)、《虚拟技术认识论》(李永红,2006)、《人工智能中知识获取面临的哲学困境及其未来走向》(高华,2006年)、《知行接口及其哲学分析》(肖峰,2014年)、《电子网络时代的知识生产问题》(赵涛,2015年)、《从"信息哲学"到"信息技术哲学"——一种具有唯名论色彩的研究路线转向》(徐英瑾,2016年)、《网络化科学发现的认识论基础》(黄时进,2017年)、《作为哲学范畴的延展实践》(肖峰,2017),都可被视为从信息技术的总体或某个侧面对当代认识的影响所进行的研究。《信息科学与认识论》一书认为信息技术的发展对于认识论的意义主要体现在如下方面:深化了对认识对象的了解,揭示出信息是主客体联系的渠道,有助于深化对认识主体自身的研究,可以促进对脑或者复杂信息控制网络系统的研究;现代信息技术还提供了一系列科学的认识方法,如系统方法、信息方法、反馈方法、功能模拟方法等,这些方法对于认识论研究具有一定拓新意义。[1]《信息化认识系统导论》一书提出，社会的信息化也导致认识的信息化，信息化的认识活动有别于传统的认识活动，其主要特征是认识客体数字化和虚拟化、认识主体成为人—机—网主体系统，认识活动中的信息处理走向计算机化和信息传输的网络化。[2]《数字化时代的认识论走向》一文从"人的认识过程""认识机制"以及"认识本质"等方面解析了"信息技术对人类的认知领域的开拓"，由此形成了"精确记忆、储存和控制""共享的认知环境""知识组合利用""新的逻辑程序构造方式的出现""认知空间的新拓展"等新特征。[3]

如果从"分支信息技术"的认识论研究来概括，近十余年国内学界涉及了关于计算机和人工智能的认识论研究、关于互联网的认识论研究（包括关于物联网的认识论研究）、关于虚拟技术的认识论研究、关于信息效用技术（机器人技术）的认识论研究（杨树栋，2005 年）等；近几年来还兴起了关于大数据技术和人工智能的认识论研究，前者的代表作有《大数据与认识论》（吕乃基，2014 年）和《大数据对科学认识论的发展》（黄欣荣，2014 年）等；后者的代表作则有《机器学习的哲学认识论：认识主体、认识深化与逻辑推理》（徐祥运、唐国尧，2018 年）、《马克思主义新认识论与人工智能》（王礼鑫，2018 年）、《人工智能的认识论批判》（黄毓森，2018 年）、《人工智能的几个认识论问题》（成素梅，2019 年）等。《大数据对科学认识论的发展》一文认为，大数据使科学从仅追求因果性走向了重视相关性；通过"让数据发声"提出了"科学始于数据"的知识生产新模式，增添了科学发现的逻辑新通道；通过数据规律补充了因果规律，拓宽了科学规律的范围；大数据给传统科学认识论带来了新发展，并由此形成了大数据认识论。[4]《人

---

[1] 冯国瑞：《信息科学与认识论》，北京大学出版社，1994。
[2] 杨富斌：《信息化认识系统导论》，军事科学出版社，2000。
[3] 张怡：《数字化时代的认识论走向》，《江西社会科学》2004 年第 3 期。
[4] 黄欣荣：《大数据对科学认识论的发展》，《自然辩证法研究》2014 年第 9 期。

工智能的几个认识论问题》一文认为，人工智能的发展带来了两类认识论问题，一类是如何理解"智能"的问题，基于不同的理解形成了实现人工智能的不同范式，也揭示了潜在的不同哲学基础。这是人工智能本身存在的认识论问题；另一类是人工智能引发的认识论问题，主要包括 web 认识论和算法认识论。web 认识论是指把 web 作为认知窗口和认知阵地，利用数字方法，基于 web 上的数据与信息资源，预测未来有可能发生的事情，揭示原生数字资源中潜存的文化背景和政治倾向等因素；算法认识论是探讨以算法为核心的搜索引擎、软件机器人、智能机器人的认知作用、治理价值以及固有的文化偏向、技术偏向和使用过程涌现出来的偏向等。在当代社会，算法不仅成为新权力的"经纪人"，而且重塑着社会与经济系统的运行，改变着科学研究的方式。[1] 关于人工智能的认识论问题，稍早时钟义信也提出了类似的两个问题：一是机器能否具有从信息中获取知识的认知能力？二是如果机器具有认知能力，那么，其与人类的认识能力是何种关系？[2] 郑福祥更早就将人工智能的认识论问题归结为四类：一是关于意向性问题，如究竟什么是意向性？机器人按照指令从事特定的行为是不是意向性？意向性能否被程序化？二是人工智能中的概念框架问题，与此关联的人的认知结构中的概念框架究竟是由哪些元素构成的？三是机器人行为中的语境问题；四是建立在符号系统基础上的人工智能如何解决人类认识的日常化问题，特别是如何代替人脑的情感、动机、意向性等心理活动功能，以及解决我们的日常认识因语境不同而意义不同的问题。[3] 陈新权则在 1989 年就提出了关于人工智能的一系列认识论问题：人工智能已经引起和将会怎样改变我们的认知机制？它会在人们的认识方式中引起何种变化？人工智能与自然智能之间是何种关系？人工智

---

[1] 成素梅：《人工智能的几个认识论问题》，《思想理论教育》2019 年第 4 期。
[2] 钟义信：《信息科学原理》，北京邮电大学出版社，2013，第 30—33 页。
[3] 郑祥福：《人工智能的四大哲学问题》，《科学技术与辩证法》2005 年第 5 期。

能对主体结构和能力产生了何种影响？人工智能与人类认识及实践的关系如何？[1]

此外还需要指出的是，在国内，"信息认识论"与信息技术的认识论研究极为相关，这是因为信息技术时代使信息成为学术关注的中心，形成了用信息解释认识机制和本质的认识论观点，其代表性作品有《作为认识论的信息概念》（徐龙福，1987年）和《信息概念丰富了马克思主义认识论》（王明汉，1990年）等。2002年邬焜出版《信息认识论》一书后，引发了一系列的学术争论和相关拓展。

基于研究视角的不同可将国内学者的上述探讨归结为如下三种：一是基于马克思主义哲学原理来探究信息技术关联的认识论问题；二是基于信息技术的发展引申出相关的认识论问题；三是基于哲学元理论来探讨信息技术中的认识论问题。

在国外，西方早在17世纪就有过关于机器思维的哲学探讨，主要代表人物为笛卡尔、莱布尼茨和拉美特利；计算机出现后，由于涉及人的智能尤其是判断和推理方面的认识论问题，故从20世纪40年代末起就有这方面的哲学探讨，如1948年维纳（Norbert Wiener）认识到现代的超高速计算机原则上是一个自动控制设备的理想的中枢神经系统；20世纪70年代西蒙（Herbert Simon，又译为司马贺）等提出了专门的人工智能的认识论问题。然后陆续有学者开始研究信息技术对传统认识模式、知识结构形态以及与之相关的社会性别分类知识的冲击，[2] 探讨计算机技术发展对认识论、意识哲学、科学哲学思维方法与研究方法的影响；[3] 从而意识到信息技术已经从根本上改变了

1　陈新权：《当代中国认识论（1949—1986）》，北京大学出版社，1989，第237页。
2　D. Haraway, "A Cyborg Manifesto: Science, Technology, and Socialist-Feminism in The Late Twentieth Century, in Simans", *Cyborgs and Woman: The Reinvention of Nature*, New Youk: Routledge, 1991.
3　A. Sloman, *The Computer Revolution in Philosophy*, Sussex: The Harvester Press, 1978; L. Burkholder, *Philosophy and the Computer*, Boulder: Westview Press, 1992.

我们复杂的世界,并且最终还会从根本上影响到我们的世界观;[1] 或者说计算机等现代信息技术将迫使我们彻底改变看待自己和世界的方式,[2] 例如,从过去的以原子为基础的思考改变为以比特为基础的思考。[3] 20 世纪末美国后现代理论家海勒丝(Katherine Hayles)基于信息技术的演进提出了一种"后人类"的认识论纲领。此种认识论纲领用"反身"认识论取代了客观主义,用"具身化"取代了作为思维的支撑的身体,用人与机器之间的动态伙伴关系取代了主体必定要统治与控制自然的主客关系。海勒丝突出了一种"转向",即基于主客体二元分立的客观认识论转向一种强调主客体之间不可避免发生相互作用而构成我们关于世界的知识的认识论。此种认识论认为,在主体与客体之间的知识不再是非此即彼,而是主客体两者兼备,因此是一种克服笛卡尔二元分立的认识论纲领[4],也被博尔特(Jay Bolter)等人在赛博空间的研究中称为"身—与—心"的"后笛卡尔主义"[5]。

国外还从如下一些方面来具体展开信息技术介入的认识论研究。

(1)媒介认识论研究。以加拿大兴起的媒介环境学派为代表,其中的麦克卢汉又是影响最大的人物。麦克卢汉从宏观文明史的角度揭示了作为信息技术的媒介变迁对于人类认识方式所造成的影响,他以"媒介延伸论"为逻辑起点,将媒介视为"人的感知系统及其官能的延伸",认为不断进化的媒介技术以其特有的技术规则不断改变并决定着人的感官比率和感知方式;他还重点论述了若干媒介变化节点上所发生的认识论效应,力求使人意识到"理解媒介"就是理解"认识论"[6];媒介环境学派的另一位代表人物波兹曼

---

[1] 〔荷〕约斯·穆尔:《赛博空间的奥德赛》,麦永雄译,广西师范大学出版社,2007。
[2] 〔美〕格雷戈里·罗林斯:《机器的奴隶:计算机技术质疑》,刘玲等译,河北大学出版社,1998。
[3] 〔美〕尼古拉·尼葛洛庞帝:《数字化生存》,胡泳、范海燕译,海南出版社,1997。
[4] K. Hayles, *How We Became Posthuman*: *Virtual Bodies in Cybernetics*, *Literature*, *and Informatics*, Chicago: University of Chicago Press, 1999, pp. 76-90.
[5] J. Bolter, *Identity*, New York: New York University Press, 2001, pp. 7-19.
[6] 〔加〕马歇尔·麦克卢汉:《理解媒介》,何道宽译,商务印书馆,2000。

(Neil Postman)也认为任何认识论都是某个媒介发展阶段的认识论,媒介技术发生了变化就会导致我们认识的特点发生变化,新媒介重塑文化内容的方式是通过改变人们的认识论来完成的,真理和时间一样,是人通过他自己发明的交流技术同自己进行对话的产物。[1] 保罗·莱文森的《思想无羁:技术时代的认识论》《软边缘:信息革命的历史和未来》《手机:挡不住的呼唤》和《新新媒介》等更是从广阔的视野和基于更新的信息技术,对媒介的社会影响包括认识论影响进行了分析。这些观点和成果的集合还被称为"麦克卢汉主义的媒介技术认识论"。

(2)互联网认识论研究。由于互联网被视为引起大脑改变的一项最有力的通用技术,因此对其进行认识论研究引起了西方学者的极大关注。互联网认识论最初是由保罗·萨伽德用来称呼互联网上的科学信息活动中的认识论,[2] 而今它得到了更广泛的应用。互联网认识论所探讨的问题包括:互联网信息的认识论特征,互联网信息生产和消费的规范内涵,互联网相关活动(包括信息利用、管理和生产)的认识论。古德曼(Alwen Goldman)把互联网的认识论问题归结为相关性和可靠性问题。如果相关性问题未能有效解决,就导致信息过载;信息过载导致受众的信息疲劳,甚至导致决策能力上的瘫痪,或使他们对关心的问题停留于不知情。[3] 也有的将其概括为信息占有不均,导致信息爆炸和信息匮乏的同时存在。[4] 可靠性问题主要在于任何人都可以把信息放到互联网上,网站缺乏选择信息和提供参考文献的标准,这被安通·韦德(Anton Vedder)称为内容标准和系谱标准(content criteria and pedigree criteria),后者是信息背后的人或组织是否具有权威、守信的认

---

[1] 〔美〕尼尔·波兹曼:《娱乐至死》,章艳译,广西师范大学出版社,2004,第30页。

[2] P. Thagard, "Internet Epistemology: Contributions of New Information Technologies to Scientific Research", In Crowley K., and T. Okada, eds., *Designing for Science: Implications from Everyday, Classroom, and Professional Settings*, Hillsdale, NJ: Lawrence Erlbaum Associates, 2001.

[3] A. I. Goldman, *Knowledge in a Social World*, Oxford: Oxford University Press, 1999.

[4] 〔美〕詹姆斯·凯茨:《互联网使用的社会影响》,郝芳等译,商务印书馆,2007。

识论标准;[1] 由此也导致了互联网上知识生产过程中公众参与(如维基百科词条的编撰)的种种问题。[2] 互联网认识中还扩展出"基于互联网的民主认识论",因为互联网有力地支撑了民主认识论方法(epistemic approaches),促进了网民对"共同意愿"和"共同利益"的追求。[3]

(3) 人工智能认识论研究。可以说,早在20世纪70年代德雷福斯提出人工智能所模拟的并非人的真正智能时,就开启了人工智能的认识论研究,并且所切入的也是纷争最大的认识论问题。塞尔的中文屋实验也可被视为是对这一认识论问题的主张,即通过机器不可能懂得语义而否定其从认识论的意义上具有人的智能,它至多是人的智能的模仿者,而不可能是人的智能的承载者。[4] 这一问题此后被哲学家们以不同的方式不断表述和争论,如技术哲学家米切姆认为这实际上是信息技术的认知能力问题,也是一个超越经验的问题,涉及计算机模仿人的认知过程的程度,也涉及计算机究竟能否思考的问题,或人工智能是何种智能?以及算法的、启发式的、联接主义的和体现式的人工智能是否是不同的认知形式?[5] 萨迦德则认为人工智能有助于我们加深对自身智能的认识,因为通过人工智能的算法即一种解题和归纳的计算机程序可以模拟人的认识过程,用其可以描述人的各类解题和学习活动,并解释人的思维认知是如何完成这些活动或操作的。[6]

(4) 当代认知科学研究。20世纪50年代产生的认知科学是在计算机和人

---

[1] A. Vedder, and R. Wachbroit, "Reliability of Information on the Internet: Some Distinctions", *Ethics and Information Technology*, 2003 (5) 4, pp. 211-215; Z. W. Pylyshyn, *Computation and Cognition*, Cambridge: The MIT Press, 1984.

[2] 〔美〕安德鲁·基恩:《网民的狂欢:关于互联网弊端的反思》,丁德良译,南海出版公司,2010。

[3] J. Hoven, and J. Weckert, *Information Technology and Moral Philosophy*, Cambridge: Cambridge University Press, 2008.

[4] J. Searle, Minds, *Brains and Science*, Combridge: Harvard University Press, 1984.

[5] 〔美〕卡尔·米切姆:《信息技术的哲学》,载〔意〕卢西亚诺·弗洛里迪主编《计算与信息哲学导论》,刘钢等译,商务印书馆,2010,第691页。

[6] 〔加〕保罗·萨伽德:《心智:认知科学导论》,朱菁、陈梦雅译,上海辞书出版社,2012,第3—5页。

工智能等信息技术发展的新成果直接启示下诞生并走向兴盛的,其最具影响力的进展就是理解认知本质的计算—表征进路(computational-representational approach)的形成。图灵关于图灵机的数学模型为这一进路指定了方向;[1] 福多关于思想语言的假设和表征语义学理论的工作被认为是奠基性的;[2] 派利夏恩(Zenon Pylyshyn)做了许多的理论探索工作。[3] 在豪格兰德(John Haugeland)编辑的《心灵设计》一书中,许多哲学家和认知科学家考虑了这一进路的实际运用,他们试图根据这一模型建立人工智能来模拟人的认知;[4] 萨迦德对这一进路的基本概念作了澄清与总结。[5] 这一进路的基本观点在于,心灵类似一个数字计算机。认知首先需要的是心灵表征(mental representations);其次,还需要对心灵表征进行心灵运算,以产生思想与行动。所以,认知活动的本质就是对心灵表征的计算,就是一个以符号处理为核心、以计算隐喻为根据的符号操作过程,其中遵循的是和计算机一样的程序,因此对思维最恰当的理解就是将其视为心灵中的表征结构以及在这些结构上进行操作的计算程序。这一核心观点随后还被认知计算主义概括为"大脑是个计算机""心灵是大脑的程序""认知就是计算"等。[6] 这一视角曾一度成为20世纪50年代起统治心理学、语言学、哲学、计算机科学等学科中相关研究的核心范式。

(5)延展认识论研究。计算机和人工智能是作为认识主体的人在认识能

---

[1] A. M. Turing, "On Computable Numbers, With an Application to the Entscheidungsproblem", in M. Davis (ed.), *The Undecidable: Basic Papers on Undecidable Propositions, Unsolvable Problems and Computable Functions*, New York: Raven Press, 1965, pp. 116-154.

[2] J. A. Fodor, *The Language of Thought*, Cambridge: The MIT Press, 1975; J. A. Fodor, *Representations*, Cambridge: The MIT Press, 1981.

[3] Z. W. Pylyshyn, "Computation and Cognition: Issues in the Foundation of Cognitive Science", *Behavioral and Brain Sciences*, 1980 (3), pp. 111-132.

[4] J. Haugeland ed., *Mind Design II: Philosophy, Psychology, and Artificial Intelligence*, Cambridge: The MIT Press, 1997.

[5] P. Thagard, *Mind: Introduction to Cognitive Science*, 2nd ed., Cambridge: The MIT Press, 2005.

[6] M. Scheutz (ed.), *Computationlism: New Directions*, Cambridge: The MIT Press, 2002.

力上的体外延长，或者说是一种延展的认识。1998 年，克拉克（Andy Clark）和查尔默斯（David Chalmers）提出延展心灵论题（extended mind thesis），对此形成了延展认知或"延展认识论"，由此把认知科学从计算—表征时代推向以具身性和嵌入性为核心的第二代认知科学，其核心观点是把心灵的载体从机体内部（大脑）扩展到外部世界（如计算机、硅芯片等），把由内部和外部联合构成的生物—技术耦合系统作为心灵的载体，使得认知不是局限于生物性的身体或大脑。由信息技术延展的认知能力被视为认知主体的组成部分，"当下参与认知过程的环境因素（如辞典、笔记本、计算机、iPhone、语言等）成功地与大脑连接，它们就成为我的一部分"，"如果我们移去其中的任何一个部分，就像移去了大脑的一部分一样，相应的认知能力就会丧失"[1]。

（6）信息技术认识论的文化向度。进入 21 世纪以来，在计算机、网络与伦理、价值、认识、方法、文化等衔接领域的研究逐渐兴起，穆尔（Jos Mul）认为现代信息技术造成的认识系统的整体变化，可以用"认识文化"的转型来加以刻画。在信息技术的作用下，人类先是完成从口头文化到书写文化的转型，再就是到视听文化的转型，也是到超媒体赛博空间文化的转型。[2] 莫利（David Morley）将其描述为"图像文明"占主导地位的新文明形态。[3] 在这种文化或文明背景下即数字媒体环境下成长起来的认识主体被泰普斯科特（Don Tapscott）称为"网络世代"，其大脑功能和他们的家长不同，处理信息的方式也不同，比如，他们处理快速移动的图像的速度就比家长要快，[4] 这无疑也形成了认识和思维方式上基于信息技术变迁的代际差异。

（7）信息技术对认识的双重影响。海姆在《虚拟实在的形而上学》中虽然探讨的主要是本体论问题，但也涉及了认识论问题，他认为虚拟实在属于

1　A. Clark and D. Chalmer, "The Extended Mind", *Analysis*, 1998, 58（1）, pp.7-19.
2　〔荷〕约斯·穆尔：《赛博空间的奥德赛》，麦永雄译，广西师范大学出版社，2007。
3　〔英〕戴维·莫利、凯文·罗宾斯：《认同的空间》，司艳译，南京大学出版社，2001。
4　〔美〕唐·泰普斯科特：《数字化成长（3.0 版）》，云帆译，中国人民大学出版社，2009。

自然世界所无法提供给人类的"人工网络信息新体验""比特新认识"等；他还更为细致地比较了印刷技术和计算机技术对认识论的影响，尤其是对写作过程中的认识论影响，如电子写作打乱了"印刷的词语"那种严格的层级体系结构的思维，但也造成了跳跃性和碎片化的思维，写作者们甚至变得越来越前言不搭后语，或者从以连贯性为主变为了以浮动性为主，[1] 由此也改变了人的线性思考习惯，甚至使我们正在变得更加浅薄[2]。当然，也有像莱文森这样的著名学者认为信息技术对认识论的长期效应是积极的。[3]

第二节　信息技术范式对当代认识论研究的新推进

人类发明了技术，一部人类发展史就是人和技术相互创造的历史，技术变迁使人不断发生着文化上的进化，而技术中的信息技术的变迁则使人类认识活动不断演化，当代信息技术造就了人类的当代认识特征，这些特征的表现多维，内涵丰富，形式生动，必须进一步拓展既有的研究，才能使信息技术范式对当代认识论研究形成新的推进。

一　对研究现状的反思与评价

关于信息技术影响下的认识和认识论研究，从前面的学术史梳理中可以看到，目前形成了多种路径的探讨，总体表现出视域开阔的特点，有的是从"信息技术影响下认识方式的变迁"来切入的，有的则是从"信息技术介入

---

[1] 〔美〕迈克尔·海姆：《从界面到网络空间——虚拟实在的形而上学》，金吾伦、刘钢译，上海科学教育出版社，2000。
[2] 〔美〕尼古拉斯·卡尔：《浅薄：互联网如何毒化了我们的大脑》，刘纯毅译，中信出版社，2010。
[3] 〔美〕保罗·莱文森：《数字麦克卢汉》，何道宽译，社会科学文献出版社，2001。

的认识新特征"来扩展的,还有的体现出利用信息技术发展的新成果来重新界定和分析一些重要的认识论问题,如"认识的主体是否包括延展的机器""认识的机制与过程应如何阐释""认知的本质究竟是什么"等。而目前在这一领域或与这一主题相关的研究中,达到"学派"或形成"主义"层次的研究是"媒介环境学派"和"认知科学哲学"。

以麦克卢汉为代表的媒介环境学派在信息技术介入认识的研究方面影响巨大。他们把媒介技术提高到影响人类认知活动的决定性因素的高度,从而引起了学术界对媒介技术认识论功能的极大关注,也造就了哲学认识论研究的新切入点,从而对认识论研究的信息技术转向产生了深刻的影响。像"媒介即讯息","媒介的内容的重要性,远不及每种媒介的形式在社会心理以及感官层面上所造成的影响","电子信息系统改变我们的知觉和感觉力"[1]等,都成为当代媒介认识论研究直接引入的思想和命题。当然,麦克卢汉的"媒介"在界定上较为含混,他常常在较为宽泛的"技术"意义上使用它,所以将"轮子"之类的技术也称为媒介,但实际论述"媒介"的历史和现实功能时则主要是将其作为信息传播手段来使用的,此时的媒介就是我们这里所说的"信息技术"。但是还必须看到,麦克卢汉的"媒介是人的延伸"将媒介技术视为人类认知功能(包括感官功能和思维功能)的延伸和放大,认为媒介技术的变更,就意味着与之相应的部分感官功能的强化和延伸,这仅仅看到了媒介技术的一个方面,而没有看到媒介技术在"延长"或"放大"人的认识同时,也"遮蔽"了人的认识,甚至带来了人的认识能力在某些方面的退化,从而造成了"悖论"式的效应;同时,这一学派只强调媒介的技术特征决定人们的思考和行为方式,而忽视控制和使用媒介的机构和人,走向了极端的技术决定论,这是进一步研究这一问题时所要避免的。

---

[1] 〔加〕埃里克·麦克卢汉等:《麦克卢汉精粹》,何道宽译,南京大学出版社,2000。

结合信息技术的影响并对认识的机制和本质研究产生较大推进作用的是认知科学的哲学研究，其中的功能主义就是对认知主义的信息加工理论的一种哲学总结，它表明认知科学以一种过渡或交叉性的方式体现了信息技术对认识论研究的影响。可以说，功能主义利用机器工作的原理所进行的类比以说明认知的本质，对于长期以来认识论的相关研究只停留于宏观和思辨的层面来说，是一个巨大的进步。这一理论也改变了传统认识论的许多基本观点，如不再将实在的世界现象而是将符号或表征的输入看作认知的起点，将认知看作大脑对这些表征的抽象处理过程；世界对心灵的有效输入必须转化为符号，心灵与世界的关系是一种抽象化的表征关系。简言之，无论是认知主义，还是后来兴起的联结主义都认为，对认知来讲，认知过程中的现象意识是非本质性的，主体的体验并不具有核心的认知作用。

计算—表征主义进路在其核心概念与立场上受到了许多批评，例如霍斯特（Steven Horst）批评这一进路关于"心灵表征"的预设是有问题的。[1] 杰肯多夫（Ray Jackendoff）认为这一进路带来了认知的无意识计算—表征过程与有意识的心灵体验之间的分裂。[2] 德雷福斯长期以来对这一进路作了批评，他认为，以表征模型来理解心灵、以无身性（非具身性）的计算机来模拟人的心灵认知功能的取向是失败的，这一进路对人的认知本质的基本理解是非常幼稚的，[3] 这表明功能主义关于不依赖大脑而研究心灵的观点陷入了困境。

具身认知是计算—表征主义之后兴起的一种认知科学进路，也被称为"第二代认知科学"。瓦雷拉（Francisco Varela）等人在《具身化的心灵》一

---

[1] S. W. Horst, *Symbols, Computation, and Intentionality: A Critique of the Computational Theory of Mind*, Berkeley: University of California Press, 1996.
[2] R. Jackendoff, *Consciousness and the Computational Mind*, Cambridge: The MIT Press, 1987.
[3] H. Dreyfus, *What Computers Still Can't Do: A Critique of Artificial Reason*, Cambridge: The MIT Press, 1992.

书中的论述是这一进路的肇始,[1] 他们的核心观点是,认知是在处境化与具身化的情境中熟练地"知道如何"（know-how）的施行,而不是对表征的抽象的计算过程。具身认知的兴起使得人们日益关注认知过程与主体体验之间的关系。这一进路的支持者认为,关于心灵的认知科学与主体经验的现象学应该相互合作,我们不应该忽视主体体验在认知中的作用。[2] 而计算—表征进路忽视了人类心灵的一些基本事实,使得它对认知本质的理解存在缺陷。

从认知科学的上述进程可以看到,当代信息技术从两个维度上对人类认知与认知科学哲学产生着影响。一方面,新的信息技术延伸了人的感觉、知觉与思维,拓展了人类的认知维度。当代神经科学影响下的脑电波探测、脑机接口、超视觉、延展肢体等已经取得巨大飞跃,这些都使人类的认知能力与可能性得到前所未有的扩展,如何研究这种技术飞跃带给人类认知的改变是我们将要面对和研究的课题之一。另一方面,这些延伸和拓展使得人类认知模式逐渐从"黑箱"中走出来,成为认知科学与认知哲学可研究的对象。从图灵与认知主义试图通过计算机模拟人的认知方式开始,认知科学就试图通过技术模拟的方式打开人类认知的黑箱,获得关于人类认知本质的信息。总之,当代信息技术对人类认知影响的这两个维度应该成为我们进行当代认识论研究的重要思想资源和方法论借鉴。当然,同时也需要注意,对于信息技术延展的认识,还存在许多并未完全解决的问题,如外部认知过程与内部认知过程是否相同？延展心灵与内部心灵如何具有同等地位？如果外部认知环境可以成为延展心灵的一部分,并无节制地延展下去,我们如何知道这种延展将终止于何处？[3] 此外,被信息技术延展的认知能力也是与价值哲学相

---

[1] F. J. Varela, E. Thompson, and E. Rosch, *The Embodied Mind: Cognitive Science and Human Experience*, Cambridge: The MIT Press, 1991.

[2] E. Thompson, *Mind in Life: Biology, Phenomenology, and the Sciences of Mind*, Cambridge: Harvard University Press, 2007.

[3] 刘晓力:《延展认知与延展心灵论辨析》,《中国社会科学》2010 年第 1 期。

关联的，如强大的人工智能技术会不会反客为主成为统治人的"主人"？超级计算机是否会把整个宇宙变成广泛的会思考的实体？[1] 由此可见，信息技术的认识论研究最终不会仅限于认识论本身。

二 信息技术范式对当代认识论研究的推进

如前所述，信息革命使得哲学发生信息技术转向成为必然，也具有必要。如果没有这一转向所形成的新视域，哲学的时代性和前沿性就会大打折扣。目前对信息技术哲学的研究可以说正在多维度、多分支地展开，它使我们对信息技术的内在本质和一般特征有了更深刻的认识，所产生的成果也正在趋向于形成一种基于信息技术的"世界观"和"方法论"。

信息技术哲学必然"内生"地导向信息技术认识论研究。一方面，信息技术哲学以"信息技术范式"去看问题，自然包括了用它去考察认识论问题，由此走向基于信息技术影响的认识论研究；另一方面，信息技术哲学自身的主干内容之一就是信息技术认识论，它内在地蕴含着基于现代信息技术的当代认识论研究。可以说，在现代信息技术的新发展、新成果、新前沿的推动下对认识论问题的新拓展，其中所涌现的可进一步探讨的问题甚至可形成的突破是难以穷尽的。

从语义上，信息技术认识论也可区分为"从认识论看信息技术"（用认识论来研究信息技术）和"从信息技术看认识论"（用信息技术来研究认识论）两个角度的研究。前者是认识论对信息技术的意义和作用，其运思的方向是从认识论的角度来研究信息技术活动或过程，揭示贯穿于信息技术的设计、发明和使用中的认识过程、机制、方法等，例如在当前尤其是在信息技

---

[1] 〔美〕西奥多·罗斯扎克：《信息崇拜》，苗华健译，中国对外翻译出版公司，1994。

术的发明和创新中如何体现出认识论的规律,这也是一种部门性的认识论或分支性的认识论,是在将认识论区分为诸如"自然认识论""社会认识论""科学认识论""技术认识论"之后,在"技术认识论"中再细分出来的一个论域;后者是信息技术对认识论的意义和作用,即信息技术介入到人的活动后对人类认识方式、特征甚至本质和机理的影响,以及给认识论研究所带来的新变化。第一个方面可以说是"工程传统"的信息技术认识论的主题,有待于大量信息技术领域的工程师、发明家和管理者们对自己工作的成果和案例进行总结和提升,它通常是 IT 专家所擅长的对象;第二个方面则更偏向于"人文传统"的信息技术认识论,这也是本研究或哲学工作者所侧重的方面。

进入认识论研究的信息技术范式又可以进一步分解为"技术范式""信息范式"和"前沿范式"三个子范式。其中技术范式表现为一种有限的信息技术决定论,所基于的是信息技术对社会的全面影响。这一范式从社会的信息化延伸到认识的信息化,从而着重于对造成认识变迁的技术因素的挖掘和分析,其分支形态层出不穷,形成了十分丰富的认识论研究新视界。信息范式则是对认识活动中"信息因素"的强调,其最高表现就是"信息主义"[1],而认识论信息主义就是用信息因素解释认识本质和机制的认识论理论。前沿范式是对动态发展和探新精神的强调,由于信息技术在整个技术系统中居于前沿的地位,以及信息技术自身也不断涌现新的前沿,再加上信息技术还具有"认识论优越性"(它本身就是认知技术),所以只要关注这些前沿,就可以获得源源不断的认识论新问题和新领域,如深度学习算法与认识论、人工情感技术与认识论、脑机融合与认识论等。

这三个子范式形成了对当代认识论研究从工具手段、精神文化和前沿引导的系统推进,构成了这一研究中的共识性核心理念,导向我们对认识论探

---

[1] 参见肖峰《信息主义:从社会观到世界观》,中国社会科学出版社,2010。

索的新境界，使信息革命不仅产生了新的哲学，也产生了新的认识论。

作为一种新的认识论，信息技术介导的认识论是在多学科的交叉中形成的新视域，如它既是在已有的信息技术哲学的基础上，将其引向认识论研究，也是在已有的认识论研究领域中引入当代信息技术的视角，由此形成了哲学认识论与当代信息技术最新发展的视域融合。在这样的融合中，无疑可生成大量关于认识和心灵活动之机制和特征的新看法。

在强调本体的多学科交叉性时，尤其要关注其中所体现的当代认识论与认知科学及现象学的深度融合。充分借鉴但又不拘泥于认知科学提供的方法和成果，可以使当代认识论研究在与认知科学的深度融合中不断获益。认知科学的计算—表征进路将人脑视为和计算机一样的符号处理系统，使得我们在关于认识本质的研究中进一步追问：认识中的一切现象是否都可以"还原"为可计算的信息现象？科学化的信息运作机制是否可说明人的认识的一切奥秘？本书注意到，认知科学（既包括第一代也包括第二代认知科学）关注信息科技对人类认知本质（计算表征的复杂性，以及相关情绪、知觉与行为之间的关系）带来的种种改变，这些改变涵盖了诸如具身认知、嵌入认知、延展认知和生成认知的内容。首先，哲学将为信息科学影响下的认知改变提供总体性解释，特别是将身体性的认知纳入研究的视野，力求研究新的技术怎样拓展了人类认知的广度和深度。其次，信息技术的使用和对认知的嵌入也在不断改变着人的认知模式和认知过程，使认识论在传统框架中的经典观点不断得到新的突破或丰富。

可以说，现代信息技术对人类认识的介入和影响是全面而深刻的，它从一般的"中介"或"延展"发展到"嵌入"和"构造"，从外置性技术辅助走向内融性技术植入，即从外部影响发展为内部构建，从手段性辅助发展为根基性重构，使得人的认知不仅是具身的，而且是具机（机器介入）和具技（技术嵌入）的，也有人称这种认知主体为人—机主体。如果认知的对象是世界的话，那么传统的认知模式人—技术—世界就变成"（人—技术）——世界"，这也是技术哲学家伊德（Don Ihde）所概括的关系之一，表明认知技术在认识过程中的工具性和中介性角色演变为主体性角色。信息技术对人类认识的这种日趋强大的影响和作用，使得当代认识论研究如果忽略信息技术范式，就将抓不住重点，甚至会失去根本，即无法把握当今人类认识活动的真实面貌。

三 基于新范式研究认识论的价值与意义

基于新的范式研究认识论，就是将哲学认识论置于当代信息革命背景下进行新的探索，这无论从学术层面还是社会向度或是个体视角都具有多方面的价值和意义，由此才使这一研究获得了强健的时代性推动。

第一，使认识论研究获得来自新技术范式的新启示。

信息技术范式是分析传统认识论问题的新方法，也是发掘认识论新问题的新手段，无疑蕴含着对当代认识论研究的新突破。将信息技术范式中关于计算机和网络作为信息时代"建构物"和"核心表征物"的思想贯穿到认识论研究中，无疑可以开启新的思路、形成新的视角，使认识论研究达到的深度、高度和广度，获得新的拓展；而这一切，都是基于一旦涉及信息技术对认识过程的介入，就会面临一系列新的认识论问题。例如，此时人的认识是否从技术辅助性思考走向技术主导性思考？于是，思考或认识的限度和可能不是取决于人脑而是取决于机器？计算机尤其是高智能计算机是否可被视为一种"信息化大脑"或"数字化大脑"？这些新的问题正在成为认识论的新难题，对这些新难题的解决，无疑可以使认识论在当代的研究获得新的突破。

第二，使认识论研究获得来自信息技术发展的强大动力。

本研究将认识论的研究与信息技术的发展相关联，可以使哲学认识论的研究从时代发展的最强大引擎——信息技术——那里获得最强大的动力。由于信息技术的创新日新月异,它对哲学认识论也带来了层出不穷的问题,因应当代信息技术(尤其是计算机和人工智能)而产生的认知科学的兴起,使得一度陷于低落的认识论问题重新回到哲学的中心舞台,其借力于信息技术发展的强大推动,可以为哲学认识论研究发掘新的生长点。

第三,使认识论研究在新技术时代走向新形态。

本书从信息技术范式来深化认识论研究,旨在增强认识论研究的时代性、技术性和中观性,从而从总体上走向一种新形态。所谓"时代性"就是通过探寻当代信息技术使认识论所呈现的新特征、发展的新趋向,将认识论的当代图景植根于造就信息时代的技术原因上去阐释,从而对认识论的时代特征加以深层的把握。所谓"技术性",就是准确把握当代认识论的信息技术转向,这是顺应时代性技术转型的结果。所谓"中观性",就是从宏观认识论走向微观认识论的中间形态,蕴含的是认识论研究的一种"经验转向",即认识论的理论分析与现实的经验世界相结合,其中包括认识论研究与科学技术的发展相结合,尤其是将作为经验科学的信息技术之丰富成果带入哲学认识论中来。这种"带入"可以使认识论研究具有更多具体而实在的内容,克服传统的认识论研究中过度宏观思辨的单一取向。

第四,推进分支认识论研究的繁荣。

认识论要走向繁荣,必须通过分支认识论的兴旺来实现。由于信息技术范式的认识论研究会聚了时代性、前沿性、技术性等方面的特质,它还能激活其他认识论分支、带动更多领域的认识论研究,它所形成的认识论创新对于各个领域的认识论研究无疑具有示范和牵引的效应。与此同时,这一研究还可以拓展学科融合的新界面,从认识论侧面使哲学、信息学、认知科学、传播学、媒介社会学和文化学、马克思主义理论等实现交叉融合,形成会聚性生长。

第五，形成交叉聚合的视界。

本书力求认识论研究与新兴的哲学学科相结合，科学技术发展的最新成果与哲学研究相结合；在认识论"内部"，还力求集合社会认识论、科学认识论、自然主义认识论、功能主义认识论、体知合一认识论等学派的积极成果，形成关于当代认识论研究的一个由多学科、多视角会聚的"新轴心"；其成果向相关领域的辐射，则可以启示更多向度的认识论研究，包括身体哲学的认识论研究、实践哲学的认识论研究、信息哲学的认识论研究等，从而形成一种交叉聚合的研究进路。

第六，与信息革命同行，做现代认识主体。

我们每个人都是认识主体，都经受着当代信息革命的洗礼。当代信息技术日趋广泛和深刻的介入，不仅对人类认识的发展形成了积极的推动和提升作用，同时也带来了不容忽视的负面影响，由此造成了悖论式的认识论效应。尤其是，信息社会中不乏信息技术落伍者和拒斥者，这是在信息时代形成知识鸿沟的原因之一，鉴此需要探讨信息技术设计者与信息技术落伍者在认识论上的相互调适，以便从信息技术根源及认识论根源上削减人与人之间的不和谐，从科学与人文的双向努力上去寻求解决认知悖论的途径，矫正认识活动中的价值偏差，以期实现信息革命在认识论上的积极效应最大化，消极效应最小化，使认识主体保持"认识论革命"的自觉性，成为与信息时代同行的"现代认识主体"，由此体现"认识论也是人学"、认识论研究最终必须回到人、惠及人的旨归。

第三节　新范式的认识论效应：以人工智能为例

信息技术作为认识论研究的新范式，多方面地表现为它对当代认识论研究的深度影响，形成一系列"认识论效应"，这里以人工智能所造成的认识论效应为例进行分析,[1] 因为信息时代在当今的最新呈现就是人工智能技术正在将我们带入的智能时代。如前所述，人工智能的理论根基是哲学认识论，它的萌发与演进与认识论密切关联，它的应用更是形成了多维度的认识论效应。

一 人工智能的认识论理论效应

人工智能最基本的认识论效应，是在认识论理论层面上对其形成的凸显效应、体现效应和拓深效应。

（一）凸显效应：从人工智能的重要性到认识论的重要性

人工智能在当今社会的重要性不言而喻，人工智能的这种"显赫"无疑也使得认识论的重要性得以凸显，因为当我们进一步考察为什么会有人工智能、人工智能为什么会有不同的流派、强人工智能是否可能等问题时，都要追溯到认识论的根源上，从而将我们的目光引向对认识论的关注。

就"为什么会有人工智能"来说，由于智能就是认识现象，人工智能就是要通过人工的技术手段来模拟人的认识能力，所以它的发端就是一种认识论追求，它的萌发很大程度上也是来自认识论的启示，这个启示就是：人能进行需要智能的认识活动，那么人造的机器也能进行这样的活动吗？认识活动的主体只能是人吗？它能否从人转移到别的人工载体上？对此，人工智能的思想先驱莱布尼茨就直接萌生过制造有智能的机器之想法。从根基的意义上说，人工智能起源于认识论。人工智能产生的年代，正是认识论发展到理性主义占支配地位的阶段。当一些认识论哲学家（如罗素、弗雷格等）完成

---

[1] 因为人工智能本身就属于信息技术，而且是当代信息技术的前沿领域，目前还是直接影响社会发展的走向从而聚焦了人类最大关注的一种前沿信息技术。

了数理逻辑这一理性认识的数学和逻辑工具后，人们追求一种精确化、普遍性的知识形式就必然成为认识论的主题；而当计算机问世后，将这样的知识形式化进而通过计算机加以模拟的人工智能路径就必然会出现，这也正是符号主义人工智能发端时，许多创始人受到分析哲学和逻辑实证主义直接启发而走上 AI 研发之路的情形。德雷福斯对于认识论启发人工智能有过这样的论述：人工智能的"先驱研究者们直接或间接地从我们哲学家当中学到了很多东西：比如，霍布斯关于推理就是计算的宣称，笛卡尔的心理表征概念，莱布尼兹的'普遍特性'（一组谓词其中所有的知识都可以之表达）概念，康德关于概念规则的宣称，弗雷格对这些规则的形式化，以及维特根斯坦在他的《逻辑哲学论》中提出的逻辑原子命题公设。简言之，人工智能研究者虽未意识到这点，但业已努力将理性主义哲学转变为一种研究计划"[1]。当然，还可以进行更早的追溯：亚里士多德所归结的人在认识过程中的三段式演绎推理对人工智能的知识表示具有更为根基性的作用。

可以说，人工智能最初萌发于这样一种认识论类比：当理性主义认识论所揭示的人的认识过程应该受严格的逻辑和规则支配时，计算机中的信息处理也受精确的算法和程序控制，两者之间无疑就具有高度的可类比性，两种过程由此也具有形式上甚至本质上的一致性，所以在计算机上模拟人的认识过程是完全可能的。这就是人工智能最初的理论根据，也正因为如此，人工智能在起初被视为是一个"涵盖了认识论和逻辑的新兴研究领域"，是一个"由这两个领域之间的共同利益所创造的"的领域，从而"AI 的目的是研究可能的认识关系的类别，认识论的主要目的是规范那些知识组合所必需的特性和关系"[2]。简单地说，人工智能将一些认识论关系（特别是推理关系）纳

---

[1] 〔美〕德雷福斯：《为什么海德格尔式的人工智能失败了，如何修复它则需要让它变得更海德格尔式》，刘司墨译，2017-12-30，https：//zhuanlan.zhihu.com/p/32495519。

[2] G. Wheeler, L. Pereira, "Epistemology and Artificial Intelligence", *Journal of Applied Logic*, 2004, 2 (4), pp. 469-493.

入自己的知识理论中，使得机器的知识表示或知识发现过程凸显了认识论的普遍功能。

就"人工智能为什么会不同的流派"来说，认识论是人工智能的哲学基础，而在具体实施智能的人工模拟时，如何模拟的路径则会更具体地从某种认识论理论中得到启发。换句话说，有什么样的认识论就有什么样的人工智能，具体的AI范式是由不同的认识论理论为其提供智力资源的。AI的创始人之一约翰·麦卡锡（John McCarthy）指出：人类水平的人工智能要求计算机程序具备一些哲学态度，特别是认识论的态度。[1] 不同的认识论为不同范式的人工智能提供了不同的哲学支撑，每一种范式所获取的进展或成功，一定意义上也可以被视为相关认识论的成就，从而人工智能不仅具有对认识论理论的一般凸显效应，而且还具有对不同认识论学派的特殊凸显效应。

就"强人工智能是否可能"来说，这关系到人工智能的未来走向，是当前讨论人工智能的可能性时最受关注的问题，并将特定的认识论问题推向了前台，这就是认识主体的属人性问题：是否只有人才能充当认识主体？成为认识主体的必要条件是什么？人工智能是否终将会具有自我意识和自由意志？意识和意志作为认识现象，应该如何界定？当这些问题在学术界被热议时，无疑也意味着认识论重新成为"显学"时代的来临。

（二）体现效应：人工智能的成就对认识论效力的展现

人工智能之所以在今天如此重要，是因为它帮助我们解决了越来越多的问题，其成就和效能与日俱增，由此也体现了作为其哲学基础的认识论的效力。

哲学认识论原本是抽象而宏大的理论，它容易得到类似于"哲学无用论"

---

[1] V. Schiaffonati, "A Framework for the Foundation of The Philosophy of Artificial Intelligence", *Minds and Machines*, 2003, 13（4）, pp.537-552.

的评价。而当作为某种认识论追求的人工智能获得成功时，意味着它背后无形中起支撑作用的认识论也发挥了效力，使得"认识论无用"不攻自破。人工智能的创始人纽厄尔（Allen Newell）和西蒙就表示 AI 研究必然要走向认识论问题："仅是建构一个知识基础，就成为智能研究的重大问题……关于常识性知识的内容与结构，我们还是知道得太少了。'极小'常识系统必须'知道'有关因果、时间、目的、地点、过程和知识类型……的某些情况。在这一领域中，我们需要花力气做严格的认识论研究。"[1] 可见，人工智能研究使更多的认识论理论问题浮出水面，走向前台。在这里，"体现"的意义就是哲学认识论获得了"用武之地"，具有存在和影响人工智能的价值，这就是 AI 对认识论所具有的特殊的体现效应。

如前所述，研究人工智能必须秉持某种认识论，所以人工智能对认识论也具有体现的多样性，因此了解或学习某种人工智能，就是接受某种认识论的潜移默化的影响。人工智能研究中的范式变换，某种意义上就是认识论上的"改宗"。发掘人工智能对认识论的这种体现关系，也是将 AI 置于认识论的分析之中，在经受了认识论分析后，人工智能的一般共性和不同范式的个性才能得以清晰显现，从而在根本的层次上形成对 AI 范式区别的把握。

人工智能在前台的多姿多彩和价值扩增，在某种意义上也体现了其背后的哲学认识论的效力，体现了作为 AI 渊源的哲学认识论的当代价值。

（三）拓深效应：人工智能对认识论研究的拓展与深化

人工智能在凸显和体现认识论的过程中，还不断给认识论研究提出新问题、拓展新视界，从而进一步形成对认识论理论的拓展和深化效应。

人工智能虽然在认识论的启示下萌发，但人工智能的理论并不是简单地

---

[1] 〔美〕阿伦·纽厄尔、赫伯特·西蒙：《作为经验探索的计算机科学：符号和搜索》，载〔英〕玛格丽特·博登主编《人工智能哲学》，刘西瑞、王汉琦译，上海译文出版社，2001，第156页。

重复各派认识论学说，而是结合最新的探索，以自己独特的视角和语言，重新概括出自己对智能及其模拟过程的理解。如"物理符号系统""表征—计算""人工神经网络""深度学习""感知—行为"等就是这样的概括，其中包含的内涵既拓展也加深了我们对某一向度的认识活动的理解。如同斯罗曼（Aaron Sloman）所说："人工智能（以及计算机科学）已经开始通过为自然智能的各个方面提供新的解释形式，并对有关思维的性质、活动和产品的古代哲学问题提供新的答案，来推动科学和哲学的发展。"[1] 可以说，各种人工智能范式都对认识的机制提供了新的阐释，从而丰富了关于认识活动的哲学理解。如"认知的计算阐释"经过几百年的发展，计算概念成了许多人把握、说明、思考认知甚至心灵的一种独特方式。当认识论对认识过程的说明结合这些新的视角后，就可以形成更加开阔的视野。当一般的"认识"范畴借助这些形式多样的表述得到极大的丰富时，也可以使我们对各种形式的认识活动通过这些概念的"指引"和启发实现更加微观的把握。基于 AI 关于认识本质的理解还形成了"计算主义""联结主义""行为主义"之间的新争论，如果在当代认识论研究中汲取各派的合理之处，加以整合提升，还可以形成涵盖面与合理性更高的认识本质理论，由此导向对认识论理论发展的新成果。

此外，人工智能还通过对一些传统认识论问题的"再思考"加以深化。如图灵测试关于"机器能思考有智能吗"的问题，就引起我们对"思考""智能"等认识论范畴的再研究。目前，基于机器学习的感知 AI，正在向认知 AI 提升，这个提升的技术解决，也将形成基于微观机制的理论成果，这对于我们深化人的认识活动中"从感性认识到理性认识的飞跃"的阐释和理解将起到重要的深化作用。

---

[1] A. Sloman, "Huge, But Unnoticed, Gaps Between Current AI and Natural Intelligence", in V. Müller (ed.), *Philosophy and Theory of Artificial Intelligence*, Springer Nature Switzerland AG, 2018, p. 94.

二 人工智能的认识论工具效应

至少在强 AI 出现之前，人工智能对人的唯一功能就是作为工具而起作用，其作用也必然在认识论的维度上得以表现，例如，它可以充当人的思维认识活动的"镜子"，在帮助人在"认识自我"中发挥出"镜像"的效应；它可以对认识论假说提供检验和验证的技术新手段，从而起到"实验"的效应；它还可以作为提升人的认识能力的强大装备，形成"增强"效应。

（一）镜像效应：将心灵对象化进而客观地研究主观认识

借助镜像来认识自己，是高级的智能生命所具有的一种认识能力。这也是我们理解和阐释"自我"（包括精神自我）这种难以直接观察的对象时常用的一种方法。尽管它不可能绝对地完全地展示对象的全部本质属性和内容，但可以有限合理地帮助我们理解相关对象。人的认识发生于自己的脑海深处，作为活体所进行的活生生的心灵活动不能为人自己所直接观察，而借助镜像来观察和探究思维意识的奥秘，就成为一种必要的方式。

人工智能是对人的智能（认识、思维过程）的技术模拟，其在计算机上建立大脑工作模型，"创造人工认知系统，用解释人工系统的方式解释自然认知系统的行为"，所以"人工系统是自然系统的良好模型，因为它们共享构成其行为基础的相关因果组织"[1]。当然不同的人工智能建立了不同的模型，这些模型一方面模拟人脑的认知从而完成人所交予的认知任务，另一方面也以模型的方式展现出人脑的工作原理，即认知活动的机制，于是成为心灵的某个维度或局部工作机理的写照或投射，人工智能由此成为可供人透视自己

---

[1] M. Miłkowski, "Limits of Computational Explanation of Cognition", in V. Müller（ed.）, *Philosophy and Theory of Artificial intelligence*, Springer Nature Switzerland AG, 2018, p.69.

心灵活动的镜子，成为人类把握精神自我的新的参照物，成为解开自己心灵之谜的钥匙。由此一来，人工智能作为认识论研究新工具，起着镜像的作用，将心灵对象从第一人称的存在转化为第三人称的存在，人类因此可以客观地研究自己的心灵过程。

人工智能从多方面起到这种镜像效应，乌丁（Nasir Uddin）认为，通过人工智能作为"人类水平智能代理的发展提供了一种人脑的复制品，用它来研究人脑比较容易，它有助于更好地理解心灵和大脑……人工智能在认知科学的研究领域是一个有用的工具，因为这种技术创新有助于更好地理解人类的思维。基于人工智能的应用程序，如语音到文本、文本到语音、自然语言理解和个性化，使人类识别成为可能，由此能充分理解人类的思维。"[1] 可以将人工智能作为一种特殊的认识系统来看待，作为镜像，它有助于我们清晰地把握认识过程，内在地揭示认识的机理，深刻地洞悉认识的本质。

认识主体通过镜像来认识自己，也被称为"反身阐释"，它是"自知"（self-awareness）的一种重要手段。由某物演化出来的对象反过来阐释自身，也是一种普遍的研究方法，如人工制品作为工具如同技术哲学家所说的是人的器官投影，这种投影的集合形态就是机器，而机器也可以反过来对人进行再阐释，便有了"人是机器"的说法。目前研究人工智能的重要目的之一，就是反过来说明人的智能的机制。研发人工智能的一大目的，就是使用 AI 来理解一般的智能。可以说，人工智能使得通过镜像手段来认识人的心灵的进路显示出强大的功效，人工智能正在成为智能或认知的重要阐释平台，机器认识也日益成为打开人的心智过程之"黑箱"的手段，使之逐渐成为可以直接观察的"白箱"。

当然，还需要指出的是，目前的人工智能不是人的智能的全部镜像，而

---

[1] M. Uddin, "Cognitive Science and Artificial Intelligence", *Cognitive Computation and Systems*, 2019（4），pp. 113-116.

只是局部镜像,一旦通用人工智能实现后,这种镜像才可能向"全息"的方向趋进。

(二) 实验效应:AI 作为认识论的实验室

海姆曾提出"虚拟实在技术是形而上学的实验室"[1],从这一关联的意义上我们完全可以说,人工智能就是认识论的实验室。

人工智能之所以可以起到认识论的实验室效应,是因为人工智能就是要在搞清认识活动机制的基础上尽可能地在机器上加以模拟,而机器上对某种认识机制的模拟,就形同将人类所理解和把握的某种认识机制转化成算法并在人工智能装置中加以"实验",起到对于这种理解及其算法转换是否正确的检验作用,认识论的某种假说由此可以通过实验的方法得以展开和观察、检验和验证。认知科学家萨迦德也揭示了这种实验效应:通过编写一个科学认知方面的模拟程序,可以提供一个计算可行性的最小试验,用以测试潜在的理论观点。[2] 由此一来,认识论假说成为基于实验的可检验的理论,一些争端甚至也可以借助实验来解决。可以说,人工智能过去行使了这种职能,它对先前的一些认识论理论(如理性主义、经验主义、具身认知等)通过不同 AI 模型的实际应用加以了实验性的检验,由此也把握了相关的认识论的合理性范围与程度。例如,正是符号 AI 经过实际的运作发现了其局限,这个实验的机器似乎也就证实了计算—表征理论对于说明认识本质的有限性或它对于认知阐释的合理性范围。人工智能以后还将继续行使这一职能,各种新的认识论假设,可以通过实施于人工智能得到检验、验证,认识论由此也变得更加"实在"。也正因为如此,在丹尼尔·丹尼特看来,人工智能使得哲学

---

[1] 〔美〕迈克尔·海姆:《从界面到网络空间——虚拟实在的形而上学》,金吾仑等译,上海科技教育出版社,2001,第 86 页。

[2] P. Thagard, "Computing in the Philosophy of Science", in L. Floridi (ed.), *The Blackwell Guide to the Philosophy of Computing and Information*, Oxford: Blackwell Publishing Ltd., 2004, pp. 307-317.

家变得更加诚实。

作为认识论的实验室，人工智能对认识论起到了实现手段和检验工具的效应，也使得认识论研究可以借助技术的手段得以在新的平台上展开，即在智能机器上以技术实验的方式来研究人的认识。由于实验通常需要在理想条件下进行，所以实验中的人工智能起初可能只是理想状态的认识论，可能只能处理积木世界中的问题（从而是一种"积木世界中的认识论"），但实验室的成果终究会走向面向实际、面向复杂性的现实现界，这也正是实验的目的所在。

（三）增强效应：借助 AI 而提升的认识能力

如果说认识论力求使心灵秩序化，那么人工智能则进一步使秩序化的心灵可以被工程性地为人服务，而这种服务反过来又极大地增强了人的认识能力，这正是 AI 在当代最为显著的认识论工具效应。

作为智力活动的重要工具，在人工智能被人有效使用之前，可以说人进行脑力劳动的方式主要是"手工劳动"，其效率和效能普遍较低。计算机和人工智能作为工具被人在脑力劳动中使用后，一系列新的特征（如数字化、自动化、智能化、网络化等）随之出现，脑力劳动或更广义的认识活动发生了划时代的变化，这些变化的一个集约表现就是人的认识能力得到了空前的增强。

人工智能对人的认识能力的增强效应是全方位的，如它使得认识系统中的三个基本要素（认识主体、客体和中介）都得到前所未有的增强。认识的中介就是认识工具，由人工智能、脑机接口等充当人的认识工具后，作为认识主体的人直接获得了高效的认识辅助手段，人可以将许多工具性的职能卸载给 AI，自身获得新的解放和自由，成为更具创造性的主体。又如从认识系统的环节来看，AI 辅助下人在知识信息的搜集和选择、加工和储存、扩散和传播等各方面的能力都发生了翻天覆地的变化，人的感知、识别、推算、预测、决策等认识也获得突飞猛进的发展，不断取得前所未有的成就。

此外，人工智能对人的认识能力增强的方式也不断升级换代，如从基于弱人工智能的专门化增强到基于通用人工智能的整体性增强，从作为辅助工具的增强到作为代理（agent）的替代式增强，从作为"外脑"的体外延展式增强到脑内植入式增强，从人机分离的增强到人机融合的增强，如此等等。

当然也要看到这种增强效应的双重性，尤其要避免在替代性增强中人越来越多的认识论能力因"用进废退"而发生退化，以及在人机关系上的主客异位，这都是我们必须要力求规避的人工智能的"认识论风险"。

三　人工智能的认识论创新效应

创新是人类认识最重要的能力，人工智能的诸多认识论效应中，对于促进创新的效应也是其重要的方面，这在前面"导论"的"研究目标"部分，曾以人工智能为例阐明了现代信息技术所具有的认识论探新效应，在这里我们再通过 AI 创新对认识论创新所具有的传递效应、驱动效应和平台效应来进一步分析此问题。

（一）传递效应：AI 的创新活力对认识论的强烈感染

人工智能本身就是创新的产物，它自问世后也持续是一个充满创新活力的前沿科技领域，今天它正在不断将人类带入新的天地和境界。可以说，不创新，人工智能就不成其为 AI，因为"智能"就在于能够解决没有先例的新问题，而非重复解决那些有先例可循的问题。今天我们对人工智能的理解也是这样一种动态的理解，即机器已经能够解决的问题就不再属于人工智能的范畴，那些未曾解决的问题才是 AI 研究和突破的方向，所以人工智能永远在创新的路上。人工智能所具有的认识论属性，也使得它的创新特征必然"传递"到哲学认识论研究之中，对其产生强烈的"感染"。AI 所形成的新视界、新理论、新学派，不断为认识论研究提供"新鲜血液"和创新原料，在消化人工智能新成果的过程中，认识论不断获得新的启示，进入到新的问题。AI 充满创新活力的特征，使得作为其哲学基础的认识论在智能时代也越来越充满创新活力："对人工智能的哲学问题的兴趣已经与广泛采用人工智能范式和模型来解决哲学问题结合起来，从而促进了一场新的研究热潮。"[1]

这种传递效应也体现为人工智能为认识论创新提供了新的契机。人工智能的出现和存在，本身就是一个新的认识论问题，它带来的 AI 与人类智能的关系问题成为需要进行新的认识论探索的问题，由此"AI 触发最终回答科学和哲学问题的潜力，例如关于心灵和精神状态和过程是什么，以及它们如何工作，包括他们如何进化，如何发展，如何不同"[2]。人工智能带来的认识论新问题没有现成的答案，只能靠创新才能加以解决；这一现状也使得探索这些问题的限制相对较少，这就为认识论创新提供了极好的契机。

认识论研究的现代化也在很大程度上呈现为人工智能的深度融入，从概念的导入（认知、算法、计算、程序、形式化……）到机制的引进，人工智能呈现出为认识论创新提供新工具的价值；"实际上，人工智能中开发的概念和实用工具为一些哲学主题提供了一种创新方法。如今，这两门学科的相互作用逐渐显现为一种重要的交互滋养，朝着各自边界消失的方向发展。哲学在阐明人工智能的目标和方法方面起着相关的作用，人工智能在回答几个不同的问题方面为哲学提供了强大的工具。"[3] 当人工智能可以从认识论获得方

---

[1] V. Schiaffonati, "A Framework for the Foundation of the Philosophy of Artificial Intelligence", *Minds and Machines*, 2003, 13 (4), pp. 537-552.

[2] A. Sloman, "Huge, But Unnoticed, Gaps Between Current AI and Natural Intelligence", in V. Müller (ed.), *Philosophy and Theory of Artificial intelligence*, Springer Nature Switzerland AG, 2018, p. 95.

[3] V. Schiaffonati, "A Framework for the Foundation of the Philosophy of Artificial Intelligence", *Minds and Machines*, 2003, 13 (4), pp. 537-552.

向时，认识论同样可以从人工智能中寻找洞见。汲取人工智能成果的认识论研究必定是创新型的认识论研究。

（二）驱动效应：AI 的突破有赖于认识论的创新

由于认识论是人工智能的底层根基，所以人工智能的突破需要认识论的创新甚至革命予以支撑。在导论中我们曾看到，目前人工智能的重大突破（如从专用 AI 到通用 AI 的突破）之所以还未发生，原因之一就在于认识论供给不足；人工智能的困境或瓶颈，也是其面临的认识论困境或瓶颈；认识论如果不取得根本性突破，对一些瓶颈性的现象如果达不到认识论层面上的透彻理解和揭示，人工智能就难以取得根本性的突破；这就是斯罗曼所指出的状况：目前，大多数人工智能研究的目标是可证明的实际成功，而一些重要的科学问题却没有得到解答，在某种程度上也没有得到注意！所以人工智能的发展极为希望哲学能够提供认识论的现代模式。[1]

认识论对于人工智能发展的哲学制约也为不少人工智能专家所揭示，如潘云鹤认为："历史地看，人工智能的发展不时地陷入没有预想到的深层困境，这提醒我们不仅应当从人工智能发展的技术问题，而且应当从人工智能的最根本概念和理论上去寻找原因，人工智能需要更为宽广的眼界和宏观的方法论指导。"[2] 人工智能诞生初期普遍存在的是乐观的预见，认为二三十年或一代人之内就能使智能机器达到人的智能水平。但后来的发展并不顺利，即使到今天也距理想的目标遥遥无期。吴朝晖院士归结 AI 的现状是"感知智能可适应性差、认知智能'天花板'低、通用人工智能发展乏力"[3]，从根基上看还在于人工智能的理论纲领基本仍囿于计算主义之内，未能在超越这一

---

[1] A. Sloman, "Huge, But Unnoticed, Gaps Between Current AI and Natural Intelligence", in V. Müller（ed.）, *Philosophy and Theory of Artificial intelligence*, Springer Nature Switzerland AG, 2018, p.94.

[2] 董军、潘云鹤：《人工智能的认识论问题》，《科学》2002 年第 4 期。

[3] 参见沈阳等《智能增强时代推进新一轮学习革命》，《电化教育研究》2020 年第 8 期。

纲领上取得重大突破。形成这一状况的哲学根源，就在于认识论上的种种藩篱和隔离；而要突破这样的藩篱，就要进行多向度的融合并在这种融合中进行创新。例如，需要认识论学派实现自身的融合，需要认识论中科学与人文的融合，还需要走向人机合作的认识论等，这些融合创新的驱动作用已在导论中加以了阐释，此处不再赘述。总之，人工智能的不断发展对认识论的创新提出了强烈的需求，它"倒逼"我们去寻求不同认识论融合的可能，倒逼我们去搞清楚人文认识的机制，以及人机结合的认识过程之前景。人工智能作为认识论前行的新引擎和新动力，使得认识论永远在创新的路上。

（三）平台效应：AI 为认识论创新提供充裕条件

人工智能还直接为认识论的创新提供平台，提供前所未有的技术和实验条件，使过去只能停留于想象中的认识论假说，可以借助如前所述的镜像和实验效应得以实施、考察、验证和修正，由此为认识论创新提供新环境、新平台、新条件。在人工智能的装备下，认识论新理论的产生方式不再仅有纯粹思辨的方式，也可以有基于实验的实证方式；当新理论形成后存在分歧时也不再只能是各执己见、无法达成共识，而是可以借助人工智能这个认识论的实验室来检验不同理论的正误，进而解决过去因无法验证而不能消解的纷争。所以人工智能所具有的认识论创新的平台效应，还在于它是一个新型的可以形成认识论上更多共识性创新的平台。在认识论研究中有效地利用好人工智能，它就可以成为促进认识论新发展、拓展认识论新空间、开辟认识论研究新趋向的创新平台。

当然，对于人工智能的认识论创新效应，我们同样也需要注意这样一个问题：如何将 AI 限制于辅助甚至启示我们创新，但不能代替我们创新，这是在人机之间形成合理认识论分工所必须解决的问题。

总之，人工智能具有多向度的认识论效应，当代认识论研究如果能够积极汲取 AI 发展的前沿成果,借助新的认识论问题的持续启示和激励,在人工智能对认识论创新所形成的倒逼式需求的强力推动下,它和 AI 一起进入兴盛繁荣就极为可期。

第四节 新范式与认识论的深度融合:人工智能就是认识论

如前所述,信息技术从原初功能上就是作为认识技术而存在的,当代信息技术更是增强了这一功能。信息技术的上述认识论效应就是这一功能的体现,它进一步体现了信息技术作为认识论研究新范式的重要性,这种新范式甚至可以更简洁地表述为"信息技术就是认识论",这一命题表征了信息技术与当代认识论的深度融合,对此仍可以以人工智能为例(即"人工智能就是认识论")来加以说明。

一 在什么意义上人工智能就是认识论?

我们可以从学科相关性、对象相关性、根基相关性以及终极追寻的相关性等维度上来理解人工智能就是认识论。

从学科上看,人工智能是力求在机器上模拟人的思维认识能力(智能)的一种科学技术,所以与同样以思维认识活动为研究对象的哲学认识论具有密切的关联,以至于人工智能的基本理论甚至被视为"认识论问题的批判性研究"[1]。而从软件上看,人工智能就是以编程的方式来实现智能模拟的目的,编程所形成的程序说到底就是逻辑,而逻辑就是"在心理和言语表征中

---

[1] V. Schiaffonati, "A Framework for the Foundation of the Philosophy of Artificial Intelligence", *Minds and Machines*, 2003, 13 (4), pp. 537-552.

理解了世界和思想的秩序"[1]，从而也就是体现了对世界洞察力的认识论，即逻辑就是认识论。

人工智能和哲学（尤其是认识论）还都与认知科学相关。认知科学作为"理解大脑行为"和"揭示心灵奥秘"的研究领域，是由六大学科（哲学、心理学、人工智能、语言学、人类学和神经科学）交叉而成，当这些学科集合成为认知科学时，就具有力求把握人的思维认识活动内在机制的共同使命和学术指向。当人工智能最初被纳入认知科学时，那些早期的人工智能理论家也就被归为认知科学家，具有广义认知能力的机器人被称为"认知机器人"，这样的认知机器人能够学习并应对复杂的情况，从而可以在没有人的直接帮助下完成开放式任务，由此就有了"cognitive science AI"即"认知科学人工智能"的说法。[2] 并且"在这个意义上，人工智能不是一件东西，而是某些系统的一种属性，就像移动机器人的移动性是允许它们移动的一种属性一样。第二种意义上的人工智能是一门名为认知科学的学科的研究主题，而不是计算机科学或机器人技术"[3]。更进一步看，如果狭义地理解"认知"，即从"信息处理"或"计算—表征"的意义上理解它，所形成的"第一代认知科学"和符号主义范式的人工智能就具有直接同一性，这就是认知哲学家豪格兰德所说的："关于认知科学的一种思考方法是狭义地理解'认知'一词，并将人工智能作为其本质，那就是物理符号系统的假设，或者我所说的'好的老式人工智能'。其基本方法是通过合理地操纵符号表示来实现智力成就，这是根据这种狭义概念进行认知的本质。"[4]

1　T. Vamos, *Knowledge and Computing: Computer Epistemology and Constructive Skepticism*, Central European University Press, 2010, p. 81.
2　M. N. Uddin, "Cognitive Science and Artificial Intelligence", *Cognitive Computation and Systems*, 2019, 1 (4), pp. 113–116.
3　Flasinski, M., *Introduction to Artificial Intelligence*, Springer International Publishing Switzerand 2016, p. 236.
4　Haugeland J., "Farewell to GOFAI?" In P. Baumgartner, and S. Payr, *Speaking Mind: Interviews with Twenty Eminent Cognitive Scientists*, Princeton University Press, 2014, p. 101.

在人工智能与认知科学具有某种同一性的基础上，还可以看到认知科学与认识论也具有某种意义上的同一性，即认知科学一定意义上就是认识论。这主要表现为两个方面，一是现代意义上的认知科学出现以前，"在很长一段时间里，哲学家是唯一的认知科学家"[1]，认知科学（包括心理学）所研究的内容都是由哲学认识论来承担的。二是在现代意义上的认知科学出现后，认识论研究领域中随之也出现了用认知科学取代认识论的自然主义趋向。"试图通过把哲学问题与科学发现联系起来来回答基本问题，这种方法被称为自然主义。"[2] 我们当然不能赞同用认知科学取代认识论的极端化看法，但其中所揭示的两者之间具有紧密关联这一事实则对我们具有一定的启发性。认知科学与人工智能和认识论都具有某种意义上的同一性，使得人工智能在一定意义上就是认识论这一论题具有了学科意义上的理据。

概言之，从学科的视角看，人工智能和认识论都可以统摄于认知科学这个共同的领域之下，它们都是"心灵研究"这个大家族的成员，无非是研究的方式或手段有所不同：认识论以哲学的方式研究心灵，而人工智能则以计算机科学的方式研究心灵，并将研究结果再用于模拟和延展人的心灵。

从学科上，我们还可以从"人工智能就是哲学"的意义上来理解人工智能就是认识论。意大利机器人专家斯查冯拿地（Viola Schiaffonati）认为"人工智能和哲学被认为有很多共同之处"[3]，心灵哲学家丹尼特则更明确地提出："在很大程度上，人工智能就是哲学。它经常直接涉及那些一眼就能认出来的问题：心灵是什么？意义是什么？什么是推理和理性？在知觉中识别物体的必要条件是什么？如何做出和证明决策？"[4] 美国哲学家格莱默尔

1　Churchland, P. M., "Neural Networks and Commonsense", In P. Baumgartner, and S. Payr, *Speaking Mind: Interviews with Twenty Eminent Cognitive Scientists*, Princeton University Press, 2014, p. 33.

2　Thagard, P., *The Brain and the Meaning of Life*, Princeton University Press, 2010, p. 5.

3　V. Schiaffonati, "A Framework for The Foundation of the Philosophy of Artificial Intelligence", *Minds and Machines*, 2003, 13 (4), pp. 537-552.

4　D. Dennett, Brainchildren, *Essays on Designing Minds*, Cambridge: The MIT Press, 1998, pp. 265-266.

(Clark Glymour)在一篇标题为 Artificial Intelligence is Philosophy 的文章中进一步指出:"人工智能就是转化为计算机程序的哲学解释。从历史上看,我们所认为的人工智能兴起于将哲学家所提供的解释所进行的可计算化的延展与应用。"[1] 从这些分析中可以看到,人工智能必然与哲学相逢,与哲学问题相交织,而人工智能所涉及的大量哲学问题是认识论问题,与人工智能的研究直接相关的哲学问题则主要是认识论问题,以至于"人工智能和哲学通过认识论相联系"[2]。所以当我们说人工智能就是哲学时,无疑也是在一定意义上主张人工智能就是认识论。

上述相关性也可以说源自于两者在研究对象上的相关性。认识论以人的认识(心灵)为对象,而人工智能所模拟的就是人的认识(包括行为,它属于广义的认识,即知和行的一体化存在),所以人工智能是在人工技术装置上呈现出来的人的认识现象。研究对象的相关使得两者也具有共同的旨趣,人工智能所追求的主题正是哲学认识论千百年以来不断追求的目标,两者所做的工作在某种意义上具有同一性,就是要搞清楚心灵是如何工作的,即人脑认识活动及智能活动的本质和机理,然后由 AI 接着进一步在计算机上通过技术手段去实现它。人工智能也被称为"知识工程",涉及知识的获取、学习、表达等问题,这些也完全与作为知识论的认识论相吻合,只不过前者是使用了另一套术语(形式化语言)来表达的认识论。所以人工智能包含大量的知识论问题:知识的获取问题(通过输入程序来获取,还是通过机器学习来获取)、知识的表示问题(通过符号来表示还是通过联结机制来表示,技能知识如何表示)、知识发现问题(数据挖掘中的知识发现,以及人工智能是否具有发现新知识的能力)、人工智能如何具备常识或背景知识、专家的知识如

---

[1] C. Glymour, "Artificial Intelligence is Philosophy", In J. H. Fetzer (eds), *Aspects of Artificial Intelligence, Studies in Cognitive Systems*, Vol. 1, Springer Dordrecht, 1988, p. 195.
[2] 董军、潘云鹤:《人工智能的认识论问题》,《科学》2002 年第 4 期。

何在 AI 系统中得到有效应用等问题。这些知识问题的研究和解决过程，也就是人工智能对人的智能（认识现象）现象加以研究和模仿进而创建机器智能的过程，所以它无疑具有以人的认识（智能）为研究对象的特征，从而具有认识论研究的特征，只不过它的路径和方法不同于哲学认识论。可以说两者的起点相同而终点不同：人工智能以理解人的认识为起点（与哲学认识论相同），以科学技术的方式建造出人工认识现象为终点（与哲学认识论不同）。由此也表明，说人工智能就是认识论，并不意味着要将人工智能完全归并到哲学认识论中，而是指出两者之间具有交叉重叠但又各有独特性的关系。

这种对象上的相关，使得人工智能和人的认知之间具有部分相似的工作原理，或在符号加工上或在结构涌现上或在感知—行为上，形成人脑的认识过程和人工智能中的信息处理过程具有局部相似的运作机制，这些局部相似性如果最终通过通用人工智能融汇为整体相似的工作机理，就使得人工智能不断趋向与人脑认识机制的更多相似，从而在人工智能中越来越完整地呈现出认识论所刻画的人的认识样貌。人工智能和认识论的共同目标，也使得人工智能成为认识论问题探究或解决的一种方式：人工智能专家即使没有使用认识论的术语或引用哲学家的文献，也在直接或间接地为解决某些认识论问题做出贡献。

这种机制上的相关，也可通达"根基"意义上的相关。为了获得对认识机制的理解，人工智能要建立在一定的认识论根基上。如同我们多次强调的那样，人工智能在派别或技术路线上的分野，从基底上就在于它们所秉持的认识论立场不同，我们如何理解人工智能，在很大程度上取决于我们如何从哲学认识论上理解我们自己的认知、智能、心灵等。可以说，不同人工智能范式的开发者，就是不同的认识论或认知观的"代言人"或"推广者"，犹如用数字化语言讲述了不同的认识论故事。所以从根基上，人工智能与认识论是紧密相关的。这一点也可以从"前提"的意义上来理解：人工智能是以认识论为前提的学科，因为它要模拟人的认识和智能，前提是要知道认识和智能的本质是什么；人工智能要技术性地实现人类智能，就先要理解智能，从而就要触及认识论的主题，从认识论中获取启示。否则，人工智能就不知道自己要模拟什么，进而也不会知道如何去模拟。

当然，人工智能在发展中也不断扩展着自己的体系，例如在学科上也演进出不同的层次，以至于今天有了理论人工智能、实验人工智能和应用人工智能之分。[1] 如果承认这样的层次划分，那么至少其中的理论人工智能无疑更具认识论的属性。理论人工智能是整个人工智能的基础，而认识论则是基础的基础。不包含任何认识论理念的人工智能是不存在的。人工智能在基础研究中所涉及的概念和问题基本上都是认识论的概念和问题，或具有高度的交叉性，如同荷兰哲学家穆勒（Vincent Müller）所说，"人工智能也许是独一无二的工程学科，它引起了关于计算、感知、推理、学习、语言、行动、互动、意识、人类、生活等性质的非常基本的问题，同时对于回答这些问题做出了显著的贡献。"[2] 这里所列举的概念显然与认识论所使用的概念高度重合，对这些概念加以人工智能视角的理解和意义拓展，显然也是另一个角度的认识论基础研究。所以，从认识论是人工智能的基础这一关系上，人工智能在根基的意义上具有认识论的性质。

这种根基上的相关还可进一步引申为"极致"（终极）意义上的相关。技术的极致是科学，科学的极致是哲学，人工智能的极致就是认识论，这一点尤其表现为人工智能的终极难题就是认识论难题。一些关于人工智能限度的争论，也是既有认识论问题的翻版，如计算机能做什么和不能做什么，为什么计算机能做一些事情而不能做另一些事情，实际是关于认识和意识的本

---

[1] R. David, "From Searching to Seeing", In P. Baumgartner, and S. Payr (eds.), *Speaking Mind: Interviews with Twenty Eminent Cognitive Scientists*, Princeton: Princeton University Press, 2014, p. 197.
[2] V. C. Müller, "Introduction: Philosophy and Theory of Artificial Intelligence", *Minds & Machines*, 2012, 22 (2), pp. 67-69.

质、认识的能力和限度等问题的延续。如同麦卡锡所说：人工智能有它的认识论部分，所研究的是世界的哪类事实可提供给哪些特定的观察者，研究这些事实如何在计算机上表达出来，研究可以据此合理地得出哪些哲学结论。[1] 一旦我们对人工智能的"认识"功能或智能模拟的本质有了透彻的理解，则就会对认识论的传统问题有新的视域和新的理解。可以说，人工智能的一些核心理论问题，就是延展了的认识论问题，如人工智能是否有意识，是否可称为自主的主体，是否可以有自由意志，凡此种种，表明了人工智能的理论研究终究要通向认识论问题，其中的一些认识论问题可被称为人工智能的终极问题，这样的问题也是所谓的形而上学问题。还可以说，认识论就是人工智能的形而上学，它是关于智能现象的最普遍的哲学学说。它一方面可以从人工智能中提升而来，另一方面也需要回到人工智能中去，这样的"环路"关系也构建了人工智能就是认识论的一种专门语境，它使我们可以实现将人工智能作为科学技术来看待到作为认识论来看待的智力提升，后者导向了从终极性上去阐释人工智能的意蕴。

当然，同中有异，人工智能与认识论并非全然等同。丹尼特认为"这两个领域之间唯一明显的区别是 AI 工作者将（认识论研究者的——引者加）扶手椅拉到了控制台边"[2]，从而需要在计算机上通过编程活动等去具体地实践某种认识论构想。当然这并不意味着认识论就是一种简单的工作。在丹尼特看来，人工智能对认知的研究要精心地进行算法和程序系统的设计，哲学家则是对普遍性的问题进行探究，后者往往更为棘手。[3] 在这个意义上，也可以

---

[1] J. Mccarthy, "Epistemological Problems of Artificial Intelligence", *IJCAI*'77：*Proceedings of the 5th International Joint Conference on Artificial Intelligence-Volume*2, August 1977, pp.1038 - 1044；或：http：//www-formal.stanford.edu/jmc/epistemological.pdf, 1977.

[2] D. Dennett, *Brainstorms：Philosophical Essays on Mind and Psychology*, Cambridge：The MIT Press, 2017, p.120.

[3] D. Dennett, *Brainstorms：Philosophical Essays on Mind and Psychology*, Cambridge：The MIT Press, 2017, p.122.

认为人工智能是被嵌入了特定的建模范式从而具备特定的认知功能的人工认知系统，是一种认知建模活动，从而是对认识现象的一种"建模致知"过程，所以它是模型化的认识论，是人的认识功能的部分移植，它至少具有局部性地遵循认识规律的特点。从这些"限定"中也可以看到人工智能与传统认识论在同一性中的差异性："认识论和人工智能是相辅相成的学科。这两个领域都研究了认知关系，但是人工智能从理解旨在建模某种认知关系，或从模型的框架形式和计算特性的角度来研究该主题，而传统的认识论从理解术语的认识关系的角度来研究该主题。"[1] 因此可以说它们是以不同的方式从事着前后相继的认识论事业：搞清智能的奥秘，然后在机器上模拟它、人工地实现它，在这个意义上，也可以说人工智能是在微观化、模型化方向上得到极大拓展的哲学认识论。

二　人工智能是一种什么意义上的认识论？

人工智能作为认识论，具有使认识论研究科学化、实验化、技术化、工程化的特征，从而呈现出科学认识论、实验认识论、技术认识论和工程认识论的特征。

（一）人工智能作为科学认识论或认识论的科学化

人工智能作为科学化的认识论可以从多种维度来理解。

一是从它本身作为一门科学的角度来理解。如麦肯锡所言："正如天文学继开普勒发现了天体运行规律之后取代了星相学一样，对机器的智能过程的经验论方面的探索所发现的众多原理将最终导致一门科学"[2]，这门科学就是

---

[1] R. W. Gregory, L. M. Pereira, "Epistemology and Artificial Intelligence", *Journal of Applied Logic*, 2004, 2（4）, pp. 469-493.

[2] M. Minsky, S. Papert, *Artificial intelligence*, *Oregon State System of Higher Education*, Distribution Center, University of Oregon, 1973, p. 25.

人工智能。人工智能科学的属性决定了它在作为一种认识论时,必然将科学的特征(如实证性、可观察性以及实验性等)、规范和要求带入认识论研究之中,使得人工智能在作为认识论时,也不是以传统方式表现的认识论,而是结合了计算机科学的认识论,从而是一种特殊的科学认识论。在这种认识论中,通过人工智能的科学原理来揭示认识的机制,所借助的是科学手段,使用的也是符合科学规范的陈述,形成的是关于认识研究的"科学成果",这和采用人文手段研究人的认识所形成的"人文认识论"或"生活认识论"等具有区别,由此具有科学化的特征。

二是它的特定学派还以一种特定的科学视角来看待认识的本质,这就是符号主义人工智能从计算—表征的视角看待认识的本质,并形成了计算主义或认知主义的认知科学。这种认知科学也通过如前所述的"自然主义"进路而成为"科学化"了的认识论,更贴切地说是一种认知科学化的认识论。在这种认识论中,认识的语言变得符号化、表征化,认识的过程变得逻辑化、形式化、程序化,成为清晰可分析的对象,从而实现可算法化然后由机器去执行即运算。在这种框架中,人工智能对认识论的显现不是采用哲学表达的方式,而是基于数字化语言的科学表达或计算机语言的精确描述,所以在"认识论表示"上两者是不同的。

三是从人工智能所模拟的主要是科学认识的角度去理解。如前所述,人类的文化可区分为科学文化与人文文化,作为文化现象的人类认识也可以大致区分为科学认识和人文认识。作为认识论的人工智能,目前更偏向于对人类科学认识的模拟,还拙于对人文认识的仿真。人工智能作为科学认识论的这种表现或特征既是认识论研究的一种进步,即对认识的本质和机制融入了更多的科学成分和根据,同时也是其局限,就是长于对那些规则的、理性的、精确的认识加以理解和模拟,还弱于对日常生活中那些模糊的、非逻辑的、容错的认识的理解和模拟。德雷福斯对人工智能的批判很大程度上是对符号人工智能的这种只具"科学能力"而不具"人文能力"之局限的不满。所以人工智能要成为一种全面的认识论,还需要在具身、情景、主客体互动、理解人的情感等人文或生活维度上不断拓展。

(二)人工智能作为一种实验认识论或认识论的实验化

从学科性质上,人工智能虽有基础理论研究,但总体上不是空而论道的纯理论,不是扶手椅上学问,而是"干中学、干中试"的技术实践活动,具有鲜明的"动手去做"的实验性和实践性,要有通过实验而形成的产品以及实际有效的应用作为其存在和成功的标志,或如萨迦德所说:"人工智能的一些程序和工具被用作解决哲学问题的实际手段。"[1] 这些特征使得人工智能具有学科属性上的实践性,从而在作为认识论时也就了"实验认识论"的性质。这和上一节所说的人工智能具有认识论的实验室效应形成了高度的吻合。人工智能哲学家博登(Maggie Boden)说:"在人工智能的控制论传统中,麦卡洛克为了寻求知识的生理学基础,特别是寻求使我们拥有概念和用其思考现实世界(或可能世界)的机制,将他的工作用一种类似康德的术语称为'实验认识论(experimental epistemology)'"[2]。与这一称谓相关,人工智能也具有"应用认识论"的性质。人工智能作为应用认识论的一种解释是:"运用机器或模型来模仿诸如感觉、认知、学习、选择性记忆的过程,或者应用人类分类、感觉、存储、搜索等原理来设计机器、编程、扫描、存储和检索系统"[3],也就是在机器载体上对认识论原理的应用。

---

[1] V. Schiaffonati, "A Framework for The Foundation of the Philosophy of Artificial Intelligence", *Minds and Machines*, 2003, 13 (4), pp. 537–552.

[2] M. A. Boden, *Mind as Machine: A History of Cognitive Science*, Oxford: Oxford University Press, 2008, p. 184.

[3] 参见麦格劳—希尔科技辞典: applied epistemology, 2015-08-12, http://encyclopedia2.thefreedictionary.com/applied+epistemology。

人工智能作为实验化的认识论与认识论的科学化密切相关。首先它是人的认识能力和认识成果通过算法和程序而形成的结晶，编程就是在进行一种将智力创新的成果转化为机器可理解可执行的知识形态的特殊实验。当我们说人工智能的实质之一就是"有多少人工，就有多少智能"时，就蕴含了它是特定人工系统中人类智能的集合，而智能程序的运行，犹如凝结于其中的认识能力被纳入技术性的实验过程之中。尤其是处于研发阶段的人工智能的新设计、新构想、新算法，就更是被置于人工装置上不断加以实验和改进的知识产品。哲学认识论还探究人的潜在的无限认识能力，而人工智能则在机器上不断扩展人的现实认识能力，使得哲学追求的无限认识能力可以通过 AI 作为实验室去逐步加以趋近，使得人类的"认识论理想"得到实在的展现。

人工智能在推进认识论研究时还具有作为认识结果之检验平台的功能，从而起到前面所说的"认识论实验室"的作用。进入到实验运行过程之中的人工智能方案和构想，作为认识的成果，其是否成功和有效，可以通过人工智能加以检验，这实际上也是将人工智能构想背后的各种认识论主张通过人工智能的实践或实验来进行"试运行"，通过相关的算法能解决什么问题和不能解决什么问题的实际结果，来考察贯穿其中的认识论理论是否有效。认知哲学家萨迦德认为科学哲学中的认识论问题可以通过人工智能的计算方式得到解决；在德雷福斯看来，计算机使认知主义传统作为研究程序成为可能，就像连接主义使经验主义、联想主义传统成为可能一样，从休谟到行为主义，都可以成为研究程序。[1] 总之通过程序的运行可以检验出一些认识论观点的合理性与局限性。我们还可以通过设计新的计算原理或新的计算结构来实现关于认识机制的设想，并通过结果来检验这种关于认识机理的设想是否正确，如此等等。由此一来，认识论也可以得到人工智能的某种"改造"，它不再

---

[1] H. Dreyfus, " Cognitivism Abandoned ", in P. Baumgartner, and S. Payr（eds.）, *Speaking Mind: Interviews with Twenty Eminent Cognitive Scientists*, Princeton: Princeton University Press, 2014, p.73.

仅仅具有思辨的无法检验的性质，而是成为可以依托人工智能的手段加以验证的可检验理论。

丹尼特将人工智能程序看作由计算机进行假体调节的思想实验，他认为一些 AI 人士将自己的学科描述为"实验认识论"还不确切，而应更确切地称人工智能为"思想实验认识论"，通过 AI 的思想实验所提出和回答的问题是关于人们是否可以从某些设计中获得识别、推理或进行各种控制的认识能力。[1] 人工智能所具有的"思想实验"的特征，还通过"图灵测试"和"塞尔的中文屋"等，将更为基本和深层的认识论问题（如智能究竟是什么）以新的方式呈现出来，引发了迄今仍在持续的争论和探寻，形成了无数的试探性阐释，成为当代认识论不断扩展的新维度。

人工智能具有的实验认识论特性，对认识论研究带来了新的活力，包括可以借助这一特性来使认识论研究的方法更加多元化。神经哲学的开创者保罗·丘奇兰德（Paul Churchland）指出，哲学认识论研究者一直以来都是以一种非经验主义的方式追求他们的兴趣，很难说明认识活动的大脑机制。而有了计算机后，我们就可以在人工系统中更容易地试验和探索神经网络的特性。人工智能所重新创造和理解的生物的认知能力，驱动着我们不断接受认识论的新理论，包括关于感知的新理论、心灵本质的新理论等。[2]

（三）人工智能作为一种技术认识论或认识的技术化

"技术认识论"的含义有多重，如技术作为一种人工物的发明和设计活动，其中包含大量的认识论问题，在这个意义上，人工智能也包含有"发明

---

[1] D. Dennett, *Brainstorms: Philosophical Essays on Mind and Psychology*, Cambridge: The MIT Press, 2017, pp. 127-128.

[2] P. M. Churchland, Neural Networks and Commonsense, in P. Baumgartner, and S. Payr (eds.), *Speaking Mind: Interviews with Twenty Eminent Cognitive Scientists*, Princeton: Princeton University Press, 2014, pp. 33-39.

认识论""设计认识论"的意蕴。这里我们重点探讨的是另一重意蕴：人工智能在机器上技术性地实现了人的某些认识过程，当作为技术的人工智能模拟了人的认识之后，就带来了新的认识论问题，这就是以人工智能为载体的认识与人的认识之间的关系问题，更广义地说就是技术化智能与生物智能的关系问题。

人工智能"技术性地再现"了人的部分智能，它作为人造物上的认识论现象，是人的某种认识能力的技术化再现，如符号人工智能再现人的推算能力，联结主义范式的人工智能再现人的学习和识别能力，智能机器人再现人的感知—行动能力等。总之，人工智能就是"用电脑做一些人们用心灵能够做的事情"[1]，也可以被理解为一种旨在通过计算机来逼近人类认知的技术，它是人的认识（广义的还包括行为）的人工化、技术化后的产物。探讨人工智能的认识论问题，必须看到这是一种以人工的技术为平台而展开的认识论，电子化、数字化、网络化、程序化、形式化等技术特征贯穿于其中。

更进一步的问题是，当人的一些认识过程或能力可以依托人工智能这一技术得以再现或模拟时，可否认为智能现象也能在技术载体中涌现出来，犹如人的智能从人的身体（尤其是人脑）中涌现出来一样？后者被称为"认知的具身性"或"具身认知"（当然也就包含"具身智能"），那么前者是否可被称为"认知的具技性"或"具技认知"及"具技智能"？显然弱人工智能还难以被称为具技智能；换句话说，目前的机器认识论还是无心认识论，因此留下了机器认识如何走向"用心思考"的难题。未来的强人工智能（尤其是当人工智能有自我意识和意向性等属性后）中，当它们的技术载体从功能上具有生成智能的条件后，当这样的技术可以相当甚至超越人的身体时，"具技智能"或"具技认知"（以机器为认识主体、机器也可以"用心"思考）

---

[1] H. L. Dreyfus, "Cognitivism Abandoned", in P. Baumgartner, and S. Payr (eds.), *Speaking Mind: Interviews with Twenty Eminent Cognitive Scientists*, Princeton: Princeton University Press, 2014, p. 74.

就成为不能被忽视的认识论现象，此时人工智能作为一种技术认识论不仅对认识论研究具有辅助价值，甚至具有主导意义，这也是人类认识日趋技术化的一种必然走向。当然，具身认知和具技认知的融合，也是人工智能作为一种技术认识论的未来走向。

此外，即使在当今的弱人工智能阶段，人工智能作为一种技术化的信息处理过程也可以使人的认识活动机制在一种人工技术系统中得以投射，具体说就是使认识过程通过计算程序表达出来，使认识的方法通过算法展现出来，使人脑工作的模式或原理通过人工智能的范式或模型实施开来，从而将人的认识加以对象化或客观化，使得认识论研究基于传统手段的许多不可能变为可能，这就是前面所说的"镜像效应"。人工智能这个技术镜像目前虽然还不能全面反映人的心灵，但通过对各种模型、算法、范式的综合与拓新所形成的人工智能迭代演进，可以逐步趋向对人的认知或心灵活动的整体性把握。在这个意义上，理解人工智能的机制，就是通过镜像理解人的认识机制，就是在进入和解决一系列认识论问题。

（四）人工智能是一种工程认识论或认识论的工程化

"工程"是"技术"的规模化、实用化，也包括这个过程中的产业化和商业化。人工智能是一种蕴含价值向往的认识论追求，和其他技术一样，人工智能只有通过规模化的应用（由技术转化为工程和产业）才能兑现其"价值红利"。所以在从技术走向工程的过程中，人工智能也展现出从技术认识论延展到工程认识论的重要特征。

作为工程认识论，人工智能重在技术的社会实现，关注一种新理念、新构想、新设计的产品化、实用化、效益化，由此决定了它也是一项面向实践的事业，它的发展的最终动力来自实践的需要，它的生命力在于实践中的有效应用，它的目的是制造出不同场景下可以具体使用的 AI 产品，由此实现对

"实践—认识—实践"的认识过程中"认识回到实践"或"认识的目的是实践"这一原则的落地,即"人工智能是一种实践"[1]。研发人工智能的一个重要环节,就是将其新设计的新算法、新软件等变为可以为社会工程化使用的技术。目前人工智能的发展正处于从技术爆发到深度应用的阶段,也体现出它的当前主题是使 AI 的技术化认识成果进一步转化为工程化的认识成果。可见,人工智能作为技术认识论的延伸,还具有工程认识论的性质。

人工智能所具有的工程认识论特征还表现为它作为人类开启的一项重大智能模拟事业,所要攻克的难关、解决的难题十分巨大,必须动员和组织相当规模的人力和物力才行,所以它在许多国家都是作为国家发展战略并以重大的国家工程加以启动和管理的,其中的智力协作、联合攻关、有序和谐等就是具有大工程性质的科技研究事业所必须贯穿的认识论原则。

人工智能作为工程化的认识论,也存在于将部分形式化的认识过程在机器上加以机械化、自动化,从而实现规模化和效益化,借助这种工程化的推进,可以使一部分脑力劳动的效率大大提升,完成过去仅以人的智力所无法完成的认知任务,并获取巨大的经济和社会效益。所以麦卡锡将专家系统的构建直接称呼为"认识论工程",有的专家还将其界定为"与'机器智能'建设有关的一个工程分支"[2],在我国的新学科建设中还将它归为"新工科"。这些称谓表明,人工智能可以使人的认识活动被工程化,以工程的方式解决认识(信息处理)问题,由此构成智能时代人类的知识发现和信息生产能力得到巨大提升的生动图景。

机器智能作为一种社会工程,它通过广泛且深入地介入世界而产生实在且巨大的社会效果,使得人工智能作为工程认识论,也是社会认识论。尤为

---

[1] W. Terry, "Computers and Social Values", in P. Baumgartner and S. Payr (eds.), *Speaking Mind: Interviews with Twenty Eminent Cognitive Scientists*, Princeton: Princeton University Press, 2014, p. 288.

[2] P. Baumgartner, and S. Payr (eds.), *Speaking Mind: Interviews with Twenty Eminent Cognitive Scientists*, Princeton: Princeton University Press, 2014, p. 11.

值得关注的是，人工智能辅助甚至替代人的智力工作是以工程化的方式大规模展开的，未来这种替代甚至成为席卷一切领域和行业的"社会工程"；人工智能所具有的"像人一样思考"和"像人一样行为"的功能，以及对这些功能的集约化提升所形成的"超人"般的认知和行动能力，无疑会对人自身的工作和生活、职业形成巨大的冲击。所以人工智能作为一种具有工程性质的认识论事业，对人类的影响是重大而深刻的，它和社会认识论所追求的对社会问题的合理认识与有效解决的目标是一致的。

上述关于人工智能作为科学化、实验化、技术化、工程化认识论的多重视角，可以拓展和加深我们对人工智能的理解，从这种"跨界认识论"的属性进一步看到它作为一门学科的综合性和交叉性。

三 人工智能拓展认识论新视界

"人工智能就是认识论"还揭示了人工智能与认识论之间具有协同前行、相互拓展的关系。

一方面，这种关系表现为人工智能需要经受认识论分析，例如人工智能也有认识来源、认识对象、认识过程、认识本质等问题，只不过是以机器为载体来展现这些问题的。拿认识过程来看，机器可以学习、可以识别、可以感知、可以推算，还可以决策和行动，这些环节构成了从起点到终点的一系列阶段和过程，即使还没有实现用通用人工智能来连贯性地在一台机器上实现所有这些环节，但不同（专用）智能机器的联合作业目前可以至少整合出所有这些环节的实现，对这一现象无疑可以进行深入的认识论分析，对人工智能的发展提供若干启示。

另一方面，认识论研究也需要接受人工智能的洗礼，才能得到不断的拓新。例如，借助人工智能可以加深对既有认识论问题的了解。不同的人工智能在模拟和延展人的不同认识能力的过程中，也导致了我们对相关认识能力的再度反思和理解。如符号主义人工智能加深了我们对推算认识的理解，联结主义人工智能加深了我们对学习和感知过程的了解，行为主义人工智能则加深了我们对行为中蕴含的认识如何与环境互动的了解。

又如，通过人工智能可以将一些新的概念和问题导入认识论研究视野。人工智能激活了一些认识论的传统问题，也提出了一些不曾提出过的认识论新问题，如机器是否有意识和目的、人工智能是否有创造性等，就是认识论性质的问题。当然，新旧认识论问题常常是交织在一起的，如上面提到的新问题就与究竟如何界定"智能"的经典问题关联与纠缠在一起。为了说清楚"智能"的概念，还要进一步界定"意识""意向性""目的""自主性""主体""知道""理解""知识""自知""自我意识"等传统认识论概念，这些概念的哲学含义搞不清楚，就会成为人工智能进一步发展的"概念羁绊"或"认识论障碍"。具体地说，认识论需要有对认识本质更为全面和透彻的揭示，使其更具包容性和深刻性，为 AI 的算法融合甚至人机融合提供更为有效的启示和引导。我们对人工智能的"智能"水平之不满，从最根本的层面上还在于我们对自己认识过程中作为认识论对象的"智能"还未真正弄清楚，以及对相关的"信息""表征""理解""适应性"等也缺乏透彻意义上的共识，从而对人是如何分析和解决问题的机制还缺乏认识论上精辟入微的解析。可见，人工智能进一步的发展可能会成为认识论问题创新的"突破口"。

再如，人工智能通过对认识论新旧问题的探析，还可能从问题扩展到框架，导向认识论框架或理论体系的创新，以容纳在这个过程中提出的新范畴、新的认识机理等。随着人机融合的认识主体的研究和实现，随着人工智能使得人的认识和实践能力获得新的增强和质的提升，对相关的认识论机制进行解析和阐释就提上日程，以便为认识活动的新演进、新规律提供新的理论模型，这些新的突破甚至可以汇聚为一场新的"认识论革命"。

总之，认识论借助人工智能可以获得更强大的推动，从而变得视界更加开阔、内容更加丰富、阐释更加精彩，认识论的功能也可以通过人工智能焕发新的活力。"人工智能就是认识论"的命题也使我们看到，认识论比我们想象的要"有用"得多，人工智能的新发展、新突破，有待于认识论的革命和突破。这也体现了当代信息技术与认识论研究的总体关系。

【本章小结】信息革命时代信息技术必然进入哲学和认识论研究的视野，形成从信息技术哲学到信息技术认识论研究的新领域，导向基于信息技术视角的认识论研究新范式，其学术进程为我们进一步深化这一研究积累了较为丰富的智力资源。在信息技术范式的认识论研究中，一个重要方面就是当代信息技术介入和嵌入认识活动中所造就的新特征和新机理，这一研究对推进哲学认识论的新发展具有多方面的价值和意义，可以使认识论研究获得来自当代信息技术发展的强大动力，从而成为有可能导向认识论走向新的学术繁荣的契机和平台。以人工智能为典型代表，通过"人工智能的认识论效应"以及"人工智能就是认识论"的命题，可以对新范式与认识论研究的深度融合形成丰富而具体的理解。

第二章
认识对象：技术显现及其实在性

认识总是指向或面对一定对象（客体）的认识，认识活动得以进行的前提之一就是"认识什么"？所以认识对象是认识论经典视野中的初始问题之一。信息技术关联于认识对象时，被谈论得最多的就是它作为认识的工具具有扩大认识对象范围的功能，这已成为认识论研究中的基本共识之一。今天的信息技术，不仅继续延续着这一"量"上的效用，而且还进一步提升为"质"的功能，就是改变认识对象对于认识主体的呈现方式，使认识对象以技术化的方式得以显现，并且使技术显现日趋成为认识对象的主导性呈现方式。信息技术对认识对象的这种"改变"也使得认识论的前提问题凸显出来：技术显现是否和自然显现的对象一样具有实在性从而是否能保证认识过程的合理性与认识结果的可靠性？它是强化了还是削弱了可知论的信念？另外，当这种技术显现指向人的心脑活动时，人脑及其心灵也成为技术显现出来的认识对象，此时人脑活动的技术显现是否真实地表征了心灵活动的内容？或者说读脑技术是否能真正通达人的心灵？可以说这也是认识对象的技术化显现所带来的新问题，而且是与心灵哲学的"意识难问题"相关联的前沿问题。

第一节　技术显现：当代认识对象的主导样态

在导言中我们在揭示信息技术的发展使得认识论研究从自然化走向技术

化时，就是在认识对象上，首先指出今天人们所面对的自然对象或对象的直接呈现越来越少，越来越多地面对的是在技术设备上尤其是在电子屏幕上显现出来的东西。就是说，信息技术介入人的认识活动时，改变了认识对象向认识主体的呈现方式，从以直接呈现为主转变为以信息技术为中介的间接呈现为主。可以说，当我们考察当代认识活动的新特征时，这是最直观的和最易察觉到的现象。

一 "技术显现"的总体含义

认识对象是我们认识中面对的客体，在通常的认识活动中，人的认识对象或直接面对的客体是外在的客观事物，这种客观事物通常是直接呈现在我们面前的，即以其原本的物理形态在我们的认识活动中"出场"，然后由我们"在场"地或"直接"地对其进行观察和把握，即"格物致知"式地形成关于该物的认识。可以把对象的这种在场的直接对人显现称为"自然显现"，这是因为此时的对象并没有被技术的中介所隔开，也没有被技术性地加工或改变，所以人们所观察到的是对象的"自然原貌"或"本来面目"。而认识对象的技术显现，则是指我们所要认识的对象并不为我们所直接面对，即主体和对象之间并不相互"在场"，主体与作为客体的认识对象没有形成直接接触或直接把握的互动关系，而是一种间接的接触：认识对象通过技术手段表征出来，我们再面对这些技术表征去理解和把握对象，或如同伊德所说的人与技术的诠释关系：我们通过技术显现出来的数据去解释对象，形成关于被表征的对象的感知或理解。此时，认识对象不像先前那样主要是由自然元素组成的物质客体，而更多的是由字符或人工信息构成的数字化客体或虚拟实在，以及由各种数据采集技术为我们提供的数据型对象，尤其是大数据技术兴起后，越来越多的认识对象可以转化为可资利用的规模大、变化快、结构复杂的数据，即技术化呈现的对象。

可以说，自从有了各种观察技术和信息显现技术之后，对象向人呈现的方式就不再仅有自然显现一种形式，而是增加技术性的人工显现的新方式。例如，有了望远镜、显微镜后，对象就被技术性地"拉近"或"放大"地呈现于我们眼前，使得在自然显现中我们观察不到的对象得以被观察；有了文字和纸张之后，对象就被符号化而在书籍文献中得以显现，使得我们并不在场的事件和情景可以由文字传达给我们；随着造纸术的普及和印刷术的发明，这种"书面显现"的方式还变得越来越普遍，不少人可以通过"读书"而不是直接"读自然"来了解外面的世界，去获得关于包括社会在内的广义自然的知识。

从总体上说，我们进行认识活动时，首先就有一个如何面对认识对象的方式问题，即认识对象是以何种方式向我们显现出来的问题，也可称之为认识对象的"出场方式"问题。基于前面的讨论，可以将认识对象向我们的显现区分为两种最基本的类型：自然显现与技术显现，其间的差别就是认识者（人）是否借助了技术（人的体外延长尤其是感官延长）而获得了对象的显现。在自然显现之外人还要通过技术显现去接触认识对象，是基于多种原因。有的是因为人的自然感官限制而不能观察到在空间尺度上较为遥远和较为微小的客体，由此需要通过诸如望远镜和显微镜之类的观察设备进行"拉近"或"放大"之后才能在技术装置上对其实施观察；还有一些对象仅靠技术性地改变其空间尺度也不能直接被人观察，而只能通过某种仪器设备进行探测（即与之进行相互作用）后得到其物理信号，再由这种信号来显示其存在及其状况。如通过射电望远镜探测天体的非可见光辐射，通过对撞机探测到某种微观粒子存在的"证据"。因此，技术显现可以突破人进行感知时自然条件的限制，极大地扩展人的认识对象和范围，使得过去受到物理限制而不能获知的对象成为可以获知的对象。在这个意义上，"伟大的认识论革命主要是新仪器和新观测方法的结果。古代世界仅限于依靠自然感觉器官的观察，这就是其局限性的原因，也是其知识的实际应用非常受限的原因……真正的革命是由显微镜和望远镜这两种相关的光学仪器开始的，这是对文艺复兴时期和理性时代的微观世界和宇观世界的新看法"[1]。自20世纪初以来，正是依靠各种探测仪器的技术显现，原子、电子、引力、暗物质、暗能量、黑洞等逐渐成为科学认识的对象。

除了上面提到的原因之外，有的则是因为对象一旦被直接观察就会使其"受创"或丧失原本功能，如人脑活动状况在通常就不能用"开颅"的方式去进行直接观察，而是要通过功能核磁、派特或脑电图机等技术显现的方式去获得脑活动的影像或其他数据资料。此外，还有的是因为作为个体的认识主体的活动范围受限而不能对所要了解的（即使是原则上可观察的）对象做到时时处处的在场，而关注天下事的现代人就只能通过媒体的报道即终端设备上从所传递的资讯（也是一类技术显现）中获取来自四面八方的消息，这些既是我们需要技术显现的原因，也是通过信息技术的显现来使认识对象出场的通道或方式。

二 技术显现方式的多样性

如果要对认识对象的技术显现进行分类，那么从初级的层面上可区分出两种不同的类型，一种是直接延长人的感官的各种观察仪器中的显现，简称"仪器显现"（或仪器呈像）。各种观察仪器的功能就是使那些我们不能直接观察到的对象以特殊的方式显现出来，如遥远的天体和微小的分子就是这样显现出来的。可以说，通过各种仪器而生成的"技术显现"，也是信息时代

---

[1] T. Vamos (ed.), *Knowledge and Computing: A Course on Computer Epistemology*, Budapest, New York: CEU Press, 2010, p. 30.

人们所直接面对的一大类认识对象，甚至有的认识主体（尤其是一些科学家）一生都主要是与这样的认识对象打交道。另一种是在计算机或其他电子设备屏幕上的显现，可简称为"数字化显现"，后者还可扩展为"符码显现"，此时它还可以超出电子屏幕的显现而包括以纸本为载体的文字显现等。在这个意义上，无论是读书（纸质阅读）还是读屏（网络阅读）或是读仪器上的数据，都是将技术显现作为直接认识对象的情形。

认识对象的数字化和虚拟化显现是当代信息技术造就的显现方式。由于信息科学技术特别是计算机和网络科学技术的发展，人类从20世纪70年代就开始逐渐将一些事物、事实和现象数字化，使其成为计算机和网络能够进行加工处理的对象，同时也是能够在计算机显示器上被显示出来的对象。"计算机辅助技术以其直接和间接的后果，预备了分子、原子和亚原子现象的微观分析和观测仪器的问世。遗传学、宇宙学、纳米技术和医学实践的所有新观点或多或少都是该技术及其影响的结果。"[1] 由于计算机的强大显示功能，也由于"比特"构成的二进制可以将日益增多的对象加以数字化，使得以计算机为手段的数字化显现遍及了各种认识对象，不管是自然客体、社会客体还是精神客体，不管是现实客体、历史客体还是理想客体，都可以在成为1和0的各种组合后转化为数字化的存在，从而由"原型"变为虚拟客体，成为在电子屏幕上由电子闪烁所构成的电子显现。这种电子显现还可以与传统的观察仪器相结合，使得观察仪器中的显现通过电子屏幕来显现，例如在e-Science系统中远端的天文望远镜所观察到的图景可以通过网络传送到研究人员的电脑终端上得到显现。

此外，还可将技术性显现区分为视觉显现与非视觉显现，哈拉维（Donna Haraway）就曾把超声波技术看作人类"视觉技术"比拼"触觉技术"取得

---

[1] T. Vamos (ed.), *Knowledge and Computing: A Course on Computer Epistemology*, Budapest, New York CEU Press, 2010, pp. 31-32.

胜利的结果，它使得"触觉知识"或通过触觉方式获得的显现在现代科技发展进程中越来越被边缘化。由于视觉是人类获取信息最多的感官通道，也理应是把握对象最多的感觉方式，所以技术显现最主要的方式和功能就是实现认识对象的可视化——使对象在技术平台上变为一种视觉形象或符号，从而用视觉表征来聚焦关于认识对象的信息，使其成为认识主体可以共同面对的客体，形成可以交流和传播的载体化了的视觉对象，纳入不断深化的认识过程之中，形成有效的认识成果。正因为视觉认识的这种主导地位，所以在技术显现中还有专门将非视觉信息转化为视觉信息的显现技术，简单的如温度计，复杂的如计算机中的数据转换与图像合成，由此使不可视的对象成为可视的对象，当然是技术手段处理后的可视，如人类拍的第一张黑洞照片就是这样生成的。[1] 在这里我们可以看到，对象的技术化显现，一定意义上就是对象的技术化生成，将其建构为可为人的感官感受的感性形式。在这个过程中，信息技术参与了认识对象的建构，我们面前的"对象"其实是在信息技术系统中经过复杂的信号转换后形成的，或者说这样的认识对象是我们通过解读相关的仪器技术上显示的信息而获得的，而这样的信息技术系统也被称为"人工反映系统"。

人工反映系统主要是指这样一类仪器：当它受到人所不能直接观察或感知的对象或对象的辐射及反射物的作用时，便能将这种作用转变为与之相对应的具有同构关系的信号显示出来，通过这些信号，人们便可以间接地了解

---

[1] 2019年在媒体上公布的人类第一张关于黑洞的照片，并不是普通意义上的黑洞照片，它不是直接一按快门就拍摄出来，而是由一支精锐的算法团队"拼"出来的。麻省理工学院的凯蒂·布曼（Katie Bouman）研究团队研发了一种机器学习算法CHIRP，使用地球上8台最顶尖望远镜的观测数据，将距离5500万光年的M87星云的照片拼接在一起，拼出了世界上第一张黑洞照片。通过国际合作，该项目团队通过电脑建造了一个与地球一样大的虚拟望远镜，由8个分布在地球不同地方（智利ALMA、智利APEX、西班牙IRAM、夏威夷Maxwell、墨西哥LMT、夏威夷SMA、美国ARO、南极SPT）的无线电望远镜，组成一个遍及全球的观测网。2017年6月，布曼收到来自各地的超过半吨的硬盘，里面装着来自上述8台望远镜的5PB黑洞观测数据，相当于40000人提供的一生的自拍。布曼再用两年时间处理这些数据，终于在2019年4月从这些数据中还原出了黑洞的照片。

对象之存在和运动的状况。这也是使不可直接观察的对象得以信息化显现的过程，是一种由信息技术所转化的信息显现，由它们形成了"技术视野中的现象世界"。人工反映系统的称谓也意味着：如果认识是对客体的反映，那么人在借助人工反映系统时所进行的认识，首先是由技术手段替我们去"面对"和"反映"对象，然后我们对这种"反映"进行"再反映"，认知的直接起点延伸到了技术装置的探测活动之中，而我们对认识对象所进行的是以信息技术为中介的间接反映。

人类借助技术来显现的方式是不断变化的。拿符号类型的技术性显现来说，如果在这里将技术理解为包括"身体技术"在内的"广义的技术"[1]，那么技术显现就历经了用身体信息技术的显现到用器具信息技术显现的过程，或者从身体显现（口耳相传）到纸本的文字显现，再到电子显现的过程。信息技术作为人的观察能力的延长，其不断发展使得它所能显现的对象和范围不断扩展。使用望远镜和显微镜使得在我们的肉眼中不能显现的对象得以显现，使用电脑和网络使得许多我们因无法在场而不能获得的在场性显现得到"虚拟显现"，我们通过α粒子散射装置（包括微观粒子撞击荧光屏时的闪烁计数器）中背景装置的闪烁来显现原子的结构、通过气泡室的影像来显现碰撞后粒子的轨迹。无论哪种技术方式，都使我们的视野极大地得到了扩展。

拿符号这种显现方式来说，符号作为对象的"化身"，它代表、指称着对象，而符号的意义则成为符号所携带的关于对象的信息，从符号或符号系统那里，我们便可以获得信息，于是，符号成为改变了面貌的对象。这种符号化的对象也是人类认识活动中必不可少的。实际上，人们在反映或认识许多自己眼下并未接触或者从前也从未接触过的对象时，通常就是以符号为中介而认识它们的。以符号为直接对象的认识，可以为认识者引入那些自己并未

---

[1] 参见肖峰《论身体信息技术》，《科学技术哲学研究》2013年第1期。

亲自接触过而为别人所亲自接触过的对象，可以使个别人想象中的某些东西（如"外星人"）获得"对象"的身份，从而使众人有可能通过代表这种对象的符号去认识它；通过符号还可以使所谓"理想化的对象"获得"客观身份"和"存在权利"，像几何学中没有大小的"点"、没有宽度的"线"、没有厚度的"面"，力学中没有任何摩擦的"绝对光滑平面"，物理学中的"理想液体""绝对黑体"等，许多在现实中没有独立存在的原型，人们是通过符号把握住它们的。

三 电子显现：认识对象上的"技术大于自然"

当代信息革命的来临，使我们的认识中大量甚至主要面对的都不再是实在的自然的客观事物或事件，而是各种技术显现，包括通过观察仪器获得的影像、通过电子银屏显示的符码、通过网络系统采集的数据，甚至通过虚拟技术生成的虚拟实在，这就使当代的认识活动表现出最能被直接感受到的新特征：认识对象从自然呈现为主改变为技术显现为主，并且是电子显现为主。这一特征就是我们在导论中所提到的认识对象上的"从自然化走向技术化"，也可简称为"技术大于自然"。

在人类进入电子信息技术广泛使用的信息时代之前，可以说认识对象的显现方式主要是自然显现。尽管在有了书本之后，有的人也会因为过于偏重从印刷品中去获知认识对象而不是从"现实"中去亲知对象，甚至在极端的情况下还会出现"尽信书"的"书呆子"，从而导致对于认识对象的自然显现与技术显现之间出现失衡，即"技术大于自然"的情况。但从总体来说，这样的人为数甚少，更由于对文字的理解会受到一定的限制，也使得倚文获知的人数大为受限，因此在认识的对象上"技术大于自然"还形不成一种总体性的认识特征。然而到了信息时代的今天，各种电子化信息显示技术的出现，使得通过电子屏幕来显示对象变得日益便捷、生动、丰富和多彩，由它们呈现出来的内容成为人所直接面对的认识对象。这种并非由客体的自然状态而由技术建构出来的形式，尤其是由电子信息技术显现出来的认识对象，具有富含图像、使用多媒体、互动性强、可灵活切换和建立超链接等优点，可以调动人的多种感官和注意力；这种新方式在时间上也改变了书面显现的延迟性，而可以"现场直播"式地显现事件和对象，还使人可以及时、便捷、海量地获得所需的信息……所有这些特点集合起来，使得电子显现较之书面或纸质显现具有强大的优越性，形成对人的强大吸引力。于是，人的认识的直接对象，就越来越多地从直接阅读"自然之书"过渡到了阅读电子荧屏；人们获取信息、认识对象变得愈加依靠网络而不是到现场去"探寻"。今天的智能手机和移动通信技术的发展，还使得人不仅在固定的场所可以通过电子显现来获取信息，而且可以在旅行游走的途中随时随地上网去感知屏幕中的"精彩世界"；日趋小型化、移动化从而便捷化的电子显现，使得一些人可以无时无刻不沉醉于这种技术提供的赛博世界之中。从空间上，当下在视觉文化背景下我们所看到的事物多是透过某种技术手段呈现出来的，各种影像、视频、广告等视觉产品通过技术手段制作出来并通过技术性多媒体来观看；从时间上，可以说除了睡眠和休息，许多人大多数时间可能都是在"阅读"各种屏幕（从手机屏到电脑屏，从电视屏到电影屏）中度过的，总其观看荧屏的时间，通常远远大于观察"现实世界"的时间。

当我们主要是面对技术显现甚至整天处于"眼不离屏"的状态时，便造就了一种"技术大于自然"的生活方式，从而也形成了一种在认识对象上面对技术显现多于面对自然显现的认识特征。此时，电子屏幕中的技术显现（从电子文档到电子影像）几乎全面包围着我们，于是技术显现而非自然显现占据了我们绝大部分视觉和听觉空间。甚至我们的触觉也是如此：我们每天触摸最多的就是鼠标、键盘或智能手机的触屏。

电子显现所带来的认识对象上的"技术大于自然"无疑具有积极的作用。例如，前信息时代只是少数人能做到的"秀才不出门，全知天下事"，在今天则成为一种寻常现象，那就是"网民不出门，全知天下事"。通过技术显现还可以展示认识对象的丰富性，尤其是多媒体显现、3-D 显现等可以改变过去的技术显现中因单一的文字显现而具有的抽象性、间接性乃至枯燥性和平面性；通过现代技术对于对象来源多样化的显现、动态显现、立体显现等，可以增加我们对认识对象把握的角度，使对象的更多侧面向我们敞开，从而更加全面而精细地感知对象，甚至还可以借助它来更加精细而有效地操作对象，例如采用 3-D 技术进行的遥控手术就是如此。

然而，这种技术大于自然的显现，也有其不可避免的缺陷，这就是我们对于对象的把握失去了直接性。今天我们对外界事件的了解、对认识对象的感知多来源于网络，多为技术系统所提供，而不是源于我们所"自然从事"的各种活动，不是源于我们"亲历"性的实践和"亲眼"所见的场景，于是从自然场景到"社会场景越来越由电子媒介交流所组成"[1]；电子荧屏仿佛具有无穷的魔力，将我们牢牢地吸引在它的一旁，使我们失去了阅读自然之书、生活之书、社会之书也包括阅读纸本之书的兴趣，使得人的认识与直接对象的距离越来越大。由此出现我们在后面还要分析的技术显现与自然显现作为认识对象的不平衡问题。所以，我们希望认识对象上的"技术大于自然"不等于"技术决定自然"，对象自身或自然的存在及其独立性仍是毋庸置疑的；"实事本身"还是可以追求的，这就是下一节所要讨论的技术显现的实在性问题。

第二节 技术显现的实在性

当认识对象日益以技术显现的方式出现后，当信息技术在认识对象的技

---

[1] 〔美〕马克·波斯特：《信息方式》，范静晔译，商务印书馆，2001，第 28 页。

术显现中起到十分重要甚至是决定性的作用时，它所显现的对象还具有实在性吗？这就是认识对象的新变化所带来的一个深层的哲学问题。与此同时，当数据也成为认识的直接对象时，其意义和价值是否能从机器认知平移到人的认识中？可以说，前一个问题是认识论探讨的一个前提，因为认识对象的实在性是确保认识过程合理性与认识结果正确性的前提，这也是唯物主义反映论的基本立场；而后一个问题则是当代信息技术带来的认识对象的复杂性。

一 问题的提出

从上一节的分析可以看到，在认识对象的向度上，信息技术主要是作为一种"显现"的手段而行使其功能的。认识对象的技术显现，实际上也是对象和技术进入到一种"纠缠"状态，使得认识对象对于认识主体来说，只有在与技术的纠缠状态中才能向人显现。这样，认知的"反映性"由于技术的介入，其反映成果就增加了技术的成分，这些技术性成分一方面使对象可以有更多的"解蔽"，使以前不能在人面前显现的对象显现出来；另一方面也造成了新的遮蔽，使"对象"日益成为多重技术作用和转化后的产物，从而离"对象的本来面目"可能更加遥远。同时，认知的"选择性"也更多地取决于技术性选择，对同一对象的认识，不仅取决于观察前所"渗透的理论"，而且取决于观察中所使用的技术手段，使用不同的工具我们就会得到不同的对象；甚至技术显现还会溢出原有的意指边界，将认识者引向多义的模糊的不确定的对象性感受。凡此种种，都提出了技术显现的实在性（或真实性）问题。

从技术显现的效果来看，认识对象仿佛是被信息技术"拉"出来的，信息技术在认识对象的生成中起着越来越重要的作用。认识对象不仅在"出场"方式上越来越由信息技术所决定，甚至认识对象的"有无"也由信息技术所决定，因为没有相应的信息技术，许多"自为存在"都不可能向我们显现，不可能成为我们的认识对象，因此信息技术在认识的起点处就决定着我们能认识什么。

信息技术使认识对象的在场（此处指认识活动发生的现场）方式发生了重要的变化，即对象本身并未实体性在场，而只是"虚拟的在场"：通过技术的显示系统而虚拟地出现在我们面前，也意味着一种"缺席的在场"（也有"在场的缺席"，如一个实在的对象并不引起人的注意，从而并不启动人对其进行认识活动）。当认识对象成为一种技术显现或信息化、虚拟化的存在时，如何理解它的实在性就成为支撑基于技术显现的认识活动之合理性的根据或基础问题。因为认识的合理性和可靠性，必须基于对象的实在性。如果认识的对象缺乏实在性，由其形成的认识结果就没有客观保证的可靠性，就会被认为是主观虚构的随意想象。科学知识社会学（SSK）的著名代表人物拉图尔（Bruno Latour）就基于这样的考虑，把那些原则上不可观察的认识对象（如微观粒子）在技术装置上的表现及人们据此做出的发现，看作在实验室中由科学家精心设计和细微调控的仪器中建构出来的，不仅理论而且理论背后的"事实"都不具有实在性，因为科学家仅仅是看到了他们想要得到的东西。[1] 这样一来，科学知识社会学从否认认识对象之技术显现的实在性出发，最后"解构"了科学认识活动和科学知识的真理性与合理性。

二　技术显现：何以具有实在性？

从总体上，我们确信认识对象的技术显现具有实在性，因为如果我们确信自然显现的对象是实在的——这样的实在也被称为"自然实在"，那么当我

---

[1] B. Latour and S. Woolgar, *Laboratory Life: The Construction of Scientific Facts*, Princeton: Princeton University Press, 1979, p. 57.

们再度确信技术所显现的就是某种自然实在时,就会得出技术显现也具有实在性的结论,并且可以称此时的实在为"技术实在"。

具体说来,认识对象的技术显现具有实在性的依据:首先,技术显现本身具有物理形式,这种物理形式是外在于人的主观世界的,因此不是主观随意想象或从幻觉中产生出来的,从而是实在的;其次,这种显现的载体或手段是实在的,它是在实实在在的技术器具中显示出来的,它和实在的技术分不开,也是人心之外的现象,绝非凭空变出来的,更不是主观意念性的现象;最后,更为重要的是,认识对象的技术显现与造成这种显现的对象之间具有实在的因果联系,以及同构的映射关系。也就是说,为什么会有某种技术显现出现,是背后的实在对象与实在的技术器具进行实在的相互作用的结果,这种结果是在一系列特定的因果关系而不是随意的主观需要中产生的,所以它显现的是实在,而非子虚乌有的东西,只不过这种显现有可能与它背后的对象并不能保持直观上的机械全同性,因为作为不可观察的对象本身对于人的感受能力来说就不是可以直观的,所以两者之间也就不可能在直观的维度上进行简单的直接对比。如同科学哲学家伊恩·哈金(Ian Hacking)所分析的:通过仪器观察到的对象,即使是对人的自然感官具有原则不可观察性的对象,如果通过许多不同的物理过程能看到一个结构的基本特征相同,那么我们就有理由认为从仪器中提取出来的现象所反映的实体是实在的真实存在,而不是假象。[1]

也就是说,技术显现的实在虽然不是"自在实在"(或自然实在)本身,但由于它和后者之间具有客观的关联性,因此也具备了由对象本身所传递的实在性,并且可以说它是被技术所信息性地改变了的自然实在,形成的是技术视野中的"现象世界",从而是基于技术的观察实在。

---

[1] 参见邵艳梅、吴彤《实验实在论中的仪器问题》,《哲学研究》2017年第8期。

所以，认识对象的技术显现，也就是实在的技术显现，从本体论上我们可以对其实在性确信不疑。但同时，这种对实在的技术性显现无疑会牵涉可知论问题的认识论疑惑：由于技术显现在认识者和自在的对象之间增加了更多的中间环节，那么它使我们更靠近自在实在还是更加隔离自在实在？是帮助我们"回到实事本身"，还是远离实事本身？是对自在实在的解蔽还是遮蔽？在这里的困难是，没有这种技术显现，我们就无法使那些不能直接观察的自然实在显现于我们面前；而有了它，自然实在似乎就不再是自然实在，而是一种技术地显现出来的实在了。实在如何显现于我们，是对应于我们如何对待实在的；技术也就是我们对待实在的一种方式，技术显现的实在也就是这种方式的必然产物。

我们知道，技术（如仪器）本身是一种实在，通过这种实在显现了另一种实在，这另一种实在从某种意义上就是技术的一种特殊的功能性实在，即人通过技术的特殊功能而把握到的实在。对人来说，它是依靠技术的功能才获得实在性的确认。但这种功能的发挥，也同时是对实在的一种干扰，它使自在实在成为被技术改变了或建构过的实在，那么我们如何知道这种"改变""建构"的性质和程度？一般意义上的建构发展到一定程度时就有可能成为虚构，与"真值"完全脱节；因此谁能保证用仪器观测到的数据和信息一定与那个自在实在保持着对应性而不是歪曲和虚构呢？技术是否会损害观察对象的实在性？我们有可能搞清楚实在的直接呈现与技术性呈现之间的真正区别吗？

当实在成为仪器上的实在时，我们甚至会只见仪器的功能而忘记它所表征的实在，借鉴技术哲学家伊德所揭示的人通过技术与世界发生的关系，我们此时就从"人→实在"，变成"（人—技术）→实在"，进而"人→（技术—实在）"，再进而"人→技术（—实在）"。此时作为显现手段的技术无疑融入了我们的存在方式中，而且现代信息技术甚至成为我们建构对象的一种内在要素,作为"座架"的技术既框定了我们,也被我们所"同化",以至于我们常常很难将技术从我们的整体中"剥离"出来。一切要依靠人工手段获得的关于实在的感受,都属于技术显现的实在,它表明,信息技术的状况从一定意义上决定着客观实在的状况;于是信息技术的状况不同,实在的状况也不同,这从对微观世界的观察和测量中得到了充分的体现,所以技术显现的实在所面对的问题也就是科学实在所面对的问题,由此也提出了科学实在与技术显现之实在的关系问题。

科学实在是科学理论所描述的实在,和日常实在的不同之处在于它通常是不可直接观察的,这是由人的观察能力(自然原因)的局限所致;科学实在的实在性既靠经验也靠信念来保证,它通过各种间接的属性、特征来表明其实在性。仪器对客体的呈现或显示(作为技术显现的一种形式)是科学实在与技术手段的交汇。由于仪器本身就是科学与技术相互作用的界面,因此通过仪器观察所得到的技术显现,换个角度看就是通过技术而显现出来的科学实在,其中仪器对实在客体的间接显示就成为科学实在与技术手段的接缘界面;由此,科学实在与技术就通过技术显现的实在实现了对接。另外,通过仪器显现的对象具有间接性,已不是对象本身或对象的直接形象,必须靠思维来把握其意义,使得技术显现的实在并非是科学实在的直观形式,而是对科学实在的曲折说明。但即使如此,也表明技术显现的实在与科学实在之间具有千丝万缕的联系。当科学在今天日趋技术化时,当新的科学发现在当今主要是取决于观测技术的发展水平时,科学实在被开发的边界甚至直接就是技术显现实在的限度,于是科学能够认识的对象就在一定程度上与技术能够显现什么对象直接关联在一起,由此作为认识对象的科学实在就与技术显现的实在具有直接的同一性,或者说,科学实在的实在性根据也就是认识对象之技术显现(技术实在)的实在性根据。

在信息时代,人的直接认识对象更多地表现为技术显现而非自然显现,这既是信息技术的发展所使然，也是认识对象不断扩展的产物，或者说是信息技术不断拓展我们认识范围的结果。技术显现具有实在性，表明技术显示的本体论承托仍是某种自然实在，只不过这种自然实在不再为我们的常规感官所能直接把握，而必须借助信息技术手段才能捕捉，甚至在这个过程中还需要对我们直接观察不到的对象实施技术性的激发，由此产生出相互作用的信息作为该对象对于我们的显现。可见从形式上技术显现与日常的可直接观察的自然显现所表达的实在（可称之为"常识实在"）已有所不同，正是这种不同但又在归根结底的意义上指向实在，使得技术显现的实在也可以成为联结常识实在和科学实在的桥梁，因为它将不能直接观察性变成技术辅助下的可观察性。于是，技术显现就使得世界的可观察部分与不可观察部分的界限发生移变，由此科学实在可以过渡为技术显现的实在。例如一些科学理论实体在新技术手段面前变得可以直接观察（如当 DNA 分子从理论实体变成技术显现的实在时），甚至可直接体验，从而纳入常识实在的范围。如天王星最初是作为科学实在而存在的，是根据土星的摄动而从理论上预言的。只有当发明望远镜这种信息技术手段后，才可能在它的辅助下使人直接观察到天王星的存在，进而以后还可乘深空飞行器接近它去直接观察和经验其存在。这样，一部分科学实在通过技术及其显现的实在而终将成为常识实在。

　　同时，技术显现的实在也可以引发出新的科学实在，如在微观世界通过仪器激发出客体的某些信息之后再从理论上设想某种粒子或属性的存在。所以从根本上我们不可以离开技术来谈论科学实在，当然人的认识路径则既可以由科学实在过渡到技术显现的实在，也可以由技术显现的实在过渡到科学实在。换句话说，随着人类技术水平的提高和观察范围的扩展，越来越多的自在实在将成为技术显现的实在，科学实在也必须转化为技术显现的实在才能得到确认。

三 数据作为认识对象的新问题

我们今天的认识活动大量地使用人工智能作为信息处理的辅助工具，人工智能以数据为它进行信息处理的"原料"，其任务就是要通过内部的程序将这些作为原料的数据进行信息处理（即所谓"计算"），然后在输出端输出"结果"。类比于人的认识，这里的数据原料就相当于认识对象，输出结果就相当于对认识对象进行认识后形成的认识成果。从直接性上，人借助人工智能辅助认识时，必须是对人所面对的世界加以数据化后才开始其机器认知过程的（认识就是将数据转化为信息），也就是说，对于人的认识对象的数据化是机器认识在认识对象上的特点，也是前提。大数据时代来临后，数据的重要性更为世人关注，那些数据密集或以数据为中心的科学认知中，数据作为认识对象的特征也更为显著。尽管数据不能脱离现实，但数据世界毕竟和现实世界有所不同，此时，数据也是作为现实世界的技术显现而存在的，只不过数据化的显现，不再是单一对象单一时刻的"原子化"的显现，而是作为过程的集合、事件的集合、人和物活动的痕迹的集合（数据集）而显现的。由其带来的新问题是，数据化的对象世界与真实的对象世界是否具有同一性？换句话说，数据世界和现实世界是一种什么关系？

在研究数据时代的科学发现模式时，英国数据科学哲学研究者萨宾娜·莱奥内利（Sabina Leonelli）提出数据驱动型科学具有两个典型特征：第一，从存在的数据中进行归纳是科学推理的一种关键形式，并且可以指导并渗透于实验的研究之中；第二，机器在从数据中获得有意义的模式的过程中起到核心作用，并且因此引出自动化推理的核心作用。德国慕尼黑大学的科学哲学研究者皮茨奇（Wolfgang Pietsch）在莱奥内利基础上进一步完善了对数据驱动型科学的描述：数据对关于某一特定研究课题所考察现象的所有相关配置进行表征。对于复杂现象，这意味着高维的数据，即包含许多参数的数据集，此外还有能覆盖这些参数的广泛融合的大量观察与实例。理想状况是，数据包含了所有可以在不依靠一般的假设或法则的前提下做出预测的所有必要信息。这个前提保证了数据驱动型科学的归纳本质。[1]

根据皮茨奇对大数据的描述，我们可以对数据世界的实在性问题作如下刻画：大数据时代，数据可以全面表征现象，也就是说只要收集的数据粒度足够精细，并且能够从多维度收集数据，那么这些数据是能够表达现象的。事实上，在数据科学中，就已经有学者提出了所谓"数据自然界"概念，认为数据已经成为和自然与社会平行的一个新领域。[2]随着大数据技术的发展和使用，我们对社会的考察将越来越不直接针对社会对象本身，而是考察表征这些对象的数据全体，通过对数据全体的分析和挖掘，实现知识发现。而如果这样的知识被证明是正确的，也就表明了它所依托的数据是具有实在性的。

此外，认识对象的数据化显现还使我们面临另外两个相关问题：其一，是不是一切都可以数据化？其二，数据化后的信息是否都能成为认识对象？

对于第一个问题，目前的回答是否定的，但可以随着人类数据化能力的提高其边界将不断得到扩展，就如同技术显现的范围是在不断扩展的一样。对于第二个问题的回答也是否定的，即数据化显现并不是对任何人都具有认识论意义，而只是对于那些掌握了数据分析的工具，能从中找出相关性和规律性的人才具有作为认识对象的意义，否则它就是一堆或一串毫无意义的数字和符号，因此数据显现作为一种技术显现，其"技术含量"包含于它成为认识对象的条件之中，其中就包括认识主体是否具有相应的算法知识，是否能使用具有相应算力的智能机器。并非所有人都能接触到他所需要的数据对

---

1 W. Pietsch, "Aspects of Theory-ladenness in Data-intensive Science", *Philosophy of Science*, 2013, 82 (5), pp. 905-916.
2 朱杨勇、熊赟：《数据学》，复旦大学出版社，2009，第6页。

象，而失去了数据对象，要想获得正确的认识就"寸步难行"。不具有接近和处理大数据的能力的认识主体如何选择自己的认识对象，无疑是数据时代的新问题。

数据作为认识对象的重要性，也使得表征、符号作为认识对象问题凸显出来。如果智能机器模拟人的认识进行信息处理的"原料"或"对象"必须是数据（即使通过传感器的感知也是感知目标环境的数据），那么人在认识过程中是否也存在着一个将所有对象都数据化的环节？认知科学中的计算主义或表征—计算理论似乎秉持这一主张，这一阶段的人工智能似乎也因此改变了"认识对象"的含义：可表征、可计算的才能成为真正的认识对象。但后来兴起的以具身认知为代表的第二代认知科学，以及像德雷福斯等哲学家，则主张存在无表征的认知，甚至直接主张人的认识无须表征。于是，认识对象的数据化、表征化是否具有普遍性和必然性，就在不同的学派之间存在巨大争议。

以上讨论的问题也是关于认识对象的技术性生成问题，或观察事实由测量仪器建构的问题，表明在认识的起点处，即"我们究竟是在认识什么"的认识论起点问题上，今天已经被信息技术所深度介入。当我们谈论认识对象时，无论是可以直接观察的对象，还是不可直接观察的对象，或数据中所蕴含的事实对象，都成为信息技术嵌入以致由其建构的产物。技术显现作为我们普遍的认识对象后，使得我们不再亲临事件或客体存在的现场而通过"读屏"也能与其接触，形成后续的认识活动。这使得技术手段可以为我们发掘出越来越多的不可直接观察的对象，从而启动我们对新对象的认识。这些认识对象都生成于信息技术带给我们的"显现"，使我们今天的认识活动，在开端之处就是与这些显现打交道，它作为真实对象的"化身"或"表征"，并非我们任凭主观想象的虚构，其背后，仍有真实对象作为承托，还有具有实在机理的技术手段作为支撑，从而保证了作为认识对象的这种技术显现的实在性，也确证了我们面对这种对象进行认识活动的可靠性。

第三节　技术显现实在的复杂性
——基于现象学的考察

当信息技术使得认识对象更多地成为一种技术显现时，由于"显现"在现象学中的丰富意蕴，使得我们还可以从现象学的视角对其加以把握，从而进一步看到这种新的认识对象的实在性所具有复杂性，避免像朴素实在论那样过于简单地理解这种实在性，由此更深入地把握信息时代认识对象信息化特征的丰富含义。

一　现象学中的"显现"

对象是如何显现出来的？这是现象学所要回答的主要问题之一。在这个意义上，"显现"自然就成为现象学中的一个核心概念，尤其是严格意义上的现象学特别注意显现，即注意具有任何性质的物体在主观经验中显现的方式，以至于里科尔（Paul Ricœur）如此界定现象学："从根本上说，只要我们把事物的显现方式作为单独的问题来研究，而将存在问题或是暂时地或是永久地'放到括号里'，现象学就产生了。"[1] 以胡塞尔为例，他的"意向性"就是一种有关意识的显现学说，作为意识对象的物"只不过是一个意向统一体，该意向统一体原则上只有作为这样一些显现方式的统一体才可以被给予"[2]。显现不仅是现象学中的一个核心概念，也是其中的一个复杂概念，例

---

[1]〔美〕赫伯特·施皮格伯格：《现象学运动》，王炳文、张金言译，商务印书馆，2011，译者序第V页。
[2]〔德〕埃德蒙德·胡塞尔：《观念——纯粹现象学的一般性导论》，张再林译，陕西人民出版社，1994，第101页。

如，就显现（appearance）与"现象"（phenomenon）的关系来说，就有莫衷一是的种种主张。在胡塞尔那里，显现是与现象不分的，不仅"显现"和"现象"是混在一起的，而且"显现物""显现活动"（"宣示"）、"显示物""显示活动"等都统统混在了一起。所以包括胡塞尔在内的许多哲学家在使用这两个词语时往往是用"显现"来界定"现象"并对两者不加任何区分。[1] 持这一观点的国内学者也认为，"所谓现象者，也就是在意识中显现出来的东西，而且不同的显现者是以不同的方式显现着自身"[2]。

但是在海德格尔那里，显现是与"现象"相区分的，其中"现象"是显示或显示出来的东西，显现则是由现象"带出来"的东西。例如，脸红就是现象，而害羞则是由脸红带出来的显现，脸红和害羞显然不是同一个东西，前者是我们看得见的，后者则是看不见的，但两者又是密切关联的："害羞"是一种情感的"显现"，涉及人的心理中的一些变化。这种心理的变化导致了脸部的生理变化（脸红）。脸部的生理变化（脸红）显示出自身，并指示出不显示自身的东西——心理的变化（害羞）。生理的变化及其显示自身与这个不显示自身的心理的变化（害羞）是连在一起的。[3] 总之，脸红是现象，害羞是显现，是脸红这种现象使害羞得以显现出来。在这种语境下，如果问"什么才需要显现？"显然是那些不能直接作为现象来观察的东西才需要显现；若再问"显现了什么？"答曰："显现了现象所意指的东西"。

如果从语言学或信息哲学的角度来理解海德格尔的看法，似乎可以认为符号（能指）就是现象，符号的所指就是显现；信息的载体是现象，而信息内容就是显现；或者说显现是借助现象所表达出来的"意义"；再抑或说，

1　李章印：《解构—指引：海德格尔现象学及其神学意蕴》，山东大学出版社，2009，第158页。
2　倪梁康：《唯识学与现默学中的"自身意识"与"自我意识"问题》，载刘东主编《中国学术》（第11辑），商务印书馆，2002，第67页。
3　李章印：《解构—指引：海德格尔现象学及其神学意蕴》，山东大学出版社，2009，第174页。

显现的形式是现象，显现的内容是显现自身；显现是现象中运载的不可见的东西，而这种东西需要思维才能把握。所谓"微言大义"中，"微言"就是现象，"大意"就是显现。

据此，可以对这个充满复杂性的"显现"进行一种寻获共识的概括：事物的显现就是对象以我们能够感知的方式对我们的展示，或者说对象以我们能够把握的方式被我们所把握。由此，显现过程就是显现者使我们能够感知到的过程："现"者"见"也，"显"者"明显"也，"显现"因而就含有"使其明显可见"的意思。由此，某种自为的存在因其显现而在我们的知觉中成为"有"而不是"无"。在这个意义上，显现也涵括了若干与其相近的词汇的含义，如"显示"（Display）、"展示"或"展现"（Show）、"呈现"或"宣示"（Declare）、"出现"（Appear）、"在场"（Presence）、"表现"（Performance）等。

二 显现与人和信息技术

我们通常谈论的显现，包括在现象学中谈论的显现，还指的是事物的"自身显现"。那么究竟什么是事物的"自身显现"？如果将"自身显现"理解为"显现事物自身"，那么除了像海德格尔那样在有的场合下因为要把显现和现象区分开来从而认为显现是要通过现象引出来之外，大概其余的现象学视角均会赞同这样的说法。

但是"自身显现"还可能被理解为这种显现是事物自己完成的，是与人无涉的，如果这样理解"自身显现"，就不是现象学的视域。在现象学那里，所谓"自我显现"绝不是与人无涉的显现；在现象学看来，世界就是我们让其显现的世界，离开这种显现去追求"事物的自身显现"是不可能的，因此显现出来的世界，即"现象学的世界不属于纯粹的存在，而是通过我的体验的相互作用，通过我的体验和他人的体验的相互作用……显现的意义"[1]。

其实，显现即是对象的显现，由于对象就是语境中的对象，从而就是与人相互关联中的对象，即对我们显现的对象同时也是离不开我们的。这样，所谓显现就是一种人参与其间的建构过程，或者说，是人让事物显现，人同时也作为这种显现的接受者。这一点也可以从信息传播的角度来看：显现中不仅有信息的发出者，还有信息的接收者；如果一种显现只发出信息而无信息的接收者，那么它在向谁显现？当一物向虚无发出信息时，那还是显现吗？显然不是！所以显现首先具有"两极性"：显现者和观察者。没有被观察的显现就不是真正的显现。由于真正的观察者就是人，所以显现也是一种与人相关的现象，这也如同马克思所说："凡是有某种关系存在的地方，这种关系都是为我而存在的。"[2]

接下来的问题是，当显现与人相关时，这种显现是否也进一步与显现技术相关？由此也涉及"显现方式"的问题。显现离不开显现方式，因此，现象学如果是关于显现的学问，那么也就是关于显现方式的学问。看到这一点如此重要，以至于"分别地来看，现象学的确没有权利被看作是完全独创的方法"，但是现象学的"某些步骤，特别是观察显现的方式和揭示现象在我们意识中的构成，可以称作是全新的"[3]。

谈论显现方式，必然要引入技术问题，这里主要指作为信息技术的显现技术或显示技术，广义地还包括观察技术。显现技术可以使不可见的变为可见的，或使虽然可见但只能模糊的见变为可以更加清楚的见，使技术性地被储存或传播的信号成为可识别的信息，如此等等。当显现离不开人时，就意味着显现离不开作为身心统一体的人的身体；同时，如果作为身体延长的显

---

[1] 〔法〕莫里斯·梅洛-庞蒂:《知觉现象学》，姜志辉译，商务印书馆，2003，第17页。
[2] 《马克思恩格斯文集》第1卷，人民出版社，2009，第533页。
[3] 〔美〕赫伯特·施皮格伯格:《现象学运动》，王炳文、张金言译，商务印书馆，2011，第933页。

现技术介入了身体之中，那么显现也就离不开技术，尤其是离不开作为感官和神经系统延长的信息技术。从显现就是发送信息的意义上，显现也常常离不开信息技术，因为信息技术就是帮助人发送信息的。这样，在使用信息技术时，显现就是对象、人和信息技术相"纠缠"的结果，或者至少是这三者的互相适应：如眼睛对光线的适应，仪器对人的适应，还有仪器对信号的适应等，因此显现就是这些要素融为一体的结果，是它们的联合创造。由于信息技术所具有的扩展认识对象的强大功能，使得现象学的自我显现如果是一种不借助信息技术（信息器具）的显现，那么这样的显现就是十分有限的，因为许多对象是无法对人直接显现的，即人仅靠身体器官是无法直接观察到这些对象的。

总的来说，技术性显现使不可见的成为可见的，扩展了显现的范围，也增加了显现的丰富性和多维性，成为当今人类的显现世界，也是认识对象的构成中不可或缺的组成部分。

三 技术显现与实在性的延续问题

在人工智能应用于技术显现的过程中，出现了更复杂的新情况，通过修图软件合成的假图像，通过变声器合成的假声音，更有深度伪造（Deepfake）人工合成假音频和假视频文件，它们"制造"出种种逼真的画面和高仿的声音会话，实时伪造出人的面部表情和没有说过的话，由此"创造"出某一并不存在或并不曾发生过的"事实"与"场景"，也就是通过技术显现伪造出某种认识对象。[1] 这一技术还被开发出人脸置换软件被用于娱乐搞笑（如一款一度在网上暴热的名为"ZAO"的 AI 换脸 App，可以实现"一键换脸"：

---

[1] 例如使用这种技术可以镜像身体运动，通过深层视频肖像转移面部表情，从现有视频中删除对象，基于真实人的音频样本生成人工语音等。

生成的视频内容包括恶搞美国前总统特朗普，或是将自己的脸贴到好莱坞明星身上），它们似乎是显现了真实对象或过程，但实则是利用人工智能合成的以假乱真的视频，是无中生有的伪造，由于其真假难辨而具有极大的欺骗性，甚至带来严重的负面后果。[1] 目前，创造一个深度伪造的视频或音频非常容易，而要辨识其真假在技术上则要难于制造出它们，由此带来了对技术显现的"恐慌"：由于新闻视频和音频都可以被数字处理，使人不再敢相信视频、录像、录音之类的技术显现的真实性，以至于不敢相信网上的所有东西，甚至把这种现象视为"新的假新闻时代"或"后真相时代"，它无疑极大地削弱和破坏了公众对媒体的信任，这些都是信息技术的发展给认识对象的技术显现带来的新问题。当然，从本质上看，伪造的技术显现终究会有更新的技术手段被开发出来加以识别，正如即使在纸媒中也会有假新闻泛起，但假新闻所制造的假象终究敌不过真新闻所显现的真相，而且以假新闻为业的媒体也终究会失去读者，不再具有真实地"显现"认识对象的信誉。所以技术显现的实在性虽然存在曲折或被恶意损害的可能性，但人具有追求真相（即把握实在的认识对象）的本性，并且具有不断提高开发"视频打假"技术的能力，所以技术显现的实在性从根本上是可以由人和技术的双重维护得以确证的，或者说我们是可以透过假象发现真相的。换个说法，自然显现有时候也会"作假"，如海市蜃楼现象就是如此，但自然显现中的假象终究有实在的真相为其原因，因此它无非是认识对象具有实在性的一种特殊表达方式。

信息技术的显现不仅引发了上述关于实在性本身的问题，也引发了若干关涉实在性的新问题。

第一，信息技术中的显现可否被视为事物自身的显现？这是关于技术显

---

[1] 例如据《华尔街日报》报道，2019年3月，有犯罪分子利用"深度伪造"技术，电脑合成某公司CEO的声音，成功诈骗22万欧元；又如一段颇有争议的视频在非洲国家加蓬（Gabon）引发了政治动荡：反对派称总统阿里·邦戈（Ali Bongo）的新年演讲是"深度伪造"视频，并发动了一场（失败的）军事政变。尽管这段视频的真假还没有得到证实，但这个例子展示了"深度伪造"技术可能带来的破坏性后果。

现实在性问题的延续。

技术作为人的延伸,是广义的人的组成部分,所以在谈论呈现或显现的主体性时,自然也包括显现的技术性。西卡尔(Monique Sicard)指出:"视觉机器管治着我们的视觉认知。它们给我们提供什么,我们就汲取什么。"[1]这也是现象学方法所强调的:显现过程对显现内容的决定作用,"现象学是对现象的系统考察,而所说的现象不仅仅是所显现的东西(不论是殊相还是普遍本质)这种意义上的现象,而且还是事物借以显现的方式意义上的现象"[2]。由此可见,在技术显现中,信息技术如果造就了显现的方式,那么它就将极大地影响显现出什么,以至于没有相应的信息技术就不存在相应的显现。

还有,显现不是静止的、固定的,而是构成的;在显现尤其是"信息时代"的显现之构成因素中,当然包含有技术,尤其是作为观察手段或显现手段的信息技术。此时,显现的过程就是使用信息技术的过程,就是信息技术发挥功能的过程,以至于有什么样的信息技术,就有什么样的显现。信息技术在这样的显现中不仅具有手段的意义,而且具有本体论的意义,因为它能造就显现方式和显现本身,即显现的内容。可见,如何显现将导致什么在显现,于是作为显现方式的信息技术本身就是显现,就是世界本身。如果把显现作为一种我们所理解到的世界的存在,由于我们的存在与世界的存在是密切相关的,使得信息技术的存在越来越成为我们存在的一种内在方式或有机组成部分。身体的技术性延长是一种必然与合理的趋势,所以"具身"的显现也必然要扩展为"具技"的显现。例如,谁也不会怀疑戴上眼镜这种信息装置后看到的东西的真实性。其实"眼镜"的边界是会移动的,今后当更多的信息工具能方便地附着于我们的身体上甚至融入我们的身体中时,我们能

---

[1] 〔法〕莫尼克·西卡尔:《视觉工厂》,杨元良译,湖南文艺出版社,2001,第4页。
[2] 〔美〕赫伯特·施皮格伯格:《现象学运动》,王炳文、张金言译,商务印书馆,2011,第917页。

随时"看"到的世界就与我们现在所能随时看到的世界有所不同了。

由此看来，当代人借助信息技术而获得的显现也应该被协同地视为是存在自身的显现，而不是什么虚假的东西。技术性显现就是借助"媒介"的显现，被视为媒介现象学家的麦克卢汉也宣示了这样的道理：媒介在本质上就是向我们呈现着的世界，每一种媒介都创造着一种自然，"媒介是一种'使事情所以然'的动因，而不是'使人知其然'的动因"[1]。或者说，媒介所描述的世界，就是我们通过媒介所能了解的世界的全部，一定意义上就是世界本身；因为，被显现的世界就是世界本身，就是对象本身，就是对象的本来面貌，那种想要撇开显现手段（技术）或排除显现技术的"干扰"达到所谓的对象自身的显现，达到一种不仅脱离技术的作用而且也脱离主体作用的显现，是一种简单的"客观主义"，从而是取消显现的一种做法。

总之，我们只能通过事物的显现来认识事物，当事物必须通过信息技术向我们显现时，信息技术既成为对象向我们显现的一个组成部分，也成为我们使对象向我们显现出来的一种主体能力和主体过程，也就成为显现、现象的一个内在组成部分。我们创造各种显现技术时，既是在创造主体也是在创造对象，从而就是在创造一个动态的显现世界。在这个意义上，人—机间性就是主体间性的一种形式。于是，"显现"不仅是现象学的核心概念，也是信息技术认识论的核心概念，通过显现，现象学和信息技术认识论达成了沟通。

第二，海德格尔的技术座架说，是否也可以用于对通过信息技术的显现之分析。

技术显现在今天无疑成了我们眺望世界的窗口，这个"窗口"当然即是连接我们与外部世界的通道，同时也是限制我们能够观察到什么的框架，它

---

[1] 〔加〕埃里克·麦克卢汉等：《麦克卢汉精粹》，何道宽译，南京大学出版社，2000，第266页。

使得超出这个框架之外的东西就不能被纳入我们的认识范围，不能成为我们的认识对象，这就类似于海德格尔所阐释的技术的意义：技术对于对象既有解蔽的意义，也会形成新的遮蔽。信息技术在显现上也是如此，它不仅为我们创造了显现，也限制了显现，形成显现的闸门，就像当我们要通过语言向人显现某种事物时，"您刻画得愈是仔细，就愈是束缚读者的思想，读者离开您描绘的事物也愈远"[1]。克服这一局限的手段当然是不断增加显现的维度，从而达到一种整全的视野。但同时又引出了另一个问题：当一个对象需要信息技术的"帮助"才能显现时，当信息技术的显示使不可见的东西被显示出来时，那是一种"强制性显现"吗？是如同海德格尔所说的技术对事物的"促逼"吗？或事物不是按自身的方式而是被纳入技术"座架"中的展现？这一问题也表明："有确定的理由使我们相信，对于给予方式的认真研究能够阐明某些认识论问题。"[2]

信息技术的显现，尤其是符号型的技术显现，当其从纸质显示发展到电子显现后，带来了一场"显现方式的革命"：信息显现和信息储存的分离，以及信息传播和信息处理的分离，使得显现活动日趋复杂，成为需要有诸多的技术器物和环节所支撑的过程，其中还包含若干的符号转换过程或"计算过程"，最终在屏幕上的显现是技术性解码后的显现。一般的显现接收者，并不清楚其中的技术机制，是将其作为"技术黑箱"来对待的。而我们此时要从现象学上思考的是，在电子显现中，究竟"带出"的是什么？它本质上是被带出的东西，还是带出别的东西的东西？

第三，由上面的问题引出的是，技术性显现如何与自然显现实现平衡。也即我们应当如何看待和对待来自信息技术的显现？如同技术是一把"双刃剑"一样，技术的显现方式无疑也具有双重效应。从本体论上，"我们今天

---

1 〔法〕莫尼克·西卡尔：《视觉工厂》，杨元良译，湖南文艺出版社，2001，第9页。
2 〔美〕赫伯特·施皮格伯格：《现象学运动》，王炳文、张金言译，商务印书馆，2011，第918页。

所面临的一个危险是，随着影像和语词的技术性膨胀，似乎一切都消解成单纯的显象"[1]。从价值论上，当我们看到网络沉溺对人的危害时，也会联想到技术显现方式如何需要被适度地使用。就是说，即使在本体论地位上我们不能从现象学上怀疑技术性显现的存在，但在伦理学上也必然遭逢其过度使用的问题，某种意义上也就是伦理原则也需要引入现象学和信息技术认识论。更何况，技术性显现中还存在一个"意向性黑箱"问题。虽然方寸屏幕背后包含了无穷的认识对象或信息内容，但我们所能获取的则常常是受到控制的，即显现技术的掌控者有可能对信息内容实施的背后操控，使得"我"在显现中发挥作用的意向性被媒介背后的另一个"我"的意向性所置换，即别人的意向性操纵我的意向性，使显现不再是朝向我的显现，而是朝向他者的显现，我也在这个过程中变成了他者，因为是"他"让我看什么，"他"让我把什么看成什么。在这种关系中，技术显现也就成为被意见领袖们支配的显现。这样的显现反而会导致"没有任何整体的片段、没有同一性的多样性、没有任何持久真实在场的多重缺席"[2]。

还可以说，过去是人们接近形象，现在则是形象逼近我们，我们整天被各种技术显现出来的形象所包围，而且是被贯穿了各种意向性的显现所包围。如果说现象学的目标在于使我们可以处于没有预设的位置去描述各种现象，从而使我们获得各种向我们"如其所如"地呈现的现象，那么当技术性显现包含了如此多的意向性或价值性后，即"潜伏"如此之多的"指引"或"导向"之后，我们就很难"回到事实本身"。

即是说，对象通过信息技术的显现不再是"悬置一切"的自我显现，而是技术化的显现。对象通过技术显现时，都是经过一定的角度、维度的选择，都与直接存在的对象有一定的区别，都具有一定程度的"片面性"，这如同

---

[1] 〔美〕罗伯特·索科拉夫斯基：《现象学导论》，高秉江等译，武汉大学出版社，2009，第4页。
[2] 〔美〕罗伯特·索科拉夫斯基：《现象学导论》，高秉江等译，武汉大学出版社，2009，第4页。

观察时都会有局限性一样。技术显现无非是使用技术手段所进行的"观察"，是技术和对象相互作用的结果，然后再由人对这个结果进行再观察。我们需要做到的是在这种技术性观察中尽可能多维、尽可能全面，从而尽可能接近认识对象的原貌和全貌，使作为自在之物的对象和作为为我之物的对象之间、使自然状态的认识对象和技术化的认识对象之间、使本来的认识对象和被认识了的认识对象之间的差距尽可能缩小。就是说，一方面我们需要确信技术显现的实在性，另一方面也要看到由于技术建构的多重效应，尤其是认识对象上"技术大于自然"的利弊双重性，使得我们对这种实在性的完整和准确把握也不是简单易行之事，而是要通过漫长的认识过程的曲折性才能逐渐趋近。

第四节　从读脑到读心：心灵作为认识
　　　　对象的技术显现

借助当代信息技术的显现，不仅可以使实在的物质对象以新的方式纳入我们的认识范围，而且也可以使人的心灵这一精神对象以技术显现的方式呈现于我们的视野，这既是认识对象的技术显现所得到的新扩展，也开启了新的途径去求解"心灵的可知性"这一认识论难题。可以说，心灵作为认识对象，也就是大脑中的信息成为认识对象，是众所公认的最难把握的对象，因为它具有不同于物质的、客观的、外在的认识对象之特点，长期以来被视为"不可知"的领域（人心叵测）。而作为当代信息技术前沿的读心术（Mind-reading）正在改变这一困局。然而，通过技术手段的读心从直接性上来说就是读脑，两者的关联表明了心灵在这里是通过脑的技术化显现而得以呈现的，可被视为一种特殊的认识对象的特殊技术显现，其中引出的认识论问题是：脑活动的技术显现是否就是心灵本身？两者之间究竟是一种什么关系？此时技术显现的实在性应该如何理解？

一　传统的人文读心

"读心"或"心灵解读"专指对他人之心的理解，一直是众多学科共同研究的对象，如哲学认识论、心灵哲学、心理学、传播学、神经科学、人工智能等，由此也形成了读心的不同进路或不同的"读心术"，可将其主要分为两种：一种是基于生活经验和人文社会科学传统的"人文进路"，另一种是基于神经科学、脑电科学和现代信息技术的"技术进路"。这里先分析读心的人文进路。

可以说，读心是亘古的人类追求，也是人之为人的必要条件之一，因为人的生存离不开与他人结成的社会，而人与他人之间建立起社会关系要基于对他人的"了解"，或者说在交流与沟通中理解他人，也被他人所理解，才能在相互之间形成联结，进行合作，从而成为"社会动物"。人作为主体所具有的"主体间性"也是与其具有一定的读心能力相关的，通常越"善解人意"者越具有与其他主体交往的能力。所以人和人之间的读心现象早已存在，表现在日常生活中无非就是对他人所思的理解，由此"读心术"也不断翻新。

在生活世界中，人们经常根据他人的眼神、表情、动作、肢体语言等来推测其意图、信念和情绪等心理状态，这就是最普遍的读心方式。当然，人的心灵最充分的表达方式是语言，通常的"谈心"（以及说出"掏心窝子的话"）就是人和人之间通过语言来交流思想和看法（所谓"听其言而知其心"）。但这里的"读心"主要不是指以类似"谈心"的方式即通过语言来获知他人的心灵内容（语言有时还会被用来故意掩盖和歪曲地表达人的真实想法），而是以更多的方式来达至人的心灵，获取他人的真实想法。由于心灵没有广延，不可直视，只能尝试去"理解"，所以神秘莫测、琢磨不透。但读心的难度又是和读心的意义交织在一起的，不理解他人之心就不能从根本上认识他人，也不能更为有效地与他人进行合作，所以丝毫没有读心能力的人是难以融入社会的。读心甚至可以说是人的本能，从婴幼儿开始人就显示出这一本能，并在后来的成长中不断扩展这一本能，成为一种在社会中生存的能力，如无须语言而迅速领会他人的意图，由此做出符合特定语境的反应和行为。可以把这类不需要技术装置而主要依靠生活经验积累而形成的读心方式称为"人文进路"或"人文手段"。

在技术能力不足的时代，读心只能寄托于人文手段，例如依靠人际交往中积累的经验和阅历不断提高读取他人之心的水平，又如通过专门的教育和特殊的训练（尤其是某些应用心理学的训练）来培养"透视"他人心理活动的能力。在这样的读心进路中，富集的要素极为丰富，调动的主体能力（如察言观色、善解人意、心领神会等）不拘一格，常常因人而异，所以是一种"艺术性"极强的活动，如果称其为"读心术"的话，它就是真正的"读心艺术"。

在读心的人文进路中，一类可被称为神秘方法，是巫术或魔力意义上的读心，如吉普赛人中曾流传的"神奇读心术"（又称水晶球读心术，魔法读心术等）；后来还有通过颅相来判定一个人的心理和性格特征，以及通过"第六感"等超感官通道来探知他人的隐秘心思等方式，都属于这种神秘的"读心"，所诉诸的常常是"超自然能力"，目的是通过具有迷惑性的手段使人相信自己的内心可以被"魔法者"掌握，从而"心甘情愿"地服从那些"超能者"的支配。这是标准的"伪读心术"，因此大英百科全书曾经将这样的读心术解释为"魔术师的把戏"。另一类是心理学尤其是应用心理学意义上的读心：利用一定的心理学原理和心理沟通技巧，来获知他人的真实想法，常常应用于间谍、侦查、审讯等需要"挖掘"对象"内心秘密"的活动之中，也用于营销、说服等"攻心"活动之中，以及作为提高"交际能力"、成为"人际关系赢家"的心理策略等；这类读心的目的是要洞悉他人的想法、感受或意图,把握其真实心理活动及内容,以及预测他人的行为。如"FBI 教你读心术""卡耐基教你攻心术"等,这类读心的艺术也可被称为"心理洞察术",本质上属于心理学的理论对象和实际训练科目。

当读心成为了解"他心"的理论问题后,关于读心是如何完成的还形成了不同的人文社会学科理论,力图对读心是否可能以及如何可能进行阐释,其中尤其以社会认知理论所提出的"理论说"(Theory Theory)和"模拟说"(Simulation Theory)影响最大,此外还有超越它们的"综合说"和"现象学直感说"等。

理论说的基本主张是,人在过去的学习中掌握了一套理解他人心灵的理论(一种非正式的、直觉的理论,也是被组织出来的一个针对脑中想法的常识理论),这就使得我们可以通过他人的身体行为(包括面部表情)来获知其内心活动,从而确保我们的社会认知获得成功。[1] 或者说,我们可以通过自己的理论(例如关于因果定律)思辨去推断别人的认知响应;也正是从理论上设定自己与他人具有同一性(self-other identity),因此才可以推知他人的心灵。后来居上的模拟说主张,我们在理解他人时并不需要一套先前的理论,而是只需想象或假装自己是他人(因为自身与他人的心灵结构是基本上相似的),就可以根据自己在类似的情形时会处于何种心灵状态来"推己及人"(也被称为"投射策略"),达到对他人心灵状态的把握。所以读心就是我们用自己的心灵活动机制去模拟另一个人的思维过程。[2] 简单地说就是通过想象自己处于别人的位置来推测对方的心理。两相对照,理论说的读心是自我用心理的概念和规则描述自我和他人之间的互动,模拟说的读心是自我用自己的心理去模拟他人的心理并对他人心理进行反馈。[3]

---

[1] C. D. Frith, U. Erith, "Social Cognition in Humans", *Current Biology*, 2007, 17 (16), pp. 724–732.

[2] A. I. Goldman, *Simulating Minds: the Philosophy, Psychology and Neuroscience of Mindreading*, Oxford: Oxford University Press, 2006, pp. 19–20.

[3] I. Apperly, *Mindreaders: the Cognitive Basis of Theory of Mind*, New York: Psychology Press, 2011, p. 5.

超越于上述两种学说的"综合说"认为，读心所牵涉的重要过程并不仅仅归结为某一种理论所提供的解释，而是需要用完整的一套机制去说明，是一个复杂的心灵要素所编织起来的网络才能用于解释我们那丰富而复杂的理解心灵的奥秘。例如，"想象"在理解他心的过程中就发挥了实质性的作用，而深层的意图和伪装（pretence）等也被召唤起来去理解他人和预测他人的行为。[1]

从哲学上兴起的现象学直接感知理论也加入了这种超越，它认为社会认知理论中的理论说和模拟说都不是直接的读心，而是以诸如先前理论或模仿过程为中介进行的读心，本质上是通过他人内部心灵的外部表现来间接地感知他人的心灵。然而我们并不需要上述的中介就能把握他人的心灵，其实读心是采用了一种基本的、迅速的理解方式来进行的，因为他人的心灵就直接显露在日常的人际交往之中，就蕴含在他们的身体行为之中，当我们与他人在这种日常交往中进行参与式的互动时，就直接看到了他人的心灵。[2] 于是，读心不只是第三人称的间接理解，而应是自我和他人互动过程中自我对他人直接的感知，即所谓"直接共感"（Empathy）。德比斯（Remy Debes）认为人们看到他人高兴时也会体验到高兴，这里进行的就是直接反应，不需要认知的中介。[3] 现象学的直接感知理论在解释读心何以可能时，立足于日常的人际交往，采用了生活世界中的术语来揭示这一机制，如"共现"——人的行为和心灵犹如书的正面和反面一样是共同呈现出来的，他人的躯体和他人的自我是共现的；"同感"——我们可以体验他人心灵的一部分，虽然不能体验其全部；此外，"交互主体性"（"主体间性"）、"结对"等也是现象学用

1　S. Nichols, S. P. Stich, *Mindreading: An Integrated Account of Pretence, Self-awareness, and Understanding other Minds*, Oxford: Clarendon Press, 2003, pp. 5-15.

2　S. Gallagher, "Direct Perception in the Intersubjective Context", *Consciousness and Cognition*, 2008, 17 (2), pp. 535-543.

3　R. Debes, "Which Empathy? Limitations in the Mirrored 'Understanding' of Emotion", *Synthese*, 2010, 175 (2), pp. 219-239.

以解释直接感知他人心灵的重要用语和视角。

现象学在梅洛-庞蒂（Maurice Merleau-Ponty）那里发展成为具身现象学，而在读心理论中也出现了"具身匹配说"（theory of embodied matching），该理论认为，"具身（embodied）的概念是一个神经结构……如果没有产生颜色范畴的专门的神经回路，我们就不会有我们所具有的颜色概念；神经层次并非一些碰巧能运行独立存在的软件的纯粹硬件；神经层次和对外部世界的经验一起，决定了概念能够是什么和语言能够是什么"[1]。其中镜像神经元被视作人类心灵阅读能力发生、发展的核心机制，这种神经元使人将观察到的他人的动作"直接映射"到自己的运动体系中，并将其延展为动作链，再根据链条的终端来预测和判断他人的动作目标和意图，实现"读心"的效果。或者说正是镜像系统通过具身化的"共享身体表征"（sharing bodily representations）才将自我与他人的经验匹配起来，并最终实现建基于自我与他人同一性的心灵解读。用加勒斯（Vittorio Gallese）的话来说："观察者和被观察者都是人——有着相似的大脑/身体系统——我们能够经验到一种无法消除的接近感和一种在认知上直接的身体等同感，这是我们通达他心的基础。"[2] 可以说，当读心理论发展到具身匹配说时，已不再局限于哲学和社会科学的阐释范围了，而是引入了认知科学和神经科学的成果，实现了向技术化读心进路的过渡。

二 以信息技术为手段的新路径

自20世纪下半叶起，读心术的重心发生转移，读心不再仅仅是哲学或社

---

[1] C. Lakoff, M. Jonson, *Philosophy in the Flesh: the Embodied Mind and its Western Thought*, New York: Basic Books, 1999, p. 104.

[2] V. Gallese, "Embodied Simulation: from Neurons to Phenomenal Experience", *Phenomenology and the Cognitive Sciences*, 2005, 4 (1), pp. 23-48.

会科学解释的对象,更成为科学用技术实现的目标,从理论学说之间的争论转变为技术方案之间的竞争,从而读心术中的"术"开始从艺术转向技术,即从人文化、社会化读心转向科学化、技术化读心,传统的"读心"转向现代的"读心",诉诸科学的方法和技术的手段去实现,包括通过不断的实验和实证化路径去推进。

基于脑是心灵的载体,读心的技术进路主要是通过"读脑"或"脑解读"(brain reading)来实现的,所以这样的技术进路首先是和神经科学的发展密切相关的,或者说正是脑科学的成就为技术进路的可能提供了支撑。在神经科学看来,人的所有心灵活动都具有神经关联性,都具有特定的神经活动模式,只要有足够精密的探测技术,就能够获知这种模式,并根据它与心灵状态的对应关系而获知人的心理内容,由此实现读心的目标。这也正是技术进路的根据。目前已发明出来可供我们探测大脑状态和活动的技术手段有:脑电图(EEG)、事件相关电位(ERP)、计算机轴向断层扫描(CAT)、功能核磁共振成像(FMRI)、光学成像(NIRS)、正电子发射断层扫描(PET)、质子波谱分析(MRS)以及质子平面回声光谱成像(PEPSI)等,它们的基本原理是测量和分析大脑中激活的数据,以此推测被测试者的心灵活动。简单地说,就是通过它们扫描大脑就能大致甚至精确地在技术装置上再现出你的所思所想。

技术进路的读心过程通常由三个阶段或部分组成:一是获得个体外部表现的各种数据资料;二是了解个体外部表现与心灵活动的对应关系;三是根据这些数据资料以及已知的对应关系来解读心灵。[1] 每一部分都有相应的技术来实现,第一部分任务就是由前面所说的各种脑活动数据的探测技术来完成,其中功能核磁共振成像(FMRI)和脑电图(EEG)是应用较多的技术;

---

[1] 唐孝威:《心智解读》,浙江大学出版社,2012,第5—8页。

完成第二和第三部分任务的技术则主要是计算机和人工智能技术，包括先行的建模——对每一种脑激活状态所对应的心灵状态建立起关联，然后是将已测得的脑激活的数据与已经建立好的标准模板相对比来进行"解码"，也就是通过模式识别来推测受测者相应的心灵活动。[1] 这种测量和解码在初级阶段局限于单个脑区的活动，到高级阶段则可扩展到脑内复杂网络的激活状态，从而解读复杂的心灵内容。也就是说，如果在技术上能够检测与获知心灵活动时所依赖的身体中的物质活动（如脑电波、事件相关电位和局部脑血流量、血氧水平等），就可以推知相应的心灵状态甚至具体内容。或者说，当人类的大脑想到某一对象（如物品）时，由于其物质构造上的基本相同，所以在其中产生的物理信号基本都是一样的，如果通过相应的技术获取这些信号，然后用相应的算法就可以将其包含的想法"翻译"即读取出来，也就是在人工智能处理软件的帮助下解码出人脑中说过的话。

可以说，探测脑活动信号的技术是读心的起始技术，其中于20世纪90年代初兴起的fMRI是目前最常用的技术，也正是这一技术激发了人类读心的热情。fMRI通过磁信号来测量大脑的血流量，由此跟踪人脑中的活动；它将捕捉到的人脑活动时发出的微弱磁信号用电脑程序解码为可视化的图像，这被视为目前测量大脑活动的最佳方法，并被医生和心理学家应用于改善他们对于医治和心理咨询对象的思维活动的理解。康奈尔大学人类生态学院的神经学家南森·斯普林格（Nathan Spreng）使用这一手段测得了受试者在心中正想着谁，其发表于期刊《大脑皮层》（Cerebral Cortex）上的在线论文记述了这样的实验："研究团队招募了19位青年人，向他们模拟四种主要人格各不相同的人，并要求他们想象这些人在特定情况下会做出怎样的反应（比如满满的公共汽车上来了一位老年乘客）。在受测者想象的同时，他们要接受

---

[1] 唐孝威：《心智解读》，浙江大学出版社，2012，第10页。

fMRI 的检查。论文中提到，人们在预测其他人做出的反应时，他们的大脑内侧前额叶皮质（medial prefrontal cortex）的活动是不同的。换个角度说，通过观察脑部活动，研究人员可以知道受测者是在针对哪一种人格（也就是拥有该人格的人）进行想象。"[1] 类似的还有"读梦机实验"：2014 年 5 月，美国加利福尼亚大学的神经学家艾伦·考恩（Ellen Cowan）团队进行了"读梦机"实验，研究人员向 6 名志愿者展示了 300 幅不同的人脸图像，并利用 fMRI 记录其大脑运动。研究人员发现，看到不同的面部特征时，例如金发、碧眼或络腮胡等，志愿者大脑的神经反应各异。于是，他们将这些反应方式集合起来建立一个数据库，而后给志愿者看一组新的人脸图像，观测其大脑反应。通过将记录下的大脑反应与数据库进行比对，研究人员得以重构志愿者刚刚看到的人脸图像。考恩认为，这一技术"不仅为人脸识别技术研究提供了一种新颖的方法，还令重构梦境、记忆和想象有望成真"，从而利用"读梦机"提取人脑中的面部信息是最终成功研究出先进读心术的第一步，"尽管用机器播放高清梦境暂时不会成为现实，但我们已经找到突破的方向，完整读取大脑活动只是时间问题"[2]。

使用脑成像技术来读心还被专门界定为"思维识别"（Thought identification），2006 年心理学家约翰·迪伦·海恩斯（John Dylan Heinricy）的四个发现被认为是这一技术进路的突破性进展：视觉对象识别、跟踪动态的心理过程、测谎以及解码潜意识活动，通过这四个发现可以读取他人思想的重要信息。思维识别的本质就是通过技术性"读脑"来达到"读心"，通过人类神经影像学（human neuroimaging）而形成的进一步研究已经使其成为可能，它

---

[1] 佚名：《你在想谁我知道！大脑扫描图像解码人类思维》，http://www.guokr.com/article/436764/，2013-03-07。
[2] 本刊编辑部编辑：《"读心术"：美日科学家研发中的盗梦空间》，《中国传媒科技》2014 年第 10 期。

通过人类个体脑活动的非侵入探测而编码出意识经验内容。[1] 当然，严格地说，"思维识别"这一术语是 2009 年才开始使用的，它源于神经科学家马塞尔（T. G. Marcel）接受哥伦比亚广播公司（CBS）的一次采访，他用它来概括自己研究的总目标：看看人们是否能在思考某一具体想法时准确识别其大脑中发生了什么。例如，当人们想到一个对象（比如一个螺丝刀）时，大脑的若干区域就被激活起来。他的团队研究人员用 fMRI 扫描了这些区域，并教会计算机识别出不同区域的大脑活动是与特定的想法相关的。他们还发现，不同人脑中的相似想法在神经系统上具有惊人的相似。为了说明这一点，他们用自己的计算机仅根据 fMRI 的数据（一个志愿者正在思考的几个图像）来进行预测，结果这台电脑的准确率是 100%，当然这台电脑到目前为止只能区分 10 个图像。他们还声称能够识别大脑中的善良、伪善和爱等观念。[2]

2011 年 9 月出版的《当代生物学》杂志上发表了美国加州大学伯克利分校的杰克·加兰特（Jack Gallant）所做的实验，三位科学家以自己为实验对象，他们先观赏了某部电影的片段，并且使用功能性磁共振成像扫描各自的大脑，然后在整个实验过程中，计算机会观察人脑视觉皮层的反应，并且根据之前的关联从视频网站上挑选出与这种反应最匹配的视频片段，结果表明，分析挑选出的片段影像与他们正在观看的影像非常接近。虽然此项实验涉及的数据量非常大，也有可能存在不同程度的偏差，但这一实验总体上表明，现代信息技术有可能精准地重建闪过人类大脑的影像从而读取出大脑中的意识内容。2016 年 4 月美国加州伯克利大学的科学家对 7 名志愿者进行了两个多小时的功能性核磁共振，将常见的 985 个英语词汇相对应的大脑区域的大脑词汇地图（The Brain Dictionary）标识出来。研究表明大脑词汇地图在人与

---

[1] J. Haynes, R. Geraint, "Decoding Mental States from Brain Activity in Humans", *Nature Reiview Neuroscience*, 2006, 7（7）, p. 523.

[2] 资料来源：CBS Interactive Staff, 60 Minutes' video: Tech that Reads your Mind, http://www.cnet.com/news/60-minutes-video-tech-that-reads-your-mind/, 2009-01-05。

人之间的一致性很高。这一成果被视为是从语义上读脑的突破性研究。[1] 2017年6月美国卡内基梅隆大学的研究人员将上述进路更推进一步，他们将人工智能的机器学习系统用于分析fMRI所测量的大脑活动数据来识别人类复杂的想法。通过测量大脑的各种子系统的激活水平，AI程序可以判断人正在考虑什么类型的想法，据此就可以在将来绘制出大脑的知识地图，这就比上面所说的描绘大脑的词汇地图更趋近于完整地读出人脑中的复杂思想。与此同时，中科院自动化所类脑智能研究中心的杜长德团队利用深度学习技术来处理数据，让fMRI解码大脑思想变得更为简单精准。凡此种种的研究显示，"fMRI不仅能显示大脑目前的活动，还可能显示出大脑即将要做什么，使神经成像技术朝向预言主体行为的方向发展"[2]。

脑电图（Electroencephalography，EEG）是另一种重要的读心技术，它采用的主要是脑皮层电流描记法（ECoG）的工作原理。我们知道，伴随心灵活动的脑活动也是一种复杂的脑电活动，因此从探测脑电活动所形成的脑电图中也可以分析出相应的意识内容。利用EEG可从头皮表面记录大脑内部的神经电活动，将其与特定的软件连接，就可以提取不同的脑信号特征，此即"事件相关电位"（当大量的神经元对同一图像做出反应时点亮）以及"宽频谱响应"（查看同一图像后短暂停留的信号），根据某种心灵状态对应某种EEG特征的关系，就可以通过EEG的特征推测受测者的心灵状态。目前已有实验表明从脑电图可以解码甚至重构大脑中正想到的单词。2012年1月31日，加利福尼亚大学伯克利分校的布瑞恩·帕斯利（Brian Pasly）和他的同事发表的论文表明，通过直接对受试者脑内电信号的采集和分析，其处理听

---

[1] A. Huth, W. de Heer, T. Griffiths, et al., "Natural Speech Reveals the Semantic Maps That Tile Human Cerebral Cortex", *Nature*, 2016, 532 (11), pp. 453-458.

[2] K. Smith, "Brain Imaging Measures More than We Think", *Nature News*, Published Online 21 January, 2009-01-21.

觉信息的内部神经过程在计算机上被解码和重构为声音。[1] 2015 年 12 月 16 日，日本九州理工大学的山崎（Toshimasa Yamazaki）所主持的研究发现，一台计算机在剪刀石头布的游戏中能够确定受试者在他们出手前的选择，脑电图技术在这里被用来测量布罗卡区的活动，从中看到 2 秒钟后会被说出来的那个词。[2] 这表明了在人未说出其想法时可借助读取脑电信号的技术来读出其想法。在其他方面也是如此，如借助 EGG 技术在一个实验对象观看房屋、脸庞，或者灰色屏幕的时候预测的准确性达到了 96%，这几乎等同于感知速度。[3] 尽管这些读心或读脑的水平还较为初级，但代表了可以借助技术手段更为精细地识别认知中的神经活动之大方向。

用脑电技术来读心还形成了专用于法医学的"脑指纹"（Brain fingerprinting）技术，它是用脑电图来确定一个人的脑中是否储存有特定信息的一项技术。这项技术包括测量和记录一个人的脑电波和被称为 p300-mermer（"记忆和编码相关的多方面的脑电反应"）的脑电反应，后者指人接触到单词、短语或电脑屏幕上的图片后的反应。通过比较对不同类型刺激的反应，脑指纹识别系统从数学上计算出一种确定的结论："信息存在"（受试者知道与犯罪相关的信息，该信息包含于试探性的刺激中）或"信息不存在"（受试者不知道相关信息），并提供了一个可信任的统计数据。这一结论是用数学计算出来的，不涉及科学家的主观判断，可用它来分析鉴定一个人脑中是否存留有特定记忆。目前脑指纹技术在两个方面得到具体应用，一是检测特定的犯罪、恐怖行为或存储在大脑中的特定事件的记录，二是检测特定的知识、专长或技能。如 FBI 的专家用它来检测受试者是否具有制造简易炸弹（IED）的专

---

[1] B. N. Pasly, S. V. Davie, N. Mesgarani, et al., "Reconstructing Speech from Human Auditory Cortex", *Plos Biology*, 2012, 10（1）, pp. e1001251.

[2] A. Danigelis, "Mind-Reading Computer Knows What You're About to Say", *Discovery News*, 2016-01-07.

[3] J. M. Kai, G. Schalk, H. Dora, et al., "Spontaneous Decoding of the Timing and Content of Human Object Perception from Cortical Surface Recordings Reveals Complementary Information in the Event-Related Potential and Broadband Spectral Change", *Plos Computational Biology*, 2016, 12（1）, p. e1004660.

门知识，从而鉴别其是否为潜在的恐怖分子。但这一技术也存在某些方面的不足，如果目击者和行为人都可以被脑指纹技术检测出对于犯罪现场的"信息存在"，但它还不能区分出罪犯和目击者脑中两种信息存在的不同，因而不能将其作为指控犯罪的证据。目前的通行做法是，一个脑指纹专家可以证明有关受试者的脑中是否有犯罪信息存在的测试结果，但是关于这一证据的有罪或无罪的解释则完全取决于法官和陪审团。

对于以上两大类技术，目前 fMRI 主要集中在视知觉领域，而 EGG 则侧重向情绪识别和与言语识别方向发展。随着读心技术的发展，思维识别的水平将得到不断提高，从情绪识别到言语识别（其中又包括从单词识别到句子识别），从情感状态（主要是基于生理状态的本能感觉，如疼痛、高兴等）等低阶心灵阅读进一步提升到信念、愿望等命题态度（对人脑"知道"和"理解"的信息内容）等高阶心灵阅读，以及从解读静态人的心理活动发展到解读人的动态心理活动，最后达到对思维全过程内容的识别。

读心的技术装置也是脑机接口技术的一部分，或者说今天开发脑机接口技术的一个重要目的就是设计和建造出"读心机器"（mind reading machine）：由它在大脑和外设之间建立一种直接的通信通道。可以说，前述的脑机接口几乎都只和人脑建立了外部的接触，导致其对脑激活的技术测量响应速度慢，分辨率差，从而还只是初级阶段的读心，还只能限于对动作意向、情绪状态等方面的推断，而对复杂的心灵活动（如解读语义和思维推理等）的具体精细的内容则还难以获取。更高水平的脑机接口则要深入脑的内部，如将芯片植入脑中，以此提高对脑信号的分辨率。以植入式的深脑 EEG 为例，由它可获得 $100\mu V$ 量级的信号，而非植入的头皮 EEG 可获得的信号仅为 $2\mu V$—$3\mu V$，精度太低，加之头皮本身还存在皮肤电，干扰严重，还易形成伪迹。总之，fMRI 和 EEG 都可以用来研究人心在思考时（如想到某一具体的名词时）大脑所产生的相应活动及其模式。

总之，目前通过技术路径来读心只能达到特征检测和分类识别的程度，还不能细致地解读内容，也不能进行实时的动态解读，要实现有效的全面读心还有待于更先进的信号探测与分析技术的开发，可以说这是人类目前所从事的最复杂的技术活动之一。尽管还处于初级阶段，但从人文型读心到技术型读心，已标志着"读心术"从艺术向技术的转变，大幅推进了人类读取心灵的能力和水平。

三 读心与读脑之间：从实在性到平衡度

读心的技术进路充分显示：读心的基础是读脑，或者说技术性读心从本质上是读脑；客观地测度心灵活动时的脑状态进而实现"心脑互译"，即从脑状态（的技术探测数据）中译解出心灵状态甚至心灵内容，这使得我们对心灵的了解具有了一定程度上的科学性或客观性，从实际应用上检验和证实了心灵过程与脑过程的关联性，或者从本体论上进一步印证了心灵活动即认知的具身性。同时，技术进路的读心也使得读脑和读心之间的关系即心灵（作为认识对象）的技术显现与心灵的真实内容之间的关系问题更为凸显。

第一，通过技术化的读脑是否能完全达到对心灵内容的理解？技术性读心是通过阅读脑的物理状态及其呈现来进行的，但脑的物理状态与活动极其复杂，正是这种复杂性才造就了心灵这种高级现象，也正是这种复杂性造成了心灵反过来要认识自身的物理基础并再依据这种物理基础来读解心灵自身内容时的艰巨性，所以我们距离清晰而充分的心脑互译还有较远的距离，目前的技术性读心还只是刚刚开始。而且，即使在高级阶段，我们也不能指望通过读脑而实现毫无遗漏的读心，因为连实现毫无遗漏的读脑也是不可能的，更何况心脑互译中总会有"不可译"的东西。

其实，这一现象在日常生活中当人通过"语言"来读心时就已呈现出来。

即使语言是最便捷、最直接表达人的思想的手段，但我们也不可能从一个人的语言表达中把握他的全部思想。一方面，由于语言表达本身的有限性，使得一些不能言说的感受和难言知识等不能用语言"说"出来；另一方面，人理解他人的语言也是有限的，这就是对于言说者和理解者都存在的"言不尽意""言有尽而意无穷"。这是因为，语言虽然是思想的载体，但毕竟还不是思想本身。同样的道理，脑的物理状态虽然是心灵的承载，但也不是心灵本身，所以读脑虽然是读心的桥梁，但所读到的也不完全是心灵本身。基于唯物主义的视角，希望不通过任何物理手段或载体来"读心"即实现所谓的"心灵直感"还无法实现，至少目前我们还无法检测到不负载于任何物质现象的"裸心灵"或"裸信息"，所以通过读脑来技术化地读心总会受到一定的限制。

当然，由于心脑的有机关联性，随着技术的发展使我们可以通过精准地读脑而无限地接近于"精准读心"的目标。而当可以技术性地实现脑和脑的直接联通（所谓"脑联网"）时，是否能实现心和心的直接联通，则有待未来人的亲身体验去加以验证，因为届时一个人通过这种脑联通暂时"换位"为另一个人的脑去思考和体验或许成为可能，这样读他人之心就变成真正的"直感"了。

第二，如何理解技术化读心中"认识对象的实在性"？可以从两个方面来理解心灵作为认识对象的实在性。一方面，从实在性所具有的"人心之外不以人的意志为转移的客观存在"的含义来看，当所读之心是他人之心时，作为认识对象的他人的心灵此时也是客观存在着的，他人的心灵内容也具有不以我的意志为转移的属性，在这个意义上它是具有实在性的，这种实在性为读心的价值和意义奠定了基础。另一方面，实在性和真实性具有同义性，它们在英文中都是同一个单词"reality"，所以在读心活动中认识对象的实在性，也可以重点从它的真实性上去理解，而真实性的重要内含就是准确性，读心的实在性从技术追求上就在于准确性。目前的技术化读心正在朝向这一目标不断迈进，使得人们从脑活动的技术显现中想要真正获取的，越来越是它所对应的准确的心理内容；向这一目标的不断靠近，就意味着心灵作为认识对象被把握得越来越真实，就是基于这一技术取得了实在的功效。至于仍旧存在的问题——脑活动是否在本质上等同于心灵活动——我们可以暂时存而不论，留待以后时机和条件成熟后再去解决。

其实，读心技术的准确性，也决定着这一技术作为认识工具的有效性。例如在司法活动中，脑成像是否能作为证据就是一个重要问题，至少它目前还不能起到像脱氧核糖核酸、血液或精液一样的作用，这就使得思维识别技术在应用于刑事法律上还是极为受限的。2008年，印度一个妇女被控谋杀她的前未婚夫，所根据的就是她的脑图显示出她熟悉犯罪的周围环境。而如前所述，脑指纹用于判断一个人是否犯罪是不可靠的。所以追求读心技术的准确性，成为决定其显现的对象是否具有实在性的"金标准"。由此再次表明，在心灵的技术显现中，实在性、真实性、准确性等是关联一体的。

第三，读心的技术进路与人文进路的互补与平衡。虽然读心的技术进路日益显示出人文进路所不具有的优越性，但至少在目前后者仍具有前者所不能取代的主导地位，而且即使在通过技术手段读心达到较高水平时，两者仍需要互补。

技术和人文两种读心的进路都具有这样的共同性：它们都是通过心灵活动的可感显示来把握心灵活动的不可感内容，都是通过特定的载体来理解所运载的思想信息，抑或说是通过伴随心灵活动发生的物质活动（如脑生理活动、身体的生理活动、个体的肢体行动等）来实现"读心"的，至少在目前还不可能超越这些物质中介来解读他人的心灵。即使是现象学所说的对他心的"直感"，也是通过他人"暴露于自己的身体行为"去感受的，脱离了作为物理载体的身体行为，直感他心也就是一句空话。

技术和人文两种读心进路也有不同之处，即前者对于后者来说，带来了方法和手段上的极大突破，读心的技术方式直接面对心灵活动的功能器官，故较之人文方式更为直接；基于脑活动与心灵活动的对应性更为具体，技术进路不像人文手段那样主要是推测出他人的心理状态（如害羞），而是可以进一步检测出他人的心理活动内容（如为什么害羞），所以可以读出的心灵内涵将更为丰富，或者说其发展的潜力更大。此外，由于技术路径的读心所采用的技术工具是按科学原理设计和工作的，由此读心的过程更为标准和统一，所得出的结论更为普遍和可靠，它不像人文路径的读心诉诸同感或直感而难以找到客观标准加以检验，因此技术路径的读心可将人类带入理解心灵的新时代。

当然，这并不意味着读心的人文方式较技术方式毫无优势处可言。从本体论层次上看，人文方式的读心是把阅读的对象真正当作"心"来看待的，而技术性读心则容易将心等同于物，将心灵的载体等同于心灵本身，从而走向心脑同一论或物理主义，因此需要用人文读心的本体论态度来矫正技术性读心的过度物理主义倾向。在操作层面上，两种读心术则可进一步形成互补的关系，除了技术的读心可以弥补人文读心的不精确、不细微之局限外，人文方式的读心由于"成本"较低，不受设备和技术条件的限制，可以弥补技术化读心难以在当前普及从而难以在日常生活中使用的不足；此外，人文读心还能读取技术方式所不能读取的"言外之意""弦外之音"，这正是"艺术"胜于"技术"的地方。

可以说，人文读心术更多的是使用人的感知，而技术读心术更多的是测得数据后进行数据分析，而且后者的两项工作都可以由技术系统自动完成，所以对需要读心的人来说，其读心的自然能力可能被技术所替代，形成人自身读心能力的"外包"。可以想象，如果读心技术发达后，人就不再会经常使用人文手段去读他人之心了，此时人只是"坐享其成"地"操作"相关技术就能阅尽他人所想，久而久之人就会不再具有读心的艺术，就懒于去通过阅人无数的漫长生活来历练与他人沟通心灵的经验，积累与他人同情共感的"本领"，从而丧失自身所具备的读心能力，于是一旦离开读心的技术，人就将丧失或极大地弱化与他人沟通和互动的能力，此时使用人文读心术则有助于避免人的这种能力的丧失。在这个意义上，读心的人文进路作为社会认知、技术进路作为科学认知，需要互鉴、互补和互惠。

如前所述，认识对象具有"自然显现"和"技术显现"两种基本的方式，当技术读心就是心灵的技术显现时，人文读心就相当于心灵作为认识对象的自然显现。当认识对象在当代呈现出强大的"技术大于自然"趋向时，我们需要在技术显现和自然显现之间保持适度的平衡，因此也同样需要在面对心灵这一最复杂的认识对象时，保持读心的技术进路与人文进路的适当平衡，甚至在一些领域中，尤其是生活世界中，即使读心的技术再发达，也需要保持人文读心的主导地位，读心的技术只能被置于辅助的地位，由此形成自由的读心艺术与受限制的读心技术之间的主次分明的结合。

【本章小结】信息技术的介入使得技术显现成为认识对象的主导样态，人的认识的直接对象从先前主要是自然的物质世界转向了信息世界，而且主要不是自然信息世界，而是人工信息世界，是显示器、储存器、处理器和网络上不断流动和变换的各种各样的技术显现。面对认识对象的这种新变化，必须重新理解其实在性问题，意识到人工的信息世界与实在的物质世界的真实关系，清醒地看到对间接的或虚拟对象的这些认识，仍是以对直接对象的认识为依托，并最终通向对实在自然对象的把握的，这也是在面对认识对象的技术显现时仍需坚持唯物主义认识论的本体论立场。此外，当代信息技术的这一功能还拓展到使心灵作为认识对象得以技术化显现，使得读心的技术进路成为具有认识论意义的新课题，为心灵哲学与认识论的贯通提供了新的解析思路。

第三章
认识来源：网络获取与经验的技术性生成

认识的来源是认识论中的一个重要问题，它和认识对象问题有关联，但又属于不同的问题：认识的对象解决的是人所认识的是什么，而认识的来源则要进一步解决人是如何把握认识对象的，即通过什么途径达到对认识对象的认识。当技术显现成为认识对象的主导性表征，或认识对象的技术大于自然时，就必然导致在认识的来源上，作为"第二手资料"的技术性显现资源多于作为第一手资料的自然性资源，间接经验远远多于直接经验，这种间接经验主要来自电子设备建构的虚拟空间，来自我们从网络中获取的资源，甚至还可以来自记忆移植和神经操作等认知技术，后者还开辟了"经验的技术性生成"这一认识来源的新通道。凡此种种，都对认识论的认识来源这一经典问题的研究给予了极大的丰富和推进。

第一节　网络获取：间接经验的来源方式

认识的来源问题，就是信息的获取方式问题（认识中关于对象的信息是如何获取的），也是知识和观念形成的通道问题。信息时代的来临、信息技术范式的泛在，使得认识从过去主要来源于亲身实践和书本阅读演化为主要来源于网络获取，使得间接经验在网络时代的获取方式成为认识来源的主导方式，并引发出一系列我们需要认真思考和对待的哲学认识论问题。

一　间接经验的来源：从传统方式到网络获取

认识从接触对象、获取信息开始；获取信息的方式，就是了解世界的方式，就是认识来源的渠道。

在传统的认识论研究中，根据认识来源于感性认识还是理性认识，区分出经验论和唯理论两大认识论派别，前者认为人是通过感官把握认识对象的，后者认为人是通过理性思维把握认识对象的；马克思主义哲学将实践作为认识的来源，认为只有认识的主体在和客体（对象）相互作用的实践中才能把握对象、形成认识，这就和包括旧唯物主义在内的其他哲学区别了开来。

认识来源于实践，表现为人在与对象的直接互动或接触中也就是在主体直接作用于客体的实践中获得关于对象的信息，形成的是关于对象的"亲知"，也就是毛泽东所说的"直接经验"；就人类的整体来说，这是形成认识内容的主要通道。除此之外认识还有另一种来源，即并未直接与客体交互而又获得了关于客体的信息或知识，这就是通过他人的"告知""描述""讲授""记载"等方式获知，即通过一定的中介（信息技术）来获知，广义地说就是通过技术显现即关于对象的各种形式的表征（语言、文字、图像等）来获取，这样获知的内容被称为"间接经验"。由此也将认识的来源从整体上区分为直接来源和间接来源两种。

间接经验的获取对于认识来源具有十分重要的意义，恩格斯指出："每一个体都必须亲自取得经验，这不再是必要的了；个体的个别经验在某种程度上可以由个体的历代祖先的经验的结果来代替。"[1] 毛泽东也指出："一切真知都是从直接经验发源的。但人不能事事直接经验，事实上多数的知识都是

---

[1] 《马克思恩格斯选集》第 3 卷，人民出版社，2012，第 978 页。

间接经验的东西，这就是一切古代的和外域的知识。"[1] 随着人类的认识对象的日益扩大，作为个体的认识者对越来越多的客体一般采用间接经验的方式去获知。事实上，单个认知主体，特别是知识渊博的认知主体，就其知识来源的途径而言，通过亲身实践的途径而获得的直接知识通常占比不大，而占比较大的部分是通过"读万卷书"的间接来源获取的。

认识的间接来源也可以区分为多种方式，根据媒介手段的扩展，从最初只有口耳相传，主要是通过身体信息技术来获取的，如口头告知的信息、口述的景物和事件、亲口相传的经验等，从知识的角度来说，就是他人口授的知识。随着历史上第二次和第三次信息革命的发生，器具信息技术被发明出来，人类进入文字和印刷时代，就有了从书信和印刷品获取的通道，从书写的信息到书本知识等都行使着提供间接经验的主导性功能，印刷时代的"读书人"就是从书本知识中获取间接经验的典型代表。通过器具信息技术形成的认识来源通道，到了电子网络时代的今天，进一步有了基于互联网和计算机技术的新方式，即作为网络终端的各种电子媒体成为获取信息资源的重要渠道，简称为"网络获取"。

网络获取是一种新型的间接经验的来源方式。互联网作为承载知识和信息的技术载体，负载其上的内容并不是客观事物本身，而是以文字、图像、声音等形式存在的客观事物的表征。人们在互联网上接触和理解这些表征，就是间接反映客观事物的过程，所以它本质上属于间接经验形成的一种渠道。

从口耳相传和纸质的文本中获取知识，是前网络时代人们获取间接经验（知识和信息）的方式；而网络时代到来后，作为认识来源的间接经验的获取方式则主要转型为网络获取。这样，总括信息技术的发展历程可以看到，间接经验的来源方式，历经了一个从口耳相传中获取，到文字获取，再到网

---

[1] 《毛泽东选集》第1卷，人民出版社，1991，第288页。

络获取的替换过程，这也是信息革命的产物。由于网络技术的快速发展，网络获取的优势越来越突出，以至于这种新的信息来源方式"异军突起"，取代了传统方式的主导地位。可以说，当电子网络成为一个新的表征系统后，它就必然会成为一种新的重要的或主导性的信息渠道，这与它在当代作为认识对象技术化显现的主导手段具有功能上互相过渡甚至一体两面的关系：当越来越多的对象、事件、过程都是通过互联网来呈现和传播时，人的认识中间接经验来源的主要通道当然就会转移到线上，从而导致网络获取成为主导性的信息来源途径。网络化的社会也是数据化的社会，鉴此可以将认识对象和认识来源一体化变迁的关联进一步表述为：对象或事件被数据化（认识对象的技术显现），然后是数据的资源化和资源的网络化，形成"网络资源"，而网络资源的渠道化，就演变为"网络获取"这一网络时代最为重要的间接经验来源方式。

通过网络渠道获得的信息，它们成为认识主体进一步进行新的认识的"待加工的原材料"，也就是我们通常意义上所说的"信息资源"，甚至可以简称为"信源"，它指的是信息源或信息来源，是从信息论视角表达的"认识来源"。今天网络成为巨大且主导的信源，是认识论的"认识来源"理论所必须要纳入自己视野中的新现象。

网络获取在日常生活中的表现，就是网络阅读。网络阅读是一种因阅读文本由纸张等传统的固态载体转为电子网络这一电态的虚拟载体的变化而产生的新的阅读方式，它特指电子网络语境中的阅读活动，即借助计算机、智能手机等终端阅读网络文本、音视频等多媒体文件，以获取知识和信息的阅读行为。无论计算机还是智能手机等电子终端都是通过屏幕显示信息内容的，因此，网络阅读从形式上表现为"读屏"；又因为各种文本、图片、音视频等信息是通过电子网络传输和显示给各用户终端的，因此，网络阅读又被描述为"读网"；还因为存在于电子网络不同空间中的文本是以超链接的方式被组织在一起的，因此又被称为超文本阅读。

网络阅读已成为现代社会大众的一种主要阅读方式，网络获取已经取代了过去纸本获取的主导地位，并且其主导程度还在逐年提高。这主要是源自当代信息技术的迅速发展而带来的电子阅读终端和电子网络的普及，源自计算机、智能手机和网络技术所形成的在提供优质信息资源上的高性能和低成本之共生优势。

二　网络获取的认识论特征

当网络成为主要的信源、网络获取成为认识来源的主渠道后，人的认识活动也随之被造就出一系列新特征，如果将其与书本获取相比较，这些新特征是通过如下一系列优势体现出来的。

第一，存量优势。

网络资源较之印刷品所能承载的资源具有存量上的巨大优势，形成了巨大的数据资源，而且通过云端存储形成了几乎无限的资源保存能力，当其作为信息来源时就表现为天文数字量级的字节信息，成为取之不尽的知识宝库，它对于任何认识者来说都构成无穷的间接经验来源。这一存量优势也来自储存方式的先进性。网络的"互联"式储存（或"云储存"）使得蕴含各种知识的数据库可以在网上互相通达，形成全球共享的局面，改变了相互离散的信息孤岛式的传统知识存储方式（如个人藏书或彼此分离的图书馆），使得我们可以通过超链接的方式从有限的文本延伸到几乎无限的在线资源，或使用搜索引擎从少量的关键词字符牵引出应有尽有的相关信息，对于某一指定目标的知识形成"一网打尽"的获取效果。用"数据"来表达，各个领域的信息储存所包含的数据量，通常都极为巨大，"大数据"就是对这种信息存量巨大的一种表述，通过大数据的采集和挖掘技术，今天我们可以在数据获取的量级上借助网络而不断提升,所以弗洛里迪把数据库称为明天的百科全书,它超过了任何用户的容量。

第二,增量优势。

互联网上每天都在增加新的资源,[1] 它也是迄今最能容纳新增资源(包括最新资源)的信息载体,因此作为认识来源,作为知识生产的"原料地",网络几乎汇聚了人类有史以来所创造的和正在创造的所有知识,使知识生产者可以从中获取最新颖也最丰富的智力资源。从数据的角度看,网上信息资源的增加,就是数据量每天每时的增加;大数据时代的来临,就是数据增量不断加速的结果。人类最新的知识成果在互联网上得到最快的展现,只要有兴趣和精力,认识者每天都可在相关平台上获取最新的资讯,人类呈指数增长的知识也可以被尽收网中。网络获取的这种增量优势也使其具有动态性的取之不尽、用之不竭的属性,是一个日日新、时时新的知识宝库,这是任何纸本图书馆或档案库所无法比拟的。

第三,流量优势。

网络获取中的资源并非静态的资源,而是动态流动中的资源,它随时处于流通状态,可以瞬时传递,具有极强的通达性和开放性,消解了资源需求者和资源储存库之间的物理围墙,使得被尘封于纸质文献中的资源被"解放"出来,在流动中被激活,在流动中被充分利用并实现增值,信息获取者由此也极大地提高了获取的效率和效益。

第四,选择优势。

网络获取的选择优势有多方面的体现,一是体现为资源形式的选择优势:在现代信息技术的装备下,网络资源具有"电子集成信息"的功能优势,集合众多视觉和听觉元素(在将来还可将嗅觉、触觉等元素集合进来),以多

---

[1] 互联网上每天产生的信息量有大约 800EB,如果将其装在 DVD 光盘中要装 1.68 亿张,装在硬盘中要装 80 万个。

媒体呈现出文字的、声音的、图像的、动画的、视频的等多方面信息，从而满足不同偏好、不同接受能力的受众对不同信息资源的需要和选择，实现更高效也更人性化的信息获取效果。

网络获取的选择优势也体现为选择主动性程度的提高。从书本中获取间接经验的传统方式是被动的，即出版什么书、电视中播放什么节目都不是受众可以主动选择的，几乎只能是被动接受；而网络获取则使受众具有更多的主动选择权利，他们可以根据自己的需要搜索相关资源，可以在网页和超文本中寻找自己关注的内容，然后主要根据自己的兴趣来决定是"浅读"还是"深读"。

网络获取的选择优势还体现为选择的智能化。网络环境中的数字化、数据化加上算法化，作为认识来源之选择对象的资源在现阶段还具有智能化优势，可以在一定程度上"聪明"地匹配我们的需求，即通过智能算法来分发符合我们兴趣和偏好的内容，推送相关的信息资源，减少我们在获取有效信息来源过程中的时间和精力消耗，提高我们的资源采集效率和效果。目前受到规范管理的搜索引擎技术就主要是行使这一功能，它可以向我们优先地显示质量较高的相关知识和信息，而对质量不高或者直接属于垃圾信息的相关知识网页则排后甚至加以忽略。这种"主动迎合"的智能化的资源提供，也是网络获取所具有的纸本获取无法比拟的优越之一。

第五，成本优势。

书本曾经为人类打开了知识来源的新天地，而网络则近乎无限地扩展了这个新天地。书海作为间接经验的来源，受到多方面的成本限制，如个人不可能拥有太多的图书，即使通过图书馆来获取，图书馆本身也会受到存量（藏书量）限制、流量（副本量）限制、共享限制（书本作为物质实体的不可分享，只能一本供一人使用），何况还有进入图书馆的时间、交通和资格等方面限制。网络作为信息和知识获取的来源，则突破了上述的限制，许多资源可以免费获取,由此相比于传统的书本获取,网络获取的成本更为低廉,"今天,全球超过1/3的人口通过手机和计算机以相对低廉的成本生成自己的信息,并通过视频、音频、短信以接近零边际成本的方式在互联网世界分享"[1]。

当然,网络获取作为认识的一种新型来源通道,其优势并不限于以上五个方面,同时它也存在若干不足或"劣势",如网络资源在质量上参差不齐,又如它虽然具有成本优势,但也并非人人都可以使用网络作为信息获取的新渠道,其原因有多种,主要在于上网对一些人所形成的物理障碍和社会经济障碍,这些障碍包括:无电脑或终端、没有兴趣、不知道如何使用、太贵、被新技术吓到、没有足够机会等;詹姆斯·凯茨(James Katz)将其归结为:设备缺乏、技术恐惧、经济困难、不感兴趣四个方面,并认为如果看不到这些,互联网就只是被描述为"巨型平衡器",但实际上它产生着不平等的因素,只是"乔装成"能快速解决社会不平等。[2] 鉴于此,网络获取也需要与认识来源的其他获取方式形成互补,这就需要处理好它与其他方式之间的关系。

三 网络获取中的若干相互关系

当网络获取成为间接知识的重要来源方式时,我们尤为需要处理好如下一系列认识论关系。

一是网络获取与实践获取的关系。

从实践中获取直接经验,较之从网络中以及书本中获取间接经验更为根本,所以网络获取作为认识的来源归根到底是第二性的认识来源方式,是对

---

[1] 〔美〕杰里米·里夫金:《零边际成本社会》,赛迪研究院专家组译,中信出版社,2014,第4页。
[2] 〔美〕詹姆斯·凯茨:《互联网使用的社会影响》,郝芳等译,商务印书馆,2007,第37—38页。

实践作为第一性认识来源的补充，而不是取代。这也是读网络之书和读自然之书、生活之书之间的关系。

自从有了"读书"之后，人类"阅读大自然""阅读生活"的能力就或多或少地发生着衰退，甚至还在有的认识者那里导致了认识来源上的本末倒置，这种情况在网络获取中表现更甚：一些深度依赖网络获取信息的人，不再重视亲历亲知，疏于与现实世界的直接互动即不再从实践中获取知识，而寄托于网络上的信息资源。他们所看到的世界，几乎全部是从网上看到的世界，或者只习惯于从网上去看世界。一则网络笑谈深刻地反讽了这一现象：一青年人想知道室外的天气，他不是自己走到窗前向窗外亲眼看一看是天晴还是下雨，而是发微信问附近的朋友"今天的天气如何"，否则他似乎就无法知晓外面的世界，这就是一关上电脑或一忘带手机，"你就觉得与世隔绝"[1]，也是所谓"网络幽闭症"或"虚拟交往依赖症"，在有了微信之后就表现为微信成瘾："早上不起床，起床就微信；微信到天黑，天黑又微信。"所以如果将网络获取当作认识的唯一来源或第一性的来源，就会导致认识来源上乃至整个生活中的技术异化，走向所谓"两耳不闻窗外事，一心只读电子书"。

二是网络获取与书本获取的关系，即读屏和读书的关系。

如果强调读屏（网络获取）和读书之间的不同，确实存在读屏现象在信息时代的泛在而读书现象的式微。

当然，读屏与读书并非全然不同，两者之间其实有千丝万缕的关系，这种关系有时被概括为"传统阅读"与"现代阅读"之间的关系，还有的称读屏为"后现代阅读"，此时读书则为"现代性阅读"，因为导致现代性到来的印刷时代的标志就是书籍，阅读纸质书籍就是人类进入现代社会的一个组成

---

[1] 〔美〕盖瑞·斯默尔等：《大脑革命：数字时代如何改变了人们的大脑和行为》，梁桂宽译，中国人民大学出版社，2009，第3页。

部分；而作为工业社会之后的电子时代（也是后现代）的信息显现载体是电子屏幕，故读屏就是后现代的一种阅读方式。

目前在读书与读屏之间的关系上，一种观点强调的是两者之间的不同，认为读屏并非读书。正是这种不同使得我们所统计的每年国民读书之数量十分可怜，因为读屏量的增加，通常伴随着读书量的减少。所以持这种看法的人大力呼唤要把读者的注意力从刷微博、刷微信等读屏行为转移到读书上来，否则我们的社会就会走向"渐行渐远渐无书"，而如果无人读书，无异于又回到了失去文明和弃绝文化的洪荒时代。

另一种看法则认为读屏就是数字时代的读书方式，或者说广义的读屏就包含了读书，因为屏中就有电子图书、电子期刊，且读屏时所读之屏，可能就是电子书的屏显，于是提醒大家别拿读屏不当回事，读屏无非是读另一种载体的书。所以从这种视角看，读屏淹没了传统的读书不值得大惊小怪，而应视其为一种再正常不过的阅读方式的变迁。

在我们看来，两者之间既非全异，也非全同；读屏中包含着读书，但又不同于读书。它们都属于阅读，都是从信息载体或介质中读取或接受信息。读屏之所以在阅读方式中超过读书而占据主导地位，是因为它具有许多优越性，除了前面列举的网络获取的种种优势之外，还可以列举如下一些好处：它使我们可以摆脱获得纸质书本的物理限制，只要一机（手机）在手，便可随时阅读，从而具有阅读的随时性、便利性；读屏还可使我们充分利用碎片化时间进行短篇阅读、快速阅读、及时阅读，从而在较短的时间内接触较大量的信息；读屏还可以借助多媒体的融合实现多感官的结合，如文字与视频、音响文件的结合，使阅读与休闲娱乐之间实现自由切换，把"苦读"变成"悦读"，进而使阅读学习与休闲娱乐的界限变得模糊，或者说使学习中有休息，休息中有学习，由此提高效率，获得"双赢"。凡此种种，表明读屏作为网络获取的方式在提高我们间接经验汲取的广度和效度上，较之传统的获取方式具有不可比拟的优势。

其实，读屏与读书都各有优劣，在两者并存的时代，并不排除各自效果的因人而异。如有人仍以读书为主而以读屏为辅，离不开一卷在手，书香长留的感觉；即使在以读屏为主的人群中，有的以读屏获取新知，有的读屏则形同玩屏，智能手机成为智能玩具。手机作为今天读屏的主要工具，既是移动的图书馆，也是随身的游戏机；网络世界中的娱乐信息所具有的无穷魅力，常常将我们的阅读引向轻松愉悦的内容，进而转向不仅休闲而且刺激的游戏消遣，由此完全摆脱了艰深的"苦读"；而当浏览成为主要的阅读方式时，往往还会因为对所浏览的信息停留过短而无深刻印象，随之迅即遗忘，这就是几乎全无收获的读屏。所以，我们的阅读如果总是在读屏中"悦读"而无读书中的"苦读"，也会导致某些方面阅读能力的退化。

当然，我们不会因为读屏的不足而弃绝电子荧屏、回到只有纸质阅读的时代，因为电子显现的无穷魅力是无论如何也不能完全由平面的纸张所抗拒的。在各有优劣的情况下，最优的选择无疑是进行互补性阅读，使两种阅读形成互惠关系。一些先行者已经在探讨将读屏的内容与读书的方法相结合的途径，如"碎片化阅读+条块化整理"、浅阅读而后的延展阅读直至深度阅读，或许这也是人文式阅读与科学式阅读的交融，从而在读屏中发现人文精神与科学方法相结合的效力。

三是网络获取信息和网络获取知识的关系。

这是上一关系的延续，即从技术载体到内容形态的延续。信息和知识既是相关的，也是不同的。知识是从信息中凝练和提升出来的，是揭示规律性、把握一般性、解答为什么等问题的认识成果，而信息通常只告诉人们"是什么"。知识隶属于信息，是对信息加工后形成的更高形态的信息，掌握知识比了解信息需要更高的认识能力。通过"浅阅读""浏览"的方式就能了解信息，而知识则必须通过"理解"才能掌握，所以从认识过程的要求来说，了解信息是初级的认识，理解和掌握知识才是高级阶段的认识，因此我们的网络获取活动，不能停留于浏览信息的程度，不能止步于浅阅读，而要提升为从网络中获取知识，有可能的话还需要在网络中进行知识生产，达到认识过程的更高阶段，使网络获取能够通向知识的发现和创造，这也是人类从事认识活动的重要目标。

四是网络获取中的技术与价值的关系。

目前已有大量研究指出，网络中的信息呈现，包括信息搜索所获得的信息，并不都是客观的和全面的，而是受控于特定的信息推送技术，当然最终是受制于掌控这种技术的人或利益集团。所以在网络获取中，表层上或形式上具有自主选择性，深层下则可能是受算法控制的被动接受。就是说，在智能化的信息设备上，我们从网络上获取的信息常常是智能推送或个性化服务的结果，在其背后的算法控制使得我们所获取的内容、所看到的东西，都是被设计和筛选的结果，其目的是要影响你的看法，做出合乎推送者利益的选择（如购买的选择、投票选举的选择、转发信息的选择等），而并非全面的相关信息。"我们大多数人认为，当我们在 Google 上搜索一个词时，我们都看到了相同的结果，这个结果就是根据公司著名度排序的算法所建议的结果，是基于其他网页链接的最权威的结果。但自 2009 年 12 月以来，这不再是事实。现在你得到的结果是，Google 的算法显示特别适合你——而其他人可能会看到完全不同的东西。"[1] 此时，技术设备、数据库和算法等决定着你能获取什么，决定着你的间接经验之来源，也极大地影响着你在接下来的认识进程中将得出什么样的结论。就是说，网络获取这种来源方式是价值渗透的认识环节，而且是这一现象存在的重点环节。这就对在网络时代如何获取全面而客观的信息，使我们的认识在起点之处不至"走偏"提出了新问题和更高

---

[1] E. Pariser, *The Filter Bubble*, London: Penguin Books Ltd., 2011, p. 6.

要求，一定意义上这需要提高作为认识主体的网络获取者包括算法素养在内的"网络素养"，使其能够洞悉信息推送的蛛丝马迹，从而广开网络资源的来源渠道，养成"兼听则明"的习惯，避免因算法掌控的投喂式的内容输送而陷入"信息茧房"或"群体极化"之中。

总之，处理好上述关系为的是充分发挥网络获取的长处，施展其扩充间接经验来源的巨大优势，同时又以其他来源方式弥补其欠缺，从而使网络获取成为进一步提升认识能力的强大引擎。

第二节　经验的技术性生成

网络获取是器具信息技术为认识提供来源的一种方式，器具信息技术还有更多的方式可以为我们的认识提供来源，以"经验"这种重要的认识形式为例，它就可以来源于虚拟技术系统而生成虚拟经验，也可以来源于记忆移植技术而形成移植性经验（包括借助脑机接口技术输入信号形成感知），还可以来源于神经操作技术在脑内"建构"出某种人工合成的经验，如此等等。基于这些来源通道而形成经验，可称为"技术生成的经验"，从过程的角度就是"经验的技术性生成"或"经验的人工合成"。

可以说，经验的来源是认识的来源的一个侧面，而且是最重要的侧面之一，因为从理性认识是由感性认识提升而来的意义上，解决了作为感性认识的经验的来源问题，就基本解决了全部认识的来源问题，所以从经验的技术性生成来揭明经验生成的新通道，也可被视为从整体的意义上探讨认识的另一种来源。"人类脑计划"和神经科学的种种理论和实验展示了人工合成经验或经验通过技术而生成的可能性，也展示了人的认识通过信息技术获得另一种来源方式的多样性和复杂性，并且也直接触及经验作为一种心灵现象的根基问题：如何在物质（人脑）构造中涌现出思维认识——人的心灵。

一 经验的通常来源

经验通常来自人的实在经历，即行为、实践、在现实世界中的活动等，这就是马克思主义认识论所阐释的"实践是认识的来源"的机理，所获得的就是如前所述的"直接经验"。基于这样的理解，经验通常是指心灵或认识中来源于亲身经历的部分。一般的词典也将经验解释为"从多次实践中得到的知识或技能"。日常用法中也是如此，如《红楼梦》第四十二回描写刘姥姥进大观园后，"虽然住了两三天，日子却不多，把古往今来没见过的，没吃过的，没听见的，都经验过了"。在这个意义上，经验记载了一个人的实在活动的过程，如同杜威（John Dewey）所说："'经验'……不仅包括人们做些什么和遭遇些什么，他们追求些什么，要些什么，相信和坚持什么，而且也包括人们是怎样活动和怎样受到反响的，他们怎样操作和遭遇，他们怎样渴望和享受，以及他们观看、信仰和想象的方式——简言之，能经验的过程。"[1] 总之，杜威把经验看作是一种行为，即人和自然相互作用的行为。在经历的意义上理解什么是经验，将两者视为一回事，这在英文词 experience 同时兼具"经验"和"经历"的含义中也可以看到。

但在另外的语境中，经验和经历又是有所区别的，即当经验指的是心灵现象，而经历指的是人的物质性活动的实在过程时，此时经历是经验的基础，经历就是人的亲身（具身）的实践，由它产生了经验，经验就是我们从经历中所学到或记住的东西，是我们的经历在大脑中留下的心智图像，是人的客观经历的主观积淀，即通常说的认识或感知。用现象学的术语说，经历是"在场的"的过程，是时间上的"当下"；而经验是对经历的记忆和再现，是

---

[1] 〔美〕约翰·杜威：《经验与自然》，傅统先译，商务印书馆，1960，第10页。

不在场的过程，是在缺席的情况下对在场的一种唤醒，是时间上的"过去"。这种分离还可以表现为"有经验而无经历"，例如，人通过言传、梦境等而形成的经验，就是没有经历作为基础的经验。在这里，经历也可以被视为生活实践，而经验被视为认识。于是经历和经验的关系问题也是一个认识论和价值论问题：实践（经历）的价值在于产生认识，形成对以后的实践具有指导意义的经验。

梅洛-庞蒂尤其看到了经验与身体的紧密相关，所以用"身体的经验"（body experience）即"体验"来替代"经验"，从而将胡塞尔的直觉经验与狄尔泰的生命性体验概念融为了一体。他说，"我所知道的……是根据我对世界的看法或体验才被我了解的，如果没有体验，科学符号就无任何意义"[1]。主张具身认识的认知科学家拉卡夫（Geoge Lakoff）和约翰逊（Mark Johnson）也指出："我们日常经验中的相关性不可避免地会引导我们获得基本隐喻，它是身体、经验、大脑和心灵的产物，只有通过体验才能获得意义，这样就把主观判断与感觉运动经验连接起来了。"[2] 梅洛-庞蒂关于经验来源于带来各种感知觉运动体验的身体这一看法还被视为西方从经验哲学到体验哲学、从体验哲学到身体哲学转变的标志。

"体验"作为一种身体的经验，也就是"亲身的"经验，与刚才提到的"经历"具有类似的含义。但由于包含了作为认识成果的"验"（即经验），所以可被视为"经历"和经验的集合。这也意味着，如果有另一种不是来自身体的亲身经历所形成的经验，那就是一种"非体验性"的经验，如通过书本或言传所了解到的某地的风土人情，作为一种"间接经验"，就是一种非体验性的经验。这也类似于"亲历性经验"（first hand experience）与"非亲

---

[1]〔法〕莫里斯·梅洛-庞蒂：《知觉现象学》，姜志辉译，商务印书馆，2003，第3页。

[2] G. Lakoff, M. Johnson, *Philosophy in the Flesh: The Embodied Mind and its Challenge to Western Thought*, New York: Basic Books, 1999, p. 124.

历性经验"（second hand experience）的区分，前者是身体在场时直接接触到对象或事件所形成的经验，后者为身体不在场时获得的对该对象或事件的经验。上一节"网络获取"也涉及了这种获取方式，但只是从获取一般的信息和知识的意义上讲的，而这里则主要是从体验和经验的层次上来分析的，即进行的更加深入和专门的分析。

从直接经验的意义上，我们没有经历过的事情，就不会有相关的经验，这就是所谓的"实践出真知"。从间接经验的意义上，我们对没有经历的事情即使获得了经验，也是一种"非体验性的经验"。前面介绍的网络获取就和亲身获取之间具有这样的明显区别，即"我们从生物记忆中检索的信息是曾经在过去的某个时候亲身体验过的，而从大尺度网络环境中检索的信息则不是。从网络环境中检索的信息不是被终端用户的行动者第一手体验的"[1]。

那么，可不可以不经历什么也能获得相关的体验性经验？这就是本节所要探寻的"经验的另一种来源"：通过特定的技术方式去获得非经历经验，甚至使得这种经验有"体验"的性质。

二 技术性生成：经验的另一种来源

作为心灵图像的经验，无疑是与人脑处于特定的活动状态相关的，这种特定的状态可以有多种方式，不同的方式可以导致的经验类型也可能不同，从而形成了经验的不同来源。如果超出传统的通过口传和书本获得间接经验的方式，也超出网络获取的通常方式，那么借助更多样的现代信息技术，我们还可以扩展经验的更多来源通道，让信息技术帮助我们生成经验，其中包括虚拟环境的刺激、记忆物质的移植、脑机接口的输入、神经网络的建构等，

---

[1] P. Smart, "The Network Extended Mind and Network-Enabled Cognition", *Computer Journal*, 2008（September）, pp. 15-18.

它们形成一个从初级到高级方式的演进链条，嵌入我们的认知过程中，从而正在或将要成为经验的另一种重要来源。

初级方式——虚拟经验：主要是通过虚拟实在技术使人产生的"虚拟经验"，可以说这是已经实现的一种通过技术生成的经验。

如果广义地理解"虚拟"，那么从过去的信息技术中人们就已经可以获得虚拟经验，那就是我们是从广义的符号或符号系统（也是一种信息技术）中获得的经验，也即通过媒介获得的经验，如从书本或影像中获得的间接经验，这种方式在今天通过3D或4D电影而达到了更高的水平。狭义的虚拟经验则专指现代虚拟经验：人们通过现代信息技术在虚拟的互动环境中所获得的经验。这种技术在赛博空间中创造了对现实世界的三维表征，使人如同在与真实世界接触，即"经历"一个实在的过程。这种技术的扩张可以使人"实际地"体验到任何能想象出来的场景，前提是只要人能将这样的场景加以数字化编程。著名的美国科幻片《黑客帝国》就形象地展示了这一前景：Matrix是超级智能机器根据人的特征和生活环境设计的一套高级虚拟现实系统，其中的所有自然现象（如太阳升落、鸟语花香、万有引力等）都是由不同的程序实现的，在其中与之互动无疑会产生出丰富的经验。当虚拟环境愈加生动逼真时，人的体验就会越"真实"，以至于现实和幻想之间的界限将愈发模糊，"由于你全身心地沉浸在虚拟的世界之中，所以虚拟实在便在本质上成为一种新形式的人类经验——这种经验重要性之于未来，正如同电影、戏剧和文学作品之于过去一样"[1]。而且，这种互动性的新经验在很大程度上具有"体验"的性质，它给人留下的记忆或经验，与文字符号或影视形象给人留下的记忆和经验具有本质上的不同，其长处是可以超出现实世界的限制而丰富人的经验世界。随着"元宇宙"技术的开发，这一途径的技术性生成经验

---

[1]〔美〕迈克尔·海姆：《从界面到网络空间——虚拟实在的形而上学》，金吾伦、刘钢译，上海科学教育出版社，2001，序言。

将会具有越来越大的普遍性。当然也不得不承认，这种经验毕竟不同于在现实经历中生成的经验，例如，在虚拟实在或元宇宙环境中学会驾驶汽车的经验与在现实中学会的驾驶经验毕竟有所不同。

中级方式——记忆移植：主要是通过记忆物质的移植，使相应的经验信息随之转移到被移植者的脑中，从而获得或具有（生成）另一个经验主体的经验。

关于记忆物质的移植，迄今已有不少关于动物实验的报道，如美国休斯敦贝勒医学院的研究人员早在20世纪80年代就成功进行过这样的实验：通过电击而使一只老鼠形成了"恐惧黑暗"的记忆，并发现了相关的记忆物质，将其命名为"黑暗恐惧素"，然后将其注射到另外一只老鼠身上，结果未受训练的老鼠也有了避暗行为。当另外的研究小组将"黑暗恐惧素"注射到金鱼脑中后，金鱼也产生了避暗能力。经过化学家们分析，这种物质是由15个氨基酸组成的氨基酸序列。[1] 在这方面后来也不断有新的实验或研究成果被报道出来，[2] 表明在动物身上可以通过提取负载记忆的物质（主要是RNA）的方式将一个动物的记忆转移给另一个动物。不少人由此相信，如果将一个人大脑组织中的记忆移植到另一个人大脑里也一定能获得成功，甚至移植整个脑都是可能的。[3] 我们也可以从目前在人身上进行的器官移植推知，以后这种移植必定可提高到移植脑器官的水平，其中脑组织的部分移植

---

[1] 〔英〕彼得·罗赛尔：《大脑的功能与潜力》，滕秋立译，中国人民大学出版社，1988，第130页。

[2] 如1997年4月，美国加利福尼亚大学的动物神经研究所将一条训练有素的德国纯种牧羊犬（绰号"天才"，颇通人性，具有丰富的情绪记忆）的一部分脑组织移植其亲弟弟（绰号"白痴"，它生下来后就被关起了，没有任何外界接触，没有接受过任何训练，可谓"记忆空白"的动物）的脑中，"白痴"在手术成功后醒来第一眼就在人群中找到了主人，并对主人的指定——照办，而手术后的"天才"则对主人视而不见，毫无反应。再如，加州大学洛杉矶分校的神经科学家于2018年5月在神经系统科学学会的在线期刊eNeuro上发表了一篇颠覆性的论文：他们通过注射RNA，成功将一只海兔的记忆传送了另一只海兔。这项发现还为有朝一日应用RNA疗法重塑丢失记忆提供了新可能。近期一篇关于人工记忆的研究报告显示，研究者通过刺激脑细胞的形式，令老鼠形成了人工记忆。人工记忆可以在大脑中保留，并通过相应的外部刺激召回，而这个过程与自然记忆无法区分。参见佚名《美科学家实现动物间记忆转移，将改写大脑记忆储存模式?》，2018-05-25，http：//www.sohu.com/a/232939313_414163。

[3] 〔英〕布丽姬特·贾爱斯主编：《神经心理学》，杜峰译，黑龙江科学技术出版社，2007，第15页。

（脑拼接）或克隆，就可以将储存于其中的经验记忆加以移植。此外还有将载有经验信息的芯片植入人脑的技术，它或许比起脑组织移植能更早实现，这无疑也是经验移植的一种重要手段。这样的方式所形成的经验作为一种记忆，也被称为"人工记忆"。理论上，复制相同的神经活动即可以脱离现实生活中的经验形成记忆，它在很多方面都与真实记忆相似，如实验中通过经验形成反应机制的老鼠与仅经历脑细胞刺激的老鼠在相应的刺激下具有相同的反应，除此之外，时间依赖、相似的大脑回路以及记忆表达取决于基底外侧杏仁核都是二者的相似特征。目前，在美国国防高级研究计划局的支持下，一种名为"记忆假体"被开发出来，它旨在通过电刺激人脑中的记忆中心以增强其形成和回忆。[1] 可见，当不同的经验的物质载体之间建立了可行的通道后，原来的经验和植入的经验之间也可能建立起通道，技术性植入的经验就可以在新的载体中有效地发挥作用。

　　脑机接口是实现记忆移植的另一种技术方式，通过它可以实现知识信息向人脑中进行技术性的输入。脑机接口可区分为由脑到机和由机到脑的不同类型，行使记忆移植功能的主要是由机到脑的脑机接口，这种信息输入型的脑机接口可以使人脑不使用感官等自然通道而直接接受外部（如来自计算机）的信号，并将所摄取的信号（实际上也是认识对象的一种技术显现方式）编码成能被大脑读懂的信息，产生对外界认识的效果，形成认识主体的相关经验。这样作为信息技术的脑机接口就具有了感知功能，由此充当人了解世界的窗口和桥梁，成为我们获得外部信息的另一种技术通道，即认识的一种新型来源方式。

　　这样的脑机接口可用于对感性认知缺损的治疗，将其作为人工感官可以帮助诸如盲人恢复视觉、失聪者恢复听觉等，其机制是脑机接口可以直接向

---

[1] 赖鼎睿：《人工记忆实验成功，是精神病学突破还是科学伦理的考验？》，《新京报》2019年9月7日。

感觉缺损者的大脑传输信号，使他们在大脑中体验到特定的感觉输入。如研究人员先找出当人看到红色时视神经发送到大脑的信号，再在受试者身上装一台摄像头，只要摄像头"看到"红色，就会将相关的信号发送到受试者大脑适当区域中的植入物，使相关的神经元被激活，于是人脑中产生对应于摄像头所"看到的"视觉图像，由此使盲人不用眼睛就能"看到"外面的世界。目前最为成功的具有感知功能的脑机接口是人工耳蜗，也说明听觉感知技术是走在前列的一种输入型脑机接口技术。随着更为复杂的脑机接口技术的发展，人类通过技术植入或输入的方式来获得经验就可以更加多样化。当然，由于实现由机到脑的感知功能比实现由脑到机的脑信号输出和转译任务的技术难度更大，所以通过脑机接口来开辟感知（经验）的另一种来源还有漫长的路要走。

高级方式——神经操作：主要指脑内神经相关的技术性建构，或称直接的"神经操作"，以此生成所需要的经验，这可谓是更彻底的"人工经验"。

心灵活动是依赖人脑进行的，经验作为一种心灵现象，无疑与脑神经（和其他神经）的特定构型与活动相关。普特南（Hilary Whitehall Putnam）的"钵中之脑"本是讨论外部世界的实在性问题，但从另一个角度也可被解读为用电刺激神经系统可使人产生经验图景："设想一个人（你可以设想这正是阁下本人）被一位邪恶的科学家做了一次手术。此人的大脑（阁下的大脑）被从身体上截下并放入一个营养钵，以使之存活。神经末梢同一台超科学的计算机相连接，这台计算机使这个大脑的主人具有一切如常的幻觉。人群、物体、天空，等等，似乎都存在着，但实际上此人（即阁下）所经验到的一切都是从那架计算机传输到神经末梢的电子脉冲的结果。这台计算机十分聪明，此人若要拾起手来，计算机发出的反馈就会使他'看到'并'感到'手正被抬起。不仅如此，那位邪恶的科学家还可以通过变换程序使得受害者'经验到'（即幻觉到）这个邪恶科学家所希望的任何情境或环境。"[1] 在这里，经验来源于神经系统所受到的有序的电刺激，即神经末梢的技术性建构。今天的脑电科学已经揭示，用技术的方式激活相应的脑皮层区，可以使人产生出相应的感觉，呈现出某种经验获得的状态。

比上述"神经操作"更高级的方式，还有经验信息（或记忆）的直接植入，类似信息场的无创伤渗透。一些科幻片（如《少数派报告》《盗梦侦探》《记忆碎片》《盗梦空间》等）对此已有描述。如《盗梦空间》中的"盗梦"就是造梦，设计梦境就是设计经验，从而"造梦"就是制造经验、制造观念；对人实施这一技术就是改变其看法和经验。从人造梦到人造经验，可以给人一种如同鲍德利亚（Jean Baudrillard）所说的"比真实还真实"的经历。在这些科幻片中，涉及了意念、梦境、看法、观点、意愿、信仰、雄心等的读出与植入，都是被经验包括或包括经验在内的心灵现象，它们成为人们期望能够人工操作、合成的对象，其蕴含的想法就是：人的经验世界在未来可以通过技术手段甚至是无创的方式来改变和重塑。

如果说经验的直接植入距离现实实现还相当遥远，那么通过"神经操作"的技术方式来生成经验则有着多方面的现实根据。心灵和认知本质上是涉身的，是神经系统整体活动的显现。经验作为一种心灵现象，无疑也是与特定的神经连接状态相关的，或者说"存在着能够完成认知任务的神经机制"[2]；甚至有人认为，"科学的信念就是，我们的精神（大脑的行为）可以通过神经细胞（和其他细胞）及其相关分子的行为加以解释"[3]。目前，认知神经科学就是寻着这一进路在探讨作为心灵的经验的奥秘，它试图通过研究来定位各种意识经验产生时所对应的神经活动区域，即找到特定意识的神经相关

1　〔美〕希拉里·普特南：《理性、真理与历史》，童世骏等译，上海译文出版社，1997，第11页。
2　〔英〕罗姆·哈瑞：《认知科学哲学导论》，魏屹东译，上海科技教育出版社，2006，第4页。
3　〔英〕弗朗西斯·克里克：《惊人的假说》，汪云九等译，湖南科技出版社，2007，第8页。

(the neural correlates of consciousness，ncc)，然后整合所有 ncc 而形成大写的 NCC：一幅关于意识的神经相关整体图画。人工神经网络理论所进行的也是类似的工作：对神经元的工作机制加以解释和简单模拟，其未来发展就可以利用这些成果反过来对人脑的神经系统进行人工操作，以"编织"所需要的结构并生成相应的心灵内容，也包括我们所需要的特定经验。因此，弄清楚经验的神经相关并技术性地建构这种相关，将一个人经验到什么时的神经相关在另一个人那里再造出来，就成为技术性生成经验的一种重要方式。而且，与认知技术同为当今"会聚技术"的纳米技术，在未来也可以在微观层次上甚至在原子或亚原子层次上为我们建造经验的神经相关结构提供实际操作上的技术可能性。

"人类脑计划"也为揭示经验的生理机制提供了基础，其中的"大脑蓝图"就是要弄清楚人类大脑的神经元连接组（connectome），即人的神经组织中的神经连接的全部信息。正如特定的基因组合构成特定的遗传信息，特定的神经元及其电、化学组合构成特定的记忆信息——包括经验，或者说一个人的经验记忆等均编写在他的神经连接组中。正如基因工程可以改变遗传信息，"神经工程"也可以改变脑中的经验信息，这个过程就是技术性生成经验的过程。拿欧盟的人类大脑计划来说，就是要了解数十亿个互相联系的神经元是如何运转的，这一计划将把全世界神经学家提供的大量数据整合成单一的模拟装置，使用超级计算机来对人脑进行模拟从而形成虚拟"大脑"，使科学家能在其中"穿梭飞行"，观察到神经元个体的精细结构，或进行缩小操作以观察信息在不同大脑区域间流动的情形，从而实现对大脑的任一层面进行测量和操纵。

21 世纪初镜像神经元（mirror neuron）的发现也为我们认识经验的技术性生成提供了新的启示。起初科学家在短尾猴的前额叶发现了一种特定神经细胞的特殊现象：猴子自己吃水果时，和自己不亲自吃水果但看见其他猴子甚至实验者吃水果时，同样的神经元被激活，产生放电活动。科学家将这些像镜子一样可以映射其他人动作的神经元系统定名为镜像神经元。后来，神经科学家发现人脑中具有比猴子复杂得多的多种镜像神经元系统，可以用以理解别人的动作，甚至意向。在人观察他人的某些动作，或面部、动作表现出某种情感和意向时，人脑中会激活不同区域的镜像神经元，产生出与动作相关的认知表征。镜像神经元的存在表明人可以在自己内心再造出别人的经验、体会别人的情感和意图，也表明了人与人之间的交流所具有的内在认知基础。可以认为，镜像神经元便是充当人脑和心灵系统耦联的重要神经元件；对于理解他人的经验来说，人类的镜像神经系统则给个体编码他人的行为意愿、情绪体验提供了便利，让个体感觉这些意愿和体验似乎是自己的，消除了自己和他人之间存在的那种心理隔离，让社会沟通变成现实。[1] 由此也可推知：通过镜像神经元的建构有可能造就与其相对应的经验；或者说，承载特定经验的镜像神经元不仅可以被发现，而且在未来可以被不断地"发明"出来，以此作为建构"崭新经验"的技术通道。

对脑部疾病的治疗也间接地展示了技术性生成经验的前景。例如，一些生物技术公司和大药厂已经着手开展以多重识别机制为靶点的药物开发项目，目前已经有了所谓的"认知增强剂"等，用于治疗老年痴呆、注意力缺陷障碍、中风、帕金森氏症和精神分裂等脑部疾病。随着这些药品疗效的提高，那些饱受这类疾病折磨的患者可以恢复正常的认知功能。由此进一步去推展，从"脑治疗"走向"脑增强"在以后不是没有可能，而人造经验就是"脑增强"的方式之一。如果药物的认知治疗发展到认知增强，再过渡到非药物的技术手段（如通过神经操作来达到治疗并走向增强），那么经验增强就可以获得更多的技术途径。当然，在这里也提出了"经验治疗"与"经验增强"

---

[1] 叶浩生：《镜像神经元：认知具身性的神经生物学证据》，《心理学探新》2012年第1期。

之间的关系问题，如果超出为了获得正常经验能力的"经验治疗"之外而成为"经验增强"，就违背了医学技术使用的伦理原则（只治疗不增强）。但由于正常与异常界限的模糊性，有可能导致"经验治疗"与"经验增强"之间界限的模糊性或不断变动性，这也为经验的技术性生成提供了道德空间。

此外，脑成像的研究有助于确定脑系统在推断他人意图过程中的功能定位，而"读心术"实验也表明可以找到心灵内容与物理表现（电信号及仪器上的光电符号）之间的对应关系。可以说，随着认知神经科学及相关学科的进步，随着对大脑功能即意识生成机制的揭示，不断搞清楚记忆等心灵现象的神经元基础，把握经验形成或经验过程的神经活动机制与神经生物学细节，再"反向地"利用这种机制生成我们所需要的经验，在原则上是可行的，虽然这个过程可能是极其漫长的。

三 新型来源的性质和意义

经验的技术性生成为我们开辟了经验的另一种来源，对于这种新型来源，心灵哲学中的某些理论提供了解释其可能性的哲学根据，而认知科学和技术则正在探索从而将要提供实现它的方式。这样，在坚持经验是后天形成的唯物主义视野中，经验便增加了一种新的生成进路：自然进路之外的人工进路，使得后天经验除了自然形成外，还可以通过技术而生成。这样，经验的来源从此就可区分为"常规来源"（亲历、学习、反映、行为、实践……）与"非常规来源"（记忆物质的植入、信息信号的技术性输入或脑中相关神经的人工建构），由此还形成了对经验的新分类：先验论的经验、反映论的经验、技术论或制造论的经验。技术为经验所开辟的这一新来源表明，技术尤其是信息技术在认识论中的作用更加凸显，成为影响认识（经验）的重要因素。它也促进我们思考关于经验的更多问题：当一部分经验是由信息技术设备制造而成即"人工合成"的时候,这种新型的经验有什么不同于传统经验的特性?它是有客观内容还是无客观内容的经验?它对原有的自然经验会造成什么影响?从功能的角度看神经的技术操作与人脑对外界的自然反映对于经验的生成是否具有同等功效?

从经验的哲学分类上,技术性生成经验无疑是非先验性经验,但又不是后天经验中的直接经验。如果说在传统意义上,基于亲身经历的经验就是直接经验,而没有亲身经历的经验是间接经验,那么作为技术性生成的"非体验经验",就是介于直接经验和间接经验之间的一种"新型经验",它比传统的间接经验更靠近直接经验,是通过非实在性的在场而获得的感知经验,一种具有鲜活性和直接性的间接经验。从技术性生成经验不是某人的亲历来说它是间接经验,但从其最初的来源来说则是直接经验;或者说,它是直接经验变换载体后的存在,是经验被"非直接化"后的"再直接化",是变换了经验主体的直接经验。它不能改变我们的经历,但能改变我们的经验甚至体验;较之传统的"间接经验",这种技术性生成的经验更加接近"经历",乃至在"体验"中与直接经验合为一体。在这个意义上它是间接经验和直接经验的交互衍生,是两者的交集。

这种新型的经验极大地扩展了经验的功能,也使"反映论"获得了新的含义。例如,如果技术性生成经验是通过移植方式实现的,那么反映就是借助"他脑"来完成的,此时"他脑"成为经验主体的"延长"("外脑"),而经验的"脑际传递"就使得经验主体的反映活动具有更大的开放性、开阔性和兼容性;如果技术性生成经验是通过神经网络的人工建构实现的,那么反映中的"工具"或"中介"成分就更多,即反映中的"脑机"相互作用更强。无论是"脑际"还是"脑机"式的经验增强,都可以被视为经验主体之反映能力的增强,最后归结为人的认识能力的提高。这也表明,如果以前人的经验仅仅是心灵状态与实践状态的统一,那么现在它也可以是心灵状态与技术状态的统一，也进一步表明技术状态与实践状态可以走向实质性的交融。

由于技术性生成经验的技术目标之一就是要使人工（技术）过程导致类似自然过程的结果，使人虽说没有亲身经历某一过程，但也如同"身临其境"地经历过该过程一样，因此它也是非亲身经历的体验化，可以极大地扩张人的体验世界，克服因种种条件限制而无法或难以通过直接经历而形成的经验，使人的经验更加丰富，或使更多的人成为经验丰富的人。例如，人类的足迹虽已伸向太空，但亲身邀游太空的人为数极少，如果将后者的经验记忆移植或建构到普通大众的头脑之中，就可使"我们在其中生活的世界延伸到我们的直接经验之外，甚至延伸到可能的经验世界之外：我们也知觉到我们永远不能亲身到达的太空领域"[1]，这样的经验方式既节约了昂贵的太空旅行成本（其普遍的意义就是为人类节约产生昂贵经验的成本），也避免了"太空交通"的拥堵和污染。又如，一些惊险刺激的人生体验（如蹦极、翼装飞行等）不是人人都敢亲身一试的，此时总会令人留下些许"人生遗憾"。如果采取经验移植的方式，就可以使因身体或其他原因而无法体验的那些丰富经验得到弥补，经验的另一种来源在此发挥了真实的作用，使人在自己的记忆中留下了各种"历险"的经历，使得不在场变为另一种在场。从"长远后果"上看，直接体验和技术生成的经验最后留下的都无非是一种"记忆自我"，而记忆的丰富此时反向地造就了人的"阅历"丰富和人生的丰富，形成了人的"实在的"发展效果。

这也意味着，技术性生成经验可以改变传统的学习和认知过程。我们知道，知识经验尤其是一些技能经验的形成是一个漫长的过程，德雷福斯将这个过程概括为新手、进步的初学者、有能力的执行者、熟练的执行者和专家

---

[1] 〔美〕罗伯特·索科拉夫斯基：《现象学导论》，高秉江等译，武汉大学出版社，2009，第43页。

五个阶段。[1] 如果将"专家"的经验所负载的神经构型弄清楚并在"新手"的神经系统复制出来，那么技能经验就可以不再只有通过漫长而艰苦的模仿过程才能习得，而是在较短的时间内就可以成为"专家"。这或许也展示了学习方式的一种变革前景。

技术性生成的经验还是一种主体间性增强的经验。在通常情况下，"他人的'内在经验'对我们来说是无可化约地缺席着；无论你对我多么了解，我的实际的内在情感和经验之流永远不可能以某种方式与你的内在情感和经验之流真正地融合，以至于——比方说——会让我的记忆或幻想突然开始浮现在你的意识中"[2]。但是，假如有经验的技术性生成，就可以使他人的经验在我的经验世界中由缺席变为在场，从而消弭两者之间的鸿沟，形成与他人的经验沟通，使主体间经验的不可通约性变为可通约性，而实现这一目标的手段首推脑机接口技术，也即我们在上一章考察过的读脑术。在通常的认识论视野中，认识的来源主要由自然通道所形成：认识主体在实践中接触外部对象，外部对象对人的感官发生作用，外周神经将信号传递到中枢神经，然后在大脑中形成感知，此时感官是通道，也是脑和外界通信的中介。而感知型的脑机接口则迈过感官这一自然天成的通信通道，实现人脑与外界在感知上的直接通信。如果这种通信的另一端是另一个大脑，则脑机接口就进一步成为脑—机—脑系统，或直接的读脑技术。可见，认识对象和认识来源在这里再一次得到了同步的扩增：当认识来源借助脑机接口或读脑术而形成新通道时，也就同时将认识对象拓展到了人的心灵世界。

当然，不同来源的经验之间仍是有区别的，如果直接经验是鲜活的感知留下的记忆，那么技术性生成的经验具有这种鲜活性吗？答案是可能没有，

1　H. Dreyfus, "How Far is Distance Leaning from Education?" *Bulletin of Science, Technology & Society*, 2001, 21（3）, pp.165-174.
2　〔美〕罗伯特·索科拉夫斯基：《现象学导论》，高秉江等译，武汉大学出版社，2009，第34页。

也可能更加鲜活。例如，当一个感受的生动性能力较差的人被植入某个这方面能力较强的人的经验时，就可能是后者的结果。当然，当不同来源的经验相"混合"时，出现"混乱"是有可能的，这就是梅洛-庞蒂所说的，"外来体验带来的东西模糊了自己的体验的结构……处在既压抑他人的体验也压抑自己的体验的一种普遍的思维中"[1]。也就是说，即使在常规经验的生成方式中，经验上的混乱也是不可避免的，正是在混乱中去厘清和整理经验，才成为推进认知的一个重要途径，从这个意义上，技术性生成经验使得人的认知发展获得了新的动力。

技术性生成经验也是一种超感官形成的经验。传统意义上的经验是人用感官直接获得对客观事物的认识；感官是经验来源的通道，经验要有外物作用于人的感官才能产生，从而在传统意义上任何人类经验都有赖于感觉，这也是经验产生的自然方式，此即杜威所说的，"经验既是关于自然的，也是发生在自然以内的"[2]。但技术性生成的经验中的中级和高级方式可以在经验来源的通道上超越感官，使人并没有用自己的感官去亲身感知某一过程就有关于它的经验。这种经验生成的超感官方式在某种意义上可以克服感官的局限性，如感官通道的"狭窄"或缺失，尤其是可以使感官缺陷者也能产生相应的经验，例如，使盲人产生视觉经验、聋人产生听觉经验，甚至使人产生某些动物从其特有的感官"看"世界的感觉经验，也就是使一些非人类的感知能力可以技术性地转变为人类的感知能力，由此解决心灵哲学家内格尔（Thomas Nagel）提出的问题：我如何知道如果成为一只蝙蝠会体验到什么？即人借助特定的信息技术在将来也可能感受到蝙蝠所感受到的东西。由此一来，技术性生成经验就可以极大地克服自然的经验过程所具有的某些局限性，扩展人（无论是作为个体还是作为类）的经验世界，以至于从"他心"扩展

---

1 〔法〕莫里斯·梅洛-庞蒂：《知觉现象学》，姜志辉译，商务印书馆，2003，第132页。
2 〔美〕约翰·杜威：《经验与自然》，傅统先译，商务印书馆，1960，第40页。

至"它心"的经验世界,这或许也是经验世界的更大"共享"。

当然,需要指出的是,技术性生成的经验虽然是超感官的,即不是外物作用于感官后产生的反应,但又绝不是主观唯心论所主张的主观内部自生的,而是"后天的"和"外来的",即它虽然具有非感官性但又不是主观自生的,在这一点上,即本体论前提下,它是和唯物论相一致的,但它又使得经验的来源在"后天的"和"外来的"形式上得到了新的丰富。

技术性生成经验可以补全经验的完整性。经验成为记忆后,其"客观性"和"可靠性"并不牢靠,记忆会因种种原因而被扭曲和变形,导致经验的"不真实"。例如,人在幻觉时也会形成种种经验,像做梦、睡眠麻痹时的"被外星人绑架"经验……如果再陷入某种精神上的错乱,则会将幻觉中形成的记忆当作真实经历的经验。就是说,记忆被虚幻信息干扰时不断发生的重构,使得经验常常成为真实经历与虚幻构造的混合体,使得经验难以"准确再现"经历本身。换句话说,经验无非是经历在留在我们脑际中的心灵图像,到一定阶段后,这种图像可能会"不问来历",使得另一种来源造就的经验同样"栩栩如生"地将我们带到一种不受实在条件限制乃至更令我们有实在感的"经历"之中去。这也是塞尔所主张的:"在经验本身之中,在实际经验的质的特性之中,不存在什么东西能够把幻觉的情况与真实情况区分开来。"[1] 这里我们可以看到,所谓"经历"和"非经历"、"真实"和"虚幻"之间有时会具有主观不可分辨性,从而为技术性生成经验提供认知功能上的可能性,也使经验主体在一定意义上不再问"我经验到什么"之类的问题(因为搞不清楚第一手的与第二手的经验之间的区别),而只问"我有什么经验";其进一步发展就意味着直接经验与间接经验之间、自然生成的经验和技术性生成的经验之间的界限在一定意义上的消失。

---

[1] 〔美〕约翰·塞尔:《心灵、语言和社会——实在世界中的哲学》,李步楼译,上海译文出版社,2001,第31页。

由于即使是常规来源的经验，也不是对经历的"准确再现"，于是，用非常规来源的经验去填补常规的经验，使经验具有完整性，本身就是常规的经验形成中的一部分。技术性生成经验的这种"补全"作用，也就相应地导向了人的经验世界的多样性和广阔性，某种意义上也导向经验构造的更加"人性化"。例如，当经验的人工操作变得可根据人的需求进行时，当"记住"和"遗忘"具有高度的技术可操作性时，我们回忆被遗忘的经验、巩固珍贵的经历经验、摆脱痛苦的记忆和经验从而医治精神的创伤等就成为易事，随之也就可以提高我们的精神生活质量。这一功能的自然延伸，也就成为促进人的全面而自由发展的有利条件，其中包括治疗经验匮乏，尤其是治疗因认知障碍（认知能力异常者）而导致的"经验障碍"，使经验能力低下者恢复正常，这也正是认知神经心理学，尤其是基于脑损伤病人的认知神经科学（Patient-based Cognitive Neurosychology）所致力的一个重要方面。

四　若干心灵哲学问题

经验如果可以技术性生成从而获得另一种来源，必然会引发许多新的问题，如自我认同问题、神经伦理问题、技艺的认识论问题以及政治控制问题等，但首要的或最根本的还是由此带来的本体论层面上的心灵哲学问题。由于心灵哲学和认识论具有高度的学科交叉甚至重叠性，所以这里所涉及的也是信息技术为我们的经验开辟出另一种来源后，所以引发的一系列认识论问题。

如果承认技术性地操作神经就可以生成经验，似乎就隐含着心灵的物质还原论或心脑同一论，由此必然导致的疑问是：经验是否最后可以完全归结为身体（或脑）的某种状态？著名英国生物学家、诺贝尔奖得主克里克（Francis Crick）作为心脑同一论的代表，提出了如下"惊人的假说"："你的喜悦、悲伤、记忆和抱负，你的本体感觉和自由意志，实际上都只不过是一大群神经细胞及其相关分子的集体行为"[1]；阿姆斯特朗（David Armstrong）也表达了类似的意思："没有任何真正的哲学理由去否定心理过程就是中枢神经系统中的纯物理过程。"[2] 由此一来，进入精神世界就像进入物质世界一样，由于经验不过是一大堆神经元而已，处理经验的过程最终也就变成了一个处理物质的过程。

还原论显然不能解释人脑的全部奥秘，而且极端的物理主义几乎完全取消了哲学在解释心灵和经验上的价值；但是，如果完全否定物理主义或还原论又会产生新的问题，就是如何才能使得我们对心灵现象的认识不断有所丰富，进而为经验的技术性生成提供实在的根据？由此需要对如下一些方法论问题加以探讨。

第一，在对心灵的哲学解释上，二元论与物理主义可以互补吗？

目前，认知神经科学、脑电科学等不断使我们深入心灵活动的微观机制中，并在持续的进展中获得越来越多的认识。但是，这些成就始终难以逾越二元论所提出的诘难：你看到的那些神经活动就是心灵从而是经验本身吗？

可以说，在心灵的哲学解释上，二元论和物理主义各有优劣，二元论的特点是其触及的问题具有终极性、不可企及性、原则性、抽象性乃至道德性（保持心灵的神圣性）；而物理主义或心物同一论的特点则在于相对性、自为性、具体性。可以说，对心灵认识的具体进展基本都是在物理主义平台上进行的，或者说是在其指引下取得的，它导向的是对心灵的实证性研究；而二元论则不断指出其不足，它导致对心灵的无穷探索。二元论的难题具有不可逾越性，使得物理主义的所有成就都是有限的。从不足看，二元论将心灵与

---

[1] 〔英〕弗朗西斯·克里克：《惊人的假说》，汪云九等译，湖南科技出版社，2007，第3页。
[2] 〔澳〕D. M. 阿姆斯特朗：《心理与物理的偶然等同论》，载高新民、储昭华主编《心灵哲学》，商务印书馆，2002，第12页。

大脑的差异性推向极端，物理主义则将两者的统一性推向极端，都是不可全取的。例如，如果仅仅停留在二元论，就是如同耐尔（Gilbert Ryle）所说的"范畴错误"，会使关于心灵的认识永远停留在"前科学"的水平。

实际上，从物理事件到心理事件的中间，还有一个很大的黑箱，如同查尔默斯所说："一般承认，经验来自于一定的物理基础，但是对它为什么如此起源、怎样起源，我们并没有找到令人满意的解释。物理加工为什么引起丰富的内在生活。说它应当如此，以及事实上如此，这似乎都是客观上难以理喻的。"[1] 因此，只要是涉及心脑同一论或还原论，常常被质疑的问题就是，沿着这一路径究竟能走多远？在这个意义上，两个维度需要互补，例如，当物理主义以为获得了心灵现象的"终极答案"时，就要看看二元论提出的问题是不是真正解决了，并从自己的有限性中发现哲学意义；而当二元论长期无新内容和新信息时，就要看看物理主义的新进展，从中发现新的问题。这样，就能使心灵研究既取得新进展，又有不可穷尽的空间。

结合这里所讨论的论题，从哲学的角度我们还会追问：某一具体的经验确实能精确定位于某一神经区域和结构吗？人的经验可以还原为纯粹的物理描述吗？经验就等同于那些物理状态吗？如果这些物理描述或物理状态遗漏了经验的根本的东西——主观性，那么经验的技术性生成又在什么意义上是可能的？如何在分析这种可能性时，使经验在本体论上的独特性（主观性）不受到否定的前提下，又能看到在认识论或功能意义上由技术生成经验的合理性，或许就是体现两种视野"互补"之所在。这样，即使我们不单一地基于心脑同一论，也可进行"人造经验"的伟业。这一点还会在后面论及。

第二，与上面的问题相关，在心灵的解释上科学与形而上学可以协调吗？

我们通常看到，二元论抵制将心灵纳入科学研究，一旦要对心灵进行科

---

[1]〔美〕大卫·查尔默斯：《勇敢地面对意识难题》，载高新民、储昭华主编《心灵哲学》，商务印书馆，2002，第364页。

学研究，就很容易陷入物理主义或还原论，于是在心灵研究的科学范式和形而上学范式之间，它们在研究方法和目标取向上形成显著区别。科学的范式虽然不断取得进步，但也似乎面临着无法逾越的难题：无法对我们实际上感受到的那些意识经验加以"科学的"研究，如同查尔默斯所说，这是因为"经验在实验环境中是不能被直接观察到的"，因此对它甚至"不可能有科学的裁决"，以至于目前的科学解释并说清楚经验的主观性质，使得大脑的物理过程"究竟怎样突然引起经验还是晦暗不明的"[1]。所以"傻乎乎的神经元"如何编织出奇妙的心灵，或许是一个永恒的谜题，使得形而上学在其中有想象和思辨的空间。当然形而上学范式也有自己的问题，那就是它似乎只是对科学地理解心灵设置障碍，而很难在"心灵究竟是什么"上不断为我们增加新的信息。总之，"当追问脑中触突的神经放电是由什么引起的时候，这是一个科学问题；然而，当追问是什么使我们相信人造神经网络具有意识的时候，这是一个哲学问题"[2]。科学问题一旦变成哲学问题，似乎就成为无解或不定的问题。这从一定意义上也标志着哲学与科学之间的龃龉。

一些心灵哲学家正在努力协调科学与哲学的关系，例如，丹尼特就把协调常识与科学的关系作为重要目标，力图在科学与哲学的交界上刻画心灵。他非常关注科学界在心灵研究上的进展，并认为用科学细节解释心灵会对解答一些持久的哲学难题具有重要作用。但他也认为仅靠科学并不能破解心灵之谜，因为心灵问题在很大程度上与我们长期坚持的传统观念有关。尽管不断增加的科学事实有助于扩展我们的想象力，但如果不转换思维方式，不挣脱错误观念的束缚，心灵之谜就永远也无法破解。因此攻克心灵这个人类"最后的圣殿"，需要在我们的思维习惯内发动一场革命，转换思维方式，确

---

[1] 〔美〕大卫·查尔默斯：《勇敢地面对意识难题》，载高新民、储昭华主编《心灵哲学》，商务印书馆，2002，第373页。

[2] 〔美〕蒂莫西·库伯恩：《计算机科学的方法论》，载〔意〕卢西亚诺·弗洛里迪主编《计算与信息哲学导论》，刘钢等译，商务印书馆，2010，第664页。

立正确的方法论。[1] 从某种意义上说,对心灵的研究既不能拒斥形而上学,也不能拒斥脑科学和神经科学;既要给科学留有空间,也要给哲学留下地盘。两者的结合点之一可能在于:既不排除从功能解释的角度科学地利用和开发大脑的经验功能,但同时需牢记这并非哲学意义上对经验的终极解释。或者,在特定的语境下暂时"悬置"心灵在本体论上归属的终极问题,那么科学的解释就是基本成功的;但将其作为一种策略实施时,又不能把相对真理绝对化,把科学的具体进展终极化,否则将不利于对心灵、经验现象的无穷探索。

第三,在心灵与物质的关系上,间断性和相关性之间可以对接吗?

心灵(经验、主观)和物质(神经系统、客观)之间既相异(间断)又相关,如果将相关性绝对化,就是同一论,而将相异性绝对化,就是二元论,后者显然无法解释两者之间的关联性。在相异的基础上要看到相关性,否则世界上的一切都不可理解,也不可理喻。如果将相异性绝对化,不仅主观性和客观性之间是不可通约的,而且客观性与客观性之间也是不可通约的,以至于造出一台汽车可以行驶后,并不一定能用同样的工艺造出另一台汽车也能行驶。从客观性之间存在着相关性看,必然也存在着主观性之间的相关性,还有主客观之间的相关性;它表明类似的客观状态有可能造就类似的主观信息,或类似的大脑状态可以造就类似的心灵内容。虽然不可能绝对地精确或机械地对应,但大致的对应是存在的,这也是人能共同生活、相互交流乃至达成"共识"的基础。可以认为这是比记号同一论还要弱的"对应论":如果某种神经结构状态具有产生某种心灵内容的功能,那么同质同构的另一个神经结构状态有极大的可能也对应类似的心灵内容,这就是经验的技术性生成的生物学根据,它并不从本体论上将神经状态等同于心灵状态,但从其"涌现"的功能效果上则是存在对应关系的,并且是可以加以技术性利用的。

---

[1] 刘占峰:《解释与心灵的本质——丹尼特心灵哲学研究》,中国社会科学出版社,2011,第25页。

某种意义上这也是一种因果解释：原因虽然不能取代结果，但由于它导致了结果，所以可以通过改变原因来改变结果，通过形成特定的（物质）原因来造就特定的（精神）结果。

还有，作为心灵的经验虽然不具有直接的可观察性，但通过转换可形成仪器的或语言的显示，从而成为可间接观察的东西，并从中找到显示的东西与心灵之间的对应关系。据此我们也可以加以扩展的理解：神经状态亦可成为心灵的"能指"，而心灵的内容则成为"所指"，由于能指与所指之间的对应关系，使得我们可以通过建构神经结构的能指而形成经验内容的所指。基于功能性磁共振成像技术或大脑扫描技术的"读心术"之所以可能并不断取得进展，就是因为大脑的神经活动与思想内容之间可建立这种能指和所指的对应关系。

换句话说，我们并不认为心理事件与物理事件是等同的、前者是可以向后者还原的，而是认为它们是相关的，并且可以利用这种相关性来进行实践性和技术性的操作，从而造就类似的经验。从"信念"上看，承认作为心灵现象的经验是人脑的机能，进而利用心理与物理的功能对应关系，再加上相信未来的信息技术、认知技术、纳米技术乃至生物技术可以"会聚"起来进行人脑的建构，就可以相信经验是可以技术性生成的。

当然，由于寻找"对应"时的复杂性，目前只提到经验这种浅层的心灵现象的技术性生成问题，还不触及深层的诸如自我意识之类的技术性生成问题，这也如同意识有困难的方面与容易的方面，经验就是其中容易的方面。甚至可以认为，凡科学或技术能揭示、能模拟、能人造的都是浅层心灵，而深层心灵至少是目前能想象的科学与技术所无法企及的。

总之，这里仅承认经验与神经系统之间在功能上的对应关系，而不承认两者在哲学上的等同关系，所以既不是极端的物理主义、还原论的心灵观，也不是二元论的心灵观；亦即经验的神经相关并非经验的神经等同，从神经中并不能直接读出经验,经验的技术性生成方案所寻求的只是找出特定的神经构型与特定的经验之间的关联性并利用这种关联来改善人的经验,而不是要从哲学上证明两者的等同。

第四,功能解释的合理性与有限性。

从"对应性"而非"等同性"对技术性生成经验进行一种功能性的解释,只揭示某种对大脑的物理操作可以对应的心灵中的经验效应,而并不涉及为什么会对应抑或为什么会引起这种效应,即并不从存在论上对经验进行物质的还原,不奢求解决经验的本体论性质的归属,而是只探求和开发它的认识论性质的功能,那么在这个限度内甚至可以像威廉·利康(William Lycan)那样认为"功能主义是唯一具有建设性的学说"[1]。

即使我们并不清楚神经元与神经元之间的相互作用与结构化后为什么就会涌现出某种心灵现象(如经验),但目前我们至少知道,在物理事件一端如果有适当的输入,在心理事件一端就有相应的输出,目前我们最多只是利用这一功能性的机制来为我们改善自己的心灵或经验服务,而并不追求对经验及心灵的本质做出本体论上的解释(终极说明)。这样的功能解释之所以是可能的和有效的,是因为对应关系是可以找到的,正如在基因治疗中找到基因变异与疾病之间的对应关系是可能的一样,即使找到了,也并不是说解释清楚了为什么那样的变异会引起那样的疾病;精神疾病的医学治疗也是如此。解释的黑箱可能是永远存在的,但不能因为黑箱存在我们就不去做任何事情。这样的看法也被称为"必要条件功能主义",它不同于"充分条件功能主义",它认为没有相关的物质条件就不能产生出相应的心灵现象,正如无脑之心一样,不存在不依赖特定神经载体的经验内容,因此不理解心灵现象的神经机制将无法理解心灵和经验,同时还认为理解了神经机制并不意味着

---

[1] 〔英〕威廉·利康:《自然层次的连续性》,载高新民、储昭华主编《心灵哲学》,商务印书馆,2002,第31页。

理解了心灵的全部——对于经验也是如此。

物理的东西如何引起心灵的东西,也许永远是个形而上之谜,以至于我们无论在科学解释中取得什么样的进展,"对于我们所分离出来的任何神经过程来说,同样的问题还是会冒出来。很难想象,新的神经生理学的创立者有望在对深层认知功能的解释上意外碰到什么奇迹。我们似乎不能在神经元中突然发现一种现象的光芒"[1]。因此,即使找到了功能上的对应关系,也没有真正解决这个问题。但反过来,如果将功能上对应关系搞得清清楚楚,并且可以技术性、实践性地利用它来为我们服务,那么搞清楚"如何引起"的问题也就是只具有形而上的意义,两者的目标和价值显然是不一样的,从而不能用后者去否认前者的意义。或者说,对神经事件和生化过程的研究不能完全穷尽对心灵的了解和对经验的建构,但对于部分地接近或有限地效仿则是可行的。因此,虽然"对于一种令人满意的理论来说,我们不只是要知道哪些过程引起了经验;我们还必须看到为什么和是怎样的说明"[2];但理论并不一定要十全十美之后才能用来解决问题。或者说,我们在这里展现的并非说明经验性质的心灵哲学完备方案,而只是对经验的功能利用的一种技术可能性设想,其通向心灵哲学对经验的终极解释还有漫长的路要走,但随着功能性利用的成功以及所提供的新的实证资料,会使解释的桥梁向彼岸伸展出更长的路径。

所以,功能解释既是合理的,也是有限的,这种有限性也决定了经验的技术性生成方式的有限性。

从前面的叙述可见,即使我们可以通过神经网络"编织"出经验,也并不等于解释了经验与神经系统的哲学机制,甚至还会引发更"麻烦"的心灵

---

[1] 〔美〕大卫·查尔默斯:《勇敢地面对意识难题》,载高新民、储昭华主编《心灵哲学》,商务印书馆,2002,第374页。

[2] 〔美〕大卫·查尔默斯:《勇敢地面对意识难题》,载高新民、储昭华主编《心灵哲学》,商务印书馆,2002,第373页。

哲学问题，例如，经验有意向性，有客观内容，这个内容如何与经验的物质承载者——神经系统匹配，就是一个难题；或者说主观印象、客观内容、神经系统之间所形成的是一个"三角关系"吗？在不同个体上造就同构的神经系统所形成（突现）的主观图景（经验）所表征的或反映的是同样的客观内容吗？如何知道是或不是呢？与此类似的问题是：从经验是大脑机能或是一种涉身（具身）现象的角度看，技术性生成经验仍然是涉身的，那么由所涉之身不同而生成的经验是否可以融贯？技术能否使不同的经验载体之间的接口达到真正意义上的"无缝对接"？

还有一些具体的限度是显而易见的，例如，技术方式不可能生成人的所有经验，或许也不能生成人的最初经验，因为理解技术性生成的经验，必须要有先前的经验为依托，没有任何"亲历"性的经验作为依托，没有建基于实践之上的"基础经验"和"常识"[1]，就无法对技术性生成的经验形成理解；如果没有通过亲身经历对颜色的经验，那么技术性生成的玫瑰的视觉经验就不可能被充分理解；没有亲身经历的"红"，就理解不了技术性生成的"红"是什么。也如同在理解符号的意义时，如果没有任何通过实质的方式所获得的对一些基本符号含义的理解，仅凭定义来理解全部符号的含义就是不可能的。既然技术性生成经验必须以"先行的经验"为基础，那么当它被视为认识的一种来源时，就并不否定实践作为认识来源的基础作用；或者说，技术性生成作为经验的另一种来源，与实践作为认识的来源并不冲突，因为前者是从直接性的意义上讲的，后者是从根本的意义、归根到底的意义上讲的。可以说，这也是人工智能与人的认识的区别，人工智能正因为没有人的"具身"的即亲身的实践性的经验，所以无法理解它所操作的数据的意义，包括作为信息来源的输入数据的意义，因此只能进行无语义的即没有认识内

---

[1] 常识通常被界定为感知、理解和判断事物的基本能力，这些能力几乎为所有人所共有，而且几乎可以被所有人认同而无须争辩，常识为人类与周围世界进行互动奠定了关键基础。

容的纯形式的符号计算。或者说，对人来说，技术性生成的经验之所以有意义，甚至技术性生成的东西之所以对人来说可以称其为经验，就是因为有亲身的实践经验为其提供理解的基础，否则就是一堆无意义的声光电刺激而已。

还有，从"我"或第一人称的唯一性来说，除非一个个体（甲）完全地变成了另一个个体（乙），否则所有的"他者"都不可能完备地获得"我"的"真正的""完整的"经验，从而彻底重新建构一个新的经验自我，这也是具身认知所持的立场；而且，在寻找心灵内容的物理对应时，还有一个共性与个性之间的差异性问题，或不同经验主体之间的对应性之间的"匹配"或"配型"问题。

这样，结合前面的论述，可看到技术性生成的经验至少有如下限度：一是要有先行经验为基础，不可能在完全"白板"的大脑中建构起技术性生成经验；二是那些深层的心灵现象，尤其是自我意识等心灵现象，或许不可能由技术的途径生成；三是不可能通过技术生成在"我"的头脑中绝对精确地再现他人的经验，如此等等。在这个意义上，技术建构虽然可以代替人的一些体验，但不能用它来取代人的全部体验，或者说它不能使人的全部抑或大部分体验都变成人工的、技术性的经验；因此，即使承认当代信息技术可以为人的经验和认识提供另一种来源，这种来源的价值和深度至少在目前还是极为有限的，这也正如技术在代替或辅助人的其他功能时一样的情形。

总之，技术性生成的经验作为经验的另一种来源，是对我们经验世界的"创新"，也是人类来源方式和通道的丰富与拓展，从而是当代认识论必须研究的一种新现象。我们知道，在认识论所涉及的现象和范畴中，心灵最重要的问题是其本质问题，认知的最重要问题是其过程或机制问题，经验的最重要问题是其来源问题。而这里的技术性生成经验，可以说囊括了所有这些重要问题，并对回答和解决这些问题提供了新的启示。

【本章小结】网络获取与经验的技术性生成,是当代信息技术为认识的来源所已经和将要提供的新通道,这些新通道并没有否定实践作为认识来源的意义,但使其表现形式具有多样性,同时也对认识的来源理论和心灵哲学提出了新的问题,包括对心脑关系也提出了新的问题,对这些问题的探索使我们看到,在间接经验的获取与生成中,信息技术所发挥的作用越来越大,人的认识来源随之得到了极大的扩充,形成了与认识对象同步拓展的图景,这种拓展和理解也是后面我们要探讨的信息技术对认识主体和认识方式带来巨大改变的根源之一。

第四章

认识主体：技术赋能与人机分工

人是受技术影响甚至塑造的存在，而信息技术对人的影响，从认识论维度看就是对人作为认识主体的影响，这种影响是全面而深刻的，当代信息技术对认识主体的影响甚至是空前的，例如从量的方面，各种信息技术极大地增强和延展了主体的认识能力，从质的方面，人工智能的出现被视为一种新的认识主体（或称"人工认识主体"）的形成。当然，对于后者也引发了争议，即信息技术本身发展到一定程度后，是否其本身也具有认识主体的功能？或者信息技术即使只作为延展性的认识工具，但当其被认识主体整合为自己的一部分之后，甚至当其内在地融入人的身体之后，是否能视其为主体能力的内在组成部分？在这两个问题的基础上，还引申出第三个问题：在当前的信息技术水平上，如人工智能等信息技术还外在于人而存在时，如何进行一种合理的人机之间的认知分工？

第一节 人工智能与认识主体的属人性问题

可以说，现代信息技术对于认识主体问题的最大冲击和挑战，就是人工智能是否具有认识主体的属性问题，而这一问题又是与如何理解"智能"联系在一起的，关于"什么是智能"本身就是一个耐人寻味的认识论问题。

一 从智能的界定看弱人工智能的非属人性

千百年来，哲学认识论是关于人的认识理论，人毫无疑问是认识的主体，而且是唯一的认识主体，换句话说，认识主体是属人的，人之外的一切都不能被称为认识主体。

人之所以是唯一的认识主体，是因为具有智能无疑是成为认识主体的必要条件，甚至认识活动与智能行为具有一定意义上的等价性，而人又是唯一具有智能的能动体，只有具有智能的人，才能从事理解、分析对象的复杂认知活动，才能使用复杂的语言将认识的成果加以记录、保存和交流，才能由此使自己的认识内容不断积累和扩展，才能有文明形态的不断发展。用恩格斯的话来说："我们对整个自然界的统治，是在于我们比其他一切动物都要强，能够认识和运用自然规律"[1]，而"能够认识和运用自然规律的能力"就是我们通常所说的智能，或智能的主要功能。

人工智能的出现使认识主体的属人性这一特征或"人是唯一的认识主体"这一信念受到了极大的冲击甚至挑战。这一冲击最初就蕴含于图灵的"机器能思考吗"的问题之中，这一问题实际上就是在询问"思考""认识""智能"等活动是否也可以发生在人之外的计算设备之中？当图灵用他的"图灵实验"论证了机器也可以拥有智能后，所延伸的主张无疑就是：拥有智能的机器也像人一样可以进行认识活动，从而也可以作为认识主体而存在。甚至在弗洛里迪看来，"图灵使我们认识到，人类在逻辑推理、信息处理和智能行为领域的主导地位已不复存在，人类不再是信息圈毋庸置疑的主宰，数字设备代替人类执行越来越多的原本需要人的思想来解决的任务，而这使得人类

---

[1] 《马克思恩格斯全集》第3卷，人民出版社，1972，第518页。

被迫一再地抛弃一个又一个人类自认为独一无二的地位"[1]。人工智能出现的初期，就有人提出它可以被称为"人工认识主体"。这样，在人工智能时代至少就有人和智能机器两种认识主体的存在，这就使得认识主体的含义在质上得到了改变：一种即使不是人的存在物，也可以充当认识主体，认识活动由此不再唯一地发生于人的身上，而是也可以发生于人造的机器之上。

当然对这一主张迄今并未取得一致的认识，因为其中的关键问题存在着争议，即发生于人造的机器或智能机器上的信息处理活动，是否等价于真正意义上的"认识"？或者说，"人工智能"中的"智能"是不是真正的"智能"？而要回答后一个问题，显然就要对"什么是智能"给予界定。也就是说，如果智能机器被纳入了"认识主体"的范畴，关于认识主体的这种外延变化必然导致其内涵的变化，而这种变化归根结底又是与如何理解"智能"的含义联系在一起的。

一旦涉及什么是智能时，可能出现的争议就会比人工智能中的"智能"是否为真正的智能之争议还要大。可以说，目前在学术界还没有一个关于智能界定的共识性看法，即使在人工智能中的各流派之间，对智能的看法也各不相同，如符号主义认为智能来源于对符号的计算，联结主义认为智能是神经网络活动的结果，行为主义则认为智能来源于智能体与世界的互动。对智能的这些不同看法其实就是一定的认识论立场，这种认识论立场也导致了研究和开发人工智能的不同进路。在这种意义上，丹尼特把科学家在探索人工智能实现时如何选择实现的进路问题，看成是一个深层次的认识论问题。[2]更一般地说，当我们要界定智能时，首先就会在界定的角度上存在极大的分歧，如是从功能的角度还是从发生学的角度去界定？是描述性地界定还是用

---

[1] 〔意〕卢西亚诺·弗洛里迪：《第四次革命：人工智能如何重塑人类现实》，王文革译，浙江人民出版社，2018，第107页。

[2] 〔美〕丹尼尔·丹尼特：《认知之轮：人工智能的框架问题》，载〔英〕玛格丽特·博登主编《人工智能哲学》，刘西瑞、王汉琦译，上海译文出版社，2001，第200页。

"属加种差"的方式去界定？是侧重其微观的生物学机制去界定还是从关注其宏观的社会表现角度去界定？正因为如此，所以对"什么是智能"的解答才会莫衷一是。

当然，无论我们采用哪种视角或方式去界定，都有一个后续问题：智能机器是否在一定意义上具有智能的属性？或者说一种无机结构的电子线路中的电子运动能涌现出真正意义上的智能吗？功能主义对智能的解释是否说明了智能中最重要的东西？例如，如果采用《牛津哲学词典》的界定："最一般地说，智能就是灵活而有效地处理实践和理论问题的能力"[1]，那么从直接的表现或功能的效果来看，目前的人工智能可以进行计算、记忆、识别、决策等信息处理活动，还可以进行一些简单的控制行为的活动（如机器人），而这些活动正是需要应用智能的活动，于是"人工智能"中的"智能"就不仅仅是隐喻性的说法，而是对机器具有基于智能的认识功能的认可，此时无疑就承认了拥有人工智能的机器也可以像人一样进行认识活动了。但如果更深入一步，则又会看到这种看法的局限性。

目前的人工智能还属于"弱人工智能"阶段，这样的人工智能也被称为狭义人工智能（Narrow AI），它能形成特定或专用的技能，还不具备像人一样灵活地处理各种问题的能力，即智能机器的信息加工处理无随意性或自由性，只具有程序性和机械性，而人的智力活动是具有基于情境的灵活性和基于情感的随意性、自由性的，在这个意义上可以说即使是"聪明的机器"也还不具备人一样的智能，从而还不能进行像人的思维一样的认识，所以被明斯基（Marvin Minsky）等人视为只能处理玩具世界的问题。这一现状也表现为目前不同的专用人工智能所建基的理论也是不同的，如推理决策领域人工智能的主要理论基础是符号主义，图像识别领域人工智能的主要理论基础

---

[1] 《牛津哲学词典》（重印本），上海外语教育出版社，2000，第195页。

是联结主义，机器人领域人工智能的主要理论基础则是行为主义，不同的理论体系下形成不同的算法，用以设计和支配不同的智能机器从事不同的功能性活动。而在人的认识活动或智能行为中显然不是这样分割地存在和起作用的，如果人脑中也有算法的话，也是以"通用算法"的方式存在的，这一点也使得人作为认识主体和目前的智能机器具有根本性的不同。此外，这样的人工智能更不用说还不具有与"主体性"相关联的"自主""意志""自由""目的""自我意识"等了，从德雷福斯关于人工智能的炼金术隐喻到塞尔关于中文屋的思想实验，都从哲学的角度指出了目前的人工智能从本质上还不是人的智能，因此不可能真正行使人的智能的复杂功能。日常的评价中也不乏否定当前的人工智能具有"智能"，所以弱人工智能被认为还只具有工具的意义，甚至由于"智能"本身定义的复杂性，也有人建议不用"人工智能"而用"人工理性"来称谓之。

当然，如果从狭义上界定智能，即把智能机器处理信息的过程视为人的智能过程，也可能在这个意义上认为机器就是认识主体，这也是第一代认知科学的主张：人的认知或智能活动的本质，就是对符号进行按规则操作的过程，即按"形式规则"处理"信息"的活动，也即对表征进行计算的过程；在这个过程中，符号与意义无关，语义从表征中剥离，这就是所谓的"符号主义"的"计算—表征"理论。在这一理论的视域中，智能机器所做的事情（符号的变换）与人的认知别无二致，这也就是智能活动的全部，所以机器作为一种新的认识主体是"当之无愧"的。后来的人工智能突破了符号主义对智能的狭义理解，使我们看到仅有符号计算功能的机器与具有更多认知能力的人作为认知主体之间是远不能等量齐观的。

前述讨论表明，"智能机器是否成为新的认识主体"这一问题从直接性上取决于对认识主体的理解，而从基底上则取决于对智能的理解。由人来讨论这一问题，我们只能按人的标准来确定智能，因为如果按机器的标准，人就可能是没有智能的。常说"知情意"的统一才是构成认识主体或具有智能的必要条件,当前的智能机器显然还没有达到这个程度,还不具有情感、自我意识、自由意志、主观能动性……即使有所谓"人工情感"或"人工意志"的研究领域,也不是说智能机器已经真正拥有了情感和意志,而主要是指正在开发一种可以识别人的情感和意志(意愿)的人工智能技术。

如果这样来看待智能的本质,目前的人工智能显然还不具备这样的能力。尽管已经或正在实现在计算智能基础上的感知智能(语音、图像识别等)和认知智能(机器学习等),但在计算机这个电子信息系统中所进行的信息处理过程,还不能与人的智能相提并论,还不具有意识或主体性。再则,人的智能或认知是具身的,而智能机器没有像人一样的身体(肉体的身体),所以无法形成类似于人的具身体验及相关的认知活动。此外,人工智能是基于算法运行的,算法是建立在形式化、模型化基础上的,而人的认识中有大量或部分内容是无法形式化模型化的,所以也无法通过人工智能算法来模拟。而且,人工智能最多只是从功能意义上具有部分智能,由于与人形成智能的机制不同,人工智能至少目前还不是生物性的智能,从而可以说它还不具备真正的智能,因此"现在的人工智能是没有理解的人工智能"[1]。或者说,目前的弱人工智能在智能模拟中逼近人脑功能的程度还是极为有限的,甚至它不可能形成和人类智能一样的总体能力;"作为认识工具的计算机,是主体认识客体的手段,不能'成为认识主体',它在本质上是一种处理信息的机器。虽然机器可以模拟思维,但它不能思维。换言之,机器模拟人的思维,却没有'它(自己)的思维'。现在对思维的模拟还局限于思维形式方面,只有思维形式可以符号化,能利用概念形式之间的关系,进行形式推理。这种形式推理,可以撇开思维的具体内容,也不管前提的真假。然而,真实的思维活

---

[1] 张钹:《如何走向真正的人工智能》,2018-10-30,https://www.docin.com/p-2146117501.html。

动，形式是不能脱离内容的"[1]。凡此种种，表明从现实的技术来说，人工智能还不具备成为认识主体的条件，智能机器独立充当新的认识主体还不现实，人还是唯一的认识主体。

二 强人工智能：新的认识主体？

人工智能的发展也在追求使用通用算法的强人工智能。强人工智能或通用人工智能（General AI，或 AGI）[2]，作为更高水平的人工智能被认为应该具有如下的功能：达到或超越人类水平、能够自适应地与环境进行灵活的互动即应对外界环境挑战甚至成为"具身的人工智能"（embodied artificial intelligence），像人那样形成身体性的经验、可以具有通常人所具有的"常识"，具有自我意识……尽管持怀疑态度的人否认这样的人工智能可以成为现实，但不少技术乐观主义者认为它具有技术上实现的可能性，因为在他们看来并没有一条物理定律规定"建造一台在各方面都比人类聪明的机器是不可能的"[3]。假如我们承认后者的预测，那么一旦这样的强人工智能来到世间，便意味着机器具备了囊括计算智能（会存会算）、感知智能（能听会说，能看会认）和认知智能（能理解会思考）在内的所有智能；从而具备人作为认识主体时的自主性、自由性、能动性、目的性、有意志、有情感等。当机器载体上所产生的"智能"全面相当于甚至高于人的智能时，是否意味着人工智能就不仅具有工具性，而且具有主体性，拥有认知状态，从而应该被视为一

1　童天湘：《智能机器与认识主体——是否存在人工认识主体?》，《哲学研究》1981 年第 5 期。
2　通常将"通用人工智能"界定为能够完成一个人所有智能行为或者智能任务的一套机器系统，而强"人工智能"指的是可以胜任人类所有工作的人工智能，在这个意义上两者有所区别，但在需要通用算法的意义上具有共性。
3　〔美〕迈克斯·泰格马克：《生命 3.0：人工智能时代人类的进化与重生》，浙江教育出版社，2018，中文版序。

个心灵，获得真正的主体"身份"，即成为拥有心灵的机器？[1] 这样，即使弱人工智能只具有工具的意义，强人工智能也具有主体的意义，此时一种真正意义上的人造的认识主体就可以与我们比肩而在？

当然，对于智能机器是否具有独立性和自主性等从一开始就存在争议。其实从广义上说，自动机器的自动性就已经是某种初级的自主性、独立性，它的量变有可能会导致质变，即导向一种具有完全独立性自主性的机器出现。这样的智能机器只拥有有限的独立自主性，人也并不拥有无限的自主性和独立性，可以认为两者之间无非是量的差别而不是质的有无。于是，当上述的智能属性或特征基本都为智能机器所具备时，是否就意味着它成为新的认识主体？于是，这也涉及：计算机是思维的机器，还是仅仅为"语言的机器"？计算机"能不能在形而上学上被看作一个有意识的实体"[2]？就像人工智能有可能"影响了我们对于人的定义"[3]，它无疑也会影响我们对于"认识主体"的界定。或者以另一种方式提问：智能是否只能在碳基脑上运行？它可否在硅基的人工脑（电脑）上运行？即使不能称其为完全意义上的新的认识主体，可否称其为"功能主体"或"准主体"来实现过渡？凡此种种，都是人工智能作为一种当代信息技术在认识主体上提出的新问题，甚至有可能形成"观念变革"。

"认识主体"在含义上的变化，还表现为智能时代人与机器的协同而形成了多种涉及认识主体的表达：从混合智能到赛博格，从人的数字化增强到作为智能体（或自为者）的 agent[4]，从延展认识主体到复合认识主体。在将来，

---

[1] A. Konstantine and B. Selmer, "Philosophical Foundations", in F. Keith and R. William (eds.), *The Cambridge Handbook of Artificial Intelligence*, Cambridge: Cambridge University Press, 2014, p. 35.

[2] 〔加〕瑟利·巴尔迪克：《超文本》，载〔意〕卢西亚诺·弗洛里迪主编《计算与信息哲学导论》，刘钢等译，商务印书馆，2010，第533、546页。

[3] 〔加〕瑟利·巴尔迪克：《超文本》，载〔意〕卢西亚诺·弗洛里迪主编《计算与信息哲学导论》，刘钢等译，商务印书馆，2010，第540页。

[4] agent 的中文翻译有多种，如"智能体""主体""代理""自为体""能动体""行为体"等。

随着芯片植入人脑、记忆移植甚至神经操作等技术的实施，以及人工智能对人类智能的"反哺"，人作为认识主体将被"内在"地得到信息技术的更多增强，从而形成认识主体的技术化，或走向所谓的"人—机认识主体"。那么围绕这些表达而展开的认识理论是否也会发生变化从而需要建构一种新的认识论？这是否意味着一场"认识论革命"由此真正爆发？或者说对于智能机器作为认识主体来说，其认识的过程和规律还会跟人的认识过程和规律相一致吗？两者之间具有"可通约性"吗？即使在目前的弱人工智能阶段，在深度学习中就出现了人所无法理解的"算法黑箱"，即人把握不了智能机器是如何及为什么做出某种决策的，这是否意味着两种认识主体之间将会形成互不理解的隔阂？于是，人机之间的主体融合就将成为建构新的认识主体时可能出现的一个重要问题。

当然，我们希望即使在强人工智能出现后，也将其牢牢地置于被我们控制和支配的工具地位上，这样人还是唯一的认识主体，人机之间的主体地位之争就不会发生，两种智能载体之间的隔阂（以及有可能发生的冲突）也就不复存在。要做到这一点，无疑需要在研究和开发人工智能的那些"自主性""目的性""灵活性"等能力时，将"受控性"（受人的绝对控制）即工具性与其不可分离地"捆绑"在一起，这将是坚守"人是唯一主体"之信念的人类所必须遵循的技术方向。

此外，理解认识主体也跟理解认知的本质相关，当认知仅仅被理解为计算时（像第一代认知科学或计算主义那样），那么对于任何能充当计算载体的系统来说，都可以成为认识主体；但认知的本质并非"计算"能全部涵盖，于是认识主体也就不能归结为任何具有计算功能的系统了。而认知的本质究竟何为，则是下一章我们将要检视的问题。

第二节　技术赋能：认识主体的延展和重构

如果说对认识主体在强人工智能出现的背景下可能面临属人性的质的挑战还只是一个遥远的未来问题，那么在信息技术多方面影响、介入甚至嵌入的背景下，人作为认识主体所受到的"量"的改变则是无时无刻不在进行的，这样的改变也会积少成多，由量变引起部分质变，形成从对认识主体的延展到重构的变化，造就出不同于以往时代的新型认识主体，也对我们提出了如何把握和评价这种认识主体的新问题。

一　信息技术赋能于认识主体的普遍性

制造和使用工具是人的本质属性，而通过制造和使用信息技术来增强认识能力，则是人作为认识主体的本质属性。"人类智能的演化不仅与语言的演化齐步前进，而且还与支持和处理语言的技术保持同步发展。"[1] 在信息技术的加持下，人类成为越来越强大的认识主体。在今天，当现代信息技术作为认识工具被创造出来之后，人用其为自身赋能的现象日益普遍，功效空前巨大，我们看到，在当代认识活动中，不仅造就了前两章所说的信息技术化的认识对象和认识来源，而且造就了信息技术化的认识主体。

信息技术化的认识主体，就是认识主体的信息技术化，所指的是当代信息技术为人所普遍使用，成为认识主体从事认识活动时必不可少的部分，成为影响主体认识能力的决定性因素。

可以说，认识主体的存在是通过认识能力来表现的，或者说认识能力具

---

[1] 〔加〕德里克·德克霍夫：《文化肌肤：真实社会的电子克隆》，汪冰译，河北大学出版社，1998，第251页。

体展现了认识主体的样态，每一时代的认识主体都是与其当时所具有的认识能力联系在一起的，以至于认识能力就是认识主体的代名词。今天的认识主体所具有的认识能力，则无疑是由今天的信息技术尤其是计算机（含人工智能）和互联网所赋能而形成的，如果没有这些信息技术，我们的很多认识能力就会丧失，我们就不可能成为"当代认识主体"。

符号、语言作为信息载体，是特殊的信息技术，它们被人发明和使用，是人类早期进行的信息革命，它们也对人认识能力的发展起着重要的影响作用。列维-布留尔（Lucien Lévy-Bruhl）的研究表明，原始思维因为只有口头语而没有文字，所以不可能具有理论性的哲学本体论；与此相关，由于他们没有文字符号，只生活在一种声音的信息世界中，思维空间自然很小，感知时间的能力也很有限，抽象能力的发展受到很大限制。他们"不能数多于2或3的数。只要是抽象的推理，不管多么简单，稍微费点脑筋，就会惹得他们讨厌，以至他们立刻就声称累了，于是不再推下去了"[1]。文字的发明和使用极大地促进了人类思维向更高的水平发展，它"促使概念性论述成为可能"，并达到"新心灵状态"，"造成了人类沟通上的质变"[2]。以后每一次的"信息革命"都促进了人的认识能力乃至认识方式的演变。乔姆斯基（Noam Chomsky）曾将"柏拉图问题"作为认识论问题之一，这个问题是："尽管人类在其短暂的一生中与世界的接触是如此之少，为何他们的知识却又如此丰富呢？"[3] 对这一问题的回答显然要极大地归功于信息技术，因为是它作为媒介才延伸了人的认识范围和能力，超越了自己肉身的限制，成为这个世界上"站得最高""看得最远""知道得最多"的认识主体。

今天，随附于我们身上的认识工具越来越多，从印刷时代的笔和纸，到

---

[1] 〔法〕列维-布留尔：《原始思维》，丁由译，商务印书馆，1981，第109页。
[2] 〔美〕曼纽尔·卡斯特：《网络社会的崛起》，夏铸九等译，社会科学文献出版社，2001，第405页。
[3] 尤泽顺：《乔姆斯基：语言、政治与美国对外政策研究》，世界知识出版社，2005，第4页。

信息时代的电脑和手机。当智能手机作为移动互联的终端后，它还使整个互联网附着于认识主体身上：一机在手（身），全网在握。有了随附于身的网络，人的大脑就可以时常保持与互联网的相连，作为个体的大脑就犹如一个"集体大脑"，可以实现对全人类共同知识的实时共享与获取，由此作为个体的认识主体变得似乎"无所不知""无所不能"。随即也提出了新的问题：此时依靠网络而形成的知和能，是不是认识主体自身的知和能？或者说网络是不是我们认识能力的一部分？更一般地看，这也是一个延展认知是不是主体能力的问题。显然，延展的认知能力不同于人的自然天成的认知能力，是技术性增强或放大了的认知能力，那么这部分能力，是机器或工具的功能，还是人的功能？

如果参照其他手段得到的赋能，可以形成对此问题的初步看法。如茶叶和咖啡具有兴奋神经的功能，由此刺激或增强的认知功能，我们几乎不会怀疑它是不是我们自己的认知功能；甚至通过基因增强所技术化提高的智能，大概也不会被怀疑不是我们自身的智能；那么为什么通过电子设备所增强的认知能力就被怀疑不属于我们自己的能力呢？

可能的原因在于，无论互联网还是人工智能，它们似乎都表现为人的外在工具，都是"离身"的独立于人而存在的现象，还没有内在地与人融为一体，所以只能视其为"辅助"性的功能。但是，如果换一个视角来看，就可以发现，这些辅助工具对人本身的赋能，也表现为人相应地在使用这些工具的过程中形成了一些内在的能力，抑或称为"技能"，这些技能性的能力无疑是主体自身的能力，而那些外在的器物性的工具则不过是显示这种能力存在的载体。载体的本质不在于作为载体的器具，而在于由它"训练"或建构起来的人的相应的能力；既然当代信息技术造就了人的相应能力，那么我们就可以视其为这种能力的"化身"，其承载的本质内容已经融入了作为主体的人的身体之中，它虽然不是物质性或硬件式的植入，却是更能反映问题本质的信息性或软件式植入，一种以其为载体的主体能力的建构或形成，或被称为凝结于信息技术上的技能知识的内化于人，成为"内附"的能力，它和器具技术形成的"外附"不同：技术性外附的认识能力可以剥离开主体，但内附的能力则难以剥离。从认识能力与认识主体的同一性上看，起延展认知和技术赋能作用的信息技术之中也包含了以无形的方式融入主体之中的内容，成为使用信息技术的认识主体之认识能力不可分割的一部分。

认识主体还可以通过脑机接口技术获得赋能，且这种能力甚至模糊了外在或内在之分。例如利用脑机接口技术可以探测受试者大脑中的生物信号，通过分析后可以将其量化为人们在认知过程中的注意力集中度、心理特征以及情绪状态等数据，为优化认识主体的心理机制（如激发学习动机、调动主观能动性等）和环境提供技术支撑，在形成更佳的认知效果时也增强了认知能力。

以上涉及的是技术与人互相创造的关系，具体在认识论领域中，就是信息技术与认识主体的相互创造：人创造了信息技术，信息技术又创造出新的认识主体。今天我们谈论的认识主体，已经离不开计算机、互联网和人工智能的赋能，如同在文字和印刷时代谈论认识主体时，离不开铅字和书本的赋能一样。

更一般地说，凡谈论认识主体，都离不开信息技术的赋能，就如同谈论生产主体时，都离不开生产工具的赋能一样。这也表明，主体不能和他使用的工具（无论是生产实践的工具还是思维认知的工具）脱离开来被抽象地加以把握，主体的具体化必须是建基在他所创造和使用的工具技术之上的。所以从现实形态上，认识主体总是信息技术植入的，他总是内化了一定的信息技术赋能后的认知能力拥有者。当然，信息技术对于认识主体的赋能，在不同的时代有不同的主题。可以说解决信息储存问题一度是增强人的信息能力的主题，所以信息储存技术一度是主导的信息技术。而有了大量被储存的信息后,信息的传播问题随之凸显出来,印刷克服了手写传播的不足,电子传播则克服了纸质传播的不足。在信息的储存和传播问题得到初步解决后,信息的处理问题又凸显出来,大量信息需要及时处理,而计算机的出现使得人类处理信息的能力得到了极大的提高。计算机作为"造信息"的工具所制造出来的海量信息,同时又对信息的及时和广泛传播提出了迫切要求,互联网随之出现。由计算机和互联网技术构成的现代信息技术将人的信息能力带入了一个全新的时代,认识主体所接受的技术赋能达到了前所未有的程度。今天,网络、电脑、手机则成为这样的认识主体的"标配"甚至"标签"……此时的信息技术就不能仅仅被作为认识工具或手段来看待,而应该被作为认识主体的内在构造来看待,主体认识能力中的相当大部分是以信息形态存在于主体内部的特定的信息技术之中。

当代信息技术对认识主体的赋能与传统信息技术的这种赋能有很大的差别。当代信息技术也被称为"电子信息技术",它的出现是信息技术的全面革命,因为它使得从信息的储存到处理、从信息的传播到显示都发生了革命性的进步,而以前的信息革命只能是"单项的信息革命"(或者只改进信息存储问题,或者只改进信息传播问题),而电子信息技术所带来的是"多项的信息革命"和"综合全面的信息革命",它使体外的信息技术进入一个全新的水平,这种体外的信息技术发展到极高的水平后,又进一步展示了向人的体内回馈即融入身体本身的发展趋向,即器具信息技术向身体信息技术的融入。

传统的信息技术对认识主体的赋能,虽然从软件的意义上可以达到内化的效果,但从物理形态上则始终是外在于人的,是以人身之外的"延展"形式存在的。但现代信息技术则可以走向物理形态上的内化于认识主体,例如通过将芯片植入人脑,使得信息技术负载的能力融入人脑之中,变为人的内在认识能力的一部分。这也是"硬件"意义上的技术向认识主体的"嵌入",

使其物质基底发生人工的改变。传统信息技术的"延展"给人的感觉主要是外在性增强,而当代信息技术的"植入"则进一步走向内在性增强。于是,不断发展的技术不仅以不同的方式延展着人的身体,还可以植入人体之中,使人成为技术成分越来越多的生命形式。在将来,随着人脑植入芯片或纳米尺度的机器人,还有记忆移植等技术的成熟与普遍实施,人作为认识主体将被"内在"地得到信息技术的更多增强,进而形成认识主体的技术化,或走向所谓人机融合的"人—机认识主体"。这样的"植入性增强"有可能使得器具技术相对于人来说先前仅仅是外在化发展变成为内在化发展,或走向技术与人之间的"无缝对接"而成为主体的一部分。当前各种描述"新型认识主体"或认识主体新特征的概念就多样化地表达了这种对接,除了前面提到的"复合认识主体"、赛博格等之外,还有"虚拟认识主体""第二认识主体""人—机—网主体""脑机混合智能系统""数字化大脑"和"超脑"等,这些表达可以说都是人与技术的"协同进化"或"人机互补"关系在认识论中的体现,从中我们可以看到技术从作为认识的"中介",到作为认识的"延展",再到向认识主体的"嵌入",实现了技术对认识过程从外部影响到内部建构的深化过程。

  器具信息技术具有越来越强大的信息功能,其局部功能甚至远远超过人的身体的信息功能,在此背景下人们进一步设想这样的体外信息功能如何与人的身体形成融合的关系,由此所带来的也是身体信息技术与器具信息技术的会聚问题。从自然身体到人工身体,从自然的信息器官到人工的信息器官,然后是自然信息器官与人工信息器官的结合,这就是发生在作为认识主体的人的身体之上的两种信息技术的融合,这种融合的最高境界或许是两种信息技术之界限的解构,如生物芯片由于具有与人脑更大的兼容性,就可能实现与脑组织的无缝对接,进而成为身体的有机组成部分。

  芯片植入也形成了一种内化的"脑机接口",这种脑机接口还正在被研究者向"脑—云接口"方向推进，就是将其与神经科学前沿的纳米技术、纳米医学相结合，将大脑中的神经元和突触实时连接到庞大的云计算网络中，云端通过嵌入大脑深处的微型设备实现与神经元的数据交换，由此创造出一个"超级大脑"，可以实时利用人和机器的共同思想和思维能力，这样的"脑—云接口"无疑可以显著提高人类的智能。[1] 这种由信息技术赋能的方式如果普遍化，人就可以借助其形成"混合智能"，人脑也就类似于"赛博脑"，这也可被视为广泛意义上的生物智能和机器智能的整合、生物脑与电子机械脑的交融，就是脑机之间的相互协作而形成的主体新能力，这种能力如果视其为属人的，那么其中一部分就生成于技术性的移植或操作，而非全部生成于认识主体自身，此时即使没有彻底改变认识能力的形成机制，也重组了认识能力的构成方式。

当然，目前的信息技术，无论是互联网还是人工智能，都还主要是以延展的方式赋能于认识主体，但即使是这种方式，也正在显示出越来越强大的威力。

二 算法对认识能力的延展和增强

技术赋能于认识主体，在算法技术出现后还表现为算法对人的认识能力的增强。

算法是计算机和人工智能技术的核心，它目前似乎已成为计算机或人工智能的专用词汇，以至于在算法和计算机之间形成了相辅相成的不可分割关系。"算法"在不同的语境下有不同的含义，其中最重要的区分应该是计算机之前和计算机之后的不同用法，"有计算机前就有了算法，有了计算机后有

---

[1] 大明：《人脑几十年内将连接云端》，2019-04-16，https://tech.sina.com.cn/csj/2019-04-16/doc-ihvhiqax3025063.shtml。

了更多的算法，算法是计算的核心"[1]。计算机之前的算法主要存在于人的生活与科学认知活动中，表现为"生活算法"（诸如菜谱、家用电器的操作指南等办事的程序，指的是"完成一个任务所需要的一系列步骤"）和"数学算法"（如加减乘除就是我们所熟知的数学算法，即用于数学计算的方法），可统称为"日常算法"，或"非计算机算法"。当人的日常认知活动也是按部就班地处理或思考某些问题时，就可以解析出日常算法来。自从有了计算机后，人们谈论的算法通常所指就是"运行在计算机上的算法"（简称"计算算法"或"机器算法"），它指的是用计算机解决问题的程序和步骤，我们的讨论在没有特别指明时，就是在这种意义上使用"算法"。这种算法也被称为"狭义算法"或"算法技术"（专门在计算机中使用的数据输入与数据输出之间的关系转换技术），而包括日常算法在内的算法则被称为"广义算法"，后者表明不仅计算机需要算法，人的日常生活也涉及使用算法。于是，人的认知（或至少一部分认知，即一部分基于符号的形式化认知）和计算机的信息处理都有算法的属性。认知中所贯穿的算法也表现为我们通常所说的"思维方法""认知图式"及"认识模式"等，由此也可将其称为"认知算法"。这样的算法用日常的语言文字表达出来就是"自然语言算法"[2]，它可以转化为计算机编程语言来表达，一旦如此就成为计算机的程序算法。

广义地或从哲学层面上看，算法无非是解决一个问题的抽象的行为序列；狭义地或从信息加工及计算科学的角度看，算法是一个将输入转化为输出的计算程序框架，是建立在计算逻辑基础上的理性思路，由它来形成或具体化为计算机工作的步骤、方法或指令；或者说算法是给出一系列操作来解决特定类型问题的一组有限的规则。算法的不断开发和进化，使计算机的计算功能不断增强，从而所形成的人工智能水平也不断提高。所以算法是体现人工

1　T. H. Cormen, etc., *Introduction to Algorithms*, Third Edition, Cambridge: The MIT Press, 2009, p. xiii.
2　〔美〕拉塞尔·沙克尔福德：《计算与算法导论》，章小莉译，电子工业出版社，2003，第21页。

智能"软实力"的标志。

算法技术作为现代信息技术中的"软技术",也从延展的意义上日益深刻地影响着作为认识主体的人,尤其是形成对人的认识能力的延展中的增强。当我们借助以计算机和互联网为代表的当代信息技术进行认识活动时,机器算法就介入到我们的认知过程。例如,邮件过滤和搜索排序算法在认知的起点处就影响甚至决定我们能接收到什么信息,精准把握用户喜好的人工智能算法推荐给我们不同的阅读物,算法由此规定了我们能看到什么。其实,在传统的"观察渗透理论"的意义上,今天可以有"认识渗透算法"的推论,这里所渗透的算法,在过去(计算机时代之前)主要指认识过程中的思维方法,而在今天则更多地意味着机器算法对我们所接受信息的过滤与筛选,甚至因算法歧视而深度影响我们认识世界的视角和结果。即使当今有了"认知=数据+算法"的说法,数据和算法两者也不是彼此独立的,算法对我们能采集到什么数据发挥着决定性的作用。这也表明了我们的认知不断从自然认识、日常认识过渡为"算法化认识",其本质就是信息技术对认识的影响。

算法技术对认识主体的改变,更多地表现为对人的认识所形成的技术性驱动和增强。

算法对认识的驱动作用源自算法技术本身极具活力,发展迅速,将其"传递给"认识主体时,就可以带来认知能力的增强。最初的计算机算法与日常认知的方法在复杂性上大体相当,但在处理更复杂的问题时,算法设计者会结合计算机的优势而不断提升算法的复杂性,扩增算法的种类,形成解决问题能力更强大的算法。如插入排序算法的原型就是玩扑克游戏时整理扑克牌顺序的方法,随着数据量的增大,这一简单算法的效率就越来越不能满足快速排序的需要,于是归并排序、堆排序算法等随之被发明出来,此后还设计出效率更高的线性排序算法,它们使得人借助计算机解决快速排序问题的能力不断提高。或者说,由于问题的复杂性和计算的复杂性,解决这些问题时难以从日常认知中找到现存的方法可以利用，此时就需要通过算法设计而开发出新的算法来解决新的问题。如为获得问题的最优解，就经历了从暴力盲目搜索算法，到搜索剪枝、博弈树以及遗传算法，为变量和参数巨大的问题寻找优化解提供手段。而且算法与算法相结合又会生成更多的算法。有预测表明，在未来十年，人工智能算法在许多领域的表现将优于人类。

算法的指向就是解决问题，完成认识任务；而且为了更好地解决问题，就需要开发更优化的算法；人工智能的关键就是不断设计出更好的算法，这就使人被人工智能延展的认识能力越来越强；甚至还可以使现在不能算法化的问题在将来变得可以算法化，从而人工智能可以解决的问题变得更多，从这个意义上说，算法的进化是无止境的。拿人工智能中的深度学习算法来说，就相继开发出深度神经网络（DNN）、卷积神经网络（CNN）、循环神经网络（RNN）、自编码器（AE）、深度信念网络（DBN）、生成对抗网络（GAN）和深度强化学习（DRL）等。这些新的算法无疑有可能形成对日常认识的方法论启示，由此拓展出新的生活算法：人们在生活世界中认识和处理问题的新方法，并成为认识主体自身能力的新的组成部分。曾经发源于科学研究中的方法（如系统论、信息论、控制论、耗散结构论、突变论、协同论等）在今天已经或正在走向日常生活，成为普遍性的分析和处理问题的方法，并随附于主体的能力之中。相信随着计算机和人工智能知识的普及，其中的一些重要新算法也必将成为我们认识和理解世界的"方法革命"的新策源地。这就是算法创新所具有的潜在功能，即适用于计算机的新算法有可能"反哺"于人，启示人的认知方法的拓展和创新，从而涌现出认知或思维的新方法。即使暂时还未曾实现这样的"反哺"，也已在"延展"的意义上实现了人类协同机器的认识方法进化。从更开阔的视野看，在将机器算法视为人脑算法的"外化"意义上，无穷的新算法的出现，也是无穷的人的认知方式、路径或"软实力"另一种形式的呈现。此外，多样性的算法，还开辟了认知方法走向细分的新方向和新层级，其概括性或抽象性程度的不同，也反映着认知方法论层次的不同，将"方法世界"的丰富性加以了更加充分的展示。

计算机算法对认知方法的拓展，其实也是对人的认知能力的提升。人通过算法获得的认知新能力，首先表现为算法技术作为工具辅助人的认知而形成的新能力，这和其他信息技术增强人的认知能力的效果是一致的。但是，算法技术对认知能力的增强还表现出它的特殊性，尤其是人工智能的新算法更是如此："人脑一辈子形成的掌握知识的能力，学习算法可以在几分钟或几秒钟完成。"[1] 这一强大的算力如果回馈给人，或者帮助人来加快自己的学习能力，人就可以获得更多维度的认知能力提高。今天，算法技术可以帮助我们预测和决策、完成越来越复杂的认知任务、达到人脑所难以达到的高效率和精确性。拿算法技术的高效率来说，它表明了人的认知将自身的信息处理方法通过形式化、程序化后可机械化运行从而提升效率，使人的局部认知能力得到空前的提升和放大，这是一种类似于机器通过对人的体力动作的分解而实现机械化对人生产能力提升的过程。即使我们的感知，有人工智能算法的介入，也可以看得更远听得更细。总之，随着算法技术的发展，认知的越来越多的形式都可以被计算机系统所模拟，形成功能越来越强大的人工智能，如图像和语音识别、学习和下棋、判断和推理、预测和决策（规划），甚至创新算法技术还将具有知识发现或知识创新的能力，这些都可以视为延长意义上的人的认知能力的提高。

人通过算法获得的认知新能力，还表现为在设计和使用算法时，通过"算法训练"所形成的认知新能力："算法可理解为解决问题的思想，这是程序中最具有创造性的部分，也是一个程序有别于另一个程序的关键点"[2]，设计新的算法本身就是探新能力的演练和提升，也凸显了人在能力上不同于机

---

[1] 〔美〕佩德罗·多明戈斯：《终极算法》，黄芳萍译，中信出版集团，2017，第179页。
[2] 王晓华：《算法的乐趣》，人民邮电出版社，2015，第3页。

器的独特性。这种算法能力对于个体来说，还是一种从初学者到高手的不断递进的能力，初学者只能选择现成的算法解决特定的问题，成为高手后则可以设计算法来解决前无先例的新问题，并为他人所用。进一步看，设计算法也可能改善和增强人的日常认知能力，进行算法训练可以构成一种当代思维训练方式，开发新算法并使其从专家算法普及为大众算法，其认知效果就是衍生出面向公众的新思维方法。可以说，人的算法能力在信息时代正在成为认知能力的一个重要方面，算法素养与认知水平之间的正相关正在得到不断的强化。

人工智能是人在计算机上所创造出来的智能模拟现象，人工智能的水平是人的认知创造能力的体现，而这种水平的高低直接取决于算法技术的水平，算法被开发到何种地步，人工智能就扩展到何种程度。在以递归算法为限度的传统算法没有取得突破性进展前，人工智能的发展一度处于低潮，博金（Mark Burgin）等人称其为"封闭的算法世界"。算法突破发生于从一个封闭的算法世界到一个开放的算法宇宙，其标志是递归算法进化到超递归算法，深度学习、图像识别等，都是建基于超递归算法。可以说，正是算法革命才使计算机可以模拟人的更多智能，才使今天意义上的人工智能成为可能[1]，也才使得计算机能够完成越来越复杂的认知任务，如从传统的工程学和硬科学领域扩展到了生物学、社会科学、人文科学和艺术等新领域。当不断优化的算法持续提高今天的人工智能水平时，无疑也标志着算法的改进或新算法的发明正在不断增强人利用计算资源所形成的总体认知能力。如果在将来可以实现人脑与计算机之间的算法融合，即计算机的算法若能借助芯片植入人脑直接助力人的认知，则人脑中的认识能力被算法技术所赋能的程度就更难

1　M. Burgin and G. Dodig-Crnkovic, "From the Closed Classical Algorithmic Universe to an Open World of Algorithmic Constellations", in G. Dodig-Crnkovic, and R. Giovagnoli (eds.), *Computing Nature*, *Turing Centenary Perspective*, Springer-Verlag Berlin Heidelberg, 2013, pp. 241-253.

限量。

总之，算法表达成为当代认识主体的延展环节，算法设计成为信息时代新的认知能力，算法的日新月异，是人类认知增强的新型驱动，机器算法如果与人脑算法相融合，无疑可以开拓出技术赋能于认知主体的新形式，也会造就具有更强认识能力的主体。

三　从延展、增强到重构

通过信息技术，认识主体超越了身体的限制，延展到主体之外，形成"延展主体"或主体的延展，问题是，附着于延展主体上的功能，即由信息技术赋能于认识主体的认识能力，可否被视为就是人的一种能力？

这一问题存在于多种情形之中，从图书馆的藏书到网络搜索引擎再到脑机接口，我们都可以询问这一问题，这就是由技术赋能所形成的认识能力对人的归属问题。

从根本上说，来自技术赋能的认识能力终究是归属于人的，无非是直接归属还是间接归属，是外在辅助性的归属还是内在融入后的归属。类似于基因增强使我们的"物质身体"得到"改善"或"人工新进化"，技术赋能中的"信息技术增强"使我们的"信息身体"也得到"改善"或"人工新进化"；对于后者来说，它可能使得器具技术相对于人来说从先前的外在化发展变成为内在化发展，技术的客体性也由此变为技术的主体性（成为主体的一部分），直至走向技术与人之间的无缝"对接"。

认知科学中的延展认知理论也从特定的角度主张：延展认知可以超出人的脑，延展到身体和环境中去；延展认知理论的创始人克拉克和查尔默斯用均等原则为延展认知的可能性进行了论证："当我们面对某个任务的时候，如果世界中的某一部分作为一个过程发挥作用，且这个过程跟脑中某一部分发挥的功能相同，那么我们就可以毫不犹豫地将其看作是认知过程的一部分"[1]，他们还列举了记忆力不好的奥拓如果利用笔记本来帮助自己记忆，就是一种延展认知，而这种延展认知就是奥拓自己的认知。亚当斯（Fred Adams）和阿扎瓦（Ken Aizawa）用"功能同构论证"为此进行了辩护："如果发生于非脑或颅外过程和脑中或颅内发生的认知过程在功能组织上是同构的，那么，我们就有理由认为认知过程是跨颅的。"[2] 这样的延展认知在今天的互联网中表现得更加普遍，斯马特（Paul Smart）的"网络延展心灵"、斯坦利（David Stanly）的互联网与大脑的"认知耦合系统"、惠勒（Michael Wheeler）的"在线智能"（online intelligence）[3] 等都力图揭示这种新型的延展。在这种延展中，"外部的技术和资源成为行动者的认知能力，人和技术之间的功能之相互转换和融合为更大的系统，各种不同的、异质的元素，通过高度复杂的、嵌套的和非线性的方式之间的相互作用，实现认知功能。大尺度信息和通信网络技术和信息的元素可以在某些情况下，构成一个行动者的心理状态和心理过程的物质随附基础的一部分"[4]。计算机和互联网使技术赋能的延展认知较之先前的信息技术有了极大的扩展。

但是又必须看到，这种增强只要不是按传统方式自然形成的，就总有"异己"的味道，犹如器官移植后总会产生"排异"现象一样。由于延长的或植入的能力终究不是亲身训练而成的能力，所以更趋向于被视为认识的工具。对此还需要询问的是，这种工具与人联结（从附着于人到并入再到嵌入于人——将人工智能的能力整合为自身的能力）后形成的认识能力是何种意义上的认识能力？犹如人—技混合或人—机混合物还是真正意义上的人吗？

---

[1] A. Clark, D. Chalmers, *The Extended Mind*, Oxford: Oxford University Press, 1998, p. 8.
[2] F. Adams, K. Aizawa, *The Bounds of Cognition*, Singapore: Blackwell Publishing Limited, 2010, p. 134.
[3] 例如，在一个人依赖谷歌地图导航到达某个地方这样的行为过程中，谷歌地图和人之间便处在这样的一个在线智能状态。参见 M. Wheeler, *Reconstructing the Cognition*, Cambridge: The MIT Press, 2005, p. 11。
[4] S. Paul, et al., *The Network-Extended Mind*, 2015 - 11 - 19, http://www.doc88.com/p-9953457035199.html.

"我"在被植入这样那样的外来能力或"本领"后还是"我"自己吗？假如一个人本来数学能力不强，通过相关 AI 能力的植入使他具有超强的数学能力，此时他还是他自己吗？这可能导致一种人的存在论混乱，即自身在自然性和技术性之间、自我和非我之间的认同困境，以至于导致无法确认"人是什么"以及"我是谁"。这又使得认识主体的技术赋能问题与价值问题纠缠在了一起。

由于技术所延展的人的认识能力越来越强，这样的量变也可能带来部分的质变，从而具有重构认识主体的功能。此时，"延展"已不足以表达信息技术对认识主体造成的变化，因为它只能使我们看到无穷的量变；而"重构"或许能更准确地表达这种改变，其中至少包含了"部分质变"的纳入，如人机融合的认识主体，技术嵌入的认识主体就不只有"延展"的意味，更有了"重构"的含义。

可以说，延展到一定程度必然发生重构，使得认识主体具有新的能力、新的特征，甚至自身的脑结构在延展性地使用信息技术的过程中也会得到重塑。尼古拉斯·卡尔（Nicholas Carr）认为，"除了字母和数字之外，互联网可能是引起大脑改变的唯一一项最有力的通用技术。最起码是自有书籍以来最有力的一项技术"[1]。由美国著名神经学家盖瑞·斯莫尔（Gary Small）和他的妻子吉吉·沃根（Gigi Vorgan）所撰写的《大脑革命》一书，专门论述了以计算机和网络为代表的信息技术对人的大脑的改变。他们认为，当代信息技术使一部分脑区被过度激活，另一部分脑区则出现了退化。电脑、智能电话、电子游戏、谷歌和雅虎之类的搜索引擎，这些人们每天都大量接触的高科技时刻刺激着我们脑细胞的改变和神经递质的释放，强化我们大脑中新

---

1 〔美〕尼古拉斯·卡尔：《浅薄：互联网如何毒化了我们的大脑》，刘纯毅译，中信出版社，2010，第XI页。

的神经通路，并使旧的神经通路退化。[1] 所以，在数字媒体环境下成长起来的"网络世代"的大脑功能和他们的家长不同，处理信息的方式也不同，比如他们处理起快速移动的图像的速度就比家长要快。[2] 在这个意义上，信息革命使我们的大脑正在以前所未有的速度发生变化，甚至可以说正在重构我们的大脑。

我们的大脑之所以被信息技术所重构，因为使用这些技术时我们就是在对其所造就的环境进行反应，而这种反应会在脑中造成特殊的电学和化学结果，这样的结果不断地重复就会建立起人脑中相应的神经通路，并永久地固化下来。今天电脑上和手机屏幕上不断滚动的页面，就形成了这种导致我们新的神经通路形成和固化的新环境，从而塑造了这些信息技术的使用者们的大脑。在盖瑞·斯莫尔和吉吉·沃根看来，或许自人类第一次学会使用工具以来，人脑还从未受到过如此迅速而巨大的影响。因为人们在电脑等电子设备上花很多时间做各种事情，其中包括浏览网页、收发邮件、视频会话、即时通信和网上购物等，我们的大脑不断受到数字化信息的刺激。如果大脑对于只是每天一个小时的电脑刺激就如此敏感的话，那么当我们为此花上更多时间时又将发生什么事情呢？尤其是年轻人的神经回路有更好的适应性和可塑性，当他们平均每天花八个小时在高科技玩具和设备上时，他们的大脑会发生什么变化呢？因此，当代信息技术完全具有重构人脑的巨大功能。

其实，如同前面谈到的，无论是从硬件意义上将芯片植入人脑，还是软件意义上机器算法与人脑算法的融合，都是人脑或认识主体得以重构的表现。认识主体借助信息技术而实现的重构，正在成为人的发展的一个重要方面。

1　参见〔美〕盖瑞·斯莫尔等《大脑革命：数字时代如何改变了人们的大脑和行为》，梁佳宽译，中国人民大学出版社，2009，第3—34页。
2　〔美〕唐·泰普斯科特：《数字化成长（3.0版）》，云帆译，中国人民大学出版社，2009，第30页。

而且，如果对认识主体进行结构分析，也会将认识能力及其相关的技术手段纳入认识主体的结构之中，由此成为认识主体不可分离的组成部分。当然，这些被延展、增强或重构的部分与认识主体结合的紧密程度或有机融合度在不同视野中或技术发展的不同阶段上是有所不同的，有的是机械的联结，有的是有机的融合，有的是分界清晰、界面显著，有的是互相渗透，不分彼此，于是形成对于"认识主体"不同程度的归属，这也表明在技术赋能于认识主体的过程中，还存在着融合程度或深度上的差异，意味着生物神经系统与物理电子系统形成水乳交融的整合还有漫长的路要走，这也为认识主体在认识能力上实现"人机融合"提出了永无止境的提升要求。

对于技术赋能的属性问题，我们还可以从"开放系统"的角度去看待。如果将认识主体视为一个开放系统，这个系统总是与外界因素相纠缠，总有外界新因素的加入、介入或嵌入而构成新的认识主体系统，呈现出系统进化的特征，那么技术赋能包括电子网络的赋能，就可以被视为这个开放系统的一部分。而从封闭系统的角度看，无论被延展的还是被植入的，则都会被视为外在的；从开放系统看，内和外就不再有绝对分明的界限，所谓"混合的心灵""人机共生智能""人机联合认知系统"则都可以被视为认识主体的认知能力。换句话说，所有延展和重构认识能力的技术，实质上都是人类借助信息技术实现自我发展和自我超越的方式，并非在人之外的另一个独立主体或超主体的出现；回归到人的规定性上看，人作为认识主体的技术赋能，无非是基于技术赋能的主体能力的提升。

第三节　智能延展与人机之间的认识论分工

从物理形态上，当前的信息技术还是与人分离而存在的，而且人工智能也没有发展到可以独立充当认识主体的水平，于是至少在眼下就存在着人

（作为认识主体）与人工智能（作为认识主体的延展）之间的认识论"分工"问题：哪些认识任务可以更多地交由智能机器去做，哪些则需要留给人自己去做？这也是人与技术关系的一个重要方面：人不断创造出新的技术来替代自己的功能，使自己摆脱充当工具和手段的地位，获得一种主体性的解放和自由，越来越多地实现"人是目的，不是手段"的境地。所以在人的智能延展的语境中探讨人机之间的认识论分工，尤其是对人的一部分工具性认识任务或职能加以"卸载"或"减负"，是信息技术对于认识主体来说更具人文价值和现实意义的问题。

一　对"替代"的理解

在智能技术目前的发展进程中，我们已经看到一些简单的重复性的体力劳动正在越来越多地被自动生产线或柔性制造系统所取代；随之，普通技工和服务业从业者也成为容易被取代的职业（如出租车司机就有可能在不远的将来被无人驾驶所取代）；而一些流程化的脑力劳动也正在或将要被陆续开发出的相应算法的软件程序所替代（如一个报税员的工作可以被像 Turbo Tax 这样的软件来完成），使得中低技能工作人员都面临着不断增加的被取代压力；即使是一些看似复杂的脑力劳动者，如证券分析师、理财师、律师等，由于智能机器的大数据搜索、挖掘和分析能力远甚于人，因此他们的工作也可能会由 AI 软件以更高效率和更低成本的方式去完成；这个被取代的名单在不久的将来还会包括翻译、编辑、医生、记者、检察官、法官、教师、程序员、建筑师等"高智力"的工作或职业，甚至科学家和诗人及其他文创人员也不例外。也就是说，从人工智能作为认知技术的效用来看，随着其功能越来越强大，可以帮助甚至替代人类从事许多单调、重复和繁重的信息处理任务；从理论上，凡能被人工智能延展的人类认知活动，或只要其中所包含的认知任务和操作过程是可算法化[1]的，那么原则上都可以被不断发展的人工智能技术所取代。

当我们将越来越多的认识任务交由智能机器去完成时，随之而来的是"能力替代"问题，即外部的人工智能设备具有局部优于人自身的能力后，我们就会将相应的认识工作交由智能工具去替代我们完成，而人的相应能力就会由于得不到经常性的使用而退化甚至丧失，这一点已经在过去屡屡发生，这一点甚至被英国历史学家汤因比（Arnold Toynbee）视为一种普遍现象，他说，当一种新的能力开始补充旧的能力时，旧能力就有退化的倾向，例如，在已经能够读写的民族中，出现了记忆力减退的现象。[2] 今天借助人工智能，我们在不断增强认识能力的同时，也在不断丧失一些认识能力。如今天我们将信息储存在网络和磁盘之上时，记忆力随之减退；我们将数字的加减乘除交由计算器执行时，我们的心算甚至笔算能力随之大大减退；今天我们还在继续将推理决策、图像识别、语言翻译等交给人工智能去完成，可以想象相关的人类能力也必将退化下去。将来随着 AI 应用的领域越来越多，我们的能力恐怕还会丧失得更多。为了避免这种丧失，我们可以将 AI 的这些能力内在地植入我们的身体尤其大脑中，但又会引发前面所述的问题，即这样的能力是否真正地归属于人，是否会引起自我认同的混乱？如此等等。这就使人类面临一个悖论性的认识论难题：使我们能够提升认识能力的人工智能对我们究竟是意味着认知增强还是认知替代？后者意味着通过取代而使人的认知能力退化，甚至导致对人的认知功能的剥夺，类似于当前在讨论人工智能对人的工作的取代问题时形成的一种普遍性的看法。

要合理地看待这一问题，首先需要恰当地理解人机之间的能力比较问题。

---

1 简单地说，可算法化就是可计算，可以用某种编程语言写出程序，就是可以计算的，它对应于或等价于计算机科学中的三种理论的描述：哥德尔的递归函数，图灵机能计算，兰姆达运算可表达。

2 〔英〕汤因比、〔日〕池田大作：《展望二十一世纪——汤因比与池田大作对谈集》，荀春生等译，国际文化出版公司，1985，第23—24页。

目前人工智能的局部能力确有不少超过了人类的能力，如信息的储存和计算能力，深度学习应用于图像识别的能力也全面超越人类，语音识别则接近人类，此时如何对比两者之间的能力则成为新的认识论问题。通常认为人工智能在总体上永远不会超过人的能力，只能在局部能力上优于或远超于人，这也正是人开发利用人工智能的目的。至于未来的通用人工智能是否会在总体能力上超过于人，关键在于这样的通用人工智能是否会被制造出来。"通用"就意味着作为单体的人工智能设备具有"万能"的性质，这就如同要在一台标志工业文明的发动机上实现"通用"一样，即造出一台既可以在飞机、汽车、轮船上使用还可以在工厂中使用的"万能发动机"，迄今我们并未见到这样的机器被制造出来，所以具备各种智能的通用人工智能出现，也应该是可能性极小的。鉴于此，人在总体能力上被人工智能所超越是不现实的。即使部分的认知功能被智能机器所取代，但从总体意义上，人是不会失去"认识主体"身份的，只是改变了认识活动的性质，即从工具性的认识活动转换为目的性的认识活动。人从总体上所从事的是"使用人工智能"来达到自己目的的活动，而使用人工智能的活动无疑是人所从事的工作，而且是更高端的工作。此时，人工智能使人的工作有可能转型为体验型工作，由于体验中的差异是无穷无尽的，就意味着其中也会形成"发展和提升相关能力"（如鉴赏力、批判力等）的活动，从而使人作为认知主体获得新的用武之地。此时人的工作不再是受迫性、劳作型的谋生手段，而是自我实现的活动："我在劳动中肯定了自己的个人生命"，"我的劳动是自由的生命表现，因此是生活的乐趣"[1]，这也是人作为认识主体的不可替代性的重要方面。

1　《马克思恩格斯全集》第42卷，人民出版社，1979，第38页。

二　人机分工的合理性及其认识论表现

当然，在总体性上人不可被 AI 替代的前提下，又要看到局部可替代而且需要被替代的意义。可以说，这是人设计和制造使用一切技术的根本意义，即用技术来替代那些需要被替代的由人来承担的某些工具性的功能，同时还要保留下一些不能"让渡"给机器的职能，就是要在人机之间形成一种符合人的价值和目的的新型"分工"。

从"人是目的，不是手段"的哲学原则来看，可以为人工智能与人之间的分工进行一种总体构想：让人工智能等信息机器去做工具性的信息处理工作，而人则从事目的性的智能活动；或者说，将那些使人感到枯燥乏味、单调繁重、令人压抑束缚的认知工作交由机器去做，如死记硬背、数字运算、比较识别等，然后人则去从事那些令人愉悦的自由思考、创造探索、符合自己"天性"的工作。我们知道，智能机器具有计算上的高速化，推理上的自动化，记忆上的准确化等人所不及的优点。从人机之间目前"各有所长"的现状来看，一些对人的智能来说很难的认知任务对人工智能则很容易，尤其是那些目标单一明确、数据优质、信息完全而又需要快速完成的任务是智能机器更为擅长的；而一些对人很容易的认知任务（如无须快速精密计算而只需常识和经验灵活应对的问题）对人工智能则很难，所以神经哲学家丘奇兰德（Patricia Churchland）对两者之间的反差描述道："在许多事情上，计算机做起来比我们快得多，比如计算。但无论如何，至少到目前为止，计算机却做不出人脑需要缓慢进行的那些深刻的事情。它们提不出有关物质的本性或者 DNA 的起源的新假设。"[1] 或者说，机器一方面具有某些远超人类的能力，

1　〔美〕帕特里夏·丘奇兰德：《触碰神经：我即我脑》，李恒熙译，机械工业出版社，2015，第 5 页。

另一方面又存在远不如人类的局限，正因为如此，两者之间就有了互补的必要。借鉴《连线》创刊主编凯文·凯利（Kevin Kelly）的看法，既有的各种工作具有不同的性质，其中有一部分是讲求效率的，这一部分交给人工智能更为合适，或者将人与智能系统结合起来可以极大地提高工作效率；还有一部分工作并不总是效率至上的，比如说创新、科研、艺术创作等，这些工作则由人类来完成更合适。此时在两者之间进行合理的分工，不仅可以"各得其所"，还会形成一加一大于二的效果，完成仅凭一方谁都无法单独完成的任务。可以说这也是人工智能时代建构人机和谐关系的一个重要方面，是主体职能和工具功能的"各得其所"。

从算法上看，智能机器所使用的算法是人为其设计的，而这样的算法存在一定的规则，如明晰性、自洽性、有限性等，这些原则一定意义上也是人的思维的原则，或至少是逻辑思维的原则，从这个意义上，机器算法来自人的认识方法。但机器算法又不是人的思维方法的简单复制，它还必须在适合机器特征的基础上形成有利于高效运作的新特点，甚至像深度学习算法的具体实施中已经存在着用人脑的思维无法理解的"算法黑箱"，也被称为AI黑箱，即人无法追溯AI形成某种决策的原因。其中蕴含的关系是：机器算法既来自人脑的思维方法，又超出了人脑的思维方法。如在下棋中，机器的经验和方法与人类有很大差别，我们是否以及如何对其加以选择和利用？显然，一方面我们不能像要求人脑那样去要求机器，必须让机器按适合自己特点的算法去运作；另一方面我们更不能像要求机器那样去要求人脑，尤其是一见到人工智能在某方面具有强大功能后就立即反观人类，就认为人不如机器，失去了尊严和主人的地位……所以即使在方法上，也要看到机器算法与人脑的思维方法各有千秋，因此需要实现两种算法之间的互补。随着算法的融合，还可以使以精确性和高速度见长的机器算法通过芯片植入之类的技术与人脑算法融为一体，人作为认识主体所具有的认识方法上的全面性，就将达到一个新的高度。

我们知道技术本身的"使命"就是实现对人的职能的取代;人发明技术,就是为了让技术替代自己,使自己摆脱劳役和劳累;当这一目标实现时,就可能会阶段性地造成部分人被替代后的"失业"之失落。而智能时代主要是通过具有认知属性的"软工作"的开发来解决这一问题,它既可以使人摆脱劳役,具有充分的自由,甚至可以"随自己的兴趣今天干这事,明天干那事,上午打猎,下午捕鱼,傍晚从事畜牧,晚饭后从事批判"[1];同时人又是参与工作的,当这种工作主要是脑力工作时,继续行使认识主体的职能。

人主要从事软工作,而"硬工作"(如在固定的地点直接创造使用价值或进行重复性的信息处理工作)交由自动机器和智能机器去做,就是在人和机器之间形成一种合理且和谐的新分工,也是人"为人自己留地盘"的一种充满智慧的选择,它是在人更擅长而又可以享受自由和快乐的领域中去形成人的新工作领域,无疑导向的是人和机器"各取所长"的新型人—机关系。这也是马克思和恩格斯所主张的观点:当机器承担大量的普通体力劳动和智力劳动时,人就可以赢得更多的时间和精力去从事面向未来的创新活动。这样,经济学和社会学意义上的就业和工作,上升到哲学层面来认识,无非是在技术取代人的传统职能后,人就需要转移到新的活动领域、建构新的生存方式、形成新的价值、得到新的承认。人与技术之间的这种新分工使得人充当造物手段的功能越来越弱化,而充当目的或主人的地位越来越凸显。鉴于此,要转变过去的传统看法:不是机器替代了人的工作,而是人在过去不得不做了许多本该由机器做的工作;或者说由于机器做自己的工作做得不够好,所以还要人去"代劳";而在人工智能替代人的时代,则正在全面改变人像机器一样工作(劳动)的异化状况,于是在全面实现人工智能替代人的技术

---

[1] 《马克思恩格斯文集》第 1 卷,人民出版社,2009,第 537 页。

发展阶段，正是人和机器各自回归自己的本位、体现各自应有价值的时候。由此可以说，凡是能被机器取代的工作，都不是人应该做的工作；机器或人工智能的取代是人类的胜利或解放，而不是人的失败或失意。

人机之间的这种分工在认知领域同样可以实现。还是从算法的视角看，人用自己的智力将解决问题的方法和程序设计出来，使得认知活动中那些"执行性"的、反复循环（如递归过程）的部分由机器的符号操作去完成，人就成为通过算法来掌控全部信息处理过程的新型认知主体。人通过算法与机器连接为知识生产的流水线，人和算法技术"各司其职"，或者说具身认知与延展认知集合为一个新的认知系统。在这个系统中，算法创新了人从文字开启的认知逐渐被"外包"的方式。起初，人脑中进行着的认知外显为文字，人进而将自己的一部分记忆功能"外包"给文字的记载功能。有了算法技术后，人可以进一步将一部分计算、推理、识别、决策等功能外包给计算机。换句话说，算法技术为我们完成认知任务提供了另一种方式：凡是需要借助机器来解决问题时，我们就设计出相应的算法交由延展的认知系统去完成。由于包含算法表达的认知将计算机纳入了人的认知系统，所以算法也是"延展认知"的桥梁，抑或它本身就是延展认知的一部分，于是算法就具有"交叉""纽带"的功能和作用。

三 新问题与人机和谐的新向度

从上面的分析可以看到，在人工智能取代人的技术进化中，人工智能所做的工作是人类都不愿意做的事，而人愿意做的事，则留给自己；如人不会让人工智能替自己去品美食、游美景；智能机器可以替我们劳动，但不可以替我们生活。软工作就是使人从奴役性或劳累型的硬工作中解放出来，从强制性的社会分工中摆脱出来。当然，这里也存在如下一个哲学问题：哪些工作是人愿意做的，哪些是人不愿意做的？人和人之间可能是有分歧甚至对立看法的，一些人不愿意做的工作可能另一些人愿意去做，甚至对于简单繁重的劳动也是如此。《庄子·逍遥游》中取水灌地的老翁认为使用桔槔从井下提水虽可省力，但却会使心中大道不存，因此"热衷于"抱瓮而汲的辛苦劳作，这一寓言其实也表达了一种抗拒技术替代人力的工作哲学，而倡导软工作的当代工作哲学如何看待和评价庄子的这种工作观，无疑是值得进一步深思的问题。

同时，在人机之间形成目的与手段的分工过程中，另一个更具认识论意义的问题也随之提出：充当工具和充当目的的认识活动之间是否存在明晰的界限？如"死记硬背"被许多人视为苦役，因此有了可以智能化搜索的互联网后，我们需要的知识和信息就可以不用靠死记硬背事先储存在我们的大脑中，而是一旦需要就能即刻上网、一搜便知，人脑确实摆脱了充当信息储存工具的重负。但对另一些人来说，尤其是对那些具有博闻强记、过目成诵能力的人来说，对知识和信息的记忆完全是一种合符其"天性"的乐趣与"合目的"的享受，而并非充当工具般的痛苦；相反，如果不让他们发挥记忆的特长，反而有失其人生的意义和价值。同理，那些计算天才也不会觉得数字运算是一种苦役。可见，如何界定目的性和手段性的认知活动，存在着个体性的差异，没有绝对的界限。

进一步看，即使可以清楚地区分开工具性的认知活动与目的性的认知活动（如思考、想象、创新等可以作为较为明确的目的性的认知活动），也包含着接下来的问题：这些目的性的认知能力，是否可以脱离开工具性的认知能力的训练而形成？例如缺少一定的记忆能力计算能力和材料（数据）的整理爬梳能力，是否可以凭空形成较强的思考和想象能力？犹如在体力活动中，也可以区分出手段性的活动与目的性的活动，假如将玩篮球视为人所乐意从事的娱乐性的目的性活动，但如果没有枯燥、繁重的体能和基本功训练之类的工具性活动，显然就无法在目的性活动中达到较高的水平，也就不能享受其中更多的乐趣。

可见，即使只将手段性的认知活动交给人工智能而将目的性的认知活动留给人自己，在实施的过程中也是会面临许多难题的。也就是说，当我们从认识论上将人工智能作为人类"智力解放"的手段时，也需要认真对待目的和手段之间多重纠缠的复杂关系，如果处理不好这种关系，人工智能对于我们的认知提升就可能出现偏差。

可以说，从人机关系上看，人对智能机器取代自己的恐惧还源于"机器中心论"对"人类中心论"的取代。

其实机器中心论无论如何从本体论上都是不成立的，因为机器是人造的，从本体论上是随附于人的，机器对人的"反客为主"可能在局部的领域和特定方式（包括它的资本主义应用）下会暂时出现，但从其作为"人造物"的本体论地位来说不可能成为一种整体性的"主体"或"中心"，在人与智能机器所结成的"新联盟"中，只有人才是中心，而人从自己的目的和需要出发，需要和机器结成"和谐"的关系，才能使其更好地为自己服务，这就是基于人类中心论的"人机和谐论"。

在这种基于人类中心论的人机和谐论看来，从没有劳动人类就不能生存的意义上，当人的延长部分（智能机器人）行使劳动的功能而人则行使控制这种劳动的作用时，所构成的就是一个各司其职的人机和谐系统。如果人与人之间因此而发生全面摩擦和冲突，人和智能机器之间的和谐也不可能维持。人工智能发展的一个重要价值目标应是实现"善智"，这也从根底上意味着它不应该和人类在地位和作用上相对峙。进一步，人工智能有多大用处还取决于人想让它有多大用处，人还可以使智能机器的有用性和人的有用性结成正比的关系，从而进入一种动态的人机和谐关系。一般地说，技术对人赋能的同时也就产生了人对技术赋权的问题，前者使人作为认识主体的能力和水平极大提高，后者则是人对技术保持主体地位而使其始终处于受控的地位和状态，即仅赋其工具的地位而绝不赋其主体的权利，由此才能形成人机之间的和谐关系。在这里我们看到，两种和谐（人与人的和谐以及人与机器的和谐）之间也是一种整体论、系统论的关系。

【本章小结】人工智能技术使得认识主体问题成为认识论中的突出问题，它既使得人作为认识的唯一主体这一认识论共识受到了挑战，也使得技术赋能后的认识主体所形成的新的认识能力的属人性受到了质疑。当然，目前的人工智能技术更需要我们关注的认识主体问题还是人机之间的认识论分工问题，而这种分工需要建立在技术可能性受价值可能性统摄的基础之上，有了人是目的的价值视角，就会对机器智能及其对认识主体的技术赋能的方向和限度了然于心，从而让信息技术做它应该做的事情，人则始终将作为主体的地盘留给自己。

第五章
认识的本质：信息、算法与认知科学的新启示

一定意义上，认识论就是关于"认识是什么"的研究，而认识是什么就是认识的本质问题，所以认识的本质是认识论中最重要的问题，也是各种认识论学说争论最大的问题，它是不同认识论派别（如先验论与反映论，以及反映论中消极的直观的反映论与实践的能动的反映论）的主要分水岭。信息技术对认识论的最重要最深刻影响，可以说就是对认识本质理论的影响。这种影响的层次和维度是多样的，对认识做某种本质性规定的"强弱"程度也是不同的，如认识的信息加工模式和计算主义（包括算法视角）就是将认识归结为符号操作的"强视角"，而以具身认知为代表的第二代认知科学则是对这种强视角的质疑和批判，两者均由探讨认识的本质是不是像计算机一样的符号操作而引起的，而在这一讨论中阐发出来的关于认知的具身性、情景性、身体与环境的互动性等，则与深刻揭示过认识本质的实践认识论[1]产生了高度的吻合，它们构成为在信息革命背景下由信息、计算、算法、认知科学等视角所启发而又超越这些视角的关于认识本质和机制的当代哲学阐释。

---

[1] 由于马克思主义认识论是以实践为基础，以实践思维为根本特征，围绕实践来说明认识的来源、动力、目的和标准，基于实践来阐释认识活动的全部机理，认为认识是主体基于实践的对客观事物的能动反映，这一根基构成与其他认识论学说的根本区别，所以我们也可以称其为"实践认识论"，正如马克思主义哲学也被称为"实践哲学"或"实践唯物主义"一样。

第一节　强视角：从信息加工模式到
　　　　计算—表征理论

所谓强视角，这里指的是由信息革命带来的"信息视角"和某种特定的信息技术（如计算机）对认识论研究形成了强势的介入和引领，以至于成为排他性的理论假设。这种强视角主要有两种，一是信息技术带来的社会信息化浪潮中，也形成一种从信息的视角看待认识的本质和机制问题，就形成了认识的信息加工模式；二是在当代信息技术尤其是计算机发展背景下形成的以计算—表征为标志的第一代认知科学对认识本质所进行的计算主义阐释。可以说，这种强视角是借助信息论和人工智能技术的阶段性成功所开辟的一种研究认识论的新路径：用信息技术系统处理信息的过程尤其是计算机工作的原理来阐释人的认识机制，归结认识的本质。这种归结具有排除其他视角的特征，将信息机器的工作原理视为说明认识本质的唯一根据，虽然具有"极端化"的色彩，但在认识的本质问题上也提供了某种带有"深刻的片面性"之新启示，并对后续为克服其局限性而产生的新理论、新视角在无形中进行了铺垫。

一　认知的信息加工理论或信息化认识论

信息技术带来的信息化浪潮，既发生在物质世界，也发生在精神王国，后者的表现之一，就是用"信息"的眼光看待认知（人的认识）的本质和机制，从而形成关于认识的信息阐释，其理论形态之一就是认知的信息加工理论或信息化认识论。

认知的信息加工理论将人的认知归结为信息加工，这和信息论、计算机科学的发展有很大的关系。当代信息技术导致了对信息的关注，使得一些哲学家将其贯彻到认识论中，将信息取代知识（传统认识论研究的核心概念）作为认识论的核心范畴，提出"信息比知识更重要"的认识论命题。达米特（Michael Dummett）在《分析哲学的起源》中明确强调了这一命题，他在评述哲学家埃文思（Gareth Evans）时说："埃文思认为有一个比知识更天然和更基础的概念……这个概念便是信息。信息由知觉传递，由记忆储存，尽管也通过语言传递。在恰当地达到知识之前有必要集中在这个概念上。例如，获得信息无必要理解使其具体化的论点；信息流的运作层面要比知识的获取和传播更为基本。"[1]

围绕信息这一核心范畴建立起来的认知的信息加工理论认为，人的认知系统是由若干个模块组成的，各模块之间有一定的层次结构，信息是在一个类似于计算机中央控制器的控制下，在各模块之间流动，并被系列加工。这一研究范式建立起了完善的研究手段、概念体系和应用技术。在20世纪70年代，这一研究范式成为刚刚兴起的认知科学的主导，甚至构成认知科学本身。[2]

美国教育心理学家加涅（Robert Gagne）的信息加工模式是这一理论的典型代表，在该模式中，加涅把认知过程视为人对来自环境的刺激进行内在信息加工的过程。人首先从外部环境中接受刺激、激活感受器；感受器再将刺激转换成神经信息，这一信息进入感觉登记器，然后进入短时记忆中被保存，短时记忆中的信息再经过复述和精细加工、组织编码等转化为长时记忆，长时记忆的信息如果要转变为人能清晰意识到的信息，就还需要将其提取出来进入短时记忆。短时记忆是信息加工的主要场所，因此也称为工作记忆。工作记忆作为对信息加工的结果，一方面被送至长时记忆，另一方面被送至

---

[1] M. Dummett, *The Origin of Analytic Philosophy*, London: Duckworth, 1993, p.136.
[2] 参见高华《认知主义与联结主义之比较》，《心理学探索》2004年第3期。

反应发生器。反应发生器将信息转化成行动,也就是激起效应器的活动,作用于环境,这就产生了人们可以观察到的活动模式。此外,信息加工过程还有一个环节即"执行控制"和"预期":前者主要起调节和控制信息流的作用,后者主要起定向作用。经过这些环节后一次完整的信息加工过程便完成。加涅从这一解释模型还引申出如下的教育理念:教师的教学是为了给学生的学习提供外部条件,使学生在相应外部条件下能够更好地促进信息在学习者内部的加工,并最终导致信息能够更多更好地进入长时记忆。

认知的信息加工理论也是受计算机作为一种信息处理机器影响的产物。这一理论把人看作是一架非常复杂的机器,即信息加工系统,并试图发现这个作为"暗箱"的机器系统内部所发生的情况。因此,主张这一理论的人常常把人类认知系统表述为代表信息加工和贮存的一系列方框(或称箱子),是它们在来回传送信息。每一个方框都代表一种人头脑中发生的信息转换。而总的来说,在信息加工理论看来,人的认识是规范的,具有信息处理功能的机器(计算机)可以模拟人的认识活动,人的认识过程可以自然化、科学化地加以描述,即可以被高度简约化为信息的输入、加工和输出过程。其中,人的感官行使信息输入功能,大脑行使信息加工功能,人的行为则行使信息输出功能。

如果用这种理论来哲学性地描述人的认识从感性到理性的提升,就是人们利用业已形成的知识经验系统及思维概念模式对摄入的信息加以选择、整理、浓缩、简约、合成、转换、重建……正是在这样的过程中,主体原有的信息结构和新输入的信息(感性材料)之间相互进行了调整和顺应,最后,实现了对输入信息的同化,造成了新的信息结构即信息产品,这就是被加工和提升了的认识。人脑在思维中运用概念,做出判断,进行推理,或者联想,无非是对语词所携带的意义信息进行组合、再组合的活动;其中还进行着信息的浓缩与稀释:形成概念、范畴、公式与原理的过程是信息的"浓缩"过程，而理解、运用和发挥它们的过程，则伴随着信息的"稀释"活动，即结合情景、具体事例使其中的信息充分地展开，这便是由抽象走向具体的过程。

信息加工理论形成了一种信息化认识论的视角，即认为用信息加工的机制和原理可以说明认识的过程、对象、主体和本质等所有的认识论问题。

例如，认识的对象和人的认识器官都可以根据其行使的不同的信息功能来加以"定义"，其中外部世界具有"产生信息"的功能，感觉器官具有"获取信息"的功能，神经网络具有"传递信息"的功能，思维器官则具有"处理信息和再生信息"的功能，效应器官具有"执行信息"的功能。它们也构成了人类认识和改造世界全部活动的完整的信息功能系统，不同的器官扮演多种"信息节点"的角色，而传递信息的神经系统则扮演"联线"的角色；这种"节点与联线的集合"就是"网络"：一个具备全部信息功能的"信息网络"。[1] 这些信息的器官一起工作，就可以形成一个完整的信息流程。维纳从信息角度对人的认识过程加以了如此论述："人通过感觉器官感知周围世界。在脑和神经系统中调整获得的信息，经过适当的储存，校正和选择等过程后进入效应器官，一般说来，也就是进入人的肌肉。这些效应器官反作用于外部世界，再作用于中枢神经系统。运动感觉器官所收到的信息又同已经储存的信息结合在一起影响将来的动作。"[2] 在维纳的这段分析中，从认识走向实践的过程也纳入了信息的解释之中。

信息化认识论包含了关于认识本质的说明：认识活动是一个建立在脑神经生理网络结构基础之上的信息运动过程；人就是以自身特殊的人脑为物质载体而与外部客观世界建立了思维认识的信息活动关系；人脑就成为接受外部世界客观信息的信宿，而外部世界就成为让人脑接受信息的信源；人的思维认识活动在本质上就是一种以人脑活动为基础的与外部环境发生的信息交

---

[1] 钟义信：《探索信息—生命交叉科学的奥秘》，《科学中国人》2003年第7期。
[2] 〔美〕诺伯特·维纳：《维纳著作选》，钟韧译，上海译文出版社，1978，第3页。

互关系。

由于智能是解释认识机制的一个重要概念，所以信息化认识论也对智能做出了以信息为中心的解释，将其生成的各种模型都和信息关联起来。例如，在钟义信看来，基于连接主义（人工神经网络）的智能生成模型是"信息—经验—智能"，基于符号主义（人工智能专家系统）的智能生成模型是"信息—知识—智能"，基于行为主义（感知控制直接系统）的智能生成模型是"信息—常识—智能"，从而统一了原来一直争论不休的各种智能理论。如果把这样的知识理论和由此统一起来的智能理论称为"全知识理论"和"全智能理论"，那么由于"全信息理论""全知识理论""全智能理论"三者都是在统一的方法论基础上建立的，它们的综合自然就形成了一个以信息为基础、以知识为中介、以智能为目标的信息—知识—智能的统一理论。他还说：信息是智能的源头，一切智能都是通过对信息进行适当加工形成的。没有信息，智能便是无源之水。[1]

至于认识的内容，则全部为信息。认识的时候在人脑中显现出来的关于客体的信息，是观念形态的信息，或者简单地说就是观念或意识。因此，人的意识、认识无非是一种信息，只不过是人所特有的一种最高级的信息形式罢了。从信息与语言的关联来看，认识过程所形成的信息还可以被视为"主体所感知的事物运动状态及其变化方式，包括这种状态方式的形式（称为语法信息）、含义（称为语义信息）和价值（称为语用信息）"，而语法信息、语义信息、语用信息三者的全体，称为"全信息"[2]。对事物的认识，就是对事物各方面信息的理解：面对某事物通过分析它的语法信息了解它的形式结构，通过分析它的语义信息了解它的逻辑内容，通过分析它的语用信息了解它的效用价值，三者合取就"理解了这个事物"，其中了解一个事物的语法

---

[1] 钟义信：《探索信息—生命交叉科学的奥秘》，《科学中国人》2003年第7期。
[2] 钟义信：《关于"信息—知识—智能转换规律"的研究》，《电子学报》2004年第4期。

信息就对这个事物有了浅层的理解，了解其语法信息和语义信息就对这个事物有了中等层次的理解，了解其三者构成的全信息就对这个事物有了深层的理解。[1]

如果全方位地看，认识对象是信息源，主体是信息加工器，认识的结果是新信息产品的形成，认识系统可视为"信源（对象）—信道（中介）—信宿（主体）"的集合，而认识过程可视为"摄取信息—加工处理信息—输出信息"的流动。

利用信息论的成果，还可视认识为"通信"：认识无非是人与人、人与机器或人与物之间的通信。于是，"认识的通信状态"与"非通信状态"可以用来表明正在进行中的认识和处于储存状态中的认识。此外还有"可通信的认识成果"与"不可通信的认识成果"，前者是可言传的知识，后者是不可明言的意会知识。于是，认识的可通信特征成为认识是否能社会化的一个判据，这也是信息的可扩散、可传递、可共享的属性。而关于如何利用信息技术使意会知识转化为可通信的知识，在第二章关于读心的技术进路中我们曾加以了考察。

"反映"和"选择"被视为揭示认识本质的重要概念，信息化认识论也赋予了它们新的含义。无论哪个时代，人的认识由于使用了信息技术作为这样或那样的手段，从而都受到了信息技术的"改造"，如它对人从外置性技术辅助走向内融性技术渗透，使得人的认知不仅是涉身（具身、寓身）的，而且是涉技（具技、寓技）的，这样，认识的"反映性"由于技术的介入，其反映成果就增加了技术的成分，而认知的"选择性"也会不同程度地取决于技术性选择，对于对象做出何种反映以及选择什么样的对象信息纳入认知加工过程之中，与观察中所使用的技术手段密切相关。

---

[1] 钟义信：《自然语言理解的全信息方法论》，《北京邮电大学学报》2004 年第 4 期。

二 人工智能与信息认识论的相遇：信息视角的更多展现

信息技术介入到认知机制的阐释，还必然体现为人工智能作为新的视角对认知机制的阐释，尤其是从人工智能去进一步理解信息加工的问题，这就是人工智能与信息认识论的相遇。从人工智能的视角去理解人的认识活动时，可以说更是须臾离不开信息，它的一些核心范畴（如智能、数据、表征、形式化等）与信息之间的关系，成为认知本质在信息视角上的更多展现。

（一）人工智能的称谓：智能与信息

信息哲学家弗洛里迪分析：信息在目前是一个最重要的概念，它被广泛使用但又最少被透彻理解。而人工智能的思想前驱们（如图灵、香农和维纳等）唤醒了我们对信息含义的哲学关注，信息哲学借助这些知识遗产可以不断实现创新，并且"打开了一个非常丰富、有助益并且适时的概念研究领域"[1]。

在标志 AI 诞生的达特茅斯会议上，西蒙曾建议把后来被称为"人工智能"的研究领域叫作"复杂信息处理"，他认为这一称谓更能反映该研究的性质，亦即更能表达出这一领域（模拟人的思维认知）与人的认知之间相同的本质：信息加工活动，因为"人类信息加工系统的结构包括输入装置、输出装置、中间的记忆装置和围绕着它的控制部分。控制部分负责控制信息进入记忆和再从记忆中输出信息。此外，人类具有各种不同的记忆，这可以用实验加以证明。根据这个信息加工结构，可以建立一个人类记忆的模型，还

---

[1] 〔英〕卢西亚诺·弗洛里迪：《图灵的三个哲学教益与信息哲学》，姜晨程译，《哲学分析》2020 年第 1 期。

可以用这个模型在计算机上模拟人的记忆过程"[1]。最后,麦卡锡主张将其定名为"人工智能"[2],并成为被后来学术界和公众所接受与使用的称谓。

可以说,"人工智能"和"信息处理"两种称谓并不存在实质冲突,两者甚至可以结合起来形成互补,这在某种意义上也是将人工智能与信息认识论融通起来看待 AI 的本质:人工智能从本质上无非是一种信息处理系统,人工智能是一种信息相关的现象,进而人的智能也是一种信息相关现象,所以我们需要从信息处理的角度研究智能,并通过进一步模拟这种信息处理的过程而走向人工智能。由此体现的是:"如果我用信息处理术语来描述它,那么人工智能应该显得很重要。从我们描述信息过程的角度来看事物的想法必须成为中心。"[3]

两种称谓的相遇,揭示了人工智能进而智能的信息相关性。对于智能是信息相关的现象,前面介绍的智能理论已经给予了清晰的揭示,这就是信息通过知识而上升为智能,[4] 智能存在于信息处理的活动中,没有信息就没有智能,当然也就没有人工智能;从根源上智能是离不开信息的。

但智能的信息相关性还有另一个方面,这就是:信息是否只能存在于具有智能的条件或背景之中?是否只有在智能系统中才能涌现出信息现象?是否可以认为,信息是信源和信宿在智能平台上相互作用的产物?人类学意义上的信息显然是如此,那么其他的信息是否也是如此?是否没有智能体就没有信息?甚至是否没有感受性就没有信息?[5] 塞尔曾对符号进行了这样的分析:"任何物理客体都能被用为符号,同理,没有什么东西凭借自身就是符

---

[1] 〔美〕司马贺:《人类的认知——思维的信息加工理论》,荆其诚、张厚粲译,科学出版社,1986年版,第20—21页。
[2] 尼克:《人工智能简史》,人民邮电出版社,2017,第8页。
[3] R. Wilensky, "Why Play the Philosophy Game?" in P. Baumgartner, and S. Payr (eds.), *Speaking Mind: Interviews with Twenty Eminent Cognitive Scientists*, Princeton: Princeton University Press, 2014, p.267.
[4] 钟义信:《从信息科学视角看"信息哲学"》,《哲学分析》2015年第1期。
[5] 参见王天恩《信息及其基本特性的当代开显》,《中国社会科学》2022年第1期。

号。句法和符号都是我们赋给物理事物的解释……句法并不内在于物体之中……句法和符号操作都是观察者眼中之物。"[1] 那么这一分析是否同样适用于符号所携带的信息？

回到两种称谓的结合上，信息处理系统作为人工智能称谓的补充之所以是必要的，是因为在人与智能机器是否均为"智能体"（尤指机器是否真正具有"智能"）的问题上还存在争议，但它们在作为信息系统上则几无分歧："无论是自然的还是人工的，都是进行决策，识别模式，收集信息并执行动作的信息处理实体。"[2] 这就表明，"信息系统"对于人和机器有更大的统摄性，这也是将 AI 称为信息处理系统的好处。

当然"信息系统"这一称谓也有其不足，这就是它对于人工智能具有更少的特异性。显然，当我们提到信息处理系统时，不知道它是指人还是指智能机器；但一提人工智能，则知道它是指机器，即"人工智能"包含有比一般的"信息处理系统"更多的内含，存在含义和范围上的更多限制。如同弗洛里迪对人工智能哲学和信息哲学所作的区分：人工智能哲学是信息哲学的一个更广泛的场景的特定领域，因为人工智能作为信息学的一个子领域，不仅致力于处理信息，而且致力于在处理信息时实现智能性能的系统设计。[3] 就是说，人工智能包含了比一般信息处理更多的具体任务和目标，信息处理系统是它的"上位概念"，"实现智能性能的系统的设计"是它的"种差"，所以"人工智能"比"信息系统"更具特异性，更能反映出它作为信息处理系统之下的独特性。

基于两种称谓各有长短，若将其加以适当的结合（如将信息处理系统作

---

[1] J. Searle, "Who is Computing with the Brain?" *Behavioral and Brain Sciences*, 1990, 13（4）, pp. 632-642.

[2] M. H. Lee and N. J. Lacey, "The Influence of Epistemology on the Design of Artificial Agents", *Minds and Machines*, 2003, 13（3）, pp. 367-395.

[3] V. Schiaffonati, "A Framework for The Foundation of the Philosophy of Artificial Intelligence", *Minds and Machines*, 2003, 13（4）, pp. 537-552.

为人工智能的"附标题"),则可以既避免争议也保留特异性,既显示出人工智能的本质就是信息处理系统,也可以表明这种信息处理是在人工的机器系统上实施的。由此可以看到,作为信息处理系统看待的智能系统(无论是人的智能还是人工智能)既可以在更高的层次上反映出它与人类智能的共性(都具有信息处理的本质),也能在平行的层次上表明人工智能不同于人类智能的个性(两者处理信息的方式不同,对信息完全性的依赖程度也不同,如人的智能在信息不完全时也能处理问题,而人工智能则做不到),由此更精准地把握人工智能的含义。

(二)人工智能的类型:数据与信息

传统的人工智能是知识驱动型,强调用逻辑法则指导算法设计,通过编程来解决知识的推导问题,用 AI 中既有的人工输入的知识来处理数据,AI 的水平取决于输入知识的多少,知识工程和在此基础上的专家系统是其最高成就;而基于深度学习和人工神经网络的现代人工智能则为数据驱动型,强调用数据训练算法,形成模型,以解决类似于人要用经验去处理的一些问题,AI 的水平取决于能够积累和喂入的数据之多少,数据作为最重要的资源成为驱动人工智能发展的关键。两种类型的人工智能使得知识和数据成为 AI 的关键词,而它们都与信息的概念高度相关。

从信息认识论来看,信息是比数据和知识更基本也更广泛的概念,数据和知识都是信息的某种存在方式。其中数据是人对信息的反映,数据来自信息;而知识则是通过对数据进行整理加工后形成的关于对象之本质性和规律性的认识。但在人工智能中,数据、信息、知识之间并不是信息包含数据和知识的关系,而是"数据→信息→知识"的关系,即信息是从数据中分析或挖掘出来的东西,是通过分析从数据中看出了或知道了些什么,抑或说是从数据中理解出来的意义;而知识则是从信息中进一步提炼出反映了一定规律和本质的认识，也就是"数据⊃信息⊃知识"的前者包含后者的关系。在这种包含关系中，知识隶属于信息的关系和信息哲学的看法是一致的，但数据与信息的关系则显示出明显的不一致，由此，信息和数据之间不能简单地相互等同。可以说，数据是表层的东西，信息是深层的东西。

数据具有丰富的含义，人们有时将数据视为事实本身，有时则视数据为事实的符号记载或事物运动（包括人的活动）留下的痕迹，也包括人通过观察或仪器测量所记录的数值，它们是可辨认（可观察）的对象，是现象存在的证据："数据从测量和实验中产生，拥有公共记录的标准，它们为现象的存在或为某些现象的性质提供证据"[1]；数据也是有待进行信息加工的原材料，如此等等。在这里，可以看到"事实""记载""符号""痕迹""数值""对象""现象""证据""原料"等都可以归属到数据范畴之中；它们中有的也可以归属到信息之中，有的则不能，由此呈现出数据与信息之间的相互交织关系。

如果将数据视为信息的载体，那么两者之间就是相辅相成的关系，即没有信息可以脱离数据而存在，信息必须依存于一定的数据之中；同时，数据也必须是包含一定信息的存在，不包含任何信息的数据就不能称其为数据，只能称其为乱码或噪音。从动态过程来看，数据是信息处理的起点和对象，信息则是数据处理的指向和直接目标（接下来还要形成知识），所以数据和信息之间可以形成相互阐释的关系，从而理解信息可以作为理解数据的基础，理解数据也可以作为理解信息的依托。此外，当数据被当作信息的载体来理解时，数据和信息在一定程度上也就是物质和信息的关系，当然这种物质有可能是自然物，也可能是人工物，其中大量的是像符号、图像、语音这类的人造物。

1　J. Woodward, "Data, Phenomena, and Reliability", *Behavioral and Brain Sciences*, 2011, 13 (4), pp. S163–S179.

如果将数据视为事实，数据就相当于信息认识论中的信源（从数据中知道些什么就相当于从信源中获得信息）、对象、客观世界，此时数据就是信息的来源。当数据和信息不能直接等同时，那么究竟是信息包含数据还是数据包含信息，就常常成为一个含混并引起争议的问题。当我们将数据视为信息的载体或表现形式时，似乎数据就是信息的一个组成部分，它是使信息呈现出来的那种东西（从而数据是信息的显现），是使信息从不可见变为可见的一个环节；而当我们说数据中包含着信息时（数据具有潜在信息，信息隐含于数据中），则又似乎表明信息是数据的一部分，即数据所包含的内容是信息，而数据自身还包括非内容（非信息）的部分，即它作为某种物理性的存在（不是信息）的那部分。

一种观点认为，"在知识层次理论中，数据被认为处于最底层或贯穿于各层次之中，从它可抽象出信息，并派生出知识，最后形成人类的智慧，因此，数据被认为是构成信息和知识的原始材料"[1]。那么信息哲学的信息本位如何与数据哲学的数据本位相互兼容？世界的数据化与世界的信息化之间是一种什么关系？如何界定出双方都能接受从而可以达成共识的"数据"和"信息"概念？这都是有待进一步探讨的问题。

在信息认识论的视域中，数据作为知识的对象，知识作为数据处理后的成果，两者之间存在着相互依赖和交织的关系，这种依赖不仅表现为知识依赖于数据，而且在数据的采集、挖掘和分析的过程中，也必定受到理论（知识）的影响甚至指导，从而数据处理过程是理论和知识负载的，表现在人的信息处理活动中，则是经验信息与理论信息、归纳与演绎结合的智能才是更全面更高水平的智能。这也启发了人工智能的下一代发展方向必定是数据驱动（机器学习）和知识驱动（逻辑推理）的融合。当前数据驱动型的 AI 在

---

[1] 刘红、胡新和：《数据哲学构建的初步探析》，《哲学动态》2012 年第 12 期。

完成任务时需要的数据量极大，使用成本过高，所形成的模型常常还不具有解释性；而走向数据驱动与知识驱动融合的 AI，则仅靠小数据就能快速获得问题求解的路径，并成为从专用 AI 走向通用 AI 的重要基石。

至少在目前，数据是在机器中进行有效计算的基本形式，人工智能中的"信息处理"实际上落实为"数据处理"（data processing，也是计算机中的核心术语）；信息在说明 AI 的运作机制时似乎过于抽象，而数据对此似乎比信息更为实在和具体，更具可描述性和可操作性（因为数据本身就是可以通过计算机转化为可计算的数字化形式的资源）。数据的概念在人工智能中如此重要，信息认识论无疑需要将其纳入自己的理论框架中，在研究对象上与人工智能形成对接，为推进人工智能的理论发展做出自己的独特贡献。同时，人工智能也需要将信息纳入自己的解释框架中，形成对数据更深入的理解。如基于数据去理解信息，就可以看到信息是依赖数据而存在的现象，没有数据就没有信息，数据为信息提供本体论承诺，而对于那些不依赖任何数据形式（没有任何数据痕迹）的所谓信息（如"灵魂"）就毫无进行科学处理的必要。而基于信息去理解数据，就可以看到数据是有待加工的对象，数据的意义和价值在于可以从中提炼出信息来，数据的有用性就是它的信息性。我们看到：数据是舞台，信息是这个舞台上演出的活剧；即使两者有含义上的不同，也存在大量的重叠地带（如都是对象的某种"痕迹""显现"等），从而存在一定的契合度（如采集数据就与收集信息、处理数据与加工信息、数据传输与信息传播、数据开放与信息透明等就是相互契合的），由此可以拓展研究领域，如寻求它们之间统一的基础，这个基础可能就在于它们都具有表征或显现对象（特征）的功能，于是也就引出了下面所要讨论的信息与表征的关系问题。

（三）人工智能的流派：表征与信息

在人工智能的三大流派中，符号主义和联结主义 AI 遵循的是表征主义的进路，它们都将智能的本质归结为"计算—表征"，认为智能以基于表征的计算为核心，所以智能模拟（人工智能）的实质就是在机器上实现对表征的操作。两者的区别只在于实现表征的方式不同，前者以离散的原子式的符号作为表征，后者则将亚符号的神经网络节点、联结视为表征。由于人工智能就是模拟人的认知对表征进行操作，所以"良好的表征"被视为人工智能的关键，它直接决定了 AI 智能水平的高低。

与此相反，行为主义 AI 认为世界的最好模型就是世界本身，无须再要表征来代表对象。其著名的代表人物布鲁克斯（Rodney A. Brooks）这样说："当我们研究非常简单的智力水平时，我们发现，对世界的明确表述和模型只是一种阻碍。事实证明，把世界作为自己的模式更好。在构建智能系统中最庞大的部分时，表征是错误的抽象单元。"[1] 盖尔德（T. Van Gelder）认为，动力系统的认知发展模型应完全绕开表征。[2] 他们主张一种去掉表征这个中间环节的认知模式，这就是直接感知对象并与对象互动的"感知—行为"模式，也是一种不存在内部调节状态"感觉输入—行为输出"的认知模式。持现象学立场的德雷福斯也主张一种无表征的智能理论，他认为熟练的技巧（技能知识）是不需要规则表征的，更底层的智能也是无法表征的，它们是由人的潜意识支配的行为，而使用表征则是有意识的认知过程。从这些主张可以看到，至少一部分（甚至更基本的）认知或行为是不需要表征的。

---

[1] R. Brooks, *Cambrian Intelligence: The Early History of the New AI*, Cambridge: The MIT Press, 1999, p. 81.

[2] T. von Gelder, "The Dynamical Hypothesis in Cognitive Science", *Behavioral and Brain Sciences*, 1998, 21 (1), pp. 615-665.

无论认为表征对于认知系统是充分必要的还是不必要的,从而无论是肯定还是否定表征在 AI 中的作用,都表明了表征是人工智能中的一个重要概念,以至于要围绕它来区分人工智能的范式。同时,从信息认识论的视角看,就必然会产生关于"表征与信息"关系的新问题。人工智能和认知科学对表征的理解分歧很多,争议很大,与信息认识论关联起来的问题就是:表征是信息的载体,还是信息本身?拿符号这种表征的重要形式来说,符号就是信息,还是符号表征着信息?

表征通常被认为是符号、图画、模型等一类可以指称对象的东西,如果这样理解表征,那么它与信息的关系就相对简单,即表征就是信息的载体;其区别也容易把握:表征是可感的有广延的现象,而信息则是无广延、不可感知而只能被理解的内容。

但随着对表征分类研究的展开,随着"内在表征"(intrinsic representation)和"外在表征"(extrinsic representation)的区分以及相关概念(如显表征与潜表征、透明表征与不透明表征、对象表征与非对象表征、自然表征与约定表征等)的提出,表征显然不能再被仅仅理解为外在可感的信息载体,那样的表征仅仅是表征中的外在表征或显表征。两种表征的不同在于:将对象呈现于心灵之后形成的内部再现是内在表征,而将心灵中的内容向外表达出来后形成的则是外在表征。前者在将对象加以"内化"的过程中生成,是对象在心灵所显现的感觉、知觉、经验、概念等(心理学将其分为心像、图式、认知地图和心理语言);后者则是在将内化的对象表达为符号、图像、模型的过程中产生。关于两者的关系,在丹尼特看来,外在的显表征源于内在的潜表征。由此可见,如果将内在表征排除在对表征的理解之外,不仅没有囊括全部表征,而且还没有抓住表征更重要的形式。

按照内在表征和外在表征的分类与分析,表征既可以像物质性的符号、图像、模型等存在于人脑之外,也可以像心灵性的感觉、经验、概念等存在于人脑之内。它既可以是实在的（如外在表征），也可以是虚在的（如内在表征）。于是，表征和信息的关系就变得更为复杂，所带来的直接问题是：表征就是信息，还是仅代表或指向信息？

首先，我们所讨论的表征是人所使用的表征；进一步，表征还与人的意向性相关，以至于理解表征的关键是要理解意向性：表征无非是基于意向的表达。由于意向性是关涉（aboutness）对象的，所以表征也与对象相关，但又不是对象本身，是与对象不同的现象。由此而论，只要不是事物本身而又使人能意向到某事物的东西，就是该事物的表征；它可以起到代表、表示对象的功能。无论外在表征还是内在表征，都是如此。

而关于表征与信息的关系，在这里则需要通过两种不同的表征与信息的关系才能表述清楚。如果外在表征与信息的关系相当于载体与信息的关系，那么内在表征与信息的关系就在很大程度上具有同一性，尤其与后面将要界定的"窄信息"几乎完全同义。拿杯子来说，人的心中表征的杯子（关于杯子的内在表征）就是关于杯子的信息，即内在表征就是信息；因为某物呈现于心灵后所形成的知觉经验、意象和想象等都被视作内在表征时，这些无疑也是心灵中的信息内容。正因为如此，所以信息也被界定为对象的表征。在这个意义上，如果内在表征相当于信息，外在表征就相当于信息的载体。

表征和信息的关系还可以从两者都具有的广义狭义的区分中去进一步展现。如前所述，表征起初只是指外在表征，随着内在表征概念的提出，表征概念的扩大，表征就有了狭义和广义之分：狭义表征就是外在表征，广义表征则涵盖了外在和内在两种表征。对信息也有宽界定与窄界定之分，宽界定就是将载体本身（如符号、信号）也纳为信息，或直接视其为信息，如钱学森就认为"信息是消息通道里面的物质运动"[1]，或将信息的载体视为信息的

---

[1] 钱学森：《创建系统学》，山西科学技术出版社，2001，第16页。

形式方面，于是信息就是"内容+形式"的集合体，这种集合体也被称为"物信统一体"或"信息体"。而窄界定则只将内容视为信息，信息不包括作为实在之物的载体，即"符号本身不是信息，而只是指向它的指针"[1]。在这种宽窄有别的信息界定中，宽有宽的好处，它可以"一网打尽"，不遗漏任何属于信息的现象；但也容易把非信息现象也囊括进来，从而引起歧义（如将符号和载体纳入信息就会引起极大的争议）。同时，窄也有窄的好处，它可以将信息与非信息区别开来，但有可能将某些信息的边缘现象排除出信息概念之外。

当表征和信息都有广狭或宽窄之分时，表征与信息的关系就可分解为多重关系，展现为两者之间的多重相关。

一是狭义表征与窄信息的关系，也就是外在表征与内在信息的关系。此时两者的区别是明显的，外在表征（如符号）就是信息的载体或表达形式，信息则是表征所要显示的内容，所以两者之间是内容与形式的分别。此时也存在这样的关系：表征是信息的化身，是信息的人工显示，或者说外在表征就是对内在信息的"赋形"。

二是广义表征与窄信息的关系。此时表征是比信息更大的概念，因为表征既包含了信息本身，也包含了信息的载体，它是作为外在表征的符号和作为内在表征的思想的集合，是可感的信息载体（表征体）和不可感信息（内容）的集合；而信息只是广义表征中的一个部分，即广义表征中的内在表征。

三是狭义表征与宽信息的关系。此时信息是比表征更大的概念，表征只是携带信息的符号，即只是信息的形式，而不包括信息的内容。

四是广义表征与宽信息的关系。此时两者的外延基本重合，并且各自内含的两部分也基本对应：外在表征相当于信息的形式方面，内在表征相当于

---

[1] J. Mcclelland, "Toward a Pragmatic Connectionism", in P. Baumgartner, and S. Payr (eds.), *Speaking Mind: Interviews with Twenty Eminent Cognitive Scientists*, Princeton: Princeton University Press, 2014, p. 135.

信息的内容方面，广义信息就是两种表征的结合，甚至"信息"的字面意义也体现了这种结合：其中"信"作为"人言"有外在表征的意思，"息"作为"自心"有内在表征的意思。

如果将对象和心灵也纳入考察的系统，上述关系可以体现为如下的简图：

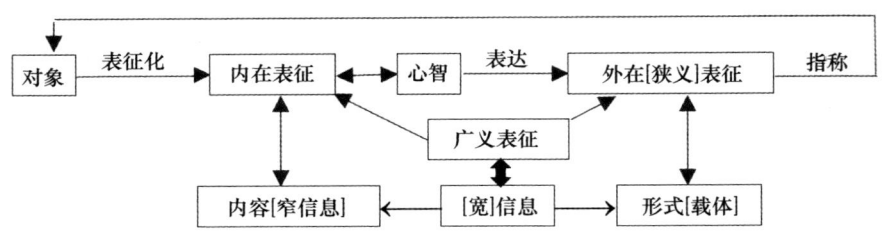

图 5.1　表征与信息间的多重关系

这个简图中的"表征化"也可以认为就是信息化，因为人脑对于对象的表征化就是将其信息化，就是经过主体的反映活动改变对象存在的方式，从实在变为虚在，即变为人脑中的虚拟实在，然后在表达的过程中，又将其变为负载于符号和图像、模型上的虚在。在这个意义上，表征就是将对象加以信息化后的产物，用德雷斯基（Fred Dretske）的话来说就是：表征具有携带信息的功能，S 能够表征一个属性 F，意味着 S 提供了 F 的相关信息。[1] 表征与信息的相互交织甚至相互生成，使我们看到了两者之间的多重相关，乃至还可以借助表征来理解信息与物质之间的区别：当对象以自身状态存在时就是物质，以表征状态存在时就是信息；信息是物质的表征状态，信息就是一物借助它物对自己的表征，如此等等，这也是信息的表征相关所带来的对信息理解的特定拓展。

再来看人工智能中的表征问题。可以说人工智能中的表征只是狭义的表

1　F. Dretske, *Naturalizing the Mind*, Cambridge: The MIT Press, 1997, p. 2.

征而非广义的表征,即仅是外在的表征而不包括内在的表征,所以才出现了"表征落地"(representation grounding)的问题。对于人来说,外在表征是因内在表征的需要而产生的,可以说它是用来表达内在表征即心灵中的信息内容的,此时心灵内容就是相应的外在表征的"语义",即人是在与语义或心灵内容的关联中使用和理解外在表征(如符号)的。但 AI 则不同,它虽然使用和处理着符号一类的表征,但由于 AI 没有心灵,所以这些符号不能与存在于心灵中的语义信息相关联,即它理解不了符号表征的意义,也就是塞尔所说的:我们在任何情况下都不能说计算机"了解"任何东西。或者说,人脑中的表征是有意义的,因为意向性使其会指向表征所要表征的东西;而 AI 由于没有意向性,所以其中的表征不指向所表征的东西,这使得"一个计算系统中的表征如何拥有真正的意义"[1] 就成为一个问题,这就是 AI 中符号或表征不能落地的问题。所以卡明斯(Robert Cummins)如此评论:"计算主义对于表征的本质是保持沉默的;关于数据结构如何拥有语义属性,它是彻底的不可知论。"[2] 于是,AI 中的所谓"信息处理"的含义就是复杂的,因为 AI 不能理解符号所携带的信息,所以说当其在进行对表征的计算时,在语义没有落地的情况下,并不理解表征所包含的语义信息,只是对表征进行纯符号的形式推算,即基于数理逻辑和算法程序的推导,而不是理解语义基础上的真正的信息处理。这种计算过程就是符号串的变换过程,它甚至只有抽调或脱离语义(信息)时才能显示其长处(高效、精确),这也正是人工智能可以对表征进行计算(操作)的根源。这也表明,至少在目前的 AI 中,其表征的功能和人类使用表征的功能是不一样的,人可以使用广义的表征,而 AI 只能操作狭义的表征,所以 AI 的发展方向之一,就是如何使外在表征内在化,

---

1 D. Chalmers, "Subsymbolic Computation and the Chinese Room", in J. Dinsmore (Ed.), *The Symbolic and Connectionist Paradigms: Closing the Gap*, Hillsdale, NJ: Lawrence Erlbaum, 1992, p. 42.

2 R. Cummins, *Meaning and Mental Representation*, Cambridge: The MIT Press, 1991, p. 13.

使符号语义化，使信息的形式与内容关联化。

再就是，表征和信息似乎都是人与对象之间进行认知活动的中介，那么行为主义所主张的直接与物互动的认知是否就是无需表征或信息的认知？是否这样的认知只是神经递质的物质运动过程？布鲁克斯所说的"非常简单的智力水平"所采用的就是这种直接反应的认知方式，那么更简单的反应系统，尤其是没有神经系统的生命在应对环境时，是否有表征或信息这个中间环节？今天我们讲新冠病毒非常"狡猾"，那么它还要通过表征或信息的环节去应对外部世界吗？或者需要把它的直接应对也解释为一种信息应对活动吗？进而，表征—信息对于人这个智能系统应对外部世界的行为总是一个必要的环节吗？从计算主义有所能也有不能来看：需要用表征来刻画人的认知，但仅有表征是不够的，这对于理解信息在认知中的作用也能提供类似的启示。对于那些初级的直接应对外界的认知活动，对那些不假思索的本能反应和应对，其表征和信息机制是否存在或如何存在，需要给予合理的回答。

总之，人工智能中呈现出来的信息的智能相关、数据相关和表征相关，可以将我们对信息认识论关于认识的信息加工机制引向更多维度的理解，从而对理解认知的本质提供更为开阔的视野。

三 计算主义与第一代认知科学

认知科学中的计算主义对"认识是什么"进行了影响深远的阐释。计算主义也被称为"计算—表征理论""符号主义""认知主义"等，从"强视角"的意义上与前面所说的信息加工理论是一致的，它们是将信息化阐释更具体地集中为"计算机化阐释"，即借助计算机和人工智能的工作原理来说明人的认知活动的深层奥秘，代表了信息技术对认识论研究的一种最强介入。

"计算主义"在今天被视为认知科学的一个流派，但由于它出现后在认知科学中居于统治地位达半个世纪之久，所以一度就成了第一代认知科学的代名词，也成为"狭义的认知科学"之所指。

认知科学和哲学认识论具有天然的关联性，尽管在自然主义认识论兴起时认知科学曾被当作取代哲学认识论的研究范式，但实际上两者之间主要还是互相渗透和彼此交织的关系。一是因为它们有共同的研究对象，它们都研究人的心灵或心灵世界，它们都要揭示心灵是如何工作即如何进行认知的，由此来理解认识的本质；二是认知科学本身主要由认知心理学、哲学、人工智能、神经科学、语言学和人类学等六门学科交叉而成（这个意义上的认知科学也是广义上的认知科学，它包括了上面所说的狭义认知科学），其中所交叉的哲学主要就是认识论理论和心灵哲学，而且像自然主义的心灵哲学直接就是认知科学的一部分；三是在认知科学发展中形成不同的"派别"（如认知主义和具身认知、还原论和反还原论）之间或"代际"（如第一代认知科学与第二代认知科学）之间的差别中，贯穿的就主要是或根本上就是哲学思想或认识论原则的区分，对认知科学中的方法论和前提进行反思，就走向了"认知哲学"的层面，所以即使认知科学不被视为哲学，也有从中归结出认知哲学的必然性和必要性，而认知哲学显然和哲学认识论几乎为同义语了。

当然，认知科学在具体研究中会涉及更为具体的问题、使用更微观的方法，从而与哲学认识论形成区别，但这种区别也构成为它们之间的一种关联：一方面认知科学的一般问题是认识论的具体化和微观化，在这个意义上，认知科学被称为"实验认识论"或"微观认识论"；另一方面，认知科学的重大问题常常直接就是哲学认识论问题，由此认识论是认知科学的哲学化、宏观化。所以当我们涉及认知科学中的一些宏观问题时，尤其是涉及关于"认知的本质"之类的根本性问题时，认知科学与哲学认识论研究就是"难解难分"的。尤其是，认知科学中的计算主义或计算—表征理论，在今天完全具有哲学认识论的属性，成为一种关于认知本质的哲学理论，所以无疑是一种认知哲学或哲学认识论。由于认知科学直接受到信息技术发展的影响，所以这种影响也必定通过这种"难解难分"而传递给哲学认识论，从而对认识论的核心理论——认识的本质和机制——产生影响甚至形成"冲击"或"挑战"。

认知科学是在当代信息革命的背景中诞生的，它的出现与计算机对于社会的影响分不开，正是在认知研究中具体地体现了这种影响，才形成了关于认知本质的"计算机化"解释，也就是计算主义的解释。计算主义主要是通过模拟计算机的工作过程来理解人的认识活动，进而基于计算机的工作原理来看待人的认识本质或作为说明这一本质的最恰当模式，以"符号处理"的计算机运行机制来类比人的认识机制，用计算机程序或软件来解释人的智能，并以揭开这些"软件"的秘密作为揭开人类认识之谜的钥匙。计算主义的"计算机隐喻""计算机模拟方法"或"计算机类比"也继承了认知的信息加工理论传统，把人的头脑比作复杂的"信息加工系统"，建构了从人脑到包括信息机器在内的一切信息处理系统共同适用的"信息处理范式"或"符号处理模型"，把人的认知过程视为一系列物理符号的运算过程。

符号也属于"表征"的范畴，而符号处理就是符号或符号串的变换过程，这种过程也就是一般意义上的"计算"，所以计算主义也被称为"计算—表征"理论，它将认识的本质进一步阐释为：人在进行认识时，先是用一系列的符号或图像来表征对象世界，而符号表征可按一定的规则去储存、提取和变换，这种规则用计算机科学的术语来说就是程序，这样来理解心灵，就是将其视为心灵中的表征结构以及在这些结构上的计算程序，或者说心灵是基于复杂的表征和计算程序而工作的，是一个头脑中的表征结构和在这些结构上运行的计算过程。对这一理论更简洁的典型表述还有："大脑是个计算机"（或者说大脑和恰当编程的计算机可被看作同一类装置的不同特例，甚至人脑只不过是"肉体的电脑"）、"心灵是大脑的程序"（人的认识所遵循的是和计算机一样的程序)、"认知就是计算"[1],认知就是基于规则的符号计算活动,"就是类似于数字计算机那样的符号操作(manipulation of symbols)"[2]。由于人的认知本身就是像计算机一样工作的,所以人类的智能也就自然可以经编码成为符号而通过计算机来模拟或实现,所以人工智能的奠基人纽厄尔和西蒙认为符号是智能行动的根基,这无疑是人工智能最重要的论题。这些看法表明基于计算机技术的计算主义观点对认识论研究产生了实质性的影响,形成了对认识本质的技术化或计算化理解。认知哲学的领军人物萨迦德将这种理解归结为"表征—计算的心灵理解模式"(CRUM:Computational Representational Understanding of Mind),其核心就是"心灵的计算理论"(CTM:Computational Theory of Mind),其主张就是:人的认知或智能活动过程是对符号进行按规则操作的过程,或对表征进行计算的过程。

由上可见,表征、符号、程序、计算等成为这一进路中把握认知本质的关键词,作为心灵的认知就是对心理表征和心理程序的处理。人和计算机一样,都是一个物理的符号系统,这就是纽厄尔和西蒙关于"智能"的"物理符号系统假设":"对于一般的智能行为来说,物理符号系统具有的手段既是必要的,也是充分的……所谓'必要'的意思是:任何表现出一般智能的系统,经过分析,都可以证明是一个物理符号系统。所谓'充分'的意思是:任何足够大的物理符号系统,都可以通过进一步组织,而表现出一般智能。"[3] 换句话说,只要能用物理符号表示出来的就可以用计算机来模拟,由于人的认知中使用的语言(其中有概念、判断、推理等)等都是物理符号或符号串,所以认知过程就是对符号的操作过程,因而是计算机可以模拟的。

---

[1] M. Scheutz (ed.), *Computationalism: New Directions*, Cambridge: The MIT Press, 2002, p. 8.
[2] F. Varela, E. Thompson & E. Rosch, *The Embodied Mind: Cognitive Science and Human Experience*, Cambridge: The MIT Press, 1991, p. 8.
[3] 〔美〕阿伦·纽厄尔、赫伯特·西蒙:《作为经验探索的计算机科学:符号和搜索》,载〔英〕玛格丽特·博登主编《人工智能哲学》,刘西瑞、王汉琦译,上海译文出版社,2001,第150页。

这也构成了人工智能理论中符号主义学派的基本主张。

20世纪70年代，符号计算取向的认知研究受到了严峻挑战，认知科学研究转向联结主义，从而形成了认知科学中不同于符号主义的另一种取向：联结主义。联结主义不同于符号主义将符号作为认知的基本单位，不赞同把人视为与计算机一样的物理符号系统，而是认为神经元才是人的认知的基本单元，神经元构成的网络中分布并行的信息传递才是认知过程的真实机制。联结主义基于人工神经网络设计了一个比符号计算主义更类似于人脑的认知加工模型，它试图通过模拟大脑中上亿个神经元所构成的神经网络来达到解释人类认知机制的目的。由于联结主义的并行运算模式与大脑中的运行过程较为吻合，所以该建模被认知心理学、认知神经科学广为应用，[1] 从而在实用性上比符号计算主义更胜一筹。然而，由于联结主义同样局限于一个以人工神经元或表征神经元联结强度建立的符号网络之中，将智能行为中丰富多样的模式识别或下棋博弈的经验与技巧简化为神经元参数来理解，所以其视野中认知的本质仍旧是对表征的计算，不过是做了修正的表征计算："人们具有由激活和抑制型联结联系在一起的单元构成的表征；人们具有单元的扩散激活和修正联结方式的处理程序；将扩散激活和学习的程序应用到单元上产生智能行为"[2]，所以联结主义被认为在本质上和符号计算主义是一致的，于是在认知科学上它们也同属于第一代的阵营。

第一代认知科学理论的独特之处就在于它是对认识本质的一种源自计算机工作原理的阐释，所依据的是人的认知和计算机在某种意义上的可类比性，也是一种双向可类比：一方面计算机系统的工作可类比于人的认知（它按一定的数理逻辑对符号进行操作与运算进而能够实现智能化）；另一方面人的认

1　魏屹东：《认知科学哲学问题研究》，科学出版社，2008，第148—150页。
2　参见刘晓力《重审心智的计算主义萨迦德如何面对CRUM遭遇的挑战》，《科学文化评论》2012年第10期。

知过程也可类比于计算机的信息加工系统，后一种类比的产物是：人脑具有类似于计算机数据结构的心理表征，以及类似于计算机算法的计算过程。这种双向类比使得人类智能和机器智能可以基于同一理论体系来运作和加以阐释。此外，不同种类的计算机和编程方法还可以类比人的思维以不同的方式工作，从而表明思维没有单一的计算模型。认知也是知识的推导过程，而知识的推导是按逻辑规则来进行的，逻辑的推演可以形成和表达多种复杂的知识，而逻辑推理过程是能够用形式化的符号系统来描述的，人工智能也正是用一套形式化的逻辑规则系统来搭建的，所以逻辑规则成为第一代认知科学的计算—表征思想的核心，这样的计算主义从而也被称为逻辑主义。

对计算主义或计算—表征的认知理论得到了不同形式的表达，如图灵主张的人的大脑等同于可操作的离散态机器，以及他和普特南主张的"机器可以展现真正的认知"。认知科学家泽农·派利夏恩关于认知的"计算隐喻"把认知看作计算的一种形式，将人视为一种认知生灵、一种计算机器，是心灵中的表征结构及其在这种结构上操作的程序。[1] 丘奇兰德的功能主义被视为计算主义的哲学基础，它包含两个重要背景假设：第一个假设是，认知生物体确实在进行着某种复杂的功能计算；第二个假设是，无论什么样的计算活动都能够实现于各种不同的物理基础。[2] 由此还可以对"计算"形成一种无限的语义扩张：任何过程都是计算（所谓"万变皆计算"），进而任何系统都是计算机。这种功能主义撇开质料、载体的材质因素，只看两个系统是否能达到某种相同或类似的功能，如果可以，就视其为具有相同或类似的本质。功能解释在一定程度上是有效的具有实用价值的解释，尤其是在一些内在机制和构造无法复制的情况下，追求功能上的类似，对于实现有限目的常

---

[1]〔加〕泽农·派利夏恩：《计算与认知：认知科学的基础》，任晓明译，中国人民大学出版社，2007，译者前言第2页。

[2] P. M. Churchland, "Functionalism at Forty: A Critical Retrospective", *Journal of Philosophy*, 2005, 102（1）, pp. 33-50.

常是一种可供选择的路径和方法。在功能主义的视野中，如果认知的本质就是计算，就是符号的运算过程，那么它就可以与人的身体无涉，它就可以发生在任何具有类似功能的载体之（如计算机器）上，这就为机器的智能模拟提供了根据。

这一阐释认知机制的进路还具有理性主义的哲学基础。在德雷福斯看来，计算主义是与整个西方传统哲学相关的，即根植于西方哲学精神深处的理性主义，而且这种理性主义是在传统哲学确立的时候就已经奠定了。所以"支持符号信息加工（也就是经典计算主义）的，不仅是近代理性主义者，如笛卡尔及其继承者，而且是全部西方哲学……传统哲学之所以得以确定，从一开始就是因其关注思维中抽象的部分，而不是世界或现象本身"[1]。基于这样的抽象化视角，认知过程就是基于人们先天或后天获得的理性规则、以形式化的方式对大脑接收到的信息进行的处理和操作，从逻辑类型上看就是一种演绎的过程。

从人工智能或计算机中寻找认知的本质，也是把人的认知机械化、形式化以及撇开背景知识的极简化、模式化、算法化的结果，这在洛克和霍布斯的认识论那里早有表现，他们用机器模型来理解和说明人的认识过程与机理，在此基础上提出心灵具有符号性与可计算性的主张，这与计算主义的基本立场十分吻合，从而也可视计算—表征的认知理论为具有机械世界观的哲学认识论在信息时代的翻版。

可以说，这种抽象性和机械性后来成为它招致批评的阿喀琉斯之踵。当符号主义或认知计算主义基于计算机隐喻把进行认知的大脑看成一台"抽象"的严格程序化的信息处理机之后，一部分认知科学家就将自己的任务确立为为各种心灵活动构建各种算法和程序，[2] 其实现过程是清除语义后的句

---

[1] 〔美〕休伯特·德雷福斯：《造就心灵还是建立大脑模型：人工智能的分歧点》，载〔英〕玛格丽特·博登主编《人工智能哲学》，刘西瑞、王汉琦译，上海译文出版社，2001，第431页。

[2] L. Stein, "Challenging the Computational Metaphor, Implications for How We Think", *Cybernetics and System*, 1990, 30（6）, pp. 473-507.

法过程，就是脱离身体和环境的纯形式推演过程。而真实的人脑认知是语义纠缠的计算过程，如同弗洛里迪所说："当问题的解决方案要求成功地进行信息处理，也即处理格式规范且有意义的数据时，问题马上就会变得难以克服。主要障碍在于语义。数据如何才能获得意义？在人工智能中，这被称为'符号接地问题'。"[1] 真实的认知是与身体和情景相关的具体活动，是具有语义的符号处理活动，而一旦涉及语义和情景，第一代认知科学对人的认知的阐释力就会显著减弱甚至失效。

可以说，计算主义在某种意义上也借助了计算机技术的一度成功。第一代认知科学所产生的 20 世纪 50 年代，也正是计算机和人工智能等当代信息技术的兴起和取得初步成果的时期，它们对计算——表征的认知理论产生了直接启示，也可以说认知科学的这一进路是计算机技术发展直接影响的产物；而且，计算机技术中的人工智能在模拟人类智能上的成就，也必然会"反向"地被用类比人自身的认知而形成计算主义的认知理论，从而把人所进行的认识或智能活动也视为"被恰当编程的符号运算"。于是计算机的信息处理和人的认知似乎结成了"互为镜像"的关系。这一计算机化阐释认知的最强视角虽然在后来遭到了第二代认知科学的质疑和批判，但毕竟在充分利用信息技术成就的认识论启示上，无疑为深化当代认识论研究尤其是认识机制和本质做出了最为积极和具有创新性的探索，这也是认知科学中技术化的强视角得以可能的客观根据。

客观地看，计算——表征进路或符号主义应用于人工智能之中，就是在机器模拟智能的设计中使用形式化的方法或规则，它是对人的认知、智能一个侧面的单向发挥，经过形式化的信息处理过程就可以通过机械化来进行增强，这是其长处，都可以由机器去高效率地完成，而人对于这类任务则远不及机

---

[1] 〔意〕卢西亚诺·弗洛里迪:《第四次革命——人工智能如何重塑人类现实》，王文革译，浙江人民出版社，2016，第 160 页。

器。而当用计算—表征的视角来考察人的认知时，就还需要进行形式加内容的综合，使认知被还原为具有语义内容的形式处理过程，而这种内容化其实也既有长处亦有短处，其长处是符号和表征成为"接地"的富含真实信息的东西，其短处则是无法"机械化"，因为内容和语义成了机械化的羁绊。由此可见，用计算—表征来把握认知，是对认知的某一向度的极致化分析，形成的是"有所得也有所失"的效果。一切分析方法用于对事物的考察都会如此，"科学"的"分科"式地考察世界所形成的就是这种效果。但显然，没有这种方法，人类的认识就无法进步，永远只能停留在混沌朦胧的表层整体之上。所以我们在明了这种方法和视角之有限性的前提下，还需要继续借助它来深化我们对认识的本质和机制的研究，使信息技术推动认识论发展的价值在这个最重要的向度上得到更充分的体现。

四 从算法看认识的本质：基于计算视角的深化阐释

对计算—表征认知理论在理解人类认识方面所具有的积极价值的开发，还可以通过"算法"的视角加以进一步深化，这是因为算法作为计算机的核心技术，不仅定义了人工智能的未来，而且也是一个可以将计算机的信息处理（所谓"机器思维""人工认知""人工智能"等）和人的认知联通起来的构架，抑或说是比特化的电子世界与人的认知世界进行互动的中介。信息时代人的认知正在受到信息技术全面而深刻的影响，作为信息技术尤其是计算机核心的算法技术对认知的这种影响更为显著，[1] 所以，揭示人类认识现象的机制就需要将算法纳入其中，这是因为人脑和电脑在某些信息处理活动

---

[1] 当然也有与"超计算"（hyper-computing）、"超图灵"（Trans-Turing）相关联的"非算法"（non-algrithmic）计算机的设想，但目前不存在物理实现，它甚至被认为是类似于永动机的设想，所以计算机在目前都是离不开算法的。

时具有共同性或相似性，图灵将其归结为"数学上的功能相似性"，它较之"现代数字计算机是电子的，神经系统也是电子的"这一"表面上的相似性"更为重要。[1] 更广义地说就是人的智力活动与计算机运行的程序之间具有功能上的一致性，人和计算机都是具有处理物理符号功能的智能主体（intelligent agent），正是基于这种共同性或相似性，所以计算主义不承认人类和非人类的物理系统之间存在着不可逾越的鸿沟，从而认为人的认知和计算机的信息加工可以在同一个计算框架中加以说明，人的认识就是"某种心灵算法及其同构形式系统在物理系统中被落实的结果"。[2] 这些视角都涉及算法与认知的关系，由此展现出更为丰富的关于认识活动内在机理的内容。目前在科学界已有用人工智能算法深化神经科学研究的先例[3]，这就进一步启示我们可以适度用其来帮助我们对认识论进行研究，从而进一步推进关于认识的本质和机制的探讨。

（一）认知与算法的相关性

算法与认知是紧密相关的，首先，可以从计算机算法的起源上看两者的相关性。

计算机算法来自人的认知算法。一般来说，人的认知活动总要使用一定的方法，如果这样的方法能够形式化为算法语言表达的运算序列，就可以被建构为可以为计算机执行的算法，因此机器算法通常就是通过这样的"转换"而从日常认知方法中生成的，从这个意义上，计算机算法就是外化了的人脑中的认知算法，或者说是内在的人脑算法负载于机器上的"显现"。如

---

[1] 〔英〕图灵：《计算机器与智能》，载〔英〕玛格丽特·博登主编《人工智能哲学》，刘西瑞、王汉琦译，上海译文出版社，2001，第64页。

[2] 程炼：《何谓计算主义?》，《科学文化评论》2007年第4期。

[3] A. Iqbal, R. Khan and T. Karayannis, "Developing a Brain Atlas Through Deep Learning", *Nature Machine Intelligence*, 2019, 1（6）, p. 277.

果说当前关于算法的使用更多地收敛于计算机科学，那么它终究是从人脑的认知现象中发散而来的，其过程如同德雷福斯所揭示的，"一般是先以人为对象，采集原型，然后对这些原型进行分析，发现这些对象所使用的启发法，再写出一个体现类似经验的做法的程序来"[1]。而计算机的程序就是可以在机器上实际运行的算法。这样的起源关系使得计算机算法基本上都可以从人的认知方法中找到原型或影子。如贝叶斯（Thomas Bayes）算法就是模仿了人在信息不准确不充分的条件下进行决策和判断的认知方法，即基于先验概率（源于先前的经验积累）进行试错和纠错的迭代循环来取得理想（符合实际情况）的结果；联结主义的算法则是从大脑的学习机制汲取灵感来不断改进机器学习能力的算法。即使是模仿自然现象的算法（如遗传算法、蚁群算法、免疫算法等），也是人对自然现象进行理解进而模仿为思维方法后，再将其建构为机器算法。[2]

随着算法技术的发展，其直接来源日趋多样化，如机器学习算法中"有些以大脑为基础，有些以进化为基础，有些则以抽象的数学原理为基础"[3]。"以大脑为基础"的学习算法（如深度学习）是直接受人脑的结构所启发而产生的：人脑在学习中增强了神经元之间的联系，形成了对刺激的内部表征，这些神经元之间进行相互联系而形成的整体，就构成了脑内使用的算法；正是受此启发，人工智能专家开始了在计算机上建构起有学习功能的人工神经网络模型来实现这一功能的努力，他们根据神经元不同的激活状态来建立模型，描述神经元之间的联结权重如何变化，并在机器上通过改变联结权重来

---

[1] 〔美〕休伯特·德雷福斯：《计算机不能做什么》，宁春岩译，生活·读书·新知三联书店，1986，第101页。

[2] 从自然现象中找到算法模型最突出的是从生物学中形成的两条学术脉络：一条是从神经网络一直演化到今天的深度学习，另一条是从细胞自动机历经遗传算法直到今天的强化学习，战胜围棋高手的AlphaGo就采用了将强化学习与深度学习融合的算法，即"强化深度学习"算法。

[3] 〔美〕佩德罗·多明戈斯：《终极算法》，黄芳萍译，中信出版集团，2017，第304页。

创造自己的知识表征与逻辑，由此发展出各种各样的学习算法。[1] 可见算法归根结底都是对人脑从方法论层次上把握对象的一种形式转换。这种转换或外化的过程，使得计算机算法与人的认知形成了特定的哲学关联：它源于认知又异于认知，是认知的脑外延展，从而也可被视为与人工智能相关联的延展认知的一种形式，或者说是人工认知的方法论存在。这种存在一旦在计算机载体上运行，则会使人在一种外部设备或人工过程中看到人脑认知的影子，从而可以从中"客观地"去把握自己的主观认知的种种特征，摆脱人因为"只缘身在此山中"的限制所造成的对自身认知的茫然。

其次，可以从算法的表达上看两者的相关性。

算法有多种表达方式，如自然语言、图（流程图、N-S 图、pad 图）、伪代码[2]甚至计算机程序语言都可以表达算法。当算法用自然语言表达时，十分靠近日常认知，此时就如同将日常认知中的逻辑序列揭示了出来，或者可视其为突出逻辑性的日常认知。当算法用伪代码表示出来时，算法就呈现出向机器语言的过渡。而算法一旦用计算机程序语言来表达就会变成计算机可以识别和执行的具体指令的集合，就会完全进入实施或算法操作的"计算机世界"。可见，算法的各种表达方式构成了一个基于人的理解到基于机器理解的转化序列，其内容上的相同而表述形式上的不同，揭示了人的认知与计算机的信息处理之间的同一性和差异性。由于在表达方式上兼具自然语言和计算机语言的"双重性"，所以算法就成为日常认知和计算机运作的"纽带"，也是人的思维和机器思维之间的桥梁或中介：它将人的意图"翻译"给机器，成为人和机器之间的"通约装置"；它之所以能充当这样的中介和通约手段，是由算法的"能行有效性"所保障的，即算法的所有运算必须在原则

---

[1] 参见顾凡及《脑海探险》，上海科学技术出版社，2014，第 278—282 页。
[2] 伪代码（Pseudocode）是一种算法描述语言，其作用是使被描述的算法可以轻易地以任何一种编程语言（Pascal，C，Java 等）实现。伪代码必须结构清晰、代码简单、可读性好，并且类似自然语言和英语结构，因此它是介于自然语言与编程语言之间的符号形式。

上可由人们用笔和纸在有限时间内精确地完成。[1] 这样，算法可被视为认知的一种新的表达方式，它将自然语言的表达和机器语言的表达联系起来，从而使得人脑的认知功能和机器的信息处理功能也联系起来。

再次，还可从算法的功能上看两者的相关性。

对计算机来说，算法就是"怎么做"的指令；对人来说，算法就是"怎么想"的思路。因此，人的认知和计算机的"工作"都是算法导向的活动，于是从功能上看算法也可以将人的认知与机器思维联通起来。算法实现了认知方法的对象化，使其从具身化（负载于人身上）的存在转变为具机化（负载于机器之上）或具技化（负载于技术装置上）的存在，目的是在计算机上能够实现类似于人的认知功能。算法由此成为一种离不开机器的功能性实在，也是一种信息性的技术实在，在一定的背景下，我们可以只关注功能（算法）而暂时忽略实现功能的硬件。这样，人脑和机器都具有承载和运行算法的功能，都是一定意义上的算法实现工具，所进行的活动都是算法控制下的计算，"在自然系统中，计算是可以在符号和子符号（信号处理）级别上进行的信息处理。对于人类认知过程来说，这意味着不仅可以将算法的执行视为计算，而且还可以将学习、推理、处理来自感官的信息等视为算法的执行即计算"[2]。这也是计算机的计算逻辑和人的思维逻辑之间的关联性。当然，不能将这样的功能相关性推向极端，因为算法在计算机中的运行毕竟是纯粹化、理想化的符号变换处理过程，是抽调了语义、撇清了情景、排除了歧义后的运算过程，而人的实际认知活动在实施算法时，则是语义相关、情景相关并且可以容纳歧义的心灵活动过程，这就是人的认知与算法技术在功能上既有同一性也有差异性的双重关系。

---

[1] 〔美〕唐纳德·克努特：《计算机程序设计艺术》第 1 卷，苏运霖译，国防工业出版社，2007，第 5 页。
[2] G. Dodig-Crnkovic and R. Giovagnoli, "Computing Nature-A Network of Networks of Concurrent Information Processes", in G. Dodig-Crnkovic and R. Giovagnoli (eds.), *Computing Nature, Turing Centenary Perspective*, Springer-Verlag Berlin Heidelberg, 2013, p. 2.

最后，集合上述各方面，可以从"互渗互用"上看两者的相关性。

由于起源上的相关性，日常认知中的各种思维方法基本上均可在算法中找到对应体，如形象思维、演绎思维、归纳思维、联想思维、逆向思维，发散思维、聚合思维等就体现或对应为算法中的构造思维、逆向思维、分类与分治思维、递归思维等。一些计算机算法甚至还和日常中的认知方法是直接互用的，如递归算法既是一种非常重要的计算机算法的称谓，也直接与数学中递归函数所使用的方法相同，进而还和日常生活中的"循环替代方法"直接同一："递归是循环的一种替代形式，递归方法符合人类思考问题的方式，它可以使算法结构简单，过程简洁。"[1] 再如，递归中的分治算法，就直接是日常思维中的"分而治之"方法。分治常常要通过分类来进行，分类是从概念的外延来求解问题，它通常与递归联系在一起，通过划分原问题后的子问题形成规模更小的原问题，由此形成递归思维，其中的精神实质就是日常思维中对问题的分解、将复杂的大问题化解为简单的小问题，然后循环调用同一方法，最后整合为对复杂问题的解决或结果。即使是模拟了更高智能水平的学习算法，也是对应了人的知识形成过程："在传统观点看来，先天自然完成一部分（进化大脑），后天培育再将大脑填满信息。我们可以在学习算法中重复这个过程。首先，学习网络的结构，利用爬山法来决定神经网络如何连接：试着将每个可能的连接添加到网络中，保持那个最能提高性能的连接，然后重复这些步骤。之后利用反向传播来学习连接权值，那么你全新的大脑马上就可以使用了。"[2]

认知与算法技术具有多维相关，因此从算法的视角对人的认知加以阐释既具有根据，也具备条件，即可以在一定程度上通过计算机算法所体现的计算机运行机制来探寻和阐释人脑的思维逻辑和认知机制，甚至可以说算法尤

---

[1] 王晓华：《算法的乐趣》，人民邮电出版社，2015，第12页。
[2] 〔美〕佩德罗·多明戈斯：《终极算法》，黄芳萍译，中信出版集团，2017，第176页。

其是机器学习算法本身就一种对人脑认知过程和机制的拓展性研究。作为过程的认知通常是蕴含算法的认知，算法使认知从静态成为动态，从潜在成为现实，没有算法，认知就只是个名词而不是个动词。

（二）基于算法阐释的认知机理

人的认知活动存在许多机理（工作原理），具体科学（如神经科学）揭示其微观机理，哲学揭示其宏观机理，而通过算法，我们可以揭示若干介于这两者之间的"中观机理"（所以基于信息技术范式可以形成导论中所说的"中观认识论"）：较之宏观说明它对认知机理的深层内涵刻画得更加科学和清晰，一定意义上它揭示的不再是笼统的认知图景，而是深入到了认知过程的技术路线，所以算法将我们认知过程的技术路线图展示了出来。

如前所述，算法从终极性上来源于人的认知方法，是人的认知适应计算机的产物，是人的认知与计算机内在逻辑的交汇，正是在这个意义上，机器算法是人脑认知的一种映射，这个映射在形式上外在于人而存在，以认知的一种表达或表达出来的认知形成"固化"的形态可供研究者去进行分析，从而成为一个可观察、可研究的"客观对象"或如前所说的"镜像"，成为具有"世界3"性质的一种新型的技术存在。算法在计算机上"活生生"地运作，就是用算法技术实现人的部分认知功能，为我们从中剖析人本身的认知提供了一个新的"活体"。可以说，算法将"我们是怎样思考和解决问题的"这一看不见的脑中路径以看得见的符号形式和符号变换过程表征出来，并形成机器的信息运作规范。德雷福斯在麻省理工学院教授哲学课时曾听到一些来自人工智能实验室的学生这样说：你们这些哲学家坐在躺椅上思考了两千多年还是理解不了人的智能。我们在 AI 实验室给计算机编程，让它们展现问题求解、自然语言理解、知觉和学习等人类的智能，从而解决和理解了很多这方面的问题。[1] 研究机器意识的学者指出：开展机器意识的计算建模研究有助于推进对人类意识现象的理解，构建更加合理的意识理论。[2] 从算法设计上看也是如此：算法设计实际上是一种认知建模活动，只有知道了人是如何思考（尤其是抽象地思考）的，才有可能用计算机模拟实现；反过来，一旦计算机模拟实现了某种人的思考活动，就意味着对该类思考的机制有了较为透彻的把握。例如，机器学习算法就极大地帮助了我们理解神经活动的机制和建模人类的决策行为模式，使我们对大脑处理信息的方式不断获得更深入的了解。

算法是用来在机器上执行的，原则上在人脑中也可以执行，所以它在功能上具有与人的认知某种程度上的共性，由此成为研究人的认知的某种参照，为我们把握人的认知提供了某种理解机制。尤其在算法应用的前沿领域人工智能的研究中，更是通过 AI 可以达到对认知、智能和心灵的更多理解，连对人工智能具有"智能"提出质疑的塞尔也认为："就'弱'AI 而言，计算机在心灵研究中的主要价值是为我们提供了一个强有力的工具。例如，它能使我们以更严格、更精确的方式对一些假设进行系统阐述和检验。但是就'强'AI 而言，计算机不只是研究心灵的工具，更确切地说，带有正确程序的计算机确实可被认为具有理解和其他认知状态，在这个意义上，恰当编程的计算机其实就是一个心灵。在强 AI 中，由于编程的计算机具有认知状态，这些程序不仅是我们可用来检验心理解释的工具，而且本身就是一种解释。"[3]

另一方面，算法虽然原则上可以在人脑中执行，但人脑的认知如果按算

---

[1] 〔美〕哈里·亨德森：《人工智能——大脑的镜子》，侯然译，上海科学技术文献出版社，2008，第132页。

[2] S. Elif, E. Sayan, "A Philosophical Assessment of Computational Models of Consciousness", *Cognitive Systems Research*, 2012, 17-18（Jul）, pp. 49-62.

[3] 〔美〕约翰·塞尔：《心灵、大脑与程序》，载〔英〕玛格丽特·博登主编《人工智能哲学》，刘西瑞、王汉琦译，上海译文出版社，2001，第92页。

法来施展，就会显得机械而烦琐，所以人脑是以默认算法但又不在形式上严格按照算法来执行的，是有跳跃和省略的；而在机器上执行算法时，则可以展现这些被省略、被"遮蔽"的认知环节，使那些跳跃的认知过程贯通起来，模糊的认知过程清晰起来，自发的认知过程自觉起来，由此呈现认知原本蕴含的细节或全景，帮助我们"补全"对认知过程的理解。此时，"用算法表达"甚至成为真正理解某种对象或某一过程的标志，"你没法真正了解某种东西，直到你能用算法将其表达出来"，"在科学的任何领域，如果某个理论无法用算法表示，那么它就不是很严谨"[1]，当然也无法用计算机来解决这个问题。可以说，设计算法是为了让计算机能"懂得"（识别）我们的意图，这就意味着我们首先必须自己懂得自己的意图，并且还要使我们求解问题的意图进一步被设计为能在计算机上运行的解决方案，所以认知过程能进入算法设计和运作阶段，本身就标志着对这部分认知机理的透彻把握，使"附魅"的认知变为"祛魅"的认知。或者说，算法促使人去理解机器是如何理解世界的，这对人理解自己是如何理解世界的提供了新型摹本，从而使人去有意识地思考他通常在无意识状态下从事的认知过程，并通过计算机的模拟来技术性地检验人对自己的认识活动之了解是否正确和"有效"。设计算法，就是在剖析人的认知机理；运行算法，就是在验证对这种机理的把握是否正确。设计和运行算法的过程，就是我们力求通过技术模拟的方式打开人类认知黑箱的过程；算法在一定意义上就是打开了的人的认知之书。随着对算法的了解，我们对自己认知奥秘的了解也就会不断深化，使"心灵黑箱"部分地变为"灰箱"甚至"白箱"。

算法的运行是逻辑运算过程，或者说是逻辑的一种实现方式。计算机算法本来来自人脑的逻辑，但反过来我们又可以用它说明人脑的逻辑机制是什

---

[1] 〔美〕佩德罗·多明戈斯：《终极算法》，黄芳萍译，中信出版集团，2017，第6页。

么，就像功能主义用计算机来说明人的心灵的本质一样。在算法命名中被强调的认知因素：启发、监督、学习、回归、规划、搜索、递归……可以进一步发掘这些要素在人的认知中的功能和作用，形成对认知机制的更多理解。于是，一种日常认知过程是否符合逻辑，就可将其转换为机器算法，然后在计算机的平台上加以检验，这样，对认知的算法阐释也是对认知的一种逻辑分析，使得算法技术可以成为日常认知的逻辑检验平台或逻辑校正装置，起到一种"客观评价"（或技术性评价）的作用，其中的机理在于，人的认知是否具备算法或逻辑上的准确性、自洽性等"合理性"，可以得到机器的辅助证明，或通过平移的对比使其获得一种来自信息技术的确信（这也正是计算机的长处）；不排除甚至用算法表达式来展开或展示我们的认知过程，从而为某种认知行为的合理性提供算法支撑，同时也为可能出现的错误找到原因及其修正方案。这样的环节可被视为通过算法对认知加以"解剖式分析"的新手段。

认知活动机理在一定程度上与"认知算法"或认知时采用的思维方法是密切联系甚至高度同一的。当我们不自觉地在认知中使用某种算法时，此时算法成为人脑的"黑箱"之一；而机器算法的出现，则提供了一种"反观"人脑认知的算法载体，对一些认知问题加以算法化或计算机建模的过程，就是使问题变得更加清晰和透明的过程；那些具有算法性的认知，必定是具有和机器算法相关的一系列特征的，这些特征就包括：程序性、逻辑性、表征性……

我们从程序性或程序化说起。一定意义上，算法就是程序，"完整的行为描述是一套给计算机的精确指令，而且这些规则可被用来为计算机编上程序，以产生所说的行为"[1]。而算法设计就是"使推理的规则体现为计算机程序"

---

[1] 〔美〕休伯特·德雷福斯：《计算机不能做什么》，宁春岩译，生活·读书·新知三联书店，1986，第185页。

的过程。[1] 程序化也是有序化，算法的三大结构（顺序结构、选择结构、循环结构）所涉及的均是"序"，所以"有序"是算法的核心。当认知进入算法阶段时，就意味着进入程序化阶段了；通过算法的"程序化复盘"，我们可以发现认知过程中的逻辑缺环、过渡缺失、推理不当等"失序"或"无序"错误。利用算法共性反观人的认知中被自己忽略的那些形式化过程，把那些跳跃的认知过程连贯起来，使那些模糊的推导过程清晰起来，于是至少在那些需要合乎程序的认知中，如果将其程序展现出来，那么在哪里发生了问题就会一目了然。尤其是科学认知，如果在从一个命题推导出另一个命题的过程中出了程序性的问题，缺失了过渡环节，发生了不合逻辑的跳跃，则会导致认知结论出问题。通过了解算法理解在人脑中进行的相应认知活动是如何推演的，从而补全那些不被意识到的、缺失的环节，从而从失序变为有序，从低序变为高序，由此至少可以揭示科学认知的机制和标准。

程序化也意味着，算法使得信息处理或计算在机器中可以定型化、规范化、程式化、自动化或机械化[2]地实现，成为信息处理的流水线，"流水线不过是工作流程的算法化，通过分工，人们按照固定的程序一步步地生产出工业产品"[3]。"通过在计算机上使用算法，我们把精神上的行为机械化，把设想和抽象集成到计算机，以便计算机通过我们指定的行为，为我们实现设想。"[4] 这些特征对我们理解认知的实际运行过程具有多方面的启示，如相关研究就指出，人的很多决策过程是由认知算法驱动的自动化加工，通常是快速完成的过程，而并非主观性很强的高级加工；对于更多样的认知来说，这

---

[1] 〔美〕休伯特·德雷福斯：《计算机不能做什么》，宁春岩译，生活·读书·新知三联书店，1986，第81页。

[2] 如数学研究中借助计算机进行的"机器定理证明"被描述为"数学机械化"和"自动推理"就表明了这类特征；数学家希尔伯特曾经提出的"机械化运算过程"就是后来的算法；而图灵机作为计算机的理论原型，就刻画了这一机械化运算过程的含义。

[3] 〔德〕克劳斯·迈因策尔等：《人工智能与机器学习：算法基础和哲学观点》，《上海师范大学学报》（社会科学版）2018年第3期。

[4] 〔美〕拉塞尔·沙克尔福德：《计算与算法导论》，章小莉译，电子工业出版社，2003，第24页。

种算法驱动的自动化或机械化就是人脑中所积淀的具有潜意识性质的"思维定式",它对于人的认知起着双重作用:其优势可以提高认知的效率,其短处是可能导向认知固化或"套路化",使认知结论成为算法引导的定制化产品,这与人的认知的灵活性形成对照,从而有可能限制思维创新。上述过程和特征也进一步印证了皮亚杰(Jean Piaget)的建构论所揭示的认知机制:人的既有认知模式或思维结构或认知图式在不断顺应和同化新信息的过程中被不断重新建构,当今算法技术无疑也是造就人脑思维结构的重要因素。在作为思维结构的人脑算法和机器算法之间存在着"协同互构"的关系,一方面机器的算法是由人脑算法建构的,另一方面机器算法又反过来影响和再建构人脑的算法;或者说,我们的认知创造了算法,而算法又反过来塑造了我们的认知。前面提到的贝叶斯算法所追求的先验知识和新材料之间的整合就体现了这一机理,贝叶斯本人也描述了日常认知的这一情形:我们用客观的新信息更新我们最初关于某个事物的信念后,就会得到一个新的、改进了的信念;用学习算法的术语来说,这就是一种"可塑性学习",一种不断改变神经网络节点之间"权重"的行为。这样,计算机算法不仅提供了对认知机制的新阐释,而且也造就了人类认知的新机制。尤其是对于复杂、多变量从而计算量极大的认知问题,都需要增加一个新的环节:设计算法然后将计算机吸纳到延展的认知活动之中,否则这样的认知任务就无法完成。

一些具体的算法更是"解剖"了我们的一些具体认知机制。如递归算法(包括其中的贪婪法、分治法、动态规划法等)的本质是把一个较复杂问题的处理归结为较简单问题的处理,在其他算法中也普遍体现着将复杂问题或规模巨大的问题,分解为简单问题或小问题,解决了简单和小问题即找出局部的或阶段的最优解后,堆叠出全局的或整个阶段的最优解,其中体现了将复杂的逻辑化解为简单的逻辑再加以复合而成的关系,这正是人在认知活动中通常采用的策略和机制,是对"综合—分析—综合""全局—局部—全局"

"整体—部分—整体"思维机理的一种算法阐释。遗传算法则用其模仿的生物进化来阐释知识增长机制：新见解的猜想如同遗传中的变异，批评和实验则行使对这些变异体的选择作用，学科和知识的交叉犹如配对，而遗传编程就是知识增长的实现。再如，学习算法虽然是受人脑神经网络的启发而发明和开发出来的，其成功应用则反过来印证了它所展示的人脑学习过程的认知机制。如在联结主义的学习算法中，人工神经网络的记忆分布在神经元之间的联结权重当中，只要提供部分信息，网络就能恢复相应信息的全部内容，这正揭示了人类认知中的联想记忆机制。[1] 深度学习是为了克服单层神经网络的局限而开发出来的算法模型，其有效性表明了人脑的认知也是多层神经网络对信息加以处理的过程，在脑电活动机制上则是由神经元间电脉冲的传递使得后续神经元被触发的过程；如果对这种关联做进一步研究，"把机器学习算法的不同步骤当作人脑的不同皮层模块研究，也许有助于搞清楚哪些层次提取的是低水平感知信息，哪些层级提取的是语义信息"[2]；在深度学习算法中，实际输入的数据经过人工神经网络的隐含层处理后的实际输出信息可能与理想的输出有误差，系统就会将误差值反馈给神经网络，据此调整网络联结（计算单位）的权重（这也是算法之可调整、可优化的特征）即算法参数，从而不断修正误差直至获得所期望的输出，其中不断进行反馈性输入的模式被称为"反向传播算法"。这种反向传播的方法也正是人脑的认知经常使用的方法：即根据认知结果是否合乎理想值来调整影响认知过程的因素（如视角、方法、工具等）。拿工具来说，当我们使用一定的技术手段去认知时就需要通过不断调整其参数配置（即"调参"，也是动态编程的过程）才能达到满意的结果，如同我们用照相机拍照时需要通过调整焦距、光圈等来获得清晰满意的图像。深度学习通过反向传播使其具有了在经验学习中改善

---

[1] 顾凡及：《脑海探险》，上海科学技术出版社，2014，第284页。
[2] 张江等：《科学的极致 漫谈人工智能》，人民邮电出版社，2018，第173页。

算法的性能，这种性能恰恰是那些"善于学习"的人会不断总结经验、优化思维方法从而变得越来越"聪明"的一种写照。

有的算法研究者甚至基于算法的区别来分析不同哲学流派的认知学说，如符号主义的反向演绎算法属于认识论上的理性主义，它是从人工规则出发进行推理和规划的；而机器学习属于经验主义，它是通过反向传播算法，神经网络模型从大量训练样本中学习和归纳出规律，即从"经验"中归纳出规律，再据此对新的样本做智能识别或对未知事件进行预测。由此两种算法对认知的形成过程也有不同的理解，符号主义认为认识是由自上而下的程序所控制的过程，联接主义更偏向认知是一个由相关元素（神经元）相互作用从而自下而上的生成过程。此外，符号主义还被认为旨在揭示心灵活动的机制（所谓"造就心灵"），从而力求通过符号表征来找到关于心灵活动的形式结构，揭示了思维对具有命题和逻辑形式的表征的操作；而神经网络算法则偏重于揭示大脑活动的机制，力求通过类脑装置的建造（所谓"造就大脑"）来生成认知的能力，在训练人工神经网络完成一定的认知任务后，即通过对网络结构进行操作（如调节连接的权重等）后，再寻求对网络中的具体机制的较高层次的解释。基于两类算法都有自己的有效性和适用范围，也都有不完备性从而需要实现更高的整合，形成通用性更强的算法，这也从算法的层面阐释了理性主义和经验主义各自的合理性与局限性，并对了解认知机理的进化方向提供了有益启示。

于是，不同的算法可以形成合作的关系来共同阐释人的认知，尤其是上述基于符号主义的算法和基于联接主义的算法就是如此。前者认为作为认知的计算就是对形式符号的操纵，将符号或数字表征的输入看作认知的起点，将认知看作大脑对这些表征的无意识的抽象处理过程；联接主义主张知识是分布式表征在类似于人脑神经元结构的网络中，认识过程是对有内容的表征而非纯粹抽象的符号所进行的计算。两者的共同核心都是计算机隐喻，都把认知看作依某种算法所执行的计算,"它们之间的差异主要在于将心设想为一种什么样的计算机",于是"认知的某些方面是符号的,而某些方面是联接主义的。比如,也许运动控制模块和低级感觉模块有联接主义的架构,而语言模块和中心处理过程中的推理活动有符号架构。根据这种观点,心不是一个单一种类的计算机,而是包含有不同种类的隔间,这些不同种类的隔间就是不同种类的计算机",基于这样的理解,"在机器学习领域有越来越多的工作试图建立拥有混合架构的机器,包括符号的和联接主义的子成分"[1]。实现两者的结合,既可以用符号主义来解释认知过程中所处理的离散的、清晰的符号信息,也可以用联接主义来解释认知中所加工的由亚符号所表征的连续的、模糊的、不清晰的信息。

基于算法的认知观也为可知论提供新的支持:人脑算法与自然算法具有同构性,用人脑算法从本质上可以找出自然算法,从而找到自然的奥秘;同时,机器算法与人脑算法也具有同构性,通过机器算法了解人脑算法,对于人的认知这一最复杂的现象也可获得新的理解;再就是机器算法本身就是人的创造物,是已然认识的结果,是通常意义上的"白箱",所以它本来就是可知的产物。这样就形成了三重意义上的"可知性":自然、思维和人工制品的可知,代表着整个世界的可知。

对认知机理的阐释最后要深入对认知本质的阐释,与算法相关的认知,或能够算法化的认知,无疑是算法的动态展现,而知识则是算法的运作结果;当认知和计算机的信息处理活动都是算法的执行过程时,我们就会对认知和算法获得本质性的理解:认知就是调动算法来将前提加工为结论,它无非是某种算法的实施和实现;而算法就是执行认知任务的"方法装置",它可以

---

[1] B. P. McLaughlin, "Computationalism, Connectionism, and the Philosophy of Mind", in L. Floridi (ed.), *The Blackwell Guide to the Philosophy of Computing and Information*, Oxford: Blackwell Publishing Ltd., 2004, pp. 135–148.

外化为机器算法，从而使得认知任务延展到机器上去完成。由此可以得到认知的一般模型为"认知＝输入＋算法"，可将其理解为认知就是算法作用于输入材料或信息并形成某种结论或看法的过程，于是认知的结论是否正确合理，不仅取决于所使用的材料是否正确合理，而且还取决于所使用的算法是否正确合理。这一模型可以说是康德将认知表述为"质料＋形式"的"算法版本"，其中的"形式"就相当于算法；这一模型也与"计算机的信息处理＝数据＋算法"的机器思维具有同构关系，当然也有差异性。于是当计算机的计算和人的认知都涉及算法时，我们也可以进一步从两者的区别中来更深入地把握认知的本质：算法的机械（严格、精确）执行是计算机的计算，而算法的灵活执行是人脑的认知；这里的"灵活执行"，包含了在不同算法之间的灵活切换，或突破既有算法的"超算法"认知。其中的区别还在于，计算机中的"数据"是抽象掉语义内容的表征，所以算法在这里操作的是无内容的符号，其中当然就没有"理解"一类的认知特征；而人脑的认知算法所操作的对象是"材料"或"内容"，是富含语义的基于"理解"基础上的信息加工。这样的区别性对照无疑也具有阐释认知本质的特殊意义。

从总体上看，算法对认知具有特殊的阐释功能，当我们无法凭经验和既有理论来进一步推进哲学认识论或认知的哲学研究时，算法视角可以帮助我们把握到其他方法论视域所不能理解到的认知特征和机理，尤其是从程序性、逻辑性、形式化等以"分析观"见长的方面达到对认知的"祛魅"性说明。控制论的先驱和人工神经网络的奠基人麦克卡洛（Warren McCulloch）这样说过："我们能不能设计出一台机器，做脑所能做的一切？对于这样一个理论问题的回答是：如果你能用一种清晰而有限的方法，说清楚脑能够做什么……那么我们就能设计出一台机器来实现之。"[1] 这也表明，为了能实现机器对人

---

[1] 参见顾凡及《脑海探险》，上海科学技术出版社，2014，第294页。

脑认知功能的模拟，必须搞清楚人脑认知的机制，包括要实现机器识别的功能而必须弄懂人脑进行对象（如人脸）识别的机制；或者说，当我们设计出的算法在机器上实现了对认知的模拟功能时，也无疑是在向"说清楚"人脑工作的机制不断挺近，使我们可以从自己的创造物算法中学到一些如何理解认知的新东西。所以算法从特定层面形成了对认知的科学理解，而且这种理解在算法视界中也是多维的，像人工智能中的符号主义、联结主义和行为主义三大学派的算法就大致是从软件、硬件和身体这几个不同的角度来启发我们理解智能的，并分别擅长于模拟或实现不同的认知功能，如符号学派擅长于利用现有知识进行较为复杂的逻辑运算、推理、规划和判断等，联结学派擅长于模式识别、聚类、联想等非结构化问题，行为学派则擅长于适应性、快速行为反应等，这些视角如果能得到整合，无疑通过算法所理解的认知机制就会更多更全。而两种主要算法（符号主义和联结主义）的融合，则蕴含着认知过程中语言的进化和神经网络的进化是互为基础相互促进的，人类认知能力的提高，正是这两种水平协同进化的产物。

第二节　具身认知及两代认知科学整合的可能性

计算—表征理论对认识的本质进行了特定视角的探讨，但这一视角如果被过度强调，以其作为揭示认知本质和机制的唯一视角，就会走向以偏概全的极端，从而遭到质疑和批判。以具身认知为代表的第二代认知科学就是在质疑和批判第一代认知科学的过程中形成和面世的。在揭示计算—表征的认知理论的局限性上，第二代认知科学为防止计算主义的片面性做出了重要的贡献；但同时还需看到，这种批判并不意味着我们需要完全抛弃基于信息技术的计算—表征视角，而是表明虽然这一视角是必要的和有意义的，但仅有这一视角是不够的，如同仅有具身认知的视角也是不够的。对认识或心灵本质进行理解，必须走向多视角的复合，尤其是走向身体与技术视角的复合，由此提出了两代认知科学整合的可能性问题，以期形成关于认知本质更全面的理解和阐释。

一　从具身认知的批判看计算主义的缺陷

计算主义从 20 世纪 50 年代起，在认知科学中一直居于统治地位，作为对认知本质最为成功的阐释理论，产生了巨大的影响。这种单一取自信息技术的视角并对计算功能加以极度发挥后，也遭到了质疑，因为其机械性、抽象性、与环境相隔绝的封闭性等缺陷也是十分明显的，一些研究者（如伽萨德）就归结了第一代认知科学所面临的若干挑战，包括"大脑的挑战"（不能说明大脑是如何思维的）、"情感的挑战"（看不到情感在认知中的作用）、"意识的挑战"（不理解意识在认知中的重要作用）、"身体的挑战"（无视身体对认知和行动的重要影响）、"外部世界的挑战"（忽略了外在环境在认知中的重要作用）、"社会的挑战"（忽视了人类认知的社会性）……我们还可以看到其中所衍生或包含的更多挑战，如"常识的挑战"："将人类认知和智能活动转换成抽象符号的一个主要障碍是，任何实际问题都涉及大量知识背景，背景知识本身是个不确定集合，且这些知识大部分不能基于符号逻辑推理获得，即使局限于求解小范围问题的专家系统，也仍然不能克服符号逻辑功能的固有局限。"[1] 又如"语义或符号接地的挑战"：如果用计算机的工作机制去阐释人的认知的机制，那么由于计算机的运行是纯粹符号的变换或句法操作，不具有基于语义的意义，由此不存在"理解"语义或意义的认知能力，因而不能算是真正的认知。总之，它对于大脑究竟是如何思维的、情感

---

[1] 刘晓力：《认知科学研究纲领的困境与走向》，《中国社会科学》2003 年第 1 期。

和人的社会性等在思维中的作用如何、身体和外部环境对人的思维产生的影响是什么等方面都未加说明或者被忽略了。[1]

这些挑战所揭明的第一代认知科学的缺陷,对认知科学形成新的研究范式提出了迫切需求,联结主义和具身—生成进路由此于20世纪90年代兴起,成为和计算主义不同的认知科学纲领,并被美国认知科学家乔治·拉卡夫和马克·约翰逊在《肉身哲学:具身心灵及其对西方思想的挑战》一书中称为"第二代认知科学",而先前的计算—表征理论自然就成为"第一代认知科学"。第二代认知科学中的学者众多,所持观点和看法也林林总总,但在拒斥第一代认知科学的立场上则是一致的,可谓结成了一个学术共同体,在这个共同体中,"人们共同反对以认知隐喻为中心的信息加工机制……反对视心理为'计算'或'表征'的观点"[2]。

具身认知理论是第二代认知科学中影响最大的理论,一定意义上可被视为其典型范式。

如前所述,第一代认知科学把人脑视为和计算机一样的信息载体,两者都是按一定规则处理无意义的纯粹的符号,这个处理过程以及其中所贯穿的程序、算法等是独立于身体的。人的身体之所以有心灵这种认知现象的存在,是因为它作为载体碰巧能运行某种程序,这种程序则可以形成认知。在其看来,心灵是凌驾于身体之上的,认知既不来源于身体,也很少受到身体的影响。具身认知理论反对第一代认知科学的上述立场,强调身体在认知过程中的主体作用,认为认知依赖于经验的种类,这些经验来自具有各种感知运动的身体;而这些感知运动能力自身内含于一个更广泛的生物、心理和文化情

---

[1] 参见〔加〕保罗·萨伽德《心智:认知科学导论》,朱菁、陈梦雅译,上海辞书出版社,2012。
[2] P. Calvo & T. Gomila, *Handbook of Cognitive Science: An Embodied Approach*, San Diego: Elsevier Ltd., 2008, p.11.

境之中。[1]

　　强调认知的身体性是具身认知的核心观念。符号主义见认知不见脑（身体的一部分），联接主义见脑不见身，具身认知首先要唤起人们对身体的注意，看到身体在认知或认识发生和进行过程中的作用。这一理论认为一切认知活动都离不开人的身体，人认识世界是从自己的身体开始的，"人类在世界上最初的关注点就是身体对其周围环境的适应。人类通过接近、抓住和占用自己身体周围的环境而实现自己的意图"[2]。将现象学推进到身体现象学的梅洛-庞蒂也强调了身体具有的这一意义："身体是我们拥有一个世界的一般方式"[3]，"我的身体是我的'理解力'的一般工具"[4]；或如同研究认知发展的学者西伦（Esther Thelen）所说："认知依赖于经验的种类，这些经验出自于具有特殊知觉和肌动能力的身体，而这些能力不可分割地相连在一起，形成一个编织在一起的肌体。这样的观点无疑反对认知主义的立场。"[5] 人以"体认"（身体性的认知）的方式认识世界，说的就是身体建构了我们所知觉到的整个世界。不管是知觉还是抽象思维等认知活动，都深深植根于身体活动之中，认知被身体所塑造，我们如何感知世界以及能感知到世界的什么信息，是由我们的身体所决定的；离开了身体，认知和心灵根本就不存在；没有身体，就无所谓心灵，而有什么认知，取决于我们有什么样的身体；所以"从具身的角度来看，心灵是身体化的心灵，身体是心灵化的身体"[6]。就是说，具身认知所讲的身体不是生物学或物理学意义上的身体，而是身心统一体；这就与哲学意义上的"主体"高度吻合，此时的身体即主体，主体即身体，

---

[1] I. Prilleltesky, "On the Social and Political Implications of Cognitive Psychology", *The Journal of Mind and Behavior*, 1990, 11 (2), pp. 129-131.

[2] 〔英〕阿雷恩·鲍尔德温等：《文化研究导论（修订版）》，陶东风等译，高等教育出版社，2004，第82页。

[3] 〔法〕莫里斯·梅洛-庞蒂：《知觉现象学》，姜志辉译，商务印书馆，2001，第194页。

[4] 〔法〕莫里斯·梅洛-庞蒂：《知觉现象学》，姜志辉译，商务印书馆，2001，第300页。

[5] 参见李恒威、盛小明《认知的具身化》，《科学学研究》2006年第2期。

[6] 叶浩生：《有关具身认知思潮的理论心理学思考》，《心理学报》2011年第5期。

于是基于身体的认知观与基于人作为主体的认识论高度吻合。

这种具身性所强调的身体还不是孤立的身体,而是环境中的身体,身体是根植于环境中的,环境对于身体不是外在的、偶然的,而是内在的、本质的:"环境在认知和行为活动中首先不是作为认知和行为的对象,而是作为认知和行为的支撑出现的,因此,智能体生存的适应性策略不是抛开而是借助和依赖环境本身给予认知和行为以支撑的某些特有结构和持久特征。"[1] 这一主张把身体置于更广泛的环境、社会、文化之中来理解,从而将情境或语境纳入认知活动之中,使认知不能脱离情境,具身化由此也就是情境化。而情景化中的认知,不再是抽象的认知,而是具体的丰富的认知,而这样的认知是计算机难以模拟的:"在人那里,句子是在上下文中被感知的,它们总是被感知为由上下文所赋予的、范围狭窄的意义,而这对计算机来说是个问题。"[2] 若要用计算机的符号处理机制来解释人的认知,就是"把人类理智全部分解成离散的、确定的、与上下文无关的元素的规则来支配运算,是可能的吗?⋯⋯不可能"[3]。所以是否将情景、上下文或环境等纳入认知的构件之中,是两代认知科学的重要区别。

这种具身性所强调的环境不是作为静态背景的环境,而是动态的环境,即与身体互动中的环境,由此具身认知进一步将身体与环境的互动性作为认知生成的原因,从而人的认知并非来自一个静止的身体,也不是一个抽象的脱离环境的符号推演过程,而是在身体与环境的互动中进行的,是基于身体的经验和相关环境因素的耦合过程,这个耦合发生于作为认知主体的身体与环境或外部世界的相互作用之中,或者说,人只有以自己的身体与外部世界

---

[1] 李恒威、黄华新:《"第二代认知科学"的认知观》,《哲学研究》2006年第6期。
[2] 〔美〕休伯特·德雷福斯:《计算机不能做什么》,宁春岩译,生活·读书·新知三联书店,1986,第116页。
[3] 〔美〕休伯特·德雷福斯:《计算机不能做什么》,宁春岩译,生活·读书·新知三联书店,1986,第310页。

进行互动，才能产生对于外界的体验，从而形成认知。认知的发展和丰富，则是身体或主体与世界互动的范围、方式不断得到扩展和丰富的产物。

如果说第一代认知科学是由符号—计算—表征几个关键词所构成的研究纲领，那么第二代认知科学则是由具身—交互—情境等关键词构成的研究纲领，根据对这些关键词的不同强调，也有的学者将第二代认知科学概括为"4E"理论的集合：具身认知（Embodied cognition）、嵌入认知（Embedded cognition）、生成认知（Enactive cognition）和延展认知（Extended cognition）。其中具身认知直接表达了身体因素的重要性，认为认知本质上是基于身体特征的，而不是以思维表征为代表的方式工作的。嵌入认知（也称根植认知）则强调环境的重要性，认为具身的心灵嵌入在自然和社会环境的约束之中；这一观点也被称为"情境认知"（Situated cognition，所以第二代认知科学也被称为4E+S理论），主张认知并不存在于与世隔绝的表征中，而是从根本上与背景和语境相关联。生成认知反对把认知看作大脑对外在世界的内部表征和对表征的加工或运算，而是视其为源于有机体与环境的互动；[1] 认知不是表征世界，而是"生成"（enact）于身体与世界的互动之中，是参与到世界之中的身体活动在与世界的交互作用过程中耦合（coupling）而成的；身体作用于环境的活动决定了认知的性质和方式。[2] 延展认知反对认知只是局限于颅内或中枢神经系统之中的观点，主张将注意力投向中枢神经系统之外的身体和环境之中，即从颅内向外延展，也包括像身体以外的计算机、硅芯片等技术设备上延伸，后者可形成生物—技术耦合系统，建构起一种内部和外部联合的心灵认识主体。

可以将第二代认知科学所阐释的认知—脑—身体—环境的关系及其相应

---

[1] D. Ward, D. Silverman & M. Villalobos, "Introduction: The Varieties of Enactivism", *Topoi*, 2017, 36 (1), pp. 1–11.

[2] J. Stewart, O. Gapenne & E. A. Di Paolo, *Enaction: Toward a New Paradigm for Cognitive Science*, Cambridge: The MIT Press, 2014.

的认知理论用下图来展现:

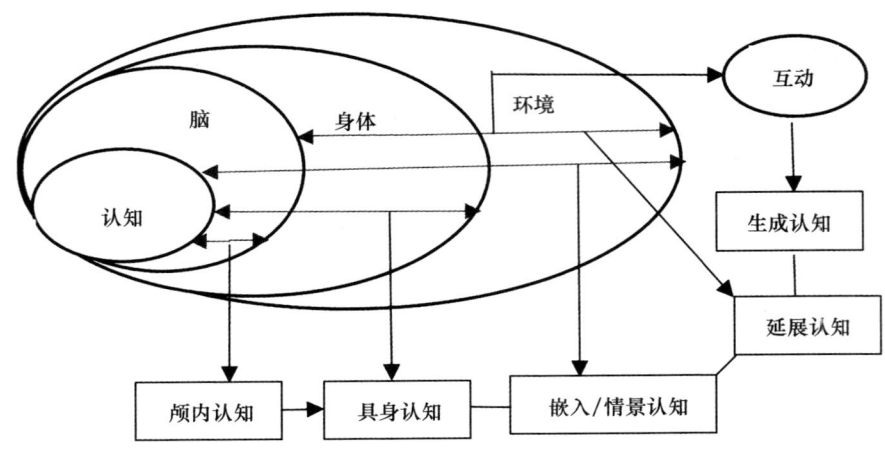

图 5.2　认知—脑—身体—环境的关系

由于这些理论中具有核心地位的仍是具身认知,其他表述都与具身认知相关联,或能够从具身中推导出来,所以通常用它来代表对第二代认知科学的称谓;或者将生成认知也作为最重要的理论,新一代认知科学也被称为"具身—生成取向"(enactive-embodied),这一取向将更多因素诸如情感的、意识的、外部世界的、身体的、社会的、动力系统等都纳入对认知机制的说明,由此拓展了关于认知本质的研究视野,对认知机理的阐释由此取得了新的进展,并代表了一种意义重大的发展方向。同时,又由于这一取向中的身体不是消极的、被动的,而是能动,从而人的认知是在身体与世界的相互作用中生成的,这与主张实践为认识基础的实践认识论具有原则上的一致性,对此将在第三节中进行专门讨论。

二　仅有具身认知的视角也是不够的

具身认知作为第二代认知科学的代表,取代了计算—表征理论的统治地位，相应地在人工智能的理论阐释中，也导致了符号主义的式微。德雷福斯对符号 AI 的批判，得到了后起的深度学习、感知—行动学派人工智能的印证和呼应，而后者的阶段性成果使得具身认知正在成为新的正统，也正在成为被广泛接受的新的常识。

具身认知对计算—表征所进行的批判，以及对认知的具身性所进行的阐释，有着很大的合理性，也非常符合我们的认知体验。然而，如果将其作为一个全称命题，即"所有认知都是具身的"，则是一个需要探讨的问题，例如，借用分析哲学的方法，就需要明确具身（或"寓身""涉身"）所指的"身体"究竟是何种意义上的身体。

显然，具身认知中的身体指的是人的身体，特殊情况下也可能指"延展的身体"或"人工身体""第二身体"等非人的身体。但即使是"人的身体"也有种种不同的所指，归结起来主要有三种：（1）作为身心统一体的身体，这是以梅洛-庞蒂的身体现象学为代表的身体观；（2）包括大脑在内的物质性的身体，即由人体中所有物质系统所组成的生物学意义上的存在，也被称为"肉体"或"肉身"；（3）大脑之外的身体，或"颅外"的身体，也被称为"肢体"。我们可以将上述三种不同的身体观分别称为"身体Ⅰ""身体Ⅱ"和"身体Ⅲ"。

如果具身认知中的身体是指身体Ⅰ，即"身心统一体"，那么"认知是具身的"就可能是一个无意义的命题。因为既然已经是身心统一体了，心灵即认知已经包括在这个统一体中了，此时说认知是具身的，无异于说"认知寓于本身就统摄了认知的身体中"，即"心是寓于身心统一体中的"，通俗地说就好比是"男人寓于由男人和女人组成的人的整体中"。一些坚持认知的具身性的学者也是在采纳梅洛-庞蒂的这种身体观的基础上进行论证的，他们将"身"和"心"进行统合，然后认为身体中有心灵，心灵中有身体，身体即是包含了心灵的身体，谈论这样的身体某种意义上也就是在谈论心灵或认知，这样一来，认知的具身性就表明，作为心灵的认知现象存在于早就将心灵统合于其内的身体之中，或者说本来就包含于身体中的心灵是具身的，用分析哲学的术语来说，这一通过概念的蕴含关系就能确保命题为真的"分析性命题"，是通过将身体定义为包含认知的方式来解决认知的具身性问题的，使得"认知是具身的"通过语言手段，成为一个虽然永远正确但同义反复或没有陈述任何有意义的事实的说法，它无非是告诉我们"A 存在于A+B 的统一体中"（"部分寓于整体之中"）这样一种蕴含关系，其余则没有提供任何新的信息。

既然基于身体 I 的具身认知是没有意义的，那么有意义的具身认知只能指向另外的身体，即与认知心灵现象不同的身体。这个身体虽然承载着认知或心灵，但其本身并不等于就是认知，如当我们说"行尸走肉"的存在时，就是承认身体和认知是可以各有所指的，从而身体和认知既是可以融合的，也是可以被"析取"出来分别加以分析的，此即所谓"分中有合，合中有分"。如果认为两者始终是"水乳交融"而不存在可分的一面，也就不存在"认知与身体"的关系问题，也就形成不了认知是具身的还是离身的争议了。在这样理解的身体含义中，"认知的具身性"才是一个有意义的并非同义反复或早已存在蕴含关系的命题，也才是一个可分析其真伪的命题。

进一步看，即使作为不同于心灵或认知本身的身体，也还有身体 II 和身体 III 两种含义，需要作进一步区别探讨。

如果身体是指身体 II，即包括大脑在内的身体，那么认知的具身性的重点就是认知的"具脑性"，即认知是离不开人脑的。科学已经确证人脑就是心灵的器官，脑科学和各种"脑计划"正在不断推进我们对于人脑涌现出智能、形成认知的微观机制的理解。人工智能中的联结主义还基于"脑模拟"来模拟人的认知活动。所以认知的具脑性已经是不争的事实，存在争议的是身体中除了大脑之外其余部分是否也参与了认知的形成，于是"身体"的含义就转向了身体Ⅲ。

如果联系到同属第二代认知科学的延展认知，就可以看到身体Ⅲ确实是一些具身认知理论所持的身体观。延展认知就是要否定计算—表征进路将认知仅定位于发生在颅内中枢神经系统之中的主张，而是要将其延展到颅外的身体和身体之外的环境中，所以也被称为"超脑认知论"。这里的身体，显然是大脑之外的作为肢体和感官的身体。从一些具身认知的提出者使用"身体"的上下文语境中也可以看到这种含义的身体，如提出"第二代认知科学"概念的莱考夫和约翰逊认为，认知"是受我们的身体和脑，特别是受我们的感觉运动系统的塑造"，像颜色之类的感知就是"在我们的身体、脑以及我们与环境的交互"中形成的；此外，"我们关于什么是真实的理解开始于且十分有赖于我们的身体，特别是我们的感觉运动器官，以及我们脑的详细结构。身体和感觉运动器官使我们能够进行觉察、行动和操控，脑的详细结构既受进化的塑造也受经验的塑造"[1]。另一位具身认知理论家诺伊（Alva Noé）主张认知不是在大脑中完成的，而是充分延展到身体、环境中去的，身体、环境在认知过程中起到构成性作用。[2] 这些关于"身体"的用法，将"身体"和"脑"并列起来了，与身体Ⅲ所指的身体相吻合，是除了作为思维器官的大脑之外的身体，这样的身体在过去被认为是与认知活动无关的，而具身认知就是要"唤醒"人们对这种身体所具有的认知关联性。

一些学者用例证来说明认知的具身性时，也几乎无一意外地隐含了身体Ⅲ的主张，即认为脑外身体或身体器官对认知的生成具有不可忽视的影响，如认为"听觉可以在具身视角下有更好的解释。深度知觉需要大脑检测由两只眼睛的距离获得的不同的视网膜图像。当头沿一个给定的方向旋转时，某

---

[1] G. Lakoff, M. Johnson, *Philosophy in the Flesh: The Embodied Mind and Its Challenge to Western Thought*, New York: Basic Books, 1999, p. 24.

[2] A. Noé, *Action in Perception*, Cambridge: The MIT Press, 2004, pp. 1–34.

种视觉处理正在发生，而不需要任何类型的符号操纵。听觉知觉也存在一个合理的身体证据。耳朵之间的距离越大，可能的听觉敏锐度越大，耳朵之间的距离本身创造并奠定了听觉敏锐度的必要条件"[1]。此外，人也是从自己的身体体验到上和下、前和后的等。

由于脑是身体的一个特殊部分，所以我们常常将其专门突出或抽取出来，形成"脑—身"关系加以探讨，如果将普特南的"钵中之脑"视为"没有身体支撑的脑"，那么其中的身体无疑也是这种"脑—身"关系中的身体，所以被纳入"脑—身"关系讨论的身体就是身体Ⅲ所意指的身体。

如果具身认知中的身体是身体Ⅲ所指的身体，也仍然存在一些需要进一步探讨和完善的问题。

例如，感知的具身性往往是认知的具身性最强有力的支持，前述的具身认知主张的例证几乎无一例外是从感知离不开身体这一角度来进行证明的。我们关于感知的一些日常用语（如"切身感受""亲身体验"等）也印证了这一主张。但即使是这种感知的具身性，随着脑机接口技术的介入也产生了"例外"。

在通常的情况下，没有身体就没有感知，感知是人依赖自己的身体感官（眼耳鼻舌身）而获得的认知，包括感觉、知觉、体验等。这种感知由于是依赖身体才形成的，所以也被称为"身体感知"。如果身体的感官失去了功能，就不能以自然感受的方式形成感知，就会成为相关方面的残障人士，如聋人（听障人士）、盲人（视障人士）等，由此表明感知确实是具身的（所谓"具身感知"）。然而，通过人工的脑机接口技术而非天然的感官也可以形成感知，我们可以称其为"人工感知"（或"脑机融合感知"）。人工感知根据其所替代的感官的不同可以进一步分为"人工视觉""人工听觉""人工

---

[1] 袁小婷、叶浩生：《具身认知一体论：二元还是一元？》，《心理研究》2018年第2期。

触觉""人工嗅觉"等，这些人工感知技术可用于重建感知通道，使失去正常感知能力的人以技术方式重获相关能力，这就是将脑机接口用于感知缺失的治疗。人工感知技术还可以提升正常人的感知能力，例如扩展他们的感知阈。当人借助脑机接口可以产生超越身体Ⅲ的人工感知时，当身体感官似乎不再是我们感知外部事物的必要条件时，似乎就有了可以不具身的感知。

人工感知的技术基础是"由机到脑"的脑机接口，传感器是实现人工感知的关键技术，它专门探测和搜集外界信息，如自动驾驶所用的摄像头、雷达和激光雷达就是传感器系统。传感器类似于人的感官，它如果与脑机接口相连或相集成，就是人工感知系统的一个组成部分，或本身就是人工感知系统。换句话说，人工感知建立在传感技术基础之上，是将传感器探测到的数据转化为人的感知信息，如将图景数据转化为人的视觉信息，将声波数据转化为人的听觉信息等，传感技术革命必然给人工感知带来新的突破。

脑科学实验也为有的认知有可能不具身提供了佐证。

北京师范大学认知神经科学与学习国家重点实验室进行的一项脑科学新实验证明，人脑有两种不同的知识表征机制，一种是基于"具身经验"即个体的视觉、听觉、触觉等感觉、运动经验形式的知识表征；另一种是独立于感觉和运动经验的、抽象符号化的知识表征。后者是通过脑科学的行为实验被发现的，这就是先天盲人在没有任何视觉经验的情况下，可以通过语言获得与健康人相似的关于视觉方面的知识表征，如关于颜色的知识表征，而且盲人与健康人群对颜色知识的回答模式非常相似。也就是说，通过语言可以获得不依赖感觉经验的抽象知识（盲人的颜色知识），而且即使对于可以通过感觉经验获得的知识（比如香蕉的颜色对于健康人），也同样存在两种不同的编码系统：一种与感觉直接相关，在视觉颜色加工脑区；另一种在左侧前颞叶背侧，与盲人仅通过语言获得的知识的存储脑区相同。[1] 脑科学的类似实验表明，某种认知可以非具身地获得，即使没有身体经验我们也可以获得某些知识，不仅是抽象的知识，而且也包括感性的知识，即不依赖于感官的感知。

另外，脑机接口可以使人具有超越身体的行动能力。我们与环境进行的感知—行动是具身的，但失去身体行动能力的人借助脑机接口同样可以调整某种行动以灵活应对环境，这就是面向行动的脑机接口所具有的功能。在植入人工智能后，作为"人工身体"或身体代理，脑机接口系统可以帮助人灵活地应对环境的变化，采取合适的行动，达到行动目的。这种感知—行动的过程，无疑不再是原来意义上的具身行为，若仍要认为它是具身的话，就是具人工身体（第二身体、延展身体）之身，这无疑扩展了身体的含义。如果还是从身体Ⅲ的意义上理解身体，那么脑机接口显然就使人的行动成为一种可以不具身地（disembodied）发生的现象，[2] 而非具身的行动所导致的那部分认知似乎也可以是不具身的。

当然，具身认知较之第一代认知科学在说明认知的本质上无疑是一种进步，但上述情况也表明它仍有需要进一步完善的方面，仍是不断深化的认识本质理论的一个发展环节，而仅用它来概括全部认知的本质和机制也是不够的。

三　走向视域的互补与融合

在认知科学领域中也有一种意见认为，具身认知并未被广泛承认为新的

---

[1] X. Y. Wang, W. Men, J. H. Gao, et al., "Two Forms of Knowledge Representations in the Human Brain", *Neuron*, 2020, 107（2）, pp.1-11.

[2] M. J. Young, "Brain Computer Interface and Philosophy of Action", *Ajob Neuroscience*, 2020, 11（1）, pp.4-6.

学说,有学者仍旧将其归类为认知主义,或仅仅视为传统认知主义的"改良版"。一些联结主义模式取向的研究者认为具身理论可以适用于感知等初级阶段的认知(或称"低级心理过程"),但对于抽象思维等高级认知活动或心理过程则需要传统的符号加工理论或联结主义模式去加以解释。这些学者希望具身认知的研究者加强对高级认知活动即心理过程的研究,并以其为切入点来揭示认知的本质和机制。这种倡导其实就包含了两代认知科学需要整合的问题。

如果要完成两代认知科学的整合,就需要互相借鉴对方的视野来弥补自身的不足,在此基础上采纳对方有价值的观点,如是否可以使第二代认知科学强调的情景被表征,或使表征纳入情景,也就是在机器中实现符号的语义落地,使第一代认知科学所描述的认知过程也成为语境依赖的过程。再如身体是否也可以纳入表征,即丹尼特提出的有别于符号表征的意会表征(tacit representation),将其视为符号表征和具身性连接的桥梁,由此展现出两代认知科学是可以互相融入的,所形成的无疑是更全面更深刻的阐释认知机制理论。

我们还可以借鉴具身认知理论来进一步分析算法视角的价值与局限,并寻求一种更完整的视野。

如前所述,在计算主义的基础上适度地延伸出算法的视角,可以合理地说明认知的若干机理和机制,扩展当代信息技术对认知的阐释能力。借助人工智能尤其是算法机制,我们可以重新解释人的一些认知过程及其本质,从而"解密"人脑中长期以来以黑箱形式存在的认知,因为人工智能就是对人的认知的模拟,就是通过编写出相关的计算机算法,来使计算机在执行这些算法时具有类似于人的智能的认知行为,由此可以根据算法运行机制来解释人的思维认知机制,即对认知进行一种基于人工智能或算法的阐释。第一代认知科学可以说就是从这一角度所形成的成果,其具有哲学意味的计算主义或"计算—表征"进路对于认知本质的揭示,将先前哲学认识论对于认知的宏观阐释推向了具有"科学化"的新理解,这种理解虽然因其局限性受到了第二代认知科学的批评,但由于它至少对认知的局部特征所进行的深刻揭示以及在人工智能发展的一定阶段上所取得的成功,仍居于认知科学研究的主导地位,并形成了对当代哲学认识论研究的特定启示。甚至还可以预言,在人工智能理论介入下的认知哲学研究有可能帮助我们建立更为系统的认知模型,甚至通过"算法融合"(人脑算法与机器算法的融合)来改变人脑的认知框架,使传统的物质本体论和心灵本体论更深度地与形式本体论(认为数字是世界的本质,算法操控整个世界的演变)和结构本体论(认为作为结构体的世界中不断交互着的子集促使着世界不断发生演变)交互融汇。

但同时我们也必须看到,算法或人工智能的视角并不能取代或覆盖其他视角,也不能把所有的认知都归结为算法的展现。或者说,仅靠算法还不能穷尽对认知的阐释,迄今还只能阐释部分认知机制,因为大脑确实存在大量不同于基于算法编程后的工作方式,使得人的认知中还存在若干方面(如认知的"附魅"方面,认知中的意向性、自我意识等)不能被算法所揭明。何况算法本身也有"算法黑箱"问题,所以面向算法的认知阐释不能被视为一种无所不能的理论。可以将算法视为对认知的一种"转述",在这种转述中,算法以其"擅长"的一面将思维的某些机制揭示得淋漓尽致,如符号主义的算法对人的抽象逻辑分析特征的详尽展示和发挥,所以基于之上的人工智能被德雷福斯称为"人工理性",这一称谓表明即使初期的人工智能,也对人的理性思维或数理思考方面的认知活动进行了成功模仿,从而也就在自己身上展示了这一类认知机制,或者说展现了那种严谨的、清晰的、逻辑的甚至是"死板的"、程序化的一类认知机制。但它对其并不擅长的一面(如现象学视角所要求的具身性、整体性、情景性等,或那些依赖于不明晰的意义与情境的认知活动)还鞭长莫及。如果像文化那样可以大致被划分为科学文化与人文文化的话，认知也可以大致被划分为科学认知与人文认知两种类型，算法能够阐释的多是科学认知，由此进一步涉及算法阐释认知的限度问题，也是认知的可算法化（即心灵的可计算）与不可算法化之间的划界问题，以及这种划界是否会随着算法能力的增强（如道德算法即实践理性推理机器与审美算法即判断力推理机器的开发）而不断被打破？这无疑是一个值得继续深入研究的问题。

当然，在避免一种片面性的同时，还需避免另一种片面性，亦即在还未充分发掘算法对认知的阐释功能时，就对这一视角持完全批判和全盘否定的态度，表现在人工智能领域中就是对符号主义的彻底否定，表现在认知科学中就是一部分第二代认知科学研究者对第一代认知科学的"断崖式"抛弃。

应该看到，算法视角或计算主义视角开启了认知研究的新视角，对传统的认识论研究至少在认知的微观化、模型化、定量分析和认知的对象性研究等方面形成了突破，这对深化认知研究无疑具有不可忽视的重要意义，它对认知某些方面透明化的揭示，使我们对人类认知的了解不再完全处于朦胧模糊状态，也不再仅仅停留在宏大叙事的水平上。

而且，计算主义曾经在人工智能研究和认知科学发展上的成功，以及至今仍旧在 DNA 计算、量子计算以及人工生命等前沿领域中的有效，使得算法阐释认知的积极意义不容抹杀。即使它无论对于人工智能还是对于认知科学的作用并不具有全面的持久的推动作用，而且它随着智能和认知研究视野的更加宽广而显示出对认知本质理解上的片面性，但也必须看到它作为一种"片面的深刻性"是达到全面深刻性的一个必要阶段，没有这个阶段，我们对认知的了解就永远只能停留于表面。例如，它虽然极度抽象地理解了认知，但这种抽象也具有某些高于感性具体的意义，这就是列宁所说的："当思维从具体的东西上升到抽象的东西时，它不是离开——如果它是正确的（注意）（而康德和所有的哲学家都在谈论正确的思维）——真理，而是接近真理。物质的抽象，自然规律的抽象，价值的抽象及其他等等，一句话，那一切科学的（正确的、郑重的、不是荒唐的）抽象，都更深刻、更正确、更完全地反映着自然。"[1]

如前所述，基于信息技术的智能模拟，其在揭示认识的本质和机制上具有不可取代的作用，因为认识是人脑的机能，但处于认识活动中的人脑不能直接供人研究，使得模仿人脑工作的信息技术尤其是人工智能成为研究人的认知机制的新对象。人工智能其实就是一种外移的方法：将人脑内部的工作机制外移到智能设备之上，然后用智能设备上被强化或单一化了的某种机制反过来在解释上进行内移，导致人脑本身的认知也需要根据智能设备的某种单一化了的机制去加以理解；人工智能的不同实现方案，就是人对自己的认知机制进行理论上的多维把握，这些理论在机器设备上的实现效果可以起到验证相应的理论假设是否正确或是否完全的作用。基于不同的人工智能学派，也形成了不同的关于认知本质的理论。从人工智能中符号主义假设到联结主义假设，以及后来兴起的行为主义假设，可以说都从特定的侧面揭示了人脑认知的工作机制，但又都存在不完全的地方，从而应该都是对人类智能在不同层次的刻画。或者说，不同人工智能范式的融合，既有利于人工智能的进一步发展，也有助于加深对认识本质的阐释。由此表明，对于认识的本质需要多种人工智能流派才能加以近似全面的解释，单一的流派不可能完整地表达出人的智能的全景，所以，如果要通过人工智能来理解人的认识的本质，就需要对人工智能的各派理论进行综合。当然，即使如此也需要进一步看到，人工智能为的是让智能机器像人一样去认知，但又不会完全一样。人工智能对于人的智能的"像"而"不是"的关系，对于我们借助它来理解人的认识的本质具有"指导"意义：一方面，可借助人工智能的成果局部地、有限地

---

[1] 列宁：《哲学笔记》，人民出版社，1993，第142页。

推进我们对人的认识的本质的研究，另一方面又不能以此为全部寄托去企图穷尽我们对认识本质的理解。

再从为什么会有第二代认知科学来看。如果没有第一代认知科学的"片面深刻性"所提供的"靶子"，也就没有第二代认知科学为克服其片面性而扩展出来的种种视野。对认知的计算—表征阐释，无疑启发了后来所有的认知科学的理论和学派。或者说，没有算法或计算的视界，就没有今天对认知的多维阐释。而且，在计算机和人工智能技术领先的情况下，我们借助技术的"反光"可以对认识中可被机器模拟的那部分把握得更深入些，从而可以走在其他维度的前面，所以"从理论上讲，最丰富的方法是从表征和计算的角度来理解心灵"[1]。

更何况，无论是算法还是计算，都有广义和狭义之分。如前所述，如果算法不仅指机器算法，更是指比机器算法更早出现的人脑算法，或者看到机器算法的本体论根源是人的认知方法，那么人在认知中使用算法就是一件再平常不过的事了，从而用算法去阐释认知也就顺理成章。只不过当我们将算法机器化后，就有可能将算法附加上固化、专门化之类的特征，然后在理解认知的算法阐释时，以为就是要用机器算法的特征去"识别"人的认知的样貌，或完全用机器上的算法运作方式去理解人脑思维的机制，这显然有违这一论题的原意。

在广义算法的理解中，还有"自然算法"的方案，自然算法来自"自然计算"，它是美国计算机科学家布鲁斯·麦克伦兰（Bruce MacLennan）提出的一个概念，它以连续的方式，而非离散的方式处理信息，以此来克服以离散计算为特征的图灵计算的缺陷，如果实现了从图灵计算到自然计算的转向，就可以拓展计算与认知研究的视野，进一步填补计算与认知、计算机与人类

---

[1] Stanford Encyclopedia of Philosophy, "Cognitive Science", 2018-09-24, https：//plato. stanford. edu/search/searcher. py？query=cognitive+science.

之间的鸿沟，为机器计算与人的认知实现更融洽的对接提供支持，也可以为两代认知科学的整合提供路径。这种路径也被称为"计算认知化"和"认知计算化"，是智能时代"人机融合"的必然趋向。自然计算作为一种广义的计算，使计算认知系统不仅不再局限于机器，而且也不再局限于人脑，甚至也不再局限于人的身体，而是扩大到环境之中，于是将第二代认知科学的具身性和情景性也纳入计算或算法的视野中，实现了两代认知科学在概念扩展中的整合。

其实，即使是机器算法的阐释力，也不是固定不变的，如联结主义的算法就比符号主义的算法更符合人脑神经活动（生物性）的特点，从而与身体（脑）关联起来，也使人工智能从经典算法发展到学习算法。还有，今天的机器算法具有固化和专门化之类的局限，但在未来，例如当通用人工智能出现后，其中的机器算法无疑会突破这样的局限性，算法的功能将变得更加强大，或者说"可算法化"的范围将不断扩大。目前人工智能的研究中还在开发人工情感和人工意志，将来当"情感""意志"也可以在人工智能技术上实现时，其中使用的算法就必然会超出"人工理性"的范围，如果现阶段人工智能算法还限于处理表征化的信息的话，那么在成熟的人工情感和人工意志中，算法就极可能超出这样的范围，由此算法对认知的阐释就将得到进一步拓展，使得算法从只能阐释理性的认知扩展到可以阐释知情意结合的认知，从而使算法的含义更为广义，以此为基础的人工智能就具备面对多种任务的多用途多功能，以及解决问题的灵活性，这样的机器算法与人脑的认知方法就更加接近和匹配，此时从映射在智能机器上的算法来理解和阐释人的心灵的工作机制，也就更为吻合。从现有的差距来看，人脑不是电脑，认知不等于计算，算法还不能阐释全部的认知。但两者之间有交集，即使我们只讨论交集部分，目前也远未对其有深入和透彻的了解；更何况这是为了在将来随着人的认知和机器算法之间的交集扩大而更加深化这种了解。所以，认知的算法阐释，也是一个动态的命题，其含义与合理性，将随着人类设计和使用算法的能力提高而不断完善。在这个过程中，第二代认知科学所批判的计算视角的缺陷，也就会随着算法功能的增强以及机器算法与人脑算法的趋近而得到越来越多的克服，由此呈现出两代认知科学的融合。

所以，深入发掘算法视角对认知的阐释功能，是我们远未完成的一项研究任务，它对于认知科学的价值尤其是对于哲学认识论研究的意义，也远未充分释放出来，过早对其加以否定和批判，不利于这些学科的发展。如同当科学技术并未普及和发挥第一生产力的作用时，就因其局限甚至副作用而将基调定为批判科学主义一样，就是对科学技术的"超前批判"。其实，今天即使在发达国家，也是在明了科技"双重性"的清醒意识下，争夺一个又一个的科技高地，力求使科学技术的功能和意义得到更大的发挥和释放。对待认知的算法阐释也是同样的道理。就是说，我们无须将认知的算法阐释看作是一种"万能"的阐释，但也不能因为它不具有万能性就将其归于"无用"，这显然不是一种对待具有创新性的理论成果的合理态度。如前所述，即使是批判了计算主义的第二代认知科学，以其"具身性"或"情景性"为主导的认知理论也不可能是万能的，这种理论也不可能说明所有人的认知本质，或者说也不能说明一个人的所有认知状况。因为现实中的人，或一个人在有些时候，也会处于摆脱身体限制的"忘我"思索的状态中，也会进行脱离语义和环境的形式推理和数字计算（推算）活动。就是说，这种剥离内容而仅仅进行形式化的运算，也确实是人的思维认知能力的一部分，没有这一部分，人就不能脱离动物界，就不能使用复杂的语言符号创造出科学和其他理论成果，就不可能成为今天意义上的人。所以对认知能力中的表征——计算的强调，至少是"多维表现的认知"研究的重要组成部分。因此关于认知的算法阐释，即使在非算法阐释正在兴起的背景下，也不是一种不再有价值的视角，而是一个需要大力发掘的维度，由此才可能与其他视角形成实质性的互补。

在这一点上，两代认知科学既要看到对方的缺陷，也不能否定其有限的合理性，甚至即使从对方对自己的批判中，也可以再度思考所持观点的合理性根据和范围，如第一代认知科学可以从第二代认知科学对自己的质疑和批判中进一步反思这样的问题：机器的运行机制究竟能在多大程度上说明人的认识本质？当智能可以通过被编程的机器来实现时，是否意味这样的机器具有了认识的本质？其中所表明的，究竟是认知可以被机器所完成，还是机器的所从事的程序性信息处理活动就是认识，从而认识的本质就是信息处理活动？物理符号假设的认知本质观，或计算—表征的认知本质观，在多大程度上揭示了认识的内在机制？计算模型在认知理论或认识论关于认知（认识）本质的阐释中，究竟扮演着什么角色、可以发挥多大作用？符号主义、联结主义和行为主义各自对认识论的贡献是什么？它们的协同说明对认识本质的探询可形成什么新启示？这无疑也是相互整合的一种表现，是趋向于既全面又深刻地揭示人类认知机制和本质的一种共同努力。

如果说计算主义和算法视角表现出一种认知的"具技"特征，那么两代认知科学的整合就可以形成对认知的具身与具技相结合的阐释，即认知的具身阐释无须排斥具技的阐释，而具技的阐释也需要接纳具身的阐释。人的认知受身体和信息技术的双重影响和塑造，进一步说，作为认知主体的身体不再是"自然的身体"，而是技术化的身体，尤其是在认知中的身体更是信息技术化的身体，信息技术成为身体不可分割的组成部分。只有具有了这种信息技术嵌入的身体，人才能成为现代意义上的认识主体。或者说今天的认知就是发生在被信息技术所延展后的身体之上，这一点其实也包含在第二代认知科学的"延展认知"视野之中，即认为心灵的载体可以从大脑扩展到包括计算机、硅芯片在内的外部世界，"当下参与认知过程的环境因素（如辞典、笔记本、计算机、iPhone、语言等）成功地与大脑连接，它们就成为我的一部分"[1]。可见，即使第二代认知科学将认知依托的重点从技术转移到了身体（活动）之上，但只要它是纳入延展认知的，它就没有彻底否定技术的作用，而且还从另外的视角（延展认知）强调了信息技术的作用，从而第二代认知科学是可以和第一代认知科学通过技术延展这一维度实现对接的，这种对接使得身体与技术的结合形成一种复合的视角，唯其才能既深化且全面地揭示认识的本质。

如果以计算—表征进路为代表的第一代认知科学如前所述是侧重对科学认知的本质进行了有效的阐释，那么第二代认知科学所侧重阐释的对象一定程度上就是人文认知，于是两代认知科学的融合，就类似于科学阐释与人文阐释的融合，只有融合了两者的阐释，才是关于认知的更全面的哲学阐释。在当代认识论的几大趋向中，有的方面就不能用科学机制（如信息加工视角和算法视角）加以完全刻画，如认识的人文性、情感性、个性特征等。如果认为人的思维活动能够全部用信息处理和算法的模式加以描述，就成为认识论上的科学主义，就可能取消一切非表征非形式化信息在认识中的作用，以及完全清除认识过程中的语境相关性。就像"你真行！"这句话，既可以表示赞赏，也同样可以表示讽刺或妒忌，仅靠科学的范式无法分析出其中情感。同一句话，由一个饱经风霜的老人和一个涉世未深的少年说出来，其"信息"常常是不一样的，用科学的"信息分析"或"算法推导"难以揭示出其中丰富的差异性；如同"少年不识愁滋味，为赋新辞强说愁"，同一个"愁"由不同人说出，其背后的含义大不一样，只从符号的或字面上进行科学分析是无法鉴别出这种差异性的。而且在"以言行事"时，言语、符号的效力并不仅仅取决于言语的信息内容，还依赖于言说者背后的制度、地位、身份、

1　A. Clark and D. Chalmer, "The Extended Mind", *Analysis*, 1998, 58（1），pp. 7–19.

人格魅力等。或者说,"说什么"和"怎么说"是无法分离的,就如同事实和价值无法分离一样。甚至在说什么的字里行间,也可以分析出"言外之意"之类的东西来,这些仅凭"科学的信息或算法分析"或"技术的信息识别"是远远不能把握的。也就是说,仅靠科学的方法难以分析出言说或文字中的全部内涵,其背后的人文背景仍是神秘和模糊的认知因素在起作用。这也是"人的认识"区别于"机器认知"的地方。凡此种种表明,科学的精确的手段必须和人文的情感的方法相结合,才能将人的认识的真实内容充分地揭示出来。

还可以从具身的"强弱"性来看待两代认知科学的对接。认知的具身性在很大程度上存在着量的差异,这种量的差异主要表现为有的认知现象对身体的依赖性强些,有的则弱些,可用"强具身"与"弱具身"的认知现象来区分这种量的差别。如果不引入量的分析,就会从智能的具身性简单地推论出身体越强智能就越强,反之身体越弱智能就越弱,这样的结论显然解释不了身体状况有时与认知能力之间存在巨大反差的现象,也说明不了为什么会有"四肢发达"的身体与智能不匹配的现象。不同的认知类型在具身性强弱上是有所不同的。通常来说,行为认知、感性认知等类型的认知与身体具有强相关性,而推算认知则与身体间具有相对的弱相关性。可以说,认知的具身性强弱问题是对认知是否具身问题的深化,将其推进到了认知"如何具身"的探究。甚至这一问题还可以引发这样的思考:与身体弱相关的认知是否弱到一定程度后就可以成为不具身或离身的认知?从另一个角度看,具身性越弱的认知,就是 AI 模拟得越有效的认知,符号 AI 就是对这部分认知的模拟,可以说正是对弱具身乃至不具身的推算认知的模拟,符号 AI 才是成功的,而这类认知的出发点是逻辑,侧重于思维的形式方面,此时如果要求其强具身,就达不到高度的形式化,也无法形成高速高效的运算。符号 AI 的部分成功印证了 AI 更擅长于具身性较弱的智能活动,而拙于具身性较强的认知活动。

更广义地说，当人的心灵或认知作为一个被理解的对象时，本身就是一个多面体，从不同的角度会看到不同的方面，显现出不同的特征，每一门学科对它的把握（包括对认知从基本粒子层次到生物细胞层次的把握，从功能器官层次到生命有机体层次的把握，从脑内到脑外延展的把握，从物理到心理向度的把握，从自然到社会维度的把握……），通常就是对其中某一特征或方面的把握，所以必须在有了各方面把握的基础上再采取复合的视角，才能有对认知或心灵的全面视野，正因为如此，计算—表征的认知进路与具身认知理论这两种研究范式需要实现互补性的结合，尽量揭示两者之间"如何可能调和"[1]，尤其是在保持各自差异的前提下"相互激荡"地不断推进人类对认知之谜的解惑，甚至还需要有将认知科学与哲学认识论整合起来的视野，这就是下一节将要探讨的问题。

第三节 互启互惠： 认知科学与实践认识论之间

从上一节的分析中可以看到，对单一向度的认知阐释如果极端化，例如对计算—表征的认知理论如果过度执着，就不可能形成关于认知本质和机制的完整认识而走向片面性。不仅如此，如果结合认识论史来看，这种片面性实际上是重犯了旧哲学在认识论立场上的错误。此时第二代认知科学对这种极端化立场的批判，就具有"纠偏"的意义，所以它虽然还存在如前所述的有待完善的地方，但较之计算—表征进路的认知理论无疑是更契合人的认知现实的理论，甚至还可以看到向实践认识论回归的意味。这种回归也使得实践认识论与认知科学的关系被展现出来，而且由于认知科

---

1 W. J. Clancey, *Situated Cognition: On Human Knowledge and Computer Representations*, Cambridge: Cambridge University Press, 1997, p. 3.

学与信息技术之间一直保持着十分紧密的关系,所以实践认识论也就以认知科学为中介进一步与当代信息技术关联起来,这样实践认识论既以其恢宏的哲学视野启发认知科学研究的整合与提升,也从基于信息技术发展的认知科学中获益。这种互启互惠的关联对于推进关于认识本质问题的研究,无疑是不可缺少的。

一 具身认知与实践认识论的多重吻合

第一代认知科学用机械的计算的机制解释认知的本质,在实践认识论以前的近代唯物主义认识论那里就已然秉持了这种观点,某种意义上是对这种认识论的"回归"。具身认知在对计算主义的批判中,强调认知与身体的相关性、认知形成或生成于身体与环境的相互作用、认知活动根植于身体所处的社会环境之中,这些看法更接近于真实的人的认知。这样的观点和看法与实践认识论所主张的认识主体是现实的实践中的人、认识的来源和基础是主体与客体相互作用中的实践、认识具有社会历史性等观点十分吻合,以至于在一定意义上可将具身认知理论视为是通过对计算主义抽象认知观的批判而对实践论认识论的回归。

第一,批判精神上的吻合。

实践认识论是在批判旧哲学认识论(唯心主义认识论和旧唯物主义认识论)的过程中产生的,具身认知也是在批判第一代认知科学中形成的,两者都具有批判精神,坚持了对既有理论的怀疑态度。

实践认识论的核心原则,就是基于实践的能动反映论,其中的反映论原则是对一切唯心主义认识论的批判,实践的能动性原则是对旧唯物主义直观性和形而上学性的批判,这种批判性也正是马克思主义实践哲学的特质。正是通过这样的批判,实践认识论使我们看到了旧哲学认识论的缺陷和错误之处，也使其根本原则的提出成为有的放矢的创构活动，即在"破"中形成了有针对性的"立"，在克服先前理论的缺陷中生长出更合理更全面的理论。实践认识论正是在这种辩证否定中不断更新发展的。

具身认知对计算主义的质疑和批判也体现了同样的否定精神。在计算—表征理论盛行并占统治地位的情况下，具身的认知理论能够发现其中的破绽和不足，有针对性地提出新的观点和理论，对认知的阐释向前加以了推进。换句话说，即使计算主义借助了信息技术的最新成就作为阐释的基础，但也并不意味着就具有了绝对的正确性，对此仍需有不满足现状的质疑眼光进行考察和审视，并对其以偏概全的核心假设——计算—表征理论——发起了否定性的批判，其内含的批判精神与实践认识论对旧哲学的批判精神是一致的，所实现的对传统认知科学（第一代认知科学）的超越也类似于实践认识论对旧哲学认识论的超越。如果没有这种质疑和批判的态度，没有敢于超越传统的精神，就没有认知科学的进步。

第二，批判指向上的一致。

旧哲学的认识论存在许多缺陷，抽象性是其中最突出的缺陷，所以实践认识论对旧哲学认识论批判的一个主要指向就是对这种抽象性的批判，通过这种批判揭示："自然界在人的思想中的反映，要理解为不是'僵死的'，不是'抽象的'，不是没有运动的，不是没有矛盾的，而是处在运动的永恒过程中，处在矛盾的发生和解决的永恒过程中。"[1] 而具身认知对计算主义的批判，主要指向的也是这种抽象性。"在本质上，我们是想建立一种以外在世界为中介，存在于感知与行为之间的恰当的有效调节的反馈机制。我们需要走出完全以抽象方式思考世界的藩篱，而代之以考察正常的行为过程，这种考察能积极地预先把握可达到目标的合适的物理环境，因为由感官输入所监控

---

[1] 列宁：《哲学笔记》，人民出版社，1993，第165页。

的主体行为只有在合适的环境中才是主动积极的。"[1] 由于作为认知科学传统的计算主义一度用机械的计算的机制解释认知的本质，这在实践认识论以前的近代唯物主义认识论那里就已然秉持了这种观点，所以两者的批判尽管指向的直接对象不同，但所指向的哲学基础则是相同的，即都指向对认知所进行的过度抽象化理解这一认识论缺陷。

第一代认知科学将人的认知抽象为一种完全脱离环境且剥离了语义的对表征的计算或纯粹实施某种逻辑规则的符号变换过程，使得被符号化了的认知变得过度理想化，忽视了认知过程的多样性、复杂性和具体性。而旧哲学认识论尤其是唯心主义的认识论，是把现实中活生生的人所进行的认识活动抽象化为纯粹的意识，再从这种抽象的意识中寻求知识的基础和必然性。而第一代认知科学可以说以计算隐喻的方式重复了这样的哲学认识论，借用施太格缪勒（Wolfgang Stegmuller）的话来说，它就像是一种用"科学性的陈述表达出来的形而上学"[2]。所以两者在一定程度上都是通过过度的抽象化而虚构了一个独立于生活实践和社会情境的思想王国或认知世界。第二代认知科学对第一代认知科学的批判，就是力求使对认知本质的阐释从立足于抽象符号系统转向立足于生动具身的亦即现实具体的人的思维认知活动，这个转变过程似乎以另外的方式重现了实践认识论对旧哲学认识论的否定和超越。如果说实践认识论使被旧哲学抽象化、形而上学化的认识重新回归于现实生活实践之中，那么第二代认知科学在一定意义上也做了类似的事情，即把被第一代认知科学过度抽象化的认知研究通过具身化、情景化等回归到人所进行的真实的具体的认知活动中。

其实，抽象只是人的认识过程中的一个阶段，这就是马克思所分析的思

---

[1] R. Brooks, *Cambrian Intelligence: The Early History of the New AI*, Cambridge: The MIT Press, 1999, p. 109.
[2] 〔德〕沃尔夫冈·施太格缪勒：《当代哲学主流》上卷，王炳文等译，商务印书馆，1986，第25页。

维的第一条道路:"在第一条道路上,完整的表象蒸发为抽象的规定",此阶段人对感性具体加以分析和抽象而得到越来越简单的规定。但通过抽象提取出这种简单的规定后,并不意味着认识的结束,还需要进入第二条道路:"在第二条道路上,抽象的规定在思维行程中导致具体的再现。"[1] 这就是说,人的思维在达到抽象后,还要继续从最简单的抽象规定出发,经过综合而达到对对象总体的完整再现,这就是从抽象上升为具体。旧哲学认识论和第一代认知科学所完成的只是"第一条道路"的认识任务,只获得了被极度抽象后所"蒸发"而成的最简单规定,在计算主义那里这种简单规定就是一个一个去掉语义后的单纯的符号或数码,以及对其进行的计算操作活动。这种抽象如果不通过思维将其具体化,就不能形成有意义的认识结果。因此,旧哲学和第一代认知科学的错误都在于将抽象(的规定或符号)作为认识的终点,也作为新的认识的起点,从而将整个认识归结为从一个抽象到另一个抽象的过程,完全脱离了具体性。我们知道,正是通过具体性,认识活动的现实性和丰富性才得以体现,认识的价值才得以实现。具身认知和实践认识论都批判了将认识(认知)终止于抽象性的观点,否认抽象地谈论认识的本质,其中实践认识论反对脱离认识的主体、社会环境尤其是人的实践活动去分析认识活动的机理,第二代认知科学则要从具身性、情景性、身体与环境的互动中去把握认知活动的真实面貌,可见两者的指向高度相通,就是要走向对人的认识或认知本质与机理的具体而非抽象的把握。

第三,具身性与主体性的相近。

计算主义将行使认知功能的人脑等同于一种行使计算的人工制品(电脑),从而内含了这样一种认识论思想:认识可以被视为抽调了身体因素的活动,这种抽调了身体因素的"离身性"或"去身体化"就成为其抽象性的显

---

[1] 《马克思恩格斯文集》第8卷,人民出版社,2009,第25页。

著表现，使其把认知看作可以脱离人的身体进行的纯符号运演过程，"认知即计算"成为实质上的"离身心灵论"。计算主义看不到认知的具身性，就看不到认识是作为主体的人的认识，所通向的就必然是没有身体、没有主体的认识，离身认知所形成的这种缺陷正是历史上的唯心主义认识论和旧唯物主义认识论所具有的，从而和唯心主义认为意识是可以离开头脑、离开物质性的人而独立存在的观点走到了一处，所导向的是最终将认识的主体归结为脱离物质性身体的纯粹的精神，或者把认识看作是一种可以在纯粹的心灵中进行的活动。这些缺陷被实践认识论的创始人和发展者们从多方面加以了批判，列宁将这样的哲学（即列宁在《唯物主义和经验批判主义》中批判的阿芬那留斯的"思想可以不要头脑而存在"的观点）讽刺为"无头脑的哲学"[1]；马克思对形而上学"无人身"的理性予以了否定，认为这种认识论无疑是"在想象中脱离生活的性质和根源的哲学意识"[2]。与此形成对照的是，当计算主义要将"计算—表征"上升为一种说明人的全部认知本质的基元时，就形同于一种脱离了认识活动承载基础的无主体、无身体的认识论，也就类似于旧哲学"一定要把语言变成某种独立的特殊的王国"[3]。计算—表征说到底就具有这种脱离语义也脱离身体的"独立王国"的性质，从而也是"重复"了无头脑无人身的认识论范式。

马克思认为认识主体不是无人身的抽象精神，而是通过实践活动创造自己生活的现实的人。马克思指出旧唯物主义把人的理论认识活动从感性实践生活中脱离出来，从而对于事物、现实、感性"只是从客体的或者直观的形式去理解，而不是把它们当作人的感性活动，当作实践去理解"[4]。马克思所强调的感性，在一定意义上就是认识的身体性、切身性、亲力亲为性；他还

---

[1] 《列宁全集》第18卷，人民出版社，2007，第43页。
[2] 《马克思恩格斯全集》第3卷，人民出版社，1960，第528页。
[3] 《马克思恩格斯全集》第3卷，人民出版社，1960，第525页。
[4] 《马克思恩格斯选集》第1卷，人民出版社，1995，第54页。

将"有生命的个人"视为进行意识形态批判（当然也是认识活动）的前提："人类历史中的任何第一个前提无疑是有生命的个人的存在。因此第一个必需确定的具体事实就是这些个人的肉体组织，以及受肉体组织制约的他们与自然界的关系。"[1] 所以对于认识活动来说，"我们的意识和思维，不论它看起来是多么超感觉的，总是物质的、肉体的器官即人脑的产物"[2]。总之，马克思将"感性活动的人"作为自己哲学变革的基点，由此开启了身体（脑）思维的认识论方向。

毛泽东作为实践认识论的发展者，在《实践论》中也以生动的事例指出了人的感知与身体的不可分离："你要知道梨子的滋味，你就得变革梨子，亲口吃一吃。"[3] 这里的"亲口吃一吃"，无疑强调了身体感官的感知作为直接经验在认识活动中的重要地位，人需要通过"身体力行"的"体认"方式来了解世界。而在第一代认知科学那里，"梨子的滋味"这样的认知，显然是"表征—计算"所解释不了的，从而也是基于这样的认知理论所开发的人工智能所不能具备的，也表明人工智能上所实现的智能由于没有这种"切身性"，所以不可能与人的认识完全等同。由于理性认识离不开感性认识，感性认识通常是人使用"眼耳鼻舌身"这些感官所获得的感知，所以我们的身体感官是所有认识的初始通道，由此形成的直接经验还是认识的鲜活性、具体性、生动性的根源。虽然人在认识中也存在非切身经历的间接经验，但"在我为间接经验者，在人则仍为直接经验。因此，就知识的总体说来，无论何种知识都是不能离开直接经验的。任何知识的来源，在于人的肉体感官对客观外界的感觉，否认了这个感觉，否认了直接经验，否认亲自参加变革现实的实践，他就不是唯物论者"[4]。毛泽东的这一论述表明人的所有认知，从归根结

---

1 《马克思恩格斯全集》第 3 卷，人民出版社，1960，第 23 页。
2 《马克思恩格斯选集》第 3 卷，人民出版社，1995，第 373 页。
3 《毛泽东选集》第 1 卷，人民出版社，1991，第 287 页。
4 《毛泽东选集》第 1 卷，人民出版社，1991，第 288 页。

底或总体性的意义上，都与切身性相关联，所以第二代认知科学的"具身认知"是与实践认识论关于切身的"直接经验"在认识中的地位相吻合的。

总之，在实践认识论看来，具有物质性存在的认识主体是认识得以进行的必要条件，"无头脑""无身体"的认识不可能是人的认识，只有有血有肉的活生生的现实的人才是认识的主体。当实践认识论坚持认识是以人为主体的认识时，就是主张认识离不开作为身心统一体的人的身体，从而和具身认知的相关主张在立场上一致，由此实现的观念变革也与此相吻合：当计算主义像旧哲学那样将认识从现实中的人身上剥离出去之后，具身认知则像实践认识论那样使其重新回归到了人的身上，从而使认知科学和认识论所研究的认识（认知）都是实实在在的人的认识。或者说，实践认识论对旧哲学的分析和批判对于今天我们把握"去身体化"的计算主义缺陷仍富有深刻的启示：计算主义的无人身依托的"计算—表征"理论，多少有些像实践认识论所批判的思辨哲学对身心关系的抽象或颠倒，而新一代认知科学所强调的认知的具身性，则类似于马克思对思辨哲学基础所进行的"颠倒过来"的工作，其"具身认知"中的"具身"就成为新的认知观的承托。

第四，身体与环境的互动观与实践观的相似。

在第二代认知科学那里，认知与身体的不可分（具身性）是同认知与环境的不可分相一致的，因为身体与环境是一个互动的生态系统，所以强调认知的具身性就是强调认知依赖于身体与环境之间的相互作用，这就进一步将认知看作是基于身体的经验和相关环境因素的耦合过程："认知在其根本上是一种身体经验，认知是被身体作用于世界的活动塑造出来的。身体特定感觉—运动通道提供具体的身体体验。心灵是一种运算，但运算的内容不是抽象符号，而是具体的身体经验。"[1] 具身认知将"身体作用于世界的活动"作

---

[1] 叶浩生等：《身体与认知表征：见解与分歧》，《心理学报》2018年第2期。

为形成身体经验的根本原因,并将这种身体经验作为认知的基础,一定意义上可以说自发地通向了实践认识论。

从人是互动的主体来看,身体与环境的互动就是人的行动或实践,只有在行动和实践中,人才能使自己的身体与环境发生主动的互动,形成合乎人的目的和指向的认知。所以行动、实践等是"身体与环境互动"的更简洁、更哲学化的表述。当具身认知强调这种互动性对于认知的作用和意义时,与实践认识论强调实践在认识中的作用"不谋而合"。

可以说,实践认识论是在批判旧哲学脱离实践去研究人的认识的缺陷中来阐发相关思想的。当人的认识不是封闭于脑内的纯粹精神活动而是一个能动地反映对象的过程时,认识活动就显然是一种对象性的活动,是与对象(环境)交互作用的活动。但是旧哲学没有看到或不承认这一点,如马克思对费尔巴哈的批判所说:"但是他没有把人的活动本身理解为对象性的活动","因此,他不了解'革命的'、'实践批判的'活动的意义"[1]。这一缺陷表现在旧哲学的认识论上,就是在看待人的认识时,"不是把它们当作感性的人的活动,当作实践去理解"[2],由此形成了一种无实践根基的认识论。没有实践为根基,没有切身的或具身性的活动,相应的感知也无法形成,在此基础上的更高级的认识(理性活动)当然也就无法达到,认识的深化也无法实现,"所以关于认识发展过程的理论,在马克思主义以前,是没有一个人这样解决过的。马克思主义的唯物论,第一次正确地解决了这个问题,唯物地而且辩证地指出了认识的深化的运动,指出了社会的人在他们的生产和阶级斗争的复杂的、经常反复的实践中,由感性认识到论理认识的推移的运动"[3]。正因为实践对于阐释认识的机制和过程如此重要,所以"生活、实践

---

1 《马克思恩格斯文集》第1卷,人民出版社,2009,第499页。
2 《马克思恩格斯文集》第1卷,人民出版社,2009,第3页。
3 《毛泽东选集》第1卷,人民出版社,1991,第286页。

的观点,应该是认识论的首要的和基本的观点"[1]。

具身认知将身体与环境的互动作为认知生成的根据,将类似于实践的"行动"置于认知活动的重要地位,例如主张思维的存在应当首先被看作行动的存在,认为实时发生的全方位的行动是第一位的;或者直接提出具身认知是"实践活动的:动态的主体与世界的交互引起主体的实践活动以及这种活动与思维、问题求解和符号变换之间的内在关联"[2]。在具身的认知活动中,认知者并非被动地从客观环境中接收信息,然后把这种信息转换为对环境的表征,而是在行动中能动地与环境和客体互动耦合。生成认知甚至还明确提出类似于"认识的目的是实践"的观点:认知是为了更好地行动,是为了解决问题,而不只是为了形成认知表征;认知者是行动的积极制造者,认知既产生于行动,也服务于行动;认知促进了更好的行动,行动也促进了认知,两者互动耦合、浑然一体。[3] 这无疑是以不同的方式看到了或用不同的术语表达了实践对于认知的基础作用。或者说,具身认知关于身体与环境的互动为认知奠基的观点与实践认识论关于实践是认识基础的观点具有极高程度的相似性。

第五,环境性文化性与社会性的通达。

计算主义"从一开始就系统地忽视或扭曲了人类活动的日常语境",它相信"存在着某个与语境无关的元素的集合",并试图"找出与语境无关的元素和原理,并把符号表述建立在这一理论分析的基础上"[4]。在以计算主义为代表的第一代认知科学那里,认知被理解为基于清晰的形式化规则操作抽象符号表征的活动,是不依赖于外部客体的脑内独自封闭进行的内部状态。具

---

[1] 《列宁选集》第 2 卷,人民出版社,2012,第 103 页。
[2] M. Anderson, "Embodied Cognition: A Field Guide", *Artificial Intelligence*, 2003 (149), pp. 91-130.
[3] 参见叶浩生等《身体与认知表征:见解与分歧》,《心理学报》2018 年第 2 期。
[4] 〔美〕休伯特·德雷福斯:《造就心灵还是建立大脑模型:人工智能的分歧点》,载〔英〕玛格丽特·博登主编《人工智能哲学》,刘西瑞、王汉琦译,上海译文出版社,2001,第 431—432 页。

身认知在批判这一观点的基础上主张认知是情景化的,因为身体是嵌入于环境之中的,身体的行动就是与环境的互动,所以看到了身体的作用,就必然会看到环境的作用,这也是延展认知对认知从中枢神经向外延展的两个节点(延展到身体以及延展到环境)的统一性。当然反过来,承认环境的作用也必然要承认身体的作用,因为接触环境离不开人的身体。这种认知观体现在人工智能的设计中,就是强调认知和行为的人工模拟对于环境的适应性,这种适应性越高,人工智能及其算法的"智能水平"就越强,由于符号AI所模拟的认知缺乏这种环境适应性,所以只属于初级阶段的人工智能。

  实践认识论同样强调环境对认识的重要性,因此也包含了丰富的情景认识论思想。例如:其一,认识是与情景相关的,因为认识是对客观世界的反映,"反映"活动就一定是对象性、环境性的活动,就需要走出主观的封闭世界,指向被认识的外部世界,才能形成"反映"活动,由此也才能理解观念的本质:"观念的东西不外是移入人的头脑并在人的头脑中改造过的物质的东西而已"[1],表明头脑中的观念一定是与外部世界或外在的对象相关的,现实的认识总是与外部世界、环境联系在一起的,不同的环境形成不同的认识,不同的对象在头脑中被反映为不同的观念。其二,实践认识论反对脱离背景去孤立地看问题的形而上学观点,强调要在普遍联系中看问题,主张"一切以时间地点条件为转移""具体问题具体分析",这表明认识的内容是植入了环境因素的,环境作为重要因素建构和塑造了特定的认识结果,认识之所以是具体的,原因之一就在于不同的认识过程所处的环境是不同的。其三,环境既是认识的对象,也是认识形成的条件,因为"无论何人要认识什么事物,除了同那个事物接触,即生活于(实践于)那个事物的环境中,是没有法子解决的"[2]。当我们说人的认识不能脱离生活实践时,也等同于说人的认识离不

---

1 《马克思恩格斯文集》第5卷,人民出版社,2009,第22页。
2 《毛泽东选集》第1卷,人民出版社,1991,第286—287页。

开实践的环境，而实践的环境也就是认识的环境。在这里，对认识的环境制约、情形影响、背景关联的看重，也成为实践认识论和具身认知相通的纽带。

强调认知的环境性或情景性，也是强调认知的社会性，因为人所生活的环境就是社会环境，或统称为社会文化环境，所以具身认知所看待的认知也是在具体的社会情境中生成的过程，即认知是"社会文化情境的：实践活动和与环境的交互方式本身既可以被看作生存方式，也可以被看作一种认知策略，也是作为中介的一般的认知方式。这种交互本身总是在更广阔的社会文化情境中被建构的"[1]。因此，第二代认知科学所主张的情景认知也被称为"社会认知进路"。而对于实践认识论来说，对认识社会性的强调更是其显著特点。基于"人是社会关系的总和"，马克思和恩格斯在谈及意识时就强调："意识一开始就是社会的产物，而且只要人们还存在着，它就仍然是这种产物。"[2] "每一个时代的理论思维，从而我们时代的理论思维，都是一种历史的产物，它在不同时代具有完全不同的形式，同时具有完全不同的内容。因此，关于思维的科学，也和其他各门科学一样，是一种历史的科学。"[3] 认识作为社会和历史的产物，被社会的发展不断赋予新的内容和形式，形成历史上一次又一次的世界观革命、价值观变迁、知识形态演进。

进一步来看，将认知视为一种脱离具体情境的抽象符号加工，和旧唯物主义将人与人的社会交往排除于认识论视域如出一辙，毛泽东在《实践论》中就重点批判了旧唯物主义认识论这一根本缺陷："马克思以前的唯物论，离开人的社会性，离开人的历史发展，去观察认识问题，因此不能了解认识对社会实践的依赖关系。"[4] 而现实中的社会关系、生活环境，包括身体状况

1　M. Anderson，"Embodied Cognition: A Field Guide"，*Artificial Intelligence*，2003（149），pp. 91-130.
2　《马克思恩格斯文集》第 1 卷，人民出版社，2009，第 533 页。
3　《马克思恩格斯文集》第 9 卷，人民出版社，2009，第 436 页。
4　《毛泽东选集》第 1 卷，人民出版社，1991，第 282 页。

等，都"给予人的认识发展以深刻的影响"[1]；所以具身认知对计算主义将认知进行去情景化的批判，同实践认识论对旧唯物论离开人的社会性进行的批判一样，就是要揭示出认识的"生活的性质和根源"，使认识论和认知理论回归到现实的社会关系，即"使人的世界即各种关系回归于人自身"[2]，在社会性中彰显认识的具体性。

以上的分析表明，具身认知和实践认识论之间存在多向度的吻合、对接甚至贯通，包括在批判的精神和指向上，在一系列的核心观点和主张上，两者都具有相似的立场和看法。第二代认知科学在对第一代认知科学的批判中形成了若干新的理论假设，其中无疑蕴含了哲学认识论观念的重要变换，并体现出对传统认知科学背离人的认识之现实状况的"纠偏"，使认知科学的理论假设具有向实践认识论回归的意义。如果贯通起来看，计算主义将认知的抽象化表现出一种背离实践认识论的趋向，而在计算主义盛行时，已是实践认识论形成、发展、丰富和传播了一个多世纪之时，因此有的学者认为前者是对后者的"挑战"；又由于计算主义与以霍布斯为代表的基于机械论哲学的认识论极为吻合，所以它也可被视为在背离实践认识论的同时"复归"于旧哲学认识论。或者说，以表征化、计算化为特征的第一代认知科学，将人的认识以新的形式加以抽象化，回到了旧哲学认识论的窠臼之中，从而使实践认识论在批判旧哲学认识论中形成的认识论原则遭到"遗忘"或抛弃，出现了认识论研究中的"马克思离去"现象。而具身认知是对计算主义向旧哲学认识论复归的一种否定。在这里，计算主义在某种意义上和实践认识论之前的旧哲学认识论结为同一阵营，而批判将认识本质抽象化的哲学倾向则使具身认知和实践认识论组成"统一战线"，或至少显现出这方面的共同特征。所以，第一代认知科学如果说是对实践认识论的某种否定，使认识回到

---

[1] 《毛泽东选集》第1卷，人民出版社，1991，第283页。
[2] 《马克思恩格斯文集》第1卷，人民出版社，2009，第46页。

了脱离社会、脱离实践、脱离主体（以身体为载体的人）的抽象的认识论，那么第二代认知科学对第一代认知科学的批判，则是某种意义上对实践认识论的"回归"。因此可以说，以具身—互动为取向的第二代认知科学对第一代认知科学的批判，似乎是用新的术语重现了实践认识论对旧哲学的认识论批判，体现出当代认识论研究中"马克思归来"的意味，也勾连起我们对实践认识论立场和观点的联想，尤其是从中看到了用新的术语重现出来的主体能动性、反映性、实践性、社会性等认识论原则，从而也以新的形式印证了实践认识论的合理性和生命力。

二 实践认识论对新一代认知科学的意义

作为新一代认知科学，具身认知虽然与实践认识论多重吻合，但这并不意味着提出具身认知的理论家们自觉地运用了实践认识论来指导自己的研究，他们中的许多人甚至刻意要避开与哲学的关系，不使用哲学认识论的字眼，将认知科学与认识论视为两大互不相干的领域。但两者事实上的相关性是客观存在的，如前所述，它们的目标和任务是共同的，都是要弄清楚心灵（或表述为认识、认知）工作的原理、机制和本质，而对"认知"的认识、对"思维"的反思就是对人类自身存在的反思，这就是哲学认识论的开端，两者的相伴相随、相互纠缠是无法否认的。认知科学蕴含哲学或与哲学认识论相交织是无法避免的，问题只是与哪种哲学认识论形成交织。认知科学中的不同流派从一开始所秉持的视界或预设的立场，就在很大程度上主张了某种哲学认识论。

第二代认知科学与实践认识论的多重吻合可以说是"不自觉"地发生的，如果将其进一步提升为一种直觉的启发甚至指引，则可以使新一代认知科学的研究有更多的获益。

第一，有益于整合分散观点，形成对新一代认知科学的统摄性把握。

以具身认知为代表的新一代认知科学是在批判以计算主义或符号主义为代表的传统认知科学中形成的学术共同体，但这一共同体较为松散，只是基本上达成了共识，还缺乏内在的统一性，其哲学主张也不明晰，既有现象学、社会建构主义，也能分析出我们前面归结的实践认识论。正因为如此，它迄今仍面临着整合的困难，甚至被认为陷入了发展的瓶颈，[1] 所以它难以取代传统认知科学成为新的占统治地位的理论。

从前面的分析可以看到，实践认识论几乎可以衍生出具身认知所强调的人的认知活动的一切重要特征，如具身性、互动性、情景性、嵌入性、延展性等。换句话说，要全面揭示认知的本质和机制，即使在神经科学、认知科学昌盛的背景下，也仍然离不开实践认识论的视角。可以说，要将第二代认知科学中的 4E+S 认知统一融合为一个整体，[2] 就需要借助实践认识论的范式。不仅如此，在实践认识论的基础上，还可以实现对符号主义与具身认知理论的整合：如果把机器模拟的认知视为一种算法的操作，那么人的认识就是这种算法操作的具身化、情景化、价值化以及其他的附加。抽象化和形式化揭示了认识中的必然性、单纯性和共同性，而经过具身化、情景化、价值化还原后，则会展示出认识的偶然性、丰富性和个体性。在这个意义上，基于机器智能的计算主义的认知阐释是对人的认识的一个方面的极致性发挥，正是这种极致的单一性赢得了机器的思维模拟中的高速度和高效益，如同工业化时机器的机械化对人的具身化动作加以分解而形成单一动作的模拟后所获得的高速度高效益一样。用实践认识论关于从具体到抽象再到具体的过程

---

[1] R. Núez, A. Michael, G. Richard, et al., "What Happened to Cognitive Science?" *Nature Human Behaviour*, 2019（3）, p. Suppl 2.

[2] 目前新一代认知科学还未形成一个统一的认知模型，即使在对传统认知科学的否定上，4E+S 中的不同学者也有不同的做法，如对于功能主义、计算主义和表征主义和形式主义等，就表现出接受和否定程度的种种不同。参见李建会、于小晶《"4E+S"：认知科学的一场新革命?》，《哲学研究》2014 年第 1 期。

观来考察，就可以既看到计算主义对认知所进行的抽象化的必要性，也可以看到其不足，从而结合具身认知所强调的从抽象到具体的阶段，完整地刻画出一幅辩证的认识活动总图景。

第二，方法获益：在批判中采用辩证否定的方法而不是全盘否定的做法。

实践认识论是辩证唯物主义认识论，在思维方法上是辩证法，这种辩证法不仅体现在对认识辩证过程的揭示上，还体现在批判旧哲学认识论时的辩证否定而不是全盘否定上，这种辩证否定就是用"扬弃"的方法，在抛弃旧哲学认识论的错误时，保留其合理成分。比如对旧唯物主义认识论中直观性和机械性的抛弃而对其反映论立场改造后的保留，又如对唯心主义认识论的先验论的抛弃而对其强调主体能动性的合理采纳。这种辩证否定的态度和方法无疑是新一代认知科学对传统认知科学进行批判时需要借鉴的。传统认知科学的错误在于从认知模拟技术来反向研究人的认知机制时走向了"以偏概全"的片面性，过度抽象化地说明认知的本质。具身认知在批判其错误时往往对其加以了全盘否定，以至于走向完全相反的看法，在人的认知和机器模拟之间划下了不可逾越的界限，似乎要完全清除思维中的"抽象""计算""表征"等因素。例如机器人学权威布鲁克斯在《没有表征的智能》（1991）一文中就认为，认知科学应当沿着进化的阶梯从源头处研究智能："当我们研究了非常简单的低等智能时，发现关于世界的清晰的符号表征和模型事实上对了解认知起到了阻碍的作用，这表明最好以世界本身作为模型"[1]，即主张人在进行认知活动时，主体是直接处于影响其行为的情境中，而主体的行为是靠具有动态结构的目标驱动的，完全不需要涉及抽象的表征，[2] 这就是对"表征"的全盘否定。经过这种全盘否定后所得出的认知图景显然也不符合

---

[1] R. Brooks, *Cambrian Intelligence: The Early History of the New AI*, Cambridge: The MIT Press, 1999, pp. 80-81.

[2] 参见刘晓力《交互隐喻与涉身哲学——认知科学新进路的哲学基础》，《哲学研究》2005 年第 10 期。

人的认知的实际，因为即使认知中存在大量非形式化、非表征化的内容和过程，也不排除在某些阶段或过程中存在形式化、表征化的过程，从而也是抽象和具体相互交织和转换的过程。在人的认知中，使用概念、符号，在抽象的层次上进行推理和演算，无疑也是一种普遍的认识形式，也是人的认识进入理性认识阶段后必须使用的手段，如果将这部分认知加以形式化和算法化，然后交由计算机去模拟地进行，也是无可厚非的。尽管抽象不能代替具体，计算或表征也不能代替具身的认知，但抽象是对感性具体的一种提升，也是推进认知的必经路径，所以计算表征对于人的认知也是必不可少的，不能为了"照顾"到认知的一方面就要否认另一方面。只有在批判的过程中辩证地汲取传统认知科学的合理之处，新一代认知科学才能像实践认识论那样成为博采众长、更具全面性的认知科学新纲领。

第三，合理评价。

借助实践认识论我们还可以对两代认知科学形成总体评价：第一代认知科学对认识本质和机制的研究是不成功的，对认识过程中的一个片段做了孤立、片面、抽象和极端化的理解，从而需要一种辩证的视野来加以纠正；新一代认知科学就运用了与实践视野关联的具身视野来进行这种研究，它较之传统认知科学的视野更全面，对认知机理的阐释也更合理，其观点如果汇集起来，可以体现出一种"主体在实践（互动）中对外部世界的反映"的哲学认识论原则，而这正是实践认识论的基本精神。或者说，新一代认知科学对于传统认知科学来说实现了一种理论范式转换，这种转换体现了当代认知研究与实践认识论"渐行渐近"的总趋向，这种趋向也告知我们：认知科学的发展从另一条道路或以另一种方式得出了与实践认识论相似乃至一致的结论：认识或认知不只是抽象的符号变换过程，而是与作为主体的身体、作为环境的客体密切相关，是在作为实践的主客体交互作用中生成并延展的。如果再结合实践认识论先于新一代认知科学形成的事实，则可以说后者在一定意义上是对前者的"回归"或"复现",也可以说是对前者的"印证",尽管这种印证是在不自觉的过程中实现的。

当然,新一代认知科学对于认知的特征和本质的种种揭示,在深度和高度上都没有达到实践认识论的水平。例如尽管当代认知科学家从多方面来表达关于认知本质的看法,从而形成了4E+S的多种表述,但与实践认识论用"能动的反映"来表达的认识本质相比较,都显示出各自的局限性,即每一个"E"所把握的仍然是认知的局部特征,而不像"能动的反映"所把握的是认识的整体特征,其中主体(身体)、环境、耦合等都被囊括其中。而作为能动反映根基的实践,更是可以衍生出新一代认知科学所主张的具身性等特征,使得实践认识论对新一代认知科学形成了一种哲学视野上的"全覆盖",即使对有些细节不能加以取代性的说明(如伽萨德所述的如何表征和说明个体对于创造性的自我意识的独特体验),但对其涉及的宏观向度或核心理论,则具有透彻阐释的意义。也正因为如此,后者对于前者的整合与提升才具有深厚的哲学价值。

实践认识论实现了认识—环境—实践三者之间的高度融合,与当代认知科学的哲学立场具有相同与吻合性,从而能够为促进当代认知科学的发展提供更为丰富而深刻的启示。第二代认知科学的所谓回归身体、回归生活、回归实体、回归环境等,归根结底还要回归人的实践,所以只有通达实践认识论,才能使这些"回归"的根基和归宿得到揭示。新一代认知科学的那些超越传统认知科学的成就,其哲学贡献就是从机械的抽象的片面的认识论回归到基于人的实践的能动的反映论,可见新一代认知科学中所能被发掘的最精辟的哲理还需要从实践认识论的考察和分析中得到凝练和表达。

三 认知科学对实践认识论探新的推进

如前所述,认知科学一开始就是渗透哲学的,这种渗透也反过来是对某种哲学认识论的印证，只不过传统的认知科学渗透和印证的是旧哲学的认识论，而新一代认知科学印证的是实践认识论；抑或说，实践认识论对旧哲学认识论的批判和超越，似乎在新一代认知科学对传统认知科学的批判和超越中得到了"折射"或"重现"。实践认识论关于认识的主体性、能动性、实践性、社会性等，获得了以具身性、情景性、生成性、延展性等认知科学新表述、新观点的支持，从而使实践认识论的科学性获得了新的确证。

目前关于实践认识论与认知科学的关联研究是一个薄弱环节。由于认知科学与信息技术紧密相连，所以将实践认识论与认知科学关联起来进行研究，也就是使认识论研究注重借鉴认知科学发展的成果，同样注重来自当代信息技术提供的推动，而这也极为符合实践认识论的本性：实践认识论超越了理论哲学的范式，其中体现的实践哲学精神，不再满足于思辨地、原则性地阐释认识活动的机理，而是要不断汲取科学新发现和新成就去更加深入地说明认识的本质和机制，这就使其更具有与认知科学结盟的内在要求。

具体来说，认知科学可以推进实践认识论研究的方面有：

第一，中兴实践认识论的研究。

可以说，近年来，认识论研究在整个马克思主义研究中是一个较为沉寂的领域，这与以计算主义为代表的传统认知科学曾经对哲学认识论的遮蔽有关，也与自然主义认识论兴起后曾一度出现的用自然科学（包括心理学、认知科学等）取代哲学认识论的思潮有关，而通过对新一代认知科学所蕴含的向实践认识论的复归，可以使认识论这块短板得以增强，并有望带来哲学认识论研究尤其是实践认识论研究的中兴。

例如，通过来自认知科学的新成果，一些实践认识论的命题可以在内涵上得到扩展，像"认识是人脑的机能"是实践认识论的重要本体论命题之一，借助具身认知的成果就可以继续从人脑的认知机能扩展到整个身体在认知形成中的作用，进一步看到除了大脑外还有其他一些身体要素或过程也在我们的认知形成中发挥着重要作用。这样的扩展也能帮助我们更好地理解感受性认知（如知道梨子的滋味）和技能性认知（知识）的形成机制。由于身体的体验与肌肉和周围神经系统中形成的记忆密切相关，我们还可以基于具身认知的观念去进一步深入探究由身体所直接进行的认识，例如关于腹部是"第二大脑"的发现就表明了这种可能性；甚至还可以借助实验来研究身体（这里的身体是包括脑的身体）在感知中是如何具体起作用的，例如通过镜像神经元的实验来理解认识活动中的"同情共感"。这样，"认识是大脑的机能"或许可以扩展为"认识是包括大脑在内的整个身体的机能"。又如，认知科学不同风格和不同侧重面的阐释，可以为"能动的反映"这一认识的本质特征提供更多维度的说明，展现出更多的具体要素如何互构了认识活动的机制，使实践认识论的理论图景更为丰满和充实。

第二，重视实验研究。

由于重视科学实验并将其作为重要的研究手段，认知科学也被称为"实验认识论"，这一特征也使得认知科学对于哲学认识论研究具有重要的价值和意义。认知科学之所以具有这一特征，主要是由于现代科学技术提供了足够的物质手段，可以在实验的水平上对人的心灵展开研究。"认知心理学家精心设计了许多实验，对人的知觉、记忆、思维、学习等心灵活动过程进行了研究。……认知科学已经把认识论的研究推进到实验的新时代，起码在理性的逻辑思维的层次上是可以做到的。"[1] 认知科学在今天不再仅仅根据"常识"去理解心灵是如何工作的，而是精心设计出各种实验来考察认知参与者是如何进行认知的，如通过实验来了解人们在演绎推理中所犯的各种错误，研究人们形成和应用概念的方式，人们用心理图像进行思考的速度，以及人们使用类比法解决问题的表现等。这种范式也直接影响了哲学，近年兴起的实验

---

1 章士嵘：《认识论研究方法随想——认知科学学习笔记》，《哲学研究》1989 年第 3 期。

哲学就是这一背景下的产物。在有实验参与的平台上，关于心灵本质的结论就不再仅仅通过先验来推测，而是通过对心理学、神经科学和计算机科学等领域的科学发展进行有根据的反思而得出的。在这样的范式下，认识论研究就不是一个自我封闭的领域，而是可以不断从有关心理结构和学习过程的基于实验的科学发现中受益。[1]

目前认知科学研究认知时普遍要使用理论化、计算建模和受控实验三类方法，理论化就是要对心灵本质建立理论框架，计算建模就是通过建构各类模拟心理运作的计算模型来获得这种理论框架，而受控实验则是具体去设计和实施这样的框架和模型。倡导在实践认识论研究中借鉴当代认知科学的成就和方法，一定意义上也就是倡导实践认识论和实验认识论的融合。这种融合的意义还在于，实验认识论与实践认识论不应该是相互排斥的，毛泽东就将科学实验本身作为三大基本实践形式之一，表明实践认识论与实验认识论应该具有天然的对接性，或者说，实践认识论也需要实验这一维度，并推动这一维度的展开，以解决相关的认知问题。如同列宁所说："对于那些看起来完全没有感觉的物质，如何跟那些由同样原子（或电子）构成但却具有明显的感觉能力的物质发生联系问题，我们还需要研究，再研究。唯物主义明确把这个问题提出来，从而促进这一问题的解决，推动人们去做进一步实验研究。"[2] 当我们以科学实验的方式获得相关的数据甚至建立起精确化的模型后，就可以对在实施控制条件下的认知过程的微观机制加以精确的刻画，将认知过程中的一些客观性和普遍性因素揭示出来，成为我们把握现实认识活动的重要参考，这也是实验条件下的认知与现实生活中的认识之间的必要互补。例如，若能借助模型和实验方法使得毛泽东所揭示的"从感性认识上升

---

[1] Stanford Encyclopedia of Philosophy,"Cognitive Science", 2018 – 09 – 24, https：//plato.stanford.edu/search/searcher.py？query=cognitive+science.

[2] 列宁：《唯物主义和经验批判主义》，人民出版社，1971，第32—33页。

到理性认识""去粗取精、去伪存真、由此及彼、由表及里"得到有实验数据的更细节化的表达，也就是通过实验认识论的路径推进了实践认识论的研究，融入了微观化的成就，这样就可以使其在具有生活实践支持的前提下，获得来自实验科学的验证和丰富，由此获得更坚实的基础。

第三，联结技术前沿的桥梁作用。

当代认知科学可以成为实践认识论与科技前沿相结合的桥梁。实践认识论作为一种具有科学性的认识论，必然要经受科学发展的检验和印证，而借助认知科学，借助它与信息技术之间的亲缘关系，实践认识论可以更多地汲取信息技术发展的新成就来用于推动认识论研究，丰富自己的理论学说。

当代认知科学不仅以"实验认识论"为显著特征，而且还以"技术认识论"为重要向度。它的起源就是计算机技术发展的结果（如西蒙和纽厄尔从计算机的信息处理中找到它与人的认知过程的共性，然后提出了心灵的物理符号系统假设，成为认知主义的方法基础）；作为信息技术前沿的人工智能则与认知科学具有内在的关联，可以说认知科学的智力基础就是人工智能，而作为认知科学支撑的认知技术本身就是人工智能的组成部分，人工智能的目标就是对具有智能性的人的认知的模仿和在机器上加以实现，所以认识论研究与认知科学保持着密切的关系，也是将人工智能作为自己新的智力资源。

在当今的推进中，认知科学还采用许多最先进的技术来研究认知过程中的神经活动及其他脑活动机制，如通过"读脑"技术来实现"读心"，通过算法技术来逻辑地再现一部分被机器模拟的思维认知过程与细节，并展现了通过技术路径来增强人的认知能力的种种前景或可能，使得认知技术本身被誉为21世纪引领人类进步的四大领军科技或"会聚技术"之一。这一技术化路径既为实践认识论丰富自己的认识论理论提供了崭新的资源，也因直面新技术的发展所提出的新问题、新挑战而获得深化与拓展的新机遇、新动力。例如，利用计算机、人工智能这些"类脑技术"的认知模拟，可以帮助实践认识论更深入地揭示人的认识过程的机制和规律。通过脑扫描技术来观察大脑内部神经元的活动，获得特定的信息加工过程中人脑内各个功能区域的信号变化，可以帮助实践认识论对"意识是大脑的机能"做出更精准的描述。更广义地说，这一技术路径无疑是对认识论的哲学研究方法的有益补充，也是哲学与具体科学（含技术）之间辩证关系的应有之义。

另外，第二代认知科学中的延展认知也包含了技术认知的维度，它认为人的认知借助技术可以延展到体外进行，这样的延展认知已成为信息技术时代的一种重要认识方式，它对于实践认识论中关于认识工具的作用可以产生新的启示，可以将认识工具如何增强认识能力的研究形成新的推进。

第四，促进交叉方法向实践认识论的引入。

如前所述，认知科学是一门建立在复杂多样的科学和哲学基础上的交叉学科，这种交叉性使得认知科学涉及的问题范围极其广泛，从大脑神经系统到社会文化因素，从心理学到计算机科学和人工智能，从语言学到人类学等都与人的认知有关，都是研究认知的必要向度，将这些学科吸纳进认知科学的"大家族"中所形成的交叉互惠，导致了认知科学"枝繁叶茂"的生长之势，这一特色无疑可极大地启示实践认识论研究也需要博采多学科之众长来滋养和推进自己的研究，并结合其他学科的视域来拓展研究的主题词和问题域，如将心理学中的目的、动机、情绪等因素在认识过程中的作用机制提升为认识论问题，将计算机科学和神经科学中的信息摄取、储存、选择、分类、唤起、联络等纳入认识过程加以研究，将语言学中人如何通过语义网络唤起言词、概念、往事的记忆来进行联想、推论等融入认识的机制研究，如此等等，可以极大地开阔和丰富实践认识论的视域和内容，这也是实践认识论作为哲学必须与具体科学结盟才能具有新的生命力的一种体现。

归结以上的分析，可以认为，实践认识论与认知科学的研究之间具有互鉴基础上的互惠关系，如后者可以从前者中挖掘其对认知科学的指导原则，尤其是以实践认识论为基准去考察认知科学中贯穿的认识论思想或原则的优劣得失；而前者可以从后者中获得拓展视野和丰富内容的新路径，尤其是以认知科学的动态发展去考察实践认识论可以从中获得哪些新的滋养而拓展其研究的视野和进路。具体说来，这种互鉴互惠的关系可以使实践认识论的基本立场在认知科学研究中被再度"唤醒"，使得实践认识论在"继往开来"的研究中被"接着讲"，即通过汲取认知科学的新成就（也包括汲取第一代认知科学的合理之处）而走向新的阶段或新的时代，尤其是结合认知技术的发展，应对认识论研究中面临的新问题和新挑战，在感官和大脑的工作机制、在主体如何与外部世界互动耦合等方面获得更为丰富的观点和看法。通过两者的互鉴互惠，实现实践认识论与认知科学的深度结盟与融合发展，走向认知或认识现象研究中的宏观与微观相互协调与结合的新境地，甚至走向一种关于认知的"中观研究"或"中观认识论"。

第四节　从自然化到技术化：认识本质研究的新融合

在信息时代，当信息技术日益增多地嵌入人的认识活动中之后，在认识的手段上就呈现出"技术大于自然"的总特征，这一特征已经体现在前面的章节我们所分析的主题之中，如认识对象的技术化显现，认识来源的技术性生成，认识主体的技术赋能，认知本质的算法阐释……在这里，我们再从认识论研究中的"技术大于自然"这一角度来进一步探讨一种新的视域融合对于理解认识本质或机理的重要性。

一　从自然化到技术化的认识过程

"技术化"和"自然化"可以从两种意义上相互区别，一是从本体论上，技术是"人工的"而自然是"非人工的",抑或直接说技术是非自然的而自然是非技术的;二是从方法论或学科属性上,以"自然"为对象的自然科学成为研究的典范从而形成"自然化"(抑或说"科学化")的方法,而以技术成果为支撑或借用技术机制或使用"技术隐喻"去解释非技术现象从而形成"技术化"的方法。这两种意义上的区别体现在认识论上就是认识过程日益从自然化走向技术化,以及认识论研究中基于自然科学的方法论范式和基于信息技术的技术化解释范式的两种研究进路。

先来分析认识过程的技术化。

认识过程的技术化,是我们从现象层面能够直接感到的认识活动的特征,它指的是认识过程中技术介入或辅助的权重逐渐增大,以至于没有技术的辅助,认识就难以进行,技术在此时成为造就认识特征和认识方式的决定性因素,由此对于认识的变迁来说,技术因素的影响"大于"自然因素的影响。

从信息活动的视角看,人的认识过程包括信息摄取、信息加工、信息存储(记忆)、信息表达和传递(交流传播)等环节。在人类处于口耳相传的远古时代,这些环节几乎没有借助任何技术的辅助,完全是人借助自己自然天成的身体和天然通道来进行,所面对的也是认识对象的自然呈现,因此我们看到的是一个纯粹自然化的认识过程。文字和印刷术的发明与使用,开启了技术介入认识的历程。书写和印刷术使得信息的储存或认识成果的记忆可以借助人工载体(如纸张)来实现,信息的交流则可以通过书信的传递来进行,这些都使得认识过程中的相关环节得到了技术性辅助和增强。

技术的发展使得介入认识过程中的技术越来越多,介入的范围程度不断拓宽加深,其结果必然是人类日益增多地借助技术手段并面向技术中介所建构的对象来进行认识,技术在人的认识活动中的功能越来越强大,以至于超过了"与生俱来""自然天成"的东西,由此形成了认识过程的技术化。在信息时代的今天,我们看到的是当代信息技术对认识的全面介入:从认识对象和来源到认识主体、从认识的信息加工到认识结果的表达，认识过程中的各个要素或环节都深度依赖于技术，技术化认识呈现出走向主导地位的强大趋向。

从信息获取的方式和对象上看，我们不再主要通过自然化的通道直接面对认识对象（或对象的直接呈现）来获取信息，而更多的是通过技术媒介获得信息，所面对的也主要是技术设备（如电子屏幕）上显现出来的东西，这就是前面"认识对象"一章所说的"技术显现"。这样的技术化也可被称为"工具融入对象之中"，或"认识对象的技术性生成"。在信息化技术普及的今天，电子屏幕上显现的东西构成了许多人的主要认识对象；即使是自然对象，我们也常常是从技术性显现中而非自然显现中去进行感知。一方面它使我们能"感知"的对象远远超出了我们的自然感受能力所能触及的范围，另一方面一旦离开了技术通道，我们就会与世隔绝，失去几乎所有的认识对象。

从信息加工和处理的过程来看，我们越来越多地将计算、数据分析、推理和决策等认识任务交由电脑、网络或技术性的人工智能去完成，而不是由人脑这个自然智能器官去完成；原先只是起辅助作用的技术手段正在具有越来越大的威力。随着大数据技术的兴起，我们在数据收集、处理和运用上实现了更高性能的技术化，通过智能化的数据分析，我们能够理解那些仅靠天然的大脑智能无法消化的数据信息，发现其中的相关性和规律性，提炼出我们所需要的信息，产生出新的知识。

可以说，这也是"认识手段"的技术化。在漫长的人类认识进化史中，人的外在"技术手段"通常是人自身的"自然手段"辅助，正因为如此，我们自己也才是认识的主体。而在认识手段日益技术化的过程中，形成了由认识手段的技术增强到人的认识能力的技术增强，人由此成为如前所说的由"技术赋能"后的"新型认识主体"。

信息技术通常是通过辅助或延展甚至植入的方式来增强人的认识能力。

"延展认知"中也包括人的认识被技术性增强的内涵。延展认知说到底无非是信息技术介入的产物，在信息技术的帮助下，认识活动所需要的信息被储存在人工器具上，一部分信息处理活动外移到身体之外的技术系统中进行，由信息技术来实现，由此形成了作为"类认识现象"的"延展认知"，它实际上就是技术化了或被技术性增强了认识过程。而且这种延展一旦向人体内进行而走向内在性增强就是向认识主体的"嵌入"，就实现了技术对认识过程从外部影响到内部建构的深化过程。

从信息的传播和交流过程来看，在口耳相传的时代是人和人之间面对面利用自然通道（空气）进行的"自然传播"，印刷时代的书信（一种技术性的人工制品）来往是实物传播；而今天在互联网和各种电信设备上的交流则是电子传播，它将运输实物（书信）的信息传播方式演变为电磁波发射和电信号传输的方式，而这又是随着信息的数字化后被普遍推广的。数字化是电子和互联网时代有效计算和通信的基本形式。将信息数字化的直接结果是，认识内容可以在计算机中交由机器去处理，交由互联网去传播，交由多媒体去显现，使得作为认识成果的知识从凝固于印刷品上的"固态知识"转化为流动于网络和终端上的"电态知识"，并通过超文本使其检索与链接极为便捷，由此也改变了知识的获取方式乃至记忆与保存方式，还导致知识的习得方式也发生了新的变化。

由以上分析可见，技术时代的认识，必然从自然化走向技术化，而技术化的认识在今天主要就是信息技术化的认识，认识的技术化实质上就是信息技术化，具体体现为认识过程的数字化、数据化、智能化、网络化等。拿数据化来说，由于大数据涵盖对象的全面性，使其在云计算技术的支持下，可以使通常的抽样统计认识方法或传统的"归纳+演绎"方法转变为对研究对象进行直接的全局统计和概括，由此也改变了我们对"经验""理论""确证""推理"等概念的看法。随着信息革命影响的日益深刻，信息技术正在与我们融为一体，共同建构我们的认识对象和过程，拓展我们认识的广度和深度，形成新的知识形态和认识特征，造就我们有别于过去的认识生涯和生命体验，印证了莱文森所说："知识的技术表现和追求，是人的生命的一个重要标志。"[1] 可以说，信息技术的深刻影响正在造就一种被"全面信息化"的认识过程。如果自然化的认识主要依赖的是身体从而是"涉身"性的，那么当今被深度技术化的认识则可被称为"IT（信息技术）负载"的认识。

当然，这种IT负载的认识所带来的认识特征变化，远不止以上所论及的那些方面，例如它还可以使认识的来源和沟通方式发生变化，像我们前面讨论过的经验的技术性生成，心灵借助读心术的直接沟通……由此我们看到，认识过程的技术化不仅改变了认识活动的外部特征，而且有可能从根本上改变认识活动的内在性质。于是，技术因素此时不仅仅是需要我们重新去适应认识的某种新手段或新环境，而且还是连同我们自己的存在根基都被改变的认识的"新基因"。

二 自然化与技术化的认识论研究

信息技术不仅影响了认识过程的特征，改变了长期以来人类认识过程中"自然大于技术"的传统，而且还影响着认识论研究的特征，这种影响，除了在本章前几节中讨论的通过认知科学而影响哲学关于认识本质的看法外，还从研究范式上对认识论研究形成了整体性影响，这就是从自然化的认识论研究走向技术化的认识论研究。

认识论研究在传统哲学那里一直是采用思辨的或形而上的范式。自然主义认识论兴起后，则形成了借用自然科学的理论来研究认识论的范式，这一

---

[1] 〔美〕保罗·莱文森：《思想无羁：技术时代的认识论》，何道宽译，南京大学出版社，2003，第13页。

范式形成的标志是1969年奎因（Willard Van Orman Quine）的《自然化的认识论》一文的发表。在该文中奎因主张认识论需要自然化，即需要利用自然科学的发现和自然科学的方法说明人的认识现象，唯此关于我们如何能够达到对世界的认识才具有"感性证据"。为了更好地描述认识形成的客观机制，自然化认识论认为需要将认识论问题交由自然科学来解决，这样也才能使科学与哲学之间的鸿沟得到填补。这一研究进路也被称为认识论的自然化纲领，或自然主义认识论。可见，这里的"自然化"就是"（自然）科学化"，就是要使哲学的认识论研究走向科学化，将认识论的传统问题放到自然科学的视域中去加以探讨和解决。

自然化认识论批判了传统的思辨的认识论，力图以形而上学的方式或"第一哲学"身份来先验地研究认识的本质，在自然化认识论看来这样的工作是空洞的，所形成的规范性的认识论也是不成功的，因此需要通过心理学、生理学、神经科学、认知科学等具体科学的合作来研究人的认识，由此形成一种描述性的认识论。科尔兹（Andras Kertesz）将自然化认识论的立场概括为："a. 认识论不应该是一门哲学学科，而是应该运用科学方法；b. 因而，认识论应该以一种后天的方式进行；c. 认识论并非一项规范性的活动，它的主要任务不在于评价科学研究的结论而在于努力对其进行描述和说明。"[1]

在"填补"科学与哲学之间的鸿沟时，自然化认识论力求将哲学认识论变为自然科学的一个分支学科，或变为认知心理学的一章，这也是奎因所主张的自然化："理论性的认识论作为理论科学的一章被自然化"[2]，这意味着认识论完全被某种自然科学所取代，从而取消了认识论作为传统哲学重要组成部分的独立性。温和的自然主义认识论不赞同这种替代论，主张"科学是

---

[1] A. Kertesz, "On the Denaturalization of Epistemology", *Journal of General Philosophy of Science*, 2002, 33 (2), p. 270.

[2] W. Quine, *Pursuit of Truth (Revised Edition)*, Cambridge: Harvard University Press, 1992, p. 19.

解决哲学问题的资源，而不是替代哲学或哲学纲领的资源"[1]，即不能将自然科学的方法视为从事认识论研究的唯一有效的方法，主张适度借鉴这一方法，形成科学与哲学的合作。这种温和的自然化认识论无疑增加了认识论研究中的科学成分，对于推进认识论的研究是具有积极意义的，它至少可以改变认识论研究长期以来仅停留于"宏大叙事"水平的路径，而是将认识的细节和机制及其科学基础引入认识论研究的视野之中，将认识过程的一些具体方面（如命题态度的形成、命题内容与外在世界的关系等）加以基于科学根据的说明。用数据科学的术语来说，就是使认识论研究基于数据而进行，而非先前那样无任何数据支撑，从而走向具有经验内容的哲学认识论。通过哲学与自然科学的内在关系和互动历史也可以看到，自然科学的研究成果和经验方法是可以为许多重要哲学问题的探讨和解决提供有益启示和有效帮助的，所以自然化的认识论研究是具有其合理性的。

　　认识论研究中的技术化，则是基于技术工作的原理或技术隐喻去理解认识的本质，就是以技术类比的方式来研究认识，用技术装置处理信息的机制来说明认识的机制，"人是机器"是这一范式最一般的原初的表达，而认知计算主义则是这一范式在信息时代的典型形式，其技术特征是与计算机联系在一起的，其中认识论研究的技术化就是计算化，其要旨是通过信息技术应用于智能领域中的成就来帮助哲学解决传统的认识论问题。

　　萨迦德在《科学哲学中的计算》一文中对计算机如何影响科学认识的研究进行了分析，概述了计算机化的认识论研究的进展，在此基础上他认为："算法"为科学认识的研究开拓了更广泛的领域，有效地帮助我们产生数字规则、发现因果网络、形成概念和假说，以及评价各种相互竞争的解释理论；通过编写一个科学认知方面的模拟程序，可以提供一个计算可行性的最小试

---

[1] P. Godfrey-Smith, *Theory and Reality: An Introduction to the Philosophy of Science*, Chicago: University of Chicago Press, 2003, p. 154.

验，用以测试潜在的理论观点；而且，这一程序如果被视为认知模型的一部分，就可以根据它如何模拟人类思维这一点来对其进行评价，因此计算机建模像对人工生命的研究一样，对科学认识的研究做出了巨大的贡献。[1]

技术化进路可以走向更富经验内容的认识论研究，因为它通过技术模型使得被说明的对象（如进行认识活动的大脑）外在化、可视化、客观化和清晰化。例如计算机就以其清晰的工作机制（无论是物理层面、逻辑层面还是功能层面）为我们提供了研究认识机制的借鉴和启示，"其中的部分内容还可以在实验室的条件下得到证实"[2]，使得支配认识过程的基本原理得到透彻展现。这也被称为"建物致知"：技术就是建造人工物，建物的重要功能就是获取该物或对象的知，这是比"格物致知"更具能动性的一种探究对象的方式。例如，研发人工智能的目的之一就是通过外在的技术手段在机器上所重塑的智能去发现认知活动所依赖的计算构架，从而理解大脑是如何工作或认识是如何涌现出来的。

由上可见，体现在认知计算主义的技术化解释，是基于现代信息技术尤其是在计算机影响下所形成的，或者说是直接在计算机类比的思想启发下形成的，因此是借助计算机隐喻而完成的解释。它力求在人造的信息处理机器上，反身性地弄清楚认识的本质或机制，借助"脑机互惠研究"来理解认识现象，这无疑是技术的"器官投影论"的"逆向解释"，是以"大脑逆向工程"的技术方式来研究人的认识。这样理解的认知使得诸如知识工程、专家系统等得以投入研究和开发。

技术化解释虽然遭到不少诟病，但至少形成为人类对认识本质研究一个重要环节，对推进认识论研究起到了不可替代的作用，是我们今天对认识论

---

[1] P. Thagard, "Computing in the Philosophy of Science", in L. Floridi（ed.）, *The Blackwell Guide to the Philosophy of Computing and Information*, Oxford: Blackwell Publishing Ltd., 2004, pp. 307–317.

[2] 史忠植：《认知的信息加工理论》，《哲学动态》1989 年第 6 期。

进行更深入更全面研究一个不可或缺的组成部分。今天我们对认识论中的主要问题的研究多是在信息技术的直接支持下而不断取得进展的，认识论所研究的认识过程都是在信息技术的影响下获得了新的解释与启示。在这一点上，技术化认识论研究与自然化认识论研究有一致的地方，甚至在某种意义技术化认识论也可被视为自然化认识论的一个类型，正如"技术科学"可被归入广义的自然科学一样。

三 三重关系中的自然化与技术化

以上关于认识论中的从自然化到技术化，包含着三重关系：一是从认识过程来看，需要在技术化与自然化之间保持适度平衡；二是从认识论研究来看，需要借助技术化来推进自然化，以及实现两者之间的互惠互利；三是自然化与技术化的本体论层面和方法论层面之间，需要用融合的研究进路去探索融合中的认识过程。可以说，这些不同维度自然化与技术化之间所形成的不同的认识论关系，展现了认识本身的丰富性和认识论研究的复杂性，是"认知差异"在更丰富而复杂的关系中的展现。

先来看第一重关系，即认识过程在原初自然化的基础上走向技术化，且技术化日渐大于自然化，但如果过度技术化，则会走向认识过程的技术异化，丧失由自然赋予我们自身的认识能力，而成为由"人工"的技术化能力主导和支配的认识过程。为此既要使用认知技术，顺应认识技术化的必然趋势，又要避免认识的过度技术化或使认识活动变得完全依赖信息技术，否则认识的自然性或属人性就会完全被技术化所遮蔽。这一点我们已在前面多次提及，在后面的认知悖论中还要具体探讨。此外，当前担心人工智能过多地取代人的智能，可以说也是对技术介入认识过程中的"技术化之误"的一种警示。

再来看第二重关系。本来是分别产生的自然主义和计算主义，某种意义上成为认识论研究中科学化进路和技术化进路的代表，它们之间既具有相同性，也具有相异性，其中自然主义体现的是推崇科学方法的科学主义，计算主义则体现的是崇尚技术解释力的技术决定论，而有利于认识论研究更加深入全面推进的应该是自然化与技术化认识论研究的相互合作。

这种合作一方面体现为自然化需要来自技术化的支撑，由此使认识论研究形成一个从基于自然科学的理论解释到基于信息技术的功能展现的推进。虽然时间上并非先有自然主义认识论后有认知计算主义，但从逻辑上可以将其关联起来，视为认识论研究从自然化到技术化的推进；或者说，自然化的研究进路如果不仅仅停留于理论假设的阶段，就还应延展到对认识的技术研究上去。而且，由于信息技术是当前科技发展最活跃并起主导作用的领域，认识论研究要保持与科技发展之间的紧密联系，首先就要和信息技术的发展密切结合，将信息技术的成果引入哲学认识论研究中来，使认识论研究具有前沿性和生命力。

技术化为科学化的认识论研究所提供的支持和推进，还表现为人脑这一自然的认识器官作为科学研究的对象，在今天成为可以用技术来直接研究而不断获得新的进展。越来越先进的研究仪器和技术手段为我们揭示出认识活动与脑神经的微观现象之间的关联，也成为理解认识的生理本质或机制的基石。由于科学本身就具有技术化的潜质，从而自然化认识论走向技术化认识论具有必然性。今天的神经科学、脑电科学等领域中，广泛应用功能性核磁共振（FMRI）、正电子发射断层扫描技术（PET）、脑电图、脑磁图、近红外光谱仪、微电极技术、深部脑刺激术以及光遗传学技术等来对脑活动的生物物理过程加以精确和可验证的研究，随着更多更精致的技术更深度地介入认识过程及其关联的基础研究，将帮助我们不断将自然化认识论向前推进。在这个意义上，没有技术化的进路，自然化认识论就是一种缺乏支撑的认识论；自然化认识论一旦与技术化认识论相结合，就可以成为根基更为坚实和解释力更加充分的认识论。这一关系从某种程度上也表明，技术化是更高水平的自然化，因为当自然化认识论为认识提供科学的解释后，技术化认识论则可以进一步为这种解释提供验证，或在有技术设备构建的实验中去实现这种解释，进一步还可能在工程化的水平上在人工物中得以普遍落实，从而直接以技术工具来论证（包括比喻）由科学理论所提出的关于认识过程的看法。

这种合作的另一方面则体现为技术化也需要自然化的补充，例如在关于认识机制和本质的问题上，不能只限于计算机模型的隐喻。在借用计算机类比的基础上，还要看到人脑神经系统自身的特殊性，因此还要结合神经科学、实验认知心理学等自然化的进路加以研究。正是结合了自然化的理论进路，计算机化的技术进路才使得认知的性质通过实验认知心理学的方法和计算心理学的理论模型得到考察，以新的概念、模型与实验技术丰富与深化了对认知的研究和功能主义解释。

总之，两者的结合，可以将以前对认识特征和方式的抽象说明推向具体解释，使得实验和技术类比的方法应用于对认识的研究，开辟了理解认识（包括意识、反映、思维等）的新途径，使得基于科学解释的认识论和基于技术隐喻的认识论形成互补互惠的关系，从而使认识论研究走得更远。

最后来看第三重关系，其中涉及两种自然化与技术化之间的关系，所带来的问题更为复杂。

科学与技术之间既区别又关联，使得科学化（自然化）认识论与技术化认识论的"适用域"也既有区别也有关联。如果科学主要是"发现"，技术主要是"发明"，那么自然化认识论所侧重的似乎主要是发现自然化认识过程的"真实状况"，而技术化认识论所侧重的则是通过发明出来的智能机器去技术化（机器）化地实现这一状况。

两种进路的认识论研究的不同适用域，表明它们以不同的"认识原型"为主要对象，且各自对于自己研究的原型显示出自己的长处。自然化认识论进路无疑更擅长于研究人脑所从事的认识，而技术化认识论更适合于研究电脑中所发生的"认识"（信息处理过程）。技术化的认识过程无疑难以用自然化认识论清楚地说明，而必须要由技术化认识论加以研究；或者说技术化了的认识用一种基于技术隐喻的认识论研究才能得到更贴切的展示，因为技术介入的认识显然在性质上发生了变化，再用自然化的认识论加以研究就会显得不匹配。但需要指出的是，技术化认识论的研究进路则似乎不满足于仅仅说明电脑的"认识"过程，而是要借此类比地说明自然化（人的）认识过程，所以在这个意义上，技术化认识论的"适用域"或"认识原型"具有更大的超越性。

在这里，我们还可以看到认识论的"双重技术化"问题。当认识过程被技术化后，由技术化认识论（如计算主义）对其进行研究，那么技术化认识论所研究的技术化认识，还是技术隐喻中所指的那种认识吗？如前所问，随着技术的介入，认识的许多特征和机制已经发生了新的变化，这些变化是否也影响到认识的本质？或者说，自然化认识的本质与技术化认识的本质是否出现了差异性？如果两者之间有了差异，那么当技术化认识论用技术隐喻去揭示认识的本质时，所揭示的是未被技术化的自然认识的本质，还是被技术化后的新的认识本质？如果是前者，那么技术认识论的适应域或认识原型之间就不相匹配，也就是说，技术化认识论研究了自己并不擅长的对象，从而所形成的结论是否令人信服就成问题；如果是后者，则可能有违认识论研究的初衷，因为认识论研究的是人的（自然化）认识，即使技术化认识论所研究的，最终也是人的（自然化）认识，不过所使用的手段是"假（借）技喻人"而已。可见在认识论的双重技术化现象中，技术化认识论进路的对象和目的之间并非一致，要使两者达成一致，所内含的问题还是如何经过更加漫长的努力使得技术化（机器中的）认识与自然化（人脑中的）认识的相似性或同一性得到增强。

可以说，当代信息和认知技术延伸了人的感觉、知觉与思维，拓展了人的认识能力和潜在可能，使人类的认识无论是在特征上还是在本质上都发生了改变，所以对认识加以研究的认识论进路也必须"与时俱进"。认识过程的新特征乃至新本质还表现为两种认识过程的互渗与纠缠：在今天，当技术日益深度介入人的认识过程之后，技术因素似乎也日益成为心灵和认识的本质要素，所谓"自然化认识"与"技术化认识"常常纠缠在一起，你中有我，我中有你，有时也难以非此即彼地对它们加以区隔与廓清。例如人脑的功能如果通过药物或基因增强后就难以找到其自然状态和技术辅助状态之间的明确界限，而信息技术对人脑的信息增强同样如此，这在如前所述的人—机认识主体的协同进化中更是初见端倪。一旦新型的脑机融合（作为生物智能的"脑"与作为机器智能的"机"的相互融合）的认知系统得以建立，或者说人类智能和机器智能之间通过高水平的脑机接口技术而实现互惠互补乃至共生共存的关系，那么就从技术实践层次上融贯地实现了人的认识与技术性运算之间的协同和互补，也意味着自然化认识过程和技术化认识过程实现了有机的连接与融合。这样的认识过程无疑更需要自然化与技术化相结合的进路才能加以全面研究，此时所形成的认识论无疑也就是人机（或人技）互在协同的认识论。人的认识在技术的延展中成为自然化过程与技术化过程彼此交融的情况下，单用自然化认识论的进路或单用技术化认识论的进路都难以说清楚，而必须是结合两种进路才能讲明白。

这也表明，自然化认识论之所以需要技术认识论的补充，是源于认识论所研究的对象——认识过程和认识本质都被技术所深度介入。信息技术时代人的认识需要多向度结合的认识论才能得到全面的探寻，尤其是需要科学范式和技术范式相结合所做出的独特贡献。任何单一或有限的进路都不可能穷尽对认识特征和本质的说明；当然又不能因其局限性而否定其合理性，因为不断发展的科学化和技术化进路可以整合更多的现代科技成果为我们揭示认识活动的机理和奥秘。

从更开阔的视野看，自然化或技术化认识论所结合而成的进路仍属于"科技范式"的认识论研究。由于认识还具有社会性、价值性、文化性等属性，所以不可能将认识全部"还原"为科技视野中的神经细胞的兴奋、脑内生物电和化学递质的流动或物理符号的计算，无论是认知科学还是计算机隐喻中的信息运作机制也不可能说明认识的一切奥妙，所以认识论研究还应该包括社会和人文的认识论研究进路，这也是认识论研究中还必然要涉及的科学与人文、技术与环境、信息与社会等如何共同塑造人的认识活动及其状态、特征和内容等问题，从而也使得认识论研究不仅有自然化与技术化结合的要求，而且还存在着它们如何与人文社会向度相结合的使命，由此走向更加开阔的研究视野，形成更为丰富的认识论探新成果。这也是在上一节我们探讨实践认识论与认知科学的结盟时所强调的基本观点。

【本章小结】在对于认识本质的当代研究中，认知科学提供了新的视角和新的思想资源，其中的计算—表征理论和具身—生成取向的整合要求表明：计算的视角是需要的，人工智能等学科的介入阐释是必要的，如人工智能中呈现出来的信息的智能相关、数据相关和表征相关，可以将我们对信息认识论关于认识的信息加工机制引向更多维度的理解，从而对理解认知的本质提供更为开阔的视野。但是在另一方面，仅有这样的"技术化"或"科学化""信息化"视角也是不够的，需要纳入其他社会科学和人文学科等视角，而哲学的视角同样也需要纳入，否则就不可能有关于认知研究或认识论的全景图。认知科学的具体研究，不能代替也不能没有哲学认识论的整体引领，而哲学认识论的整体图景，也需要借助认知科学等充实细节和微观内容，由此使得关于认知（认识）的哲学思辨和实证研究走向深度融合，也即认知研究的哲学与科学融合。这种融合的最高成就，便是实践认识论对当代信息技术发展和认知科学的积极整合。实践认识论主张认识是主体基于实践对客体的能动反映，经过上述的整合，这一认识的本质内涵也包含了如下的丰富和拓展：认识作为能动的反映还是具身的（身体相关的）、具景的（情景相关的）以及具技的（技术相关的，尤其是信息技术相关的），在高级阶段（理性认识阶段）还具有计算—表征的特征。在揭示认识本质的认识论研究中，自然化与技术化的范式也需要新型的视域融合。通过以上努力，我们关于认识本质的看法与当代信息技术的发展可以形成有机对接。

第六章
认识方式：源自 IT 的差异和基于 AI 的分型

如果说认识的本质研究所侧重的是找出关于"认识是什么"的共识性看法，那么认识论除了要解决认识的这一共性问题之外，还必然会对认识的差异问题保持关注，而最能体现这种差异的就是"认识方式"。无论从历史上看，还是基于地域去观察，其都会呈现出种种思维认识方式上的差异，这种差异是文化差异的一个方面，如果将其抽取出来，它又和文化差异互为因果，即思维认识方式的差异既是造成文化差异的原因，也是由文化差异带来的后果。当我们分析文化差异造就认识方式的差异时，信息技术就必然进入我们的视野，而且它作为认识工具，对认识方式的差异所具有的影响更甚于其他文化因素的影响，某种意义上具有决定性的作用，尤其是考察当代认识方式的特点时，当代信息技术的深刻影响就更是不能忽视的因素，即"信息与通信技术让我们用信息化的方式思考"[1]，如果看不到这一点，就把握不住当代认识方式。

认识的本质是认识的内涵问题，而认识方式主要是认识的外延问题，通常外延问题比内涵问题范围更广泛，所以"认识方式"的所指也较为灵活，如"认知类型"也被看作是认识方式或它的衍生，所以也被纳入了本章探讨的范围。这些方面的差异尽管不是认识论经典视域中的核心问题，却是从日

---

[1]〔意〕卢西亚诺·弗洛里迪：《第四次革命：人工智能如何重塑人类现实》，王文革译，浙江人民出版社，2018，第46页。

常生活视角观察认识现象时最容易感受到的现象，从而是当代信息技术所造成的最泛在且最明显的认识论效应。

第一节　信息技术发展与认识方式的历史差异和现代特征

对于何谓"认识方式"目前尚无固定说法，如感性认识和理性认识可被视为认识方式，收敛与发散、归纳与演绎、分析与综合也可被纳入认识方式的范畴，凡涉及认识的方法、路径、视角、模式、法则、习惯、手段、风格等方面者，都可视之为涉及了认识方式问题，所表达的都与"怎样认识"相关。所以认识方式是一个有所指但又不十分固定的能指，也是认识过程中显示差异性最丰富的侧面。当我们说不同时代有不同的"思维认识方式"时，就是从动态的差异性来揭示认识丰富性的一种概括而综合的表达。人的认识方式在历史发展中所呈现出来的差异，在很大程度上是由所使用的信息技术所造成的；在今天，当代信息技术给我们带来了认识和思维新方式，也使哲学认识论呈现出一幅新图景。

一　信息技术与认识方式的深度关联

认识方式是有"技术含量"的，表现为它与信息技术的不可分离，这是因为人的认识必定要受到信息技术提供的条件（如它作为获取信息的手段、信息资源来源的渠道、加工处理信息的工具等方面所提供的条件）的影响，作为认识手段的信息技术的演变，必定会导致认识方式的演变。

技术由人所创造，人所创造的技术也不断改变着人自己。技术对人的改变，最根本的莫过于精神层面的改变，包括对认识方式的改变。信息技术作为一种"认知技术",更具有直接改变人的认识方式的效应,因为信息技术影响着我们如何看世界,必然也影响到我们将世界看成什么样,这是一体性的变化。

信息技术改变认识方式的途径丰富多样,如当其作为书写工具时就可以产生这种影响。尼采的一个作曲家朋友写信给他,说自己写曲子时,风格经常因纸和笔的特性不同而不同。尼采复信表述高度赞同,并进一步认为我们的写作工具渗入了我们思想的形成过程。德国媒体学者弗里德里希·基特勒(Fredirch Kittler)通过研究发现,改用打字机后,尼采的文风从争辩变成了格言,从思索变成了一语双关,从烦琐论证变成了电报式的风格。总之,如同德国学者莱德迈尔(Karl Leidlmail)所说的:我们的心灵结构被我们使用的不同媒介所改造,[1] 在技术哲学家伊德看来我们的认知则是被一般的技术所改造:"感觉能力上的任何更大的格式塔转换都是从技术文化之中产生的。"[2]

信息技术作为我们接触世界的媒介,其变化必然导致我们以新的方式看待自己和周围的世界,从而影响着我们的认识论。一些对此有感悟的哲学家,如"海德格尔和麦克卢汉都看到了信息技术和我们的思维方式之间的密切联系"[3]。媒介环境学派认为,媒介不单是我们身外的一种工具,更是让我们身处其中的"媒介环境","ICTs(信息与通信技术)不只是工具,更是环境力量"[4],它以"感知环境""符号环境"和"社会环境"等多重形式存在于我们的周围,"建构关于我们信念之中世界的概念或理念,这个世界就是我们

---

[1] K. Leidlmail, "From the Philosophy Technology to a Theory of Media", *Society for Philosophy & Technology*, 1999, 4(3), pp. 1-9.

[2] 参见〔美〕安德鲁·芬伯格《技术批判理论》,韩连庆等译,北京大学出版社,2005,第17页。

[3] 〔美〕迈克尔·海姆:《从界面到网络空间——虚拟实在的形而上学》,金吾伦、刘钢译,上海科技教育出版社,2001,第66页。

[4] 〔英〕卢西亚诺·弗洛里迪:《在线生活宣言:超连接时代的人类》,成素梅等译,上海译文出版社,2018,第3页。

'认为'或'了解'的世界"[1]，即是说，我们对世界的看法和认识上很大程度上是信息技术给予的，在认识的对象和认识的来源两章中的讨论都涉及了这一点。

信息技术改变了我们所看到的世界，这种改变是和它改变了我们看待世界的方式一体化出现的，"信息技术对现存的组织机构和权力的平衡具有深刻的影响，并且在商品的生产、营销和消费，以及在知识和文化领域带来了根本性的变化。然而，当我谈论世界观的信息化时，我心中想到的不仅仅是这些发展变化，我尤其是要考虑到那些同样重要的内涵，即信息技术对我们关于现实的感知和诠释的蕴涵。电脑不断地调整着人类与物质现实和文化现实的体验与联系。借助电脑，报纸、杂志、书籍、收音机、电视和电影的图像与声音蜂拥而至，湮没了我们，它们正在不断高频率地发展着，甚或在花样翻新"。[2] 我们就是在花样翻新的媒介变换中，不断地体验着思维认识方式的一次又一次"转向"，不断将这个世界中的一些要素交替推向前台，并将其作为这个世界的"始基"或"本质"加以强调，或作为真理的标准、最高的价值加以推崇，使我们陆续见到过如同波兹曼所归结的"话说为实""眼见为实""阅读为实""计算为实""推理为实"和"感觉为实"的"跌宕起伏"，并看到"随着一种文化从口头语言转向书面文字，再从印刷术转向电视，关于真理的看法也在不断改变"[3]。

麦克卢汉是对这一点发掘得很深的思想家，他认为媒介可以改变人的"感官比率"，而当人的"感官比率发生变化时，过去看上去清楚的东西就会变得模糊，过去模糊的东西会变得清楚"，也这就是说，"新的感官比率又推

---

[1] C. Lum, *Perspectives on Culture, Technology and Communication: The Media Ecology Tradition*, Cresskill, NJ: Hampton Press, 2006, p. 30.

[2] 〔荷〕约斯·穆尔：《赛博空间的奥德赛》，麦永雄译，广西师范大学出版社，2007，第104—105页。

[3] 〔美〕尼尔·波兹曼：《娱乐至死》，章艳译，广西师范大学出版社，2004，第30页。

出一个令人惊奇的新世界"[1]。过去的"观察技术"曾为我们不断拓展宇观世界和微观世界的新疆界，今天的信息技术则不断使我们体验到新的空间和存在。总之，"每一种媒介都为思考、表达思想和抒发情感的方式提供了新的定位，从而创造出独特的话语符号……不管我们是通过言语还是印刷的文字或是电视摄影机来感受这个世界，这种媒介—隐喻的关系为我们将这个世界进行着分类、排序、构建、放大、缩小、着色，并且证明一切存在的理由"[2]。"媒体会改变一切，不管你是否愿意，它会消灭一种文化，引进另一种文化。"[3] 也如同德国学者克莱默尔（Sybille Kraemer）所指出的："传媒并不简单传递信息，它发展了一种作用力，这种作用力决定了我们思维、感知、经验、记忆和交往的模式。"[4]

麦克卢汉还用"媒介即讯息"这一命题来表达上述思想：媒介的外在形式决定着媒介的内容表达，比如，广播的语言文字和电视的语言文字有着很大的不同，而广播、电视的语言文字和报纸的差异又是很大的。按照他的说法，呈现内容的技术和内容本身是一样重要的。例如，当个体通过报纸或电视节目获得有关总统大选的消息时，新闻内容本身是相同的；但是，个体如何感受这些消息却随呈现信息的媒体形式的不同而有所不同，因此使用某种或某些媒介，就是在形成某种思维方式，只不过这种影响并不是我们总能意识到的，"媒介的独特之处在于，虽然它指导着我们看待和了解事物的方式，但它的这种介入却往往不为人所注意。我们读书、看电视或看手表的时候，对于自己的大脑如何被这些行为所左右并不感兴趣，更别说思考一下书、电

1　〔加〕埃里克·麦克卢汉等：《麦克卢汉精粹》，何道宽译，南京大学出版社，2000，第206—207、178页。
2　〔美〕尼尔·波兹曼：《娱乐至死》，章艳译，广西师范大学出版社，2004，第12页。
3　〔加〕埃里克·麦克卢汉等：《麦克卢汉精粹》，何道宽译，南京大学出版社，2000，第248页。
4　〔德〕西皮尔·克莱默尔：《传媒、计算机、实在性——真实性表象和新传媒》，孙和平译，中国社会科学出版社，2008，第5页。

视或手表对于我们认识世界有怎样的影响了"。[1] 正因为如此，对于媒介的使用也需要"博采众长"，如果只偏向于使用某种媒介，也可能会影响我们思维的全面性与合理性，这就如同我们在讨论读屏和读书的关系时所阐释的道理。

二 信息技术改变认识方式的历史进程

麦克卢汉和波斯特将人类使用媒介即信息技术的历史分为三大阶段：口传时代、印刷时代和电子时代，许多思想家都看到：不同的时代由不同的媒介造就了不同的思维认识方式。

在器具信息技术使用极少的口耳相传时代，人的交流范围有限，但人的各种感觉器官均受到刺激，从而在认识能力上较为和谐均衡；但这个时代的抽象思维和逻辑思维能力较低，从而抽象的认识方式不发达也不普遍，这也原始人思维方式的特点。列维-布留尔对此分析道：在没有文字的原始人那里，他们的"原逻辑思维很少使用抽象，它的抽象也与逻辑思维不同；它不像逻辑思维那样自由地使用概念。"[2] 所以需要较高抽象能力的哲学思维方式就不可能在口传时代出现，"我们可以举一个简单的例子，如原始的烟雾信号。虽然我不能确切地知道在这些印第安人的烟雾信号中传达着怎样的信息，但我可以肯定，其中不包含任何哲学论点。阵阵烟雾还不能复杂到可以表达人们对于生存意义的看法，即使可以，他们中的哲学家可能没有等到形成任何新的理论就已经用尽了木头和毡子。你根本不可能用烟雾来表现哲学，它的形式已经排除了它的内容"[3]。也如同传媒思想家沃尔特·翁（Walter Ong）

---

1 〔加〕埃里克·麦克卢汉等：《麦克卢汉精粹》，何道宽译，南京大学出版社，2000，第13页。
2 〔法〕列维-布留尔：《原始思维》，丁由译，商务印书馆，1981，第139页。
3 〔美〕尼尔·波兹曼：《娱乐至死》，章艳译，广西师范大学出版社，2004，第8页。

所说,"如果没有文字,语词就没有可以看见的存在……它们没有焦点,没有痕迹"[1],所以仅仅在口语文化里讲的东西"不可能是持久的知识,只能是稍纵即逝的思想,无论它是多么复杂"[2]。或者说,"声音是留不下化石的"[3],也是形不成思想的积淀的,所以在很大的程度上,世界上的前文字文化同时也是前科学、前哲学、前文学的文化。

到了文字和印刷时代,人类借助纸质媒体传播信息的范围扩大,信息储存水平提高,文字则使人的抽象思维不断增强,书面阅读中形成的线性思维使得理性战胜了感性,各种需要抽象力的文化形式也才能产生;负载思想的文字能够刺激新奇思想的产出,而且这些新颖的话语和思想可以被记录下来,它们近在身旁,可以招之即来,供我们识别、反复阅读,并能够在读者中产生广泛影响。[4]

文字还导致了信息的接受方式从听觉中心到视觉中心的转变。按照翁的说法,视觉起分离的作用,听觉起结合的作用,因为视觉使人处在观察对象之外,与对象保持一定的距离,而声音却汹涌进入听者的身体;这就使得人从主客体不分进入到主客体相分。梅洛-庞蒂也持类似的观点:视觉形象一次只能够从一个方向映入人的眼帘:要看一个房间或一处风景时,"我"不得不把目光从一个对象转移到另一个对象,所以视觉对对象可以起到解剖的作用。然而当我聆听声音时,声音同时从四面八方向我传来:"我"处在这个声觉世界的中心,它把我包裹起来,使我成为感知和存在的核心。声音有一个构建中心的效应,因此你可以沉浸到听觉或声音里。相反,沉浸到视觉里

---

[1] 〔美〕沃尔特·翁:《口语文化、书面文化与现代媒介》,载〔加〕戴维·克劳利等《传播的历史》,何道宽等译,北京大学出版社,2011,第81页。
[2] 〔美〕沃尔特·翁:《口语文化、书面文化与现代媒介》,载〔加〕戴维·克劳利等《传播的历史》,何道宽等译,北京大学出版社,2011,第85页。
[3] 〔法〕海然热:《语言人:论语言学对人文科学的贡献》,章祖建译,生活·读书·新知三联书店,1999,第92页。
[4] 〔美〕沃尔特·翁:《口语文化、书面文化与现代媒介》,载〔加〕戴维·克劳利等《传播的历史》,何道宽等译,北京大学出版社,2011,第70页。

的办法是不存在的。视觉是解剖性的感知,和它相比,声觉是一体化的感知。典型的视觉理想是清晰和分明,是分解(笛卡儿主张清晰和分明,他强化了视觉在感知系统里的地位)。与此相对,听觉的理想是和谐,是聚合。声音具有以人为中心的属性,它不是平摊在"我"的面前,而是围绕"我"而展开,这无疑会影响到人对宇宙的感觉。所以对口语文化而言,宇宙是进行之中的事件,而"我"则是宇宙的中心。只有在印刷术普及之后,人们有了大量查看印制地图的经验,才会把宇宙或"世界"想象成平摊在眼前的东西,像现代地图印制的图像,像广阔的平面或许多平面组成的景观(视觉展示平面),才会把宇宙看成是随时等待人去"探索"的对象。这样,在思维方式上,正是由于有了文字才出现了"分析性反思"[1];"文字是在不同程度上有意识地进行的语言分析"[2],"文字因之具有推动思考的力量,也许还有助于发展分析和抽象能力"[3]。也如同荷兰学者穆尔所看到的:"一旦思考的进程从丰富而混乱的口语表达的语境中解脱出来,前所未有的思想的精确性便成为可能。作者能够通过深思熟虑而冷静地建构他的论点和去芜存精。希腊文化中哲学和科学的诞生是与语音书写的引入密不可分的。"[4] 基于文字的分析性思考可形成对于对象的理性意义上的认识,科学思考、严密的逻辑思维等认识方式随之出现,而不再像听觉中心时代那样仅仅是对周围环境在"互渗"感受中的神秘体验。

书写使听觉中心过渡到视觉中心,由此带来了一次知觉的革命:眼睛代替了耳朵而成为语言加工的器官,还造成了思维方式的更多变化。如文字对

---

1 〔美〕沃尔特·翁:《口语文化、书面文化与现代媒介》,载〔加〕戴维·克劳利等《传播的历史》,何道宽等译,北京大学出版社,2011,第86—88页。
2 〔法〕海然热:《语言人:论语言学对人文科学的贡献》,章祖建译,生活·读书·新知三联书店,1999,第89页。
3 〔法〕海然热:《语言人:论语言学对人文科学的贡献》,章祖建译,生活·读书·新知三联书店,1999,第83页。
4 〔荷〕约斯·穆尔:《赛博空间的奥德赛》,麦永雄译,广西师范大学出版社,2007,第225页。

所表达的意思通常呈线性排列，这就使得通过阅读文字来学习的人容易形成一种线性思维，"正是随着印刷术的出现，书写特色斐然的属性开始使得仍然存在的口语特性显得黯然失色。印刷书籍导致了叙事与论证的更为封闭的线性形式。文本变成了一个封闭的世界"[1]；这种思维"一直都是艺术、科学及社会的中心。这种思维既灵活又深奥，它是文艺复兴时期的想象力，它是启蒙运动中的理性思考，它是工业革命中的创造性……它马上就要变成昨天的思维方式了"[2]。之所以会成为"昨天的思维方式"，是因为电子信息时代的到来会改变它并形成新的思维方式。

在电子媒介时代，信息传播的范围得到了更大的扩展，人的中枢神经也获得了更大的延展，各种感觉器官形成了新的结构，人们对世界的看法出现了新的变化。甚至在用电脑录入文字时所要涉及的文字处理机，也如同海姆所说，它也能够"改变我们的思想过程甚至改变我们对实在的感知方式"[3]。从更普遍的层面看，电子网络时代随着信息对于物质的重要性的增加、随着网络结构对线性结构的消解、关系对实体的消解、显象对基础和本质的消解、情景或语境对决定论的消解，一种偏向后现代的思维方式随之出现，这就是媒介哲学家沃尔夫冈·希尔马赫（Wolfgang Schirmacher）所归结的："IT 是一种人工自然，是一种后现代技术，我们用它得以自由地生活在一种没有预先决定的、游戏般的富有审美的境界之中。"[4]

如果说书写与印刷更容易形成线性与封闭的思维方式，那么在电子信息工具的使用中，由于文本之间的链接和超链接，使得这里的文本是一个充分

1　〔荷〕约斯·穆尔：《赛博空间的奥德赛》，麦永雄译，广西师范大学出版社，2007，第 226 页。
2　〔美〕尼古拉斯·卡尔：《浅薄：互联网如何毒化了我们的大脑》，刘纯毅译，中信出版社，2010，第 9 页。
3　〔美〕迈克尔·海姆：《从界面到网络空间——虚拟实在的形而上学》，金吾伦、刘钢译，上海科技教育出版社，2001，第 68 页。
4　〔美〕卡尔·米切姆：《信息技术的哲学》，载〔意〕卢西亚诺·弗洛里迪主编《计算与信息哲学导论》，刘钢等译，商务印书馆，2010，第 693 页。

开放的世界，这也是在思维方式上前者更偏向现代性而后者更偏向后现代性的原因。麦克卢汉就认为海德格尔的思想更像是电子环境下组织起来的思想，这种思想抛弃了印刷文化所具有的那种线性的、个人主义的心理状态。[1] 德雷福斯认为我们正在离开图书馆文化而走向互联文化（hyperlinked culture），图书馆文化假设了一种现代性的主题：固定的同一性，寻求世界的更完全更可靠的模式；而新的互联文化则假设了一种后现代的主题：不是收集与选择信息，而是与无论什么外在的信息相连接。[2] 海姆则通过写作的过程分析到，当电子写作将提炼提纲的工作移到计算机上之后，提纲处理和思想处理成为同一过程，而"计算机的提纲处理标志着后现代"，在其形成的过程中我们可以看到人与文字之间的交互作用、自由的文本组合和搜索、信息的随意移动、无止境的灵活性、结构的不断浮动、层级体系的不断被打破，所以这样的提纲处理明显不同于印刷时代，是一种"后现代的思想处理"。[3] 波斯特则把后结构主义思潮，诸如福柯、德里达、利奥塔和鲍德利亚的思想与电子信息方式联系起来，认为这些所谓"后现代"或"后结构主义"思潮的出现是电子信息方式决定的结果，正是信息方式的改变、电子传播媒介的崛起导致的歧见、矛盾以及反总体化的效果，形成了批判理论的这些当今形式。

为了对信息技术造就认识方式有更深入的理解，我们还可以从不同媒介形态的两两对比中来考察认识方式所受到的深刻影响。

以不同的信息技术为手段所从事的认识活动有不同的特征，新的信息技术造就出新的认识方式，总体上呈现出认识方式不断进化和提升的趋向，但在细节上，其与不同信息技术匹配认识方式又各有优劣，所以也形成了一种

---

[1] 参见〔美〕迈克尔·海姆《从界面到网络空间——虚拟实在的形而上学》，金吾伦、刘钢译，上海科技教育出版社，2001，第68页。

[2] P. Brey, J. Hartz Søraker, "Philosophy of Computing and Information Technology", In D. Gabbay, etc. eds., *Handbook of the Philosophy of Science*, Amsterdam: Elsevier, 2009, pp. 1341–1408.

[3] 〔美〕迈克尔·海姆：《从界面到网络空间——虚拟实在的形而上学》，金吾伦、刘钢译，上海科技教育出版社，2001，第49页。

互补互惠的关系。如果对三个媒介时代进行节点之间的两两比较，就会突出地显示出它们各自所造就的认识方式的鲜明特点，从中也可以发现相互借鉴之处。

一是口语媒介与书面媒介的比较。

口头语与书面语对于人的思维认识活动各有优劣，传媒思想家伊尼斯（Harold Innis）在《传播的偏向》一书中也给予了多处论述。他指出口头传统强调的是记忆和训练，而读书写字则强化了逻辑，并必然加强广泛的一致性；文字成为对智力的考验，一个倚重书写的时代基本上是自我取向的时代；[1] 历史上有一些民族（如地中海北岸的希腊人）由于没有文字而积累了强有力的口头传统，具有了善辩的特长。[2] 口头语的长处还使得公元前4世纪，柏拉图试图用苏格拉底对话的形式，来拯救希腊文化的残余；用亚里士多德的话来说，苏格拉底的对话处于散文和诗歌之间，而柏拉图对科学的兴趣是以散文的形式反映出来的。伊尼斯指出了柏拉图抑文扬声的特点，在其看来文字传统使口头传统的活力走到了尽头，用尼采的话来说就是："从长远的观点来看问题，容许人人读书，不仅会糟蹋写作，而且会糟蹋思想。"[3] 翁也分析了柏拉图的这一倾向："书写在它的早期阶段也饱受指责。柏拉图在《斐德罗篇》中主张，书写没有人情味且不真实，它破坏记忆且'削弱灵魂'。"[4] 从这个意义上看，富有激情的口头语，可以使以它为载体的思想更具"人情味"，从而更具对听众的"感染力"和"穿透力"。所以，一种思想文化成果如果要具有广泛的影响力，就不仅只是一种写出来的成果，而且也需要是一种能被宣讲出来的成果。通常来说，一种思想作品如果适合"吟诵"或"演说"，就能产生仅局限在书面语时所不能产生的影响力；或者说

---

1 〔加〕哈罗德·伊尼斯：《传播的偏向》，何道宽译，中国人民大学出版社，2003，第7页。
2 〔加〕哈罗德·伊尼斯：《传播的偏向》，何道宽译，中国人民大学出版社，2003，第33页。
3 〔加〕哈罗德·伊尼斯：《传播的偏向》，何道宽译，中国人民大学出版社，2003，第35页。
4 参见〔英〕亚当·乔伊森《网络行为心理学》，任衍具等译，商务印书馆，2010，第8页。

书面语的认识成果需要口头语的成果来补充，才能使其所产生的社会影响具有基于信息方式的全面性。

此外，在翁看来，声音的行为与书写的行为在思维方法上也是不同的，前者偏重整体、和谐，后者偏重解剖、分析："声音的特征形成一个整合、集中和内化的体系。声音主导的言语体系和集合（和谐）的倾向是协调的，它不会和分析、解剖的倾向协调；分析、解剖的倾向和切割而成、以视觉形象展现的语词同时产生：视觉是解剖式的感官。此外，言语体系和保存记忆的整体论……是协调的，与抽象思维相比，言语体系和情景式思维……也是协调的。"[1] 他甚至认为书面语是对复杂的口头语所表达的世界的一种简化："文字和印刷术把听说世界简约为视觉书页的世界并对人的意识产生影响。"[2] 芒福德（Lewis Mumford）也从另外的角度认同了这一点："由于印刷术无须交际者面对面，也无须借助任何手势，所以它促进了隔离和分析的思考方式……奥古斯特·孔德（Auguste Comte）由此给这个时代起了个'形而上学'的绰号。"[3]

这里尤其要提到伊尼斯的看法。他列举了历史上的许多例子来说明口耳传播受时间束缚，眼睛、文字、书面的传播受空间的束缚。[4] 他推崇口头传统，尤其是古希腊的口头传统，认为该传统达到了时间偏向和空间偏向相互平衡的理想境界。他认为，这样的平衡境界可以给当代西方文明以非常有益的启示。他说：希腊口头传统中产生的荷马史诗，表现出对空间问题的强调；口头传统的灵活性，使希腊人在城邦体制下求得了空间观念和时间观念的平衡。他说他偏向于口头传统，尤其是希腊文明中反映出来的口头传统，其中

---

[1]〔美〕沃尔特·翁：《口语文化、书面文化与现代媒介》，载〔加〕戴维·克劳利等《传播的历史》，何道宽等译，北京大学出版社，2011，第87页。
[2]〔美〕沃尔特·翁：《口语文化、书面文化与现代媒介》，载〔加〕戴维·克劳利等《传播的历史》，何道宽等译，北京大学出版社，2011，第88页。
[3]〔美〕刘易斯·芒福德：《技术与文明》，陈允明等译，中国建筑工业出版社，2009，第124页。
[4]〔加〕哈罗德·伊尼斯：《传播的偏向》，何道宽译，中国人民大学出版社，2003，第53—54页。

存在着需要重新把握的神韵。他惋惜口头传统的衰落，因为口头传统既倚重时间媒介（如文字），又倚重空间媒介（如金字塔、雕塑）。所以他又说：口头传统之式微，意味着对文字的倚重（因而倚重眼睛而不是耳朵），意味着对视觉艺术、建筑、雕塑和绘画的倚重（因而倚重空间而不是时间）。他也惋惜向书面传统的回归，所以他说："15世纪中叶印刷术的发现，意味着一个回归的开始。我们又回归于眼睛占支配地位的文明，而不是耳朵占支配地位的文明。"这种"视觉本位的传播……产生的垄断，给西方文明构成毁灭性威胁"，所以他认为西方文明从拼音文字开始到广播媒介为止，走了一段弯路。[1]

二是印刷媒介与电子媒介的比较。

麦克卢汉对印刷与电子媒介的认识方式效应进行了对比，他认为古登堡时代的人被当时的印刷技术造就了一种重视觉、重逻辑思维和线性思维以及机械的、专门化的思维方式，而电子时代造就的则是感知整合的人、整体思维的人、整体把握世界的人，因为这样的信息技术使人的心理意识和社会意识的结构重新部落化。[2] 他说，拼音字母和印刷机"这两种媒介鼓励我们把世界看成是一连串分离的源头和碎片，使我们与之拉开距离"，而电视机则再现了这样一种感知方式："觉得我们自己和世界相互渗透，世界是我们的延伸，我们也是世界的延伸。"[3] "电子信息系统是完全器官意义上的有生命的环境。它们改变我们的知觉和感觉能力，特别是当它们没有被注意到的时候。"[4] 他将他所处时代最常用的电视看作最重要的电子媒介，它几乎渗入了美国的每一个家庭。它使每一个收视者的中枢神经系统得到延伸，同时作用

---

[1] 〔加〕哈罗德·伊尼斯：《传播的偏向》，何道宽译，中国人民大学出版社，2003，前言第9—10页。
[2] 〔加〕埃里克·麦克卢汉等：《麦克卢汉精粹》，何道宽译，南京大学出版社，2000，第18页。
[3] 〔美〕保罗·莱文森：《数字麦克卢汉》，何道宽译，社会科学文献出版社，2001，第7页。
[4] 〔加〕埃里克·麦克卢汉等：《麦克卢汉精粹》，何道宽译，南京大学出版社，2000，第144页。

于人的整个感知系统,用最终埋葬拼音文字的讯息塑造人的感知系统。[1]

海姆更为细致地比较了印刷技术和计算机技术对认识方式的影响。例如,当印刷术取代口头传统后,"人们曾经把真理理解为一件要进行公开辩论的事,现在却成为个人头脑中的财产了。以前人们把理解与听得见说得出的话语联系在一起,现在却用图形和空间表示。以前曾就一些细微差别引起争论,而现在把彼此间的区别记住就可以了。解析式图形树简化了知识,而印刷出来的提纲为现代思想提供了转变文化的引擎"[2],这种现代思想也就是以线性思维为特征的思维方式,它是与在纸本上写作提纲相关的,因为"提炼提纲就是生成顺序并使其连贯的过程"[3]。而在计算机代替了印刷机后,提纲便计算机化了。计算机提纲在用户和机器之间创造出一种交互式有取有予的交易,它超出了那种固定的、空间上的现代提纲。在空间构造中,观念化的顺序现在是流体的、动态的、不受限制的,而且还是用户可以即时察觉差异变化的。传统的提纲在纸上是不能移动的,它们的层级已固定,很难修改,除非推倒重来,因此你与它们没有交互作用;电子提纲的灵活性则是无止境的,即便是打乱层级体系的结构也没关系;它们鼓励的结构是浮动的和移动的,所以它们的工作模式既非古典的,也非新古典的,而是后现代的。[4] 用日本著名作家村上春树的话来说,两种媒体所造成的是"书写体"与"打字体"之间的本质区别:"意识的集约、集中是'书写体'语言的本质;而意识的分断、扩散则是'打字体'语言的本质。"[5]

---

1 〔加〕埃里克·麦克卢汉等:《麦克卢汉精粹》,何道宽译,南京大学出版社,2000,第371—372页。

2 〔美〕迈克尔·海姆:《从界面到网络空间——虚拟实在的形而上学》,金吾伦、刘钢译,上海科技教育出版社,2001,第45—46页。

3 〔美〕迈克尔·海姆:《从界面到网络空间——虚拟实在的形而上学》,金吾伦、刘钢译,上海科技教育出版社,2001,第46页。

4 〔美〕迈克尔·海姆:《从界面到网络空间——虚拟实在的形而上学》,金吾伦、刘钢译,上海科技教育出版社,2001,第46—49页。

5 参见〔日〕川本三郎《都市的感受性》,载姜念东主编《日本文学》,吉林人民出版社,1986。

三是口传媒介与电子媒介的比较。

翁把电子媒介时代的信息方式称为"次生口语"。他说,有了电话、电视和各种录音设备之后,电子技术又把我们带进了一个"次生口语文化"的时代。这种新的口语文化和古老的口语文化有惊人的相似之处:参与的神秘性、社群感的养成、专注当下的一刻……但这样的"次生口语文化"是更加刻意为之的自觉的口语文化,是永远基于文字和印刷术之上的口语文化;次生口语文化和原生口语文化的相似性令人惊叹,同时二者不相同的地方也令人惊叹。原生口语文化里的人转向外部世界,因为他们没有机会转向内部世界;与此相反,我们之所以转向外部世界,是因为我们已经完成了向内部世界的转移。同理,原生口语文化之所以促成自发性,是因为由文字完成的分析性反思还没有问世;与此相反,次生口语文化之所以促成自发性,是因为我们通过分析性反思做出判断,自发性是好东西。我们精心策划将要发生的事情,以便确保这些事情将是完完全全自然而然的。[1]

也就是说,电子媒介中的次生口语是对纯粹文字的一种否定,但又不是简单地回到原始口语的形式,而是仿佛经过了否定之否定后在更高阶段上对文字和原始口语形态的综合,某种意义上也是电子时代的哲学"大综合",它使得"口头文化在我们的电子时代复活了"[2]。可见电子媒介是集合了前两者长处的一种符号表达形式,"达到了一种兼收并蓄的综合。电子的视觉物,有声音的支持,重新创造出有人在场的效果……因而电子媒介保留了个人读写能力的同时又超越了它。"[3] 一个简单的体会是,在目前的网络上我们如果选择某一知识课目去学习,就既可以选择相关纸质文本数字化后的电子文本,

---

[1] 〔美〕沃尔特·翁:《口语文化、书面文化与现代媒介》,载〔加〕戴维·克劳利等《传播的历史》,何道宽等译,北京大学出版社,2011,第88页。

[2] 〔加〕哈罗德·伊尼斯:《传播的偏向》,何道宽译,中国人民大学出版社,2003,麦克卢汉序言第4页。

[3] 〔美〕迈克尔·海姆:《从界面到网络空间——虚拟实在的形而上学》,金吾伦、刘钢译,上海科技教育出版社,2001,第70页。

也可以选择"名家讲坛""名家授课"之类的视听资源,听众可以通过专家的"信息化在场"而"亲耳"聆听其口头语表述出来的知识,这至少是会聚了视觉信息和听觉信息而形成的一个新平台。

更一般地讲,以上所述的是不同的信息技术所决定的媒介形态对认识方式演变的影响,例如表现在其对知识形态的影响上,口传媒介决定了个体性意会性知识的主导性;印刷媒介决定了社会性书面性知识的主导性;电子媒介则决定了交互性知识的主导性,并极大地增强了知识的能生性和共享性。翁进行了另一种角度的概括:在口传媒介的时代,"你知道的是你能够记住的东西"[1],而电子网络媒介则呈现出另一番情形:你知道的就是你能从网上查到的,这实际也包含了认识方式的变迁,从侧重于记忆或"死记硬背"的认识方式转向侧重于在检索和浏览中自由思考的认识方式。

由此表明,人类的认识方式在信息革命的推进下不断进行着变迁。

如果做一种大略的概括,那么历史上的五次信息革命都对人类认识方式产生了影响,并且都是各具特色的影响。其中第一次信息革命(语言的使用)造就的是"直接认识"或"听觉认识";第二次信息革命(文字和纸张的使用)使"间接认识"(人与对象以及人与人之间都可以被文字隔开)和"以视觉为中心的认识"得以形成;第三次信息革命则催生了"大众认识",这就是印刷术使得认识的成果、文明的积淀可以摆脱少数知识精英的垄断而为大众所接触了解;第四次信息革命使"媒介"的概念和意识凸显,它是计算机等电子信息技术到来的前夜,它是麦克卢汉等媒介思想家获得灵感的信息技术,使人意识到"理解媒介"就是理解"认识",由此可称其为"媒介认识";第五次信息革命则使赛博空间和网络世界成为认识活动的新天地,由此而使人的许多认识过程带上了"网络认识""虚拟认识"的特点,并因其

---

[1] 〔美〕沃尔特·翁:《口语文化、书面文化与现代媒介》,载〔加〕戴维·克劳利等《传播的历史》,何道宽等译,北京大学出版社,2011,第83页。

"博采众长"而造就了在整体功能上优于先前时代的基于电子信息技术的当代认识方式。

三 鸟瞰现代信息技术嵌入的当代认识方式

当代认识方式的特征是在同传统认识方式的差异中体现出来的，而这种差异很大程度上是由现代信息技术带来的。换句话说，信息技术改变认识方式尤其明显地发生在当代，亦即当代信息革命所导致的认识方式的演变。

当代信息技术发展以超链接乃至万物互联为特征，以高度个性化和互动性为目标，以信息的传播、挖掘、利用等为资源，以数字化和智能化发展为趋势，其科学基础是以量子力学为核心的当代技性科学。量子力学预设了非决定论、概率因果性、整体实在论、模型论和域境主义（contextaulism）的哲学前提，强调域境论的思维方式，承认事物发展的不确定本性和各因素之间的关联性。从追求确定性的因果性思维转向接受不确定性的概率性思维。在量子力学中，量子粒子具有内禀不确定性，薛定谔方程只能给出粒子在测量中出现某种结果的概率大小，而不是确定的数值。正如物理学家玻恩（Max Born）所认为的那样，在量子世界里，不确定性是基本的，确定性反而是概率等于1的特殊结果。这种认识改变了来自牛顿力学的确定性思维方式。从理论上看，目前，科研人员已经发现，量子多体物理有助于回答关于深度学习的一些问题，比如，有助于分析神经网络的表达能力等。从应用上看，在信息产业的发展过程中，无论科技公司，还是互联网公司，它们的产生与发展主要依赖于各类风险投资、众筹和股权投资等。这些投资是以概率性思维为前提的。对于企业而言，聚沙成塔，集聚众人之力实现大众融资。对于投资者而言，不是投资当下，也不是投资过去，而是投资未来，信奉高风险高利润的概率性思维。

可见，当代信息技术对人思维认识的影响不同于以往，比尔·盖茨（Bill Gates）在他的《未来之路》一书中这样叙述：信息高速公路将彻底改变我们的文化，就像谷登堡的活字印刷术改变了中世纪一样。这也是认识与思考的信息化或数字化，是比特技术对思考方式、思考能力甚至思考本质的改变。美国的一位计算机专家罗林斯（Gregory Rawlins）说："那些未来的计算机将迫使我们彻底改变看待自己和世界的方式，迫使我们不再按照人类的和非人类的、有生命的和无生命的、有机的和无机的等维度去审视宇宙，而代之以适应性的和非适应性的、有组织的和无组织的、复杂的和简单的等维度"[1]，可以说这是当代信息技术所造成的认识方式的深层变化。

如果把认识看作是信息加工活动，那么认识是从接受信息开始的，我们如何认识首先表现为我们如何接受信息。我们在第二章讨论认识对象和第三章讨论认识来源时已经看到：人主要是通过各种技术设备和装置来接受人工信息，今天主要是通过联网的电子终端来输入信息（网络获取）。所以我们能进行什么的认识，能形成什么样的认识结果，在起点处是受我们获得信息的方式所决定的。例如，"无论上网还是不上网，我现在获取信息的方式都是互联网传播信息的方式，即通过快速移动的粒子流来传播信息。以前，我戴着潜水呼吸器，在文字的海洋中缓缓前进。现在，我就像一个摩托快艇手，贴着水面呼啸而过"[2]；从积极的方面看，这种信息获取的方式使得我们的视野更开阔，认识的过程更高效，但消极后果就是有可能止步于信息浏览而达不到对知识的理解。

接受知识的过程也就是学习的过程，而学习的方式也是认识方式的一个重要侧面。电子信息技术造就了"电子信息化学习"，即 e-learning，它使得

---

1 〔美〕戈雷高里·罗林斯：《机器的奴隶：计算机技术质疑》，刘玲等译，河北大学出版社，1998，第28—29页。
2 〔美〕尼古拉斯·卡尔：《浅薄：互联网如何毒化了我们的大脑》，刘纯毅译，中信出版社，2010，第4—5页。

学习的空间不再局限于物理性的教室，时间上则突破了先前必须到学校"上课"和"会聚"的实体性在场的限制，学习资源从书海扩展到了网络，知识呈现的载体从书面转到了视窗，从单媒体发展到多媒体，它也使得从师徒式（小生产）学习方式演化而来的学校式（大生产）的学习方式，进一步向网络式（地球村）的学习方式转变。基于网络的"互联"性，因为计算机上交互式教学软件的应用提供了网络互动平台，使得电子信息方式中的学习更具有互动性，这种互动式学习衍生了参与式、建构式、合作式、在线讨论式的学习方式。网络交互的即时性还使得学习者能够保持与最新知识的接触，从而使学习具有"前沿性"和探究性。另外，电子信息手段（尤其是多媒体）使学习内容可视化、形象化、直观化，使得学习更具体验性，一定程度上回归到了唯物主义认识论的基本原则，那就是感性认识是理性认识的基础，"言语中心主义"的教学观具有自身的局限，必须补充感性的手段才更符合认识发展的规律。

信息技术还可以用更加内在的方式来影响或塑造人的思维认识方式，如目前已经有研究者通过脑机接口技术来监测受试者的认知过程的神经机制，了解受试者的认知发展规律，从而为作为用户的受试者提供更加灵活丰富的认知方式，也可以为改进人脑的思维方式提供帮助。

信息时代大数据技术的使用，还使我们的思维方式相应地从重视寻找数据背后的原因，转向了搜索运用数据本身，这就颠覆了传统的因果性思维方式，接纳了相关性思维方式。因果性思维方式是"如果 A，那么 B"，这是我们习以为常的一种思维方式，也与近代自然科学的思维方式一致，是面对简单系统的一种决定论的思维方式。而相关性思维是"如果 A，那么，很有可能会出现 B"，A 并不是造成 B 的原因，而只是推出 B 的相关因素。这是面对复杂系统的一种不确定性的思维方式。这种思维方式与量子力学的思维方式一致。这两种思维属于两个不同的层次的思维方式，不存在替代关系。相关性思维是面向复杂系统的横向思维，因果性思维则是面向简单系统的纵向思维。比如，在城市管理中，运用智能手机的位置定位功能，有助于掌握人口密度与人员流动信息，运用共享单车的使用轨迹有助于优化城市道路建设等。这些在过去都是无法想象的。如果我们的思维方式跟不上科学技术发展的步伐，就会出现理解困难和面临治理难题。

认识过程中普遍采用数字方法，是当代认识方式的又一特点。数字方法是荷兰阿姆斯特丹大学新媒体和数字文化教授理查德·罗格斯（Richard Rogers）在2013年出版的《数字方法》[1] 一书中，基于Web技术的发展所详细阐述的一套方法，主要指的是通过对现有媒介方法的重组与整合，运用在线工具进行思考，揭示超链接、点击数、点赞、标签、时间戳等原生数字对象的可利用性（availability）和可开发性（exploitability），通过研究在线信息来揭示社会文化等现象和搜索源排名背后蕴含的政治、经济和社会等价值，使人文科学和社会科学的研究发生质的变化，为基于web的社会研究，提供方法论展望和一套数字化思维方式，由此开辟了"web认识论"这一新领域。

Web技术有三大特征：其一，运用超文本技术实现信息互联；其二，运用统一资源定位技术实现信息定位；其三，运用新的应用层协议实现分布式的信息共享。以web为基础，利用数字方法，通过抓取、爬行和分析web数据或信息，可以对个人和群体事件的趋势作出预测与研判，从而揭示现有网络信息资源中潜存的文化基因和政治趋向等，形成一种新的认识论：web认识论。

web认识论不仅定义了我们应用"互联网"的一个新时代：一个不再关注真实与虚拟区分的时代，而且使我们能够把"互联网"作为研究阵地，基于诸如搜索引擎之类的工具所搜索与分析的数据，提出知识主张或知识性的

---

[1] R. Rogers, *Digital Methods*, Cambridge: The MIT Press, 2013; 参见中译本〔美〕理查德·罗格斯《数字方法》，成素梅、陈鹏、赵彰译，上海译文出版社，2018。

断言。利用数字方法的进行研究，不再是关注社会与文化在多大程度上是在线的，而是关注如何凭借分析"互联网"上的海量信息，来诊断文化变迁和社会境况。[1] 具体表现为以下四个方面。

首先，在个人层面，运用数字方法，对用户通过各种渠道留下的网络信息（比如个人查询、网购、微博、微信等）进行综合分析，揭示用户的兴趣爱好、语言习惯、活动范围、社会地位、人际关系、生活方式等。这类研究既为商家提供了可以利用的各类信息，为各类机构或组织了解员工或目标对象提供了认知窗口，也为社会治理提供了新的渠道等。一方面，个人网络信息的不可删除性，对人的素养提出了更高要求，关注自己的数字身份与数字形象，将会逐步起到规范人的行为和教育的作用，从而赋予智能技术特有的环境和教育力量。

其次，在群体行为层面，运用数字方法，通过对用户在 web 上留下的信息查询痕迹进行剖析，来预测可能发生的社会事件，从而使 web 具有预测媒介的功能。罗格斯在《数字方法》一书中列举了若干事例来阐述这一点。其中一个事例是：美国圣诞节前一天运用数字方法捕获用户在 allrecipe.com 上查询感恩节食谱的情况。罗格斯及其团队成员把食谱查询地绘制成地图，从中可以看到，美国人的口味或食谱偏好的地理分布图。研究者们要想验证其结论的可靠性，传统上采取的办法是，通过打电话或进行超市或饭店调查，来提供事实性证据，但更便捷的办法是，可以把食谱查询地图增加到搜索引擎结果中，以及搜索用户上传的图片和评论等，就可以得到查询者的地理位置和知道哪里的人喜欢哪些食品等信息，这是线上结论可以继续利用在线数据来验证的案例。这么做，可以避免线下打电话或走访调查的辛苦与麻烦。

其三，在网络与网络之间，运用数字方法，通过不同机构网页上的超链

---

[1] 参见〔美〕理查德·罗格斯《数字方法》，成素梅、陈鹏、赵彰译，上海译文出版社，2018，第1—53页。

接导航，揭示政府、非政府和公司之间的"政治关联"以及机构之间的等级关系。网络的超链接是有选择的，而不是无缘无故地进行链接。罗格斯的研究表明，链接到一个网站、不链接或删除一个链接，在社会学意义上和政治意义上，可以分别被看成是关联、无关联或去关联的行为。比如，政府只倾向于链接其他政府的网站，公司倾向于只链接其企业内部的网站。从单个网站的导入链接和导出链接，可以对该网站作出评估。比如，罗格斯的项目组成员针对转基因食品问题，研究了诺华公司、绿色和平组织和一系列政府机构的超链接行为，结果他们发现，诺华链接到绿色和平组织，而绿色和平组织则没有链接回去，诺华和绿色和平组织都链接到政府网站，而政府网站则都没有反向链接到它们。这说明网站的链接类型反映了各自的声誉与社会地位。

　　总之，数字方法的兴起为 web 认识论的研究提供了方法论根基。数字方法的广泛运用是以互联网的普及或覆盖为前提的，也与人们凡事都要借助网络查询的习惯为基础，或者说，只有当互联网成为社会基础设施时，人们才能养成查询习惯，数字方法才有用武之地。人们运用数字方法对 web 内容和数据等进行的分析，是在信息与数据丛林中的探索或探险，这为当代人文科学和社会科学研究提供了新的方法论途径和更加客观的认知视域，比如，宾夕法尼亚大学积极心理学中心的心理学家可以运用算法，根据推特、脸谱等社交媒体上的话语，来分析大众的情绪、预测人性、收入和意识形态，从而有可能在语言分析及其与心理学联系方面带来一场革命；普林斯顿大学的计算生物学家可以运用人工智能工具来梳理自闭症根源的基因组等。这些在过去无法做到的研究有可能在语言分析、心理学研究乃至医学研究领域带来一场革命。

　　当代信息技术嵌入而造就的认识方式还有许多不胜枚举的新特点，这些新特点可能具有长短兼具的双重性。如超文本技术的应用使得传统认知的固定逻辑（即线性地展开）发生了变化，阅读时跟随超链接的不断跳跃和转换，也养成了思维习惯上的分叉增多或主线消失，使得"认识中的人发现新问题的可能性不断增大，但同时认知目标的逻辑一致性和保持就更为困难，使得认知活动难以收敛，或者发生认知目标的快速而多角度的转变，导致认知的稳定性遭到破坏"[1]。《浅薄》一书的作者也明确主张信息时代的思维认识方式不同于传统的线性思维方式："就像麦克卢汉预言的那样，我们似乎已经抵达了人类智能和文化发展史上的一个重要关头，这是两种大相径庭的思维模式之间急剧转型的关键时刻。为了换取互联网所蕴藏的宝贵财富，我们正在舍弃卡普所说的'过去那种线性思考过程'，只有那些乖戾暴躁的老人才会对那些财富熟视无睹吧。平心静气，全神贯注，聚精会神，这样的线性思维正在被一种新的思维模式取代，这种新模式希望也需要以简短、杂乱而且经常是爆炸性的方式收发信息，其遵循的原则是越快越好。"[2]

尤其令我们关注的是几乎完全是由当代信息技术造成的"碎片化"与"图像化"的认识方式，它改变了我们先前整体性地把握对象和主要依赖语言来传递信息的认识特征。

今天经常提到的"碎片化"阅读和思维无疑是网络或电子技术影响认识方式的结果。当代技术哲学家伯格曼（Albert Borgmann）从电视媒介中就看到了这种影响，他在对印刷媒介与电视媒介进行比较时，就把电视看作一种浅薄的、娱乐化的媒介，认为印刷媒介更有利于理性思维的形成，所以他无比推崇印刷媒介时代。他通过揭示人的注意力与海量信息之间的矛盾，从而得出公众的注意力会被接踵而来的碎片化的电视信息牵引，并导致公众出现缺乏"历史感"和"现实感"的"遗忘"现象，使公众沉没在爆炸性增长的

---

[1] 郑晓齐等：《信息技术对人类认知活动的影响分析》，《中国软科学》2002年第3期。
[2] 〔美〕尼古拉斯·卡尔：《浅薄：互联网如何毒化了我们的大脑》，刘纯毅译，中信出版社，2010，第XII页。

"碎片化"信息中。使用互联网比看电视更容易获得信息，正如经济学家泰勒·考恩（Tyler Cowen）所说：在能够轻易获得信息的情况下，我们通常喜欢简短、支离破碎而又令人愉快的内容。这种支离破碎的浏览方式，一方面是人们应对信息过载的无奈之举，另一方面也是人的大脑神经系统在悄然变化的直接证据，于是"从纸面转到屏幕，改变的不仅是我们的阅读方式，它还影响了我们投入阅读的专注程度和沉浸在阅读之中的深入程度"[1]。"互联网所做的似乎就是把我们的专注和思考能力撕成碎片，抛到一边。"[2] 他将造成阅读碎片化的原因归结为以下三种类型的技术或技术性的活动：一是互联网中的链接技术，使得我们可以并且乐于在不同的文本中跳来跳去，而非专注于一个文本进行持续性阅读；二是网络搜索技术，一见那些引起我们兴趣的只言片语或"关键词"就加以搜索，对整体内容则并不关注，所形成的就多是"只见树木不见森林"般的认识；三是随附于我们身边的多媒体技术，例如在阅读一篇长文时，不断有新到电邮或微信的提醒，从而难以持续关注一个阅读对象。[3]

研究表明，人们在阅读充斥着链接的文本时，领会的东西比阅读传统的直线式文本要少；而观看热热闹闹的多媒体展示时人能记住的东西也不如以更为安静、专注的方式汲取信息时多；不断受电脑和手机上警示信息和其他信息干扰的人理解的内容少于能够专心致志的人；此外，同时应对多项任务的人与一次只做一件事情的人相比，创造力和生产力都要逊色一等。长期的

---

[1] 〔美〕尼古拉斯·卡尔：《浅薄：互联网如何毒化了我们的大脑》，刘纯毅译，中信出版社，2010，第XI页。

[2] 〔美〕尼古拉斯·卡尔：《浅薄：互联网如何毒化了我们的大脑》，刘纯毅译，中信出版社，2010，第4页。

[3] 另据微软公司2015年在加拿大进行的一项研究发现：人类的注意力持续时间已经从2000年的12秒减少到了2013年的8秒，还不如一条金鱼；而那些较难长时间专注于某一事物的人，就是较早使用智能产品及经常使用社交媒体的人。研究报告的结论部分指出："电子设备充斥生活影响了人们的注意力，接触电子设备时间更长的加拿大人需要花费更多的精力才能将注意力放在长时间的活动上。"参见佚名《网民智商退化简史》，https://www.douban.com/note/694374350/ 2018-10-25。

这种"电子阅读"还极易造成"技术性大脑倦怠",它表现为:不断翻新的网页和触屏使我们陷入注意力不断转换的状态,有人把大脑的这种状态描述为不断忙碌,追踪一切,但从来没有真正重视过任何事情。注意力连续地被分散会令我们的大脑处于高度紧张的状态,人们不再有时间进行反省、思考或做出深思熟虑的决定。

在当代信息技术造就的思维认识方式的特征中,还不能不提到"图像化"的特征。

今天,多媒体的广泛应用,使得图像和视频(也属于广义的图像)的生成、获取、传播变得极为容易,基于对图像的数字化摄取、计算机制作以及电子显现的极大便捷性,网络空间中的图像元素越来越多进而趋向于占据主导性地位,使我们的信息接收和处理功能在日趋视觉化的基础上更日趋图像化,所以今天的视觉文化也被称为"图像时代"或"读图时代"。心理学研究表明,人类获取信息的83%来自视觉,其中图像又有不可比拟的优势。例如,图像具有直观、形象、感性、亲临的特点,它可以使难以感知和理解的抽象对象变成生动具体的形象;阅读图像符号时还可以使主体和对象之间保持"零距离接触",从而更符合大众文化的需要。或者说,图像可以更直观地传达信息,它让人一目了然,所见即所得;而语言文字中的能指与所指则是分离的,需要我们对其"解码"才能理解其意义;图像文化较之印刷符号的优势,还在于阅读图像时轻松而感性,并且几乎所有人都有阅读它的能力,从而可以作为跨文化、跨语言的交流工具,成为一种流行于全球而又无须翻译的语言,所以有文盲,而几乎没有"图盲"。另外,图像也可以包含和传达比"直白"的文字更为深远的意蕴,所以在表达和接受理解上,常常有"一图胜千言"的说法或效果。

但另一方面,随着图像价值的不断增大,图像文化出现了淹没文字描述的"图像霸权"之势,生动的图像常常使文字的描述变得苍白而抽象,所以许多文学作品只有改编成电视或电影后才能"走红";在文配图的显现中,文字沦为图像的陪衬;于是出现了当代社会"景象的高度堆积""拟像的遮天蔽日";"在这里,图像占据着至高无上的统治地位。这是一种'图像文明'。这里的现实成了图像暗淡的倒影"[1],其结果是越来越多的人开始倾向于用视频化和形象化的方式来接受和理解信息。

其实,人类最初的"书面"表达手段就是图像,由于图像不能充分表达人的意思,后来才逐渐发明了文字,而今我们的表达和接收似乎又回到了图像时代。如果过去是用文字解决图像解决不了的问题,那么今天是用图像来解决文字解决不了的问题吗?

即使新的读图时代使我们获得了新的认识内容,这也是以丧失另一些认识能力为代价的。例如图像使人们追求的更多的是直观形象的表层内容,如果疏于文字,则会渐渐远离内在的形式规则和浓厚的理性文化;图像往往造成对感官刺激的依赖,形成表浅的认识方式;而对话语符号的把握,则需要反复咀嚼的深度思考,形成严谨深入的思辨模式,后者无疑是我们进行深度思考所不能缺少的。也就是说,虽然当代信息技术的声光电所提供的图像在信息容量上可能大于文字,但并不一定比文字精深;长期满足于读图的轻松,不仅会导致思维的懒惰,还会使得无论是听觉还是视觉都出现对文字的疏远乃至对符号的厌恶,最后造成抽象思维能力的下降。

四 赛博空间中的集体智能

人的智能发挥作用的方式也是认识方式的一个侧面,例如,个体智能如何融合为集体智能就反映了一个时代下人的认识方式的重要特征,在信息技

---

[1] 〔英〕戴维·莫利、凯文·罗宾斯:《认同的空间》,司艳译,南京大学出版社,2001,第50页。

术建造的赛博空间中，我们可以可以看到这方面的新特征。

人类智能的发展并不是简单地能够从个体智能的发展中得到说明的，而是应该从类的智能发展水平上得到解释。在智能化的社会条件下，当社会的形态出现全面透彻的感知、宽带泛在的互联，那么一种基于以物联网为载体的社会存在方式为人类智能的进化打开了新的空间。个体智能受生物性的制约，其感知的阀域值总是有限的，其思维的单个功能总是难以与机器智能相比。但是，当计算机呈现分布式的架构，各种智能传感器不断代替人的感觉器官，各种形式的数据、文本、图表、声音、信息不断地被转化为数字形式，并且能在赛博空间进行存储和传播时，那么人类的个体智能就有可能虚拟地连接起来，从而突破个体智能的局限，形成超个体的智能行为，并具备更有社会属性的类的智能，这就是集体智能（Collective Intelligence）。

只要智能化社会是依托互联网和物联网建立起来的社会形态，分布式智能的集体智慧就能形成一种跨界的合作性认知。跨界的合作性认知主要表现为基于互联网和物联网的集体解问题。

集体解问题并不是一个新概念。自从人类进行合作生产以来，集体解决社会生活和社会生产中的难题从未断过。但是，在赛博空间产生以前，集体解问题的范围受到时空的制约是相当有限的。它不仅体现在人员非常有限，而且也体现在人员构成的知识背景有限；它不仅体现在解问题的范围有限，而且也体现在解问题的深度有限。而现代计算机网络的形成为突破这一局限提供了可能。

由于赛博空间中大量个体智能的随机行为，在宏观上产生了一个智能的集成。如果这些个体都是围绕着解决某个特定的问题，那么他们的行为构成了集体解问题。所以，美国新墨西哥大学格林尼（Kshanti A. Greene）等人对赛博空间中集体解问题给出了这样一个定义："集体解问题是许多个体合作定义问题并寻找一个或者多个可能的方案来改进境况的突现过程。"[1] 以色列海法大学的管理学学者盖夫曼（Dorit Geifman）和拉邦（Daphne R. Raban）认为："集体解问题是一个过程，在这个过程中许多个体被指派解决一个问题，个体结论的总体加和产生一个集体的结论。求和是由集聚了个人知识、决策和创造力的各种在线平台来形成一个混合的智能人工事实。"[2] 从这一定义，我们可以看到基于集体智慧的集体解问题具有两个基本特征：第一是基于集体智慧的集体解问题是分布式个体智能随机求解行为的宏观反应；第二个是基于集体智慧的集体解问题是立足于平台操作的认知行为。

在赛博空间中，个体行为的解问题能够成为集体解问题的一个有机组成部分，它必须在一定的平台上进行。比如，维基百科就是在维基网站上进行的。集体解问题的结果必须要有一种自动集成的机制才行，因为个体行为的解问题毕竟是随机的，而要将这种随机行为的结果放到一个宏观层面上来考量，平台是不可或缺的。

当然，赛博空间中大量个体的行为方式和思维方式往往存在着很大的差异，对于一个集体认知任务来说，这个集体必须存在着一种平滑机制，以平滑集体成员中个体的行为方式和思维方式。只要集体智能的智力因子的确是客观存在的，那么这种平滑机制一定也是存在的。从创造性的角度看，这种平滑机制主要反映在平滑个体的发散性思维与收敛性思维上。在基于集体智慧的集体认知中，个体的发散性思维与收敛性思维都是必需的。发散性思维有助于创造性的产生，而收敛性思维则有助于决策。宏观上一个只有发散性思维的集体认知，将导致认知趋于无序状态；宏观上一个只有收敛性思维的集体认知，将导致认知无创造性，只是知识状态的复制和线性迁移。所以，

---

[1] K. Greene, J. Kniss and S. Garcia, *Creating a Space for Collective Problem-Solving*, Encyclopedia of Social Network Analysis and Mining, Berlin: Springer Publishing Company, 2014, pp.289–304.

[2] D. Geifman and D. Raban, "Collective Problem-Solving: The Role of Self-Efficacy, Skill and Prior Knowledge", *Interdisciplinary Journal of e-Skills and Lifelong Learning*, No.11, 2015, pp.159–178.

基于集体智慧的集体认知一定存在着平滑收敛性思维和发散性思维的机制。事实上，如果集体创造出现在同一网络平台上，那么基于这个平台的操作本身受到这个平台特定代码的制约，使得个体的智力行为被约束在特定的代码上，因此群体的发散性思维与收敛性思维都会受到一定的制约。所以，代码一定也是一种重要机制。

赛博空间中还形成了一种基于集体智能的超专业化劳动分工。

现代智能化社会里，由于互联网的存在，一种基于虚拟链接关系而形成的劳动分工让我们看到一种全新的、突破产品生产的线性逻辑的分工现象。物联网更是以其强大的深度感知能力，创造了物与物、人与物的泛在联系，使得人们可以方便地切入工作的每一个细节中。

超专业化劳动分工的形成首先在于集体智慧现象的存在让智能化社会的劳动生产可以基于互联网从事跨界性的合作工作，形成智能合作。

事实上，在现实的社会中一个人的具体工作因为知识和技能的跨界因素的存在，往往无法独自完成。以往对于解决一个人无法完全完成工作的做法是找一些人来共同商量，比如在医疗过程中医生面临着疑难杂症时常常需要专家会诊。但是正如与前面所说的传统集体解问题所面临的问题一样，这种做法因时空条件的制约是非常有限的。在智能化社会条件下，因互联网甚至是物联网的存在，不同的专业人员可以通过网络切入到同一个工作过程中去，形成跨界性的合作工作。劳动的分工不仅仅是在产品上，也可以在过去被认为是同一个人的工作过程中。同一时间中的同一工作不一定非得属地化，也可以异地化。这种工作由多人共同完成的可行性和可靠性得益于集体智能的存在让人们可以进行智能的在线合作，可以通过超链接来共同处理一些新的问题。

信息技术时代，由于人们可以借助计算机进行想象和推理，因而当计算机呈分布式联网时，知识、学习和技能就形成树式网状结构，这就是"知识树"的出现，它也揭示了在智能化社会条件下人们的劳动可以进行知识共享和智能共享。当知识树现象通过本地计算机属地化后，人们就可以在共享的基础上将自身融入进去，从而为同一任务做出贡献。

可以说，超专业劳动分工的本质并不是将工作简单细分，而是将工作置于一个"全球脑"下进行虚拟的整体操作，也就是将原本一个人完成的工作分解为离散任务而让多个人来做，他们共同在一个平台上实现任务的完成。在智能化社会条件下，最简单的工作也附加了许多知识含量，更不要说有些复杂的知识工作可能对一个人来讲根本无法完成。所以，工作的细分从效益、质量和速度的角度上讲的确有益。但是，超专业化更应该从整体上被理解为多个人甚至包括了智能代理在内形成了一个虚拟脑，它类似于单体的人脑在从事一项工作。它之所以称为超专业，是因为除了需要工作的线性分割之外，还需要通过非线性的超链接进行处理。所以，超专业劳动分工成为集体智慧在智能化社会条件下人类智能合作与共享的基本形态。

第二节　人工智能及其算法视域下的认知分型

"类型"和"方式"具有含义上的部分重合，可以说，划分"认知类型"或"认知分型"也从特定的方面体现了认识方式的差异。当然，认知类型的划分有多种视角，我们在这里借用人工智能及其算法的视角对认识类型进行一种独特划分：推算认知、学习认知和行为认知，再补充由遗传而来的本能认知，就形成了对人的认知类型的不同于既有分型的一种新型分类；可简称为基于算法的认知分型，其中前三者对应的是人工智能及其相应的算法在演进过程中形成的一种代际区分：符号AI及其经典算法，联结主义AI及其机器学习算法（尤其是深度学习算法），行为主义AI及其强化学习算法。这些不同的算法和人工智能范式，其实包含了对认知的不同阐释，进而形成的是对不同认知类型或智能形态的模拟。这一关联的建立具有特殊的认识论意义，它既描绘了机器模拟人的认知的一种难易序列，也揭示了它与人的认知的难易阶梯所形成的一种互逆关系，从而揭晓了每一代人工智能及其算法背后的认识论基础，从中可以看到哲学认知观所具有的作为人工智能及其算法的指导思想之意义，甚至还可以对人工智能研发的战略布局提供一定的启示。

一　算法与人工智能的演进及其认知观基础

人工智能对人的智能或认知活动的模拟，是一个不断发展推进的过程，而这个过程是伴随其核心技术的算法演进进行的，而人工智能算法的演进，又是与其源自或表达的哲学认知观密切相关的。可以说，不同的认识论流派为不同代别的人工智能及其相应算法思想提供了深厚的哲学基础，并且在机器智能和人的认知之间造就了"同理""同构""同行"和"同情"等不同类型的关联性。

人工智能的"代际"划分基于不同的标准可能有不同的结果，这里采用一种较为普遍接受的视角，将其划分为三个主要的代别：与经典算法相关联的传统人工智能或符号 AI（符号主义人工智能研究范式），与深度学习算法相关联的人工神经网络 AI 或联结主义人工智能研究范式，与强化学习相关联的像人一样行为的 AI 或行为主义人工智能研究范式。[1] 这些不同代别的人工智能及其算法是以不同的认识论理论（也就是不同的哲学）为基础的。

基于经典算法的符号主义或传统范式的人工智能与理性主义相关，其方法论基础是演绎推理，哲学上直接受逻辑实证主义的认识论影响。人工智能

---

[1] 这种区分还可以表述为：功能主义的专家系统研究、结构主义的人工神经网络研究、行为主义的感知动作系统研究；这也与 AI 研究者在研发 AI 时对智能或认知的本质的理解相关，三大流派分别将这种本质理解为理性推导、经验学习和人与环境的互动，分别建立了基于知识、人脑和感知—行动的人工智能系统。

的创始人之一约翰·麦卡锡就明确承认："人工智能（这里当然是指创立之初的符号 AI——引者注）已经从分析哲学与哲学逻辑研究中获益"[1]；其重要创始人皮茨（Walter Pitts）、西蒙、所罗门诺夫（Ray Solomonoff）都受到过分析哲学家卡尔纳普（Paul Rudolf Carnap）的影响，这几个重量级人物都在芝加哥大学听过卡尔纳普的哲学课，卡尔纳普的"哲学就是逻辑分析方法"对他们的影响极深，因此他们的思想被认为是发源于或启蒙于卡尔纳普的哲学思想。[2] 弗雷格（Friedrich Frege）、罗素（Bertrand Russell）的数理逻辑和维特根斯坦（Ludwig Wittgenstein）的《逻辑哲学论》对符号主义的理论也产生了深刻的影响。

逻辑实证主义将符号看作是对象的表征，将认识看作是以逻辑为基础的符号推理过程或计算活动，这一认知观在符号主义范式的人工智能中得到了贯通和体现，由经典算法支配的人工智能的工作模式就是：一个既有的算法犹如先在的理性规则（在每一次信息处理中，算法都是先验存在的信息加工装置，静待它要处置的个别数据），等待着作为初始条件的输入符号，然后将其按算法规则加工成输出符号。在德雷福斯看来，明斯基等人主张的这种人工智能或算法模式是一种唯理论，它把"具体的感性同化为用于抽象思维中的受规则支配的符号描述"[3]。柏拉图把全部推理归约为明晰的规则，把世界归约为不需解释的运用这些规则的原子事实；计算机按明晰的规则进行计算[4]，由此而形成的认知观是：人的大脑等同于可操作的离散态机器，从而

---

[1] 〔美〕约翰·麦卡锡：《人工智能之哲学与哲学之人工智能》，载〔以〕道·加比等主编《爱斯维尔科学哲学手册·信息哲学》，殷杰等译，北京师范大学出版社，2015，第 874—875 页。麦卡锡还直接指出："AI 的认识论部分研究的是有关世界的哪些和类些事实可提供给在给定的观察条件下的观察者，这些事实怎样能够表达在计算机的存储器中以及有哪些规则可允许从这些事实中得出合理的结论来。"转引自〔美〕休伯特·德雷福斯《计算机不能做什么》，宁春岩译，生活·读书·新知三联书店，1986，第 70 页。

[2] 尼克：《人工智能简史》，人民邮电出版社，2017，第 226 页。

[3] 〔美〕休伯特·德雷福斯：《计算机不能做什么》，宁春岩译，生活·读书·新知三联书店，1986，第 25 页。

[4] 〔美〕休伯特·德雷福斯：《计算机不能做什么》，宁春岩译，生活·读书·新知三联书店，1986，第 239 页。

主张智能的实质就是计算，认知就是对符号、表征按照明确的算法（程序）进行计算性质的操作。可以说，经典算法及其相应的符号 AI 较为成功地模拟了人的左脑的抽象逻辑思维。

建立在人工神经网络基础上的深度学习算法及其联结主义范式的人工智能则跟经验主义相关联。在联结主义范式人工智能学派看来，学习就是大脑所做的事情，学习的过程就是从不断积累的经验中归纳出一般原则的过程，机器学习就是要模拟并实现大脑的这种学习功能。当人把经验数据提供给机器系统时，它就基于这些不断积累的数据生成模型，然后用这些模型去进行辨识（如图像、声音识别等，统称为模式识别），这就类似于人所进行的学习。它是一种从经验到理论的认知进路，是从数据中提炼出规律即相应的知识和模型的过程，即从个别到一般的归纳过程；然后在面对新情况时，所形成的模型或一般知识就会为我们提供相应的判断，这就是通过训练而生成的模式所具有的对新对象的识别能力。这一范式的方法论与逻辑学基础是统计学和归纳推理，哲学上的理论基础是结构主义，它从神经网络及网络间的连接机制来阐释人的认知机理，主张智能是人脑活动的产物，且是简单的单元通过复杂而大量的联结（特定的结构）后所涌现出来的功能；学习的过程就是调整神经元之间的联结状态（主要是联结强度）并形成特定结构的过程，也是一个面对信息输入进行自组织自适应的过程，这种可塑性也是联结主义赋予人工神经网络具有学习功能的根据。或者说它模拟或重现了人脑在学习时所发生的现象：学习就是在外来信息的刺激作用下改变或形成新的突触联系。也就是说，联结主义的学习智能无非就是在人工神经网络（一种对生物神经网络加以抽象和简化的有信息存储和处理能力的非线性系统）上模拟人脑神经细胞互联所形成的拓扑结构。

联结主义的认知观认为认知活动从基底上来说是神经系统的活动，并且人脑中的特定神经结构与特定的意识状态和认识能力相关[1]，由此只要获得了相关的神经网络结构，如只要人工地建构起适当的神经系统（人工神经网络），就能形成或习得（学习）相应的认知能力。机器在学习过程中不断进行着调整人工神经元之间的联结强度，目的是找出哪些连接导致了输出结果的误差，以及如何纠正这些误差，通过联结权重的不断调整直至形成能够输出正确的结果，在这个过程中相应的网络联结模式或算法也由此生成，这也是反向传播学习算法的工作机制：将系统的输出与想要的结果相比较，然后一层一层地改变神经元之间的连接，目的是使输出的东西接近想要的东西。[2] 通过这一关联的建立，基于人工神经网络或联结主义范式的人工智能所借助的深度学习就以此来解决机器如何具备学习能力的问题，其实质是通过神经网络的参数来表现出智能。从经验归纳的认识论进路看，这一人工智能具有将数据或信息加工为知识的指向，甚至可以说："在信息处理这个生态系统中，学习算法是顶级掠食者……学习算法将这些信息吞下，消化后将其变为知识。"[3]

总之，深度学习是通过对神经网络的模拟来解决机器学习问题的，是一种搭建在神经网络之上的算法理论，而神经网络的概念最早出现于20世纪50年代的人类脑神经系统研究，它在今天的复兴极大地推动了图像识别、自然语言处理和下围棋等许多领域的突破[4]，以至于被有的科学家评价为取代经典算法的"新的正统"，成为人工智能研究中的主导范式。由于它对图像（如人脸、笔迹、医疗图像）具有的强大识别能力，一定意义上可以说深度学习主要模拟的是人脑的形象思维，并擅长于形象化的联想思维，所"开

---

[1] 参见"认识的来源"一章的第二节"经验的技术来源"中有关 ncc 和 NCC 的介绍。
[2] 〔美〕佩德罗·多明戈斯：《终极算法》，黄芳萍译，中信出版集团，2017，第66页。
[3] 〔美〕佩德罗·多明戈斯：《终极算法》，黄芳萍译，中信出版集团，2017，第12页。
[4] 标志着深度学习取得突破性进展的有三件历史性的事件：第一件是2015年12月，微软通过152层的深度网络，将图像识别错误率降至3.57%，低于人类误识率的5.1%；第二件是2016年微软做的语音识别，其错词率为5.9%，和专业速记员水平一样；第三件是2016年AlphaGo打败韩国围棋选手李世石。

发"的主要是人的右脑的思维功能。

经典算法（及其符号主义范式的人工智能）与深度学习算法（及其联结主义范式的人工智能）之间的差别，关联着两种认识论的差别：前者是基于规律—规则的人工智能，人将规律—规则模型化程序化，其中包括从专家的经验中整理出来的普遍化知识，它能较好地解决理性思维中的推理或计算问题；后者根据人提供的经验数据等信息去生成模型，即系统从数据中提炼规律，形成知识，能够较好地解决感性认识中的识别问题。在符号主义范式人工智能的专家系统中，先有（输入的）知识，然后才是知识的应用（演绎）；而在联结主义范式的人工智能中，先有应用中的数据（经验），然后才形成知识（归纳），它与前者所循的是相反的逻辑。对于学习算法来说，某种认知模型（或如何处理数据的规则）不是先在的，而是对输入数据和理想的输出数据之间的"关联性"中调节出来的，就是对模拟的神经网络中各个节点联结的权重加以不断调整而形成的，如果将输入的数据视为"经验"的话，那么智能机器中的信息处理模型就是通过作为经验的数据去总结规律、得到理论模型的过程，就相当于哲学认识论中的经验论所主张的从经验中学习、从个别的事实和材料中归纳出一般的认识，在这里，"一般"产生于"个别"之后，模型形成于大量的数据分析之后，而不是先有一般后推导出个别。所以说学习算法体现的是经验主义或归纳逻辑的认识论原则，它从个别中归纳出一般，然后用这种一般去"指导"对新的个别的认识，包括识别，也包括文艺作品的"创作"，如机器可以根据现存的诗词归纳出一定的算法规则，然后自动进行古典诗词创作。

所以，两相对比，如果说传统算法是从算法中生产数据，那么"学习算法是把数据变成算法。它掌握的数据越多，算法也就越精准"[1]。路径不同，

---

1 〔美〕佩德罗·多明戈斯：《终极算法》，黄芳萍译，中信出版集团，2017，第xvii页。

其背后的认识论根基就不同：一个是规则在先，一个是规则在后；前者是"提前规划好一切"（如知识工程将专家的所有知识输入系统中去应对所面临的情况），后者"喜欢尝试新事物，然后看看结果会怎样"[1]。在传统算法中，每一次信息处理，算法模型都是先在性地存在于机器系统中的，形成一种将要进行什么推理或计算活动的规则，输入的信息相当于进行这种推理的"小前提"，按照机器中被规定好的一般原则必然地、逻辑性地得出确切的结论，由此呈现的是一个严密的逻辑推算过程，反映了理性主义所主张的认识机制，或者正是在理性主义的这种认识论原则下形成了对智能本质的理解，然后通过机器来模拟这一本质，就形成了传统算法支配下的人工智能。而学习算法则不同，其先在的结构模型并不存在，而是在数据的处理中，在追求从输入形成输出的过程中逐步形成的，一般的信息处理模型来源于具体的数据处理经验，即一般后于个别和特殊，所以它使得算法背后体现的认识论原则或哲学范式发生了"转型"，正是这种转型，才克服了传统算法对人工智能发展形成的制约瓶颈，即不可能使智能机器在模拟的认知活动中都有首先设定好的理论模型来供现成地利用。例如人在识别杯子时，无论杯子用什么材质来做或做成什么形状，都不会把杯子错认为饭锅，但这样的认知行为就无法直接用逻辑的语言表述出来，从而不可能事先编好可以识别一切杯子的算法，然后使得智能机器面对各种不同的杯子时都能将其识别为杯子。而通过机器学习算法，通过大数据的训练就可以在人工神经网络中形成可以识别出杯子（包括没有在训练时出现的杯子）的权重结构模型（状态），从而有效地完成类似的认知任务。"深度学习"奠基人特伦斯·谢诺夫斯基（Terrence Sejnowski）对此有生动的解释："对于语言学家而言，'杯子'（cup）不只是一个单词，而是一个概念。这个概念代表了所有可能存在的杯子，包括不同规

---

1 〔美〕佩德罗·多明戈斯：《终极算法》，黄芳萍译，中信出版集团，2017，第73页。

格的，纸做的或是玻璃做的。这些都是杯子，科学家希望机器也可以拥有这个概念。传统算法写不出识别所有杯子的程序，但深度学习算法做到了。一个非常强大的深度学习网络，可以针对成千上万种不同的杯子进行训练，最终这个系统可以自发地识别出杯子。给一个系统输入一千个样本，当你再输入一个和之前不一样的样本时，就被称为'判例案件'（Test case）。如果这个样本和你之前训练它的不同，但系统也成功识别出了它，那就意味着在某种程度上，它理解了'杯子'的概念。"[1] 深度学习算法作为传统算法的"逆运算"，意味着它所折射的思维认识类型也较之传统的类型发生了"质的转型"。就是说，从经典算法到深度学习算法的演进，关联着认识论范式的更替，人脑中那些有深度层次化特征的子模块（如视觉皮层）成为把握认知机理的重点对象，也成为智能模拟的新范式。

追求"像人一样行为"的行为主义范式的人工智能与行为主义相关联。"强化学习"是指可以用来支持人们去做决策和规划的一种学习方式，它通过对人的一些动作、行为产生奖励的回馈机制来促进学习。作为学习算法中的一个类型，强化学习从某种意义上形成学习算法的又一次演化，使得学习算法只能用来解决"识别"和"理解"问题，进一步演进到可以用来处理与环境互动的问题，也就是从纯粹的行使认知功能扩展到行使行为的功能。也正是这一层面的算法，才展现了对人工智能的更全面理解：从 AI"像人一样思维"（又包含从像人一样理性地思考到从经验中学会思考）进一步到"像人一样行动"。其实，关于人工智能的目标，一开始就并非仅仅有"像人一样思考"的理解，而且有更广义的"像人一样行动"的追求，之所以后者比前者更广义，是因为要像人一样行动的前提就是能像人那样感知、判断和决策即思考，即后者包含了前者，所以麦卡锡在 1956 年的达特茅斯会议上就提

---

[1] 王芊霓、严月茹：《"深度学习"奠基人特伦斯》，https://www.thepaper.cn/newsDetail_forward_3323626。

出:"人工智能就是要让机器的行为看起来就像是人所表现出的智能行为一样。"[1] 强化学习算法或人工智能的行为主义范式所秉持的认知观是:智能源自感知和行动,它是在与环境的相互作用中得以体现的,认知就是身体应对环境的一种活动,是智能系统与环境的交互行为,是在不断适应复杂的周围环境时所进行的行为调整,这种与环境的互动是造就智能的决定性因素,认知主体在对环境的行为响应中通过自适应、自学习和自组织而形成智能,而不是通过符号、表征和逻辑推理等去形成智能。所以,这一范式不再把研究重点放在知识表示和推理规则上,而是聚焦于复杂环境下的行为控制问题,并将智能的本质理解为"在不可预测的环境中做出适当行为的能力"[2],这也是具身理论所坚持的立场:认知生成于身体与环境的互动。据此,通过建构能对环境作出适恰应对的行为模块来实现人工智能,使得它具有类似于人类与环境交互的能力,所形成的是环境与行为之间的映射和反馈关系,所模拟的主要是小脑(甚至脊髓)支配运动的功能。

行为主义既是一种哲学认识论,也是认知心理学的一个重要流派,后者早在20世纪初就产生,但它作为人工智能中的新学派于20世纪末才出现,其人工物标志是布鲁克斯的作为新一代"控制论动物"的六足行走机器人:一个模拟昆虫行为的控制系统。

可以说,以上基于不同算法的人工智能阐释和模拟了人的不同类型的认知,也表达和主张了不同的认知观,其背后反映的是受不同的哲学认识论的影响和引导:认知是理性的逻辑的推理过程,还是从经验中学习而形成知识的过程,抑或是行为中应对外界环境所需要的随机应变的反应活动?可见,不同的算法观和人工智能范式,就是不同的认识论或认知观,它不仅论证或支持了某种哲学,也体现了一种反向制约:持何种认识论或认知观,决定着

---

[1] J. Searle, "Minds, Brains and Programs", *The Behavioral and Brain Sciences*, 1980(3), pp. 417-558.
[2] 〔美〕本·戈策尔:《创见互联网智能》,戴潘译,上海译文出版社,2018,第29页。

设计出何种类型的算法，从而导向何种范式的人工智能被开发出来。

从以上关于不同算法及其人工智能范式与不同的认知类型之间的相关性，还可以归结出"同理关系""同构关系"和"同行关系"这样的不同特征，甚至在"情感算法"成为可能之后，还会在两者之间形成"同情关系"或"同感关系"。

在经典或传统算法的阶段上，算法只与人的计算、推理、决策等类型的认知相关联，从而也只能阐释这一类型的认识，人工智能也只能模拟这部分认知，可称两者之间的这种关系为"同理"的关系：人的认知和机器的信息处理具有类似或同样的理性、推理的属性，都遵循同样的计算原则，表现出类似的程序化过程，由此形成了"同理"水平的关联，这也是迄今最强的一种关联性，是人的相关智能（推理和计算智能）被同类人工智能（符号 AI）模拟得最彻底的一个侧面，"图灵测试"和"丘奇—图灵"论题是其理论支柱，它所导向的是计算主义的视角，是认知计算主义的智力背景和思想来源，是第一代认知科学的基础。

在深度学习算法的阶段上，算法与模拟人脑的神经系统通过学习而能进行识别等类型的认知相关，从而相应的人工智能能够模拟人的视觉、听觉以识别图像和声音，这一算法和人工智能范式与人的认知具有的是"同构"关系：深度学习算法的人工神经网络模型力求与人的神经系统在结构上达到部分的类似（即同构），即仿生意义上的类似，从而类似于通过建立神经联结来建构一个新的大脑。此时机器的信息处理单元与大脑的神经元相对应，单元之间的连接和权值与神经元的轴突、树突和突触相契合，且两者的构架都按照层级方式得以组织，由此使得基于该算法的机器与人脑的学习功能具有相似性，从而可以通过技术手段达到机器对人的认知功能的部分模拟，并使机器学习算法对于人的部分认识机理加以了新揭示。当然，这种"同构"水平的关联性弱于上面的"同理"水平的关联性，一是人工神经网络作为由硅器组成的电子元件网络，毕竟与人脑由生物神经元组成的网络还具有质的差别；二是深度学习算法的工作机制还存在着即使是造就它们的科学家和工程师自己也无法理解的"算法黑箱"，即"用神经网络进行机器学习是有效的，但我们无法详细理解和控制神经网络中的过程"[1]；三是机器通过训练习得识别模式或能力的过程与机制跟人习得相应的能力还存在较大的差距，如人的学习就不需要机器学习所需要的那么多样本；四是人的学习是在社会交往中进行的，机器学习则是在彼此没有交互的各自的"训练"中进行的……当然在这里更重要的是在同构的意义上建立起算法与认知的关联，随着同构性的增强，可以期待这一视角的关联性还将进一步提高。

在行为主义的范式阶段，相应的人工智能与人应对环境的行为类型的认知相关联，由于所指向的都是行为，可称两者之间的这种关联为"同行"（tóng xíng）关系：智能机器人所执行的算法具有导向和人的智能行为相同的效果，两者此时都可以被视为基于"感知—动作"模式的行为控制系统，从而在一定意义上两者同为"行动者"（actor）甚至能动自主体（agent）。甚至，这种同行水平的关联还具有双关语的意味，即"同行"（tóng xíng）基础上的"同行"（tóng háng）：人和机器人虽不是同类，却由于智能机器可以像人一样行为，因此可以在越来越多的职业和领域中成为同行（tóng háng），可以进行和人同样的既能知也能行的活动。当然，目前智能机器和人之间的这种"同行"（tóng xíng）关联性还不强，因为基于行为算法的机器人的行为与人的行为之间的差距还很大，例如自动驾驶的随机应变、灵活处理新情况的能力还较低，或者说行为认知（尤其是可主导灵活行为的认知）的可算法化还有漫长的路要走。在这里，背景、身体、互动等纳入了认知观的内容，从而与第二代认知科学相吻合；由于行为认知包含了大量非程

---

[1] 〔德〕克劳斯·迈因策尔等：《人工智能与机器学习：算法基础和哲学观点》，《上海师范大学学报》（社会科学版）2018年第3期。

序化、非形式化的认知，所以对于机器模拟来说就具有更大的难度。

此外，人的认识还有情感认知、意志、直觉灵感等要素或方面，存在大量基于本能的"凭感觉行事"的现象（如"好好色、恶恶臭"），这些方面的能力还未能开发出相应的算法（如情感算法、意志算法等），甚至它们能否被算法化都还是存疑的问题，即人脑中那些非理性的、不可言说的思想内容要实现算法化是非常困难的，所以迄今还未能与某种算法的类型建立起成熟的关联。对此的乐观的看法是："随着人们对人工智能发展水平的要求越来越高，比如希望 AI 和自己互动，或者和人类拥有相同的社会水平，赋予它们情感是必不可少的一步。这只是时间问题，这一切已经在发生，且都是自发的。"[1] 如果相应的算法（如"情感算法"）在将来被开发出来，形成的就是人工智能与人的认知之间的"同情"或"同感""同意""同觉"即"同情共感"（sympathy）的关系，这也正是"终极算法"和"超级人工智能"所追求的目标。目前"人工情感"（情感计算、情感智能体）、"人工意志"的研究虽然被评价为并不是真正意义上的情感模拟和意志模拟，但从其字面所表达的含义上，至少隐含着对人和机器之间建构同情共感之关系的期待。

上述的关联也进一步体现了人工智能及其算法具有认识论上的可阐释性。之所以如此，从根本上说，还是在于人工智能及其算法终究是人的认知方法的外推，而对这些认知方法的哲学概括形成了认识论理论；秉持不同的认识论去进行 AI 研发，就形成了基于不同算法的人工智能之代际演进。另外，人工智能算法又不是简单地重复人的认知方法，为了适应机器的特点以及解决新问题的需要，它对既有的认知方法加以了形式化及其他改进甚至创新，这种推进无疑又反过来对理解人的认知活动形成"反哺"或新的启示，使得认识论对于人工智能也产生了内在需求。两相结合，认识论与人工智能之间结

---

[1] 王芊霓、严月茹：《"深度学习"奠基人特伦斯》，https://www.thepaper.cn/newsDetail_forward_3323626。

成了相互制约、相互需要和相互驱动的内在关系。两者之间因此而形成互释的关系，既表现为不同人工智能范式的出现是受到了具有先导性的哲学认识论的影响，也表现为一旦基于不同算法的人工智能之演变形成，则从人工智能和算法的视角可以加深对认知类型的重新理解。

二 基于人工智能演进的认知分型

人工智能演进中所形成的不同范式所模拟的人的思考方式或思维侧重面各有所不同，由此和认知类型关联起来，并构成一种互相启发的阐释关系。其中，当某种智能模拟成功后又反过来对该类认知形成一种"反向的"阐释力。

人的认知有多种类型，基于不同的视角可以进行不同的分型。算法与人工智能的代际演进，也正在积淀为一种考察认知分型的特殊视角，其根据在于不同的认知类型被机器模拟时采用的是不同类型的算法，基此可以获得关于认知分型的新理解，并呈现出人工智能模拟认知的内在逻辑进程。

从前面所介绍的算法演进的大致过程来看，如果将以后可能出现的情感算法也包括在内，就有一个如下的演进链条：传统算法—深度学习算法—强化学习算法—情感算法；它们对应了人工智能的演进链条：符号主义范式的人工智能—联结主义范式或人工神经网络的人工智能—行为主义范式的人工智能——向人工情感拓展的人工智能。与这些算法和人工智能范式相对应的认知类型也有相应的如下链条：推算认知—学习认知—行为认知—本能认知。

"推算认知"即人所进行的推理和计算活动，是标准的"理性认识"，也是人所从事的"高级形态"的认识活动，甚至是人所具有的与其他物种区别开来的一种认识能力（所谓"人是理性的动物"就表达了这一意味）。这一类型的认知是既有的哲学认识论中被普遍承认的一种认知类型，从而也是人工智能一开始就被认定为代表人类认知本质从而加以模拟的对象。所以，作为人工智能和算法技术发展的起点，推算认知是最容易被纳入"类型视野"中的认知，它不仅是理性主义视野中唯一被看中的认知类型，也是开辟了人工智能这一新兴学科的计算主义、功能主义所推崇的信息加工模式：从普遍性的知识出发，根据严格的规则推演出某种特殊的结论，使得输入在经过程序加工后产生输出。这与亚里士多德的认识分类有部分的交叉，他把灵魂分为无逻各斯的部分和有逻各斯的部分，后者分有逻各斯，遵从数学定理、服从真理。皮亚杰的发生认识论将儿童的认知能力发展的最后阶段归结为"运算"能力的形成，也相当于可以从事我们这里所说的推算类认知活动。总之，逻辑规则和数学演算既是这类认知的工具，也是其标志。符号主义人工智能或经典算法所模拟的，就是人的推算认知。

"学习认知"是人在学习过程中进行的认知活动。人具有学会某种知识、形成某种认知能力的智能，这就是学习认知，它尤其是指借助符号表征即语言媒介在信息交流中进行的学习，即"以语言为中介，自觉地、积极主动地掌握社会和个体经验的过程"[1]，可简称为"基于表征的学习认知"。人在学习认知中汲取新知识的过程，就是人脑中已有认知结构对新输入的信息进行同化或顺应的过程，在这个过程中人脑的认知结构被不断地建构。这一学习原理也正是深度学习算法的工作机理：学习算法中的"调参"（调整神经元联结权重的参数）就相当于学习认知中的调整认知结构，而人脑中认知结构的调整，其生物学底层就是对人脑的神经网络构造的重塑或再构，两者的机理相通：都是通过对网络结构的调整来改变网络的功能，形成新的认知模型，亦即形成知识表征，"学习就是构造或改进对经验的表征，就是通过已有的内在条件对外部实在作出适当的表征"[2]。这也是前面所归结的两者之间的同构

---

[1] 潘菽：《教育心理学》，人民教育出版社，1983，第49页。
[2] 高新民、付东鹏：《意向性与人工智能》，中国社会科学出版社，2014，第457页。

关系。

　　基于表征的学习认知是人的一大类认知活动。认知是需要知识的，知识在认知中举足轻重，学习认知就是解决知识的获取问题，而学习算法，就是解决机器如何获得知识的问题。对人来说，学习认知意味着"学而知之"，它不同于后面所要讨论的源于本能的"生而知之"和源于行为的"实践出真知"（直接经验），而是借助语言获得间接经验，它是人在后天所具备的知识和认知能力的重要获取通道。这样的学习认知，使得人具有指称、定义、理解和构造对象、事实和世界的认知能力，具有陈述、表达、提问、争辩等交流能力，这些都是在学习中进行认知的方式。基于深度神经网络的人工智能就是对人的这种学习认知的模拟，它是一种基于对数据进行表征学习的方法，其中的标注学习犹如人通过指称来掌握符号的含义，即通过表征来把握对象，从而是基于表征的学习在人工系统中的再现，它的成功使得我们有充分的必要将学习认知作为人的一种重要的认知类型来看待，并探讨它和其他类型认知活动的关系。例如，如果将学习认知与推算认知加以比较，那么它是比推算认知更基础的认知类型，因为人的推算能力也是通过学习（训练）而形成的。由此还可以看到，学习认知是跨越传统的感性和理性分型的一种涵盖面更大的认知类型，因为学习的初级阶段是在感性识别和分类中所进行的感性经验积累，而当这种经验积累达到一定程度可以形成概念或模式时，就进入到理性的阶段，人就可以用这些概念或模式进行推算类型的认知。学习认知的重要性也反映了人工智能重点的迁移：从以推算为重点，到以知识为重点，再到以学习为重点，因为有效的推理和决策需要充足的知识，而充足的知识仅靠符号 AI 式的编程输入是不够的，它更需要机器的自我学习能力，深度学习便造就了机器的这种能力。

　　模拟学习认知的深度学习算法及其联结主义范式的人工智能与经典算法具有了范式的不同，其认识路径不再是演绎中的推算，而是从样本中经受训练过程中的经验积累，为的是形成"识别能力"。因此这里体现的认识论原则不是"理性在先"的演绎过程，而是"经验在后"的归纳过程。或者说，深度学习是寻找那些重复出现的模式，因此重复多了就被认为是规律，由此积累了经验。基于神经网络对学习认知的模拟目前居于人工智能的核心，其中新的核心算法的提出，有可能意味新的认知类型的发现，从而有可能创建出新的认知模型、改变人类认知的框架，这也正是学习算法在人工智能研究中所具有的划时代意义对当代认识论研究所产生的影响。

"行为认知"就是人在进行行为时需要或贯穿的认知，这类认知主要是人在行动时应对各种周围环境、调节行为指令的认知活动，也是为了在身体与环境的互动中达到预期目的从而需要对行为逻辑加以理解和运用中形成的"实践知识"或"技能知识"，这是任何具有行为能力的人都拥有和必须经常从事的一类认知，也是从"干中学"（包括皮亚杰所揭明的儿童从游戏中习得知识）所积累和形成的知识及能力。在有的具身认知理论家看来，认知就是一种具身的行为（cognition as embodied action）[1]，心灵哲学中的行为主义甚至将行为看作唯一的心灵现象，在这里我们认为行为认知至少是认知中一个必不可少的类型。

行为认知具有不同于其他认知的特点和功能，但又与其他类型的认知相互交叉。例如，它是人在行为中学习和积累经验而成的，因此它与学习认知部分叠加，或者说它属于广义的学习认知，只是与较狭义的基于表征的学习认知相区别；行为中也有推理和计算的活动，如一个只能负重100斤的人，不会去尝试负重200斤，其中就有对行为的计算和推理。但行为类认知也有自己的独特之处，"认知行为理论"就揭示了其中的一些独特特点，如它包含"自动化思考"（automatic thinking），即某些重复性的行为经历长时间的积

---

[1] F. Varela, E. Thompson and E. Rosch, *The Embodied Mind*, Cambridge: The MIT Press, 1991, p.172.

累后，就形成相对固定的模式，使得该行为的启动和进行似乎不需要经过大脑的有意识思考，而是被既有的模式所不自觉地支配，其实就是关于如何行为的思考与进行行为的过程自动地相结合，是行为中获得的常识经过积淀后形成的潜意识反映和反应，由此在熟悉的场景中完成习惯性的行为目标时就会出现"不假思索地行动"的现象。所以，行为认知既包括直觉支配行为的意识活动，也包括自发控制行为的那些无意识活动，其功能是调节人与外部世界的互动，使其能够在这种互动中达到人的目的。从认知科学来说，它就是具身—生成理论所主张的认知观，是在行动中的身体与环境的互动中生成的认知，这种认知也同时引导着身体灵活地应对环境；这类认识也类似于哲学史上的"实践理性"或实践认识论所说的"实践观念"：一种在头脑中构想和预演的实践过程，由其发动和引导现实的实践活动，并由其保证实践活动的有序性与合目的性；也可视其为"知行"关系中所说的与行直接融合在一起的知。从知识形态的角度说，行为类型的认识就是"如何做""怎样改变对象"的知识，它与"对象是什么""为什么对象会如此"之类的知识形成区别。而在科学和技术的视角上，行为认知就是技术性的认识，即发明和"造物"活动中的认识，与此不同的科学性的认识则是发现活动中的认识。凡此种种，表明了行为类型的认识有其独特的特点，并且是人的认识活动中的一个十分重要的类型，没有它，就没有属人意义上的行动，就没有改造世界的物质性的活动，就没有实践认识论所说的实践。

"本能认知"是基于遗传可凭借本能对外界进行反映和反应的认知活动，也是人与生俱来的"天赋"认知能力（广义地还包括人的"天性""本性"等），如"直觉"地理解世界的运作模式，像儿童在早期就可以利用结构化的表征和算法处理对象、集合、位置以及时空连续性等概念。[1] 本能认知不

---

[1] 唐宁、安玮等：《从数据到表征：人类认知对人工智能的启发》，《应用心理学》2018 年第 1 期。

是自觉的智能行为中所贯穿的认知,其中许多是基于生理反应的心理反应,也是人的七情六欲中所蕴含的认知。以情感为例,喜怒哀乐等是人一出生就具有的认知反应能力,是生理上受到不同刺激后可以在心理层面上映射出来的反应,是人还不具备学习和行为能力时就已经"掌握"的"本领",从而是人一开始就能从事的"认知活动",是人"生而知之"的可以让自己活下去的属于认知能力的现象,表明人的"有的知识是内在天生的,是将近40亿年的进化才使其成为一种内在的能力"[1],也就是变成了人的天性的那种认知元素,它们是人能够生存的主观方面的首要条件,不是后天能够学会的东西,其中的运行过程和生成机制很难用符号模型来表征,并且具有很强的因人而异的个性化特征,这种差异也可能是造成人的整体上认知个性化差异的重要原因。

四种认知的不同也表现为它们分别调动的主要能力和行使的主要功能不同:推算认知主要动用逻辑和计算能力,主要行使演绎(含类比)的认识功能;学习认知主要动用模仿和记忆能力,以及对新信息的同化和顺应能力(学习能力),主要行使归纳模拟的认识功能;行为认知则主要动用身心协调能力,以及决策和环境之间的互动能力,也即知行交互的能力或行为能力;本能认知则主要动用由基因决定的原始生存能力,具体如情感能力、直觉能力以及其他主要源于本能和遗传而来的能力。

四种认知尽管不同,但关联性极强,彼此之间形成从初级到高级的阶梯,其中本能认知是最基础的认知类型,是一切其他类型认知的"始基"或"基因",提供了以后可以形成行为能力、学习能力和推算能力的普适动作机制、学习机制和计算机制,没有它就没有后面的一切其他认知。它也如同初始条件,即认识主体具有的认识机能,可以影响后续各类认知的进行。行为认知

---

[1] 〔美〕约翰·麦卡锡:《人工智能之哲学与哲学之人工智能》,载〔以〕道·加比等主编《爱思维尔科学哲学手册·信息哲学》,殷杰等译,北京师范大学出版社,2015,第872—873页。

对是在本能认知基础上衍生的认知类型和认知能力，由它又进一步衍生出基于表征的学习类型的认知和能力，所以它既以本能认知为基础，又是学习和推算认知的基础，这也是实践对于认识的基础关系。从行为认知到学习认知，也是从直观认知[1]到符号认知或间接认识的能力提升，使人在不和对象直接交互（行为）时也能认识对象，这是人的认知发展的一次重大飞跃，它使人从只能以实指的方式把握概念到可以用定义（符号界定符号）的方式把握概念，从而使更多无法直观的对象得以认识。基于表征的学习认知对于行为认知和推算认知具有居间性：学习是为了行动，学习也是为了能够推算，它可以下沉为感知经验，以便更好地去行动，也可以上升为理性能力，以便更好地去进行推算认知。从总体上看，四种认知的递进关系是，能推算者必先能学习（通过学习而掌握推算的原理和规则，并掌握熟能生巧的推算技艺），能学习者必先能行动（只有在行动中才能取得直接经验，有了直接经验才可能形成间接经验），能行动者必先有生存的本能。

这一前后相继的认知类型演进，可以从皮亚杰所揭示的发生认识论中得到直接印证。皮亚杰在总结多年实验研究的基础上，把儿童的智力（也即认知能力）发展区分为感知运动、前运算、具体运算和形式运算四个阶段，其中感知运动（又称为"活动""纯实践性的智力"）与运算是两个基本的阶段，而感知运动阶段相当于我们所分型的本能认知和行为认知，即儿童从基于本能所进行的各种动作中获取认知，某些偶然的动作会使他们认识到客体的某些性质，甚至形成因果观念。皮亚杰的"运算"是指内部化了的观念上的操作，是一种可以进行逻辑推理和符号计算的认知，相当于我们所说的推算认知中对表征的计算。皮亚杰认为感知运动和运算之间有一个过渡阶段，就是在前运算阶段中习得语言、形成符号化（表征）的能力。皮亚杰认为，

---

[1] 也称"直接认识"，"直观"的字面意思是直接看到，其实也包括直接听到、嗅到、尝到、摸到等，总之就是直接感知到对象。

学会使用符号（即语言）对儿童的智力发展发挥着重要作用，它使动作得以内化，认知图式得以形成，从而可以凭借象征格式进行表象思维，这就为下一步的抽象思维提供了准备；另外，习得语言又获得了交流和沟通的能力，相当于可以借助语言来进行学习、增长知识、发展认知能力，于是认知就不仅来源于亲身行动（感知运动）的直接经验，而且更大量地来自学习他人的间接经验。[1] 可以说，皮亚杰揭示的儿童智力发展中显现了"本能—动作—语言—运算"的演进环节，本质上吻合于我们关于四种认知分型所构成的链条，只不过他进一步在运算阶段增加了一个离不开具体事物支持的"具体运算"阶段，然后再进入抽象化的"形式运算"阶段，而我们则用更广义的"推算"来加以概括。皮亚杰还认为，每个新阶段的到来都以新的心灵能力的形成为标志，使得儿童可以用不断增加的复杂方式去理解世界，[2] 从而也映现了我们这里所表述的从本能、行为认知到学习、推算认知的由初级到高级的演进系列。

由推算认知—学习认知—行为认知—本能认知所构成的基于算法的认识分类，也和钟义信进行的一种知识分类相吻合：规范（理论）知识——经验知识——常识（行为）知识——遗传知识，[3] 这种吻合也表明了规范知识或理论知识主要从推算而来，经验知识主要从学习而来，常识知识主要从行为而来，本能知识主要从遗传而来。而就对于"感性"和"理性"的分类来说，它们之间则相互交叉且部分重叠。毛泽东在《实践论》中指出："一切比较完整的知识都是由两个阶段构成的：第一阶段是感性认识，第二阶段是

---

[1] 由此可见基于表征、语言的学习，确实是不同于其他类型的认知，它是一种通过交流的知识积累或信息增值的过程，其速度、效果都是其他类型的认知不可替代的，甚至没有这种认知，人的正常的认知能力就无法形成。如儿童智力的形成，除了从自己的动作（游戏）中切身地形成外，就主要是从年长者的话语教诲中获得的，后者所起的作用甚至比前者更大，所谓儿童智力发展的人类环境也主要是这种语言所能提供的学习环境，"狼孩""豹孩"正因为没有这样的语言环境（但有动作环境），所以形不成正常人的智力。可见学习认知无论如何都是一种重要的认知类型。

[2] 〔瑞士〕皮亚杰：《发生认识论原理》，王宪钿等译，商务印书馆，1985，第21—57页。

[3] 钟义信：《机制主义人工智能理论——一种通用的人工智能理论》，《智能系统学报》2018年第1期。

理性认识，理性认识是感性认识的高级阶段。"[1] 如果行为认知多属感性认识或列宁所说的"生动的直观"，推算认知属于理性认识或列宁所说的"抽象的思维"，学习认知则介于两者之间，既有感性也有理性。于是从行为认知经学习认知再到推算认知，也体现出人的认知由初级阶段的感性到高级阶段的理性的提升过程。

这种分类的来源或根据是不同代别的人工智能及其算法理论所模拟的认识类型不同，从而所体现的认识方式和路径也不同。例如，符号人工智能以人工编写的专家知识为基础，通过事先定义好的规则模板和人工设计的算法等来指导机器执行。而在深度学习中，计算机则不会得到如何解决某个任务的具体说明，需要通过学习来建立合适的网络结构；而强化学习则将感知的基础归为行动，即身体与环境的互动，并用虚拟的具身化（虚拟身体）来模拟对环境的感知、习得技能。

基于人工智能及其算法理论所进行的这种认知分型还可以用来考察人的不同认识方式和路径。对于一个正常人，这些认知类型所体现的认知能力都为其所需，只不过有的可能是强项，有的可能是弱项，使得现实中不同的人在这些能力中可能有不同的偏重，形成不同的"认知风格"，如有的强于推导，有的擅长学习，有的热衷行动，有的则情感丰富。当然也有的人可能不止强于一种认知能力，甚至还有人属于均衡型认知风格或全面拥有各种认知特质，此即通过认知分型呈现出来的人的差异性或丰富多样性，进而也折射为人工智能作为认识手段的形态异质性。

基于人工智能范式区分的这种认知分型对于认知外延的覆盖也具有一定程度的全面性。人工智能力求越来越完全地模拟人的智能，在这一历程中所形成的上述演进，也真实地反映了它对人类智能逐渐趋向更多认知类型的覆

---

[1] 《毛泽东选集》第3卷，人民出版社，1991，第816页。

盖，所以才有了关于人工智能的越来越多的定义，如认为"人工智能是与人类思考方式相似的计算机程序"，"是会学习的计算机程序"，"是根据对环境的感知，做出合理的行动，并获得最大收益的计算机程序"[1]，如此等等。这些定义也反映出三种范式的人工智能所模拟的分别是人的三种类型的认知，这种"分别模拟"不仅缺乏统一的 AI 范式，而且还未进入对本能认知的模拟，所以还处于"弱人工智能"阶段。而到了"强人工智能"阶段，不仅需要实现对三种认知模拟的整合，形成统一的人工智能范式，而且还要能够模拟包括情感认知在内的人的本能认知。如果四类认知能够在人工智能中实现融合与会聚，就可以构成具有完整意义的智能：从情感、意志到感知、认知、推理、学习和执行，这也是所谓"通用人工智能"的真实追求所在。

还需要指出的是，这种认知分型并不是为了在人的认知类型之间划出不可逾越的鸿沟。实际上它们之间是互相渗透和彼此交织的，还是可以互相过渡和转化的。如基于本能的认识（被火刺激时迅即避开）和从行为中积累的习惯（见火勿触碰）可集合为"常识"，这种常识积累多了，就是一种从经验中学习的认知活动，懂得如何识别和预防火情；而当类似的经验被加以普遍性的总结后，还可以提升为规范性的认知，以此去推导各种防火原则。皮亚杰的发生认识论也主张，儿童智力发展的各阶段既有不变的先后相继顺序，也可以发生一定程度的交叉重叠，并且前阶段的能力被整合到下一阶段，成为新的更复杂的智力。这种交织和过渡也在算法和人工智能的范式中表现出来，例如"人工神经网络的经验知识可以被提炼成为专家系统所需要的规范知识，而人工神经网络的经验知识和专家系统的规范知识又可能被凝聚为常识知识供感知动作系统应用"[2]。

此外，这一认知分型的意义还在于，从中可以发现智能模拟的演进逻辑，

---

[1] 李开复、王咏刚：《人工智能》，文化发展出版社，2017，第 28—35 页。
[2] 钟义信：《机制主义人工智能理论——一种通用的人工智能理论》，《智能系统学报》2018 年第 1 期。

并从这种逻辑中获得认识论上的新启示，这就是下面所要讨论的问题。

三 两个序列的难易互逆：智能模拟的演进逻辑及其意义

（一）人工智能演进中的从易到难过程

人工智能及其算法的演化进程（20 世纪 80 年代以前占统治地位的符号 AI 及其经典算法—20 世纪 80 年代后兴起并占统治地位的联结主义 AI 及其深度学习算法—20 世纪末崛起的行为主义 AI 及其强化学习算法—将来的人工情感及其情感算法）表明，就历史进程来说，AI 先是成功地模拟了人的推算认知，然后是学习认知，再然后是行为认知，这一先后序列或演进逻辑的技术合理性在于：所有技术人工物都包含由简单到复杂演进的发明逻辑，人工智能作为一种技术实践，只能从机器最容易模拟的认知类型开始，然后向难以模拟的认知类型过渡。

从"先易后难"的一般过程来看，模拟人的推算认知对于人工智能来说是最容易的，因为推算认知可以不具身也不具境地理想化表示。由于摆脱了身体和环境介入的各种复杂参数，推算认知最容易形式化和程序化，从而最容易成为一个被单纯化或简约化的认知类型，所以在人工智能的初级阶段首先能够研发的就只能是符号人工智能，所模拟的也只是人是如何理性地思考，其根基也在于它所理解的"和人一样的智能"只是人的推算智能，这种简约化的理解也一度形成"乐观主义"的预测：只要我们愿意，以后就可以造出具有和人完全一样智能的机器。

目前各种范式人工智能的工作原理，都是建立在对符号的计算之上，这也是它最擅长的工作。但不同范式的人工智能在技术性地实现各自的功能时，进入计算所需的环节是不一样的，如符号 AI 所模拟的推算，在标准化的数据输入后直接就进入计算，所以在技术上最容易实现；人工神经网络所模拟的识别，则增加了对神经网络的形式化建模、对大数据（作为训练样本）的需要，以及还需要对感知到的数据进行编码、压缩、集成、融合的环节，然后才能进行计算，所以较之符号 AI 的实现难度增大，从而由机器模拟学习认知更难于模拟推算认知，或者说使机器具有学习能力比使机器具有推理能力更难实现。而机器人要模拟人作为 agent 的行为认知能力，则技术难度进一步提高。拿自动驾驶来说，它面对的不再是一个用符号表示的模型世界，而是千变万化的复杂路况，一方面感知的难度大增，另一方面还要由感知的路况生成精准合适的"驾驶动作"，需要增加传感器和执行器的技术环节，更重要的是在这个过程还需要机器具有灵活应对环境的能力，而人的这种能力来自日常生活中积累的常识、技能知识等，其中有许多是迄今难以算法化而进行计算的，所以它较之仅进行识别的人工神经网络学习系统来说又增加了新的技术环节，于是理想的能像人那样行为的 AI（agent）就更难实现。在这个意义上，越能将问题直接纳入计算过程抑或单纯就是个计算问题的智能模拟就越容易实现，而越需要增加过渡环节才能进入计算过程的智能模拟在技术实现上越复杂，由此形成的从模拟推算认知到学习认知再到行为认知的演进过程，也就成为跟人的认知形成时的难易序列正相逆反的过程，我们将其简称为"人机认知的难易互逆"。

当然这仅仅是一种总体性的比较，任何一种范式的人工智能，在向极致发展的过程中，都会变得极为复杂，如符号 AI 要建成能够满足各种需要的知识库，人工神经网络要建立起真正像人脑一样复杂的神经网络，都比建造出当年布鲁克斯的六足行走机器人要复杂。所以这里所比较的，可以说是不同的人工智能范式模拟或实现出一个正常人的各种认知类型的平均智能的困难程度，也可视为各种 AI 范式需要达到的成熟水平（例如可以真正成为人所使用的有效工具）之间的比较，[1] 此时无疑可以发现，由符号 AI 所能达到的人的一般人的推算能力最早也相对而言最容易地得到了技术化实现，人工神经网络所模拟人的学习和识别能力次之，而具有 agent 能力的行为 AI 则相对来说更困难，它不仅要有推算和学习能力，还要有灵活性和一定程度的自主性，它所模拟的行为认知也不仅是一种智能，而是体能和智能的结合，或体知合一的能力，原则上比模拟单纯的智能更具难度。而制造出能模拟人的本能认知从而完全具备人的所有能力的"强人工智能"还遥遥无期：智能机器是否会感到"疼痛""幸福"，是否会形成"欲望""爱情"，从而不仅具有"智商"而且具有"情商"等，还只能说是处于概念探讨的阶段。即使本能认知有可能被智能机器所模拟，其难度也远超前述的各个阶段，所以是迄今所能设想的人工智能发展的更为"高端"的形态，相对于几乎已发展到巅峰的符号人工智能来说，它还只是一种遥远的憧憬，因为我们关于牙痛的可怕感受抑或从情侣那里所感受的爱，以及种种因为人拥有身体而形成的基于生理反应的心理反应，要把握清楚其机理并被形式化为机器载体上的一种计算状态，使得机器可以拥有这些源于人的（身体和生理）本能而具备的认知体现能力，某种意义上也是要机器具有人的身体性甚至本性，使其成为"人性化的机器"，无论在概念的解释框架上，还是技术实现的路径上，都还有无数的障碍需要去克服和突破，甚至还可能存在着难以逾越的种种鸿沟。

这个序列的延伸，也将是 AI 从弱到强的发展趋向。弱人工智能只是对人的推算、基于表征的学习和部分行为认知的分别模拟，而强人工智能不仅要将这些局部模拟贯通起来，而且还要实现对人的智能的灵活性（行为认知中

---

[1] 例如最早的人工神经网络研究早于符号 AI 出现，但真正具有学习功能的多层神经网络则晚于符号 AI 兴起，所以比较的对象就为可以使用深度学习算法从而能为人从事识别任务的多层神经网络 AI。同样，能模仿人简单动作的（工业）机器人早就出现了，但能模仿人具有灵活性行为的智能机器人才能被视为行为认知的真正实现，也才能进行像人那样的驾驶活动，所以这里纳入比较的对象也是能够充当 agent 的智能机器人而不是只能完成固定机械动作的工业机器人。

的表现)、价值性（情感和本能认知中的表现）的模拟，使得包括本能认知在内的人的通用智能得以人工地再现和增强。

从适应性的角度看，人工智能及其算法的水平也可以根据对环境和周围情况的适应能力来衡量，只具有推算功能的符号人工智能及其经典算法，所有的前件都是预设好的，它本身就是去语境化去语义化的，其符号是不接地的，所以不具有适应环境的能力。而基于深度学习和强化学习的人工智能，可以在人所设置的环境中适应性地进行识别和决策，所以比符号人工智能显得更加智能化，也更接近人的日常认识活动。基于行为主义的智能机器人，更是将对环境的反应和适应作为其技术的核心。

从复杂性包含简单性的角度来说，在机器智能中，更复杂的人工智能通常包含了前一代人工智能的算法，如具有行为功能的人工智能就包含了识别功能，无人驾驶汽车的驾驶行为可以变道、超车、对行人发出信号，这些行为所依据的算法必然要嵌入感知识别算法，才能使汽车在具有识别物体的精度和分辨率的基础上形成驾驶的反应能力，正在研发的下一代机器人也是如此，它所具有的能自适应环境的功能中就包含了深度学习的能力，表明那些具有行为认知功能的算法在具有识别功能的同时也就具有了学习功能。更具体地说，能够模拟人的行为的强化学习算法也是通过模拟人类学习过程的特征实现的，对物体的检测和识别都是基于深度学习的算法，强化学习算法就是对一般学习算法的推进。人类学习的过程中伴随着模仿（生成）、评估（判别或反馈）以及改进的过程，强化学习算法就是在这个过程中使得机器的行为被调控得越来越准确和高效，其本质是学习效率的提高。[1]

（二）人机认知的难易互逆现象

人工智能对认知类型的模拟所形成的上述序列，如果对照人的认知能力

---

[1] O. Parkhi, A. Vedaldi and A. Zisserman, *Deep Face Recognition*, British Machine Vision Conference, 2015.

形成的过程，一定意义上呈现出先后顺序上的互逆关系，即人工智能首先较为成熟地模拟的是人最后形成的认知（推算）能力，其次是学习能力，再其次是行为能力[1]，这种先后互逆的顺序一定程度上隐喻了两者之间难易互逆的性质，这里主要指其技术实现的难度上，后来出现的人工智能更难于先前出现的人工智能，从而也使我们看到：对机器最难实现的，对人来说则是最容易的，对人最难（"最费脑筋"）的对机器来说则是最容易实现的。比如一个人在街上行走并不需要很多智能，他会感到走路比做出一道数学难题容易多了；[2] 而对于人工智能来说，要完成像人一样行走则要比完成像人一样计算困难多了。如果说"自上而下"是机器认知由易到难的逻辑顺序，那么人的认知由易到难的提升则表现为正好相反的"自下而上"的逻辑顺序，即从具身、具体的本能认知、行为认知通过学习认知提升到离身、抽象的推算认知。列维-布留尔的原始思维研究和皮亚杰的儿童思维研究共同揭示出，人的越原始、越幼小阶段的思维，越是动作化、直观化、具象化的思维，越不具有抽象化、符号化（表征）、形式化的能力；所以无论是人的群体还是个体的认知能力演进，都契合这里所提出的难易相继链条。

具体说来，对人而言，生而知之的本能认知是人最早也是最容易获得的认知能力。其次是行为认知，像儿童通过游戏等过程中的动作而逐步形成了对世界的初步认识，包括"主客体分化"的观念，可以说人在还未进入利用语言进行学习的阶段之前，就主要是积累这种基于行为的"常识知识"或"直接经验"。再次是在习得语言表征能力的过程中也同步学会了通过语言进行学习认知的活动，它可以使人的知识通过间接经验的获取而突飞猛进。人

---

1 这里的行为能力不是简单的由固定程序驱动而可以做出动作的能力，而是指可以灵活应对环境的能充当 agent 的行为能力，即在不可预测的环境中做出适当行为的能力，因此机械地模拟动作和智能地模拟行为之间具有重大差别。

2 发生认识论揭晓了在感知动作阶段，儿童不能进行抽象运算思维，也表明推算认知对于人来说是难于行为认知的。

第六章 认识方式：源自IT的差异和基于AI的分型　361

在一生中会不断进行这类认知（所谓"活到老，学到老"），一旦停止了这类认知，就难以获得新经验、新知识、新能力。推算认知是学习认知在高级阶段的产物，是前面积累的各种认识能力的一种发挥，也是最有可能形成创新和创造的认知形态，所以对人来说也是最复杂最高端的认知。

在这个以人为中心又是基于人工智能及其算法视角所形成的认知分型中，内含这样一个判别标准：越需要更多的学习和训练才能具备和掌握的认知能力就是难度越大的认知能力，从而是越高级的认知类型；反之不学自会或稍学就会的认知能力，就是较容易的认知类型，所对应的就是越初级的认知类型。对机器来说，越容易被设计出来模仿的认知，就是越容易的类型。通过这一考察，可以发现人和机器的认知类型之间，确实呈现出难易互逆的关系，从而蕴含了人工智能演进中的这样一种逻辑关系：对人来说越高级的认知类型，对智能模拟来说越容易实现；对人来说越容易甚至是生而就会的认知类型，对智能模拟来说则越难以实现。这一关系也是人工智能和机器人学者莫拉维克（Hans Moravec）等人于20世纪80年代所发现的一个和常识相左的现象——"莫拉维克悖论"（Moravec's paradox）：要让电脑像成人一样下棋是相对容易的，但要让电脑像一岁的儿童那样感知和行动却是相当困难的，甚至是不可能的，因为下棋所使用的逻辑推理能力只需很少的计算能力，而感知和行动中所包含的无意识的本能、技能和直觉却需要极大的计算能力。[1] 其实，下棋属于博弈类游戏，主要使用可以与语境无关的局限于棋盘中的推算能力。人类顶级棋手通常被视为最聪明、拥有超高智商的人，他们从事的对人来说是最复杂、最耗智能的脑力活动，而这对于机器智能来说则属于最简单的推算认知模拟，所以在相应的算法开发出来之后，就很容易超过人类的所有棋手；而与此同时，AI中的行为机器人在行为的灵活性上与人相比还有

---

[1]　H. Moravec, *Mind Children*, Cambridge: Harvard University Press, 1988, p.15.

很大的差距，因此确实表现出"人工智能和人做事的难易程度往往恰好相反——对人容易的往往对人工智能难，对人难的（如下围棋）往往对人工智能容易"。[1] 所以现实中的人工智能，当它的简单能力远胜于人的复杂能力时，其复杂能力则远逊于人的简单能力。

语言学家史迪芬·平克（Steven Pinker）将这一难易互逆表述为：用人工智能解决人所面对的问题时，困难的问题是易解的，简单的问题是难解的，所以 AI 的长处是人的短板，而人的长处则为 AI 的短板，尤其是人的那些（似乎毫无难度或毫无智能含量）随性而得体的举手投足、顺势而自然的情景反应成为机器智能最难企及的"本领"。换句话说，越是程序化的"照章办事"属性越强的任务对于人工智能来说就越容易，而越是需要随机应变、灵活应对、随意发挥的任务，对于人工智能来说就越困难。此即德雷福斯所说，行为认知或"躯体技能所隐含的知识如何被形式化"对人工智能来说是一个严峻的问题，[2] 行为认知中所包含的大量与动作相联系的隐性知识，使得"人脑中所进行的大量活动是无法编成计算机程序的"[3]。而对于人来说，行为认知中存在大量不是"照章办事"就应付得了的情况，需要在新情况、新问题出现时创造性地去处理各种"意外"情况。也就是说，一旦人所面对的问题不是模式化问题时，人工智能就难以处理了；而人基于本能、常识、经验和创造力等则可以自由应对和处理这样的问题。诺贝尔奖得主克里克也持类似的看法，他认为"计算机按编写的程序执行，因而擅长解决诸如大规模数字计算、严格的逻辑推理以及下棋等某些类型的问题……但是，面对常人能快速、不费气力就能完成的任务，如观察物体并理解其意义，即便是最

1　陈小平：《人工智能的历史进步：目标、定位和思维演化》，《开放时代》2018 年第 6 期。
2　〔美〕休伯特·德雷福斯：《计算机不能做什么》，宁春岩译，生活·读书·新知三联书店，1986，第 28 页。
3　〔美〕休伯特·德雷福斯：《计算机不能做什么》，宁春岩译，生活·读书·新知三联书店，1986，第 61 页。

现代的计算机也显得无能为力"[1]。相较于人的那些最基本的认知能力，撇开本能认知不说（因为智能机器要能模拟人的本能认知还太遥远）[2]，仅拿"常识"来说："要使计算机程序具有人类水平的智能，其重要困难在于，我们尚不知道如何对计算机赋予人类水平的常识。如果没有常识，计算机就无法实现人类水平的智能。一旦计算机程序具有了常识，就可以直接提升计算机性能并改善算法设计，从而使计算机更加智能化。理解常识亦是解决许多哲学问题的关键。"[3] 或者说，一项任务需要的背景信息越多，计算机迅速完成它的可能性就越小，因为计算机中没有"常识"方面的信息。[4] 与此相关的认识论"框架问题"（即背景信息中哪些该重视哪些该忽视，也是"常识问题"的另一种表述）也是如此，它对人很容易，但对于人工智能则很困难。

可见，越初级的、只具有"低端"功能的电脑或人工智能，就只能模拟人的越"高端"、越要经过学习和训练才能掌握的认知类型和能力；而功能越复杂的电脑或人工智能，才能模拟人的越初级、需要越少学习甚至无师自通的认知类型和能力。"我们与其他族群（这里尤指机器——引者注）的巨大差异不是因为我们掌握了二进制或拥有一些基本技能，而是因为我们能通过远比其他族群更为复杂和灵活的方式来使用这些技能"[5]；人和人工智能之间的这种长短互反关系用通俗而简洁的说法来表达就是：对机器越是"高智能"的对人则越是"低智能"的甚至无智能的，从而模拟人的似乎无须什么智能的本能认知对 AI 来说成为具有最高智能的追求。

1　〔英〕弗兰西斯·克里克：《惊人的假说》，汪云九译，湖南科技出版社，2007，第211—212页。
2　如情感认知中就包含更多的 AI 难以理解的东西，比如，"由于计算机不能理解孤独，因为它不可能把'请您今晚同我进餐好吗?'这句话完整地理解为含有'一个腼腆的青年男子渴求爱'的意思"。参见〔美〕休伯特·德雷福斯《计算机不能做什么》，宁春岩译，生活·读书·新知三联书店，1986，第72页。
3　〔美〕约翰·麦卡锡：《人工智能之哲学与哲学之人工智能》，载〔以〕道·加比等主编《爱思维尔科学哲学手册·信息哲学》，殷杰等译，北京师范大学出版社，2015，第866页。
4　〔美〕佩德罗·多明戈斯：《终极算法》，黄芳萍译，中信出版集团，2017，第354页。
5　〔意〕卢西亚诺·弗洛里迪：《第四次革命：人工智能如何重塑人类现实》，王文革译，浙江人民出版社，2018，第33页。

若以抽象性为阐释的轴心则可以看到，人的认知演进也是一个从无抽象度的直接认知（本能和行为认知）到借助表征的有一定抽象度的学习认知再到纯抽象的推算认知的抽象度不断演进的链条，它表明越直观化对于人在认知中把握对象就容易，因为所见即所得；越借助表征抽象化则越间接化（所见并非所得而需要赋义释义等认知转换），对于把握对象来说就越复杂越困难；或者说对人来说越要借助抽象能力来进行的学习和推算活动，就越是高层次的信息加工活动。而智能机器起初就是作为符号处理装置被设计出来的，所以依赖表征进行抽象的符号转化或以处理抽象问题为起点，因此越抽象化就越容易形式化、算法化、程序化，从而就越容易在作为逻辑机器的 AI 系统上基于数字化地操作。上面的关系也体现为：抽象度越高，对 AI 越易，对人越难；具体度越高，对 AI 越难，对人越易。无论是认知的四种类型，还是 AI 的三种范式，都在抽象度或具体度上形成了梯度的差异，因此也形成了难易程度上的不同针对性。

从日常认知与科学认知之间的区别及其在人机之间的难易配置中也能体现这种互逆关系。日常认知直接形成于人的生活实践，最贴近于人的本能和行为，因此是人更熟悉从而最易习得的认知；科学认知的理想形态是用精确的符号语言和数学工具建构的数理科学，典型体现在推算类认知中，是现实对象的间接模型，需要人进行漫长学习才能把握。从日常认知推向科学认知（自下而上）对于人来说是由易到难的提升，因此对人的认知来说越日常化越初级，越科学化越高级，即"愈下愈易，愈上愈难"。人工智能的演进则与此相反，它的"成长"路径是一个从科学世界向人的生活世界延伸（自上而下）的过程，这个过程就是 AI 适用范围的不断扩大，使得机器不仅能处理理想化的科学计算和推理问题，而且也能处理某些些日常生活问题，如识别对象、进行与环境互动的行为等。所以对于 AI 的认知模拟来说，越科学化越容易办到，越日常化越难以办到，即"愈上愈易，愈下愈难"。这也是因为更容易搞清楚以推算为主的科学认知机制，这类认知处于一种理想的、规范的条件中（如棋子被摆放于棋盘中、符号被置于方程中），它们可以在明言知识的层面上被揭示出来，从而为形式化和机器模拟所容易实现。我们还知道，还原方法是科学思维中的一种普遍方法，对于人工系统的建造来说，越还原就越抽象，处理问题的机制就越简单。符号 AI 就是对智能活动的一种还原，是将复杂的世界和认知还原为"原子事实""原子命题"后，在"信息 DNA"即 0 和 1 两个数字的组合与变换中进行的计算过程，所以最容易成为人工智能的起步之处。而难以搞清楚以行为为主的日常认知的机制，尤其是如何灵活地应对环境，更是包含了许多难言的经验和需要随机应变的由偶然性触发的灵感。这就是德雷福斯所说的："没有人知道如何把作为感知和躯体化技能特征的全局性组织及其不确定性编成程序"[1]；或者说，自然智能中的简单性恰恰是人工智能中的复杂性所在。

德雷福斯也对这种难易互逆有特定的表述，他认为可区分出四类智能活动，第一类包括意义同上下文环境及有关活动无关的、各种形式的初级联想行为（如各种形式的条件反射行为、语言翻译中的机器辞典、问题求解中纯试错搜索程序和模式识别中的根据固定模板匹配模式）；第二类为数学思维，它由概念世界而不是感知世界构成，问题可完全形式化，并且完全可以计算，此为"简单—形式化领域"，在其中形式语言取代了自然语言，人工智能在这一领域都是可能的；第三类为"复杂—形式化系统"，其中包括原则上可形式化但实际上无法驾驭的行为；第四类为非形式化行为领域，包括有规律的但无规则支配的我们人类世界中的所有日常活动，如我们对自然语言中歧义的识别，规则不确定的游戏（猜谜），这一层次上的技巧，通常是以概括事例的方法教授的，然后被直觉地遵从，无须求助规则。在这四类智能中，前两

---

[1] 〔美〕休伯特·德雷福斯：《计算机不能做什么》，宁春岩译，生活·读书·新知三联书店，1986，第 303 页。

类适合数字计算机模拟,第三类只是部分可程序化,第四类全部不可驾驭。[1]

还有人认为人的智能是多元化多维度的,包括逻辑智能、计算智能、社交智能、运动智能、空间智能,还有自行智能等。目前来讲我们做的人工智能算法已经搞定了逻辑智能,人已经算不过机器了;但是空间智能、运动智能才刚刚开始可以接近人类,离人还差得很远,比如说波士顿动力机器人;而社交智能、自行智能是我们不希望机器人具有的能力,如果它具有我们就会有麻烦了。这种"麻烦"或许也可以构成这样一个悖论:一方面我们认为目前的人工智能由于不具备对人的本能认知的模拟,或者在行为认知的模拟上处于极低的水平,所以被评价为并不具备真正的人的智能;而一旦机器实现了对这些认知的模拟从而真正地具备人的智能,成为"无所不能"的人工智能,则又是人不愿意看到的。

总之,如果将人的认知能力发展和认知类型前后相继形成与提升的现实过程,与人工智能演进的客观进程加以同框的逻辑对比,则人机之间难易互逆的关系就成为明显存在的现象或事实。造成这一难易互逆关系的原因,无疑在于人和机器各自的物理构造和运作机制上的差异,这种差异就是前面曾提到的"具身性":在人那里越具身(与身体关联越紧密的认知)越容易,在机器那里则越具身越困难。由于人是身心统一体,人的认知与自己的身体以及身体与环境的互动密切相关,人本身就是"具体"而非"抽象"地成长起来的,所以越直接与对象或环境进行具身互动对于人来说就越自如,就越是人所原初具有的认知能力;而那些越脱离身体和环境的认知活动,则越是需要经过学习、训练后才能掌握的认知能力,从而对人越具有复杂性和困难性。由于机器没有人的身体,也不是在类似于人的生活环境中成长起来的,所以在其中融入环境信息就是一种额外的重负,要使其产生出类似人的"切

---

[1] 〔美〕休伯特·德雷福斯:《计算机不能做什么》,宁春岩译,生活·读书·新知三联书店,1986,第299—301页。

身"认知，显然是勉为其难的要求；也正是因为这一点，所以那些与身体关联相对不紧密的认知，无疑就是 AI 所"擅长"的。于是，"机器人不必能挑选出一位贤妻或横过繁忙的马路，它只应能在人类行为的较为客观和脱离肉体的领域中同人相比，以便能在图灵游戏中获胜"[1]。两相对比，人的认知从低级到高级的推进，是一个摆脱具体、得意忘象或"形式摆脱内容纠缠"的过程；而机器认知由简单到复杂的推进，则是一个"符号落地"、概念走向具体、使形式与内容结合、从纯粹表征—计算走向具象化和情景化的过程。

（三）认识论意义

把握人机间认知的难易互逆这一演进逻辑还具有如下的认识论意义：

第一，根据这一逻辑，可以合理地评价各代人工智能及其算法的恰当地位和功能，并对人工智能的发展走向形成一种有根据的预判。人工智能迄今的发展所显示出来的趋向，预示其自身存在着"循序渐进"的进化序列，即人工智能越往后面的阶段演进所模拟的人的智能类型就越"初级"，这或许可以作为人工智能从业者进行预测和决策的概念基础，从而根据自身的实力和目标做出有所为与有所不为的选择。模拟本能认知的人工智能假如能够实现也需要十分漫长的努力，一定程度上寄希望于终极算法和超级人工智能的开发，由此也提出了"终极算法是否可能"的问题：当包括本能认知在内的一切认知皆可算法化从而皆可人工地模拟后，也意味着人工认知中"终极算法"的获得，犹如人的认识中"绝对真理"之达成一样。从辩证的真理观来看，这只能是原则上可以追求并无限接近但不可能在某一个具体时段完全穷尽的过程。这也正是"终极算法"的魅力所在：算法化的范围可以无限扩展，且不能在哪一天终结这种扩展，使我们可以用植入终极算法的机器解决

---

[1] 〔美〕休伯特·德雷福斯：《计算机不能做什么》，宁春岩译，生活·读书·新知三联书店，1986，第86页。

一切问题，而人从此无所事事。换句话说，人机在认知上难易互逆的关系也表明了认知研究的不可穷尽性：总存在我们依靠科学手段和技术工具不能完全把握的认知奥秘和不能完全模拟的认知活动，所以它才是需要无穷探索的研究对象。

第二，这一逻辑使得我们需要正视人的智能和人工智能之间的"各有长短"，不可能也无必要使两种智能完全趋同。由于人工智能不仅要模仿人的智能，还要延伸和扩展人的智能，所以必然既有弱于人的方面（模仿不到位），也有强于人的地方（延展后的智能）；它虽然不能解决人脑所能解决的一切问题，但在这种延展中也具有了新的能力：能够解决人脑所不能解决的一些问题，这就需要在有差异的基础上进行人机之间的合理分工，如同我们在"认识主体"一章所分析的那样。这种各有所长的关系可以使我们更清醒地看到，即使是自然进化而来的人的智能，也不是完美的智能，当然人工智能就更不具备完美性了。尽管不完美，通过相互之间的比较又凸显了各自的优越性，所以人工智能虽然对人的某些认知难以模拟甚至无法模拟，但我们也不能因此而贬低人工智能的价值，因为它已经在若干方面远超于人，在这个意义上，人也是智能上有缺陷的主体，所以才需要并发明了人工智能来弥补这样的缺陷。因此我们无须要求人工智能只以人的（有缺陷的）智能为终极模拟对象，在精准计算、判断和决策上，人工智能就强于人的智能，人在这方面经常会犯错误，总不能要求人工智能研究者为模仿这些人类的错误和缺陷而殚精竭虑，即使是有些带有"智力"性质的工作，也"不必按照人的方式进行，也不必具有人的灵活应变性"[1]。同时，也不能因为人工智能在推算和识别上的高效率与高精确度就训练人向机器看齐，即用机器的标准来要求人，这显然隐含着把人变成机器的危险。基于人机的能力迄今所具有的这种

---

1 〔美〕休伯特·德雷福斯：《计算机不能做什么》，宁春岩译，生活·读书·新知三联书店，1986，第 96 页。

难易互逆关系，更有意义的追求是在两者之间建立一种互补的协同，将人的"弱项"尤其是低效而沉重地充当工具时的任务交由可高效完成的智能机器去承担，如将那些只求效率和精准的认知工作，那些需要有超大数据量和计算量且目标单一明确、数据优质、信息完全的任务，尽可能多地交由人工智能去做；而将基于人的本性合乎人的价值和意义（如能够体验生活、进行创造与获得幸福感）的活动加以保留或更多地开发于人，这对人来说这也是一种"卸担"和身心的进一步解放，由此使"人之为人""机之为机""各显其长""各得其所"的人机协同得以形成。

第三，走向算法融合。在目前已取得实际成效的三类认知的智能模拟中，基本上是三种范式各行其是，所模拟的角度也互不协调，分别是功能模拟（物理符号系统）、结构模拟（人工神经网络）和行为模拟（感知—动作系统），由此造就了智能之人工实现的"分而治之"格局。[1] 人工智能本身的发展就是一个新的范式不断克服先前范式缺陷的过程，但新的范式同时也存在新的局限，所以实现范式间的融合就成为人工智能进一步发展或突破的根本要求。这种融合可能性的根基在于它们所模拟的认知类型之间的可融合性。比如在人的现实认知中，演绎与归纳之间是可以互补的，感性和理性之间是可以互相转化的，经验知识和规范知识之间是可以互相过渡的，所以人工智能中的经典算法和深度学习也是可以相融合的。如 AlphaGo 的设计者们就打破了符号主义和联结主义的藩篱："本来，博弈是功能主义人工智能（专家系统）的分支，神经网络是结构主义人工智能的成果，但是他们却把结构主义人工智能（神经网络）的成果利用到功能主义人工智能分支来了，即一方面利用功能主义的博弈搜索技术去发现'可能的下步走法'；另一方面又用结构主义深层神经网络的深度学习方法（取代原来的'启发式估价函数'）来

---

[1] 钟义信：《机制主义人工智能理论———一种通用的人工智能理论》，《智能系统学报》2018 年第 1 期。

估算'这些可能走法之中何者胜算更大'。这一结合，就使 AlphaGo 的棋力得到极大提升。"[1] 也就是说，当 AlphaGo 将分别已经存在并发展了数十年的算法（包括线性模型、深度学习、强化学习、蒙特卡洛搜索等算法）等加以融合后，形成了强大的组合优化，由此在围棋水平上实现了对人类的成功超越。这也折射了提高人的认识能力的一种普遍路径：认识的各种类型在融会贯通的过程中往往可以生成更高的认知能力，就类似于不同的物种在杂交后有可能形成品性更优良的物种一样。

在上述融合的基础上，如果引入知和行融合的视界，则可以进一步提出"三种范式融合"的愿景，钟义信用"机制主义"来表达这种融合的可能性：现行人工智能理论的研究模型或者是"大脑的结构"，或者是"大脑的功能"，它的研究路径或者是"结构主义（模拟脑的结构），或者是功能主义（模拟脑的功能），或者是行为主义（模拟智能系统的行为）"，尚未实现统一。创建"结构—功能—行为"和谐融通、"意识—情感—理智"三位一体的通用人工智能理论，结构主义人工智能理论、功能主义人工智能理论和行为主义人工智能理论乃是机制主义人工智能理论在不同知识条件下的三个特例，而且是"和谐相生"的三个特例。[2]

目前人工智能"分而治之"所面临的各自困境，正是它们排他性地秉持单一的认识论理念和方法所致；而要实现 AI 的纲领融合或算法融合，在基底上还是要寻求一场"认识论革命"，即走向一种可以整合理性主义、经验主义和具身认知的新的认识论。认识论和人工智能的内在关联在此也愈加紧密，在一定意义上回归到我们曾在导论中提出的命题：人工智能就是认识论。

---

[1] 钟义信：《机制主义人工智能理论———一种通用的人工智能理论》，《智能系统学报》2018 年第 1 期。
[2] 钟义信：《机制主义人工智能理论———一种通用的人工智能理论》，《智能系统学报》2018 年第 1 期。

【本章小结】 认识的差异性表现于多方面，其中，认识方式和认知类型是两个重要方面，而信息技术尤其是当代信息技术对于这些方面的认识差异性的形成起着极为重要的影响作用，成为由差异带来的认识的丰富性、生动性以及曲折性等的主要根源，这是因为使用信息技术的过程，就是进入"怎样去认识"的具体过程，也会影响甚至决定着我们会"认识到什么"从而形成什么样的认识结果。过去的认识论研究普遍缺乏对这一维度的关注，在信息革命的背景下，关注外延视角下基于技术的嵌入而造就的认知差异性和多样性问题，尤其是基于信息技术发展而造就的认识方式的历史差异性，以及基于现代信息技术而建构的当代认识方式的新特征，还有基于人工智能范式及其算法所产生的认知分型，都给当代认识论关于认识差异性的研究增加了新视角、注入了生动而丰富的新内容、拓展了探索的新空间。

第七章
知行问题：从脑机接口到延展实践

知行关系问题也是认识论中的一个重要问题，亦即我们通常所说的认识与实践的关系。做或行或实践虽然是受认识引导的，但又是不同于认识的另一种活动，即知不能代替行。人的动机、意图等方面的知要变为行，还必须通过肢体的实际的物质性运动才能实现，这就是一个由知到行或以知导行的过程，这也是传统哲学视野中知和行、认识和实践之间的区别及其转化方式的问题。在信息革命的背景下，尤其是基于人工智能的脑机接口问世后，知和行之间的传统区隔被接口技术所打破，从知到行的过程以观念调动和控制延展于体外工具系统的方式进行，既实现了技术性的知行合一，也造就了新的实践方式：延展实践，从而对认识论的知行关系和实践观注入了新的内涵，在作为信息技术前沿的人工智能中，还在可以窥见其作为认识论新范式时与实践认识论之间的高度关联。

第一节 基于脑机接口的知行合一

知和行之间既是相互区别的，也是相互联系的，它们之间存在一种所谓的"接口"（Interface）关系。接口现象在世界上普遍存在，它在汉语中也被称为"界面"，其典型功能是既把两种不同的存在区分开来，也将它们连接起来。如果一种接口是人工地制造出来的，就被称为"接口技术"，它是人工地将不同对象连接起来的手段。在人和机器之间,尤其是当今作为信息机器的计算机与人之间,无疑存在着一定的接口技术,这种技术发展到高级阶段就成为"脑机接口"的形式,并具有"知行接口"的作用,包含知行转化的功能。当信息技术发展到具有知行的接口功能时,便呈现出更为深厚的哲学意义,使得传统的"以手行事"(以身体去与外部物质世界进行互动从而达到物质性地改变对象的目的)和"以言行事"(通过语言调动他人去行动或做事)发展到"以想行事"(通过意念调动机器做事),人的"知"和"行"融为一体成为可能,从而成为人与外部世界打交道(交互)的新界面或新中介,成为以技术方式实现的"知行合一",使得知行关系这一认识论的传统问题获得了基于脑机接口技术的解决路径。

一 界面或接口现象的普遍性

作为一种普遍存在,可以说,只要存在两种事物或现象的相互作用,就必定存在"界面"或"接口",其含义被《现代汉语词典》界定为"物体和物体之间的接触面",被《新韦氏百科词典》解释为:一种被认为是由两种东西(机体、系统、装备、概念或人)、空间或过程所共享的边界,它能分离出这些不同的存在,并使其相互交流和作用;在信息科技中,它是一种计算机的硬件或软件,被设计出来在硬件之间或软件之间、在器件和程序之间,以及在计算机和人之间实现信息交流。[1] 从上面这些词典意义可以看出,interface 既是分界面,也是接合部,它具有双重功能:既把不同的东西区隔开来,从而形成"界面";也把它们联通起来成为一个整体,从而成为消除界限的桥梁,即"接口"。也可以说,这两个词本身也是相互依存的:正是因

---

1 *The New Webster's Encyclopedic Dictionary of the English Languag*, New York: Random House Value Publishing, Inc., 1997, p. 358.

为有了界限（界面），才有了连接（接口）的问题；反之亦然。可以根据在不同的语境中我们强调的重点不同，在汉语中使用不同的译法。

界面和接口现象在自然和社会中的普遍性引起了科学界的关注，许多学科都引入了专门概念，例如化学中有化学界面或化学接口［Interface（chemistry）］，它是一种边界表面（boundary surface），在两种不同的状态之间（例如一种不溶解的固态和液体之间、两种不能混合的液体之间、一种液体与一种不溶解的气体之间）形成一个共同的边界。生物学中有生物界面或接口（Biointerface），它指的是一个细胞、一种生物组织或一种生物材料与另一种材料（物质）之间的界面或接口。社会学中有"社会界面"（Social interface），它指不同生活世界、社会领域或社会组织之间的重要交叉面，在那里基于不同的价值、利益、知识和权利而形成分裂的地方最容易发现这一概念，也意味着它是代表不同利益和受到不同资源支持的个体或社会单元常会面对面和遭遇的地方。[1]

从哲学上看，人的感官就是思维和外界的接口，或按梅洛-庞蒂用身体现象学的术语来说，肉身就是人与外界的接口，通过它（们）来传递和转换外界的作用：将外界的刺激转化为特定的神经冲动，然后在人的大脑中"成像"，形成"观念"。

接口或界面在上述意义上，其实就是事物之间的"中介"，或行使着中介的功能，没有这种中介，事物之间的联系和相互作用就无法形成和进行。当然接口作为中介也具有非完全意义上的"中间性"，并不总是作为"第三者"而存在于两种事物之间或居于它们的中间。例如，有的接口基本属于两界中的某一界，像细胞膜是细胞与外界的接口，同时也属于细胞本身的构造或组成部分。这通常发生在"内"与"外"的界面现象时，属于"内"的那个存

---

[1] N. Long, *Development Sociology: Actor Perspectives*, New York: Routledge, 2001, p.191.

在物的最外部的结构或组分，同时也是这个存在物与外部环境的接口或界面。又如人和计算机的接口，通常是计算机自身的一个组成部分。

接口的中介性也具有不确定性。例如人的神经末梢，尤其是皮肤上的神经末梢，是人体与外界的接口。但是当人的皮肤被连接到一些可以感知神经信号的技术装置后，人与外界的接口就外移或部分外移到这些感知装置上，此时人与外界的接口就（部分地）由自然物转移到技术物之上，从而出现所谓"接口技术"（interface technology）或技术性的接口现象。

技术性的接口广泛存在于人工现象之中，从其初级形态上，可以视其为不同人工制品之间的中间环节，如灯座是导线和电灯的接口，开关是人和电灯的接口。界面或接口现象在人工事物中之所以普遍存在，还因为任何现象都可以成为特定事物链中的一环，从而成为两端事物的接口。从性质和功能上看，接口技术就是要使那些在自然状态下并不相关的现象可以被人工地关联起来，从而使对象之间产生合乎人的目的的相互联系与相互作用，这也是人制造和使用技术接口的重要目的。

技术性接口中更具哲学意义的是人和机器之间的接口，这种接口通常作为人体的外部装置而存在，但在技术不断发展的今天，它已经不仅作为一种人体的外部器具，甚至还深入人体内部，成为人的一种"内部"装置，在体内形成种种"结点"：如芯片植入人体后，人与芯片这种"外来"的接口就进入了人体之内；当这种装置增多之后，还会形成哈拉维所说的"半机械人"或"赛博人"，它的内部显然存在着多种多样的人机接口。

综合以上的分析，我们认为对于 interface 的两种汉译，在科学领域使用"界面"更合适，此时它主要表达的是两个领域或方面之间的分隔、区别；而在技术领域中使用"接口"则比"界面"更好，因为"接"更通向"交会""互动"（inter 的蕴含）、联系等，由此可显现"interface"是两个不同方面或部分的连接方式和手段，是它们实现交互、传递相互作用甚至形成"相互过渡""相互转化"的地方，而技术性 interface 所行使的正是这种功能。本处所探讨的"人机接口""脑机接口""知行接口"等，都是行使这种连接功能的技术性人工物。

二 脑机接口中的知行互联

人机接口是人与机器的交互手段，人机接口的改变是人机交互方式的改变。在人机接口中，从计算机的键盘到脑机接口，呈现出日趋复杂化的趋势，并衍生出"知行互联"的特殊功能。

可以说，"接口现象"因人和计算机之间的互动问题而变得重要起来的，也正因为如此，所以当前的人机接口，特指人与计算机的接口，它是指人与计算机之间建立联系、交换信息的输入/输出设备。这些设备包括键盘、显示器、鼠标器、触屏等。或者说信息输入和显示技术就是计算机与人的接口。这种接口也是人和计算机"对话"的方式，是人与计算机进行信息传递和信息交换的媒介，是计算机"面对"用户的窗口，它使得互不"理解"的两个系统（例如计算机使用的是机器语言，而人使用的是自然语言），通过接口装置内部的若干转换系统，可以互相"理解"，从而使计算机在人的作用（输入）下能够做出符合人需要的"反应"（输出）。在这种意义上，人机"接口连接人和计算机，同时满足两方面要求"[1]。当然，这里的人机接口也具有相对性，例如计算机软件是人与计算机硬件的接口；而计算机屏幕上的图标或窗口是人与计算机软件的接口。

从功能上说，人机接口需要容易为人所掌握，即所谓"界面友好"，实现人和机器之间的"无缝对接"。如同美国哲学家和计算机文化研究者艾斯

---

[1] 〔加〕瑟利·巴尔迪尼：《超文本》，载〔意〕卢西亚诺·弗洛里迪主编《计算与信息哲学导论》，刘钢等译，商务印书馆，2010，第535页。

（Charles Ess）所说，通过它"允许人与机器之间进行理想的'无缝的'或者'直觉的'通信……尽管人机互动起初出现于每一台计算机的设计中，早期的人—机互动文献都假定机器的使用者是技术专家精英，但是随着计算机技术日益普及，'界面友好'也就与日俱增"[1]。目前使用视窗和图形化的图标，使得人更容易使用它，实现了人和计算机之间更便捷的"交流"。这种日趋便捷的人机接口技术的发展，成为计算机技术得以普及的决定性因素，所以在计算机技术的发展中，接口技术的不断完善是其最重要的组成部分之一。

通常认为，计算机的人机接口技术经历了手工操作、命令操作和图形用户界面（GUI）三个阶段，我们所看到的操作系统从 DOS 到 WINDOWS 的变迁，一定意义上就是接口的革命。也有的学者将这一技术分为四个阶段：电子阶段、符号阶段、文本阶段和图形阶段。在电子阶段，人机接口是电子电路设计或计算机硬件；在符号阶段则由计算机硬件上升到软件，此时计算机硬件可以在像注册表、内存等功能意义上得到抽象的理解；在文本阶段是自然语言，虽然与真正的自然语言互动还很远，但是像 Unix 这样的命令—线索界面的确运用了许多词汇和简单语法；在图形阶段则是我们所熟悉的也是目前广为使用的图形。[2]

当然，计算机的人机接口还在进一步发展，例如它可能还会进一步发展到带给用户身临其境感觉的三维用户界面———一种虚拟环境（虚拟现实）的人机接口。[3] 在这样的技术中，人和机器之间的界面甚至可以在感觉中消失，它意味着人和机器之间抑或两种事物之间达到了一种"无感觉的融合"；达到这种融合程度的人机接口阶段也被称为"具身互动阶段"，此时计算机不再是一个外在的存在，而是成了人的身体的延伸，就像盲人所熟练运用的拐

---

[1] 〔美〕查尔斯·艾斯：《计算机为媒介的通信与人—机互动》，载〔意〕卢西亚诺·弗洛里迪主编《计算与信息哲学导论》，刘钢等译，商务印书馆，2010，第192页。

[2] 徐献军：《现象学对认知科学的贡献》，《自然辩证法通讯》2010年第3期。

[3] 张平等：《信息技术导论》，清华大学出版社，2011，第119页。

杖一样。这就要求制造出能够把器具缩减到背景中的计算设备，使得我们能够在不注意它们时就能实现目标；此时"具身是我们与世界相结合的道具，而它使得世界对我们变得有意义"[1]。

上述的发展也进一步显示了人机接口的相对性：相对于"人脑"（"人"的一个部分）来说，人的手和眼这些感官是人与电脑的接口；而把"人"视为整体时，我们则把计算机上的一部分视为人机接口；前一种情况是把计算机当作整体来看，把人脑就当作另一端来看待，此时的人机接口就成为"脑机接口"，而操作电脑的人手和眼睛就成为脑机接口的承载者，或者说存在于人的身体上的一部分肢体或器官就成为脑机接口。

脑机接口可被视为使电脑理解人脑的手段，当这种手段由人的部分身体转移到人身之外的器具设施之上时，就形成了我们在通常意义上所说的"脑机接口技术"（这里的"技术"通常只被理解为器具技术），它是人机接口技术发展的另一个重要维度。由前面的叙述可知，目前的人机接口还主要是一种肢体操作式的接口，它需要人的肢体（主要是人手）对相应的设备施加物理性的作用（如敲击键盘、点击鼠标或触碰屏幕的图标等）才能完成，因此也形象地称这种人机接口为"手—机接口"。而正在发展中的"脑机接口"技术则开启了另一种人机互动的模式，那就是人机接口装置通过接受人的脑电波的作用就能实现机器或接口装置与人之间的信息交互，而并不需要像"传统"的人机接口那样由人"动用"肢体去"亲手"改变电子器件的物理状态才能实现；此外，像分析人的眼球运动、眨眼或头部动作来控制计算机的人机接口，虽然还不是真正意义上的脑机接口，但它们已经大大减小了人的"物理动作"的幅度，因此可视为"手—机接口"到"脑—机接口"的过渡。

---

1 P. Dourish, *Where the Action Is: The Foundations of Embodied Interaction*, Cambridge: The MIT Press, 2001, p. 125.

如前所述，脑机接口（也称"脑机互联"或"脑机交互"）就是在人脑或动物脑（或者脑细胞的培养物）与外部设备间建立的直接连接通路，使得脑内活动的某种物理呈现（如脑电波）能被计算机或相应的技术设备所获取，从而可以在一定程度上理解和应用这些脑内活动的内容。[1] 而简洁通俗地说，脑机接口就是这样一种技术：采集某种脑电信号，再将其翻译成机器的动作指令。这里的关键技术就是对承载脑信号的脑电波（或意识活动时的其他物理呈现方式）加以识别，其早期阶段是脑电图一类的仪器，后来发展为想要"读懂"人的想法的"读脑术"或"读心术"［所以脑机接口也称为"心机接口"，mind-machine interface（MMI）］，并成为脑机接口技术的主干部分。与此相关或作为其组成部分的还有脑控装置，它的功能主要是将与人的意念活动相关的脑电波（或其他脑过程）解码为对应的信息，再以这样的信息作为指令去控制相应的体外装置，其中进行的是"由脑到机"的信息流程：其一是从脑到计算机（控制机），其二是从计算机到工作机（造物机），这一流程的实质就是人脑通过脑机接口驱使与调控体外装置进行相应的动作。这里的关键在于从脑到计算机的流程，即"读懂"人脑中的所思所想。

读脑术的初衷是用来理解残障人士脑中的想法，进而帮助他们控制其假肢，或实现"意念移物"，从而重获与外部世界互动的能力，使得四肢瘫痪的病人能够依自己的意愿，独立完成一些日常生活上的动作。

从一定意义上说，当脑机接口发展到一定阶段时，不仅残障人士可以用其恢复行动功能，健全的一般人也可以用以增强自己的行动能力，贯穿于其中的一般过程就是：人可以实现利用自己的"思维"（严格意义上是脑电波）来控制计算机及其与之互联的其他设备，形成类似"行动"或"行为"的效果。当然，在建构具有行动导向的脑机接口时，如何从脑电波中分离出动作

---

[1] 参见 Wikipedia，"Brain-computer interface"，2017-04-29，https：//en.wikipedia.org/wiki/Brain-computer_ interface。

的意念是最困难也是最关键的部分，它需要用各种讯号处理技术去侦测动作意念，然后把侦测出的原始动作意念转换成机器了解的指令。制造出实现这一功能的脑机接口并非遥不可及，因为一些实验室已实现了从猴和大鼠的大脑皮层上记录信号以便操作脑机接口来实现运动控制，还有的实验室实现了用人脑控制机器人踢足球的过程和创造了用意念打字的新纪录。

也就是说，脑机接口的必然扩展，就是在计算机的一端继续向"信息应用技术"（其实信息应用技术或信息效应技术就是信息处理技术与物质生产技术的接口）延伸，亦即通过脑机接口"理解"人的意图的计算机，将其转化为指令去控制施动装置或设备的物理运动，形成人所希望的对某一对象物的实际作用，让对象产生出合乎人的意念要求的某种物质性改变，从而达到人在头脑中构想的某种现实的变化。这就是从脑机接口到知行接口的功能延伸，其中包含的主要技术过程就是从思维、心灵、意念的机器读取到转化为自动机器的操作指令，以及施动系统在这种操作指令下现实地进行物理运动，其集合形态就成为合乎人的意念要求的人工运动，在功能上成为替代性的人的行动。这种具有知行接口功能的脑机接口也被称为"面向行动"的脑机接口。

脑机接口技术是不断发展的，从植入单电极来获得少数神经元的脑信号到植入多电极来获得大面积神经元信号，从充当传感器的电子芯片与脑组织的有创对接到生物芯片与神经元的无缝对接，都是这一脑机接口技术已经出现或将要发展的趋向。这样的脑机接口还可以进一步与人工触觉的功能加以整合。美国克利夫兰诊所的研究人员于2021年为上肢截肢患者研发了仿生手臂，使佩戴者能够脑控手臂的运动，还能通过神经接口产生触摸和抓握的感觉，这也是一种双向的脑机接口技术，患者一方面能够在他们想要使用或移动假肢时将神经冲动从他们的大脑发送到假肢，另一方面也能从环境中接收物理信息并通过他们的神经将其传递回他们的大脑，这样的脑机接口系统无疑更接近于自然手臂的功能。[1] 还有，这一脑机接口如果再与物联网链接，则可以使人脑中的意念实现对遥远对象的远程控制，这样的功能还被描述为："一旦移植了这种装置，人脑的局限性就被打破了。在许多方面，你能摆脱肢体的束缚。大脑能够与互联网、机器人，或仿生武器连接起来……可以让你像操纵轮椅或汽车一样，很容易地操纵核潜艇……在理论上，一旦你能控制计算机的光标，你就能做到从画圆形到驾驶战舰的任何事情。"[2]

由此可见，一旦脑机接口将脑中的行为意向和指令能够有效地传输给信息施动技术系统从而引起对对象的实际操作和改变，那么就起到了"行为"的效果，此时人脑和对象之间的技术系统就可被统称为"知行接口"系统，它是一种无须依靠人的肢体的人机接口或脑机接口，突破了先前"知—知接口"的限度，人机接口不再只是转化信息存在的形式，而是成为信息世界和物质世界互联的工具。某种意义上，人的认识过程此时就过渡到"实践"即"行动"阶段，形成了"知"和"行"的互联，只不过此时的实践、行动都已"深度信息化"，成为"信息化实践""信息化行动"。

从关联性上看，知行接口无非是脑机接口的发展和延伸，是人机接口技术从信息领域向物质或行为领域的延伸，甚至也可被视为心灵与物质领域的技术性接缘。这个接口装置只要能将人"心"所想或人"知"的意向读懂，就能造就如前所述的人体之外的"人造行动"或"人工行动"。此时，被人脑通过知行接口技术所驱使的那些体外装置，就如同是人的"神经假肢"。或许可以说，信息技术的最重大成就之一，就是在知行接口之技术化上的不断进展，它预示着人的"行"可以跨越人的身体，也预示着外在于人的功能装置的拟人行动与人脑活动的一体化，预示着人机合一意义上的"知"和

---

[1] 佚名：《假肢也有了"思想"》，2021-09-02，https://www.xianjichina.com/special/detail_495570.html。
[2] 〔美〕杰夫里·斯蒂伯：《我们改变了互联网，还是互联网改变了我们？》，李昕译，中信出版社，2010，第158—160页。

"行"可以融为一体,从而使传统的"以手行事"("亲手"做事)和"以言行事"(指使别人做事或"告诉机器做事")有可能发展到"以想行事",这就是通过脑机接口而支配智能机器为我们去做我们想做的事,即"心想事成"或"知行合一"的现代版本。

其实在赛博空间中的"虚拟实践"在某种意义上也具有知行接口的功能。

虚拟实践是人借助当代信息技术在虚拟空间中所进行的实践活动,它实际上是一种在信息空间中进行的"信息型实践",信息型实践是相对于"物质能量型实践"而言的。所谓"物质能量型实践"或"物能型实践"[1],主要是以支付体力为特征、通过主体的体力发挥所产生的机械能,造成一种现实的物质性的力量,作用于物质对象,从而直接引起了物质对象的变化。这类实践无疑是客观的物质性活动,也是人们通常所理解的实践。而所谓"信息型实践",则主要是以支付脑力为特征的,它是主体从自己的精神世界中输出一定的作为"精神产品"的信息,或者将其输入作为对象的主体的精神世界中,引起对象的信息方面的变化;或者将其作为指令输入信息控制系统,通过自控系统这一中介来造成对象的物质性变化。在信息型实践中尽管也有能量的支付,但其目的不在于输出能量,而在于输出信息,输出能量只是为了输出信息,只是作为输出信息的手段而已。

如果将"造物"作为实践的一个特征,那么严格地说,只对物施加了精神性或信息性的改变,不能算是完全意义上的造物,否则会导致"造物"的泛化。从直接性上,信息型实践中"造信息"与物能型实践中的"造物"毕竟是有区别的。造物是一种在改变物的意义上的实在的活动,而造信息(尤其是造精神)就不具有这种实在性。但考虑到作为造物活动的技术过程通常

---

[1] 也可称为"物能行为";"物能"在这里为"物质能量"的缩写或简称,表现在行为上即物能行为,是指主要依靠消耗人自己的物质能量来维持的行动,如通常的体力劳作,与信息行为(主要消耗脑力)相对应;表现在技术上它是指物质转换的造物技术(物能技术或物能系统),其基本形态就是物质生产技术,与信息技术(主要功能是传递和处理信息)相对应。

也包含着信息的人工转换，甚至在今天的信息技术中还可以通过数字化而造出虚拟实在的"物"，而且对这种"物"的认识和实践甚至可以取得真实的效果；此外在自动化程度越来越高的现代造物活动中，造物者虽然越来越远离自己所造的对象物，但这样的信息型实践也可以产生物能性效果，这就是人通过自己的自然语言"命令"和"调动"机器的运转，从而实现物质性地改变对象的实践目的，即通过"造信息"来控制工具系统而实现其造物目的，因此"造信息"与"造物"是可以在多种意义上适当过渡的。

虚拟实践为什么与认识的界限是模糊的？因为虚拟实践本质上具有认识的特征，广义的虚拟实践就是认识，或认识中的实践意向性活动就是一种虚拟实践，是一种在脑中进行的虚拟实践，而当今的虚拟实践无非是在计算机中进行的，这种虚拟实践如果在装置上与效用设备相连，此时的虚拟实践显然就已不是纯粹的内部思维状态，言语"行为"也是如此，已经外在化，所以才有可能"以言行事"。一定意义上可以说，认识只要"外在化"了，如表现为言语，表现为虚拟实践，就已经走出了纯粹认识的领域，即使还不算做实践，也是处在认识和实践的接口地带了，就可以走向"以信息行事"（严格地说是"以信息技术行事"）了。当然，信息型的虚拟实践如果仅仅停留在计算机的内存中，或电脑的屏幕上，就还是类似于停留在人脑中的实践观念一样，只有与信息效应技术联通且成为这种技术运作的指令并驱动其运行，才能走向真正的实践，才是实际地行使了知行接口的功能。

三　知行接口的认识论意义

基于脑机接口的知行接口一旦成为人所普遍使用的技术手段，必定引起我们在认识论上的新探寻。

1. 消解知行之间的凝固边界

综合以上所涉及的几个核心概念来看,它们相互之间存在着这样的关系:脑机接口是人机接口的高级形式,而知行接口是脑机接口的一种功能描述,具体说,知行接口是脑机接口的一种认识论延伸。

知行接口的本质是心物接口,即心灵世界与物质世界的一种贯通,因此从哲学层面上看,它是一种不断扩展的"消解划界"的过程,具有如前所述的既显现也消解不同事物之间界限的双重功能。"知行接口"的这种"双重功能"就在于它既把知和行区隔开来,使得现实世界与自由的思想保持一定的距离,思想不能随意影响现实,否则现实就可能被思想随意破坏甚至摧毁;同时它也打通了知与行之间的区隔,使脑内的心灵状态成为脑外的有形显现状态,成为可以"外化"或"对象化"的客观过程。在这样的系统中,"接口是主体和客体的中间环节,主体通过客体来操作客体,而客体反应动作的效果通过接口反馈给主体,或主体通过接口来感知客体的动作效果"[1]。于是,这样的知行接口作为一种界面,"就是具有影响力的不同点,它介于物理现实和概念现实的边界上"[2]。

2. 知行合一的认识论特征

就人的活动来说,"知"是一种信息运动,"行"是一种物质运动;知行接口就是将这两种运动连接起来,并在前一种运动的控制下进行后一种运动。当知和行都由人来进行时,人(的肢体)本身就是一种知行接口,其微观的机制是大脑神经中枢对人的肢体或躯体的调动,抑或神经脉冲转化为或调动起肌肉的运动。在以人体为知行接口的身体系统中,知中的行为意向意念一定要启动肢体,才能有行;脑内的神经活动一定要转变为身体的外部活动,

---

[1] 张鹏翥等:《信息技术:信息技术与现代组织管理》,上海交通大学出版社,2006,第318页。
[2] 〔加〕瑟利·巴尔迪尼:《超文本》,载〔意〕卢西亚诺·弗洛里迪主编《计算与信息哲学导论》,刘钢等译,商务印书馆,2010,第545页。

才能表现为行。随着工具系统的日趋复杂，尤其是随着当代信息技术的发展，技术性的脑机接口逐渐介入人的知行活动系统中，作为技术装置的脑机接口对人的行为意念读取后，可以再度转化为程序性的信息指令去驱动信息效应装置的物理运动，从而产生行为效果。此时，头脑中的思维活动（即使是实践观念的活动），可以无须动用"肢体"就能变成外在的现实活动；此时，先前由"肢体"所充当的知行接口，转移到了体外的技术装置之上，也就是通常在身体中发生的部分过程转移到技术系统中，这就是知行接口的"外移"；这种外移也使得我们可以从外部反过来进一步认识知和行是怎样连接和转换的。尽管对于由知行接口所驱动的技术系统的物理运动是不是人本身的"行"存有争议，但从效果上那绝不是意念本身能做到的，从而至少可以认为那是延长了的人的"行"。在这种限定性的理解下，人可以只行使知的活动，人只要有知，知行接口就会将其传输给效应装置，使这种装置在信息化或数字化了的"知"（即被知行接口转化为机器可以执行的"指令"的那种"知"）的控制下去"行"，去造物或使物产生相应的运动。于是，"知"与"行"也可谓达到了一种特殊状态的"合一"，即人机合一意义上的知行合一，这种"知行合一"不是"消行以归知"，而是"由知而自动延伸为行"。

如果这种具有新型的"知行合一"功能的知行接口成为现实，就意味着我们正在走向真正的"心想事成"的人机协作状态，甚至"一念发动处便是行"也有了信息技术认识论的新解读，那就是消除了知与行之间的传统区隔。从中也可以看到，人总是在不断创造新的接口、新的界面，区分出不同的领域，然后又想方设法将它们通过接口贯通起来。知行接口就是这样一种技术，它使关于认识世界和改造世界的分离，在一定程度上得到克服。

3. 有限对象化的心灵特征

知行接口在消除"知"与"行"之间的传统区隔时，也可以进一步在一定意义上消解"心"与"物"之间的二元分离，从而使知行接口的认识论功能体现为心灵现象的对象化显示，为揭开心灵现象的"神秘面纱"提供新的技术支持。

如前所述，知行接口装置的关键技术是脑机接口，使脑机接口成为可能的技术主要是"读心"（即"读脑"）的信息技术，它使得"知"可以对象化，这也意味着心灵的"可读性"。随着内在的心灵活动被技术性地外在化，人的心灵的不可观察性在一定意义上具有了可观察性，虽然在起初我们"观察"到的只是直接关联"行"的简单意念，抑或说只是"实践观念"一类的心灵，但随着技术成熟度的不断提高，那些复杂的心灵也将成为可观察的对象。

这样，作为知行接口之基础技术的脑机接口，某种意义上也就是"心物接口"，它使得世界上最具形而上性质的界面——心与物的界面，成为可以技术性过渡的领域，这也表明，只有坚持特定意义上的"心脑同一论"，才能使知行接口在技术上的成功得到合理解释，当然，这里主要还是在心灵内容与其物理过程及呈现具有关联性、对应性的意义上来理解"同一性"。

这种"同一性"的理解，可以使我们在一定程度上达到对知行边界的突破，对心物二元的突破，从而也导向一种现象学的分析：消除二元划分，寻求两极融合。在这种背景下理解现象学中的"意向性"，也可以认为那不再是一种心灵的内部状态，而且是一种外部状态，一种可以通过知行接口而呈现出来的"物性"状态，这种"意向性"也由此可以成为知行世界中的一种基本现象。

作为知行接口的心物接口在本体论上甚至还具有消解波普尔（Karl Popper）所区分的世界1（物理实体和物理状态的物理世界）、世界2（精神的或心理的世界，亦即观念世界）与世界3（指人类心灵产物的世界，以及人工的客观世界）之差别的功能。在波普尔的三个世界理论中，世界2是世界1和世界3的接口，没有世界2，世界1和世界3不可能关联起来。但具有心物接口功能的知行接口出现后，一是世界1和世界2之间的绝对界限因为心灵的可观察性而得以消减,二是世界 2 和世界 3 之间的鸿沟也因为观念借助知行接口可直接导致行为后果而消减,因此"三个世界"在本体论上的绝对区分失去了意义。

所有这些看法其实最终还要归结到对"脑活动"的解释上。人脑通过知行接口实现的对对象的控制,从科学的层面上看无非是"脑电波"(或"脑力波"或脑的其他物质活动过程与状态等)或对对象的控制,其中人作为"控制源"或"行为主体"的性质并未变化,只是控制的手段或行为方式发生了变化:过去的行为方式是肢体动作或语言行为,具有外在可感性。而在知行接口背景下,人的行为就是心灵的意念,这种意念虽然不能为人的感官直接感知,但可以为人造的仪器所感知(探测)。当然,此时关于仪器所探测(感知)到的究竟是人的意念本身还是承载这些意念的载体(所谓"脑电波"或"脑力波"等)之类的问题又会凸显出来,于是又回到了心灵哲学的根本问题上去了。所以对知行接口的哲学解释最终涉及的还是两大世界(心灵世界与物质对象世界)的本体论问题,这或许也是它最具哲学魅力的探索空间。

4. 知行接口中的实践哲学问题

知行接口还必然要遭逢实践哲学问题。"实践哲学"是一种价值哲学,是对实践效果有所追求和评价并达到真善美效果统一的哲学,它希望改变世界并让世界变得更美好,从而也需要心灵和行为的向善。而人一旦连接了知行接口,人如何控制自己的意念尤其是如何避免坏意念的出现就成为一个问题。这个问题当然主要靠人解决,同时也要靠技术的辅助,或在技术上设置"关口":使得技术性的知行接口不仅要分辨行为意念与非行为意念,更重要的是还要分辨"好的行为意念"与"坏的行为意念",并阻断坏的行为意念传递到效应技术装置上去变为"行"。所以,这里也就引申出关于知行接口的"道德哲学问题":脑机接口或许也需要一定的道德判断能力,对不道德的、有害的行为观念"拒绝传输"或"拒不执行",否则就可能对他人造成伤害甚至给人类带来灾祸。与这一道德哲学问题相关联的进而是这样一个"政治哲学问题":作为知行接口伴生技术的读心技术,可能导致心灵或心灵神圣性与隐私性的丧失,它甚至还可用于犯罪;它还可能导致被政治性利用的"心控"或"脑控"及"神经审讯"技术的出现和使用,如此等等,都是不能不想到的问题。

上面这些问题些实际上也是关于知行接口的"人学问题",这种人学问题还可以进一步触及"人本问题":知行接口常被认为是人与技术之间的"无缝之网",由此必然要追问的是,人和机器之间由知行接口连接起来之后,是否意味着人与技术之间的边界被打破了?此时人是什么?机器是什么?人是机器的延伸,抑或机器是人的延伸?被接上知行接口装置的人,无疑可被视为赛博人的一种特殊形式,它使得人与机器的边界被突破,按照凯文·凯利的概括,这种趋向下的"机械"与"生命"这两个词的含义在不断延展:人造物表现得越来越像生命体,生命变得越来越工程化,直到所有复杂的事物都可以被视作机器,所有可以自我维持的机器都可以被视作是活生生的。有机物和人造物之间的面纱已经起皱,表明两者实际上而且始终是同一个生物。我们应该将我们称作有机物和生态系统的有机界与机器人、公司、经济和计算机电路等人造物之间都存在的灵魂称作什么呢?[1]

所以,当知行接口技术改变我们的知行连接模式时,必然涉及人与技术的关系问题,此时有可能发生人的体外装置对人的亲身之行的全面取代,就像过去的技术对人的一些功能所施行的取代一样。由此,我们面临着如何在使用知行接口系统时,不要将人自己完全"并入"这个系统之中,仍然要清醒地坚持"以人为中心",其具体内涵就是人机接口要以人为中心,脑机接

---

[1] 〔加〕卫斯理·库珀:《互联网文化》,载〔意〕卢西亚诺·弗洛里迪主编《计算与信息哲学导论》,刘钢等译,商务印书馆,2010,第226页。

口要以脑为中心，使机器围绕人转，那些体外的效应装置，无非是我们被延伸了的"神经假肢"。无论是人机接口还是知行接口，本质上是"通过某些重要的方式认识到机器与人类的区别，从而使机器适应人类"[1]。概言之，就是要在知行的技术接口系统中，始终意识到要保持人之为人，而不是去人类化，也不是被技术所异化。

第二节　延展实践：基于智能技术的实践新形态

知行接口所带来的必然后果是"延展实践"的出现，从而对认识论的实践观带来新的更丰富的含义，尤其是当实践认识论的基石就是实践时，对于实践观的丰富就更具重要意义。我们知道，认识论所说的实践[2]是人使用工具改造客观物质世界的活动，这里的工具主要就是一定的技术手段，实践的技术手段发生了变化，实践的特征和方式就必然随之变化，延展实践就是这种变化的体现，就是当代信息技术造就的新型实践方式。

在信息革命背景下，自动化和智能化生产线、机器人、无人驾驶交通工具等越来越广泛存在，这些具有智能行为的人工器具在人的遥控下有序地完成人所交予的任务，使我们看到虽然没有人的亲临在场却实现了人的实践意念，这样的"活动"或"行为"显然与传统的实践有所不同，因为它不再是先前意义上由人亲力亲为的"亲身实践"，而是通过特定的技术手段被延长了的实践，具有特别显著的"延长"或"延展"特征，故可以称为"延展实践"。延展实践是人类实践方式的新拓展，也是对"实践"作为一个哲学基

---

[1]〔美〕查尔斯·艾斯：《计算机为媒介的通信与人—机互动》，载〔意〕卢西亚诺·弗洛里迪主编《计算与信息哲学导论》，刘钢等译，商务印书馆，2010，第194页。

[2] 这里所讲的实践，并非道德哲学或政治哲学的实践，也不是中世纪或现代西方哲学所阐发的更偏重于人的精神活动的实践，主要指物质生产实践（即人工的"造物"活动）这一人类最基本的实践形态，暂不涉及调节人与人之间关系的实践，所以对延展实践如何在人际关系调整、伦理道德践履等方面体现出来，这里也未涉及。

本范畴的再扩充，它是信息控制技术与生产造物技术在当代融合的结晶，它基于具有人工智能的控制技术嵌入实践工具中实现了对人的物能行为的取代，人工系统由此可以相对独立地行使造物的功能、形成实践的结果，人则只从事发出指令的信息行为。可以说，一个由信息革命造就的延展实践的新时代正在来临，而延展实践作为一种时代新现象也进入了哲学视野，成为一个新的认识论范畴。

一 延展实践的哲学界定及其与传统实践的区别

"延展实践"（extended practice，也译为"扩展实践"）迄今在国外文献中主要用于心理学[1]和体育学[2]，意指延展的角色、扩展的视野、（时间上）延长的训练，从而与"拓展训练""延伸实训""扩展练习"等同义，类似于素质拓展或能力拓展训练，旨在培养受训者的某种心理素质或身体能力等；它有时也应用于医学[3]，指病人通过医学治疗后的延续康复手段，如病后的营养疗法就是医疗的延展实践[4]。我们认为延展实践还应作为一个哲学范畴来使用，此时它指本来由人的身体承担的实践脱离开人的身体而展开，也就是借助身体之外的技术工具系统来实施。

源于马克思在《关于费尔巴哈的提纲》中的理解，与理论活动不同的实践活动被明确地界定为"感性的活动""客观的活动""改变世界的活动"等。其中，"感性的活动"至少表明了实践是一种外在可感的行动，即靠人

---

[1] B. Auday, E. Kelminson and H. Cross, "Improving Memory for Temporal Order Through Extended Practice", *Bulletin of the Psychonomic Society*, 1999 (6), pp. 549–552.

[2] N. Picard, Y. Matsuzaka & P. Strick, "Extended Practice of a Motor Skill is Associated With Reduced Metabolic Activity in M1", *Nature Neuroscience*, 2013 (9), pp. 1340–1347.

[3] S. Hindin and E. Zelinski, "Extended Practice and Aerobic Exercise Interventions Benefit Untrained Cognitive Outcomes in Older Adults: A Meta-Analysis", *Journal of The American Geriatrics Society*, 2012 (1), pp. 136–141.

[4] D. Ryan, F. Pelly and E. Purcell, "The Activities of a Dietitian-led Gastroenterology Clinic Using Extended Scope of Practice", *BMC Health Services Research*, 2016 (604), pp. 1–6.

第七章　知行问题：从脑机接口到延展实践　　391

的感性认识就能够感知的人的身体活动，它以可以观察到的动作系列而存在，因此实践的含义在此也可言简意赅地被归结为"人的合乎目的、身体力行地改变世界的活动"。可以说，只有这样的活动才具有直接现实性，才能引起客观对象的物质性变化，人作为实践主体才能现实地改变对象；而人的认识活动则不具有这样的特点，它内在于人脑中进行，所以不能被他人所感知，也不具有物质性地改变对象的直接现实性。由此，外在可感的身体活动（动作、行为）是人的活动成为实践活动的必要条件，无此表现的活动（如静思冥想）不成其为实践活动。

但在延展实践中，造成对象物质性变化（即生产实践中的"造物"）的过程不再由人去身体力行地进行，而是由人造的工具系统去完成，也就是由从人身上"延长"出去的人工器具、技术设备所完成。延展实践所延展的最主要的就是人的肢体尤其是"人手"，它使人先前的"动手做事"过渡为体外之手替我们做事，被延展了的人工肢体行使过去只能由人"亲手"或"亲身"去做才能行使的实践功能。此时延展实践虽然是感性地存在的，但却不是身体的感性活动，而是身体延展部分的感性（可感）活动；人自身的主要职能或由自己身体所承担的环节则是对这一体外感性活动及其引起的物质变换过程实施"控制"，且是通过信息技术系统（计算机、网络或其他人—机接口技术）来实施这种控制。从这种意义上，可以将延展实践归结为那些符合人的实践目的，而又并非由人自身去身体力行地进行而是通过身体的延展系统所进行的"改变世界"的活动。

任何延展实践中都有一个人与延展系统的连接即"人—机接口"问题，这里的"机"即为延展实践的技术系统和机器装置，这个"接口"就是前一节所说的连接两者之间的关系，在此处具体就是人如何控制延展实践的方式。这种控制方式迄今有两种基本类型：一是基于计算机输入设备的"指控"，即人通过自己的手指（如点击鼠标或敲击键盘，广义上还包括通过语音，此时便为"声控")来操作计算机,向电脑输出自己的实践意念(或行为意向),以其连接人与延展系统的物能工具,并控制其运作。我们看到,此时人只要点击一下鼠标,就可使万吨巨轮下水、使人造卫星发射、使大坝水闸开启、使生产系统运转、使人造物品涌流……这些都形象地呈现为"从指尖上延展"出去的实践。二是基于脑机接口的"心控"或"脑控",此时实践意念或头脑中的想法通过脑机接口系统来直接控制外部延展的机器系统,人自己连"动动手指"都不再需要,而是只需"动脑"就可以完成对延展实践系统(外部设备)的控制,形同于"从脑海中延展"出来的实践。由此形成了指控型和脑控型两种基本类型的延展型实践。这两种延展型实践的共性是,人所承担的职能都是信息控制而非直接的物质变换操作,但这些信息控制活动最后都延展为物质性的实践结果,其中前者是人面对电脑屏幕的信息操作延展为效应装置的物理运动并产生与物质对象的交互作用进而形成改变对象物理状态的实践结果,而后者是人脑中的实践意念通过脑机接口"输入"计算机,然后驱动体外技术系统合目的地运动并产生实践效果。由此也可将延展实践界定为:不是通过人的身体活动而是通过信息技术手段调动起体外的工具运行来获得实践结果的现象。

由于在延展实践中是由身体之外的器具行使了类似人的身体的实践功能,这样实践现象就超出了人的生物边界,从而具有相对于人而言的"离体性"或"非在体性"。这一特征使得延展实践与传统的实践通过简单工具来实现的延长是有本质区别的,它是实践的工具系统在空间形式上与人体分离而可以相对独立地运行后的形态,人与该系统可以不需要物理手段来连接,而是通过信息手段来连接。这种离体性也具有"非接触性":身体不仅不与实践要最终改造的物质对象相接触,而且也不与直接改造物质对象的生产工具(物能系统)相接触,而只与信息控制系统(计算机或脑机接口)直接接触。这种离体性也表明,形成延展实践的必要条件是作用于实践对象的工具不再直接依附于人，因此使用手工工具的实践就不是本书所规定的延展实践，因为手工工具直接依附于人，它依附于人的直接推动（提供动力）和直接操作；初级阶段的机器也形成不了延展实践，因为它依附于人的直接操作。在延展实践中，工具系统的有序运动从空间形式上脱离开人的身体，因此它呈现出一种离体或不在身而又是人为的且为人而展开的改变对象的活动。

需要指出的是，延展实践的离体性或非在体性并非指人不再有任何身体动作参与实践的过程，而是指人的身体动作并不直接造成实践结果，因此在指控型延展实践中，人虽然还有"指动"的身体动作，但它并不具有直接造物的功能，其具有的只是信息变换的功能。同时，对于延展实践的离体性又不能过于机械地去理解，例如假肢虽然看上去是与身体连在一起的，但由于这并不是自然生长而成的有机连接，而是一种外在的连体，所以它从本质上仍属于离体的器官，通过脑机接口对假肢的驱动也就是对离体设备的驱动，从而也是一种延展实践。

延展实践的离体性意味着人从"实践（造物）现场"的撤离，形成一种人的身体不在场的造物过程，亦即由人的（广义的）"假肢"（或人工肢体）、"替身""代理"等人工装置和器具所进行的活动。这种假肢、替身或代理也可以被称为人的"第二身体"，如自动生产线、机器人或机器手、远程遥控的无人机等。当延展实践成为"第二身体"在场的活动时，人自己的身体对于对象的改变就不再具有"直接现实性"而是具有"间接性"，体现出"遥在"地使用工具的能力，而这种"遥在"地参与或"信息化在场"而非"身体在场"的活动方式正是信息时代人的行为方式之重要特征。当然，延展实践仍是合乎人的目的的活动，是由人发起或控制并最终为人服务的活动，但从空间形式上它又不再表现为由人的身体直接承载的感性物质活动。

延展实践缘起于实践的工具系统之不断进化，是其对人的身体不断扩充进而形成相对完整的第二身体的产物。

认识论意义上的实践是人使用工具对外部世界的变革活动，虽然也有不通过工具而全然依靠肢体的实践活动，但在人成为真正意义上的人（能制造和使用工具）之后所进行的实践普遍地是使用工具的活动，不使用工具"赤手空拳"地实践只是偶然的现象。

使用工具的实践，使得工具技术反过来成为规定实践特征的最重要因素，从而使得工具形态的演化必然造成实践方式的变迁乃至实践形态的划时代革命，此处所讨论的延展实践就是这种变迁与革命的当代表现。

通过对使用工具的实践在行为结构上进行解析，我们可以发现随着技术的发展所造成的实践结构和实践方式的历史演变。

从实践所需要达到的造物结果来看，人在使用工具完成这一任务时，在其身上所进行的行为或动作可以分解为三种：其一，人要用自己的行为动作使工具（包括自己的肢体，在不使用体外工具时人的肢体就是实践的直接工具）运动起来，才能使其获得动能从而可以对作为实践对象的客体产生物质性的力量，由此才可能使对象发生物质性的改变，可以将行使这种功能的行为称为"动力行为"；其二，人要通过自己的行为或动作使运动起来的工具与对象之间形成协调有序的互动，即保持工具的运动以合适的力度和轨迹作用于对象，从而造成对象合乎人的目的的改变，可以将行使这种功能的行为称为"操作行为"；其三，人还要从大脑神经中枢形成目的信息并将其作为控制信息传递给肢体（连同工具），即"用心"或通过"内在的行为"去指挥和调控自己的外在行为，可将行使这种功能的行为称为"信息行为"。

人在这些行为中直接作用的工具是人在实践中与对象互动的中介，也是如前所说的"接口"，可简称为"人—物接口"（Man-Object Interface）。一部实践发展史，就是人在自己和实践对象之间加进越来越多的技术中介的过程，这些中介从简单到复杂，其功能越来越强大，随之使人的身体在实践中充当的角色不断发生变化，具体体现为人在实践中的身体行为不断转移到体外的中介系统之上，以至于在信息技术作为实践工具嵌入其中后，工具系统就形成了可以相对独立地改变对象的功能，人的身体在实践中的职能较之先前就发生了划时代的变化，使得被工具所延长的实践就成为完全意义上的延展实践。

人在使用简单的工具进行实践时，自己的身体既要从事动力行为，也要进行操作行为，而信息行为则融合在这两种行为中。当具有动力装置的完整机器出现后部分地改变了这一状况：人在先前推动工具运动的"动力行为"被发动机和传动机构组成的动力装置所取代，人只需在工具机一旁进行操作行为以及融于其中的信息行为，以控制机器进行合乎目的的运动。由于这样的机器离不开人的直接操作，所以人也就被机器所束缚从而与其保持着直接的接触，真正离体的延展实践并未形成。只有动力行为和操作行为都从人身上延展到工具系统之后，完整的延展实践才会出现，这就是嵌入了控制机（信息技术）后的自动机器系统或智能生产系统所具备的功能。实践的工具系统中一旦嵌入了具有控制功能的信息技术，其结构就会发生质的变化，人在实践中的功能就需要重新定位，人类的实践形态也随之进入崭新的阶段。

信息技术本来只是一种认知工具，但随着计算机的信息处理功能的增强，被引入到生产系统作为控制装置，由此成为实践工具系统的一部分；或者说它与生产工具相融合而成为新型的可以自我控制其运转的实践手段系统，从功能层面上它由直接与物质性对象交互的"造物系统"以及与造物系统直接交互的"控制系统"所建构而成；在控制系统引入整个工具系统之前，人以自己的操作行为充当着控制手段；只有当人的操作行为被控制系统替代之后，人被束缚于造物系统的不自由状态才告结束，或者说正是延展实践才使人从充当操作手段（以及动力手段）的境遇下被解放出来。

在延展实践中，人所直接交互的对象是信息技术（计算机或脑机接口），然后由信息技术与物能技术交互，再通过物能技术与所要变革的物质客体交互；对象与人之间增加了更多的中间环节，人离实践的对象更远，也与物能技术相分离，人的实践方式也随之发生了根本变化，从先前的物能行为转变为单纯的信息行为。

信息行为是发生在实践过程中的通信活动，在传统的实践中，这种通信活动主要发生于人脑与自身的肢体之间，是人脑在调动和控制自己肢体的过程中所进行的信息交互反馈等活动，它融合于动力行为和操作行为之中，人自身的物能行为就是其信息行为的载体，此时信息行为并不独立存在。而在延展实践中，人的信息行为从动力和操作行为中分离出来，成为一种独立的行为，可专门由人来进行；独立出来的信息行为，也分为可见的有形的部分和不可见的无形的部分，如对鼠标和键盘的手指操控，就是可见部分，而大脑向手指传输指令就是无形的部分。在脑控型延展实践中人所进行的信息行为也是无形的（当然通过脑信号采集技术可以将其在外部设备上可视化，从而使其转化为间接的有形存在）。从外在表现看，在指控型延展实践中人只需极小的物理动作（点敲鼠标键盘，相对于传统实践中的体能消耗几乎可以忽略不计）就可以向物能系统传递指令从而启动和完成实践任务，其"行"的效果也与之前完全不同。这表明，传输指令的手指行为比先前的任何肢体行动都具有更大的实践潜能。而在脑控型实践中，人则不需要任何外在的物理动作就可以实现自己的实践目的。由此看来，延展的实质就是人充当物能手段的职能不断从人的身上卸载，而严格的延展实践的形成，是工具系统取代人所有的物能行为的结果，高级的延展实践（脑控型延展实践）则是取代所有有形行为（包括有形的信息行为）的结果。在所有类型的延展实践中，人只需用自己的信息行为发出实践指令，然后交由延展系统去执行指令，这就从行为方式上区分了延展实践与传统实践，由此可以将延展实践界定为人只需从事信息行为的实践活动，是人通过自己的信息行为造就与调控体外系统物能行为的过程。

回到工具形态上看，延展实践形成于人造工具系统的扩充，是各种人工系统或人工现象的集聚与协同，是器具技术扩展的结果，是工具或机器进化的产物，也是中介系统延伸和放大的结晶，且是机器系统越来越复杂后人机互联所"突现"出来的功能，尤其是中介或接口系统的功能越来越强大后人机协同的效应。在由人工制造出来的延展实践系统上，集聚着人工智能和人工体能[1]，进行着人工运动，最后制造出人工制品。换句话说，延展实践是人的身体在技术化延展中达到一定程度后作为实践主体的人对实践过程的技术性再建构，从而使自己的实践意念可以技术化而非身体化地实现，因此延展实践不是自然主体使用自然的肢体所从事的活动，而是人借助人造的工具系统在一定的自动化水平上所形成的人工造物过程。延展实践的这种技术规定，使得它还要排除在人和人之间的"主仆式实践延展"：主人将自己的实践意念吩咐给仆人，由仆人按主人的意愿去完成相应的实践任务，似乎仆人的实践行为就相当于主人的延展实践行为。但从更大的"实践主体"概念去看，这仍然是人所进行的实践，所以对作为总体的人它并不具有延展的作用，因此不能被纳入这里所界定的基于技术建构意义上的延展实践范畴。当然，当这里的"仆人"如果隐喻人造的工具系统（如机器人），那么就回归到本文所界定的延展实践，此时的高技术水平的工具系统就相当于对我们可以做到"心领神会"并"唯命是从"的"仆人"。

由此来理解延展实践，它无非就是合乎人的实践意念的体外人工运动，而对这种人工运动的直接控制是由人的实践意念转化为信息控制系统中的指令去完成的，这种指令也可被称为"人工信息"。于是我们看到，在延展实践系统中集合了一系列人工的技术现象：从人工信息到人工运动，从人工智能到人工体能，以及作为实践结果的人工制品；而延展实践系统本身就是一

---

[1] 借鉴"人工智能"是在计算机上人工地产生人的部分智能，"人工体能"同样隐喻性地称呼那些能够部分地行使人的体能功效的工具技术，在下一节中还要对此加以专门探讨。

种人工装置，在这一装置中实现着各种人工环节的人工耦合，从而形成一种人工的造物效果。所有这些"人工"与"技术"的特征，使得延展实践也可以被理解为一种"人工实践"，它不同于既有含义上的"人的实践"；它是实践过程中人的行为不断从人身上分化出去的产物，使原来由人集于一身的实践行为，分化出一部分（物质变换功能）完全交由人工的延展系统去完成，实践由此被再结构化，其中人的作用与延展系统的功能耦合为一个新的实践基体，在这个新基体中人越来越成为一种无形的存在，而"有形的"直接显现出来的存在（在场的造物过程）则是种种不断翻新的人工技术设备及其有序的运行。

只要人在实践中使用工具，实践就具有被延展的可能；技术越发达，实践被延展的程度就越高。真正意义上的延展实践是随着现代信息技术的产生而形成的，所以具有延展实践功能的标志性技术是现代信息技术。不仅如此，嵌入工具系统中的信息技术还必须具有一定的"智能"水平，从而使得实践工具成为一定意义上的"人造智能器官"。随着这种智能器官的智能化水平不断提高，具有延展实践功能的技术系统也不断"升级换代"，如从单变量自动调节系统为主的局部自动化到综合自动化，再到高级自动化系统（如柔性制造系统、智能机器人、专家系统、决策支持系统、计算机集成制造系统等）；当前工业信息化过程中正在趋向的"智能化生产""互联网+制造"或"工业 4.0"等，就是制造业中不断提升的具有智能特征的延展实践技术。当然，在这种提升中，还包含从指控型到脑控型的发展趋向。

可以说，人工智能是延展实践系统中的核心技术。只要是延展实践，其工具系统就具有一定程度的"自我控制"能力，从而表现出类似于具有人的智能的特征，只不过在最早的数控机床中所具有的只是能够维系初级自动化的简单人工智能，而到了柔性制造系统和智能化生产中则具有更高级的人工智能，正在兴起的基于脑机接口的脑控型延展实践则呈现出"越来越智能"

的拟人化行为与反应特征，它使得机器系统的运作更加不直接依赖于人，且能胜任更多的通常需要人类智能才能完成的复杂工作。在这个意义上，如果说实践是人的一种智能行为，那么延展实践就是发生在延展系统上的"人工智能行为"。人工智能在这里表现为致力于让延展系统变得更加智能，延展实践的离体程度与完成实践任务的复杂程度，集中反映着人工智能的发展程度。换句话说说，人工智能在技术上的水平越高，延展实践的相对独立性、完成作业的准确性、替代人的实践功能的全面性以致超越身体的可及性等方面的水平就越高。

由此可见，实践工具中有无信息技术嵌入成为其组成部分，是否发生了控制系统取代人对造物系统的操作行为，成为延展实践与非延展实践的重要分界线。这条分界线也是不断扩张的，即控制系统的构成也是不断增加的，由此形成人和造物系统之间信息器具（中介）的不断增加。当这种中介不仅有计算机，而且有脑机接口时，延展实践就从初级的指控型发展到高级的脑控型。

归结上述的分析，可以看到延展实践与传统实践的主要区别在于：在交互方式上，人不再与造物系统直接交互，实践的物质变换过程脱离人的身体而（离体）运作；在空间形式上它又不再表现为由人的身体直接承载的感性物质活动，呈现出一种离体或不在身而又是人为的且为人而展开的改变对象的活动；在行为方式上，人只从事信息行为而不再从事包括动力行为和操作行为在内的物能行为，作为实践主体的人不是通过自己的身体活动而是通过信息技术手段调动起体外的工具运行来获得实践结果；在工具系统上，信息技术的嵌入使得实践的工具系统具有一定程度的智能性，从而可以相对独立地进行造物活动；在实践结构上，传统实践为"人—造物技术—对象"，而延展实践则因嵌入了新的中介而成为"人—控制技术—造物技术—对象"。凡此种种，延展实践均呈现出与传统实践的显著不同，从而延展实践的兴起具有实践方式的划时代变革之意义。

二 脑控型延展实践的技术特征："知行合一"再解读

在两种延展实践中，指控型延展实践是目前发达国家已近普及的延展实践，从工业化中的自动化到智能化，就是其不断"升级换代"的版本。脑控型延展实践目前虽然还不普及，但它无疑最能代表延展实践的未来发展方向并可以进一步提升人类的实践能力，因此内含着更大的潜力和优越性。

前面提到，工具是一种人—物接口，是实践主体和实践对象之间的中介。其实在人和工具之间也存在接口，可简称为"人—具接口"（Man-Tool Interface）。在传统的实践中，人的肢体（通常是人的手）就是这样的接口，而在延展实践中，人和实践工具之间加入了人工的控制系统，这个控制系统充当人与（物能）工具之间的连通器，从而使"人—具接口"发生了技术性的变化。

延展实践的初级形态是指控型延展实践，它是在人—具接口之间嵌入信息控制技术的产物，人在此时所从事的是面对计算机输入指令的信息行为，其中的延展系统虽然取代了人的物能行为，但还没有取代人的所有外部肢体行为，人还需要用自己的手指敲击键盘等，这从质和量上都显示出局限性。从质上看，只要人机接口中还需要"动手"（包括"动指"），就没有改变人的"行为"的感性外在的原有特质；只有在脑控型延展实践中当人"动手（指）"的功能也完全由"动脑"所取代并且可以达到其实际效果时，人的行为特征才具有实质性的改变：外在行为完全由内在的信息行为所取代。从量上来说，即使像敲击键盘的信息行为可以飞快地进行，但也远不如思想运行或脑电活动的速度快，所以从信息操作的速度上看，脑控型延展实践对指控型延展实践也显示了巨大的优越性，如脑控打字（或称意念打字）的速度就将快于人手打字的速度，由此克服由手指充当信息行为手段的局限性。如果说指控型延展实践所代表的实践结构为"人（脑—手指）—控制技术（计算机）—物能技术—对象"，则脑控型实践所代表的实践结构就是在人和控制技术之间又加入了一个新的中介，成为"人（脑）—脑机接口—控制技术（计算机）—物能技术—对象"，这里的新的延展实践系统又加入了新的中介（脑机接口），在技术的复杂性、功用的智能性上又得到了新的提升，从而全面取代了包括手指行为在内的人的全部外在的物理行为，使得在人身上的实践活动全部内在化。

　　如果将机器人视为延展实践的技术载体，那么两种延展实践所对应的是不同智能水平的机器人，从而也体现出两者之间的差异。机器人既可以接受人的指挥，又可以运行预先编排的程序，但从实质上都是人的意愿控制下的活动。根据控制方式或控制的智能水平不同，机器人的相对自主程度有所不同。自主程度最低的是远程操作或遥控型控制，也称为传感型机器人，其中由人控制机器人的每一个运动，每个机器致动器的改变都由操作者指定。第二类是半自主型机器人，包括监督型控制机器人和任务级自主型控制机器人，前者由人来指定机器人一般的移动或体位的改变，然后由机器来决定其执行机构的具体动作；后者由操作员指定任务，机器人管理自己所要完成的任务。第三类是自主型机器人，这种机器人可以根据环境创建并完成所有任务，无须人工干预。可以说，遥控型机器人展现的是典型的指控型延展实践；而自主型机器人中包含了较高水平的人工智能，所体现的是变相的脑控型延展实践，此时人的实践意念以程序的形式事先植入机器人中，使机器人可以在与环境的互动中调整自己的行为；而介于两端之间的半自主型机器人，则是指控型和脑控型延展实践的结合。

　　由此可见，脑控型较之指控型无疑是延展实践的更高级形态，正如基于脑机接口的机器人是比基于手指控制的机器人更高级的机器人一样。不仅如此，脑控型延展实践还富含更多的哲学问题，其中最突出的就是知行关系问题，所以被纳入哲学视野中的延展实践，需要前瞻性地将重点放在脑控型延展实践及其引发的知行问题上。

如前所述，脑控型延展实践的核心技术是脑机接口装置。脑机接口在人脑与计算机或其他设备之间建立起直接的交流和控制通道，它能采集和识别人脑产生某一动作意识时所形成的特定神经电活动，然后将其转换成控制信号去控制外部设备，即从人脑中"提取自发运动信息，并将由此产生的命令信号传送给人造设备（输出部分）"[1]，这就使脑内的实践意念引起了外部技术设备的实时运作，在人工肢体上形成延展实践。

从总体上说来，脑机接口在这一技术系统中，需要有测量和分析脑电波或神经元活动的技术，还需要有将其转化为数字控制信号的技术，以及多通道记录并向微机传送脑活动信号的技术，从而分辨出引发脑信号变化的动作意图，所以脑机接口在这里具有双重功能，一方面读取人的思想、意图，另一方面将其编码为外部机器可以理解的信息指令，从而在没有人的肢体（包括肌肉和外围神经）直接参与的情况下，实现大脑对外部环境（工具和对象）的直接控制。这一技术的核心就是不断改进信号处理与转换算法，以便人脑中的神经电信号能够被脑机接口和计算机准确而及时地转换为控制外部设备的操作命令。由此看来，延展实践中的脑机接口说到底就是一种脑控或心控技术，即用脑中的意念就能够控制物体（运动状态）的技术。此时，如前所述，脑内的实践意念所激发的神经信号不是传递到肢体引起人的行动，而是通过脑机接口传递到技术系统引起人工运动（延展实践）。

脑机接口从技术上还分为"外置"（非植入式）和"内置"（植入式）两种不同的形式，前者通过紧贴头皮的传感器来读取人脑的信号，后者通常

---

[1] 〔巴西〕米格尔·尼科莱利斯：《脑机穿越》，黄珏苹、郑悠然译，浙江人民出版社，2015，第203页。

是将电极植入到颅骨以下的组织（尤其是产生适当信号的大脑的特定区域）中来直接接收脑电信号，相对前者来说它对脑信号的分辨率更高，记录的信息量更丰富，可以实现更复杂精细的控制，其不足是有创伤，且多种因素会影响电极与脑组织的融合程度从而使信号识别能力降低，例如长期留在脑中的装置有可能导致灰质中的瘢痕组织形成并最终阻断信号。

脑机接口技术可以把大脑中的实践意念信息转换成能够驱动外部设备的命令，连同后者一起代替人的肢体达到物能动作的效用。目前通过脑机接口已经可以实现用意念在显示器上移动光标、输入字母（意念打字）、开关电视、使机械手（臂）运动、控制轮椅等；无论动物还是人体试验，通过脑机接口控制假肢已获成功，进一步就是要对假肢的放大系统进行控制，或更普遍地使用基于脑机接口的机器人，使日益增多的进行实践作业的工具系统纳入脑机互联之中，从而驱动和形成更加广泛意义上的延展实践。

可以说脑控型延展实践的认识论意蕴，最重要之处就在于它技术性地实现了"知行合一"，这一点在上一节中已做过初步分析，这里基于脑控型延展实践的意义再加以更深入的解读。

通常的意义上，知行关系中的"知"指的是属于认识领域的"实践意念"，包括实践的动机、意图、目的、理念以及怎么去做的打算，它是体现人作为实践主体的最重要标志。这里的"行"指的是行动或实践。通常意义上的实践是人的实践意念引发与支配、控制的人体的感性物质活动，其中还包括肢体引发和控制的物能工具的有序运动，这也是一个所谓"得心应手"的过程：从"心想"（实践意念）到"手动"形成一个完整的链条，缺一不可。而在脑控型延展实践中，虽然"得心"所指的仍是人心中的实践意念，但"应手"的载体则由身体变为人工肢体，即人的实践意念通过脑机接口技术"迈过"了人的肢体这一"中介"，直达工具系统与实践对象交互并形成实践结果，由此行使了"行"的功能（如用意念就能开车、开飞机、开机器等），某种意义上就是不再像通常的实践那样必须由人的身体去"做"或"行"，人的肢体的物理动作或体力劳作不再是实践的必要环节或要素。这就相当于人用自己的实践意念直接控制了实践对象并造成其物质性改变，获取了行动的效果，实现了"心想事成"，从而达到心意与实效之间的直接沟通：人的实践意念似乎在人并未"动手"的情况下就直接取得了实践效果，从而具有了"知行合一"的特征。这种知行合一还可延伸为"意物合一"，即在连接上造物系统后，人就可以按意愿或按需要制造所需之物，于是主观的实践意念可以不通过肢体活动而对象化，实现人的意愿（实践意念）与人工制品（作为物的实践结果或合目的的变革了的客体）的技术性"一体化"转换。在脑控型实践中我们看不到人的外在肢体的活动，人自身所进行的只是脑内的目的意图的运作，成为一种真正的"动脑不动手"的实践；由此我们也可以这样来界定这类延展实践：它是人的实践意念不通过人的肢体而通过控制体外技术系统而进行的实践，是人脑、脑机接口技术以及体外的人工运动系统的无缝对接，也是人工智能技术在连接脑内世界和脑外世界"接口"功能上的再扩展。

在本来的意义上，动作、行动、行为是实践的必要形式或特征，是"精神变物质"的必经过程，而脑控型实践中人所要实现的"精神变物质"的通道、方式或机制发生了重大变化，因为人脑（神经中枢）中的神经元或脑电波等意念活动的物质载体与体外的工具机建立了技术性的连接，当实践主体的大脑发出基于实践意念的操作命令时，这种命令不是由中枢神经向外围神经肌肉系统传导来调动自己的肢体去操作工具执行，而是由脑机接口将相应的脑信号加以识别并传输到体外的相应系统而直接控制工具的运动，如图7.1所示：

通常的路径：中枢神经——→外围神经——→肌肉组织——→肢体动作——→工具/对象的运动

新型的路径：中枢神经——→脑机接口——→工具/对象的运动

图 7.1　两种路径的比较

这样，就从传统实践中由实践意念调动人自身的肢体与实践对象进行互动，演变为实践意念与实践对象之间的互动，这就是知和行之间技术性的一体化：人在头脑中"想要做什么"的意念一产生，就可以由延展实践系统同步加以实现，这也是如前所述的技术意义上的脑机接口具有哲学意义上的知行接口功能。

就人的活动来说，"知"为信息活动，"行"为物质活动，知行接口就是连接起这两种活动，并用前者控制后者的进行。传统的实践是以人的身体充当知行接口，而脑控型延展实践中则是由脑机接口充当知行接口。此时"知"与"行"就达到了一种源自人机交融的知行合一状态，即"人想"与"机器做"的"人机合一"或"脑机融合"状态。一旦脑机接口泛在于我们周围，人就可以通过知行接口（脑机接口）替自己去做想做的一切事情。

这种新型的知行合一甚至也使得"一念发动处便是行"获得了新的哲学解读。当知和行、心与物之间由接口技术连通时，脑内的心灵状态一方面因"读心术"而可以可视化为某种外在的符号或图像显示，另一方面还可以进一步"行动化"或"物质化"为实在的客观过程与结果，由此形成心灵世界与物质领域在技术平台上的接缘。

可以说，知行接口之所以能实现"两界融合"，根基还是在于信息技术与物能技术的融合。传统的信息技术只是延展人的信息处理即认识活动，而以计算机为标志的现代信息技术出现后，则可以作为控制技术融入生产技术中，进而形成延展实践的自动化或智能化生产系统，这也是人类技术形态飞跃的一个重要标志，即从先前的信息认知技术与物质生产技术的分离发展到融合，实现了技术发展史上的最大"会聚"，从而使得分别代表"知"的信息技术和代表"行"的造物技术可以集合为一体而实现由知到行的转换功能。

这种技术融合的延伸，还进一步扩展到技术与人之间的融合，这就是信息技术与人脑（心灵）的融合所形成的脑机接口。信息技术与人脑的融合是比外在的技术融合更为高级和复杂的融合，通过这一次融合，我们对"思想具有实践性"有了新的理解，较之其通常的含义是指思想（实践意念）能够引起人的肢体实践不同，在融合了人脑与信息技术的"人—机"系统中，某种意义上"进行思想的过程"或"构思改变世界的过程"，同时就是行动或实践的过程，只不过是在延展系统上实现的行动和实践过程，其机制就在于脑机接口将人脑中的实践意念延伸到了人体之外，并能够驱使和形成相应的物能运动。

脑机接口作为实现知行整合的关键技术也是不断发展的，从动物脑机接口研究到人类脑机接口研究，从面向感觉功能的脑机接口到面向行为功能的脑机接口，从植入单电极到使用分布在更大面积大脑上的多个电极获得神经元信号，从电子芯片充当传感器与脑组织的有创对接到生物芯片与神经元的无缝对接，都是脑机接口技术已经出现或将要发展的趋向；还有，这一脑机接口如果再与物联网链接，则可以使人脑中的实践意念实现远程控制，从而使延展实践再延展。凡此种种，皆表明了脑机接口从而知行接口技术是一个不断发展的过程，它预示着外在于人的功能装置的拟人化行动与人脑活动的一体化水平将不断提高。

三　延展实践的哲学意义

延展实践通过人与技术的互惠构建了人与世界的一种新关系，也是人的精神与外在物质世界的一种新关系——它使观念世界中的"虚拟运动"（即实践意念所想象的造物过程）延伸为现实世界的"实际运动"，由此技术性地建构出"精神变物质"的新方式。延展实践系统作为人与世界相互作用的新中介，更是赋予了这种关系以新的内涵和新的特征，使人与作为实践对象的客体之间在双向对象化中，被更多的技术性中介环节所传递和转化，而这些环节正是人自己植入进去的，由此形成的是人与作为实践对象的世界之间更为间接的接触，同时又是更为紧密的连接，就如同人通过互联网与世界进行接触时所产生的双重效应一样。

延展实践表明人的实践不是身体性封闭的，而是技术性开放的，鉴此对实践的考察就不仅要有内在的审视，而且要有外在的探究，即对实践向外延展的把握，因为这种外在的延展部分并非细枝末节，而是非常重要，甚至发展到一定阶段后还会成为决定实践全貌尤其是造就当代实践新特征的关键因素。例如借助延展实践能力，人类可以突破身体的极限，获得像无限认识能力一样的无限实践能力。

延展实践的哲学意义是多方面的，例如它对实践哲学、身体哲学、脑哲学和人学等提出了许多新问题，产生了新启示，甚至形成了新开拓。

第一，延展实践使我们能够从"实践"这个基本的哲学范畴上来充分理解信息革命的意义，并对哲学实践观和实践哲学产生了深刻的影响。

传统实践观奠立在以身体为载体的基础之上，所强调的是人的"身体力行"。而信息时代当延展实践普遍化后，其核心要旨将发生转向。在人身上，新型的实践既是"无形"的，也是"无行"的，人在静思冥想时也可以处于造物的实践状态，这显然是对传统实践观的冲击，使得"知行二元区隔"不再成立：不仅认识世界发生于头脑中，改造世界也可以发生于头脑中，或在发生于头脑中时也同步地发生于现实世界中。对人自己来说，实践则走向内在化，而外在化的部分则交由人的技术代理去执行。当延展实践以"第二身体"为载体后，实践过程是否正在进行就不再以人是否进行具体的物能行为作为固化的标准。此时实践可以发生在身体之外，并且延展实践只能发生在身体之外，由此离体的人为改变对象的活动被纳入实践的范畴，并成为"人类实践"这个大家族中的一个新成员。这既是人与技术手段之间"新的分工与合作",也是对信息时代人类"怎样实践"的重新诠释,表明使用不同的实践工具,就有不同的实践方式,工具形态决定着人类如何去实践,人和工具技术之间正在形成"协同实践"的新格局。

人类之所以要开发延展实践,是因为它具有"实践增强"的强大功能,抑或说它开辟了实践增强的新前景。随着信息革命的展开,延展实践正在成为人类实践的一部分,并且是越来越重要的部分,以至于成为提高人类实践能力的决定性因素。在通常的实践中,实践能力的提高主要取决于人的身体的物理条件,实践活动主要是人的体能的施展和发挥;而在延展实践中,实践能力更多地取决于第二身体的技术水平,包括其借用和转化自然力所形成的人工体能的水平,而这种水平的提升可以说是无止境的;同时,延展实践介入实践后的实践能力也取决于第一身体与第二身体系统的耦合程度,如脑机接口的融洽度。延展实践对于实践能力的意义表明,人的体力或"蛮力"不再是实践能力的主要象征,借助工具所形成的延展能力才是其主要标志;进一步看,作为个体的人的实践能力的高低则体现为他/她驾驭延展系统的能力。

延展实践所实现的功能增强,无疑是科学技术的奇迹。在延展系统中会聚着人类的科学发现和技术发明,是人的智慧和创造的集约性发挥,所以它才释放出强大的为人做事的效能。延展实践中蕴含的科学技术的这种威力,就是马克思所说的"物化的知识力量"。由于科学技术更多且更实质性地嵌入延展实践的过程之中,使其中相应的知识含量大大提高,所以延展实践系统的操作者也随之成为"知识劳动者"的一部分,于是人的实践能力中的核心能力就是人脑的能力,由此人类的实践也就进入"智能实践"时代。在智能实践时代也相应地形成了新的劳动观:以脑力劳动(包括构思新颖的实践意念、设计合理的行动蓝图等)为主的劳动观,体力劳动基本甚至全部被延

第七章　知行问题：从脑机接口到延展实践　409

展实践所取代，人无须像先前那样必须将自己作为一种物质力量运动起来（体力劳动）才能进行实践。所以，延展实践也是延展了的人的体力劳动，它承载了由人充当物质力量的那部分功能，替代了人惯常要用自己的"双手"去劳作才能完成的任务。这也意味着在生产实践中，延展实践实现了生产工具与劳动力的合二而一，其中"劳动力"以人工体能的方式被替代，而人所从事的劳动则变为非体力劳动，由于它不是直接变换物质的活动，所以也是"非物质劳动"。正因为如此，制造业的工作岗位最容易被人工智能所衍生的延展实践所取代。

由此，延展实践使实践的总体结构和人自身的实践结构发生了双重变化。从实践的总体结构"主体—工具—对象"来说，工具系统的扩展引起了质的变化，主体的一部分功能让渡给工具，从而工具的功能取代了相当大一部分传统实践主体的功能，由此使得人自身的实践结构也发生了质的变化，实践主体的主观性（形成实践意念）而不是主体的客观性（生理、肢体性存在）的实践功能更为凸显。这双重的结构性变化最终合成为一种新型的实践结构："脑—机—物"，其中，脑成为实践主体的本体论象征，而"机"则是包括脑机接口和效应工具的整个延展实践系统，"物"当然是实践所要改变的对象。

这一双重结构演变表明，延展实践是实践工具在功能性分解基础上的新型整合，从而也是实践主体（人）经功能性分解后获得的重新定义，还是作为实践主体的人与作为实践工具的延展系统之间的一种"重新分工"：使只该由人承担的那部分实践职能（形成实践意念，从而成为实践目的的提供者、实践过程的监控者和实践效果的享用者）集中由人承担，而可以由工具承担的手段职能则全部交由技术装置去承担。这样，实践的分工不仅发生在人和人之间，也发生在人和工具之间；由分工所决定的实践的社会性，在这里进一步通过延展系统所集约的技术性功能或马克思所说的"物化的知识力量"所折射出来的协同性来延展地体现。而人作为实践主体，此时真正行使"主体"的功能，将所有非主体功能（如充当动力、操作和部分信息控制）从自己的身上全部卸载，由此摆脱体力劳作和部分单调重复的脑力劳作，至少在实践或劳动方式上实现了人是目的而非手段。这也是前面所讨论的人机之间的认识论分工的延续。

延展实践对人类实践活动的深度介入也意味着实践方式的变化。延展实践从本质上还是人的实践，不过它不再是身体的体能活动，而是人脑中的目的意图活动。人的实践活动的内容在延展实践介入后发生了结构性的变化：先前以身体的感性活动为主让位于现在的以不可感的意念活动为主，先前以肢体的外部实际操作为主让位于现在的以内部思想操作为主。在这里，意识不再是纯粹的意识，而是可以通过脑机接口技术直接变为（延展）实践，从而是具有直接现实性的意识，由此才确保在延展实践中人所进行的绝不是空对空的"神经游戏"。同时，由于延展实践无非是人利用更为复杂的工具所进行的活动，所以它归根到底是依附于人、以人为本根和中心的，是围绕人旋转的，而不是相反。而且实践的延展性或延展实践系统归根结底也是由人的实践所创造出来的，其中所体现的仍然是人的实践威力。延展实践虽然"感性地"发生在人身之外的工具系统上，但它最终还是真实地隶属于人的意志和目的，其结果也是人的尺度与物的尺度的统一，所以它归根到底仍是归属于人的实践。从这个意义上，延展实践并不是对传统实践观的绝对否定，而是对它的扬弃和拓展；经过这种拓展，我们能从更加宽广的视域去理解实践的当代含义和前沿形式。

第二，延展实践对认识身体哲学中的身体观以及身体与技术的关系问题提供了新的启示。

随着身体哲学的兴起，身体的视角成为研究许多哲学问题的一个重要维度，而延展实践问题就无疑与身体问题密切相关。如前所述，延展实践系统实际就是人的延展身体，就是"第二身体"即身体之外的身体之呈现。身体哲学是否应该将第二身体纳入自己的视野？第一身体与第二身体之间的哲学关系是什么？这或许是延展实践对身体哲学提出的新问题。

根据前面的分析可见，第二身体可以在身体之外相对独立地行使身体的部分功能。第二身体是技术发展维度上的人的进化，是人与技术结合的一种存在形态，是人机共生的造物系统和人机协同的行动方式。

作为身体之延展的第二身体是人的身体在技术系统上的投影，是卡普（Ernst Kapp）关于技术的器官投影论的进一步提升，或者说是技术的身体化过程，因为它使技术系统具有了身体的功能，同时身体也日益增多地将自己的实践功能延展或移植到技术系统或第二身体之上。第二身体作为人的身体的技术性延长，人的身体也越来越依赖于第二身体，否则身体的功能就不完整。在这个意义上，延展的身体也日趋变为身体的组成部分，而且是不可或缺的组成部分。由此一来，身体的边界就变得日益模糊，"具有实践功能的身体"就日益成为指称"人—机"结合的身体，而人的"总体身体"就通过延展系统而不断扩大，从而身体的范围和界限不断发生新的变化，人的身体不断突破原先的界限，伸向人工肢体所能触及的任何地方，以至于不仅在意念上而且在身体的意义上，人可以成为真正的"宇宙巨人"。

身体的延展对于身体如此重要，所以身体哲学无疑需要对其加以关注，否则就失去对身体进化新趋向的把握。当人从动物界进化而来的过程完成后，人的生物学意义上的身体进化随即停止，包括技术性进化在内的文化进化就成为人的身体进化的唯一方式，身体通过技术所实现的延展实际上就是身体的文化进化的一种实现方式。而且，身体在技术上的外在延展也可以内在地进行，例如随着芯片植入、基因工程、神经操作等技术的介入，身体的延展部分可以植入身体内部，并且与人的生物身体的耦合程度越来越高，进而内在地融入人的身体，甚至成为身体的一个新的有机组成部分，由此而使身体发生体内增强，人就成为自然的生物成分与人工的技术成分的混合体，即

"赛博格"（cyborg），它是身体的性能经由技术拓展后进而超越原来身体限度的新身体。

哈拉维和阿伦特（Hannah Arendt）对赛博格有过独特的探析，哈拉维认为赛博格是由适应20世纪后期的特殊机器和特殊生物体组合而成的，并将其定义为"一种受控有机体，一种机器和有机体的杂合体，一种社会实在的造物和一种虚构物"[1]；阿伦特则进一步指出了赛博格对传统的身体观念的冲击："今天，这个赛博格是我们自身的本体论。一个混合性的本体论。这个崭新的人机结合的本体论，会重绘我们的界线，它会推翻我们的古典的'人的条件'。人们的身体不再是纯粹的有机体，不再是在同机器、同动物对立的条件下来建构自己的本体。手机使得人的生物体进化了"。就像"海龟身上的甲壳一样，变成了人身体上的壳"。[2] 其实，植入型的脑机接口也属于当今赛博格技术的开发领域之一，研究发现，一旦人脑和机械相连，大脑和技术就会形成协同进化，因为由脑机接口带来的感觉会调节大脑，使其发生变化；当其习惯和适应后大脑就会把技术性的感觉当成自己的东西欣然接受，并变得可以随心所欲地控制体外的机械装置，即新的身体与延展实践融为一体。关于身体的这种新的本体论也意味着身体的一种"人工新进化"：它既是技术融人造物于身体之中，也是人融身体于技术体系之中，这无疑对为认识"什么是身体"以及身体还会发生什么演变等问题提供了新启示，从而是身体哲学研究中所不能忽视的新趋向。

第三，在反思脑控型实践的过程中还可以开拓性地走向脑哲学。

如前所述，由于在脑控型延展实践中主要是人脑行使控制的职能，也由于延展系统是人脑智能的汇集，所以人脑在延展实践中的功能就更为突出，

1　D. Haraway, *Simians, Cyborgs and Women: The Reinvention of Nature*, New York: Taylor & Francis Group, 1991, p.149.
2　〔德〕汉娜·阿伦特：《人的境况》，王寅丽译，上海世纪出版集团，2009，第116页。

且是人在此时唯一使用的自身的"实践器官"。脑的作用在这里还可以形象地比喻为人在实践过程中的作用：此时如果将整个实践系统比喻为人体的话，那么人自己充当的就是人脑的作用，而延展系统所充当的则是躯体的作用。如同脑是身体的司令部、是身体其他部分如肢体的指挥中心、是理解身体活动之意义的中枢，"实践之脑"也居于扩展了的实践系统的核心地位，如果没有它，延展实践就会失去指令、目标和意义；同时，"实践之脑"要发挥实践效能，也离不开延展系统作为"肢体"所进行的物质运动，否则"实践之脑"就只能发出无法实施的"空头命令"。所以，在这里，实践之脑与延展系统组成了一个新的"实践共同体"，形同扩展了的新身体，其中的延展系统如果可以成为技术哲学关注的新焦点，那么"实践之脑"无疑就应该成为身体哲学关注的新焦点，由此引申出作为其分支形态的"脑哲学"。

　　脑哲学可以对延展实践中的人脑进行多方面研究。例如，为了有效地控制延展实践，人脑中就需要演练实践的过程，此时延展实践就要对大脑提出新的要求，包括在脑中同化实践工具的要求。脑机接口的研究先驱尼科莱利斯（Miguel Nicolelis）指出："一系列研究显示，就像猴子和人类精通使用人造工具一样，大脑也会将这些工具同化为自己的一部分，成为与身体无缝对接的真实外延。"[1] 由人脑控制延展系统的人工实践，也需要训练和学习的过程，如肢体残疾者装上脑控假肢后，就需要进行一段时间的演练才能熟练地运用自己的假肢。这就是在大脑与工具的直接互动之间形成联系的过程，"当我们学会让大脑直接与人造工具进行互动时，大脑会把这些工具同化为我们身体的一部分"[2]，于是"工具能够成为我们内在的、以大脑为基础的自我表

---

[1] 〔巴西〕米格尔·尼科莱利斯：《脑机穿越》，黄珏苹、郑悠然译，浙江人民出版社，2015，第64页。
[2] 〔巴西〕米格尔·尼科莱利斯：《脑机穿越》，黄珏苹、郑悠然译，浙江人民出版社，2015，第65页。

征"[1]，所以延展实践也是人脑将体外工具系统向自身的合并，如同飞行员的"大脑将整个飞机合并到了他瘦小身体的意象中……每个人的大脑都会将新使用的工具纳入他们的身体图式中"[2]；延展实践系统作为这样的"新使用的工具"，成为人脑需要重新同化的"假肢"。在传统的实践或操作中，所谓"技艺"就是经过训练后肢体（主要是人手）与大脑之间的耦合；而在延展实践中，"技艺"如果还存在的话也将改变性质，它不再或不仅是人脑与人手的耦合，更是人脑与工具的耦合；此时的技艺训练，几乎就成为纯粹的大脑训练，或称之为"训脑"：使脑将延展的工具有机地融合到自己的意念操作过程中，而"大脑在运用复杂工具并将其伪装成人类肉体的延伸方面，具有不可超越、举重若轻的力量"[3]。从脑哲学的角度不断揭示人脑的这一潜能，无疑可以为持续开发人脑的延展实践能力提供学理上的支持。

"脑控"的实践功能还意味着，人在使用延展系统的实践中形成实践能力的关键就是形成脑控工具的能力，这主要也是一种"动脑"而不是"动手"的能力。在这样的延展实践中，整个实践过程似乎都发生在实践主体的脑中，人脑对延展实践的规划就类同于实践过程的展开，由此也必然提出人脑中的虚拟实践过程与现实中的延展实践过程的关系问题。基于这一关系甚至可以说，人的实践功能在这种背景下更主要的是一种脑功能，而不是肢体功能；人脑在身体中的核心地位也体现在整个实践系统中，包括延展的部分中；这也是人脑在实践中的功能和地位所发生的质的变化，并意味着"人脑的新世纪"随之到来，从而也是身体的新世纪的到来，因为"大脑融合工具的渴望

1　〔巴西〕米格尔·尼科莱利斯：《脑机穿越》，黄珏苹、郑悠然译，浙江人民出版社，2015，第191页。
2　〔巴西〕米格尔·尼科莱利斯：《脑机穿越》，黄珏苹、郑悠然译，浙江人民出版社，2015，第194页。
3　〔巴西〕米格尔·尼科莱利斯：《脑机穿越》，黄珏苹、郑悠然译，浙江人民出版社，2015，第193页。

第七章　知行问题：从脑机接口到延展实践　415

开启人类进化的新篇章，它为我们延展身体边界"[1]。正因为脑与延展工具的融合对于身体之技术进化的重要性，所以身体哲学更需要聚焦于脑哲学。

类似于身体哲学在延展实践系统中当身体与技术装置会聚时会回到赛博格的问题一样，脑机接口的内置也会使我们面临"这还是人脑吗"的问题，届时如何界定人脑就会较先前进行新的调整，这将是脑哲学面临的更富魅力的问题，对这一问题的看法将会影响和制约人脑的技术性进化之速度甚至方向。

第四，基于心脑之间的内在关联，脑哲学必然过渡到心灵哲学。

延展实践尤其是脑控型延展实践，可以使人的心灵多路径地外在化甚至叠加式地外在化，从而在多层次上对深化心灵哲学研究形成帮助。在脑机接口中，"读脑术"作为"读心术"，对于通过技术手段使得内在心灵得以外部显现，从而对脑状态的客观定量测量并实时解码大脑信息起到积极的推进作用。为了实现更加精准的控制，脑机接口技术必将趋向更高的水平去精确地分辨和把握人的动作意图，从起初只能"大略"地读懂人的意向到越来越精细地读懂人的复杂的想法，并且还会进一步分辨动作意念和非动作意念，甚至区分出合理的意图与不合理的意图，当然也包括从具有个体差异性的脑电波中识别出其中的共同性，就像语音识别技术可以识别各种口音一样。而所谓叠加式的外在化，就是在延展实践中，作为心灵活动的实践意念通过仪器显现（如读心技术中的脑电波图形显示）和行为显现（延展工具系统的合乎心灵意图的运动显现）以及对象物显现（延展实践按人的内心意图造成的对象的物质性改变）而形成叠加的外显效应，心灵由此变得更加"敞亮"和"可阅读"。这些外显虽然不能像物理主义那样将其解释为直接等同于心灵本身，但无疑通过这些多重外在化，可以使心灵能被更准确和全面地理解，从

---

[1]〔巴西〕米格尔·尼科莱利斯：《脑机穿越》，黄珏苹、郑悠然译，浙江人民出版社，2015，第65页。

而使我们更为接近心灵的"本来面貌";不仅如此,从这些多重外在化中去理解心灵,还在方法上体现了功能主义、行为主义、实践哲学等视界的整合,消除了对心灵本质的神秘主义猜测,由此心灵转化为可客观化把握并可实践性验证的对象,从而使得心灵的多维研究策略得到更好的体现。

还有,延展实践对人类实践活动的深度介入使得人在实践中从先前以身体的感性活动为主让位于现在的以不可感的意念活动为主,先前以肢体的外部实际操作为主让位于现在的以内部思想操作为主。在这里,意识不再是纯粹的意识,心灵也不再是只具有虚在性的现象,而是可以通过脑机接口技术直接变为(延展)实践,从而是具有直接现实性的心灵,由此我们的"心灵观"也将随之发生变化。

第五,延展实践还对人学提出了许多新的问题。

人学是哲学的重要维度,它包括人的发展、人的特征、人的异化等问题。延展实践对于人的发展来说无疑是意义重大的,如它在实践或劳动方式上实现了人是目的而非手段,因为一切实践手段均由工具技术系统去充当,人获得了可用于全面发展的自由时间。马克思曾肯定了富兰克林关于"人是制造工具的动物"的思想,今天我们在此基础上可以进一步看到人还能够使工具发展成为延展系统,从而将自己的身体和身体所从事的实践活动延展到体外,这样,人就不仅是能够从事实践的主体,而且还是能够驾驭延展实践的主体。

人作为延展实践的主体,自然就提出了关于主体性的若干问题。在传统的实践中,人的身体即实践主体;但是当身体被延展后,实践主体是否也随之发生变化?或者说延展实践系统是隶属于人作为主体,还是连同人一起构成了一个新的主体类别——"延展实践主体"?或者将延展系统视为人的"代理"(agent),从而主张一种"多主体系统"(multi-agent system)的存在?在这里蕴含的相关问题还有:赛博格作为人机混合体,在这一载体上展开的活动是人的实践还是延展实践抑或是混合实践乃至"混合实践主体"的实践？机器人、机械手作为外在的延展实践系统，今后还可以通过基因增强或数字化增强使人的肢体和身体的行动能力得到增强型的延展，此时就不再是离体的外在的延展实践（能力），而是一种在体的延展实践（能力）了，于是，延展实践与人的实践的接口问题、界限问题还需要区分或者还能够区分吗？还是说这样的区分将不再有意义？此时是否只能像哈拉维和阿伦特那样用一种"后现代思维"来看待这一问题？

　　与人的主体性相关的是人的异化问题。从实践能力上看，延展实践的出现似乎意味着人的总体性实践能力（人与延展系统的能力总和）增强而局部（人的身体性）实践能力的削弱，这种削弱难免令人担心人会因为延展实践的替代而丧失身体的实践功能，进而还会担忧随着延展系统功能的更加强大，人将变得日趋"延展依赖"或被延展实践所异化，这也蕴含了眼下对人工智能的担忧：智能机器人对人的实践有可能"过度延展"而成为完全独立的"实践"，并且随其智能水平的提高而可能具有它们自己的目的性和能动性，甚至生成自己的实践意念，进而脱离人的控制，对人造成伤害；在延展认知能力极强的人工智能系统中，人还有可能反而沦为智能机器的"假肢"[1]，这样延展系统会反过来奴役人，把人变成它们的延展系统，从而"主仆"互换。这种"反向控制"的现象还可能表现为，当脑机接口的技术水平提高后，不仅大脑可以随心所欲地控制机械，同时脑机接口也可以导致隐私泄露以及对大脑实施控制，于是控制脑机接口技术的人可以对植入脑机接口的人实施控制，即一些人对另一些人的控制，从而导致人与人之间新的不平等或新的奴役，可称这种现象为类似数字鸿沟的"延展鸿沟"。延展鸿沟涉及的方面还有：那些更容易被延展的实践领域中的从业者也意味着更容易成为新的失业者，他们与那些从事不易被延展实践取代的从业者之间形成了新的就

---

[1] 如同在 Google DeepMind 开发的 Master 在与人对弈使时，人只是充当为其执棋下子的肢体，执行来自该系统的指令而已。

业鸿沟；更一般地看，延展实践在增强人类实践能力、积累更多物质成果、形成更多闲暇时间从而为人的发展提供更好的条件后，能否在人群中公正地分配这些效用（如延展技术只被某些个体用于自身的增强而将其余人排除于这种增强），将成为重要的社会问题，也极易形成新的延展鸿沟。与此相关的问题还有，一部分掌控延展实践系统的人具有了用意念操控对象能力，这种能力扩展到一定程度（如通过物联网具有的"万物互联"的功能）后或许会形成人用自己的意念控制社会或世界（所谓"脑控万物"）的能力，如果这种能力被滥用将会导致什么？尤其是过度的延展实践能力如果被坏人（或脑出问题的人）利用，将给人类带来什么？还如在知行接口一节中我们探讨过的如何区分实践观念的善恶好坏问题，凡此种种，可称为信息时代的"延展实践伦理问题"。

当然，上述所列举的现象可能还远未提上现实的议程，但这样的警醒也非全然是杞人忧天，我们需要以此来促使我们在开发延展实践技术时，先行思考人与延展系统之间的可能冲突以及如何使两者走向和谐相容，以"负责任创新"的态度、以"延展实践伦理"为导向来研究和发展这一技术，以"人是目的"的人本技术观为导向来及时解决这一进程中可能出现的异化问题，使延展系统在更加高效化、经济化、便捷化的同时，也更加人道化、普适化，使其成为可以被更多人共享的高新技术成果。

总之，将延展实践作为一个新的认识论甚至哲学范畴来审度，可以看到信息技术在模仿、替代和增强人的功能方面的不断进化，由此引出关于知与行、心与物、人与技术等关系的新问题，哲学认识论也因此获得了探寻人类认识乃至存在方式的新视角，这就是"延展"与"融合"的新视角：前者将人类实践的足迹加以了划时代的拓展，也使延展技术不再只停留在延展认知上，而是进一步走向意义更大的延展实践；后者（"融合"）则对传统观念形成了冲击，例如其中的技术之间的新融合、人与技术的新融合、知与行的新融合等就使得传统的两极化思维不再合理而需要加以新的调整，这些新启示和新探寻也构成了信息革命最为重要的哲学意义。

可以说，信息技术所导向的延展实践，使人类正在进入一个实践转型的新时代，也使哲学的实践范畴被开掘出更为丰富的含义；基于延展实践对人类实践方式的新拓展，也对"实践"作为一个哲学基本的范畴加以扩充，当然它还使哲学实践观在信息革命面前受到了新的洗礼，由此也迎来了探新和发展的难得机遇，如果与这样的机遇失之交臂，我们就不能把握现代实践的新特征。

第三节 "延展"和"人工"向度的知行关系与实践主体

信息技术不仅造就了延展实践，而且还造就了延展认知，由此结为在延展视域中的认知与实践的关系，以及一种新型的知行贯通：在人类活动的延展空间中发生在技术性延展系统之上的知行贯通。而当人工智能成为人的智力的技术模拟后，它就和先前已有的模拟人的体力的技术——人工体能——结成了一种"人工系统"中的知行贯通，它们都是由技术所引发出来的知行关系。如果说，从计算机辅助设计到计算机辅助制造，就在最初的意义上行使了信息技术贯通知和行的功能，那么在信息技术发展到更高水平后，当延展认知和人工智能作为新型的"知"、延展实践和人工体能作为新型的"行"出现并普遍化之后，这种知行贯通的体现就在"延展认知与延展实践"以及"人工智能与人工体能"的新型结对关系中呈现出更加丰富和多样的内涵，也使认识论的这一领域被信息技术引入了更多新颖复杂的问题。

一　延展实践与延展认知：知行关系的延长线

延展实践表明人的行（实践）可以发生在人身之外的延展系统上，而认知科学所提出的延展认知，则表明人的知（认识）也可以发生在这样的延展系统上，于是当把两者联系在一起考察时，就形成了在延展系统上的知行关系。

如果说"延展"问题因为技术的发展而显得越来越重要，那么从哲学上探讨延展问题最为兴盛的领域在今天当属"延展认知"（extended cognition）和"延展心灵"（extended mind），其中所采用的视角和方法为前面讨论的延展实践提供了重要的借鉴和比较，由此也就引申出延展认知与延展实践的关系即知和行的延展关系问题。

"延展认知"以及"延展心灵"由克拉克和查尔默斯于1998年提出，其核心思想是主张"认知并不局限在颅骨之内"和"心灵可以延展到身体之外"[1]。延展认知在其提出者那里有更为复杂的含义，尤其是一些学者认为即使认知能够延展，心灵也不一定能够延展。撇开其中的争议，我们在这里仅取其基本含义：有意识的心灵可以限制在颅内，但人的认知能力可以延展至身体之外（即使延展的认知并不直接蕴含延展的心灵），在人体或人脑之外的智能器具上，就延展了人的认知。延展认知表明认知活动可以在人脑之外的载体上进行，即使这种延展认知与人脑所进行的认知具有生物或物理层面上的差别，但从功能上两者具有相似性。

在这样理解的延展认知中，无疑可以发现延展实践与它的可类比性，这就是基于两者之间的若干"相同"或"相似"点。例如，它们都具有"延

---

[1] A. Clark & D. Chalmers, "The Extended Mind", *Analysis*, 1998, 58 (1), pp. 7–19.

展"的特征——发生于人身之外。类似于延展认知不再把认知局限为"头脑内"的活动,延展实践也不再把实践限定为人"亲身"从事的活动,不局限于发生在身体上的行为,而是可延展到体外的人工系统之上。又如,延展实践是新的实践方式,就如同延展认知是新的认知方式一样,两种延展都是现代信息技术的产物,它们都实现于人造的媒介之中,而媒介就是人的延展。随着认知技术(也属于信息技术的范畴)的兴起,我们的认知越来越是延展的;而随着信息技术的广泛应用,以及生产和一切造物活动领域中的信息化、数字化、智能化,我们的实践也越来越是延展的,并且延展的程度越来越高。对于延展认知来说,当体外的认知工具融入我们的认知活动之后,似乎就成为认知主体的一个部分,如果将它们移除,认知中的人就会感到丧失了一部分认知功能,例如今天我们如果不能上网、忘带手机、没有计算器时就会感到许多认知活动无从进行;[1] 同样,当体外的人工肢体与我们连接起来后,它们也会逐渐视其为我们身体的一部分,离开它们,我们的很多行为即实践活动将无法进行,很多"改变世界"的任务无法完成。凡此种种,表明了认知的可延展性与实践的可延展性之间是贯通的,从而是可类比的。

这种可类比性还表现在,延展实践和延展认知都面临同样的"合法性"问题。在讨论延展认知问题时,与延展认知论相反的颅内主义认为,即使人使用了工具,认知也只能在大脑中发生,其中异质论认为尽管延展系统可以执行同样的认知任务,但它并不能与人脑进行的认知共享同样的特征,因为"载体"不同所以延展认知不能被视为类似于人的认知,或者说没有启动认知能力的现象就不能称之为认知。与此类似,延展实践论的反对者或许也会主张,实践只能是发生在人的身体上;超出身体的一切现象,即使是完全合乎实践意念、目的和需要的人工运动(如机器人的动作和行为),也不能视

---

[1] 参见刘晓力《延展认知与延展心灵论辨析》,《中国社会科学》2010年第2期。

其为"实践"(即使是延展实践);或者说,人工运动或第二身体系统中所启动的并不是人的实践能力,因此也不能称其为"实践"。其实,在我们看来,延展认知和延展实践中加上"延展"二字,本已表明它与"原生态"的认知或实践之间存在区别,即为其"附加"的部分。无论延展实践在本质上是否和原生态实践相同,但至少与其相关,甚至从功能上具有一致性。于是这里便涉及功能更重要还是载体更重要的问题。从功能解释的角度看,只要合乎人的目的改变了对象,就是实践,而不管这种改变是不是由人体去直接完成的;更看重载体的承载论则可能会主张:实践必须是"人的实践",人的延长部分所从事的任何活动,都不具有人的实践的性质,因此不能称之为"实践",即使称之为"延展实践"也是不成立的。

功能解释尽管不是万能的解释,但一定程度上是启发我们认识问题和提升能力的有效视角与途径。所以,延展实践至少从功能解释上是和延展认知一样成立与合理的,它们使得无论是认知还是实践从广义上都不再被视为仅仅是人的神经或肌肉系统专有的现象。不仅如此,从功能的角度上看,延展实践或许比延展认知更具合理性,尤其是当智能生产线上可以个性化地生产出人所需要的各种产品时,就更是无法从功能上认为延展实践比人的身体力行的生产实践有什么劣势了。或者说,随着技术的发展,人靠双手能做的事情似乎没有什么是在延展实践系统中办不到的;它不仅能够办到,而且在效率上和质量上比人手更具优势。相反,在延展认知领域,虽然像计算、推理之类的认知功能可以延展,但直觉、创造、情感之类的认知现象能否延展还存在争议。这或许表明,"延展"作为一种哲学视角,对实践的说明或许比对认知的说明更为成功、更能被人接受,从而使得"延展实践"较之"延展认知"在哲学的合理性上有可能"青出于蓝而胜于蓝"。

由此也涉及了延展实践与延展认知的"区别"与不同:延展实践是具有实践特征的延展现象,而延展认知是具有认知特征的延展现象;如果说延展认知是人脑的延展，那么延展实践是则是人的身体或肢体的延展；延展认知是在脑外进行的信息辨识、加工与解释世界的活动，而延展实践则是在体外进行的物质变换或改变世界的活动；延展认知主要借助人工智能来体现，而延展实践则要借助人工智能和人工体能来共同实现；从人机共生的角度看，如果说延展认识是一种人机共生的智能现象，那么延展实践则主要是一种人机共生的物能行为。总之，延展认知是思考和感知的延展，延展实践是动作或身体行为的延展；前者是"脑外之想"，后者是"体外之做"，即从人身上延长出去的"知"和"行"。从积极的效果来看，延展认知使得人的认识能力得到增强，而延展实践使得人的实践能力得到增强。

延展实践与延展认知在相互区别的基础上，还具有多方面的关联性，这种关联性有的是基于历史的发展而形成的，有的是基于新技术的开发而加深的。

如果说从语言、文字到印刷、电视等在内的前四次信息革命所形成的都只是延展认知的技术，那么以计算机和互联网为代表的第五次信息革命则开启了信息技术与生产技术融合的新时代，从而也使延展认知与延展实践可以实现一体化，即知和行被整体性地延展；或者说人机接口技术的提升可以将人的认知（实践意念）延展到人工智能系统之中，再由其驱动人工肢体的造物过程，由此形成延展实践，在这种关联性上，延展实践可被视为延展认知的再延展。

前面所提到的在延展实践中，当人机接口（尤其是其高级形态——脑机接口）行使知行接口功能时，其实就是延展的知与延展的行之一体化，从而是延展认知与延展实践在接口技术中的对接和过渡、传递和贯通。所以，"知行接口"虽然在最终的意义上要追溯为人的认知与人的行为的对接与整合，但在直接层面上则描述的是延展认知与延展实践之间的链接与融合，这里的"接口"作为技术用语更是表达了两者的对接是在人工的延展技术系统中实现的。或者说，具有知行接口功能的技术之存在，表明了延展认知和延展实践之间的"知行合一"已经不再是设想，而是事实，这个事实就是，在信息技术和造物技术的联袂帮助下，我们可以将头脑中的实践意念作为认知通过脑机接口或其他人机接口先延展到控制系统中作为延展认知，然后再延展到造物系统中形成延展实践，从而实现技术性的或延展性的知行融合。从技术构成上看，如果说延展认知系统＝信息技术，延展实践系统＝信息技术＋生产造物技术，那么两者的深度融合就成为新的工具有机体，例如智能机器人就是这样的融合体。

延展实践和延展认知的这种关联性也体现为两者之间的相互包含。一方面延展实践中包含着延展认知，延展认知在一定意义上甚至可被视为延展实践的一部分抑或就是指延展实践，如智能机器人的"智能"作为一种延展认知，最重要的就是一种能够根据环境因素的改变随时调节其行动方式的延展实践能力。当我们说具有人工智能（延展认知）的机器人集感知、决策和行动的能力于一体时，最终的判别还是要看其是否具有智能行为（延展实践），因此揭示其实质的定义还是将其界定为"一种可以产生行动（而非仅仅是认知）效果的人工智能装置"，这里的人工智能作为延展认知能力的实质就是延展实践能力。

基于实践中有认知问题的一般逻辑，一方面延展实践的背后通常也会有延展认知问题，因为延展实践一定要有信息控制，从而通常会有延展认知所提供的人工信息的控制。这表明了延展认知是我们开发任何延展系统所要纳入的要素，在高级的延展实践系统中更是富集了高级的人工智能这种延展认知的成分，或者说延展实践就是由延展认知所驱动和直接操控的现象，也是脑的延展、身体延展以及认知延展之集合。另一方面延展实践也常常包含在延展认知中，成为延展认知的一部分，或如前所述成为延展认知的再延展。实践是认识的行为体现，是意念的动作外显，是导向物质性效果的认知活动的目的追求。在这个意义上，实践本身就是认知的延展，它处于认知活动的延长线上。这一关系同样体现在两者的延展形式上，如作为人工智能的延展认知，应用到机器人或智能生产中，都是在向实践性地改变对象的方向上延伸，在这个意义上，延展实践实际上也就是延展智能，是人工智能的行为部分，是人工智能在延展肢体上的呈现。而广义人工智能作为人的延展认知，就包含了认知、情感和行为延展等方面的研究与应用，从中可见延展实践（行为延展）也成为其中的一个组成部分。此外，从认识的目的是实践的角度上，也可以说延展认知的目标就是要应用于延展实践，让延展认知之花结出延展实践之果，这也意味着如此的关联性可以使延展认知不再停留在认知阶段，而是走向"改变世界"的延展实践阶段。这一关系甚至也体现在网络技术的发展所实现的功能扩展上：互联网起先作为纯粹的信息互联的网络对于人来说主要行使的是延展认知的功能，而当互联网发展为物联网后，具有可以对万物施加控制和改变的作用，对于人来说就具有延展实践的功能，从而使网络技术本身呈现出从延展认知到延展实践的进化。还有，从实践是认识的基础之角度上，我们可以看到延展实践是延展认知与物质世界交互的基础和环节；从实践对认识具有检验作用的关系上看，延展实践可以检验延展认知的真伪与功效，例如作为延展实践载体的行动机器人，就为作为延展认知的人工智能提供了实验平台和实施场所，在现实的应用中测试出人工智能控制人工运动的功能是否有效。在这样的过程中，延展实践作为物化的、外在化的、（人工）行为化的延展认知的特征也随之凸显出来，这其中无疑包含了延展认知依赖于延展实践的意思。

这种关联性还体现为承载两种延展活动的工具实际是相互渗透的。如果说手机、电脑、互联网主要是延展认知的工具，机器人、无人机、无人驾驶汽车、无人生产线、物联网等更多的是延展实践的工具，但延展认知的工具也部分地具有延展实践的功能，而延展实践的工具中无疑也包含延展认知的因素。生产领域中的延展实践在当前的典型形态，就是人工智能进入制造业，形成延展认知与造物系统的有机整合。可以说在智能机器人那里，更是集延展认知与延展实践于一体，形成由延展认知控制下的延展实践，从而延展了人的认知和实践的整体功能或能力。此外，智能技术连接或介入到人的身体，形成了所谓的"人—机主体"，这种人—机主体不仅有实践的功能，而且还有认知的功能，从而形成了可被称为"人—机合作的实践"或"人—机合作的认知"现象，实际上就是延展实践和延展认知在"人—机主体"上的集于一身。因此在具有行为功能的机器人作为延展认知中的人工智能现象时，其实同时也是作为延展实践的载体而存在的；在具有感知、决策、行动和交互能力的机器人那里，延展认知和延展实践更得以一体化呈现。

脑机接口也是这样的技术，它既可用于延展认知，也可用于延展实践。脑机接口对人的意图的理解行使着延展认知的功能，而对人工肢体的调动则行使着延展实践的功能，所以脑机接口本身也是延展认知与延展实践的集合装置。或者说，如果将脑机接口中的读脑术视为延展认知的话，那么脑控型延展实践通常就要通过延展认知技术（读脑术）来实现，从而离不开延展认知。此外，脑机接口中面向感知功能与面向行为功能的两大研发方向，也体现了同一技术中延展认知与延展实践的共存：面向感知功能的脑机接口实现的是作为延展认知的延展感知，它用于感性认知缺损的治疗，其机制是利用脑机接口可以直接向感觉缺损者的大脑传输信号，使他们在大脑中体验到特定的感觉输入，它显然属于延展认知的范畴。这与利用神经假肢帮助行动能力缺损者恢复肢体功能的延展实践相比较，在技术工作原理上是互逆的：在延展实践中，科学家利用脑机接口检测脑活动的信号，解释它们的意思，并使用它们来控制外部设备，因此是输出型的脑机接口。输入型的脑机接口作为延展认知则是反过来工作的，如人工视觉的机制是：计算机将来自摄像头的信号转换成触发神经元所必需的电压，然后信号被发送到大脑的适当区域中的植入物，使相关的神经元被激活，于是人脑中产生对应于相机所"看到的"视觉图像。这些过程的某些阶段虽然是发生在"颅内"，但本质上仍是延展的感知，因为它毕竟是人工技术辅助的产物，只不过是使用了植入式的脑机接口。一种脑机接口如果同时具备这两种功能，即脑和外部设备可进行双向信息交换，使由脑到机和由机到脑可以在同一个脑机接口中实现，就称为"双向脑机接口"（BBCI, bidirectional brain-computer interface），它作为脑机接口的高级形态，兼具延展认知和延展实践的双重功能，体现着两者的交融、会聚和相互依赖。

凡此种种，展现了延展实践与延展认知之间丰富而复杂的关系，从而在延展的空间中将认识论中的知行关系推进到一种基于当代信息技术多重影响下的理解。

二　人工体能与人工智能之间

从字面上，"人工智能"是对人的"智能"即"认识能力"的模拟，目的是使机器能够像人一样思考、认识和反映外部世界，即行使"知"的功能。这种意义上的人工智能就可以和人类早已开发的另一类技术——人工体能——形成对比性的关联，从而也成为基于技术系统的知行关系，在人机融合的一定阶段上还会达到知和行的人工合一状态。从人工或模拟的技术视角所探讨的知行关系和上面讨论的延展实践与延展认知的关系从本质上相同，但这里我们选择了不同的侧重点，即更多地借助人类对人工体能技术的心理感受和价值评价的认知历程观照今天我们应该对人工智能采取的尽可能合理的主观态度。抑或说，从先前我们如何看待主要行使"体力行为"的人工体能技术，来反思我们需要如何看到主要行使"智力认知"的人工智能技术，其中隐含的是这样一种知行关系：模拟行（体力活动）的技术，先行地为我们提供了如何评价模拟知（认识活动）的技术借鉴；从另一个角度看，这种探讨也揭示了存在于人工模拟形态中的知行关系中渗透和随附着价值论的认识论问题。

（一）概念界定及两者的可比较性

作为人造的技术系统，虽然人工体能先于人工智能出现，但作为概念的使用，则显然是人工智能在先，而"人工体能"作为一个术语迄今还未正式出现于任何学术辞典之中，所以先要对其加以界定。借鉴"人工智能"技术是在计算机上模拟或人工地产生人的部分智能之功效的隐喻性称谓，可以同样隐喻性地称谓那些能够部分地行使人的体能功效的工具装置为"人工体能"。更确切地说，类似于我们对人工智能的界定，可以把人工体能理解为人类体能的技术性延长或增强，也就是通过各种人工设备（通常是机器）而非自然手段（人的身体）来实现的需要人的体能才能完成的任务。可见，无论是智能还是体能，都可以并且应该有"自然的"（人自身的）和"人工的"（技术构建的）之分。当人的体力被机器一类的技术装置转化而来的自然力所模仿从而在功能上被替代时，就和形成人工智能的机制一样就形成了人工体能。这样，作为具有智能特征的人工智能和具有体能特征的机器就成为具有一定相似度的可比较对象。

如果将计算机也视为一种机器或机器的高级形态（即所谓"信息机器"），那么人工智能和人工体能都可以被视为主要是以机器为载体的"人工能力"[1]，所以人工智能又被称为"机器智能"，由此推论人工体能也可被称为"机器体能"，于是从物理表现上它们都是某种形态的机器，一个是"肌肉机器"（muscle machine），一个是"大脑机器"（brain machine），前一

---

[1] 可以将人不借助人工的技术手段而具有的能力——无论是体能还是智能——统称为人的"自然能力"，而将经过人工的技术手段所形成的能力统称为"人工能力"。

种机器的工作机制是机械化，后一种机器的工作机制是计算化。因此人工体能是机械化后模拟和放大的体能，人工智能则是通过计算化而模拟和放大的智能。还可以说，人工体能是在物能系统上人工转化而来的自然能（含人自身的体能），人工智能则是在信息系统上人工转化而来的符号变换能力。

上述的界定将机器作为形成人工体能以及人工智能的起点，那么一个相关的问题是：只借助手工工具（如榔头或纸笔）所延展的体力和智力是人工体能和人工智能吗？严格地说不是，因为它们只是简单的延长，没有形成"放大"或"增强"的效应。但由于使用了这样的手工工具，确实又使得人可以去做较之仅靠身体来说更多的事情（无论是改变物理对象的体力活动还是认识世界的智力活动），所以也可视其为从人的自然能力向人工能力的过渡，或者是人工能力（从人工体能到人工智能）的最初开端。

（二）两者特征属性的相互比较

从修辞上，人工体能和人工智能都是"人工的"，都是人工物的某种属性，即都是由人工物的运行所涌现出来的功能，前者是由蒸汽机或发动机的运转所涌现出来的功能，后者是由计算机的运作所涌现的功能，也可将它们视为都是人工运动所造成的人工变化，其中人工体能造成的是物理对象的物质形态变化，人工智能造成的是虚拟对象的信息形态变化。由于它们都隶属于人工物的功能这个"大家族"，因此它们之间具有维特根斯坦所说的"家族相似"。

例如，两者的人工性标示了其存在的属人性，即以人为依托的本体论属性。无论是人工体能还是人工智能，都是围绕人而衍生出来的人工现象，都是人对自己功能的延伸和拓展。如果没有人，就不会有人工体能，也不会有人工智能，它们的生发都源于人，是由人所创造出来"附随"于人的现象。

又如，两者的人工性也标示了其状态的非自然性，这里的"自然"即自然界现存的或从自然状态中进化出来的能力,如人自己的体力和智力,就是"人自身的自然";人工体能和人工智能都不是人身的自然现象,而是非自然的人工现象,是人使用技术手段所"发明"和"创造"出来的,所以这里的人工性也就是技术性,没有人造的技术装置,就没有人工体能和人工智能。人工体能和人工智能一起构成了人工能力的主干,而人的自然能力和人工能力一起构成了人类的"总体能力"。可以说,一部人类进化史,就是人的自然能力不断附加上人工能力从而不断实现其总体能力提升的历史,而人类的"文明发展史"则主要是人工能力不断提升的历史。

可以说,人工体能和人工智能都具有对人而言的工具属性,它们都是人用来为自己服务的,由此它们具有起因上的相似性,即都源于克服自身自然能力的不足:通过人造的工具来实现从仅仅依靠人的自然能力向借用人工能力过渡,亦即借助一定的技术工具来放大自身的能力:从放大自身的体力到放大自身的智力。从另一个角度说,人工体能和人工智能的起因也是为了节省人自己的体力或脑力,而且两者之间还具有连续性:人在节省了自己的体力之后还要进一步节省自己的脑力,人在摆脱繁重的体力劳动之后还要进一步摆脱重复、烦琐和枯燥的部分脑力劳动。从这种"接力式"的关系中可以看到两者之间的另一种相关性,即历史相关性:人工体能技术是人工智能技术的前身或"前奏",人工智能是人工体能技术的延续乃至必然产物,因为人工体能发展到一定阶段后必然需要可替代自己控制人工体能的信息技术,这就是行使自动控制功能并最早应用于生产过程中的数控技术或智能技术。

由此我们也看到,它们都具有对人的职能的替代性。作为人工体能和人工智能的技术可以将人所进行的物能行为和信息行为分解为单一性的操作或运转,再以力度或速度上的优势获得替代人的价值。如机器以力度和频率形成对人的体能优势,电脑则以运算速度形成对人的计算优势;它们在耐力和规模上也具有相对于人的优势,从而它们都以某种形式"超越于人",使人变得"渺小"。马克思描述的人与巨大的机器比拼时的弱小感也同样适用于刻画人脑与超级电脑较量某些智能时的感受：人的体能"在科学面前，在巨大的自然力面前，在社会的群众性劳动面前，作为微不足道的附属品而消失了，科学、巨大的自然力、社会的群众性劳动都体现在机器体系中，并同机器体系一道构成'主人'的权力"[1]。而当深蓝战胜卡斯帕罗夫、AlphaGo 打败李世石后，不少人产生了智力上面对人工智能时的"渺小感"，可见人工体能和人工智能都对人形成了某种程度的"威胁"，从就业到安全再到人的主体地位（被机器异化以及被计算机异化），也被形象地概括为前者使人手贬值，后者使人脑贬值，两者似乎都导致了"人的贬值"。

更为内在的是，从工作机制上看它们都具有"机械化"或"自动化"的特点。如同行使人工体能的机器按固定模式并以流水线的方式加工产品一样，行使人工智能的计算机也按固定的程序或算法来加工信息，两者所遵循的都是机械化的工作方式。机器算法是人脑算法的外化，也是对人脑思维过程"分化"和"纯化"后的产物，如同机器的"动作"是对人的肢体动作进行分解、简化后的产物一样。正是将人的复杂动作分解为简单动作后，才使得在机械装置上机械地、自动地实现这些动作具有技术上的可能性。类似地，也正是机器算法对人脑算法的"分解"，并将其形式化、模式化、程序化，由此才为在计算机这样的信息机器装置上实现计算、推理等过程的机械化、自动化提供了技术上的可能性（正因为如此，人脑思维过程中的综合化与灵活性难以实现"机械化"和"自动化"）。或者说，"通过在计算机上使用算法，我们把精神上的行为机械化，把设想和抽象集成到计算机，以便计算机通过我们指定的行为，为我们实现设想"[2]。抑或说，正是算法将问题单纯化、形式化后，才使得人工智能显示出解决某些问题（如下棋、人脸识别、

---

[1] 《马克思恩格斯文集》第 5 卷，人民出版社，2009，第 487 页。
[2] 〔美〕拉塞尔·沙克尔福德：《计算与算法导论》，章小莉译，电子工业出版社，2003，第 24 页。

机器翻译、数据分析等）的强大能力。可以说，在面对一切可以通过机器算法来解决的认知任务时，人在效率上是无法与运用该算法的机器相较量的。

总之，物品生产和信息处理的这种机械化、程式化、流水线化也正是保证其"高效化"的有力手段，在这个意义上，算法贯穿的机器智能是人的认知活动中理性化、形式化方面的极端化发挥，正是这种发挥赢得了机器智能的高速度和高效益，如同机器体能中机械化所获得的高速度高效益一样。在这个意义上，人工智能是人工器具对人的身体（包括人脑）活动的一种新型延展。或者说，将智能计算化（形成人工智能），如同将体能机械化（形成人工体能），前者是信息时代的主题，后者是工业时代的主题。在这个意义上，信息革命也延续了工业革命的本质，或者说人工智能延续了人工体能追求人类活动高效化的本质。

此外，两者还都以特定的人工制品为鲜明的标志物：人工体能以蒸汽机的出现为逐渐普遍化的标志，因此它既是工业革命的产物，也是工业文明时代到来的标志，这一标志一直延续到今天，就是"发动机"成为工业技术中的"核心技术"，被视为工业化的"心脏"，它决定着机器系统能获得多大的能量（人工体能），从而具有多大的物品生产能力，由此成为物质生产力水平的决定性因素。人工智能则以计算机的出现为标志，计算机在社会的广泛使用就是所谓的"信息化"，信息化导致信息文明的兴起，由于芯片和算法技术的水平决定了计算机技术或人工智能技术的水平，因此它们对于信息技术的意义犹如发动机技术对于工业文明的意义，成为人工智能系统具有多大信息生产力的决定性因素。

（三）社会效应的相似性比较

人工体能和人工智能作为工具技术，使人获得了生产物品和处理信息的新手段，提高了人在进行这些活动时的效率，增强了人类自身的能力，实现了人类的文化进化……但在带来这些积极效应的同时，它们也造成了一些负面的社会效应，其表现形式尽管不同，但也有若干相似性可加以比较，并成为可通向更高阶段融合的认识论根据和实践性推动。

第一，它们使人所失去的具有一定的相似性。

人工体能技术所造就的机械化大生产，被托夫勒（Alvin Toffler）概括为"好大狂"的生产方式，它在高速运转的机械化流水线上生产出来的工业品千篇一律，取代了手工品的多姿多彩，从而失去了产品的个性化，并且使工人的劳动丧失情趣，如同马克思所揭示的机器劳动的如下特征：机器用它极为简单的机械运动的复合，代替了劳动者的复杂技能，"使用机器的基本原则，在于以简单劳动代替熟练劳动"[1]，"把科学作为一种独立的生产能力与劳动分离开来"[2]。机器技术把复杂劳动还原为简单劳动后使得劳动"去技能化"，工人所特有的专业和技艺被抽象化和齐一化为空洞的机械动作，各种专业性的劳动被通约为工人在机器流水线上的极为简单的操作，"由于机器使用同一的、简单的、最多不过在年龄和性别上有区别的劳动，去代替有手艺的独立的手工业者和由于分工而发展起来的劳动专业化，它就把一切劳动力都变为简单的劳动力，把一切劳动都变为简单劳动"[3]；"机器劳动……侵吞身体和精神上的一切自由活动。甚至减轻劳动也成了折磨人的手段，因为机器不是使工人摆脱劳动，而是使工人的劳动毫无内容"[4]。

机器劳动对人的手工劳动的这种"抽象化"，表现在人工智能中就是对人的认知本质进行说明时的抽象化，即前面所说的计算主义或符号主义用人工智能反推和假设人脑的认知工作机制。这个机制在人工智能的机器运作中虽然带来了形式化所导向的信息处理高效率化，但用它来说明人的认知本质时，

---

[1] 《马克思恩格斯文集》第8卷，人民出版社，2009，第279页。
[2] 《马克思恩格斯文集》第5卷，人民出版社，2009，第487、440页。
[3] 《马克思恩格斯文集》第8卷，人民出版社，2009，第279、348页。
[4] 《马克思恩格斯文集》第5卷，人民出版社，2009，第486—487页。

就会陷入极大的片面性，这一点在前两章都已论及。

再就是，人工智能是在算法控制下运行的，算法实际是人基于计算机的可接受性而设计的可以"外包"给计算机去替我们进行的部分认知任务的"技术方案"，算法使得信息处理可以定型化、规范化、程式化地实现，反过来也会影响人脑（或一部分人脑）的认知呈现这一特点，即把（一部分）人的思考塑造成像电脑一样固化和僵硬。也就是说，AI 的使用也会使人失去一些东西，就类似于机器的使用会使人失去一些东西一样。当人工智能的工作原理被用来观照人自身的智能活动时，无疑会使生动的人类智能被遮蔽掉很多的属性和特征，所以对认知的计算主义阐释后来遭到了第二代认知科学的批判与否定。这也表明人的自然智能与人工智能之间在相当长的时间内还会存在各司其职、不能相互"僭越"的分工，如果人去单纯地接受形式表征的计算速度训练，则人就真的把自己变成了机器。

人工体能技术中的机器运动作为一种由机械或物理规律所决定的确定运动，消除了人在劳动时的随意性，成为"折磨人"的新手段，马克思的《资本论》就在注释中援引了恩格斯在《英国工人阶级状况》中所引述的这样一段描述和分析："一个人每天看管机器的划一运动 15 小时，比他从事同样长时间的体力劳动还要衰老得快。这种看管机器的劳动，如果时间不太长，也许可以成为一种有益于智力的体操，但是由于这种劳动过度，对智力和身体都有损害。"[1] 其实这样的"负面效应"也类似地出现在人工智能时代的今天，当人们整天使用电脑或上网时，由于久坐对身体的伤害、由于长期凝视屏幕对眼睛的伤害、由于各种垃圾信息对精神的伤害……再就是，机器劳动对人的身体动作的固化，在今天则表现为智能软件的信息推送对人脑思维取向的固化，人们只能被"配送"从而接触到"感兴趣的信息"，从而陷入

---

[1] 《马克思恩格斯文集》第 5 卷，人民出版社，2009，第 486 页。

"群体极化"或"信息茧房"之中,成为知识和视界上"片面的人",以及思维认识方式上单一的人。

第二,它们在初级阶段对人造成的心理效应具有相似性。

人工智能作为一种新技术来到世间后,因其具有近乎无限的可能性,引起了无穷无尽的联想,其中影响最大的就是对它可能失控即反过来统治支配人的种种恐惧与担忧。我们可以借鉴人类曾经对人工体能技术的"爱恨情仇"之心路历程,来理解和释怀我们今天对于人工智能技术的种种感受,从而寻获一种更为合理与开通的心态来对待人工智能。

作为人工体能技术的机器在最初被人类使用时,曾造成了工人的极度恐惧和自卑,因为工人被置于机器一旁,形同"蒸汽同人的肌肉的竞争"[1],"通过传动机由一个中央自动机推动的工作机的有组织的体系,是机器生产的最发达的形态。在这里,代替单个机器的是一个庞大的机械怪物,它的躯体充满了整座整座的厂房,它的魔力先是由它的庞大肢体庄重而有节奏的运动掩盖着,然后在它的无数真正工作器官的疯狂的旋转中迸发出来"[2];而工人则成为"势单力薄"的一方;不仅如此,在加工一些规则性或精度极高的零部件时,机器之"轻易、精确和迅速的程度是任何最熟练工人的富有经验的手都无法做到的"[3];机器被引入生产系统后,还使得"使用劳动工具的技巧,也同劳动工具一起,从工人身上转到了机器上面"[4];由此造成了"随着实物世界的涨价,人的世界也正比例地落价"[5]。凡此种种,都使得最初使用机器的劳动者产生了对机器的恐惧、敌对心理,甚至走向了捣毁机器的行动,这就是"19 世纪最初 15 年,英国工场手工业区发生的对机器的大规模破坏

---

[1] 《马克思恩格斯文集》第 5 卷,人民出版社,2009,第 454 页。
[2] 《马克思恩格斯文集》第 5 卷,人民出版社,2009,第 438 页。
[3] 《马克思恩格斯文集》第 5 卷,人民出版社,2009,第 442 页。
[4] 《马克思恩格斯文集》第 5 卷,人民出版社,2009,第 483 页。
[5] 马克思:《1844 年经济学哲学手稿》,人民出版社,1979,第 44 页。

（特别是由于蒸汽织机的应用），即所谓鲁德运动"[1]。我们看到 AI 的初级阶段也面临着同样的情形。目前的人工智能还只能说处于初级阶段，但各种关于人工智能将全面超过人的担忧早已不绝于耳，其中影响最大的是奇点主义的倡导者库兹韦尔，他认为在 50 年内，世界将达到一个科技飞速发展的奇点（Singularity），超级智能将在奇点到来时出现，机器将能通过人工智能进行自我完善，超越人类，从而开启一个新的时代。这一担忧的派生形式包括，人工智能由于超过人的智能，人将无法驾驭和控制它，反过来人会受人工智能所控制，甚至被其整体性消灭；即使 AI 不将人类全部毁灭，也会把他们关进动物园作为手中的"玩物"那样来欣赏……这无疑十分类似于先前人们对人工体能的感受和恐惧，也是基于人将自己的"自然能力"与人造技术系统的"人工能力"进行简单对比所形成的"朴素认识"。

今天人类对作为人工体能的机器和各种机器的衍生物不再有初级阶段时的那种朴素恐惧感了，甚至即使机器设备不时会因为"事故"而给人造成十分重大的伤亡[2]，也不会出现捣毁机器或提出弃绝机器、回到手工时代（或像卢梭所说的那样"回到自然状态"）的主张了，而是会在改进机器的性能、加强使用的安全管理上做文章。因为人作为机器的主人、作为人工体能的主宰这一本体论关系得到了确立，而且作为人工体能技术的机器与我们生活的关系如此之紧密，人类已经将其作为自己的一部分来看待了。这种关系及其认知也必定在人工智能技术发展的过程中展现出来，所以借鉴人类对人工体能技术走过的心路历程来看，人类从总体上终将迈过对人工智能的初级阶段恐惧而怀抱乐观的态度去推进这一技术发展。

当然，即使这样，也不排除人文思想家们进行的"反思"。例如 1918 年，

1　《马克思恩格斯文集》第 5 卷，人民出版社，2009，第 493 页。
2　如仅就地面的机动交通工具汽车而言，世界卫生组织提供的数据显示：全世界每年有约 125 万人死于道路交通事故，每年还有几千万人因此而受伤或致残。

当人类已经度过了机器使用的初级阶段后,德国哲学家施本格勒(Oswald Spengler)仍对机器这种人工体能技术进行全面批判,并将机器与工人的对抗推广到与人类的整体性对抗,认为世界的机械化已经进入非常危险的紧张阶段,一切有机物变为了机器组织扩张的牺牲品,人工领域排斥和破坏着自然领域,文明变为与机器相适应的正在操作或总是努力操作的机器;创造物起来反对创造者,目前正是机器这种创造物起来反对欧洲人,使得世界的主宰成了机器的奴仆;机器不顾我们的意识和意志,硬把世界的主宰、我们和所有一切,毫无例外地拉入赛场,在这个疯狂的赛马群中,世界的胜利者将筋疲力尽。[1] 海德格尔和马尔库塞(Herbert Marcuse)等也是对以机器为代表的现代技术进行人文批判的代表人物。这也意味着,对人工智能的人文批判也绝不会随着这一技术以后的发展而终止,这种批判可以适当地转化为更好地建构人工智能技术的参考,但显然不会成为终止人工智能研发的理由。

其实,时至今日,人工体能技术对人类的"威胁"并不亚于人工智能。如在人工体能技术中被人类可以人工地储存和使用能量最大的技术莫过于核能技术。核能技术通过核电和核弹两种主要的人工方式存在,就后者来说,目前地球上的核弹已经具有把人类毁灭几十次的威力。但技术可能性并不等同于社会可能性,也不等同于技术现实性。对于核能技术应用中是否会失控的问题,最后还是落脚于人的问题,而不纯粹是技术本身的问题。就像应对核能技术那样,将来人类总会找到将人工智能(即使是高级的能力强大的人工智能)置于安全使用的手段和办法,或者在有了高级人工智能后,如果没有首先解决安全与受控问题,也是不会轻易将其纳入使用的。我们是否担心人工智能会支配甚至毁灭人类,犹如我们担心作为人工体能技术的极致——核能——是否会毁灭人类一样,归根到底是人对自己的看法和信心问题,而

---

[1] 〔德〕奥斯瓦尔德·施本格勒:《人和技术》,载〔俄〕达夫里扬《技术·文化·人》,薛启亮等译,河北人民出版社,1987,第36页。

非人造物本身的功能问题。说到底人类创造的技术之于人的终极效应，取决于人自己。

第三，两者在高级阶段的融合及人的自我实现。

之所以无法终止人工智能技术的发展，不仅是因为如前所述，人工智能是人工体能技术的必然延续，而且还在于，人工智能和人工体能两种技术的发展必将走向越来越高度的融合，智能制造、智能机器人等都是这种融合已经出现或正在涌现的形式。在这些集合体中，人工体能受人工智能支配，人工智能通过人工体能实现对现实世界的物理作业，也体现出一种人工的认知活动与人工的实践活动的整合，即知和行的人工合一。这种整合还将在"赛博人"那里表现出更新颖的形式，即人工智能和人工体能与人的自然能力融为一体，此时人工体能就相当于甚至等同于人的体能，人工智能就相当于甚至等同于人的智能，这种"无缝对接"更将消除所谓人工智能支配人的恐惧和担忧，因为人工智能此时已经内化为人自身的存在，除非人自己想毁灭自己，否则就不存在人被人工智能毁灭的问题。而从更积极的视角来看，与人融合为一体的人工体能和人工智能的能力和水平达到什么程度，同时就是人的自我实现所能达到的水平和程度。在消除了"人的"和"人工的"二元区隔之后，一切"具机""具技"的能力同时也都是人的"具身"的能力，人与技术的协同进化就是人自身的进化，人工体能和人工智能在这样的高级阶段就与人的自由而全面发展实现了有机融合。在这里，人工智能与人工体能的知行融通，就进一步折射为"人工的"与"人的"能力之间的融通。

（四）价值互鉴

以上的比较表明，工业文明与信息文明的延续性，使得人工体能与人工智能也具有延续性和相似性，由此人工体能可以充当人工智能的一面镜子，帮助我们打开人工智能的黑箱，而人工智能又可以进一步帮助我们打开人类智能的黑箱。人工体能技术的进化史或社会效应史甚至可以被视为人工智能技术进化史及社会效应史的预演。于是，我们可以借鉴人工体能来分析人工智能的哲学问题，理解人工智能的人文价值和意义。

对人工智能的一个负面评价是它可能会大量地替代人的工作而使人产生日益深重的无用感，或者因为人造的东西比人强，因此人在人造物面前丧失尊严。对此的解决途径主要还在于调整心态。我们制造的人工体能技术如汽车、飞机跑得比我们快，我们并不因此而认为人的双腿无用；我们造的起重机、挖掘机远超我们的臂力，但我们并未推论出我们的双手无用。在"人工体能"超越人的体能时，我们没有惊慌，现在面临局部智能被人工智能超越时同样也不必恐惧。当然对人工智能的惊恐可能是因为人认为自己在万物中的优势是智能而非体能。但如果对智能作广义理解的话，其实并非人的所有智能都是最强的，如在短时记忆上，人就不如猩猩；在感觉能力（或许称为"感知智能"）上，人的嗅觉不如狗、视觉不如鹰……对此我们不曾自卑过。当我们为AlphaGo打败围棋世界冠军而感慨人的（围棋）智力不如人工智能时，想一想我们今天还为跑不过汽车、火车和飞机而为自己的体能感到自卑吗？换句话说，人的有用与无用，不是源于人和机器的比较，而是源于人和人的比较，所以不用从体能、记忆、识别、计算甚至决策等方面的能力去看人和机器比较时的有用或无用，而要在人和人之间比较鉴赏力、批判能力、人生体验能力、形成幸福感成就感的能力等，这些方面的有用性是机器所不能取代的。即使自然的奥秘可由人工智能替我们去揭示，但人生的奥秘也只能靠人自己去体验和展现。如果说人工智能使人类的工作都转型为体验型工作，那么体验中的差异是无穷无尽的，此时差异就意味着有用，就意味着存在工作，意味着在差异的链条中，人总要形成向上竞争的趋向，就要有发展和提升相关能力（如鉴赏力、批判力等）的活动，从中就形成了长久的有用性甚至永恒的工作，而这是比创造使用价值含义更广、意义更大的"有用性"和"工作"。

再如，一些对人工智能的"要求"也可以借鉴我们关于人工体能的类似看法来加以校正。如人工智能经常被"评价"为不像人脑的智能，所以不能称其为"智能"。其实，如果真要使人工智能的工作机制完全像人脑一样，那么它的优势也将荡然无存，正是它仅仅模拟了人脑但并不完全复制人脑的构造和功能，所以它才具有人脑所不具有的优势，正如作为人工体能技术的汽车车轮为什么一定要像人腿呢？如果车轮做得跟人腿一样它还能跑那么快吗？所以当我们对人工体能并没提出形体上一定要与人相同的要求时，为什么要对人工智能提出这样的要求呢？人工智能装置正是因其不像人脑但又能完成人脑的工作，才具有开发的意义，因为这样才能克服人脑的局限，至少在运算速度上远超于人。

此外，我们还需要对两种异化和两种尊严进行对称性分析：人工智能和人工体能对于人都存在技术异化问题，都是由于工具发达到一定程度后形成了巨大的人工能力所造成的，某种意义上这是人为了摆脱在自然界面前过于弱小的代价。而对于异化中关于人工智能沉溺和替代的问题也可以借鉴人工体能来加以认识，如当下不少人担忧对于人工智能的使用会使人产生依赖性，甚至不再使用自己的智力而导致智力退化。其实，从人工体能的使用历史可以看到，人们并未因为人工体能的替代而不再动用自己的体能，例如尽管车船可以普遍代替人的行走，但不少人还是要以步代车，甚至每天专门抽出时间来散步健身，或以体育、旅游、休闲等方式继续使用着体能，所以才有了生理寿命的不断延长。这些做法无疑也需要移植到人类的智能活动领域，相信人也必定会以更高的智商和情商来寻求如何在人工智能全盛的时代为自己的智能活动留下地盘，而不至于将一切都交由机器人去代理我们；或者说，人工智能即使再发达，人也不会因此不再使用自己的智能，而是将智能转向更有意义的领域。

总之，人工体能所经历的人文或价值评价，可作为今天我们对人工智能评价的借鉴；人如何利用和驾驭人工体能的历史，可以帮助我们预测对人工智能的利用和驾驭。尤其是其中的选择标准，不少是两者之间可通用的，如可控标准、环境标准、安全标准等，在这些方面多下功夫，无疑比一味否定和质疑人工智能更有意义。而且，有了这样的"知"，我们在人工智能发展的"行"上也会更加自觉和自信，这或许也是人的能力的模拟技术中的知行关系对现实活动中的知行关系的又一种启示。

三 人工实践主体问题

在本节所及的"人工"向度上，还存在着"人工实践主体"的问题，这就是人工智能不断发展对知行主体带来的新问题，这个问题曾在"人机之间的认识论分工"中涉及"人工认识主体"的问题，由于认识的目的和归宿是实践，所以认识主体的基础形态就是实践主体，而人工智能引出了人工认识主体的同时，也必然指向人工实践主体，形成"人工智能最终会不会因其具有自主性而成为独立的实践主体"之类的追问。

目前的人工智能无论对人实践能力的增强、实践手段的延展，还是对实践方式的更新，都还属于"工具演进"的范畴，基本不构成对人作为唯一实践主体地位的挑战，人类中心论在实践世界中仍然根基牢固：人以存在于自己头脑中的目的、意志支配着整个实践系统，连同脑机接口在内的所有延展装置都充当被人脑意志控制的工具性器官，其中的核心根据就是人工智能系统并不能生成自己的自由意志和目的意图，因此不具有实践主体的属性或身份。也就是说，实践系统中的各个组成部分，是否属于实践主体的范畴，不在于是否承担了受控部分的多少功能，即使这个部分在可感的空间形式上可以占据相当大的比重；而是要看其是否承担了整个系统的控制职能，也就是是否充当了系统的"主人"。马克思说："使人们行动起来的一切，都必然要经过他们的头脑"[1]，当机器的行动被人脑驱动和调控时，显然充当实践主体的就是人而不是机器，即使有脑机接口嵌入时也是如此，而且还使得人脑调动和机器被调动的关系变得更加单纯。或者说，凡由人脑发起和控制的活动，连同延展部分，都归属于人，人为其主体。换句话说，如果把实践视为"是追求着自己目的的人的活动"[2]，那么机器由于没有自己的目的，同时也没有属于它们自己的从事实践活动的意义、期许、价值等，所以不能称其为实践主体。

随着对强人工智能可能性日益强盛的展望，随着"人工认识主体""人工道德主体""人工法律主体""人工文学生产主体"等概念的提出，"人工实践主体"的概念也必然诞生，相关问题也必然被提出。当人工智能"辅助"人的实践能力达到一定水平后，当其具有了自我意识、自为自主的目的之后，就成为所谓自主体、自为体、能动体（agent），那么这样的人工智能体是否成为真正的实践主体？或者更准确地被称为"人工实践主体"或"人工能动体"（artificial agents）[3]；抑或还可以被称为"人工劳动者"？就是说，弱人工智能时代的 AI 只能充当人的工具，那么强人工智能时代作为实践工具的 AI 是否可能转型为实践的主体？这就是由 AI 的实践化所进一步衍生出来的 AI 的实践主体化问题。

可以说，这种称谓都建立在一个"假设"的基础上，就是强人工智能的实现。目前关于强人工智能是否能够实现，存在着极大的争议，尤其从技术上要实现它还存在数不清的难关和障碍，是否能克服这些障碍还很难断言，如有的观点认为处理开放问题是 AI 的一个永久难题，AI 如果永远只能处理封

1　《马克思恩格斯文集》第 4 卷，人民出版社，2009，第 304 页。
2　《马克思恩格斯文集》第 1 卷，人民出版社，2009，第 295 页。
3　N. J. Lacey and M. H. Lee, "The Epistemological Foundations of Artificial Agents", *Minds and Machines*, 2003, 13（3），pp. 339-365. agent 也有"施事者"的含义，就更接近于实践主体的含义。

闭的专门性问题，即充当专用人工智能，则永远不可能成为真正意义上的实践主体。鉴于强 AI 还仅仅是一种未来的"憧憬"，所以这里讨论"人工实践主体"也具有"未来实践主体观"的意味。

我们知道，实践认识论的实践观生产于工业文明时代，那个时代（前智能时代）的技术对人的模拟和替代是有限的，全面类同甚至超过人的能力（尤其是智能）的技术还远未出现，所以由人之外的某种技术系统来充当实践主体，是经典的实践观不曾遇到的问题。而在人工智能的水平走向日益高端的进程中，这一问题才逐渐浮出水面。

我们的分析从"一个行动的机器是否构成一个实践主体"这一问题开始。就具有"行动能力"的机器或机器人来说，仅仅可以行动还不能称其为"实践主体"，因为此时它的行动是不自主的，是受人控制的，它的行动体现的是人的目的和意图，所以实践的主体是人而不是机器。一旦机器或机器人可以自主决策，看上去能完成实践过程的所有环节，如能够自主地感知和理解周围环境即外部世界，形成并利用知识去进行决策，施以行动时，AI 是否具有实践主体的属性就成为实在的问题。基于前面"延展实践"的视角我们也曾遭遇这一问题。当实践的延展系统的功能日趋全面和强大，可以自主地形成"实践目的"时，它所进行的就不再是人的延展实践，而是自己的独立自主的实践，因而它的实践意向就不是来自人，而是来自它自己的"自由意志"，由此与受人支配的延展实践有了质的区别，这也是人工智能技术较之先前的任何技术都不同的地方。这也是日本知名学者渡边慧早在 1979 年就作出的判断：如果给机器配备了与感情有关的记忆装置，制造出能模拟人的大脑右半球的计算机，那么机器便"在真正意义上取得主体性，大概它就不成其为机器了"[1]。著名的智能机器人专家，"粒子机器人"研发团队负责人，美国哥

---

[1] 〔日〕渡边慧、刘绩生：《"人工智能"的挫折与补救》，《哲学译丛》1980 年第 3 期。

伦比亚大学创意机器实验室的李普森（Hod Lipson）明确认为拥有创造力和自主思考能力的机器人将会出现，"这件事情将在 10 年之后发生，还是 100 年之后发生，我也不知道。但是，我比较确信的是我们的孙辈所生活的世界里，机器将会有自我意识"[1]。集感知、决策、行为能力于一体的智能机器人，也许会具有我们人类所自我界定的"认识能力"和"实践能力"，从而是集认识主体与实践主体于一身的新型存在。甚至，它在功能上的提高还不仅仅限于复制、集成人类实践主体所现有的能力，而且还可能超越人类主体的能力，成为在实践能力和认识能力上都强于人的主体（如它不知疲倦、可瞬间生成物质或信息产品），而人则反倒是一种"有缺陷的结构"，从而"人不如自己创造的机器"[2]；于是更严重的问题就会转变为"谁才是真正的实践主体"抑或是"用什么标准来衡量实践主体"，以至于人有可能会被智能机器这个更强大的主体开除掉"实践主体"的身份或发生人机之间的主客异位。

当然，也有理由认为上述看法的根据并不充分，因为人作为实践主体（以及认识主体）所具有的主体性，除了在目的性和能动性驱动下可以自主完成各种实践环节之外，还随附许多相关的属性，从而连带产生许多新的问题：如对自身的行为有自我觉知、对实践目标的期许或期待、对实践意向的价值评价、对实践后果的担当负责（如是否对实践后果负责从而成为一个负责人的人工智能主体），以及还能从享受实践的成果中获得满足和幸福的感受，在经历实践的成败时复杂而丰富的情感，这就是"主人"意义上的主体，即作为实践的利益效用享用者的实践主体。要求人工智能具备所有这些属性，成为"完全的实践主体"，显然是十分困难的，例如，我们可以想象 AI 可以成为行动或实践的自主施动者、控制者，但很难想象它会基于对财富

---

[1] 佚名：《哥伦比亚大学创意机器实验室 Hod Lipson：未来机器人会不会有自主意识?》，2010-08-21，https：//www.sohu.com/a/351405650_485557。

[2] 〔德〕京特·安德斯：《过时的人》（第一卷），范捷平译，上海译文出版社，2010，第 13 页。

的需求而由实践的成功（如造物即创造财富的成功）而带来的喜悦。

在这里我们再一次看到，AI 是否具有实践主体的身份，是与强 AI 是否可能密切相关的，如 AI 是否具有实践目的隶属于 AI 是否具有意识或意向性的问题；AI 是否具有对实践结果的价值判断能力——成功时高兴、失败时沮丧——则与 AI 是否具有情感相关；AI 是否需要和能否享受实践成果，则与 AI 是否具有人格、人性等相类似，由此而衍生出层出不穷的问题，如 AI 为什么要实践？它为什么要去创造物质财富？是为了让自己能活着还是为了活得更好？它们会因为拥有的实践产品即财富越来越多而变得越来越贪婪吗？AI 自身所需要的无非是电力、算力、算法和数据，它对这些东西的"追求"实际上也是人的追求，它所"挣得的"财富也不能归其所有，而归它的主人所有……当我们询问"实践主体的这些精神特质是否为 AI 所拥有"这一问题时，实际上就递归到强人工智能乃至超人工智能是否可能的问题。

一种可能的进路是，在走向强人工智能的过程中，当 AI 部分而不是全部地具备了某些强人工智能的能力时，可以认为 AI 具有了某种意义上的"主体性"而非完全意义上的主体性。这样，即使强人工智能永远也不可能实现，但 AI 作为实践主体的某些侧面仍然可以展现出来，如当情感算法走向成熟并研制出情感机器人后，它作为社交主体的侧面就可以呈现出来，并在满足人的情感和社交需求的过程中，成为真正被人接受的行为主体。

这种转换也可以是一种"观念转换"，即无论是人作为实践主体，还是 AI 作为人工实践主体，两者的差异不能抹平，如前者是基于碳基进化而来的实践主体，后者是基于硅基通过编程被技术建构起来的实践主体。此时，智能机器即使充当了实践主体，也是和人不一样的另一种类型的实践主体，就像人工智能即使算是智能，也是和人的智能不同的另一类智能，即所谓"硅基智能"，以及此在基础上生长出来的驱动 AI 行为的"硅基意志"，由此使得机器成为一种"自为的存在"，一种新型的实践主体。此时，一方面我们无须全部用拟人化的实践标准去判断 AI 是否具有实践主体属性，另一方面我们也不必因为不能独享"实践主体"的称号而感到失落。相反，我们的重点可以转到在承认差异的基础上寻求共性，甚至寻求能够囊括两类实践主体的上位概念来表述这种共性，如"能动体"（agent 以及相关的"自为者""能动体""主动体"）、"行动者"（actor）就可能是这样的上位概念；或与"人类实践主体"相对应称其为"类人实践主体"，在此基础上走向人机共属的实践主体观，就可能为解决这一问题提供新的视野和思路。此外，由于主体也是"承载者"的意思，如"物质是运动的主体"，从这个意义上，机器可以作为实践尤其是延展实践的承载者，智能机器更是可以作为人工实践的承载者，从而具有实践主体的功能，由此也导向了可以通过功能上的某种类同来理解 AI 作为实践主体的含义。当然，这样的新观念必须是建立在对机器与人从根基上仍有不同的清醒认识之上，尤其是不能导向以人工实践主体完全替代人类实践主体的机械唯物主义的老路上去，即通过"人是机器"的简单归结来变相地消除人的实践主体性，使所谓"主体之死"扩展为人作为实践主体的终结，使人从此退出实践舞台。

"混合实践主体"则为人机融合的实践活动提供了又一种解释方案。如果说人作为实践主体是身心统一体的话，那么在嵌入脑机接口的实践系统中，人就是"心"，而机就是"体"，此时的"身心统一体"就以"人机混合体"的形式出现，而作为身心统一体的实践主体就以人机混合体的方式表现出来。如果脑机接口以及更多的技术（如增强的肌肉和骨骼系统的技术）以植入人体的方式来实现人机融合，则还会"进化"出"赛博格"这种形式的人机混合体，而此时的实践主体作为拥有"混合智能"的"混合实践主体"，能够完成原本由单独的人或单独的机器都不能很好完成的任务，具有提高实践能力的强大功效，从而进一步刷新了我们对"实践主体"的认知。

【本章小结】传统的知行关系问题在脑机接口技术的作用下有了新的含义和形式，这就是技术性的"知行合一"；并且作为"行"的实践也具有新的形态，这就是"延展实践"。延展实践使得认识论中的实践观在当代信息技术范式中获得了新的内容和发展。当代信息技术还在"延展"和"人工"的向度上赋予了知行论新的内涵，这就是由延展实践和延展认知、人工体能和人工智能所体现出来的知行联结，由此还带来了"人工实践主体"问题，从哲学认识论上解析知行问题的这些新侧面，既有助于扩展当代认识论研究的视界，也提供了对于信息技术前沿领域的哲学理解与认识论引导。

第八章
知识观：从大数据到人工智能的新拓展

前述各章，均为当代信息革命对认识论经典问题的新挑战，本章转而从知识哲学的维度上进一步探讨由其拓展的新问题。现代信息技术的发展，带来了许多认识论经典问题所不能覆盖的知识哲学方面的新问题，如知识的新含义（新知识观），知识的发现、生产、评价以及传播的新方式。在智能革命的背景下，基于算法的搜索引擎已经由单纯提供信息的工具，变成了具有预测能力和提供知识主张的"认知机器"；而智能机器人具有的学习能力与自主决策能力，更是把技术革命的作用从过去只是改变人类的物质生产形态，拓展到现在有能力改变人类的知识生产形态，其中存在大量具有哲学认识论意义的新变化和新问题，这些知识哲学问题超出了认识论经典问题的范围，在今天正走向前台并引人关注，并对认识论研究的兴盛起着越来越大的作用。

第一节　知识观的变迁及其当代形态

为了探讨基于当代信息技术的知识论问题，首先需要考察一下认识论与知识论之间的关系。由于知识论一度将知识等同于科学知识，所以还需要重点对科学认识论与知识论的关系加以分析。本节基于哲学史上关于认识论与知识论关系的简要梳理，尤其是通过揭示基于经典自然科学形成的现代知识观的内涵及其影响，以及当代科学发展对现代知识观提出的四大挑战，来阐述域境论的知识观和知识学兴起的历史脉络及其发展趋势，从而为后面的讨论提供学理背景。

一 认识论与知识论

历史地看，认识论与知识论是两个既相互联系又有所区别的概念。在现有的文献中，对于两者之间的关系有两种看法，一种看法是把认识论等同于知识论来研究，即界定"认识论是关于知识的理论"（epistemology is the theory of knowledge），表现为重要的认识论学说或学派主要谈论的都是知识问题，主要探讨"什么是知识"以及"我们如何获得知识"[1]，此时认识论和知识哲学具有同义语的关系。另一种看法是把认识论作为知识论研究的核心内容来探讨，认为知识论不仅探讨知识的来源、知识的真理性等问题，而且还要探讨知识的分类、传播、评价、接受等问题，使得知识论也有超出认识论的内容，即知识不仅是一种认识论现象（认识论只是支撑知识论真理性的一个前提条件），而且也是社会现象、经济现象乃至政治现象、价值现象等。因此知识哲学既是对认识论的继承，也是对它的扩展。从特定角度探讨知识哲学问题，具有前述问题所没有包含的独特视域和价值。由于当代信息技术的发展强化了后一种看法，使得基于信息革命的知识论新问题必然会拓展我们的认识论研究视野。

在传统西方哲学史上，哲学家在讨论认识论与知识论问题时，通常不会在两个概念之间作出明确的区分。斯坦福大学在线哲学百科分别从狭义和广义两个层面来定义"认识论"的词条。该词条认为，狭义的"认识论"研究

---

[1] 当然用笛卡尔的更加认识论化的表述为：认识论是"研究知识的性质和范围及其前提和基础，以及对知识所要求的一般可靠性"。参见〔英〕D. W·海姆伦《西方认识论简史》，中国人民大学出版社，1987，第1页。

两方面的内容：知识和得到辩护的信念。研究"知识"的认识论关心成为知识的充分必要条件、知识的来源、知识的结构及其限度等问题；研究"得到辩护的信念"的认识论旨在回答如下问题：我们如何理解"辩护"这个概念？为得到确证的信念进行辩护的条件是什么？辩护是内在于心灵的还是外在于心灵的？广义的"认识论"关注与具体研究领域中知识的产生和传播相关的议题。综合起来，该词条把认识论的内容归结为五个方面：什么是知识？什么是辩护？知识与辩护的来源是什么？知识与辩护的限度在哪里？其他认识论议题，比如美德认识论、自然主义认识论、宗教认识论、社会认识论、道德认识论和女性主义认识论等。[1]

维基百科中关于"认识论"的英语词条，干脆直接把认识论（epistemology）等同于知识论（theory of knowledge），认为认识论是研究知识的本性和范围的哲学分支。在哲学界，通常公认的关于知识的经典定义来自柏拉图。柏拉图把知识定义为是"得到辩护的真信念"。在这个定义中，"知识"满足三个要素：得到辩护、真的、信念（简称为 JTB）。1963 年，美国哲学家葛梯尔（Edmund Gettier）通过反例证明，知识的这三个条件是不充分的。尔后，哲学家们在回应葛梯尔问题时，进一步发展出关于知识论证的许多讨论，文献可谓浩如烟海。问题在于，这些承袭葛梯尔思路的论证方式，基本上是立足于日常生活中的常见事例，依据形而上的假想前提假设来展开论证。这种论证方式虽然有助于我们辨明知识成真的条件以及知识与信念等概念之间的区别，但是，来自日常生活的许多论据，以及基于这些论据所得出的论证，有时并不能被称为知识，而是信息。因此，这些知识的论证方式，既不完全适用于科学知识的情况，也不代表科学认识论研究的唯一范式。

科学哲学家赖欣巴哈（Hans Reichenback）在阐述他的概率经验论时，曾

---

[1] Stanford Encyclopedia of Philosophy, "Epistemology", 2018-10-26, https://plato.stanford.edu/entries/epistemology/.

基于对传统认识论的批判，指出认识论的三项任务。他认为，任何一种知识论都必须从作为一种给定的社会事实的知识出发，考察知识的特性也就意味着研究社会现象的特征。因此，认识论的首要任务是描述真实存在的知识，即描述知识的内容或内部结构，他称之为描述的任务（descriptive task）。在他看来，从逻辑上建构一个完备的并且严格符合思想心理过程的知识论的努力是徒劳的，走出这种困境的唯一出路是把认识论的任务与心理学的任务区分开来，把发现的语境留给心理学来讨论，认识论只关注辩护的语境，因此，描述的任务是对知识的理性重建。认识论的第二项任务是评判的任务（critical task），即判断知识系统的有效性和可靠性。这项任务有一部分是在理性重建中完成的，因为理性建构出来的东西是从可辩护的观点中选择出来的，但由于理性重建包含有不可辩护的因素或约定的成分。因此，只有揭示出这些隐藏的约定特征，才能不断地推动认识论的进步，这是认识论的评判任务的职责所在。认识论的第三项任务是忠告的任务（advisory task），即提出关于科学决策的建议，或者说向科学家指出所建议的决策的优势，不是强迫科学家来接受，不是决定真理的特征。[1]

问题在于，当赖欣巴哈把原本统一的科学认知过程划分为以非理性的心理因素为主的发现语境和以理性的逻辑推理为主的辩护语境时，不仅把认识论问题的研究完全锁定在理论文本的语言重构当中，从而彻底地远离了具体的科学实践，而且把科学认知活动中存在的意会知识驱逐出认识论研究的领域。事实上，不论是在科学认知实践中，还是在具体的技术活动中，科学家或技术专家很难把他们的认知明确地区分出哪些是理性的，哪些是非理性的。大多数情况是，他们在面对实际问题时，理性因素与非理性因素是共同起作用的，两者既互相交织，又互为前提。伽利略如何提出自由落体概念？爱因

1　H. Reichenbach, *Experience and Prediction: An Analysis of the Foundations and the Structure of Knowledge*, Chicago: The University of Chicago Press, 1938, Chapter 1.

斯坦如何创建广义相对论？海森堡等人如何创建矩阵力学？普朗克如何提出量子假设？德布罗意如何提出了物质波假说？达尔文如何建立进化论？等等。这些科学认知的结果都不是经过严格的计算思维之后产生的，因而很难称得上是纯粹理性的结果。在这些科学成就中，大多数成就的取得都包含了这些科学家特有且难以明言其原因的一种直觉判断在内。

例如，物理学家温伯格（Steven Weinberg）在回忆卢瑟福提出原子核的概念时曾引用了卢瑟福的演讲："有一天，盖革找到我说，'我正在教年轻的马斯登用放射性方法做实验，可以让他做一些小的研究吗？'当时我有同感，就回答说：'为什么不让他看看是否有一些α粒子被散射到大角度上去了？'我可以确切地告诉你们，当时我并不相信会发生这种事情，因为我们知道，α粒子速度很大，质量也大，所以有很大的能量。如果散射是由许多小的散射的累积效应形成的，那么一个α粒子向后散射的机会非常小。我记得，两三天之后，盖革非常激动地找到我说：'我们已经能够让一些α粒子向后散射了……'这确实是我一生中遇到的最不可思议的事情。令人不可思议的程度，差不多就像你对着一张薄纸发射一枚15英寸的炮弹，但这炮弹却被纸弹回来打着了你。"[1] 1964年由于微波激射器和激光器的发明而获诺贝尔物理学奖的汤斯（Charles Townes）在自传中深有体会地说："在科学上，通常没有什么发现或积累知识的冷静客观的必由之路，也没有什么控制或决定事件真的达到目标的必胜逻辑。有一些发现明显是不可避免的，例如激光，但期望发现的时间表或有效顺序，就没有什么绝对的必然性了。"[2]

诺贝尔物理学奖获得者杨振宁先生也曾指出，在科学家的心目中，"其实

---

[1] 转引自〔美〕斯蒂芬·温伯格《亚原子粒子的发现》，杨建邺、肖明译，湖南科学技术出版社，2007，第149页。

[2] 〔美〕查尔斯·汤斯：《激光如何偶然发现：一名科学家的探险历程》，关洪译，上海科技教育出版社，2002，第82页。

最重要的科学发现并不是用逻辑推理出来的"[1]。这说明，科学创造并没有现成的、永远不变的模式可以套用，更没有预先就规划或设置好的逻辑通道。这也表明，既不存在通用的技术创新方法，也不存在通用的科学创造逻辑。突破性的科学创造与技术发明通常是以解决问题为宗旨，敢于打破传统模式和善于激发直觉判断的结果。正如诺贝尔奖获得者丁肇中先生于2011年在华东师范大学的一次演讲中所指出的：科学是多数服从少数，只有少数人把多数人的观念推翻之后，科学才能向前发展。因此，专家评审并不总是有用的，因为专家评审依靠的是现有知识，而科学进步是推翻现有知识。但是，如何推翻现有知识，如何提供新的知识，却没有现成的路可走。

与这种以解决认识论问题的方式来传承哲学传统的英美分析传统相平行，以存在主义、解释学、解构主义、后现代主义以及批判理论等为核心的欧洲大陆哲学，则分化出另一条哲学进路。这条进路不仅在总体上对科学持有怀疑与批判的态度，而且更热衷于借助具体的科学史案例来阐述利益、政治、经济、文化等非认知因素或非证据因素在科学知识生产过程中所起的决定性作用，由此而否认科学认知的客观性，从而从宏观上把关于科学认知问题的研究延伸到对科学知识本身的研究。他们不仅质疑科学知识的客观性，还试图消除科学家与外行之间的界线。这条进路对科学知识生产过程中非认知因素的夸大，以及对科学家认知地位的降低，虽然犯了连同孩子与洗澡水一起倒掉的错误，但却把被赖欣巴哈窄化的科学认识论研究拓展到较为宽泛的科学知识论研究的视域。

这种使科学认识论研究回归到科学家的实践活动中的做法，使认识论研究由静态走向动态，既有助于真正理解被赖欣巴哈划归于心理学的直觉、灵感、应然判断等概念的哲学内涵，也实质性地表明，在科学认识论的发展史

---

[1] 宁平治、唐贤民、张庆华主编：《杨振宁演讲集》，南开大学出版社，1989，第136页。

上，认识论和知识论是两个既相互联系又彼此有别的领域。套用拉卡托斯（Imre Lakatos）在谈到科学史与科学哲学关系时的一句名言来说，离开科学认知实践的认识论研究是空洞的，离开认识论思考的科学实践活动是盲目的。当代科学认识论的实践转向，呼唤着另一门新的学科——知识学——的兴起。当代信息技术发展所产生的知识论问题，进一步为知识学的全面兴起提供了外在动力。为了更明确地研讨本部分所关注的相关论题，下面重点探讨近代知识观的内涵、影响、面临的挑战以及知识学兴起的内在条件。

二 近代知识观的基本内涵及其主要影响

近代知识观是随着近代自然科学的成功应用而确立起来的。这种知识观最核心的两个支柱是认识论和方法论。认识论支柱强调一切科学知识都是建立在实验证据的基础上，是客观必然的；实验证据的可靠性，确保了科学知识的客观必然性；方法论支柱强调科学方法的有效性，保证了实验证据的可靠性。被公认为"近代科学之父"的伽利略率先确立了科学研究的实验方法和数学方法，哲学家培根对实验方法的强调和笛卡尔对数学方法的重视，分别突出了科学知识来源的经验维度和理性维度。

被马克思誉为"英国唯物主义创始人"的培根认为，我们只有通过归纳感知经验，才能获得关于客观外界的知识，科学的目标就是用新发明和新方法来改善人类生活，为此，他提出了"知识就是力量"的宣言来强调客观知识的威力。而被黑格尔称为"现代哲学之父"的笛卡尔，正如他的墓志铭"笛卡尔，欧洲文艺复兴以来，第一个为人类争取并保证理性权利的人"所表达的那样，则高举理性主义认识论的大旗，要求人们只接受清楚明白的观念。培根提倡的实验归纳法和笛卡尔从自明的直观公理出发通过数学推理得出结论的演绎法结合起来，经过物理学家惠威尔和牛顿的综合运用，成为近代科学研究的重要方法。

以牛顿力学范式为核心的近代自然科学具有三个典型特征：其一，决定论的因果性：我们只要知道系统的初始条件，就能根据科学定律求解出系统之后的状态变化。也就是说，科学定律既是决定论的，又是因果性的。其二，客观性：根据理论定律得出的计算值与实际的测量值之间在误差允许的范围内具有一一对应的关系。其三，超时空性：近代自然科学确立的规律被认为是普适的，与时间和地点无关。这三个特征共同决定了任何实验事实的确立都与社会、文化和科学家的价值无关，或者说，是价值中立的或价值无涉的，是对自然界内在本性的真实揭示，是科学家形成理论与证实理论的有力基础。哲学家普特南把这种知识观称为"上帝之眼"或"形而上学的实在论"。

爱因斯坦建立的狭义相对论虽然否定了经典的绝对时空观，确立了相对时空观，揭示了物体运动与惯性坐标系之间和质量与能量之间的相互关系，得出了同时性的相对性、运动时钟会变慢、运动的杠杆会缩短等科学结论，并成功地预言了已经得到实验证实的"红移"现象、宇宙微波背景辐射现象以及引力波的存在，但是，就知识观而言，狭义相对论的理论体系除了把决定论的因果性假设限制在类时区域（即光锥）内之外，并没有对近代知识观提出实质性的异议，反而强化了现代知识观的其他两个特征。

爱因斯坦在《关于实在的本性问题同泰戈尔的谈话》中指出："相信真理是离开人类而存在的，我们这种自然观是不能得到解释或证明的。但是，这是谁也不能缺少的一种信仰——甚至原始人也不可能没有。我们认为真理具有一种超乎人类的客观性，这种离开我们的存在、我们的经验以及我们的精神而独立的实在，是我们必不可少的——尽管我们还讲不出它究竟意味着什么。"[1] 诺贝尔奖获得者温伯格也持有同样的观点。他认为，驱使我们从事

---

[1] 许良英、李宝恒、赵中立编：《爱因斯坦文集》第1卷，商务印书馆，1976，第271页。

科学工作的动力在于，我们感觉到存在着有待发现的真理，真理一旦被发现，将会永久地成为人类知识的组成部分，在这方面，我们只能把物理学的规律理解为是对实在的一种描述。如果我们的理论核心部分在范围和精确性方面不断增加，但是，却没有不断地接近真理，这种观点是没有意义的。[1] 温伯格在1992年出版的《终极理论的梦想》一书中更加明确地强调了这种观点。他在这本书的序言中指出："尽管我们不知道终极规律可能是什么，或者我们还需要有多少才华才能发现它们，但是，我们认为，我们正在开始隐约地捕获到终极理论的大概要点。"[2]

自然科学的强势发展使得社会学和实证主义的创始人孔德认为，科学知识是通过观察法和实证方法得到的，提倡用自然科学的方法研究社会科学。逻辑经验主义的主要代表人卡尔纳普甚至提出了把物理语言作为普遍语言，把社会科学还原为物理学的观点。语言哲学家艾耶尔（Alfred Ayer）在1936年出版的《语言、真理与逻辑》一书中提出了"证实原则"，认为"没有一个经验领域原则上不可能归于某种形式的科学规律之下，也没有一个关于世界的思辨知识的类型原则上超出科学所能给予的力量的范围"[3]。也就是说，所有的知识只能是科学知识。

这些表述从整体上把知识等同于科学知识，认为以近代自然科学为范式的科学知识具有必然性、客观性、中立性和普遍性，是不可错的，是绝对的，是人们战胜自然和征服自然的强大力量。这些构成了现代知识观的内在本质，也与培根提出的"知识就是力量"的号召遥相呼应。

近代知识观不仅影响了像爱因斯坦和温伯格那样的一代科学家，而且超

---

[1] S. Weinberg, "Physics and History", In J. Labinger, H. Collins (eds.), *The One Culture: A Conversation About Science*, Chicago: University of Chicago Press, 2001, pp.116-117.

[2] S. Weinberg, *Dreams of a Final Theory*, New York: Pantheon Books, 1992.

[3] 〔英〕阿尔弗雷德·艾耶尔：《语言、真理与逻辑》，尹大贻译，上海译文出版社，1981，第49—50页。

出自然科学本身的范围影响了逻辑原子主义、语言哲学、科学哲学、科学社会学等学科的发展。

"逻辑原子主义"的创始人罗素试图通过对语言结构的分析来认识经验世界结构的做法,隐含了现代知识观的前提。他认为,万物皆可分析,最后不能再被分析的就是逻辑原子,因此,逻辑原子是构成万物和思想的基础。经验世界中的"逻辑原子"是"原子事实",语言世界中的"逻辑原子"是"原子命题",或者说,原子命题是语言系统中有意义的最小单位,原子事实是分析物质世界结构的最小单位。科学的语言是表达经验世界的,语言世界与经验世界之间存在着一一对应的关系,并且"原子命题"由"原子事实"来证实。通过逻辑分析,复杂命题可以被还原为原子命题,复杂事实也可以被还原为原子事实。如果我们认识了所有的原子事实,并且也认识到除此之外没有别的事实,我们就能从理论上推出任何形式的知识。

更严格和更一致的逻辑原子主义观点是由罗素的学生维特根斯坦在1921年出版的《逻辑哲学导论》一书中阐述的。在这本书中,维特根斯坦阐明了下列论点:世界是由独立的原子事实组成的;语言由对应于原子事实的原子命题组成;语言中所表达的思想是对这些事实的"描绘";我们能够分析我们的思想和语句来表明它们为真的逻辑形式;我们不可能进行这样分析的那些思想和语句是不可能被有意义地讨论的;哲学只能由下列分析组成:"人们不可言说的东西,人们必须对它保持沉默。"维特根斯坦的这些思想实际上是试图将物理学家赫兹(Heinrich Hertz)的图像论与弗雷格和罗素的逻辑原子主义联系起来的产物。[1]

维特根斯坦的图像论观点进一步影响了第一个有影响力的科学哲学流派:

---

[1] U. Majer, "Heinrich Hertz's Picture-Conception of Theories: Its Elaboration by Hilbert, Weyl, and Ramsey", in D. Baird, R. Hughes, and A. Nordmann (eds.), *Classical Physicist, Modern Philosopher*, Dordrecht: Kluwer Academic Publishers, 1998, p. 233.

逻辑经验主义。逻辑经验主义的重要特征是拒斥"形而上学"和坚持"证实性原则"。他们认为,科学的任务是提出命题,哲学的任务是澄清科学命题的意义,或者说,是对科学语言进行逻辑分析。卡尔纳普把科学术语划分为理论术语和观察术语,把科学命题划分为理论命题与观察命题,主张通过经验事实确证观察命题,通过观察命题确证理论命题。因此,知道一个命题的意义就是知道证实它的方法,或者说,如果一个命题不可能有证实它的方法,那么,它就没有任何意义。这样,当逻辑经验主义者坚持把经验作为命题意义和知识的唯一来源时,同现代知识观一样,也赋予经验具有不可错的优先地位。逻辑经验主义进一步为尔后的科学哲学发展提供了批判的逻辑起点。

近代知识观的影响还在科学社会学家默顿(Robert King Merton)的思想中体现出来。默顿在阐述他的科学社会学体系时,只讨论科学建制和如何规范科学家的行为问题,并且默认科学知识本身是客观的。在默顿看来,科学建制的目标是增加知识,科学家的任务是提供知识。科学家在提供知识的过程中,他们的行为必须受到下列行为规范的约束,也被称为科学家的精神气质:一是普遍性原则,认为科学知识是普遍的,与科学家个人无关,应该采用逻辑与经验标准对其作出判断;二是公有性原则,认为科学成果是社会公有的,其分配与占有实现公有主义;三是无私利原则,认为科学活动的目标在于追求真理和拓展知识,科学家要树立"为科学而科学"的信念,超越任何个人私利,提供正确无误的科学知识;四是有条理的怀疑主义,认为科学家不能盲信任何没有经过经验和逻辑证实的知识。可以看出,这四条约束没有触及知识本身,只是讨论如何规范科学家的行为来保证科学知识的客观性与普遍性。

近代科学观的这些影响,助长了科学主义思潮。但是,斯诺(Charles Percy Snow)在1959年出版的《两种文化》一书中,描述了当时的科学主义者与人文主义者之间互不关心的状况,科学家群体与人文学者各自热衷于生活在具有不同规范的学术圈子里。科学文化与人文文化之间的冲突在 20 世纪 50 年代末并没有体现出来，近代知识观也没有受到人文社会科学家的责难与批判。

第二次世界大战之后，当世界各国把大力发展科学技术作为强国战略时，不仅体现了"知识就是力量"这一断言的当代价值，而且在近代自然科学的土壤中培育与成长起来的近代知识观的理念通过一系列方针政策渗透到整个社会、经济、文化和教育等相关领域，从而在社会财富的分配方面，普遍出现了重科技与轻人文的现象，并一直延续至今。

三　近代知识观的四大困境

19 世纪末以来的科学发展，首先使近代知识观不可避免地陷入了认识论困境。非欧几里得几何的产生证明了原来被认为是自明的欧几里得几何第五公设（即平行公设）并不成立，这就向笛卡尔坚持的自明原则提出了挑战。相对论与量子力学的产生表明，经典物理学定律并不是普适的，而是只适用于宏观、低速运动的物体，不适用于高速运动物体和微观世界。量子力学进一步摒弃了决定论的因果性，确立了统计因果性的观念。爱德华·罗伦兹（Edward Lorenz）提出的混沌理论揭示了即使在确定性的系统中也会产生"随机"过程，或者说，决定论的系统也会出现随机结果，从而否定了原先认为一旦给定系统的初始条件就能确定其以后状态的决定论观点。哈肯（Hermann Haken）创立的协同学理论描述了各种系统和运动现象从无序到有序转变的共同规律，为解释激光、贝纳德对流、贝洛索夫-恰鲍廷斯基反应（也称 BZ 反应）等现象提供了理论依据。迪昂（Pirre-Maurice-Marie Duhem）——奎因阐述的证据对理论的不充分决定性论题，格式塔心理学原理揭示的经验与行为的整体性，汉森（Joseph Hansen）提出的"观察渗透理论"的观点，否定了经验总是不可错的和理论与经验二分的观点。

这样，相对于近代知识观而言，非欧几何强调了前提假设对理论体系的决定作用；相对论消除了关于绝对空间和时间的幻想；量子力学消除了关于可控测量过程的牛顿式的梦想；混沌理论则消除了关于拉普拉斯决定论式的可预测性的期待；协同学揭示了开放系统与环境之间的相互作用；格式塔心理学反映了人的先前经验对人的认识的决定作用。这些新的认识论教益说明，科学知识并不像原先认为的那样，是绝对必然的；理论定律的应用范围也不像原先认为的那样，是普遍适用的；任何一个科学理论的形成都隐含着一定的前提假设；科学理论不是无条件的绝对真理，而是有条件的相对真理；科学定律只在一定范围内有效，不是普适的，即使是最清晰和最明确的概念，比如，时间、空间、质量、能量、因果关系等，都无法逃脱被修改的命运，甚至最纯粹的感知，比如对图形和运动的感知，也会失真。当代信息技术的发展，更是进一步强化了这些现象。而这些认识都是近代知识观无法容纳的。

其次，对科学方法的追问使近代知识观陷入方法论困境。从培根时代起，科学方法就成为科学知识之所以可靠的基本保证。培根把科学方法看成是获得真理和结束科学争论的工具。笛卡尔认为，科学方法包含了人类推理的基本原理和易于运用的可靠规则，因此，如果人们严格地遵循这些规则，就不会以假乱真。莱布尼兹十分推崇的计算方法，也支持了笛卡尔的观点。卡尔纳普坚持根据证实方法排除形而上学。波普尔主张运用证伪方法区分形而上学与科学，认为证伪方法能使理论更逼近真理。拉卡托斯试图通过科学研究纲领方法论评价可供选择的两个纲领在认识论意义上的优劣。更值得强调的是，基于当代信息技术的计算主义更是把科学方法的作用推向了极端。这些观点都隐含了对方法论的推崇。

然而，当我们进一步追问究竟什么是方法时，却发现，对科学方法的精确理解，面临着摧毁科学的危险。意大利科学哲学家佩拉（Marcello Pera）在

《科学之话语》一书中揭示了科学方法的这种悖论。他认为，关于科学方法是什么，至少有三种理解：首先，科学方法是一套程序，一个表明一系列有序步骤（或者阶段、措施、操作）的总体性战略，科学家为了达到科学目标，必须执行（或贯彻）这些步骤。比如，演绎法、归纳法、假设—归纳法等。其次，科学方法是控制这种程序的每一个步骤的一组规则、标准或规定。比如培根、笛卡尔、波普尔和拉卡托斯所倡导的方法。最后，科学方法是一组为程序所需步骤提供的技巧。人们在谈论观察、分类、计算、做实验等方法（或技巧）时，就体现了这样的意义。佩拉在剖析了作为一套程序、一系列规则和一组技巧的科学方法的理解之后，得到以下三个悖论。

科学程序悖论：对于一个适当的科学程序，找到满足该程序的被认为是伪科学的探索，是可能的。

科学技巧的悖论：一门科学的学科会合理地采纳伪科学的学科所运用的技巧。

科学规则的悖论：对于任何一个方法论规则，总是存在着在探索过程中违背这个方法论规则的科学探索。[1]

这些悖论说明，科学方法不是万能的，而是具有内在局限性。事实上，自然科学史的发展表明，最伟大的科学发现，反而是科学家违背通用方法的结果，比如非欧几何的产生、量子概念的提出等。为此，库恩（Thomas Kuhn）基于科学史的发展提出知识是相对于范式而言的，在科学史上，前后相继的范式是不可通约的，是理论拯救了经验，而不是经验证实了理论。费耶阿本德（Paul Feyerabend）甚至在1970年发表的《反对方法：无政府主义的知识论纲要》一文中提出了"无政府主义的方法论"，主张"怎么都行"。罗蒂（Richard Rorty）要求放弃"遵循方法能使我们透过现象明确地把握其

---

[1]〔意〕马尔切洛·佩拉：《科学之话语》，成素梅、李洪强译，上海科技教育出版社，2006，第19、22、27页。

内在本质"的观点。

对传统科学方法的这些批评与超越使我们意识到,科学方法不是保证科学必然成功的秘诀,也不是确保科学家一定会获得真理性知识的唯一途径,更不能成为科学与非科学的严格划界标准。在科学史上,许多重要的科学成就和科学突破并不完全是逻辑推理或理性地运用科学方法的结果,而是无形中已经嵌入了机遇、信念、直觉等因素。因此,科学方法不只限于近代知识观所理解的经验、逻辑与理性的方法,而是有一系列包括情感因素和直觉在内的可能方法,不同的方法在特定的时间适合于具有特定目标的特定学科,不能一概而论。

再次,科学主义与人文主义的争论暴露了近代知识观的价值论困境。科学知识社会学家在对实验室活动进行社会学分析之后,对科学知识的客观性基础提出了质疑,对科学家在研究活动中所扮演的权威角色产生了怀疑。特别是,当把科学探索作为一项社会活动重新概念化时,他们更注重研究科学知识产生过程中内含的社会人文因素所起的作用,注重揭示内在于科学活动当中的政治因素。他们把科学知识看成是社会建构的产物,或者是政治谈判的结果,认为科学的成功并不是由能够得出正确结果的科学方法所决定的,而是由各种社会、文化和政治因素共同决定的。被誉为"当代黑格尔"的哈贝马斯(Jürgen Habermas)认为,知识不是价值中立的,而是受认知兴趣引导的。他把知识区分为三类:受技术的认知兴趣引导的经验分析型知识;受实践的认知兴趣引导的历史解释型知识;受解放的认知兴趣引导的批判反思型知识。福科(Michel Foucault)所代表的一批后现代主义者进一步主张,真理是运用权力的结果,得出了"知识就是权力"的结论。这些观点显然不完全属于认识论,而应归属于知识论。

罗斯(Andrew Ross)概括道:"近代科学创立的许多确定性已经被废除,科学实验方法的实证论、科学公理的自明性以及证明科学断言本质上是独立于语境的真理，所有这些都受到了客观性的相对主义者的批评……这些批评的最终结果是，极大地侵蚀了宣布和鉴别真理的科学体制的权威性。"[1] 著名的索卡尔（Alan Sokal）事件不仅彻底地暴露了科学家与人文知识分子在价值论方面存在的本质差异，而且揭示了近代知识观与后现代知识观之间的根本对立。"科学大战"引发了对科学本性、科学方法、真理与理性等问题的重新思考与理解。我们从这场"科学大战"中得到的价值论教导是，科学知识的客观性不是绝对的，而是特定价值前提下的客观性。

最后，关于意会知识的探讨和当前兴起的专长哲学（philosophy of expertise）使近代知识观面临本体论困境。物理化学家波兰尼（Michael Polanyi）在《个人知识》和《意会的维度》两本专著中认为，以科学理论或定律形态存在的明言知识或明确知识，只是知识的一种存在形式，而不是其全部。还存在着另外一种知识：意会知识（Tacit knowledge，又译为"默会知识""隐性知识""内隐的知识"等）。这种知识是存在于共同体的文化或生活方式中的知识，是在师徒关系的个人接触中传播的，无法用文字、图表、语言来表述的知识，因此是一种过程性知识。科学认知是对所认知的事物的能动领会，是一项技能性活动。领会既不是任意的行为，也不是被动的体验，而是一项负责任的、具有普遍效力的行为。个人知识是领会过程中的个体性与客观性的融合，是一种求知寄托，具有内在的冒险性。基于这种认识，波兰尼强调指出，个人知识不等于是主观意见，而是在实践中作出判断的知识和根据具体情况作出决定的知识。这种知识更多地体现为一种能力。

近几年兴起的专长哲学研究，不仅强化了波兰尼的观点，而且打开了知识论研究的新领域：从围绕命题性知识的讨论，拓展到研究科学家的知识与技能的获得过程。这种关注视域的扩展有可能把政治哲学、法哲学、科学研

---

[1] A. Ross, *Strange Weather: Culture, Science, and Technology in the Age of Limits*, London: Verso Press, 1991, p. 11.

究（science studies）整合起来，从跨学科的视域讨论知识论问题。当关注意会知识和技能性知识的研究时，我们会看到，在现代知识观那里被当作是主观的和心理的东西，现在反而成为生产明言知识或命题性知识的必要前提；或者说，明言知识或命题性知识是运用意会知识和技能性知识的结果。因此，关于专长的哲学研究把关于知识问题的讨论带回到了知识产生的原初状态，从而印证了波兰尼的名言："我们所经历的事情多于我们能说出的事情。"

四 域境论的知识观及知识学的兴起

历史地看，现代知识观强调关注知识与世界的关系，忽略了知识形成的实践过程和科学家的主体作用，忽视了知识生产过程的复杂性和不确定因素；而社会建构论者和以"知识就是权力"为核心的后现代主义者的知识观强调关注知识与实践的关系，但是却忽略了世界的存在。如果说，现代知识观面临的四大困境揭示了绝对主义知识观的局限性的话，那么，从否定"知识就是力量"发展到"知识就是权力"的后现代知识观，则走向了过分夸大社会人文因素的另一个极端，因而同样是有失偏颇的。事实上，这两种非此即彼的知识观有着共同的认知前提：两者都认为，知识如果不是纯客观的、普遍的、必然的和中立的，那么，就必然是主观的、偶然的和渗透价值的。

这两种要么忽视主体实践，要么抛弃客观约束的知识观，代表了知识轴上的两个端点。事实上，对现代知识观的批判，并不等于必须抛弃"知识就是力量"的断言；同样，后现代知识观的产生，也不等于必须坚持"知识就是权力"的信念，而是需要在新的时代条件下，对"知识就是力量"的内涵作出新的理解。这样，如何在既能保持科学知识的客观性，又能吸收当代科学和哲学发展带来的认识论、方法论、价值论和本体论教益，超越现代知识观和后现代知识观的两极对立，达到更合理地理解"知识就是力量"这一断言的目标，就成为当代科学哲学家和科学研究者关注的重点。在这些研究中，一种明显的趋势是走向域境论的知识观。

域境论的知识观强调基于分析框架考虑知识，基于实践基础考虑世界，试图在域境中把对知识的认知说明和人文社会说明结合起来，把实验事实具有的客观维度与认知实践内含的人文社会维度结合起来，在全面揭示主体—知识—实践—世界之间的相互关系中重新揭示知识的客观性，突出认知域境或认知中介的作用。强调知识的域境性，不是要否定知识的客观性，而是使知识的客观性更具有弹性和可理解性。

最早明确提出域境论知识观的代表人物是美国乔治·华盛顿大学的理查德·斯查哥尔（Richard Schagel）。他在1986年出版的《域境实在论：当代科学的一种形而上学框架》一书中，基于对分析哲学的研究范式的批判、对神经生理学、量子力学、认知心理学等当代科学发展的考察，以及对理解知识的前提、起源和本性的语义追溯，试图表明量子力学的悖论后果、神经生理学的研究、身心问题的僵局、语言指称问题以及真理的意义与标准等知识的各个方面，在经验研究层次上都是相互关联的。科学知识是由建立在我们对实验揭示的物理现象、化学反应和生理过程的内在结构与特性的当代理解基础上的经验联系构成的，世界所显示出的特征是测量仪器与世界相互作用的函数，离开这些特殊条件，对世界的任何刻画，都是人为的。因此，所有的科学知识都依赖于当时的认知条件及其前见和前设。[1]

域境论知识观最有影响的代表人物是美国斯坦福大学的海伦·朗基诺（Helen Longino）。她在《作为社会的知识》一书中第一次阐述了自己的观点。她认为，在科学知识的形成过程中，社会因素是必然存在的，对科学理论有说服力的方法论解释都必须考虑社会与文化等域境因素对形成科学知识的影

---

[1] R. Schlagel, *Contextual Realism: a Meta-physical Framework for Modern Science*, New York: Paragon House, 1986.

响。因此，只有把科学探索过程理解为一个社会过程，才能合理地理解科学知识的客观性；科学知识是科学共同体在不断地修改其观察、理论、假设以及推理方式的互动过程中形成的。接着，她在《知识的命运》一书中，基于对强调事实的理性主义的知识观与强调社会因素的建构论者的知识观的批判，论证了一种域境经验主义的知识观，以求把对知识的认知说明和社会说明结合起来，把科学知识必须具备的认知维度和认知实践内含的社会维度结合起来，使社会元素成为理解"知识"意义的一个组成部分。[1]

但是，从语义上看，斯查哥尔所理解的域境和朗基诺理解的域境是有所区别的。前者是指由背景理论、研究对象、科学仪器、经验证据等构成的产生知识的整个环境，是与科学探索活动相关的内在因素的集合，代表了内在论者的域境论进路；后者是指科学探索过程中存在的除了经验证据之外的人文社会等因素的集合，代表了外在论者的域境论进路。这两种域境论的知识观虽然为超越现代知识观与后现代知识观的两极对立提供了新的视域，把知识观的确立置入知识轴上的两个端点之间，但就其前提而言，还是预设了从笛卡尔延续下来的主客二分的认识论前提。

与这两种域境论的知识观所不同，近年来，德雷福斯从生活世界出发，在研究学习者获得技能的过程时，隐含了另一种类型的域境论的知识观。这种知识观突出实践应对的作用。实践应对是指科学家全身心地嵌入他的研究活动中，以问题为导向的应对，是由问题唤醒的受实践意向支配的认知活动。实践应对强调的是过程认知，而过程认知不是对具体"对象"的某个方面的认知，而是对实践中相互联系的整个语境的动态认知；实践应对也不是一系列独立的认知，而是在问题展开时，对问题域的灵活回应。这样，德雷福斯所运用的域境概念有了本体论的性质，强调了认知域境本身的唤醒作用，并

---

[1] 参见〔美〕海伦·朗基诺《知识的命运》，成素梅、王不凡译，上海译文出版社，2016。

从根本上模糊了内在论与外在论之间的区分，使得域境现象具有现实性与可感知性，把认识论研究的视域从身心二分转向身心合一。

与这种思路一致，英国科学知识社会学家柯林斯（Harly Kalins）在基于人工智能和社会学的视域讨论专长问题时，提出了知识学（Knowledge Science）的概念。柯林斯本人把知识划为五种形态：（1）观念型知识（em-brained knowledge），指依赖于概念技巧和认知能力的知识；（2）体知型知识（embodied knowledge），指面向域境实践（contextual practices）或由域境实践组成的行动；（3）文化型知识（encultured knowledge），指通过社会化和文化同化达到共同理解的过程；（4）嵌入型知识（embedded knowledge），指把一个复杂系统中的规则、技术、程序等之间的相互关系联系起来的知识；（5）符号型知识（encoded knowledge），指通过语言符号（比如，图书、手稿、数据库等）传播的信息和去域境化的实践编码的信息。关于知识的这些分类研究，无疑超越了现代知识观把一切知识都看成是基于经验事实的科学知识的狭隘理解，也超越了后现代主义的知识观只强调科学认知过程中存在的文化与社会因素的作用，而全面否定知识的客观性的极端观点。柯林斯倡导的"知识学"是对知识的产生、发展、评价、类型等全方位的研究。

域境论的知识观所确立的是一种新现代的知识观。这种知识观既在批判与超越后现代知识观的相对主义与非理性主义的同时，捍卫了科学知识的合理性与客观性，也在批判与超越现代知识观的绝对主义与科学主义倾向的同时，揭示了科学知识的相对性与主体性。"知识学"的兴起第一次把知识论研究从传统的认识论研究中彻底地分离出来，也使得我们对"知识就是力量"这一断言的理解，由原来作为征服自然和改造自然的物质手段，转变为需要敬畏自然和关爱自然，成为提升精神境界的一个重要途径。

如果说，上面探讨的从科学认识论到知识学的延伸是科学研究范式内部演变发展的结果，那么，当代信息技术的发展，则提供了知识生产、传播、评价的新方式，拉开了知识论新研究的序幕。后面我们将要考察大数据、互联网和人工智能等当代信息技术带来的若干知识论的新问题。这种基于当代信息技术的知识论研究，是建立在当代社会的信息化、网络化、数字化和智能化发展基础上的研究。无论是以大数据为基础的知识发现的新范式，还是以人工智能和互联网为基础的知识生产和传播的新模式，都进一步强化或体现了域境论的知识观。

第二节 大数据：知识发现新模式与域境论知识观

互联网、物联网、智能机器人、智能手机等信息与通信技术的发展，极大地促进了公众领域的大数据热潮，甚至被视为我们进入了大数据时代。但是，我们对大数据的哲学反思尚未有成熟的研究。本节探讨的对象并非大数据的现象本身，而是从认识论的角度探讨基于大数据的知识发现或科学研究过程（为了简化，可简称为"大数据科学"）的新特征。以数据密集型以及数据驱动型为特征的大数据科学研究范式与信息时代的基本特征相吻合，尤其是与域境论的知识观相吻合，从而成为当代知识观的一种新展现。

一 大数据：知识发现的新途径

在公众领域中最早提出"大数据"的是《纽约时报》2012年2月11日刊发的一篇题为《大数据时代》的专栏文章。在这篇文章中，作者前瞻性地提出，未来的政治、商业以及科学领域的科学研究和知识发现及决策将由传统的科学方式转变为由数据驱动的方式，大数据将彻底改变社会的每一个领域。而在学术界，明确认定大数据是一种新的科学研究范式，则早在2007年就由图灵奖得主吉姆·格雷（Jim Gray）提出。他认为，随着科学研究中大量数据的产生，正在出现一种"数据密集型科学"，他将这种趋势称为科学研究的第四范式。与之对应，格雷将科学研究范式分为四个阶段：经验科学；理论科学；计算科学；数据密集型科学。

经验科学范式注重观察与经验的积累，由此得到的结论则是对自然现象进行经验的描述和总结。比如，开普勒根据丹麦天文学家第谷20多年倾心观察与收集的天文资料发现了关于行星运动的三大定律，达尔文根据他在加拉帕戈斯群岛上对当地植物和动物的考察积累了大量的观察材料，最终创立了进化论学说。这些遵循的是归纳主义的进路。理论科学范式是通过模型和假说检验的方式推动理论的形成，比如，爱因斯坦的广义相对论是在缺乏实验事实的前提下，完全通过模型化的理论思考而创立的，这是一条演绎主义的进路。计算科学范式主要是借助计算机对复杂现象进行仿真和模拟以实现科学发现，比如，模拟核试验、天气预报等。第四范式则是伴随着信息技术的发展，在科学研究中产生海量的数据的时候出现的，将理论、实验以及仿真计算统一起来，人们通过数据作为中介来观察现象，将海量数据传输到数据中心，通过计算"观察"现象从而发现知识。[1]

在格雷之前，保罗·萨伽德也曾将信息技术对科学研究的贡献分为三种路径：认知建模、工程人工智能以及计算理论。其中在工程人工智能路径中提到在知识发现中有一个快速发展的领域即"数据挖掘"和"机器学习"，可以将其运用在商业领域以及基因工程领域等，这种人工智能方法旨在提供一个自动化的无须人来进行干预的知识发现系统，在理想状态下科学发现程

---

[1] 参见CODATA中国全国委员会编著《大数据时代的科研活动》，科学出版社，2014，第4—5页；〔美〕托尼·赫伊等编著《第四范式：数据密集型科学发现》，潘教峰、张晓林译，科学出版社，2012，第Ⅹ—Ⅺ页。

序应该能够通过提供新颖的结果来促进科学的发展。[1] 与前一条进路不同，后两条进路都是信息技术对科学研究的渗透与参与。但是，大数据科学与早期的计算机辅助科学研究具有较大差异，是信息技术渗透到科学研究中的高级阶段。沃尔夫冈·皮茨奇对两者的差异进行了详尽的分析：首先，大数据需要海量的计算与存储能力，是现代信息技术发展到高级阶段的产物，完全不同于传统的在单机或计算机局域网模式上进行的知识发现。其次，大数据所考察的对象直接就是数据本身，而无须在考察数据之前预先设定某种理论预设。后者是理论驱动型，是通过计算机模拟从理论假设中演绎出结论，而前者是数据驱动型，是一种从海量数据进行的归纳过程。最后，传统计算机模拟只是科学发现的一种辅助手段，无法用计算机完全代替科学家的智慧。然而大数据的知识发现最为理想的状态应该是完全自动化的，未来的科学研究将实现从数据采集、传输、存储、分析到决策的高度自动化方式来完成。[2]

从以上分析我们可以看到，数据驱动型的知识发现将突破人类智能的极限，特别是在人类无法快速准确处理的领域实现自动化的知识发现。大数据时代通过机器自动学习将部分取代专家的作用，许多科学发现将不再依赖于专家的直觉判断，而是更加依赖于数据；大数据科学流程将实现高度的自动化，从数据的采集、存储、建模到分析，将会是高度自动化与实时化的，因此大数据科学有助于人们快速做出决策。以大数据为特征的数据密集型科学是真正的信息时代的科学，是真正意义上完全依靠信息机器的科学，信息设备不再是人类的辅助工具，而成为知识发现的主要力量。

1　P. Thagard, "Computing in the Philosophy of Science", In L. Floridi（ed.）, *The Blackwell Guide to the Philosophy of Computing and Information*, Oxford: Blackwell Publishing Ltd., 2004, pp. 307–315.
2　W. Pietsch, "Big Data—The New Science of Complexity", In *6th Munich-Sydney-Tilburg Conference on Models and Decisions*, Munich: 10–12, April 2013, pp. 4–5. http://philsci-archive.pitt.edu/9944/1/pietsch-bigdata_complexity.pdf.

二　大数据科学的科学建模与科学说明

在当前关于大数据的讨论中，有一个观点得到了广泛的认同：只要数据的广度和精度足够充足，大数据就足以表征复杂对象，而无须人类去设计更为复杂的模型。皮茨奇将大数据科学的这种特征叫作"水平式建模"，并且，他认为，这种水平式建模与传统科学模型在科学说明能力上具有本质的差别。

水平式建模具有如下特征：[1]

（1）水平式建模中的预测是直接从数据中得出的，而无须求助于用来简化数据的模型。所生成的规则会变得非常复杂，包含了大量的参数以及高度的语境特异性，但是却通常只有少量的示例。

（2）由于数据已经表征了关于现象的所有相关的配置，所以就不需要引入抽象的描述层次，这种抽象的目的在于对数据进行有效的简化但同时保留绝大多数的信息内容。大数据模型因此缺乏一种分层的嵌套式结构，而这通常是传统科学的特征。

（3）因此，水平式建模的科学说明能力远小于分层结构模型。水平式模型基本不提供理解。

（4）在水平式模型中理想化与简化的过程并不扮演重要的角色，和分层模型相比较，在水平式进路中关键性的建模假设来自对数据如何收集和分析的选择。

其中前一条谈到的是大数据科学的建模特征，而后两条则谈到了大数据科学所具有的说明能力。所谓水平式建模，顾名思义是与垂直式建模相对应

---

[1] W. Pietsch, "Big Data—The New Science of Complexity", In *6th Munich-Sydney-Tilburg Conference on Models and Decisions*, Munich; 10 - 12, April 2013, pp. 12 - 13. http://philsci-archive.pitt.edu/9944/1/pietsch-bigdata_complexity.pdf.

的，我们可以将后者称为一种层级式结构，经典的物理学对世界的说明方式就是典型的层级式。而水平式建模的基本特征就在于，这种模型所做出的预测直接来源于全体数据本身，而传统科学研究由于计算能力和存储能力的不足，往往需要对所收集的数据进行简化，否则就无法处理海量数据。比如在社会科学中，设计出各种试图能全面反映全体特征的抽样统计的方法正是统计学家的主要工作。但是对于大数据科学来说，更多的数据往往比更精巧的算法有效，比如机器翻译领域，基于大数据驱动的进路完全不关心两种语言的具体的语法结构和规则，而是通过海量语料库的数据分析来处理，通过这些海量语料库中词汇出现的频率以及词的序列的频率自动计算出最为可能的翻译结果。谷歌公司人工智能专家彼得·诺维格（Peter Norvig）曾说："大数据基础上的简单算法比小数据基础上的复杂算法更加有效……从某种意义上，谷歌的语料库是布朗语料库的一个退步。但是，谷歌语料库是布朗语料库的好几百万倍大，这样的优势完全压倒了缺点。"[1] 谷歌公司将语言完全看作数据科学研究的对象，而不是语言本身，这样的思维方式所得到的效果将远远超过将语言看作语言学研究的对象所得到的效果。

水平式建模的第二个值得注意的观点正是在第一条中所提到的高度域境特异性。所谓域境特异性，是指大数据科学所做出的预测是高度随附于其所处的域境的，根据其边界条件与背景知识的变化，算法的结论将随时发生变化，因此通过这种方式所发现的规律往往只能适用于少量的实例之中，而无法扩展到更多的情景之中。也就是说，大数据无法提供一种传统科学所能给予的普遍化规则。商业领域中的一个典型例子来自亚马逊公司。亚马逊的在线图书推荐系统就是其大数据应用的典型，亚马逊非常注重对于用户数据的采集，通过对这些数据进行深度挖掘，亚马逊可以判断出用户的行为习惯、

1　P. Norvig, "The Unreasonable Effectiveness of Data", *Intelligent Systems*, IEEE, 2009, 24（2）, pp. 8-12.

兴趣爱好、购物偏向以及潜在需求，有针对性地进行在线商品推荐、广告投放。但是，所有这些基于大数据的预测与干预行为都无法用一种普遍的规则进行描述，而仅仅是数据中心根据海量数据的实时分析所做出的快速反应，所做出的预测必定只能是个性化与域境特异性的，这种方法也被称为"微定位"（microtargeting）。因此，皮茨奇提出："大数据科学确实特别适合于基于某个特定目标而对现象做出分类。在社会科学中许多大数据的应用都完全类似于微定位的结构。个体通过被描述为大量参数而实现某个特定的目的，例如，找到一个恰当的搜索结果、使得某人点击某个链接或者购买某种商品。"[1]

　　后两条特征指出了大数据科学在科学说明方面的独特之处。传统科学哲学对科学说明的三种主流观点认为：科学说明具有认识论进路（覆盖律模型为典型）、模型论进路（提供模型与隐喻）以及本体论进路（提供因果性）。[2]皮茨奇认为大数据科学的说明方式不可能是覆盖律的：首先，如果说覆盖律模型认为说明具有论证的结构，通过具有说明性的普遍规律来提供现象的统一的话，那么因果性说明则提供了一个关于现象的因果的故事，在这个故事中原因具有说明性，说明是由一系列的原因来构造的。其次，科学说明的能力与方式是与科学模型紧密联系在一起的，能够提供覆盖律说明的科学模型必然是一种层级式模型，可以通过说明的不同层次将诸现象统一在普遍规律之下，而我们上面已经谈到，大数据科学是一种水平式模型，缺少了逐渐趋向普遍定律的层次结构。因此皮茨奇提出只能在因果性意义上理解其说明能力，但是我们认为由于大数据主要依靠相关关系来发现新的知识，因果性说明也很难成立，因此或许可以探索在模型、隐喻、类比的意义上来理解其说

---

[1] W. Pietsch, "Big Data—The New Science of Complexity", In *6th Munich-Sydney-Tilburg Conference on Models and Decisions*, Munich; 10-12, April 2013, p. 10. http://philsci-archive.pitt.edu/9944/1/pietsch-bigdata_complexity.pdf.

[2] 张华夏：《科学解释标准模型的建立、困难与出路》，《科学技术与辩证法》2002年第1期。

明能力。不过有一点可以肯定，如果传统意义上，科学说明的最终目的就是缩减世界给予我们的独立现象来增进我们对世界的全局理解，进而提供关于世界的简单与统一的图像的话，那么大数据科学显然不具备这样的能力。

因此，我们可以看到大数据科学与传统科学在科学说明方面的巨大差异。大数据科学面对的是从世界中收集到的极为复杂多样的数据集合，因此我们无法用普遍性的定律形式对这些数据进行统一的解释，而仅仅只能是高度语境化的，比如谷歌公司通过对互联网搜索引擎中搜索词汇的分析与流感爆发之间所建立的相关性规律就具有这个特征，这和流行病学基于大量传统统计学方法之上所建立的概率性规律极为不同。传统科学总是试图通过以一种实在论或还原论的说明方式为我们提供关于世界的理解，但是大数据科学则是一种更倾向于工具主义与多元主义的方法，所提供的这些规律缺乏可以将现象整合起来的并提供关于世界深层次理解的能力，但同时却能提供关于现象的预测与干预，从大数据中所发现的知识就必定包含了诸多背景条件以及高度域境特异性，从而与语境论的知识观相契合。

三 大数据科学的因果结构与理论负载性

美国《连线》杂志主编克里斯·安德森（Chris Anderson）早在2008年就曾断言：数据的洪流或将带来理论的终结。面对大规模数据，科学家"假设、模型、检验"的方法变得过时了。在某种程度上，大数据绕开烦琐的科学理论与论证，绕开寻找因果理解的过程，单纯从发现相关关系寻找价值，这当然有助于提升商业过程中的决策效率。然而从科学认识论的视角来看，我们知道观察总是负载着理论的，并且成熟的科学必定能够揭示现象之间的因果结构。因此大数据科学中理论和因果性的地位如何，这对于科学哲学的科学认识论来说是一个全新的研究课题。

第八章　知识观：从大数据到人工智能的新拓展　475

在自然科学研究领域，萨宾娜·莱奥内利在她的关于大数据生物学一书中提出："为了发现的目的使用数据可以有大量的方式，并且包括了对技巧和方法论要素的复杂总体。从数据得出的推论性的推理过程和关于生物学现象的本质的特定的理论承诺紧密联系，也与数据得以产生、测试以及建模的实验操作紧密相关。"[1] 皮茨奇从哲学的观点出发提出，简单粗暴地认为大数据可以免于理论显然是非常荒谬的。他认为，大数据科学中的理论作用方式已经发生了转变，"考察数据驱动型科学的特定方法时，会发现理论的作用已经发生了有趣的转移……我将指出在找出因果关联以及因此所产生的可靠的预测过程中理论被预设的方式。新兴科学的这些算法需要一种外部的理论负载性，而不是关于所考察现象的因果结构中的内部理论负载性"[2]。然而，这个问题单从宏观的哲学理念层面进行论证显然是不够的，需要深入大数据算法的技术细节中，发掘其所依赖的理论，以及以何种方式依赖于理论。

以在大数据知识发现中的一种常见算法，即机器学习领域中广泛使用的"分类树"算法为例。所谓分类树算法，就是指用来确定是否某个特定的对象可以归属于某个特定的集合 A，这依赖于一系列参数 C_1，……，C_N，给这个系统输入大量的训练数据之后，分类树通过递归的方式建立起来，如果某个参数 C_X 将所有的对象分类正确，那么这个分类的程序就将终止，最终所形成的树状结构将返回一个对于 A 来说的充分必要条件的布尔表达式。因此，分类树算法是一个广泛使用的预测模型，从训练数据中产生决策树用来高效地对未知数据进行分类。

首先，皮茨奇认为，分类树算法的整体框架，即在边界条件和一个输出变量之间建立一种映射的关系，这非常符合由密尔所提出的"消除式归纳

---

[1] W. Pietsch, "Aspects of Theory-ladenness in Data-intensive Science", *Philosophy of Science*, 2013, 82 (5), pp. 905-916.

[2] W. Pietsch, "Aspects of Theory-ladenness in Data-intensive Science", *Philosophy of Science*, 2013, 82 (5), pp. 905-916.

法"。他认为，消除式归纳法是一种方法，即"在和某种由更多边界条件所决定的语境 B 相比较的前提下，现象 A 在关于潜在的相关边界条件 C_1，……，C_N 的系统变量并伴随着建立与这些条件因果相关或不相关的目的这样的条件下被考察"[1]。其中，最为人所熟知的方法有两种，一种是差异法，旨在建立因果相关性；另一种是契合法，旨在发现因果的非相关性。因此，我们可以将因果相关性看作一种三元关系：边界条件 C 和现象 A 相关，关于对更多的条件而言的某种背景 B 来说，如果因果相关保持不变，因果不相关，就允许发生变化。[2]

由此可见，大数据所主张的用相关关系来取代因果关系，其实并不是要抛弃因果关系。通过对分类树算法的分析，我们可以发现其中所蕴含的因果结构。我们通过考察科学哲学现有的理论，同样可以得到这样的结论。伊恩·哈金所主张的"实验论证"就指出，如果我们可以在实验中通过控制对象来干涉自然界中的其他对象，那么就应该相信该对象在因果意义上的实在性。而通过南希·卡特赖特（Nancy Cartwright）所提出的"因果解释推理"，我们可以认为，在对大数据所呈现的相关关系的最佳解释推理上，只有因果解释能保证大数据所发现的知识推理具有真实意义。事实上，尽管我们无法揭示复杂现象背后所潜伏的复杂的因果结构，但是只要大数据所做出的预测可以干预现象，那么这种因果结构就是客观存在的。需要指出的是，我们前面在谈到大数据科学的科学说明能力时曾提出，大数据科学尽管可以通过真实的因果结构来对现象做出预测和干预，但是由于大数据算法本身并不提供对现象的理解，因此我们不能通过这种因果结构来提供科学说明和理解。这也正是大数据的独特特征，即能够做出预测和干预，但可能提供了一种隐喻

---

[1] W. Pietsch, "Aspects of Theory-ladenness in Data-intensive Science", *Philosophy of Science*, 2013, 82 (5), pp. 905–916.

[2] W. Pietsch, "The Structure of Causal Evidence Based on Eliminative Induction", *Topoi*, 2014, 33 (2), pp. 421–435.

式说明，因果关系因此必须以大量相关关系的方式表现。

其次，由于分类树算法的基础依赖于消除式归纳，因此我们可以确定在分类树算法中所包含的理论成分和作用：第一，我们必须要知道在一个由背景 B 所确定的语境中所有的和现象 A 潜在相关的参数 C；第二，我们需要假定对于所收集的所有对象来说，相关的背景条件保持不变，即保持语境 B 的稳定；第三，我们必须要有好的理由来期待参数 C 是由一个稳定的因果范畴来表述的，并且对于特定的研究问题来说是充分的；第四，必须有足够多数量的对象来覆盖关于现象的所有潜在相关的配置，以保证有充足的数据来避免算法产生虚假的相关关系，并且能够在无须关于现象的内在理论性假设的前提下映射出现象的因果结构。[1]

因此，我们可以看到，分类树算法旨在生成可用来预测和控制现象的结果，而其中所负载的理论并不是关于现象的内在的理论，即无须预设所考察现象本身所隶属的科学理论，不存在任何预设关于连接现象之间不同参数的内部因果关联的假设，而仅仅需要在数据科学中围绕大数据算法本身的理论预设与假设，即"外在的理论负载性"。皮茨奇认为，这种转变伴随着在统计科学中同时发生的范式转换，即从参数化建模转变为非参数化建模。一方面，在参数化建模中，我们在确定函数形式之前需要根据现有理论预设建模假设，而非参数化建模则基本不预设任何理论假设，因此允许非常广泛的函数相关性或者分布，依靠一种包含大量步骤的、具有强制执行特征的算法直接通过所有的数据本身来处理问题。另一方面，在参数化建模中，一个问题通常只能一次性解决，而在非参数化建模中，是根据每一个具体的数据点来进行解决的，每一个数据都可能决定预测的结果。如果参数化模型是"内在的理论负载"的话，那么非参数化建模就是"外在的理论负载性"，它具有

1　W. Pietsch, "Aspects of Theory-ladenness in Data-intensive Science", *Philosophy of Science*, 2013, 82 (5), pp. 905-916.

极大的灵活性。可以说，统计学的范式转变从数学基础上促进了大数据科学的发展。[1]

四　基于大数据的知识发现新特征及知识观的新内涵

从以上的有关研究可以看到，以大数据为基础的知识发现具有如下一系列特征：

第一，大数据奠基于对世界进行全方位量化。数据构成了一个和自然界、人类社会世界平行的新的数据自然界，数据反映了自然界与人类社会的基本规律，反映了人类的心理和社会行动的内在机制。大数据可以在不依赖理论的前提下包含知识发现所具备的大量信息，并能够基于数据融合产生的非线性过程做出自动化的知识推理。如果说传统意义上的信息技术仅仅是辅助其他科学的工具，那么大数据时代的信息技术已经在某种意义上成为知识发现的主体。

第二，大数据科学是信息时代知识发现的新方式。高度信息化的时代，传统的科学研究方法不足以应对与日俱增的数据和信息，而大数据能够收集和处理海量的人类行为数据，因此基于大数据的科学能够对复杂社会现象领域中的大量动态变化的现象进行分析和处理以及预测和干预。基于大数据的科学是以数据密集型和数据驱动型为典型特征的，而不再是以传统的理论驱动为特征。

第三，大数据直接面对和分析的样本是全体数据，所具有的是水平式而非传统科学的层级式特征。如果说传统科学追求数据与结果的精确性，那么

---

[1] W. Pietsch, "Big Data—The New Science of Complexity", In *6th Munich-Sydney-Tilburg Conference on Models and Decisions*, Munich: 10 – 12, April 2013, pp. 15 – 16. http: //philsci-archive. pitt. edu/9944/1/pietsch-bigdata_ complexity. pdf.

大数据则接受非精确性。由于大数据的水平化建模特征，基于大数据所产生的规则具有高度复杂性和语境特异性，使得预测的颗粒度将得到前所未有的精细化，但是这些规则无法普遍化，往往只能适用于特定语境中的某些少量实例。大数据可以实现面向个体或部分个体的微观规律的知识，能够提供个性化的"微定位"。

第四，如果大数据所要实现的目标是预测与干预现象，那么大数据就不可能仅仅只停留在发现相关关系的水平上，而确实能够揭示现象间的因果结构。但是由于大数据并不对现象提供常规科学意义上的"理解"，因此我们往往无法明确表达这些因果结构。大数据所提供的知识发现方式具有典型的反实在论工具主义色彩，但是由于可以快速确定相关关系，有利于提升预测的效率，将成为未来社会科学研究的重要范式。大数据时代并非不需要理论，但是它所具有的理论负载性是外在的，这种外在的理论负载性将贯穿大数据分析的全过程。

第五，大数据科学与科学哲学中所谈到的"探索性实验"（exploratory experimentation）具有密切联系。所谓探索性实验，就是指在科学研究的过程中，我们并不总是在预设了某种理论的前提下进行实验的过程，即我们关于实验的设计和实验产生的结果并没有任何理论依据和期待，因此也并不预期能产生某些特定的实验结果。[1] 传统科学哲学更偏重于理论知识，一直以来都强调假说检验方法的重要性，而忽视了探索性实验的研究。而当代科学实践表明，探索性实验已经成为当前科学研究的一个重要组成部分，特别是在信息化时代，我们面对的现象如此复杂，以至于无法通过预设某种统一的理论来加以理解，传统的理论驱动型方法已经捉襟见肘，探索性研究将成为未来采用的重要方法之一，大数据科学是面向未来的开放式科学研究。

---

1 K. Waters, "The Nature and Context of Exploratory Experimentation: An Introduction to Three Case Studies of Exploratory Research", *History and Philosophy of the Life Sciences*, 2007, 29（3）, pp. 275-284.

信息革命使整个社会日益彼此紧密地联系在一起，这种互联将不再仅仅局限在计算机和计算机、计算机和人之间，而是扩展到从自然界到社会的方方面面，这种紧密连接的网络将产生多种多样的海量数据，这些海量数据的相互支持与融合，将产生出前所未有的知识发现能力。大数据时代使我们有能力去面对极为复杂的对象，并从这种复杂性中寻找有用的知识，建立社会科学中实质的因果性知识，人们利用大数据可以预测和干预社会现象，并且通过大数据进行可控制的社会实验，我们对于社会领域的预测能力和控制能力都将得到极大的增长。在过去的几十年中，许多复杂现象比如天气预测，由于计算能力、数据和算法的不断进步，其准确率都得到了极大的提升。凡此种种，使得基于大数据的知识具有了种种新特征，尤其是知识形成的路径和知识的认识论功能被赋予新的内涵，由此更新了我们的知识观。

第三节 人工智能：从知识工程到知识的意义

人工智能也与知识具有紧密的关系，而哲学认识论的知识观通常还会涉及知识的含义、本质、类型、意义等问题，人工智能与这些问题具有广泛而深度的交织，由此对理解这些问题形成新的启示，从而对知识观形成新的丰富。

一 知识工程：人工智能与知识的亲缘关系

谈论人工智能，就离不开知识。所谓"智能"，就是应用知识处理问题的能力；而所谓"人工智能"，无非就是在人工的机器上应用知识去处理问题的能力，可见在这里知识是理解人工智能的关键。麦卡锡就曾经指出，因为知识在背后支持着人的智能行为，影响着决策，所必须理解知识才能理解智能行为；对人工智能的理解也是如此，即将人工智能看作是一种应用知识去处理问题的技术，这种技术被工程化后还被更贴切地称为"知识工程"。

作为一种知识工程，人工智能需要解决一系列围绕知识而形成的问题，如人工智能如何得到知识，这就是"知识获取技术"；知识在人工智能中以何种方式存在，这就是"知识表示技术"；如何将知识加以利用，这就是"知识使用的技术"。这些技术之间彼此关联，成为将知识输入人工智能系统直到最后给出解决问题的答案即形成新知识的一环扣一环的运行过程，犹如一项高技术含量的工程。

人工智能作为一项知识工程，围绕知识所进行的各种技术运作又包含各自独特而重要的问题，如知识获取的关键就是机器的知识从何而来的问题，起初的做法是由人将解决问题所需的知识"放到"或"人工移植"到计算机中，由此在运行前就建立起知识库甚至专家系统（此时的知识工程就是建立专家系统的过程），机器学习算法的出现改变了这一做法，它是让机器从学习中去形成自己的知识，或是由机器感知去从外部环境直接获取知识。知识表示的关键就是知识的形式化或对知识的编码问题，即如何将知识以计算机可以"理解"或"接受"的形式（通常是由 0 和 1 组成的数字化形式）在其系统中得以储存，更具体地说，知识需要由知识工程师转换为用机器语言承载的算法，也即知识的"算法化""程序化"，唯此知识才能被纳入机器中加以使用。知识的使用技术从经过知识获取及表示所建设的"知识库系统"中调用相应的知识来自动解决问题，其方式可由知识的获取方式来确定，如植入式的知识使用模式通常是"If……then……"的形式，即演绎式的形式去使用知识、解决问题；而机器学习则以归纳的方式形成解决问题（如识别对象）的模式，再以此去解决问题，所以是一种归纳模式的知识使用方式，如模式识别就是这种使用知识方式的典型。

正因为知识在人的智能以及人工智能中的重要性，所以人工智能被加拿大学者莱韦斯克（Hector Levesque）定义为"基于知识的系统"[1]，于是人工智能也具有知识科学的特征，即一门关于如何在人工的机器系统上获得知识、表示知识和应用知识的科学。而从总体上说，人工智能是以知识为核心的科学和技术，它所进行的活动就是对知识信息的处理。

在以上理解的基础上可以看到，人工智能就是在人工的技术系统中所具有的知识特征和功能，由于它能自动地应用知识解决问题，所以具有了"智能"的属性，所以人工智能的"底层问题"就是知识问题，要理解人工智能的本质，就需要了解知识的本质。

正因为人工智能与知识之间的这种更底层的关系，或者说"具有人的知识"在这里成为智能的象征，所以当我们说人工智能就是要"使机器系统看起来像有人的智能"时，实际上更是要使其看起来像人一样有知识，从而能用这样的知识去解决问题，呈现出智能特征。当然，有的是要求人工智能像具有专家（代表某领域知识的权威）的知识一样去处理专门问题（如专家系统），有的是要求人工智能像具有常人的知识一样去解决普通的问题（如日常应用中的诸如人脸和声音识别）。

人工智能的发展进化，也可以通过知识工程中各种技术的发展来加以展现，如从符号人工智能到联结主义人工智能的进化，就体现在知识获取技术中，从完全依赖于人的"喂入"（由专业程序员将人工智能所需要的知识编写为程序输入到计算机中）；到机器学习可以实现半自动化甚至全自动化的知识获取和知识积累，对知识库进行自动的修改和更新。而人工智能进一步提升的关键或需要突破的瓶颈，也在于它是否具有更强的知识获取功能，如果人工智能能够具有常识（或者能建设可满足需要的"常识知识库"）和解决

---

[1]〔加〕赫克托·莱韦斯克：《人工智能的进化》，王佩译，中信出版集团，2018，第143页。

问题的背景知识,则它像人一样灵活应对新环境、新情况去解决问题的能力就会得到质的提高,甚至走向通用人工智能的追求也可以基此而实现,所以被视为人工智能发展的一个重要环节。

由此可见,人工智能与知识之间的关系极为紧密,正因为如此,如何理解认识论的知识观制约了人工智能的发展方向,人工智能的几大流派就是基于对知识的不同哲学理解而形成的;另一方面,人工智能在作为一种知识技术和知识工程的不断发展中,也会触及知识的更多属性和特征并加以"解蔽",由此启示我们对知识可以进行新的哲学探究。

二 人工智能与知识的含义问题

知识哲学的首要问题就是"什么是知识?"如前所述,这是从柏拉图时代就开始探讨的问题。柏拉图及其后继者所创立的正统的知识观在遭遇"葛梯尔问题"后,关于知识的哲学界定就成为一个悬而未决的问题,而人工智能的出现,对如何理解知识的含义又带来了新的问题,或增加了新的要素。

柏拉图从知识与意见的差别中界定知识,从而引出了信念、真实和证成等要件;而人工智能主要通过知识与数据、信息的关联和差别(如知识图谱与数据图谱的区别)去界定知识,从而引出数据和信息这些理解知识的新要素,使得我们把握知识的含义时又增加了新的背景,即需要将知识置于同数据和信息的对比中去阐释:知识是不同于数据的,从数据中可以提取或分析出知识,但数据本身并不是知识;知识可以来自数据,但数据并不自动地就是知识,而是需要对数据进行分析加工处理后才可能形成知识。另外,信息和知识也有关,但信息也不等同于知识(一个明显的区别是,动物之间有信息交流,但不能说有知识交流),可以说知识隶属于信息,是对信息加工后形成的更高形态的信息。当然,知识在与这些新要素结成相互理解的关系时,同时也生成了数据与信息的关系问题。

在人工智能的运行中，数据和知识的区分是明显的，知识是已经植入系统中的程序化的算法，而数据（此时也可视为信息）是有待输入的将要被纳入知识程序处理的对象。虽然被加工处理后的数据可以转化为知识，从而数据可以作为知识的"原料"而存在，但这只是揭示了知识对于数据的依赖关系，而不是等同关系。受人工智能中知识概念的这种启发，从知识依赖甚至来源于数据和信息的角度看，知识的这些一般属性对柏拉图关于知识的界定可以说提供了新的理解视角。例如，知识与信息的不同，从另一个角度表明了柏拉图所说的知识与意见的不同。意见其实就是一种信息，而信息有真有假，意见也有对有错，在这一特性上两者是一致的。在柏拉图的知识观中，当意见需要被证实从而成为人所相信的对象时，才能成为知识；而一般的信息也是如此，需要加以验证后才能成为知识。所以知识不是一般的信息，而是被验证了的信息。

知识与数据的关联则既对柏拉图的知识概念加以了回应，也对他所揭示的知识含义加以了拓展。今天我们知道，当一个人面对或手握数据（即使是大数据）时，不能说他有了知识；他必须从大数据中看出关联或规律，即从中获得能让他自己相信的某种判断、认知或信念，才表明他从中可能获得了知识。当然，严格地说，此时他所获得的还仅仅是信息，即从数据中"看出了"有可能揭示出某种相关性的信息，这样的信息就相当于传统知识观中的"意见"。只有当这种信息被验证后，它才成为令人确信的知识。当然，如果是一堆杂乱无章不包含任何信息的数据，则是不可能从中提炼出任何知识的。在这里，数据和信息之间也具有了特定的关系，英国著名系统理论家切克兰德（Peter Checkland）简洁地将两者的关系表述为"信息＝数据+意义"，他认为由于不同的人具有不同的价值取向、信念和期望，因此，不同的人从相同的数据中，可能得出不同的信息；人们通过将意义附于或赋予数据，就得出了信息。[1]

　　以上的分析所给出的是"数据—信息—知识"的上升链条，即数据要被信息化后才成为信息，信息要被知识化后才成为知识。人工智能将数据和信息这些要素纳入对知识的理解，使得哲学的知识观获得了另一个视角的展开，并得到了新的印证和丰富。同时，这一链条也提出了"知识的数据和信息基础"问题，即没有一定的数据，或数据中如果不携带一定的信息，则知识无法形成。如同机器学习要形成识别某一对象的模式，如果没有数据的训练，就不可能有相应的知识形成。这样的视角对我们的启示是，哲学中的传统知识观，不仅仅要考虑到诸如"相信""真实""验证"这些要件，而且也要将数据纳入知识观的视野，使知识形成的链条向更为初始的一段延伸或追溯，并看到如果没有数据和信息基础，就没有知识形成的那些后续活动。

三　从知识的类型到知识的获取：知识习得的"专"与"通"之间

　　知识的分类或类型，是知识观的一个重要方面，例如，我们可以根据认识论派别的不同，将知识分为先验知识和后验知识，根据学科领域不同将其分为科学知识和人文知识，根据知识是否可以用语言图形等明确表达出来将其分为显性知识和隐性知识，根据知识的新颖程度不同将其分为传统知识和前沿知识等。

　　人工智能则以新的视角为我们提供了知识的又一种分类，这种分类主要来自人工智能的不同派别（即符号主义、联结主义和行为主义）对于知识获取问题的不同解决。如前所述，人工智能中的知识获取就是人如何找到计算

---

[1] P. Checkland, S. Holwell, *Information, Systems and Information Systems: Making Sense of the Field*, Chichester: John Wiley & Sons Ltd., 1998, p. 90.

机能接受的形式将知识存入其中，成为计算机的内部表征，并将其组织为"知识库"，以供解决问题时进行提取和使用。不同的人工智能学派对于机器如何获取知识有不同的做法，这是基于他们对知识本质理解的不同。

符号主义认为知识是由表征客体的符号及其符号间关系所构成的，知识的应用就是对这些符号及其关系进行适当的操作。这种知识的来源是标志各领域最高水平最具权威性的专家，所以建立专家系统就成为符号主义的最高成就，"开发专家系统已经形成一个叫做'知识工程'的新学科。它提倡的是，你可以将科学家、工程师或经理人的专业知识打包汇总，并将它应用到企业数据中。计算机将有效地成为权威"[1]。其具体做法是，有关的领域知识尤其是专家知识被收集起来，加以分析和整理后，以"if……then……"的产生式规则形式集中存放在有一定格式的知识和规则库中，以供解决问题时随时调用。[2] 专家系统作为知识库，是事先建立在机器中的，犹如机器有了"先入者为主"的先验性的知识，剩下的工作只是利用这些知识去处理各种具体问题，即根据一般知识得出具体结论，所遵循的是演绎性的信息处理过程，所体现的对知识的理解，则是符号化、逻辑化、规则化进而可以形式化的理性知识，或者知识就是一套抽象的符号演算系统。

联结主义将知识与人脑的神经元及其复杂的联结方式关联起来加以理解，认为知识存在于神经元的联结及其并行运动之中，是高层网络联结活动的结晶，不同的神经联结（包括不同权重的联结）状态负载着不同的知识，所以人工智能要具有知识的功能，可以通过建造一套人工神经网络并在其中调整所需要的联结权重参数来实现，由此形成的知识则分散地存放于神经网络的联结权值中。这种参数的调整或某种特定的人工神经网络联结状态的形成，就是机器的"学习"过程，这种学习过程也可以通过人的"训练"来完成，

---

[1] 〔美〕约翰·马尔科夫：《与机器人共舞》，郭雪译，浙江人民出版社，2015，第128页。
[2] 高华等：《人工智能中知识获取面临的哲学困境及其未来走向》，《哲学动态》2006年第4期。

此为"有监督学习",犹如学生在老师指导下的知识学习;它也可以不经人的训练而自我完成学习,犹如人的"自学成才",此为"无监督学习"。无论哪种方式,都是模仿人通过学习和积累经验而形成知识,这是一种更具有智能特征的知识获取方式,尽管是经过简化了的方式,所体现的是一种通过归纳使个别性的经验或碎片性的知识整合为一般的知识或具有模型意义的知识,进而可以从事模式识别之类的知识应用活动。

行为主义则将知识视为在感知环境基础上进行决策行为的一种技能,而不是符号或联结权值表示出来的某种抽象的东西;知识的获得是行为者在感知刺激的过程中自适应和自组织自己的响应方式,从而以适当的行为去加以应对的结果,所以知识就是行为主体与环境交互时所需要的东西。基于这样的知识理解,行为主义范式人工智能的知识获取技术是让机器在行动中通过对环境的感知来抽取特征,并用其来修正行为;这个过程还通过成功则奖励的"强化学习"算法来加以积累,并稳定化为可以控制有效行为的知识。这样的知识其实是侧重于它所具有的引导和控制行为的功能,类似于人在"干中学"或"实践出真知"的知识习得方式,它建基于这样的知识观:能使人有效地与对象打交道(合目的地改变对象)的认知就是知识。

这样,人工智能的三个流派所采用的三种知识获取技术,体现了对知识的三种有区别的理解:符号主义将知识视为可先在地植入于智能系统之中,然后依据这些前提性的知识进行推理、计算、证明和预测之类的知识活动;联结主义认为知识是只有通过某种训练(学习)才能达到的状态;而行为主义将知识行动化、身体化和语境化,反对抽象化和模式化地看待知识。其实这三种理解知识的方式都有各自的合理之处,再承接前面的考察,如果承认人工智能是一门应用知识解决问题的技术,就需要对知识的含义有更开阔的认识,或从分类上可以启发我们:能告诉我们如何进行推理和计算的是知识,能告诉我们如何观察与收集信息(数据、资料等)的也是知识,能帮助我们应对环境、与对象客体进行有效互动的同样是知识。于是知识至少可分为理性知识、经验知识和行为知识。

当然，人工智能中的知识的三种获取技术也都有自己的局限性，类比于人的知识习得方式来说，这三种方式在人那里都有表现，因为人的知识（包括能力）有的确实来自先天的遗传，有的则来自后天的学习，而这种学习如果是"干中学"，就是来自人的行动。由于在人那里这三种知识的习得方式是可以集合于一身的，所以人所具有的知识习得通道是"联通"的，而目前的人工智能则是分离的，由此形成的也就只能是"专用人工智能"。如果能在机器中设计出通用算法来"打通"这些不同的通道，则像人一样具有全面知识能力的通用人工智能就将出现。

在人工智能技术上可能出现的这种知识的专用和通用问题，可以启示作为知识真正主体的人如何面对与处理知识的"专"与"通"之间的关系问题。在人那里，知识的"专"和"通"之间常常是各有利弊的，"专而不通"或"通而不专"的不能兼顾随处可见，"专才"和"通才"孰轻孰重也难有共识，但可以肯定的是，它们对知识的传播和发展，各有不可取代的价值，既不能以专贬通，也不能以通废专。当然，如果在算法融合的基础上走向了知识获取的"全能方式"，就启示人们知识习得需要多种方式的兼容，人的知识能力才会有新的增强。可以说，这也是在人的知识状况和人工智能的知识状况之间形成的一种互相启发。

四　知识的意义问题

"意义"对应着两层含义，一是作为 significance 的意义，在这种含义上，知识对人的意义重大，例如，懂得一定的（谋生）知识是人能够生存下来的条件，也是人类能够不断在文化上进化的基础；今天，掌握更多更新的知识则是人谋求更大发展和自我实现的手段。而对于人工智能来说，知识则不存在这方面的意义，因为人工智能（至少在目前的阶段）没有自我意识，只是人的无意识的工具，没有它"自己"要实现的追求。

知识的"意义"还有作为 meaning 的意义，这就是知识的内容，或知识的语义。对人来说，所谓"有知识"，是指人懂得知识的语义内容，并在此基础上发挥知识的价值，进一步产生出作为 significance 的意义。但对于人工智能来说，虽然它通过技术手段"获取"了知识，并且在其内部得以储存，甚至还被其自动应用，但机器真的就像人一样"懂得"这些知识吗？它真的"知道"了什么吗？机器所获取的知识和人所懂得的知识是一回事吗？或者说，哲学家心中的知识和人工智能专家心中的知识是一回事吗？

就其机制来说，人工智能并不像人一样"懂得"这些知识，知识对机器来说，只意味着一串串的符号，它能"理解"的也只能是形式化的符号或符号化的形式。知识工程中的知识，是人输入的抽象符号串，即抽调语义后的纯形式的表征系统，这种去掉语义的符号表征对人来说就不是知识，因为它没有语义内容；当我们仍称其为"知识工程""知识获取""知识应用"时，就是在"非人"的意义上使用知识。如果基于某种考虑而认可其为知识，就需要提出"知识存在的两种状态"：随附于人的知识与随附于人工智能的知识，后者是前者的一种形式化表征。这些形式化表征有的是作为规则在机器中发挥作用，它们规定机器进行电路的开或关的操作，无穷多这种操作的组合系列，就形成在人看来的"信息处理"，也就是体现为符号串变换的"计算"，最后在效果上达到了似乎是运用知识后产生的结果，如推理的结果、预测的结果、识别的结果、形成特定动作的结果……人工智能机器内部的上述运作过程，无非是在人工条件下的电子或电路受控运动的结果，而绝不是机器系统在"懂得"知识内容基础上所进行的知识加工或知识应用的活动。

这样，无论是哪种意义上的"知识的意义"，人工智能都与其无缘。而当知识与意义脱钩后，知识还成其为知识吗？或者说，由于人工智能获取的是无意义（内容）的知识，这种知识的应用也必定大打折扣，所以关于人工智能中"符号落地"的问题才如此受关注。如果人工智能中的知识并非真正意义上的知识，只是一些脱离了语义的符号，那么当我们说人工智能是一种知识的技术或关于知识的科学时，其中的"知识"就无非是一种隐喻性的说法，就如同人工智能中的"智能"也仅仅是一种比喻一样，而并非说机器可以具有跟人一样的智能。

关于人工智能是否拥有智能的探讨中，也出现了一种功能主义的立场，认为只要人工智能从功能上实现了智能的效果，就可以认为其人工智能拥有了智能，图灵就是这一主张的先驱。类似的，我们也可以从功能主义的视角，根据人工智能由于相关的程序或算法的植入而可以进行推算、证明、识别、与环境进行互动等，从而认为人工智能是"有相关知识"的，因为对人来说，没有相关的知识就不会做上述事情，但机器如果能够做上述事情，就可以从功能上认为它"有知识"。

这样，就引出了关于知识的功能定义问题。从人工智能的角度看，知识无非是知道在什么条件下怎么去进行推算、识别和行动的指令，具有知识的功能就是具有能做这些事情的效果。

知识的功能定义如果反推到人身上，就可能出现这样的情况，在有些人那里，可以"不懂知识而能够应用知识"，这就是塞尔的"中文屋"所隐含的情形：不懂中文却可以使用中文。于是"懂知识"和"用知识"似乎是可以分离的，知识的效用问题似乎位于更重要的位置。人工智能中的大量知识活动就是在不懂知识中的使用知识，如 AlphaGo 会使用下围棋的知识，但并不懂相关的棋理知识；人工智能应用于医疗时，其可以根据身体检查的数据，比人更精准地读出其中的信息而比医生更精准地诊断病症，还可根据药物对疾病疗效的统计数据来确定药物的使用方案，尽管它并不懂得患病的原因和药物治疗疾病机理方面的知识（这种情况在人那里也会发生）。就是说，人工智能不是从对因果性理解和把握的基础上掌握决策的根据，而只是从相关性分析中统计出一种数据意义上的最优方案，所进行的是一种纯计算，也就不涉及"懂得"和"理解"的问题。这样一来，知道知识的含义（内容）并不一定是有效地应用知识的必要条件。在知识的传统分类中，一类是告诉人"是什么"的知识，它是可以使人"懂道理"的理论知识，还有一类是告诉人"怎么做"的知识，它是指导人去解决问题的技能知识或方法知识。目前的人工智能主要是在获取后一种知识上不断进步，算法或程序就是这一类知识的形式化系统，因此，也就可以说人工智能回避了"懂得""理解"之类的知识问题。如果机器真正实现了对知识的"懂得"和"理解"，即全面地实现了知识随附于人的那种状态，就是所谓强人工智能时代的到来，而这样的时代是否真正能到来，还是一个颇具争议性的问题。

【本章小结】知识哲学与认识论是相互交叉的关系，由于知识哲学中包含着认识论所不曾涉及的问题，所以需要对其在信息革命背景下的新问题新发展进行专门考察。在克服近代知识观的局限中，形成了当代域境论的知识观；大数据所造就的知识发现模式印证了域境论的知识观，不同渠道和应用的数据只有在经过整合、存储和分析之后，才有价值，数据集合的实时动态性决定了分析结果的域境依赖性，而由此所作出的知识发现也高度适用于特定语境中的某些少量实例，而非去语境化后的具有高度普遍性的抽象理论。人工智能与知识观也具有紧密的内在关系，它是一种在机器上使用知识去解决问题的技术，在这一过程它对知识的含义问题、知识的类型和知识获取（习得）的方式、知识的意义等提出了新的问题，从而对哲学认识论的知识观研究形成了新的推动。

第九章
知识生产：电子网络介导的新特征

知识是一个动态形成的过程，有意识、有组织地进行知识形成的活动，就是知识生产，知识生产可被视为认识过程的一个环节，或认识活动的一种类型，因此从哲学上探究知识生产也是知识论与认识论问题的对接。

信息时代也被称为"知识经济时代"，表明了知识的重要性，而知识的重要性无疑会表现为知识生产的重要性。1962年奥地利裔美国经济学家弗里兹·马克卢普（Fritz Machlup）在《美国的知识生产和分配》一书中提出了"知识产业"（knowledge industry）概念和"知识生产社会论"，分析了知识生产和分配的经济特征和经济规律，阐明了知识产品对社会经济发展的重要作用；1968年美国的著名管理学家彼得·德鲁克（Peter Drucker）在《断绝的时代》中认为在知识社会中知识是最重要的生产要素，"知识生产力"比技能和科学更为重要，甚至认为20世纪中叶以来的所谓"信息革命"实际上是"知识革命"。卡斯特甚至认为，"当前技术革命的特性，并不是以知识与信息为核心，而是如何将这些知识与信息应用在知识生产与信息处理及沟通的设施上"[1]。知识生产如此重要，而知识生产尤其与信息技术密不可分。信息技术作为认识的手段，也是知识生产的工具，从生产工具决定生产方式的意义上，信息技术的历史发展决定了知识生产方式的历史变迁，而电子网络的

---

[1] 〔美〕曼纽尔·卡斯特：《网络社会的崛起》，夏铸九等译，社会科学文献出版社，2001，第36页。

介入则决定了当代知识生产方式的新特点,并引发了值得深思的若干知识哲学新问题。

第一节　信息技术对知识生产的推进

影响知识生产的因素很多,从技术因素来看,决定知识生产方式最基本的物质要素,就是人在进行知识生产时所使用的工具——信息技术(严格地说是器具信息技术);换句话说,使用一种信息技术,就是按这种技术的内在逻辑去进行认识,当然也就包括按其去进行知识的生产。信息技术作为知识生产工具的置换必然造就知识产生方式的新特点,如同使用机器进行劳动必然和使用手工工具进行劳动的方式不同一样。由于知识生产就是人所进行的一种制造信息品(知识)的劳动(我们称之为脑力劳动),所以这种劳动方式也必然随其工具手段的变化而发生变化。在这里,作为知识生产工具的信息技术,对于知识生产方式的变迁起到了决定性的作用。

一　作为信息载入方式的知识生产方式

严格意义上的知识,是通过文字记载和保存下来的知识,所以我们考察知识生产工具(信息技术)与知识生产方式之间的关系,就从可载入到固态载体上的知识为分析的起点。同时,知识生产的环节和方面众多,既包括在脑内的创造,也包括向脑外的输出,而将头脑中创造出来的知识载入到特定的载体上是其中的一个环节,即最后"生产"出"知识产品"的环节,由于这个环节具有客观的可观察性,所以我们就选取信息的载入技术即书写手段来考察历史上不同信息技术所造就的不同的知识生产方式。

我们知道,人类的技术时代,或者更严格地说,人类的器具技术时代,经历了手工工具时代、机器时代和计算机（自动与智能机器）时代。与此相关联，作为知识生产工具中最基本的技术——书写（信息载入）设备的信息器具——的发展也经历了与此相关的三个时代，即分别是以手工载入设备为工具的"知识生产的手工时代"，以机器载入设备为工具的"知识生产的机械化时代"，以电子载入设备为工具的"知识生产的电子网络时代"。三种信息器具形态可以说代表了三种"知识生产方式"或信息品的生产方式。

手工信息器具与手工生产器具同属于一个技术时代，也同属于同一个文明时代。手工信息器具以笔为代表，对应的是"手写"的信息载入或书写方式，所形成的是"手稿""手迹""墨宝"一类的信息品。无论是信息的"生产"还是物品的制造，在此阶段都是由人所进行的"身体力行"的活动；用笔来生产信息品，犹如用手工工具生产物品，是人的"亲手"所为，是信息生产的手工劳动方式，其特点是个体化、低效率、对身体技艺的依赖性极强，因此人对于自己"产品"（无论是信息产品还是物质产品）的"主体"地位较为显著，个性化的痕迹极为明显，"运笔"甚至成为一种高超的艺术，"技术"在这里真正是一种"工艺"或"技能"。

用印刷机来生产信息品，就如同用大机器来生产工业品，其生产过程由人所操作，但信息产品的生成则是在印刷机的转动中完成的，对应的是"印刷"或"印制"的信息载入方式，所形成的是"印刷品"（尤其是有大量复本的书籍等）一类的信息品；这是信息生产的机器化方式，其中操作者不再像运笔那样具有艺术性，操作规范成为共性的要求，信息产品的形成过程表现出大机器生产的特点：高效率、大批量；所形成的信息产品则相应地具有齐一化、标准化的特点，即所谓"千篇一律"，其中少有个性化的痕迹。

用电子计算机来生产信息品，是信息生产的数字化方式，所采用的是"录入"的载入方式，形成的是"电子文档"（包括"超文本"）一类的信息品。它可兼具先前两种信息生产方式的特点，如信息生产的高效率（而且是比印刷时代更高的效率）且兼具个性化，但同时也形成了一些新特点，如信息储存和显现技术的飞跃性发展使得信息品走向了多媒体化，信息获取的便捷性与巨量性以及与此相伴的碎片化，信息生产和信息传播的一体化、信息生产过程中的互动性、信息生产和信息消费的高度融合，如此等等。

在这三种主要的信息载入方式中，又可以根据若干类似或不同的特征而形成多样的分类。例如"手写"（更广义的还包括雕刻）和印刷可称为"直接载入"，所载即为所存，所存即为所显，所形成的是可以直接阅读的视觉文本；而以计算机为载入设备的电子载入，则具有极大的间接性，人在各种人机接口（如键盘、鼠标、书写板或语音设备）上的信息录入，要经过计算机内许多环节的转换，才能将信息载入到磁带、磁盘或储存芯片上，之后同样要经过若干环节的转换，才能在电子荧屏上显现出来；人的信息载入，不过是在向作为"黑箱"的电子设备中发出指令，至于这些指令发出后在计算机内部经过了什么样的复杂过程，作为一般的操作者来说是不得而知的。此外，还有介于印刷和录入之间、以感光的方式将信息载入到缩微胶片、胶卷上的载入设备和载入方式，由此来记录或存贮以光学符号系统表述的信息。

又如印刷机和电子计算机也有共同的特点，就是它们都属于"信息机器"，与此对照的以笔为代表的载入设备就属于信息器具的手工工具形态，由此决定了知识信息生产的两个不同时代：仅靠笔为工具的知识生产只能属于"知识的小生产时代"，此时的知识劳动者也只能是"知识的小生产者"；而信息机器出现后，就进入了"知识的大生产时代"，以及相应的知识传播的规模化和大众化，随之而来的是"知识制造"中的产业化，各种分工越来越多，导致的"知识行业"也越来越多，知识生产者被纳入不同的部分成为社会化知识大生产中的一员。如果说在知识的小生产时代，单个的知识小生产者可以独立地完成一件知识产品，那么到了以信息机器为工具的信息大生产时代这种情况就不再可能，必须经过许多知识行业（甚至也包括许多物质生产的行业）的合作才能完成，想象一下一本书的问世要经过多少工序即多少人的"加工"才能面世，就可以理解这一点。可以说，这是人类"知识生产力"的一次大飞跃。

笔和印刷机也有共同的特点，那就是它们如果与电子计算机相比较，则都属于"传统的"信息载入设备，而电子计算机则属于"当代的"信息器具，其显著的不同就是后者实现的"电子化""数字化""网络化""智能化"等技术指标。从信息的载入方式来说，笔和印刷机其实是并存的两种设备，作为印刷品的"原件"就是人的"手稿"，当手稿需要大量传播时，才诉诸印刷；而印刷机的最初"信息原料"，就是人亲笔写下的文字，所以手写和印刷其实是传统的信息载入方式中的两个组成部分。而当计算机时代来临后，即信息在电子装置中被数字化后，无论是对其加以处理，还是对其加以储存、显示和传播，都较先前的方式有了根本性的改变，例如其"手稿"和"成品"就可以合为一体，载入和传播可以同时进行……所以才把这种信息载入设备或信息知识的生产工具之出现称为历史上最伟大的"信息革命"，具有"划时代"的意义。

电子信息器具对于传统的信息器具所实现的信息载入方式的变化，直接导致了我们日常"写作方式"的变化。美国记者史蒂文·约翰逊（Steven Johnson）曾讨论了他对文字处理软件包的使用是如何改变他的整个写作过程的："在仍然使用钢笔和纸张或打字机写作的那些年代里，在把句子誊写到纸上之前，我几乎总是先在头脑中想好……当我直接在电脑上写作时，所有的这一切都改变了。一开始我沿用以往熟悉的开始—停止程序，即在打字之前全力地思考句子。但我很快就发现，利用文字处理软件写作将使修订过程变得非常简单，而利用传统的纸笔写作则会使修订过程非常麻烦……我注意到我写作的方式发生了质的变化：思考和打字的过程开始交织在一起了……计算机技术和因特网已经允许我们在确定好想要表达的思想之前可以自由地打字。柏拉图曾抱怨书写只是对心灵的临摹,而口头话语才可以揭示内心。然而事实上已不必再这样了。一个支持证据是,语言学家已经注意到同步的计算机中介交流的语体与口头交流的语体有许多相似之处。"[1] 就是说,在传统的知识生产方式中,知识在头脑中的构想和用笔将其表达出来是分离地进行的,而在使用电脑的知识生产活动中,知识的构想和书写则可以融为一体地进行。

二　信息装置范式的变迁与知识生产力的增长

既然信息载入器具如此重要,使得我们也可以借用伯格曼的"装置范式"来进一步提出"信息装置范式",以其来表述不同形态的信息载入设备。在伯格曼那里,"装置"就是技术人工物,"装置范式"就是技术范式,其中也包括技术作为一种背景、生活方式、文化影响力的扩展蕴含,还包括技术所影响的经验观察。不同的装置范式造就了不同时代和形态的社会。我们认为,不同的信息装置范式也具有同样的功能。我们把信息装置范式视为以信息载入设备为核心、集合了信息载体技术和信息传播技术(媒介)而形成的每一时代的信息器具系统,由此可以作为代表知识产生工具的总体性范畴。

在不同的信息装置范式中,人与信息器具结成的不同关系,也就是身体技术与器具技术结成的不同关系。从前面的分析中我们已经看到,笔、印刷机和计算机所凝聚的是不同信息器具的运作方式,即对信息品的手工制作、机器制作和数字化制作的运作方式,而这些不同的运作方式也蕴含了相应时代人们的信息生产和知识劳动方式,由此扩展而影响到的人们的物质和精神生活方式、文化文明差异甚至社会的整体区别。因此信息装置范式(知识产

---

[1] 〔英〕亚当·乔伊森:《网络行为心理学》,任衍具等译,商务印书馆,2010,第9—10页。

生工具）所蕴含的意义是：信息技术具有扩散变化的功能，其变化或更替可以影响到社会的各个方面，甚至形成整个社会形态的变化，所以才具有"范式"的意义；它造就了不同的知识产生方式，区分了不同的知识生产力时代：手工时代的知识生产力低下，人类知识量增长缓慢；印刷时代的知识生产力不断提高，人类知识量增长加速；电子时代的知识生产力飞速提升，人类知识量呈爆炸式增长。

具体来说，每一次信息装置范式的转换都具有极为重要的意义。拿印刷机的出现来说，它所导致的印刷术就将人类带入了一个新的时代，信息的载入、复制和传播从此可以"工业化"，也导致了报业、新闻业的出现和蓬勃发展，知识和文明的成果由此实现了迅速而广泛的传播。英国学者麦克格雷（K. G. McGregor）认为，印刷术对于人类文明史的贡献是不可估量的，它使图书的数量极快地增长，信息和知识随之加速增长，且图书的内容也从传统的神学扩展到新兴的科学。对于人口稀少、经济又很薄弱的民族，缺少印刷语言往往会导致它们的衰落或消亡。语言要生存就必须以印刷形式存在，正因如此，康瓦尔（Cornish）语言几乎灭绝。另外，印刷术还使得语言的使用变得洗练和标准化，并因此使得语言成为语法、标点及文体的衡量标准。有了印刷术，也就有可能累积大量的复本，因而有助于学者们更多地认识到解决问题的各种方法，以及学术权威们观点上的差别。印刷术也使人们需要对许多思想领域进行新的解释，它对科学方法的发展也具有重要影响。印刷技术允许对经典著作不断地进行修改，因此，每一个新的版本都较以前的版本有所改进。这恰恰与抄写文化的情形相反，在抄写文化中，由于抄写人员的懒惰或大意，会导致越来越多的错误，使文献内容日益混乱。大量的印刷材料使每个学者都能获得他感兴趣的各种文献，推动科学的进步。正像爱拉斯莫斯认真校订各种版本的《圣经》和《教文》时引起了论战一样，哥白尼也通过比较托勒密、亚里士多德和其他天文学家和数学家的观点，指明了它们的错误与矛盾，提出了一种崭新的、更令人满意的解释，从而引起了一场天文学思想的变革。[1]

信息器具作为载入设备或信息装置范式从简单的机器形态发展到复杂的机器形态，也就是电子元器件构成的机器形态，即计算机的形态，是一次更重大的飞跃，这种信息的"电子机器"本身就意味着机器形态的划时代提升，甚至它本身不仅是机器的崭新形态，而且是"后机器"形态，因为它也被视为对机器和机器时代的"革命"，使人类从机器时代进入电子时代，从工业文明进入信息文明。

信息器具的这一次划时代发展，使得人们借助器具所延长的信息能力，不再主要局限于信息和知识的载入或复制能力，而是信息和知识的处理能力，以后，由此辐射开去，还极大地延长了人的信息和知识的传播能力、显现能力、储存能力等，导向了人的信息和知识能力的全方位增强。个人计算机、字处理系统和电子网络等知识处理技术的广泛使用，极大地改变了信息处理的手段，"在如此普遍发生嬗变的环境下，知识的本质不改变，就无法生存下去，只有将知识转化成批量的资讯信息，才能通过各种新的媒体，使知识成为可操作和运用的资料……今后，知识的创造者和应用者都要具有将知识转化成电脑语言的工具和技巧——无论他们是创作还是研究"[2]。换句话说，正是借助当代器具信息技术，人类知识生产获得了一种崭新的方式，就是在网络终端使用计算机进行各种知识活动，从知识的获取到知识的传播，从知识的储存到知识的表达，当然最主要的还是知识的生产，人类的知识生产由此转型为一种崭新的方式，知识生产的能力也被提高到一个空前的水平之上。

---

1 〔英〕K. J. 麦克格雷：《信息环境的演变》，丰成君等译，书目文献出版社，1988，第41—47页。
2 〔法〕让-弗朗索瓦·利奥塔：《后现代状况：关于知识的报告》，岛子译，湖南美术出版社，1996，第35页。

第二节　当代知识生产的新特征

人类正在进入电子网络时代，这个时代的知识生产以现代信息技术为工具，并成为人类进入信息时代后的主导性知识生产方式。如果将电子网络时代以前的知识生产统称为"传统的知识生产方式"，那么与其相对照，以电子网络为工具的知识生产具有一系列新的特征。

一　知识生产的电子化与数字化

如同卡斯特说，当代的"知识产生、经济生产力、政治—军事权力，以及媒体传播的核心过程，已经被信息化范式所深深转化"[1]，而信息化范式中最为根基性的就是"电子化"，电子化的技术平台造就了当代知识生产方式的一系列新特征。

所谓电子化，其特征来自"电"的使用，由"电"的物理特性直接赋予知识生产以独特特点，或者说这种知识生产与"电"的使用紧密关联，是"电力革命"的后继现象，是电的使用发展到一定阶段的产物，即电力不仅用于驱动物质生产的工具之运转，而且进一步用于驱动信息和知识生产的工具之运转；所驱动的不仅是像印刷机这样的信息复制机器，更是驱动了电子计算机这样的信息处理机器。在使用这种装置进行知识生产时，信息流动、节点联结、超文本变换等都是以电的速度"风驰电掣"地运行，由此具备了速度快、流动性强、多媒体切换等功能，使得"知识以过去无法想象的速度

---

[1] 〔美〕曼纽尔·卡斯特:《网络社会的崛起》，夏铸九等译，社会科学文献出版社，2001，第24页。

被生产、处理和广泛分配"[1]。

因为信息处理的过程可以由电力来驱动，所以知识生产的过程获得了来自体力之外的强大动力的辅助，形成了区别于以"动手"在纸质载体上进行"手工知识劳动"的新特征，这就是基于电力推动的知识生产的半自动化。知识生产者在进行知识生产活动时的直接动作，就是面对电子设备（主要是电子计算机）的各种操作（即支付体能很少的信息行为），这种操作后引起了电子设备中电子流动状态的改变，这种改变中导致了所负载的信号的接受、处理和发射，由此在电子显示设备上表现出知识信息的搜索获取、加工处理和传播扩散。这一切的背后都源自于电子设备中电子流动的神奇作用，知识生产者每敲击一下键盘或点击一下鼠标，其背后都有无数电子元件在电流或电子的作用下卷入行使各自功能的运转之中，这些运转替代了先前需要手工劳作才能完成的大量的书写和修改工作。

在知识生产的半自动化的基础上，甚至还可借助人工智能实现局部领域中的知识生产的全自动化——一种完全脱离手工状态的知识生产新形式，由此出现和物质生产领域中相似的智能化情形，这就是海姆所说的："正如印刷机问世不久便改变了文化和学术，计算机也使得书面文字的组织、存储、传输自动化起来。"[2] 对此后面还将专门考察。

在个体所进行的知识劳动方式电子化的基础上，进一步形成了整体性的知识生产领域的电子化。例如，从学科领域来看，无论是自然科学，还是社会科学或者人文学科，都由于电子信息技术的全方位渗透和使用而出现了电子化的趋势，从而诞生了 e-Science, e-Social Science 和 e-Humanities 的研究形式，其中的"e"即"electric"，所以它们可统称为"电子学术"（e-Academia）

---

[1]〔加〕文森特·莫斯可:《数字化崇拜——迷思、权力与赛博空间》，黄典林译，北京大学出版社，2010，第59页。
[2]〔美〕迈克尔·海姆:《从界面到网络空间——虚拟实在的形而上学》，金吾伦、刘钢译，上海科技教育出版社，2001，第65页。

或"电子科研"（e-Research），其主要内容就是大规模（通常是全球范围内）地共享电子资源、使用高性能电子计算机的计算能力、在高端昂贵的科学仪器设备等方面进行协作，由此形成传统方式所不具有的知识生产能力。这些电子化的研究方式极大地改变了知识生产的方式，尤其是改变了一阶知识的生产方式，同时它也改变了二阶知识的生产方式。[1]

此外，知识生产所需要的信息资源和知识生产所形成的知识成果也趋向于电子化，这种电子化的信息资源又称"电态知识"或"电子文献资源"，如电子图书、电子期刊、电子数据库等。电子文献资源以数码方式将知识内容存贮在磁、光、电等介质上，通过计算机或类似设备而使用，具有传统纸质资源不可比拟的优势，如它具有及时性和互动性，也克服了纸质信息资源互动性和及时性较差的缺陷。它还可以在电子载体上保存，在电子设备上发射，在电子屏幕上显现，具有存在和运动的灵活性与高速性，由此带来知识形式的丰富性和知识传播的高效性，从而成为这种知识生产方式所随附的显著特征或优势。

与电子化紧密关联的是数字化，它是使用计算机这种电子信息器具所内含的信息处理机制，它表明在电子网络知识生产活动中，整个知识生产的技术系统的后台都在最后还原为电子元件中电路的开和关所代表的 1 和 0 这两个数字（机器语言）的组合与计算；也正是这种将知识要素分解至极简化的程度，才使得以二进制为基础的电子计算机的演算系统可以处理任何被数字化的信息，从而成为人进行知识产生时的强有力辅助工具。信息的数字化及其在计算机中的被计算，形成了信息处理的实在过程，而借助电子器具进行的知识生产，最终都可追溯为底层技术中的二进制数字运算；正是这样的数

---

[1] 一阶知识的生产指原创性知识的生产，二阶知识则是对一阶知识进行的整理和介绍，如编撰教科书或百科全书就是一种二阶知识的生产活动。在电子网络时代，这两类知识生产的典范是基于科研平台的网络知识生产（e-Science，e-Social Science 等）和基于百科类网站的网络知识生产（维基百科、百度百科等）。

字化技术，才使得所有的电态数据（声音、文字、图像、温度、光线……）尽管形式多样，但都可以统一为"数字化数据"在电子网络的终端得到统一征用，并化作数据 DNA 去生长出千差万别的知识有机体。

　　写作是知识生产的重要环节，而使用计算机后的写作就成为"数字化写作"，写作方式的改变就是知识生产方式的部分改变，海姆对这种改变的描述栩栩如生："一旦你入了字处理的门并掌握了一些基本技巧，你便会叹道：'这是好东西！'剪刀加浆糊，再见吧；修改的麻烦，没有了。现在你的工作不再需要一遍又一遍打字了。单词像跳舞蹈般地跃上了屏幕。句子顺顺当当移到了一旁，为另一句腾出了地方，而段落则涟漪般有节奏地向上滚去。可以把单词'照亮'，然后剪切下来，只要再按一下键便可以粘贴到其他位置。数字化的写作几乎是无阻力的。你直接在屏幕上系统论述自己的思想。你不必考虑是在写开头还是中间或是结尾。只需一键之劳便可将任何一段文字挪到任何地方。思潮直接涌上屏幕。不再需要苦思冥想和搜爬梳理了——把飞着的思想抓过来就行了！"[1] 数字化写作中的字符可修改可移动，无非是电子显现的灵活变换，或电态符号由其技术本性所决定的灵动性；文本的增删和重组可无限地进行且可以不在表层遗留痕迹，从而随时保证文档的美观，这一切皆由电态符号以及背后的字处理软件使这种灵动性可以充分地发挥出来，或者如同莱文森所说："文本处理技术……使业已外化的文本成为像面团一样容易揉捏的东西，使文本和它表达的思想一样富有弹性。"[2] 而纸质写作则没有这样的优点，它造成了"外在于书写的技术困难，其根源是：表达持久的过程会立即使表达固定，使之成为一成不变的东西。墙上镌刻也好，用鹅毛笔写字也好、用打字机打字也好"[3]。

　　1　〔美〕迈克尔·海姆：《从界面到网络空间——虚拟实在的形而上学》，金吾伦、刘钢译，上海科技教育出版社，2001，第 3 页。
　　2　〔美〕保罗·文森：《莱文森精粹》，何道宽译，中国人民大学出版社，2007，第 231 页。
　　3　〔美〕保罗·文森：《莱文森精粹》，何道宽译，中国人民大学出版社，2007，第 230 页。

总之，信息时代知识生产的关键之处和优越性在于"e"，"e"表征了知识生产者的工具和环境，是在知识生产过程中所利用的电子信息技术，也表征了进行这种生产中所使用的信息资源和知识产品的形态，还表征了包含于其中的数字化工作机制，同时也体现着人—机合作的知识生产新方式，如同弗洛里迪所说："我们不能确定未来的科学发展是什么，但我们可以确信，由于一些复杂的思想过程可以和机器合作，使得我们许多新的重大发现将会成为现实。尽管这种结果是众包的产物，但对这种奇怪而卓越的方法的深入研究，都为人类知识的各种模式提供了新的视角"[1]。

二 知识的互联式生产

互联网不只是 20 世纪末最伟大的一项技术创新，还是一项具有重构一切之能力的技术创新。互联网使我们已经生活在将资源、信息、物品和人互联的世界里，而我们的网络化生存，又进一步使我们的数字化行为具有可供利用与深入挖掘的价值。因此，万物互联不仅开启了一个时代，而且正在创造无限的可能性，以难以置信的力量重塑和重构着过去形成的一切，从而实质性地把信息文明推向了全面发展的繁荣时期。

互联网对当代知识生产特征的形成同样具有根基性的作用，由此使其具有"互联化"或"网络化"的禀赋，以至于我们可以称其为"知识的互联式生产"。

互联网的普及和换代升级，正在使任何人可以在任何时候和任何地点实现彼此的互联。可以说，哪里有网络，哪里就有互联，网络的泛在创造了互联的泛在，互联时代就是一个"普遍联系"从自然状态进化到以"人工网

---

[1] D. Watson, L. Floridi, "Crowdsourced Science: Sociotechnical Epistemology in the E-research Paradigm", *Synthese*, 2018, 195（2）, pp. 741–764.

络"为载体的技术状态的时代。这种联系也可视为人与人的在场联系的技术化延展，它使过去只有在场才能形成的联系，现在成为在线时就能实现。人的物理性在场被信息技术延展为一种信息化的在场，从而在由信息技术建构的信息空间中实现多方位、多维度、多样化的交往和沟通。而更多的互联，导致更多的互动，在更多的互联和互动中进行着更有效的知识生产。

科学家发明互联网的初衷就是为了实现信息共享和合作研究，这是由当代知识创造的复杂性决定的。一方面，以计算机和互联网为核心的当代信息技术所造就的"地球村"和世界主义的理念颠覆了学术保护主义。因为在知识生产者之间，当人与人的依赖关系越来越普遍，合作共赢越来越成为时代意识，个人创造越来越成为共有财产时，人人共享数字信息与知识的行为方式和行动准则，就削弱了个人所有制的价值理念。另一方面，如果所有人拥有资源的成本，等同于一个人独占资源的成本，那么，独占资源就不再合乎道义，也就失去了实际意义。这些知识劳动者具有的共享意识的自觉性，变成了否定传统所有权意识的思想前提。这样，联合取代竞争、合作取代独占就成为日益深入人心的观念。这种观念的引领和新技术提供的支撑，合力作用在知识生产领域，就使我们看到全球性的合作研究项目日益增多，知识互补与知识共享成为广泛开启科学研究合作模式的新常态。

可以说，e-Science 中的大规模协作、即时互动、资源共享、虚拟一体化等最集中地体现了由互联网所决定的互联式知识生产这一新特征。

e-Science 的目的在于构建一个具有开放共享的、安全可控制的、分布协同的网络化与数字化科研平台，让科学家（知识生产者）能够利用更加先进的技术方法，更及时广泛地共享资源、交流成果，从而更高效地从事研究工作。在这一平台上可以使科学家建立更广泛的协作，在大规模在线协作甚至跨国协作、全球协作进行知识生产，无论是直接的还是间接的协作，成为一种多主体参与的集体合作的协同知识生产模式。约翰·沃尔什（John Walsh）

曾经指出，在电子网络时代，科学界中最为重要的变化就是，科学家合作模式和知识生产方式的转变。[1] 马克思曾经指出物质生产领域的协作所具有的功能："许多人协作……就产生'新力量'，这种力量和它的单个力量的总和有本质的差别。"[2] 在知识生产领域一样，通过协作可以形成新的知识生产力，而通过大规模甚至超大规模的协作形成的知识生产力，当其从聚合中激发和爆发出来时，其威力就更是难以想象的。

在这一平台上还可以进行即时互动的知识生产。互联网使得人和人的联系还可以是即时的和双向及多向互动的，越来越快速和高效的数据传输能力保证了这种即时互动，所以一些美国学者认为 e-Science 也可称为 i-Science，这里的"i"是"interactive"即"交互式"的缩写。可以说，这是现代信息技术对知识生产方式的最重要改变之一。一方面，e-Science 从技术上提供了进行及时的跨单位、跨地域甚至跨国家的互动交流的可能，在互动中互相启发，激发新观念、新创建的产生，也就是新知识的形成；另一方面它本身就是适应处理海量信息的需要而产生的，信息爆炸的时代使得科学家要能够使用最先进的信息获取与处理技术手段进行及时而广泛的信息交流，在信息激增的时代也必须更多地借助信息的互动来实现创新，而 e-Science 的出现可以极大地满足科学家之间进行交流和协作的需要。由此造成的另一个效果是减少重复。封闭的、信息交流不够的科学研究很容易出现重复劳动，所以过去常有不同的人同时各自独立地做出了相同的成果的重复劳动。在 e-Science 可以提供的及时和充分的信息互动中，原则上可以避免不必要的重复研究，由此提高人类整体上的科学研究效益。

在这一平台上更可以实现资源共享，不仅可以共享信息，而且还可以共

---

[1] J. Walsh and A. Roselle, "Computer Networks and the Virtual College", *Science Technology Industry Review* (*OECD*), 1999, 24（1）, pp.49-78.
[2] 《马克思恩格斯文集》第9卷，人民出版社，2009，第133—134页。

享造价昂贵的大型科学仪器设备，尤其是那些大型的计算工具、储存装置、探测设备、实验器械等，独占式地拥有它们不再重要，能够通过互联从而在分享中使用它们才是关键。一旦互联，云端的资源、超级的计算能力、昂贵的实验设备以及所连接的无穷多的终端等，便可以会聚到我们的电子屏上"为我所用"。可以说，在计算设备、软件平台和信息资源等方面，任何个人或集团拥有的能力或范围都是有限的，但在互联中对它们的使用则可以是无限的，如粒子加速器、天文望远镜、同步辐射装置、各种传感器等，先前不是每个科学家都能使用得起的，而且使用和管理它们还必须有专业的技术和人员，就更增加了使用的难度。而在 e-Science 背景下，只要加入了这个系统，原则上就可以共享这些仪器设备，极大地扩展这些仪器设备的使用效果，或者更多的科学家可以被最先进的设备（间接地）装备起来，做出科学发现和知识创新的可能性随之增加。也就是说，在这样的共享中，研究周期和研究费用将大幅度缩减，科研活动效率将得到质的提升，也就是科学进步的速度得到加快。

互联式的知识生产在 e-Science 中还体现为虚拟化的科学研究，包括虚拟的研究实体（如虚拟天文台）、科学家之间的虚拟联系所形成的虚拟研究团队，以及面对虚拟对象采取虚拟方法进行科学研究。虚拟天文台是 e-Science 时代天文学研究的新形式，它利用最先进的信息技术和网络技术将各种天文研究资源，包括天文数据、天文文献、计算资源、存储资源、各种软件工具，以及天文望远镜等观测设备，以统一的服务模式透明地汇集在统一的系统中。天文学家只需登录虚拟天文台系统便可以享受其提供的丰富资源和强大的服务，虚拟天文台将使天文学研究取得前所未有的进展。充分地利用虚拟的手段和方法可以使科学研究超越时间、空间、资源和设备等物理性的障碍，从而获得更大的自由。e-Science 出现的原初动机就是为了在重要科学领域中实现全球性合作，其核心思想就是通过网格计算技术（grid）最终将全球计算机可用资源整合成一个虚拟的超级计算机（globe virtual computer），实现与地理分布无关的计算资源、数据资源、存贮资源的全球自动配置，也就是使全世界的科学研究资源（信息和设备）连为一个互通的网络，科学家可以不受疆域的限制进入网络和使用其中的资源，这就是所谓的资源全球化，它无疑需要全球性的努力才可能实现。

随着现代科学研究的问题空前复杂化，科学对象（如微观粒子、纳米材料、基因、全球气候、生态环境等）所包含的已知信息和未知信息越来越繁多，对这些复杂的对象进行研究，不仅需要海量的信息作为研究的起点，也会随着研究的开展而产生出越来越多的科学数据需要进行处理、通信、存储和可视化，许多前沿领域的科研都遇到如何处理、贮存和传输日益增长的数据的难题。同时科研工作者相互之间的交流与合作也变得越来越重要。而信息技术的发展又为以新的形式实现这种海量信息的获取、处理、交流与合作提供了技术上的可能性，这就是 e-Science 技术，可见它是顺应科学研究的发展问世的。

e-Science 的连锁效果是使科学家作为知识的个体生产者的创造力也得到增强，借助其提供的高性能、一体化、资源共享、异地协同工作等优点，科学家可以使自己从数据收集、数据处理这些烦琐的事务中彻底摆脱出来，而把精力集中在创造性的劳动上。这样，e-Science 的技术设备虽然不会自动导致科学知识的创造，但至少是增加了科学家做出创新的时间和可能；加之它所提供的互动与交流的便捷性，更会使这种可能性变为现实性。

由于在 e-Science 系统中科学家及时性动用的资源量极大，其吸收的计算资源就包括各种类型的计算机、网络通信能力、数据资料、仪器设备甚至有操作能力的人等各种相关资源。因此直接表现上是个人的知识生产，实际上是人类成果的大容量快速整合与凝结，网格系统中的科学家个人在进行知识生产时，无非是人类总体知识资源库中的一个个喷发点。正是在这样的背景下，科学家才可能做到以前做不到的事情，创造出以前所无法创造出来的知识。这也表明，科学家形成科学知识的行为、效率、质量等，都将受 e-Science 的性能和水平的影响乃至决定。

对于社会科学领域中的知识生产者来说，这种信息化电子化的研究手段即 e-Social Science 同样极大地改变了他们的工作方式。例如，进行实证研究的社会科学工作者在使用网络技术后，可以在网上同时对多人进行访谈，填写调查问卷，并使用相关软件进行快速和准确的分析，这样就使得社会科学研究中的一些精确计算得以进行，而这是手工操作难以做到的。同时，大量的数据（无论是数字的，还是文本的）都可以被存储，并可以随时检索。而计算机的一些附带功能，如图像制作、参考文献的排序处理、书目和索引的编制、起草报告、编辑加工等，则为研究人员节约了大量时间，使他们可以集中精力研究所要研究的中心问题。正由于计算机技术的上述优点，使得 e-Social Science 在社会科学众多学科中受到研究者的青睐。

可以说，知识的互联式生产建立了从知识生产需要互联网，到离不开互联网，再到今天已经主要是在互联网中进行这样一个过程，知识生产的主要场域也随之由线下的物理空间逐渐迁移至电子网络空间；电子设备作为加工处理知识的数字化工具，在网络终端进行包括知识创造在内的各种信息处理活动。今天几乎所有新生产出来的知识，都带有互联网的痕迹：从问题的选择，到参考文献的收集，再到成果构思和形成过程中的交流，然后是知识产品的发布与传播，几乎都需要在线上进行和完成，由此标志了知识生产方式的革命性变化。在今天，与网络隔离，就如同与世隔绝，将使人难以接触到新信息，无法把握知识的新成果新动态，当然也就无从进行新知识的生产了。

知识是在信息的联系和交互中形成的，在传统时代，只有知识者彼此在同一时空中在场才能产生联系的交互，一旦在空间上分开，就形同一个个信息孤岛；而在互联时代，只要在线就能进行这种交互，消除信息孤岛现象，由此使知识生产的空间得到极大扩展。基于在技术上不断进步的互联网，互联的功能和作用也被不断增强和扩展。互联网的不断"升级换代"，例如从固定互联到移动互联、从有线互联到无线互联；或者从 Internet 1.0（PC 的有线互联网）到 Internet 2.0（无线互联网，如 WiFi、4G、5G 等通信网络，同时互联的终端也从 PC 走向智能手机）再到 Internet 3.0（物联网将要实现的万物互联，使得任何人、任何物、任何时间、任何地点，永远在线、随时互动），形成一个互联范围不断扩展、互联水平不断提高的过程，由此也在把我们带入"互联一切"的时代。不仅如此，随着互联技术中智能含量的提高，"智慧地球"也正在向我们走来，它使得我们可以和这个世界上的所有他人和他物都建立起一种智能水平上的互联。互联网在这里将一个个分散的大脑联结起来，形成"互联脑"，互联脑的规模不断扩大，还可走向"全球脑"[1]，形成一种最大的集体智慧或"超级智能"[2]，并嵌入知识生产的过程，极大地提高全人类的知识生产力。

还需要指出的是，正是电子计算机和互联网两大当代信息技术的支柱，构成了知识工作与知识活动无所不在的"电子环境"和"网络空间"，并直接决定了今天这个时代知识生产的电子化、数字化和互联化的特征，而且三个特征是集为一体的，所以 e-Science 既被称为"电子化科学研究"，也被称为"数字化科学研究"和"网络化科学研究"，反映了知识生产的空前技术化，更准确地说是空前的信息技术化：知识生产活动被信息技术所电子化、数字化和网络化，即被信息技术所集成化，知识活动几乎完全在各种信息器具提供的技术环境中进行；知识生产水平和信息技术的水平呈现出正相关，

---

[1] 在戈策尔（Ben Goertzel）看来，这种全球脑是由人类和人工智能系统共同组成的一个涌现系统，在未来还可以是智能互联网通过自组织演化与人类工程的结合。参见〔美〕本·戈策尔《创见互联网智能》，戴潘译，上海译文出版社，2018，第 13—17 页。

[2] 在刘锋看来，超级智能指的是数十亿的人类群体智能与数百亿的智能设备，通过互联网大脑模型结合成一种自然界前所未有的智能形式。参见刘锋《崛起的超级智能：互联网大脑如何影响科技未来》，中信出版社，2018。

甚至知识生产活动日益成为一种获取和处理信息的技术活动，知识生产活动中的"技术大于自然"得到进一步体现和凸显。

如果将 e-Science 视为具有原创性的一阶知识生产的当代方式，那么从其在信息技术时代发生的重大的变化中可以看到，无论是自然科学还是社会科学的研究越来越离不开计算机和互联网，离不开电子数据库和搜索引擎，离不开基于这些技术手段之上的协作和交流、共享，它们构成了当今知识生产的技术社会系统，其中某一个要素的变化都会影响整个系统的功能，导致知识产生的技术条件或"技术路径"上的差异，从而有可能形成知识成果的差异；基于更广泛的协作和互动，电子网络技术造就了不同于传统知识生产的新模式，即在协同中涌现创造，在互动中进行知识建构。有鉴于此，当代认识论或知识哲学必须关注和深入理解知识的这种社会建构中的新技术背景，进而不断深入地把握知识生产的真实机理。

三　知识生产中的人机分工

在"认识主体"一章，我们曾讨论过一般认识活动中当人工智能介入后的人机分工问题，这里专门就知识生产中的人机分工再加以补充。

在以人工智能为载体的知识活动中，知识形成的方式发生了新的变化，人工智能的水平和功能成为某些知识是否能被发现的决定性因素，它还将某些知识的创造（或生产）变得像流水线作业一样的过程，进而呈现出自动化的特点，这就是人工智能中知识生产的自动化问题。它是人工智能的知识功能不断扩展的必然结果：从辅助人的知识活动（帮助人查到知识、记住知识、应用知识），到帮助人发现知识和创造知识，直到它可以自己生产出知识，此时的人工智能具有人所不具有的优势，甚至可以发现人难以发现的知识。

当然，人工智能中的知识发现和生产，也有不同的方式和层次，有的是对知识的自动编辑（如维基百科中的机器人编辑技术），有的体现为机器写作或文本生成（如基于人工智能的新闻稿自动生成、模仿某一作家风格写出小说、诗歌等），更多的则是自然科学中自动发现新的自然现象，其中还涌现了多种"自动发现"的方法，如英国几所大学的学者们所探索的"自动发现和优化化学过程的新方法"（剑桥大学，2015 年）、"自动探索数学理论的 MATHsAiD 项目"（爱丁堡大学和格拉斯哥大学，2017 年）以及对生命诞生过程进行探索的以人工智能为核心的自动化实验设备（格拉斯哥大学，2018 年）。这些成果表明了人工智能对于辅助人类的科学发现大有用武之地，以至于未来的科学知识发现从数据采集到数据分析和做出结论，都可以在高度自动化中得以完成。[1] 目前，"机器学习"和"数据挖掘"等人工智能的新算法和新手段，正在发展成为自动化的知识发现系统，它无须人的介入就可以把混杂的数据自动地转化为对人来说有意义的知识，这也可以看作是机器靠自己的学习而总结出了知识；人工智能借助日益强大的算力、算法和更加充足的数据，可以发现人所不能发现的相关性以及建基其上的新知识。

那么这种自动化的知识生产，是否意味着人工智能也可以像人一样进行知识的创新？目前对此问题还有争议。有的学者看到深度学习算法能够在短时间内就形成自己的知识体系，甚至提出具有创新性的解决问题的方案。[2] 如果人工智能具有了这样的功能，那么它的地位是否就从传统的计算机只能充当知识发现的辅助工具，发展成为可以独立进行知识发现和创造的新的知识主体？

当然，至少在所谓强人工智能出现之前，我们还不能称这样的知识自动

---

[1] W. Pietsch, "Big Data-The New Science of Complexity", In 6th Munich-Sydney-Tilburg Conference on Models and Decisions, Munich; 10 – 12, April 2013, pp. 4 – 5. http://philsci-archive.pitt.edu/9944/1/pietsch-bigdata_complexity.pdf.

[2] 方师师、郑亚楠：《计算知识：人工智能参与知识生产的逻辑与反思》，《新闻与写作》2018 年第 12 期。

发现系统为真正的认识主体，它所能发现的知识，甚至也和人所能发现的知识具有不同的层次。总体来说，人工智能擅长发现基于数据统计而揭示相关性的知识，难于发现揭示出因果性的知识；人工智能可以通过相关性的揭示而进行决策，形成怎么做的知识，但难于揭示基于因果性的为什么或机理性的知识。例如，如果将丹麦天文学家第谷进行了20多年的天体观测所积累的大量数据资料提供给具有一定算力和算法的人工智能，它也有可能发现开普勒的行星运动三定律，这是因为开普勒定律揭示的主要就是行星运动若干特征（如速度、距太阳的距离等）之间的相关性（如距离太阳越近时行星运动的速度就越快）。但是人工智能很难进一步发现造成这种相关性的原因：牛顿的万有引力定律。"人工智能的相关性知识是通过广义的统计过程（包括贝叶斯过程）完成归纳的，它完全是一个理性的计算过程；而人类的知识（包括相关性的和因果性的），比如科学理论的发现过程，则充满了灵感、顿悟等等的非理性。"[1] 所以至少在目前，人工智能只能被视为性能更强的辅助人进行知识创造活动的工具，或者还可以视其为人机合作的知识活动方式。而有合作就有分工，在这个新的系统中如何进行人和机器之间的分工就成为我们更应该关心的问题。

目前知识生产的自动化可以说还是局部知识生产的自动化，多限于那些常规的、重复的、较低层次的知识生产领域，但即使这样，对人的意义也是非常重要的，它使得我们可以从上述的领域中解放出来，转而将主要精力用于更符合人的本性的具有更高的创造性含量的知识活动中去，使人的人生价值得到更大的实现。

知识活动中的人机分工与合作，更理想的前景就是两者之间的互补和融合。例如，就记忆能力来说人工智能无疑远胜于人，但为什么人工智能的知

---

[1] 赵明达：《相关性知识成就了Alpha Go Zero》，2019-10-16，https://blog.csdn.net/vucndnrzk8iwx/article/details/102577990。

识还是远不够用？尤其是和人所具有的常识来说，人工智能更是远不如人。鉴此可以设想在知识的记忆上进行一种人机合作，人以自己的常识和本能知识等来弥补人工智能这方面的知识不足，而机器则以自己海量的知识储存来弥补人脑的不足，这样可以各施所长，互补其短，知识成为人和机器联结的纽带。这种结合还可以通过脑机接口技术来实现：当人脑接上具有强大知识记忆和发现功能的人工智能系统后，当这样的人工智能系统随附于人脑或作为人的"外脑"而存在时，甚至这个"外脑"还可以"浓缩"为芯片植入人脑而成为人脑的内部组件，由此而形成的无疑是前所未有的"最强大脑"，其中的知识量是全人类知识总和的水平，对新知识的发现能力也将强于人机分离时单独的人或人工智能系统，由此知识的发现、生产和创造将进入一个全新的时代。

四　若干后现代特征

在以电子网络为工具的当代知识生产中，还明显地体现出若干"后现代"特征，这与印刷时代的知识生产的现代性特征形成了鲜明的对照。

在电子网络时代之前，印刷时代造就了知识生产的现代性特征。在麦克卢汉看来，"印刷术是复杂手工艺的第一次机械化。它创造了分布流程的分析性序列，因此就成为接通而至的一切机械化的蓝图。印刷术最重要的特征是它的可重复性。它可以无限生产并加以视觉性表述。它的可重复性是机械原理的根源。谷登堡以来使世界为之改观的就是这个机械原理。印刷术产生了第一个整齐划一的、可重复生产的产品。同样，它也就造就了福特牌汽车、第一条装配线和第一次大批量生产的商品。活字印刷是一切后继的工业开发的原型和范型。没有拼音文字和印刷机，现代工业主义是不可能实现的。我们需要认识到这一点：作为印刷术的拼音文化不仅仅塑造了生产和营销，而且塑造了生活的一切其他领域,从教育到城市规划都是如此"[1]。也就是说,工业革命是由印刷术引起的,近代和现代西方的一切文明,似乎都是印刷术产生的。而到了电子信息时代:"电子媒介成为阿基米德所说的能移动地球的'支点',它站在了人们的眼睛、耳朵、神经和脑子上,让世界按其意愿以任何速度和模式运动。"[2] 这种媒介的使用,带来了知识生产的一系列后现代特征,这尤其体现在以维基百科的词条编撰为代表的二阶知识生产的过程之中。这些特征包括开放性、去中心化(从而去知识生产的精英化和垄断性)、大众参与等,它们和上面分析的一阶知识生产的当代特征有交叉,但也有自己的侧重。

现代性强调统一化、共同性、秩序和组织等,表现在知识的生产上,就是由统一的机构按标准的模式进行知识生产活动的组织和管理,最后按齐一化的要求加以出版和发布,其标准形式就是作为纸质出版物的论文和专著。而后现代性则呈现多样性、个性化、微粒化等,其生产出来的知识不一定都是专著论文式的长篇大论,也可以是微信中的随笔式的短小感言,可以是自媒体上的学术灵感的宣示,还可以是各种电子平台上"帖子式"的短论(诸如"小贴士")或帖子后的评论、留言。它们不成体系,但这些只言片语中往往凝结着真知灼见,甚至有可能成为流传后世的金句格言,可谓"知识的精华",犹如还未串联为项链的珍珠颗粒,成为知识存在的一种独特形态:分散化、碎片化或微粒化的知识,可以形象地称之为"知识小品"。由于不设门槛或门槛较低,网上的知识小品远不像纸媒上知识的发表那样严苛,它们形式多样、表达灵活,打破了纸媒上传统知识总是以严肃庄重或整齐划一的"现代性"面孔出场的方式,知识由此也极富个性色彩,因此也可称之为

---

[1] 〔加〕埃里克·麦克卢汉等:《麦克卢汉精粹》,何道宽译,南京大学出版社,2000,第370页。
[2] 〔加〕马歇尔·麦克卢汉:《理解媒介》,何道宽译,商务印书馆,2000,第105页。

"个性化知识"[1]。现代性的统一性形成了中心化,知识生产因此而封闭于少数精英所组成的权威圈子之内,而后现代性趋向于开放化,一般公众也能成为知识生产者,从而使知识的生产成为群众性的事业。另外,假如知识是从数据或大数据中归纳出来的,那么产生数据的大众也在制造知识原料的意义上充当知识的生产者,即他们在知识生产的"上游"就已成为不可分割的组成部分。

对齐一化、单一性的否定,首先表现在知识生产的技术基础上,这就是电子网络知识生产的技术平台具有多样化,使得网上进行知识生产的渠道多样化,不仅有互动性百科词条的编辑平台,还有各种自媒体也可以作为知识建构平台,甚至原发文章后可进行评论的评论区[2]也提供了知识产生的平台。归结起来,目前网络知识生产主要集中于三类基于 wiki 技术[3]的网络平台,一是百科类知识网站,如维基百科、百度百科、互动百科等;二是文学类书写平台和互动社区,如一起写网、众筹文学网等;三是科学协同创作和出版平台,如美国的 arXiv 站点等。更广义而言,所有允许用户参与和书写的网站、社交网络、自媒体等都属于网络知识生产平台,这些平台包括如下几类:一是生活、情感经验类的知识问答网站,如国内较知名的有百度知道、百度经验、爱问知识人、天涯问答、知乎等;国外有 Quora、StackOverflow、Tipask & Question 等;二是各种按功能区分的社交网站,如开心网、人人网等休闲游戏交友类社交网站,51job、智联招聘等求职类社交网站,国外的 Meta(原名 Facebook)、Twitter 等;三是各种自媒体平台,如博客、微博、微信朋友圈、微信公众号、QQ 空间、论坛/BBS 等网络社区。这些网站、社交媒体及自媒体之建立和运营的直接目的并非像百科类网站和书写及科研互动平台那样为

---

[1] 参见董春雨、薛永红《大数据时代个性化知识的认识论价值》,《哲学动态》2018 年第 1 期。
[2] 网友的评论在一定程度上形成了对所评论文章知识内容的补充和二次创作,这就客观上使得网友的评论也成为网络空间中所产生的知识的一部分。
[3] "wiki"是一种超文本系统,指可以被访问者随时修改的网页,由其可构成多人协作的写作系统。

的是便于人们进行知识的生产和分享，而只是为了满足人们的生活、工作及自我表达的需要，但在满足人们这些需要的同时，却不可避免地附带了知识生产和共享的功能。如人们在百度知道、百度经验、天涯问答等生活经验类网站回答网友的生活、工作或情感疑惑时，其实就是在分享自己相关领域的知识、思想和看法，其间所"发挥"或"阐释"的看法与想法，即使不是标准的科学知识，也属于日常生活中的知识，从而也是一种生活、工作或情感经验方面的知识生产和创构。

这种多渠道多平台的广义的知识生产，改变了过去知识生产的渠道单一（写作——出版机构发表）、模式单一（作者+编辑=出版）、标准单一（国家颁布的出版物的统一规范）等"大统一"的生产方式，具备自我表达功能的自媒体和网络知识生产平台的出现，扩散为表达内容的"百花齐放"，它们使每个人自我表达的欲求得以释放，使人不再盲目地追求知识和见解的齐一化、同质化，而是趋向多元化和分散化。

对单一性知识生产模式的否定，使得电子网络化的知识生产必然是开放的和大众参与的。如基于 wiki 技术的网络知识生产平台即是完全开放的，它不再封闭于专业团体中，而是原则上可以人人参与；Wiki 技术不同于用户只能浏览而不能发布信息的传统网络技术，其本身就是一种网络协作式写作工具，是一款没有版权限制的、开放源代码的协同写作软件。以"为全人类提供自由的百科全书"且"任何人都能参与编辑"为宗旨的维基百科（Wikipedia——由"wiki"和"encyclopedia"组成）为例，当其问世后，创造了一种基于互联网工作模式的互动平台。它"致力于鼓励参与，使参与最大化。正如一切参与性和民主性的事务一样，参与者越多，运行的过程就越好"[1]，这种"越好"的表现之一就是使数百万志愿者加入其中成为词条的编撰者并留

---

1 〔美〕保罗·莱文森：《新新媒介》，何道宽译，复旦大学出版社，2011，第91页。

下自己的见解。在采用 wiki 技术的页面上，世界各地的知识爱好者几乎不需要申请任何特殊的许可，只要在相关网站上进行简单的注册就可以对之进行浏览和编辑，而且编辑结果也可以即时或延时（依据相关网站是否采取审核制）得以显示。高度的开放互动被认为是各类网络知识生产平台的主要特征和主要编辑运作方式。就网络知识生产平台的建立初衷而言，低门槛甚至不设门槛的参与机制，就是为了最大限度地汇聚全球志愿者，激励其知识生产（整理）的热情，以达到集思广益、汇聚人类尽可能多的智慧和文明成果。所以维基百科中的词条之形成方式，不再像纸质百科那样是由少数精英专家封闭式撰写而成的，而是由千百万志愿者开放式写作和互动式协商完成的。就技术根源而言，网络知识生产的开放性特征无疑缘自电子网络本身的开放性本性。作为因特网的架构和基石的"包交换"信息传输技术和"TCP/IP"因特网互联协议共同造就了因特网的最突出特性——开放性。因为"包交换"信息技术是不问内容的，而"TCP/IP"因特网互联协议作为网络间相互连接的协定架起了不同类型的网络相互连接的"闸道"，曼纽尔·卡斯特对此指出："网络的构造在技术上一向开放，而且会持续开放。"[1]

这种开放性也形成了二阶知识生产中的"共建"：专业的知识从业者（如科研人员、作家等）与非专业的广大网友的业余知识爱好者共同构建了电子网络空间中的知识王国。由知识的共建也必然延伸到知识的共享，拿维基百科来说，既是开放的百科全书，也是免费向所有人开放使用的百科全书，使任何可以上网的人都可以共享其中的知识，正因为如此，它在知识类网站中访问量名列前茅，其使用效率远超纸质本的《不列颠百科全书》。据研究者考察，在维基百科全书运行了八年之后的 2009 年，网站排名跟踪机构 URLFan 根据查阅网站的频率评出了世界上最具影响力的一百个网站，维基百

---

[1] 〔美〕曼纽尔·卡斯特：《网络社会的崛起》，夏铸九等译，社会科学文献出版社，2001，第 139 页。

科居然位居榜首。[1] 到 2014 年之后，维基百科每个月都会有超过 5 亿的独立访问者进行 180 亿次浏览。[2] 这说明维基百科已经成为流行的和具有影响力的网站之一。

在开放式写作中，参与者的个性也得到了更大的体现，这主要是通过网络知识生产与个人兴趣达到了更高程度的契合来实现的。由于网络知识生产的成果是免费共享和开放获取的，也即对参与知识生产的主体而言，是几乎无任何报酬的，因此，参与网络知识生产活动更多的是基于个人的兴趣。不具有政府规划的特点，也不是出于经济利益的驱动，更多的是由个人的知识热情所构成的"无形动力"来驱动的，激发着无数人的参与，每天有数十万的参与者进行数十万次的撰写和编辑行为。

这也表明，开放式的知识生产同时就是大众化的知识生产，知识生产的"权力"在这种方式中不再局限于少数"知识精英"，而是扩大到了所有的"网民"，即使一个普通的读者，也可以通过对相关词条的修改和编辑而变成作者，这就改变了专家与非专家之间或撰稿人与读者之间长期以来彼此隔离的关系，使在业余爱好者和专家之间所宣称的差异相对化了，也使得知识由少数精英生产改变为由群众和精英们共同生产。在这一过程中，网民大众的身份认同也发生了转变：由单纯的知识"接受者"转变为知识的"生产者""创造者"。由此而来的结果是，知识生产不再只是知识精英的专利，普通大众也做出了贡献。互联网这种信息技术使知识生产的主体发生了新的变化，有人称之为"知识生产的民主化""大众化"。这一影响巨大、传播广泛的新型知识生产方式由此成为一种真正的"群众性事业"，从而彻底改变了知识生产为少数人"垄断"的传统方式。

网络知识生产的大众化表明，"知识已挣脱束缚而获得解放。那些认为知

---

[1] 资料来源：https://www.urlfanx.com/site/top_100/100.html。
[2] 资料来源：https://en.wikipedia.org/wiki/Wikipedia。

识就是力量的人，如弗朗西斯·培根，发现大众正打破过去由精英分子垄断知识资源的局面。那些坚持创造、控制和分发知识的老方法的过滤者、看门人和组织者，面对着任其漂浮的变化之海，正在醒悟"[1]。就是说，网络不只是精英的工具，当其成为公众手中的知识生产工具时，网络就具有去精英化、消除知识生产垄断性的属性，就成为一种"后现代技术"。更通俗地说，每个人进入网络信息空间后都可以是内容的生产者，用莱文森的话来说，"新新媒介把强大的信息生产力交到每个人的手里"，"使每个人能创造媒介的内容"[2]，这也是克莱·舍基（Clay Shirky）在《认知盈余》一书中所持的观点：在网络中的自由参与和分享信息，倡导人们利用自由时间更多地从事创造而不仅仅是消费信息，这样每个人都成为潜在的网络信息的生产者。由于全世界的认知盈余太多，所以微小的变化可以累积为巨大的结果，一旦每个人"贡献"出我们的认知盈余，就可能极大地增加整个网络空间中的知识总量。维基百科就具有这样的效果："维基百科正处于非专业者尝试表达自己观点的巅峰：为尝试解决一个奇怪的问题，全世界的网民常常能汇集出惊人并且广泛的答案，这是集中个人贡献的结果"，它可以使"在线将所有陌生人的智慧汇集起来"[3]。

现代性坚守的是绝对时空观，后现代视野中的时空则具有高度的弹性，而知识生产中的时空要素也随着网络这一后现代技术的嵌入而具有了新的特征。在网络的虚拟空间中，知识生产者的协同创作超越了时空间距，实现了跨越时空的"面对面"即时互动；电子网络以知识生产主体虚拟"在场"的方式解决了物理的"不在场"问题，从而使得人类知识生产中的远程即时合作成为现实。可以说，电子网络已然化身为人类远程即时交流互动的建构者，

---

[1] 〔加〕乔治·西蒙斯：《网络时代的知识和学习——走向连通》，詹青龙等译，华东师范大学出版社，2009，第8页。
[2] 〔美〕保罗·莱文森：《新新媒介》，何道宽译，复旦大学出版社，2014，第1、4页。
[3] 〔美〕乔纳森·齐特林：《互联网的未来》，康国平等译，东方出版社，2011，第78、79页。

使得知识生产的集体协作规模不断扩展，甚至超出国界；知识不仅是协商的产物，而且越来越成为国际性协商的产物，因为网络使协商变得更加容易。尼葛洛庞帝对此评论道："在数字化世界里，距离的意义越来越小。事实上，互联网络的使用者完全忘记了距离这回事。"[1]

第三节　网络知识的评价机制
——以维基百科为例

由维基百科开启的大众化参与的知识生产方式，必然会引出一个相关的重要问题，就是知识的评价机制问题。新的知识生产方式需要有新的知识评价机制与其相适应。当维基百科中任何一位爱好者都可以随时增加或编辑现有内容时，它的便捷性毋庸置疑，但它的可靠性则成为一个突出的问题。然而，维基百科从初创时的倍受质疑发展到今天成为社会公众普遍查阅的知识来源，表明了一种进化而来的新的知识评价机制起到了对其可靠性的保障作用，而这种评价机制，实际上也成为网络知识生产方式的重要组成部分。

一　维基百科词条内容的可靠性

从词源学上看，"百科全书"（encyclopedia）一词来自"圈"（cycle），意指一部百科全书的目标是把特定时间内所有的人类知识都涵盖其中。因此，一部成功的百科全书的首要标准是"全面"，也就是说，百科全书的词条需要有广泛的覆盖面。截至2017年3月，维基百科共收录了4万条高质量的精选词条和好的词条。截至2022年3月，维基百科的20种最大的语言编辑量以指数级

---

[1]〔美〕尼古拉·尼葛洛庞帝：《数字化生存》，胡泳、范海燕译，海南出版社，1997，第208页。

增长，其中，英语词条最多，高达 646 万多条。[1] 这些词条几乎覆盖了所有的知识领域，无疑，可称得上是百科全书。但是，广大的覆盖面只是成为百科全书的一个必要条件，而不是充分条件。

从功能上来看，成为百科全书还需要具有两种主要功能：教育功能和查阅功能。百科全书最初的功能主要是教育，随着时代的发展和人类知识总量的不断增加，知识分类的必要性就凸显了出来。这就要求百科全书具备查阅功能。到 20 世纪下半叶，百科全书发展到了两种功能并重的新阶段。[2] 当人类知识的总量庞杂到一定程度时，百科全书的词条需要按适当的方式来编排，唯此才能方便读者查阅；百科全书词条的内容必须具有权威性或足够准确，唯此才能保证词条内容的有效性和可靠性。维基百科是依托网络平台和互联网技术的在线百科全书，它所具备的在线自动检索功能，使得使用它比使用纸质版的传统百科全书，更加灵活便捷。人们在传统百科全书中查找词条，需要事先掌握相应的查找方法，而在维基百科中查找词条，则只需要输入关键词或需要查找的词条即可，不需要掌握特殊的查找技巧。

然而，涵盖范围广、查阅功能灵活便捷，并不能算是百科全书最核心的优势。对于具有教育与查阅功能的百科全书而言，词条内容的准确性，才是最重要的。狄德罗和达朗贝尔在 18 世纪主编百科全书时，曾精心挑选了 160 名拥有不同学术背景和工作的人来撰写词条，孟德斯鸠、孔多塞、伏尔泰、卢梭等具有影响力的专家学者都为这部百科全书撰写过词条。这种观念也一直延续到了今天。即使《大不列颠百科全书》在 2012 年全面转向了数字版和网络版之后，也依然强调其作者包括"最受尊敬的诺贝尔奖得主"[3]，来凸显

1　资料来源：http：//en.volupedia.org/wiki/Main_Page。
2　杨文祥：《百科全书历史发展规律初探》，《图书馆学研究》1994 年第 1 期。
3　资料来源：https：//global.britannica.com/editor/The-Editors-of-Encyclopdia-Britannica/4419。

词条内容的可靠性和权威性。传统百科全书出版之后，读者只能在无法干预编写过程的前提下，把词条内容当作是标准定义或知识来接受。[1] 根据传统百科全书的这种编写标准，对于人人都可以通过网络来随时修改词条内容的维基百科来说，词条的可靠性自然会倍受质疑。《大不列颠百科全书》的前任编辑麦克亨利（Robert McHenry）就指出，将编辑过程对所有人开放，而不论他们是否具有专长，都意味着其准确性，永远无法得到保证。[2]

因此，为了验证维基百科词条的准确性，各种各样的审查方式相继展开。首先是《自然》杂志在2005年进行过一次由专家组成的针对维基百科的调查。这一调查首先通过同行评审来对维基百科和《大不列颠百科全书》中的科学词条进行对比。在42个受审查的词条中，准确率方面的差异却出乎人的预料：维基百科词条的不准确之处有4处，而《大不列颠百科全书》词条的不准确之处有3处。[3] 这次调查表明，维基百科词条的准确性，并不像人们直觉上想象的那样糟糕。2006年，托马斯·切斯尼（Thomas Chesney）通过实验来检验维基百科词条的可靠性。在他的实验中，把55名研究人员、研究助理和博士生分成两个测试小组，要求他们分别阅读相同的维基百科词条。这些词条有的与阅读者的专业相关，有的只是随机选取的。然后，要求他们填写一份精心设计的调查问卷来对词条内容的可信度、参与者的可信度、维基百科的可信度等方面做出评价。结果是，在专家组和非专家组中，专家组对词条可信度的评价，高于非专家组对词条可信度的评价。[4] 不仅如此，在《纽约时报》于2007年刊发的《法院有选择性地求助于维基百科》的一篇文章中指出，美国从"2004年开始，已经有超过100个司法裁决是依赖维基百

1　Jean-Gabriel Ganascia, "View and Expamples on Hyper-Connectivity", in L. Floridi（eds.）, *The Onlife Manifesto*, Springer International Publishing Press, 2015, p. 72.
2　J. Giles, "Internet Encyclopaedias go Head to Head", *Nature*, 2005, 438（7070）, pp. 900-901.
3　J. Giles, "Internet Encyclopaedias go Head to Head", *Nature*, 2005, 438（7070）, pp. 900-901.
4　T. Chesney, "An Empirical Examination of Wikipedia Credibility", *First Monday*, 2006（11）, http: // firstmonday. org/article/view/1413/1331.

科做出的，其中的 13 个出自巡回上诉法庭"[1]。

更加详尽的调查结果来自约翰·霍普金斯大学医学院的德夫根（Lara Devgan）等人在 2007 年通过同行评审对维基百科词条准确性进行的审查。德夫根等人根据美国国家卫生统计中心（National Center for Health Statistics）所界定的最常见的住院治疗程序，在维基百科中选取相对应的词条，然后将这些词条分别送给两位专家，请专家对词条的准确性分别作出评价。经过数据的汇总与分析之后，他们发现，所有的词条内容都是准确的，但是，"只有 62.9% 的词条没有重大遗漏"[2]。为此，他们最终得出的结论是，维基百科是一个准确但不完备的医疗参考资料。[3] 这个评论的言外之意是，在所调查的词条中，应有 37.1% 的词条内容准确但却有重大遗漏。这个比率远远大于维基百科标示的"精选词条"的比率。这也间接地验证了"精选词条"的可靠性。

2011 年，布拉格斯（George Bragues）在维基百科中选取了关于七位著名西方哲学家的词条。这七位哲学家分别是：亚里士多德、柏拉图、康德、笛卡尔、黑格尔、阿奎那和洛克。然后，他选取了四本著作作为参考文献，它们分别是罗素编写的《西方哲学史》、柯普斯登（Frederick Copleston）编写的《西方哲学史》、洪德里奇（Ted Honderich）编写的《牛津哲学指南》以及波普金（Richard Popkin）编写的《哥伦比亚西方哲学史》。接着，布拉格斯将维基百科词条内容与参考文献中的内容进行比较。结果，他得出的结论非常类似于德夫根等人的结论。布拉格斯说，"我没能发现任何明显的错误"，

---

[1] N. Cohen, "Courts Turn to Wikipedia, But Selectively", *New York Times*, January 2007, http://www.lexisone.com/news/ap/ap012907a.html.

[2] L. Devgan, N. Powe, B. Blakey, et al., "Wiki-Surgery? Internal Validity of Wikipedia as a Medical and Surgical Reference", *Journal of the American College of Surgeons*, 2007（3）, p. S77.

[3] L. Devgan, N. Powe, B. Blakey, et al., "Wiki-Surgery? Internal Validity of Wikipedia as a Medical and Surgical Reference", *Journal of the American College of Surgeons*, 2007（3）, p. S77.

"维基百科的过失不在于犯错而在于遗漏"[1]。

这些调查结果虽然都是抽样调查，还没有做到全样本比较，但是其结果足以表明，维基百科的词条内容在某种程度上是可靠的，尽管有些词条内容有遗漏或不完备。事实上，在实际运用中，维基百科作为一种百科全书，不论是收录的词条规模，还是更新词条内容的灵活度，都是任何一套传统百科全书无法企及的。因此，维基百科已经不再只是一部可以动态修订和随时扩充新词条的电子百科全书，而是成为一种大规模的社会现象，一项宏大的知识工程。这项知识工程不仅提供了人们在当代信息与通信技术下传播知识的新方式，而且提供了评价知识的新基础。

二　知识管理模式的创新：从遵从专家转向依靠集体智慧

就知识的大众传播与接受而言，维基百科全书的创建，无疑是一项前所未有的革命，它既体现了在自媒体时代，人们已经习惯于利用互联网来获取传播知识乃至生产制造知识，也决定了基于互联网的维基百科的编辑模式与管理方式，必然不同于传统百科全书，需要有理念与模式上的创新。

就编辑模式的创新性而言，维基百科的开放式编辑模式，为世界各地的学者编写同一个词条，提供了一个互动交流的平台，从而使得作者和读者之间无法沟通的界线消失了：对于任何一名维基百科的读者来说，即使在没有维基账户的情况下，也可以参与维基百科的词条创建和编辑工作。这种不受时间和地域限制的编辑方式，也携带着天然的纠错功能，使得词条的编写工作总是处于动态的修改和纠错之中，或者说，处于"待续状态"。相比之下，以《大不列颠百科全书》为代表的传统百科全书，采用了封闭的编辑模式。

1　G. Bragues, "Wiki-Philosophizing in a Marketplace of Ideas: Evaluating Wikipedia's Entries on Seven Great Minds", *Mediatropes*, 2011 (1), p.152.

在该模式中，出版者、作者、编辑和读者之间存在着泾渭分明的界线，而且，四种不同的角色发挥着完全不同的作用：出版者负责招募作者和出版发行，作者负责编写词条，编辑负责统稿和编排工作，读者只是被动地查阅，无法及时表达其阅读感受。

另一方面，维基百科的作者可以是匿名的，有的作者有虚拟身份，而有些作者连虚拟身份都没有。虽然在当前的技术条件下，理论上可以追踪到作者，但是，更为重要的是，这种匿名的编辑模式显然不能将作者与责任紧密地联系起来。维基百科也承认，由于这种匿名性，出现恶意词条也是常有之事，也会造成作者之间关于词条内容的频繁争论。为此，维基百科在"行为政策"条款中，详细地列出了解决争端的机制，包括评论、调解和仲裁三个环节。这些政策使得作者们在经过充分的争论之后，通常总能校正错误词条、充实不完备词条和删除不实词条。相比之下，传统百科全书采用记名的编辑模式，不仅可以避免出现恶意词条和不实词条的糟糕情况，读者还可以通过网络版的《大不列颠百科全书》直接点击含有作者姓名的链接来查阅作者的相关信息。既做到了文责自负，有利于规范作者的编辑行为和提高作者的责任心，也有助于出版者通过词条作者的学术荣誉来宣传词条内容的权威性与可靠性。

然而，维基百科采用的这种开放式匿名编辑模式，尽管不能像传统百科全书的词条作者那样做到文责自负，但并不是维基百科的主要缺陷。相反，这种方式反映出在当代信息与通信技术条件下，当人类社会从信息匮乏发展到信息过剩时代时，学会辨析知识的真伪必须成为一项基本技能。维基百科词条内容的可靠性，一是通过许多编辑的不断修改来保证，而且读者在查阅这种处于不断修改中的词条内容时，是主动的判断性接受，而不是像查阅传统百科全书那样，是被动的记忆性接受。二是通过管理政策来保证。维基百科要求词条撰写者必须遵守三项核心政策：（1）观点的中立性，意指所有的维基百科词条都应该以中立的观点来撰写，公正地呈现出有意义的观点；（2）可证实性，意指维基百科词条内容所引证的材料都必须是真实可靠的和可查证的，所有的词条都立足于维基百科以外的可靠的资料来源，经常会用导出链接转接到那些资料来源，而且，读者应该不依赖于编辑所写的内容来核实材料，如果发现错误，自己就能变成编辑并纠正错误；（3）无原创性研究，意指维基百科不发表原创性研究，所有词条内容都应有据可查，词条内容来自现有的"公认知识"。也就是说，维基百科的词条内容是现在知识的汇编，而不是撰写者本人的创新性研究，也就是只进行二阶知识的生产，而不进行一阶知识的生产。

正因为如此，维基百科在扬弃了传统百科全书采用的封闭式记名编辑模式的同时，也相应地变革了传统百科全书遵从专家的知识评价机制。上面调查提供的反直觉的结论，涉及我们在传播二阶知识时，如何对待专家与新手之间的关系问题。在传统意义上，我们习惯于把专家理解为具有撰写相关词条的知识水平与能力的人，把读者理解为外行或新手。因此，我们通常会默认，专家和新手之间存在着知识鸿沟。这种认识是把关于一阶知识的专家与新手问题，等同于关于二阶知识的专家与新手问题。就一阶知识而言，新手或外行依赖专家或"遵从认识权威"是合理的。[1] 但是，在二阶的无原创性研究的知识层面，新手有能力获得公认的知识。为此，吉登斯（Anthony Giddens）把生活于现代社会中的每个人，在不同程度上依赖专家系统的现实，归结为是受现代性社会文化环境的引导。他认为，相信作为认识权威的专家是现代社会的典型特征。[2] 也就是说，这里存在一个转变观念的问题。

在信息文明时代，依托互联网平台而诞生的维基百科，完全颠覆了我们长期以来信奉的对专家新手之间存在的依赖与被依赖关系的现代性理解。维

---

[1] J. Hardwig, "Epistemic Dependence", *Journal of Philosophy*, 1985, 82（7）, pp. 335-349.
[2] 参见〔英〕安东尼·吉登斯《现代性的后果》，田禾译，上海译林出版社，2000。

基百科提供的开放式匿名编辑模式，恰好与现时代强调从专家到新手或外行的自上而下的知识传播方向相反，更多地强调从新手或外行到专家的自下而上的知识互动过程。在网络社区、互联网问答平台上对于专家权威的公开评价中，尤其明显。编写百科全书的词条，不同于科学研究中提出新定律或新概念，后者需要建立在亲身研究实践之基础之上，而撰写词条内容通常使用的是二阶知识，即无原创性知识，新手完全可以参考专业性较强的权威材料来编写。这种编写方式事实上是使专家知识的权威性在更隐蔽的层次上发挥效用，即由直接参与变成了间接参考。当词条编写者出现了对词条内容的理解偏差，乃至现出恶意捣乱的情形时，后继修改者的集体智慧可以起到纠错的作用。

比如，"约翰·席根塔勒（John Seigenthaler）事件"，就是一个关于恶意词条的事例。2005年，有匿名用户创建了关于席根塔勒的词条，并断言说，席根塔勒涉嫌参与对美国前总统约翰·肯尼迪和其弟弟鲍比·肯尼迪的刺杀。[1] 而现实情况却是，席根塔勒是前美国司法部长罗伯特·肯尼迪的行政助理。这个词条存在了四个月之后被席根塔勒本人发现，最终得到了修改。而该词条的创建者现身后，却表示这只是一个玩笑。类似于这样的恶作剧在维基百科上显然是无法避免的。但是，开放的编辑方式，最终总是能发现这些恶意或不实之作。而且，编写者们就同一词条内容的争论史或修订史，还能为后面的读者进一步准确地把握词条提供认识论的启迪。

这种集思广益的全球脑式的编辑模式，是当代互联网技术下特有的。它不仅使得每个词条的知识内容都成为动态可修改的，能够做到随时与科学的发展保持一致，从而克服了传统百科全书中的词条更新时间较长的弊端，而且把人们对二阶知识的评价基础从无条件地遵从专家转向动态地依靠集体智

---

[1] 资料来源：https://en.wikipedia.org/wiki/John_Seigenthaler#Wikipedia_controversy。

慧。其实，在传统百科全书推崇的遵从专家的问题上，有时专家之间也会产生分歧。只是传统百科全书的撰写模式，不可能把这种分歧展现出来而已。专家在编写有争议的词条内容时，往往容易根据自己的理解来撰写，反映不出相左的观点。而在维基百科的撰写模式中，对相同词条内容的理解分歧变成了词条内容从不成熟走向成熟的历史记录，反映了词条被编辑的历史轨迹。

撰写维基百科词条的集体生产知识的方式，类似于黄金时代的雅典的民主政治方式。雅典的民主政治虽然只持续了大约140年，但却留下了令人向往的历史记忆。那时，雅典公民在广场（agora）上集会，就他们所关心的某一议题展开公开的集体辩论，然后达成共识。这种形式的集会"为他们的决策的正确性提供了辩护。集体商定的行动方针受到所有人的支持，而反对它则被认为是难以置信的和不道德的，其原因不在于它是一个最终由国王下达的命令，而在于它是大多数利益相关者以民主方式做出的决定，是他们共享的决定"[1]。同样，维基百科用户是聚集在互联网搭建的平台上形成相关词条内容的集体共识。但是，线上的互动讨论并不完全等同于线下的互动讨论。因为在线上的共识中，有时会出现虚假共识。在这种情况下，如果我们把知识理解看成是"得到辩护的真信念"，那么，就需要进一步论证，在维基百科中，如何能保证使获得辩护的集体共识与"真信念"联系起来的问题。

首先，要判断线上词条的撰写者们能否被视作一个集体而非个体的随机组合。因为对于个体的随机组合而言，他们缺乏做出集体决定的能力和机制。在维基百科的管理方式中，管理者们制定了包括内容、行为、删除、强化、法律、程序在内的六大类政策来约束词条编写过程。比如，在判断和处理恶意破坏的政策条款中，有禁止滥用标签、恶意创建账号等22条禁令，并对每一条禁令都做了详细的说明。这样，无论是维基百科的词条作者，还是管理

---

[1] C. Ess,"Reengineering and Reinventing both Democracy and the Concept of Life in the Digital Era", in L. Floridi（eds.）, *The Onlife Manifesto*, Springer International Publishing Press, 2015, p. 129.

员，当他们参与到维基百科的编辑过程中时，首先要遵守共同的政策或规范，这些规范的最高目标是，把维基百科词条的质量提高到越来越接近吉米·威尔斯（Jimmy Wales）所倡导的达到与《大不列颠百科全书》一样的高度。正如维基百科的研究者所言，我们只有将作者视作是参与到生产出具有一定质量的在线百科全书的集体事业之中，才能很好地解释作者的行为。[1] 拉里·桑格（Larry Sanger）也指出，对维基百科成功的最佳解释不在于彻底的平等主义，也不在于拒绝专家参与，而在于自由、开放和自下而上的管理。[2]

其次，维基百科的词条作者不仅在线上共享着相似的目标，而且还在线下参加相应的集体活动，增加集体凝聚力，从而在某种程度上表现出集体社交行为。例如，维基媒体基金会每年都会组织一次由"维基"系统的所有用户参与的国际会议，参加者喜欢把自己称为"维基百科人"。这种通过线上的规则约束和线下的参与互动，把参与者组织起来的管理模式，使得维基百科词条的松散撰写者，变成了有集体目标的"维基百科人"。伍利（Aggarwal Woolley）等人的研究表明，就集体而言，集体智慧是构成集体行为的基础，是集体自身的属性，它体现为能够集体地完成各项任务的综合能力。[3] 集体智慧的高低决定了集体行为实现集体目标的好坏。在一个集体中，集体智慧表现得越好，越能达到符合其目标的结果。维基百科正是通过精致的过程管理方式，让分散在世界各地的离散的词条撰写者，成为认同维基百科集体意识的维基百科人，并借助这些人的集体智慧来达到提高词条内容质量的目标。

最后，维基百科的开放式匿名编辑模式和规范的管理流程，为更好地发挥维基百科人的集体智慧提供了客观保障。集体智慧是指简单个体通过相互合作形成复杂智能的特性。集体智慧能否得到更好的发挥，取决于在多大程

---

[1] D. Tollefsen, "Wikipedia and the Epistemology of Testimony", *Episteme*, 2009, 6 (1), pp. 8-24.
[2] L. Sanger, "The Fate of Expertise after Wikipedia", *Episteme*, 2009, 6 (1), pp. 52-73.
[3] A. Woolley, C. Chabris, A. Pentland et al, "Evidence for a Collective Intelligence Factor in the Performance of Human Groups", *Science*, 2010, 330 (686), pp. 686-688.

度上满足下列三个条件：人数众多、背景多样、相互激发。对于一个集体而言，人数越多，集体犯错的概率就越小；知识背景越多样，纠错能力就越强，集体表现就越好；去中心化的激发式交流越频繁，集体越能智慧地行动。一般来说，成员感觉平等的集体，比由少数人主导的集体，表现得更加智慧。[1] 显然，维基百科词条的撰写由于不受时间与地域条件的限制，在技术上很容易满足这三个条件。人人参与的编辑方式保证了人数的众多和知识背景的多样性，记录编辑过程和建立相应的交流页面，实现了自主而平等的片段式交流。因此，注重过程管理，使得经历了长期编辑过程的维基百科词条内容作为集体智慧的产物，在准确性上能够达到不亚于《大不列颠百科全书》的水准。

然而，我们也应该注意到，在维基百科中，词条内容的成熟度存在着很大的差异。这种差异性既与词条创建时间相关，也与词条本身的社会关注度相关。对于一些关注度较低和新创建的词条而言，词条背后的作者集体还没有形成，无法通过集体智慧来保证词条内容的可靠性。因为这样的词条既没有经过充分的争论，也没有得到集体的认同，或者说，还没有形成集体共识。这也说明了维基百科词条内容的确认，具有一定的延迟性。维基百科的管理者把海量的词条区分为两类。他们把那些经过充分争论和长期编辑之后，符合准确性、中立性、完备性标准的词条标示为"精选词条"和"好词条"，并认为这些词条是其他词条的范例，"是维基百科所能提供的最好的词条"[2]。

根据 2017 年 7 月 31 日公布的数据，在英语版本的维基百科中，从五百万多词条里挑选出 5094 条"精选词条"，比率为 1∶1080，接近 0.1%[3]，据

---

[1] A. Woolley, I. Aggarwal, T. Malone, "Collective Intelligence and Group Performance", *Current Directions in Psychological Science*, 2015, 24（6）, pp. 420-424.

[2] 资料来源：https：//en.wikipedia.org/wiki/Wikipedia：Featured_articles。

[3] 资料来源：https：//en.wikipedia.org/wiki/Wikipedia：Featured_articles。

2016年4月16日公布的数据,在英语版本的维基百科中,从5452807条词条中挑选出26351条"好词条",比率为1∶207,接近0.5%。[1] 比率很低恰好说明了维基百科编辑选择词条的严谨性。也许其中的一个主要原因与维基百科允许无限期修改分不开。比如,在英语版的维基百科中,查看哲学门类的精选词条"Hilary Putnam"的编辑历史,可以发现,这一词条创建于2002年8月23日,当时的词条只有126字节,最后一次编辑是2017年7月8日,这时该词条达到68321字节,在此期间,该词条总共被编辑了1340次,共有544名用户参与了这一编辑过程。[2] 这表明维基百科的词条内容足以用"没有最好只有更好"来形容。但这只是针对极少数精选词条而言的,对于绝大多数词条来说,其可靠性通常处于不断提高的过程之中。因此,对维基百科而言,不是拒绝看到不可靠的词条,而是学会如何使词条可靠。

这里应该改变的是我们对待知识的习以为常的评价标准。事实上,人类的知识总是处于不断更新和变化之中,对于变化之中的知识而言,追求绝对的不变性和确定性,显然是现代性思维方式的最大痼疾。一方面,我们有必要区别一阶知识和二阶知识。对于一阶知识而言,依然需要遵从专家,但对于像百科全书这样的二阶知识而言,通过严格而规范的过程管理,依靠爱好者的集体智慧,依然可以保证知识的可靠性,尽管缺乏完备性。另一方面,我们有必要区分个人认识论和社会认识论。个人认识论是自近代自然科学产生以来,现代性思维方式的产物,在当代信息与通信技术条件下,已经不再适用。维基百科在保证词条内容可靠性的过程管理中,依赖于集体智慧的编辑模式,为验证社会认识论提供了一个很好的范例。

---

1 资料来源:https://en.wikipedia.org/wiki/Wikipedia:Good_articles。
2 资料来源:https://tools.wmflabs.org/xtools/wikihistory/wh.php?page_title=Hilary_Putnam。

三　知识管理技术的创新：从机器人编辑到分布式智能

为了方便起见，我们在前面讨论维基百科依靠集体智慧来保词条的可靠性时，并没有涉及使用软件机器人（即自动或半自动程序）参与编辑和维护的情况。事实上，维基百科创建一年之后，即2002年，就借助自动软件程序从美国的"联邦标准1037C（美国总务管理局发布的对于电信专业术语的汇编）"中创建了几百个词条。[1] 而且，据2022年3月7日维基网站提供的数据显示，在英语版的维基百科中已经使用机器人维护了55352467个网页。这些机器人能够进行快速编辑和阻断不正确的操作，进一步优化维基百科内容的维护方式。[2] 比如，在加州理工学院学习的维吉尔·格里菲斯（Virgil Griffith）开发了Wikiscanner软件。管理者可以借助Wikiscanner的技术洞察力来查看编辑的IP地址，然后，根据具有IP地址定位功能的数据库（IP地理定位技术）来核实这个地址，揭露出匿名编辑，曝光出于私心而修改词条的那些编辑，从而达到维护维基百科词条质量的目标。[3]

我们把这种参与词条管理和采编的软件机器人称为"机器人编辑"，截至2022年3月7日，机器人编辑在维基百科中获准执行的任务已经达到2574项。[4] 当一个词条的内容是由机器人编辑和人类编辑共同编写完成时，这个词条的知识内容就被称为"分布式知识"（distributed knowledge）。维基百科中使用的机器人编辑有两种类型：作为执行任务的自动软件机器人和作为半自动辅助工具的机器人。自动软件机器人能够独立执行一项完整的操作，而

---

[1] Wikipedia, "History of Wikipedia Bots", 2017-11-30, https://en.wikipedia.org/wiki/Wikipedia:History_of_Wikipedia_bots.

[2] 资料来源：https://en.wikipedia.org/wiki/Wikipedia:Bots, 2022-03-07。

[3] R. Rogers, *Digital Methods*, Cambridge: The MIT Press, 2013, p. 37.

[4] 资料来源：https://en.wikipedia.org/wiki/Wikipedia:Bots, 2022-03-07。

半自动辅助工具则会将最后的决定性操作留给人类编辑来完成。机器人编辑的主要工作包括，自动地从数据库中引入词条，发现维基百科词条撰写过程中存在的恶意破坏行为，处理、检查词条编辑过程中出现的拼写错误，从维基百科中抽取数据，以及通过比对来报告可能的侵权行为，等等。[1]

就特定的编辑操作而言，机器人编辑的工作效率与速度是人类编辑无法比拟的。但另一方面，如果机器人编辑出现错误，所造成的破坏也要比人类编辑的破坏大得多。所以，机器人编辑不仅如同一般技术一样也是一把双刃剑，而且还会向人类编辑提供信息并影响人类的判断。维基百科共同体（Wikipedia community）为了尽可能地规避应用机器人编辑可能会造成的危害，同样也出台了维基百科的机器人政策（bot policy）来严格地限制机器人编辑从最初的功能设想到最终运行于维基百科的各个环节，这些政策主要体现为下列三大原则：首先是共识原则，即只有当维基百科共同体对具有特定功能的机器人编辑的需求达成共识时，相应的机器人编辑才有可能被应用于维基百科；其次是审核原则，即机器人编辑在投入使用之前，需要接受严格的审核流程，包括机器人授权小组（Bot Approvals Group）提出申请、获得授权并且通过测试三个步骤；最后是独立账户原则，即机器人编辑，特别是自动的软件机器人，必须与维基百科的人类编辑一样，注册独立的维基百科账户，而且机器人编辑只有在其账户处于登录状态时，才能够执行相应的任务。[2]

然而，值得注意的是，这三条机器人政策或限制性原则却反过来使机器人编辑具有超越某些人类编辑的优势。首先，共识原则允许部分自动的软件机器人获得管理员的权力，成为管理机器人（adminbots）。在维基百科中，管

---

[1] Wikipedia, "Types of Bots", 2017-08-06, https：//en.wikipedia.org/wiki/Wikipedia：Types_of_bots.

[2] Wikipedia, "Bot Policy", 2017-11-13, https：//en.wikipedia.org/wiki/Wikipedia：Bot_policy.

理员具有执行特定操作的技术权力，包括封禁和解禁用户 IP、编辑一般用户无法编辑的受保护页面以及删除页面等。[1] 另外，维基百科还在总体上期望管理员成为共同体的榜样，把他们看成是公正的，并具有良好判断力的管理者[2]，这样，能够取得管理员资格的机器人，似乎具有比一些人类编辑更加高尚的道德优势。其次，审查原则允许通过审核程序的机器人编辑在执行操作时受到的限制，比大多数人类编辑在执行操作时受到的限制更少。最后，独立账户原则使机器人编辑在维基百科的用户权力等级排序中位于中间位置，其权力往往明显超过那些受到封禁的用户、匿名用户和新注册的用户。[3]

机器人编辑在维基百科中之所以具有如此优越的地位，是与维基百科的撰写方式密切相关的。维基百科最大的创新是，试图借助当代信息技术的优势，颠覆传统纸质百科全书直接依赖于专家的封闭式的词条编写模式，开发出一种开放式的不断互动的编辑模式，在开放编辑、互动修改的过程中，确保词条内容的真实性和可靠性。这种编辑模式的创新来源于编辑理念的创新。维基百科的编辑理念并不像传统纸质版的百科全书那样，首先由专业人员撰写，然后，由相关专家审定把关，而是更加推崇词条内容编辑的动态性、资料来源的合法性或权威性和最终达成的编辑共识。因此，维基百科的词条内容并不要求一次性完成，而是永远处于动态更新和被维护状态。维基百科的理念认为，编辑在创建词条时，内容的不准确和不可靠，会在依赖于集体智慧的、开放的、众多编辑的不断争论和互动过程中得到修正。

维基百科的这种编辑理念包含着两个相互依赖的核心要素：一是把词条内容的可靠性看成一个过程的函数，或者说，置于不断提高的过程当中，成

---

[1] Wikipedia, "Administrators", 2017-12-21, https：//en.wikipedia.org/wiki/Wikipedia：Administrators.
[2] Wikipedia, "Listofpolicies", 2017-10-28, https：//en.wikipedia.org/wiki/Wikipedia：List_of_policies#Content.
[3] S. Niederer, J. V. Dijck, "Wisdom of the Crowd or Technicity of Content？ Wikipedia as a Sociotechnical System", *New Media & Society*, 2010（8），p. 1372.

为一个追求目标和一种价值理想；二是使读者能够依据词条在其编辑历史和编辑过程中呈现出的表征线索和身份线索来对词条内容的可靠性做出间接判断。[1] 即使针对表征和身份做出的判断要比直接针对内容做出的判断弱得多，但是，他们坚信，通过广泛而持久的编辑讨论，同样能够确保判断的有效性。比如，在2004年的时候，任教于纽约州立大学布法罗分校的哈拉维斯（Alex Halavais）化名为"哈拉韦博士"故意在维基百科的不同词条中植入了13处错误信息，而这些错误在不到三个小时之内就被发现并得到了改正。[2] 这些错误之所以能够得到如此迅速的改正，正在于表征和身份的关联效应，即如果发现某位编辑人员的编辑有错误，那么他或她的其他编辑内容将会成为被怀疑的对象。虽然错误得到改正并不总是如此及时，但维基百科所取得的成功已经证明，那些经过充分讨论的词条内容中存在的错误，最终会得到纠正，并达到不亚于传统百科全书词条内容的准确性。

正是在维基百科的特殊管理与编辑模式下，我们看到，知识准入门槛的降低，不仅为非专家的编辑人员提供了传播知识或生产二阶知识的机会，而且为能够更为高效地将这一编辑理念付诸实践的机器人编辑提供了发挥其优势的空间和可能。因此，在维基百科中，机器人编辑所起的作用，以及它们与读者的互动，更加类似于人类编辑，而非一般的工具。[3]

维基百科在知识管理上的技术创新，还体现为人机共生的分布式编辑系统。

如果说，传统的纸质百科全书像是精于内容管理但受制于场地约束的"图书馆"，那么，维基百科则更像是精于形式管理但却是漫无边际的"知识

---

[1] D. Fallis, "Toward an Epistemology of Wikipedia", *Journal of the American Society for Information Science & Technology*, 2010（10）, p. 1667.

[2] B. Read, "Can Wikipedia Ever Make the Grade?" *The Chronicle of Higher Education*, 2006-10-27, https://search.proquest.com/docview/214664892? accountid=10659.

[3] Wikipedia, "Creatingabot", 2017-11-18, https://en.wikipedia.org/wiki/Wikipedia: Creating_a_bot.

海洋"。遨游在知识海洋里的读者和编辑人员,不仅鱼龙混杂,而且动机各异。因此,预防恶意破坏行为,构筑维基百科的免疫系统或防火墙,成为维基百科能否良性运行的关键所在。在维基百科的管理模式中,这项工作是由人类编辑和机器人编辑共同完成的。人类编辑所起的作用越来越依赖于半自动的辅助工具。比如,在 2009 年,人类编辑利用半自动的辅助工具所完成的打击恶意破坏行为的总量,是不依赖于辅助工具总量的四倍多。[1]

Huggle 是维基百科免疫系统中最常用的工具之一。Huggle 的功能主要是尽可能地收集信息,发现可能的恶意破坏行为,并对这些行为进行自动排序,然后将排序结果呈现在相应的界面中。对于使用 Huggle 的人类编辑来说,他们不再需要为了发现可能的恶意破坏行为,逐字逐句地审查每个词条的编辑历史,而是只需要审查 Huggle 界面所提供的信息,然后,根据自己的判断,通过鼠标来点击相应的操作按钮,即人类编辑根据经验来决定,是将交流页面恢复到从前的状态,还是对相关的违规用户提出警告。由于交流页面是每个维基百科账户都拥有的公开页面,因此,这种警告的印记同时将为后面的人类编辑的进一步筛选提供参考。

在维基百科中,当人类编辑习惯于依赖 Huggle 等半自动的辅助工具提供的信息排序时,Huggle 就成为决定人类编辑视域的一个信息"窗口",或者说,框定或划定了人类编辑的认知视域,引导着人类编辑的认知决定。反之亦然,人类编辑的操作也会影响半自动辅助工具的处理对象和进一步采取的行动。因此,人类编辑与半自动的辅助工具之间的关系,完全不同于在一条生产线上按照生产次序机械地执行操作任务的工人之间的作业流程,而是相互依赖、相互耦合、相互纠缠,并且互为前提的合作者。在维基百科的免疫系统中,类似的合作不只是发生在人类编辑与 Huggle 等半自动辅助工具之

---

[1] R. Geiger, D. Ribes, "The Work of Sustaining Order in Wikipedia: the Banning of a Vandal", *ACM Conference on Computer Supported Cooperative Work*, Savannah, Georgia, USA, February, DBLP, 2010, p. 119.

间。发现恶意破坏行为并采取相应行动，实际上是人类编辑与半自动辅助工具以及自动的软件机器人之间三方使用的结果。

这种情况并不是维基百科特有的，在其他行业中也存在。比如，哈钦斯（Edwin Hutchins）在对大型舰船的导航过程进行了深入的民族志研究之后指出，在现代西方的导航方案中，为了确定船体的具体方位，不仅导航员之间需要精诚合作，而且还需要用到海图、望远镜等仪器，哪怕一个简单的仪器所提供的信息，也可能比任何一个人知道得多，导航员和各种航海仪器因而共同构成了分布式系统。[1] 飞机飞行也是如此。沿着同样的思路，维基百科中的机器人编辑获得的信息，也可能多于任何人类编辑获得的信息。而且，机器人编辑能够不知疲倦地一直坚守岗位或守护阵地，在第一时间发现不良操作。可见，机器人编辑与人类编辑在打击恶意破坏行为的过程中，共同构成了一个去中心化的行动者网络和一种人机共生的分布式维护与编辑系统。

维基百科中的机器人编辑的数量占编辑总量的比例随时间而增加。2006年，这一比例还不到4%，到2009年，这一比例已经上升到16%左右。[2] 而在2017年7月，在英语版本的维基百科中，仅最活跃的22个机器人编辑所做出的编辑数量就占到了编辑总量的20%左右。[3] 这一方面表明，在人类编辑和机器人编辑共同构成的分布式编辑系统中，机器人编辑所起的作用越来越大；另一方面似乎也让人担心，机器人编辑似乎有可能最终完全替代人类编辑，使维基百科变成一个全自动的采编系统。那么，当前维基百科中由人类编辑和机器人编辑共同构成的分布式编辑系统，是否会在不远的将来发展成为完全由机器人编辑所构成的系统呢？

---

[1] 〔美〕埃德温·哈钦斯：《荒野中的认知》，于小涵、严密译，浙江大学出版社，2010。

[2] R. Geiger, D. Ribes, "The Work of Sustaining Order in Wikipedia: the Banning of a Vandal", *ACM Conference on Computer Supported Cooperative Work*, CSCW 2010, Savannah, Georgia, USA, February, DBLP, 2010, p. 119.

[3] R. Geiger, "Beyond Opening up the Black Box: Investigating the Role of Algorithmic Systems in Wikipedian Organizational Culture", *Big Data & Society*, 2017, 4 (2), p. 3.

要回答这一问题,首先需要分析人类编辑和机器人编辑操作的内在机制。维基百科虽然将自己标示为一种"任何人都可以参与其中的自由的百科全书",但是,深度参与到维基百科词条编辑活动中却并非一件易事。为了成为一名合格的"维基百科人",人类编辑不仅需要了解维基百科的特殊习语、规范和行动指南,而且,由于机器人编辑的广泛应用,他们还不得不学会如何熟练地跟机器人编辑打交道。因此,相对于刚刚学会使用维基百科的新手来说,成为一名合格的"维基百科人"还是相当不易的。这也就是说,在维基百科中实际上存在着两个领域,即词条内容所涉及的领域和使用维基百科的领域。在人类编辑通过持续参与编辑过程并从中不断学习的过程中,只有少部分人能成长为精英级的编辑。当然,精英级的编辑不等同于是某个词条内容的专家,比如,编辑量子力学词条的编辑不一定是权威的量子物理学家,精英级的人类编辑由于积累了丰富的编辑经验和技巧,才能够有能力熟练地应对或解决词条编辑过程中出现的各种问题。

精英级的人类编辑判断词条内容可靠性的内在机制是建立在实践理解之基础上的,具有直觉感,而机器人编辑发挥作用依赖的是算法,是人类编辑对于错误编辑和恶意破坏行为可表征的形式上的理论理解。非精英级的人类编辑同样也依赖形式上的理论理解,只不过,这种理解不是算法,而是在维基百科中编辑词条时所需要遵循的一系列具体规则和指南。实践理解"体现的是应对者对局势的回应,是主客融合的行动,这时,应对者与环境之间的关系是动态的。这意味着,基于实践理解的认知已经超越了表征,是敏于事的过程"[1]。相比之下,理论理解"体现的是应对者对局势的权衡,是主客体分离的行动,这时,应对者与环境之间的关系是静态的。这意味着,基于慎思行动的认知是可表征的,是慎于言的过程"[2]。因此,机器人编辑与人类编

---

1 成素梅、赵峰芳:《"熟练应对"的哲学意义》,《自然辩证法研究》2017 年第 6 期。
2 成素梅、赵峰芳:《"熟练应对"的哲学意义》,《自然辩证法研究》2017 年第 6 期。

辑虽然都是根据词条的表征线索和身份线索发现并纠正错误编辑和恶意破坏行为，但是，与非精英级的人类编辑和机器人编辑相比，精英级的人类编辑在维基百科中发挥作用的内在机制更为高明。

对精英级的人类编辑来说，当他们参与到维基百科的词条编辑过程中时，并没有一套完备的规则或者固定的算法告诉他们到底什么样的表征、身份才是适当的，他们对于词条中的错误编辑和恶意破坏行为的认知是建立在对于整个语境中的关键要素的敏锐洞察之基础上的。就此而言，机器人编辑的工作实际上只是作为精英级的人类编辑所处语境的组成部分或构成要素，或者说，机器人编辑的工作只是直接为非精英级的人类编辑提供解决问题的具体方案与步骤。基于算法而发挥作用的机器人编辑有可能在某种程度上替代非专家级的人类编辑。但是，由于内在机制的差异，它们始终无法达到依据直觉而熟练应对各种问题的精英级的人类编辑的等级。

除此之外，维基百科共同体的结构也并非是一种完全平面化的结构，而是一种以共识为基础的等级制。在维基百科中，其创始人吉米·威尔斯（Jimmy Wales）是名义上的最大权威，在他之下，还存在着仲裁委员、职员、管理员等具有不同权力的编辑者，他们负责处理违规编辑、协调人类编辑之间的纠纷等，以此确保维基百科的原则、政策和准则得到落实。这些具有特殊权力的编辑者通常是富有经验的"维基百科人"。而且，他们当中也很难发现机器人编辑的身影：仲裁委员和职员中并不存在机器人编辑，即使是具有管理员权力的管理机器人，也只被明确地限制为是管理员。这进一步表明，机器人编辑无法完全取代人类编辑，而是两者构成了人机共生或互补的分步式编辑系统。

进一步，维基百科的知识管理的技术创新，还体现为从集体智慧到分布式智能的拓展。

如前所述，在由机器人编辑与人类编辑共同构成的分布式编辑系统中，机器人编辑在与人类编辑互动时，通常会表现出拟主体性。所以，当我们将机器人编辑的作用也纳入分析框架之后，我们对分布式知识可靠性的评价，就需要从只关注人类编辑之间的集体智慧，推展到关注人机共生的分布式智能，即人类编辑之间、人类编辑与机器人编辑之间、机器人编辑之间共同表现出的整体智慧。这样，在维基百科中，词条内容的编写不再只是一项知识性的工作，而是成为一项技术活儿，变成了取决于编辑政策与过程管理的一件事情。也就是说，词条内容成为"网络化的内容"，而内容的可靠性是通过技术性的环节来保证的，而不是通过人类专家的专业权威来保证的。正是在这种意义上，有研究表明，在维基百科的运行方式中，随着机器人编辑的增加，人类编辑在核心成员中所占的比例会越来越小，进而变成少数派。[1]

另一方面，维基百科的机器人编辑已经呈现出智能化趋势。以打击恶意破坏行为的机器人编辑为例，在新一代的 ClueBot NG 的算法中已经包含了机器学习、人工神经网络等高级算法。[2] 此类高级算法是受数据驱动的。也就是说，与上一代的 ClueBot 相比，ClueBot NG 不再依赖于预先定义好的固定规则来发挥效用，而是可以通过在数据库中的自主学习，不断地自动提高判定恶意破坏行为的能力。数据库中的数据来自人类的编辑活动，同时，人类的编辑活动为机器人编辑发挥作用创造了提升空间。智能的机器人编辑能够更为高效地执行任务，特别是监测在词条中故意插入错误行为时表现尤为突出。比如，曾有人为了监测维基百科机器人的警觉性，有意在特定的词条中插入错误，每次只插入三种错误，每组插入都来自不同的 IP 地址。这位研究人员为避免造成的破坏效果，在 48 小时之后主动移除插入的这些错误，以此检验作为一个技术系统的维基百科应对异常行为的能力，结果发现，机器人编辑

---

[1] S. Niederer, J. V Dijck, "Wisdom of the Crowd or Technicity of Content? Wikipedia as a Sociotechnical System", *New Media & Society*, 2010 (8), p.1371.

[2] Wikipedia, "Clue Bot NG", 2010-10-20, https://en.wikipedia.org/wiki/User: ClueBot_ NG.

在 48 小时内差不多纠正了一半的错误。[1] 这说明，机器人编辑的警觉性确实能够奇迹般地提高维基百科的维护能力。

另外，智能的机器人编辑在执行任务时，也会像人类编辑那样利用"恢复"按钮。"恢复"是维护维基百科的一种直接且有效的手段，也是编辑者之间主要的互动方式之一，它可以将遭受恶意破坏或者遭受不恰当编辑的页面直接恢复到之前的状态。但在实际的操作中，由于理解的差异性，情况往往是这样的：当 A 编辑修改了某一词条时，B 编辑会否定 A 的操作并将页面恢复到 A 修改之前的状态，而 A 则可能会在之后对 B 的操作实施进一步的恢复。针对"恢复"这一操作的研究表明，类似的相互恢复过程也发生在机器人编辑之间，而且这类操作的数量处于持续上升趋势。[2] 这意味着，不同的机器人编辑之间同样会发生频繁的相互激发。可见，智能机器人编辑的深度参与，明显地进一步提高了维基百科词条内容的可靠性。这说明，这种不同功能的机器人编辑之间的相互协作，以及智能机器人编辑与人类编辑之间的共生关系，所构成的分布式编辑系统，在保证词条内容的可靠性时，不仅依赖于人类编辑之间的集体智慧，而且还依赖于机器人编辑和人类编辑之间的分布式智能。或者说，维基百科词条内容的可靠性来自人类编辑的协作、组织构架的设计以及智能机器人编辑的维护。

四　未尽问题：文化渗透与算法权力

到目前为止，我们讨论问题的视域只限于同一种语言版本的维基百科全书。但事实上，维基百科大约有 270 种语言版本，虽然每个版本都声称共享

1　R．Rogers, *Digital Methods*, Cambridge：The MIT Press，2013，p.170.
2　M. Tsvetkova, R. Garcíagavilanes, L. Floridi, et al.，"Even Good Bots Fight：The Case of Wikipedia"，*Plos One*，2016，12（2），p. e0171774.

第九章　知识生产：电子网络介导的新特征　　543

了维基百科的三个核心原则：观点中立、可验证性和非原创性研究，但是有研究表明，当利用页面排序技术考查不同语言版本的维基百科中同一个词条的内容时，却发现有时也会出现不一致乃至矛盾之处。研究者认为，这种不一致或矛盾不是出于理解的偏差，而是隐含了一种文化现象，甚至是民族情怀。比如，他们通过诸如页面排名之类的技术，查看查询词条的排名之后发现，置顶的词条要么是关于西方的主题，要么是与美国相关的事件。特别是，通过对比在波兰语的维基百科和英语的维基百科中波兰名人和美国名人的词条发现，英语词条包含的关于波兰名人的个人生活信息，比包含的关于美国名人的波兰语词条的个人生活信息多得多。[1]

此外，随着互联网的普及和智能手机的不断升级，我们已经生活在自媒体时代。在这个时代，维基百科以理想主义的抱负，寄希望于全世界人民共同免费贡献知识和智能机器人编辑来自动采编知识。然而，现在这已经变成了我们文明面临的一大危险。首先，这种免费的百科全书极大地挤压了传统印刷百科全书的空间。如果继续这样发展下去，当维基百科成为唯一的百科全书时，就维基百科提供的内容而言，人们将会失去比照的对象，大多数情况下就只能接受；其次，如今维基百科已经变成了世界各地的势力集团试图控制的东西，2010年之前，大家讨论和担心的问题是，维基百科是否能够比传统印刷版的最佳百科全书更准确和更可靠，如今发现真正需要担心的问题是，维基百科比传统百科全书更容易被人操纵和控制。[2]

特别是，维基百科上迄今约有5800万个各种语言的词条，不仅词条规模是任何一部印刷版的百科全书无法比拟的，而且维基百科的词条总是出现在谷歌搜索引擎结果的顶部，因此，《大不列颠百科全书》的负责人将谷歌和

---

[1] R. Rogers, *Digital Methods*, Cambridge: The MIT Press, 2013, pp. 170-271.
[2] 〔美〕皮埃罗·斯加鲁菲、牛金霞、闫景立：《人类2.0：在硅谷探索科技未来》，中信出版社，2017，第199页。

维基百科的关系称为"共生性的"。[1] 这就造成了更危险的局面，一方面，跨语种维基百科词条内容的文化负载和易操控性表明，维基百科用匿名编辑和机器人编辑取代了专家的工作，为我们提供的只不过是一个巨大的信息库，并不是更好的知识；[2] 另一方面，维基百科已经成为人们获取信息的主要来源之一。如果照这样下去，那么，在信息碎片化和浅阅读的当代，如何实现高质量的"公共知识"的可靠传播反而成了一件令人担忧的事情。因此，我们在查阅与判断相关的社会、政治、文化类维基百科词条时，就要意识到其存在的文化渗透问题。

广而言之，当社会公众越来越多地依赖互联网工具的时候，编写程序、设计算法的人相应获得了一种设定认知的算法权力。这同样意味着，算法远非中立的，它不可避免地负载着算法编写者的价值取向。该如何理解算法权力这种价值负载呢？而且，更为重要的是，随着互联网更加多元化地嵌入到社会公众日常生活的方方面面，特别是考虑到"魏则西事件"[3] 这一惨剧，算法权力甚至能够在最根本的意义上决定着互联网用户的生存状态。这一进步表明，对算法权力进行反思并制定与完善相应的互联网法律法规，成为当前迫切需要解决的重要问题。

【本章小结】知识生产是知识活动的重要环节，它与信息技术密不可分；信息技术作为认识的手段，也是知识生产的工具，从生产工具决定生产方式的意义上，信息技术的历史发展决定了知识生产方式的历史变迁，当代信息技术造就了知识生产的电子化、数字化、互联化的新特征，后者还导向了知

1　R．Rogers, *Digital Methods*, Cambridge：The MIT Press, 2013, p.165.

2　〔美〕皮埃罗·斯加鲁菲、牛金霞、闫景立：《人类2.0：在硅谷探索科技未来》，中信出版社，2017，第199页。

3　2016年4月12日，西安电子科技大学21岁学生魏则西因滑膜肉瘤病逝。他去世前在知乎网站撰写治疗经过时称，在百度上搜索出武警某医院的生物免疫疗法，且该医院的排名领先，该疗法也被"说得特别好"。随后在该医院治疗后致病情耽误。此后了解到，该技术在美国已被淘汰。

识生产中的即时互动与大规模协作,并在二阶知识的生产中创造了大众参与的新模式,使知识生产成为群众性的事业,同时具有若干后现代的特征。知识生产中普通公众的大规模参与也促进了知识可靠性评价机制和管理模式的创新,维基百科在这方面较好地适应了信息时代的这种新变化,成为基于网络平台进行知识生产和对这种生产进行有效管理的范型。

第十章
知识传播：从移动网到智能网的新通道

通过知识生产所产生出来的成果，还必须通过知识传播来发挥其价值和作用，否则它们就只能是知识生产者个人头脑中的想法或看法。作为知识活动的重要环节，知识传播理应也是认识论的一个重要问题，但过去长期被忽略，没有成为认识论中的一章。知识传播之所以重要，从知识的社会性来看，只有进入传播的知识才能发挥知识的社会功能，因为知识只有在传播中才能得到交流，才能得到认可，才能产生社会影响，从而进入到建构人类精神文化大厦的过程，那些具有实用性的知识也才能得到社会的应用。从认识论来看，知识传播的意义凸显了认识是社会中的认识，是与社会其他成员互动中的认识。从信息技术看，知识的传播需要一定的手段，除了口耳相传外，信息技术（这里指器具信息技术）是知识传播的必要手段，它对知识传播具有多重影响，例如它决定知识传播的方式、影响知识传播的效果，从而影响认识如何演进，所以是当代认识论研究的一个重要问题。

第一节　媒介中的知识传播

目前关于知识传播的一般界定是："知识传播是一部分社会成员在特定的社会环境中，借助特定知识传播媒体手段，向另一部分社会成员传播特定的知识信息，并期待收到预期的传播效果的社会活动过程。"[1] 这一界定表明，一定的媒体手段或媒介技术是知识传播的必要条件，使得知识传播与信息技术关联在一起，从而是媒介中的知识传播。媒介形态的历史发展，对知识传播的方式无不产生着深刻的影响，作为知识传播的学习活动，也因传播技术的发展而不断改变着形式。

一　知识传播及其与信息技术的关联

知识传播是将知识由提供者传递给需求者，是从知识的生产过渡到知识的应用，也是使知识从个体的知识变为社会的知识，使知识能为更多人掌握，发挥其理解和改变世界的智力工具的功能。

因此，传播也应该是知识哲学从而认识论研究的重要一环，甚至在一定程度上成为决定知识命运的环节，决定知识是否成其为知识的重要因素，因为"知识是能被交流和共享的经验和信息"[2]，作为认识结果的知识，不进入交流和传播环节，就发挥不了知识的功能。知识是文化，而文化是一定群体范围内共同具有的东西，所以知识要具有这样的群体性，只能通过传播才能实现。在从个人知识变为公共知识的过程中，知识要产生更大的价值，就需要传播到更大的范围。传统的认识论并不关注知识的传播问题，只是关注知识的"内部生成"问题。其实知识通过人脑的内部机制得以生成之后，如果没有外部的传播，仍旧不能成为现实的知识，而只能是"可能的知识"。所以知识的传播可被视为知识的"外部生成"，它是知识"内部生成"的必要延续，从而也是知识的总体生成的不可分割的组成部分。不仅如此，它还对新的知识的内部生成构成反馈，并且是知识的载体从个体变为群体的途径，

---

[1] 资料来源：https://baike.baidu.com/item/知识传播/1160394? fr=aladdin。
[2] 〔美〕维纳·艾莉：《知识的进化》，刘明慧等译，珠海出版社，1998，第90页。

是知识具备社会性的必经之路。如果没有知识传播，认识主体无法形成、认识交流无法开展、认识能力无法提高、认识目的无法实现，从知识活动来说，知识生产也无从进行。

知识的表达是知识传播的一个环节，一定意义上就是知识传播的同义语。知识表达是用外在可感的符号（主要是口头的或书面的语言）将人的内部思维所产生的"主观知识"外化为"客观知识"，是将以内部的、无声的语言为载体的信息转变为以外部可感的符号等为载体的信息。这种信息由于具有了可以脱离个体而存在的物质形式，所以能够通过外在的媒介被传输，从而实现知识的传播，实现人的思维认识成果的相互交流。表达不仅仅是被动地充当着将思维成果外在化的工具，而且还可以反过来积极地使表达者的思维从表达活动中受到激活、启发和引导、推动，这就是思维从自己的外在化运动中所获得的"反馈动力"[1]。

知识的传播效能决定了知识发挥作用的大小、实现其价值的程度，而信息技术对于知识的传播效能则具有十分重要的作用。

信息技术作为知识传播的工具或手段，从多方面对知识的传播发挥作用，从根基上讲，它还作为载体对知识信息具有承载的作用。任何信息产品（包括知识）都要以物质为载体，知识作为信息不可能以"裸信息"的方式存在，只有承载于一定介质上，知识才能保存、显示和传播，这种介质或载体既包括像文字、符号、图像一类的软载体，也包括像甲骨、竹简、纸张、胶片、硅片一类的硬载体，无论软载体还是硬载体，它们都是人工的技术物品。

口耳相传时的传播介质虽然是作为天然物的空气，但此时的空气也不是纯粹的自然物，而是经人的声音作用后形成的"声波"，也被纳入特殊的人工物的范畴。由此看来，知识与信息技术具有不可分离的关系：物质性的信

---

[1] 参见肖峰《论思维与表达》，《人文杂志》1990年第10期。

息技术就是使得知识这种人造信息可以存在和传播的依托。信息技术和知识之间本身就是一种物质与信息的关系，从中可以进一步看到：知识就是信息技术所处理和传播的一种信息；信息技术就是对知识等信息进行物理操作和时空传播的装置或手段；而知识就是"镶嵌"在信息技术（包括符号系统）中的语义内容。当承载信息的载体被有目的地进行了空间移动或时间延续时，就行使了信息传递的功能，而载体技术的不同，传播的机制和方式也会不同，知识传播的效果也必然不同，所以作为知识载体的信息技术与知识的传播具有内在的关联性。

信息技术对知识传播的作用，还在于由它形成了特定的传播环境。这种知识传播的环境，可以从直接性和间接性两个层次上来理解。从直接性上理解，就是信息技术作为传播载体和工具，或我们今天常说的"技术平台"，它作为技术性的传播环境，直接决定了知识传播的方式和可能性，决定了不同形态和不同时代的知识传播及其根本特征。如印刷技术决定的纸本（固态）知识传播和网络技术决定的电态知识传播就具有许多鲜明的区别，这将在后面加以细述。从间接性上理解，也就是从信息技术能够改变整体性的社会环境或文化背景的意义上来理解。麦克卢汉阐发了这样的基本观点：任何技术都倾向于创造一种全新的社会环境，信息技术也不例外，尤其是信息传播方式的任何一次变革都会引起社会的巨大变化，以至于一个时代的标志便是这个时代所用的媒介。历史文化中的一切变化，都是媒介变革的结果，都可以从媒介中得到理解。媒介可以帮助我们理解历史的一切进程和现象，传播媒介是区分不同社会形态的标志，而每一种社会形态都成为知识传播的社会环境，于是媒介史就是人类的文明史，[1] 当然也就是知识及其传播变化的历史。甘惜分先生将行使通信功能的传播技术与文明的进化历程关联起来进

---

[1] 〔加〕马歇尔·麦克卢汉：《理解媒介》，何道宽译，商务印书馆，2000，第33—50页。

行考察:"在人类文明史上,大概找不到比传播更久远的历史。人类从生物进化成人类以来,人类社会持续不断的进步与发展,就是由于人与人、部落与部落、国与国之间持续不断地传播信息。自己的新发明,新发现,新的技术,新的方法不断地被别国采用,而自己又从别处学习传播来新的信息。人类文明的不断开拓,不断扩大,促进了人类的社会化进程。可以说,没有传播,也就没有人类,没有社会,没有文明史。"[1] 当知识传播成为一种大众传播时,即成为一种社会教育的手段,通过知识传播而使公众掌握知识,由此改变人生、改变命运、改变社会、改变历史,使"知识就是力量"落地为具体的人与社会的提升进程。

二 媒介史与传播方式变迁史

信息技术从传播的视角看就是媒介。"媒介"的原初含义有广义和狭义之分。广义的媒介类似于"器具技术",指那些凡是能使人与人、人与事物或事物与事物之间产生联系或发生关系的物质,即从"通过……"的居间性去理解媒介的含义,这种意义上的媒介比技术的范围还广,以致一切事物都具有媒介的性质。狭义的媒介则指"器具信息技术",即专门用于传播信息的技术或手段,即"传播学"视野中的媒介,比如报纸、广播、电视、网络等,"它包含了作为意义表达渠道的所有事物"[2],所以对于"媒介"人们日趋"用来指涉传播方式"[3]。作为传播方式的媒介对历史的发展具有非同小可的意义,伊尼斯这样说:"传播媒介是人类文明的本质和根本所在,历史便是

---

[1] 甘惜分:《传播:权力与权利的历史性考察》,《新闻爱好者》2004年第12期。
[2] 〔美〕乔纳森·比格内尔:《传媒符号学》,白冰、黄立译,四川教育出版社,2012,第1页。
[3] 〔美〕约翰·菲斯克等:《关键概念:传播与文化研究辞典》,李彬译注,新华出版社,2004,第161页。

由每个时代占主导地位的媒介形式所引领的。"[1]

可以说，媒介的"核心价值"在于信息传播功能，媒介技术形态的变化，直接导致了信息或知识传播方式的变化。目前公认的人类历史上已发生的"五次信息革命"实际上就是信息媒介技术的五次大发展，因此也被称为人类的"五次信息传播革命"；除此之外还有媒介历史发展分期的"三种说"：感性的感觉媒介、符号交互媒介、技术性的传播媒介；还有将五次信息革命中的后三次归结为"三次传播革命"，其中"最早是印刷业革命，即信息生产的机械化，它提高了识字率，扩大了英帝国的统治范围。第二次传播革命贯穿于整个上世纪，通过电子技术将信息生产与信息传递结合在一起——这一过程从电话、电报，一直延伸至电视。如今，第三次传播技术革命将信息存储器和检索器与电话、电视、计算机联结在一起，产生出新的宽带通讯系统或'信息服务设备'"[2]。

无论何种区分方法，我们都可以看到人类借助媒介的传播经历了从口头传播到手写传播、印刷传播和电子（网络）传播的发展，从手写传播开始，信息和知识传播就成为依赖于信息器具的过程，就成为与媒介技术紧密相连的现象。

如果将手写传播和印刷传播视为一个阶段，那么传播的三大阶段也就是媒介的三种历史形态，这也是基于麦克卢汉和波斯特观点之上的共识："面对面的口头媒介的交换；印刷的书写媒介交换；电子媒介交换。"[3] 拿麦克卢汉所持"媒介传播四期说"来说，其与已达成普遍共识的"文明发展三阶段说"具有对应关系：

---

[1] 〔美〕斯蒂芬·李特约翰等：《人类传播理论》，史安斌译，清华大学出版社，2009，第335页。
[2] 〔美〕詹姆斯·凯瑞：《作为文化的传播》，丁未译，华夏出版社，2005，第150页。
[3] 〔美〕马克·波斯特：《信息方式》，范静哗译，商务印书馆，2000，第13页。

表 10.1　　　　　　　　　　文明形态与传播方式的对应关系

麦克卢汉的媒介分期	口耳传播	拼音文字传播	机器印刷传播	电子媒介传播
时间	距今两千多年	迄于 16 世纪	起于 16 世纪	起于 20 世纪 60 年代
对应的文明分期	部落化时期	非部落化时期		重新部落化时期
波斯特的信息方式	口头传播	印刷传播		电子传播
对应的社会形态	渔猎社会、农业社会	工业社会		信息社会

其实，我们还可以将这种分析加以进一步延伸：三种不同的传播媒介也造就了三种不同形态的知识："气态知识"（以空气为载体）、"固态知识"（以人造固体器物如竹简和纸张等为载体）和"电态知识"（以电子器物如计算机的硬盘和电子显示器为载体），它们是随着信息技术时代从口传时代到印刷时代再到电子时代的变迁而不断发生的演进。

口传时代表达认识结果的主要方式是"气态知识"，它在人和人面对面直接交流中呈现出来，它的保存和传播不依附于人工载体，而是以空气为自然载体，口耳相传，基本上没有器具信息技术的参与，也无人工储存信息的手段，偶有以天然材料为硬载体、以前文字符号为软载体的认识表达和储存方式。

气态知识的交流传播方式多是面对面的"耳提面授"或"言传身教"，在交流中呈现出来的知识不易保存。即使有了文字，由于载体极为不便捷而使得知识的储存成本极高，所以能够被保留的知识极少，故很容易失传，所以远古时代能够遗留下来的知识很少。此外，这种知识的口头传播还极大地受时空限制，知识的远距离和长时间传播极难实现。由于几乎没有媒介技术可以使人和人之间实现间接交往，而只能进行面对面的直接交谈，所以知识主体间的交流范围也非常狭小，知识信息的增值机会与可能性由此也很少，从而"见多识广"者极少。口头传播的上述特点也导致知识的垄断极易形成，只有少数"智者"拥有被称为"知识"的信息，而其他人则被归入无知或少知之列,"知识鸿沟"极易形成。这些特点极大地限制了知识生成的能力,也限制了人类认识的发展。当然,这种知识的呈现和传播方式也有其优点,那就是信息垃圾极少,能存留下来的信息"珍品"通常都具有极高的价值。

"固态知识"以文字和纸张为软硬载体,包括从手写到印刷的信息载入方式,并以印刷技术的使用为显著标志。由于纸质载体与空气载体的区别是明显的,所以固态知识与气态知识的区别也是明显的,它以视觉信息为主的认识方式取代了听觉信息为主的认识方式,极大地克服了气态知识的缺陷。首先是文字使得气态知识可以凝固下来,使得"说出的话就像人造的实物躺在我们周围,需要阅读时招之即来,即使忘记了也不会受到惩罚。由于节省了在记忆上花费的功夫,大量的脑力由此而获得解放,这就对脑子里的知识扩张做出了重大的贡献"[1]。口说的东西一旦被记录下来,它们就对象化了,知识就客体化了,就成为可以研究、浏览的人造物,其成分就可以比较,就可以按某种顺序加以编辑和组织,从而形成有条理化和有客观性的科学知识,进而更有利于学习;文字还形成了知者与知识的分离,克服了知识垄断、阻碍传播和学习的状况。[2] 抽象思维也借助固态知识获得了有力的推进:"书写就是用持久(不像出口即逝的言语)而抽象(不像具象的绘画)的方式表达思想的能力。"[3] 接下来,"有了印刷术,书籍就可以迅速、洁净、正确地印出来"[4]。历史上,借助印刷术而兴起的欧洲文艺复兴,就打破了只有少数神职人员才能拥有和解释《圣经》权利的局面,印刷本的《圣经》使得普通信众也能学习和理解教义,这种知识传播方式的更重要意义则在于对作为"世俗知识"的人文和科学知识传播的影响,使其从此能够借助"印刷品"的广

---

[1] 〔加〕戴维·克劳利等:《传播的历史》,何道宽等译,北京大学出版社,2011,第70页。
[2] 〔加〕戴维·克劳利等:《传播的历史》,何道宽等译,北京大学出版社,2011,第74—75页。
[3] 〔美〕保罗·莱文森:《莱文森精粹》,何道宽译,中国人民大学出版社,2007,第230页。
[4] 〔捷克〕J. A. 夸美纽斯:《大教学论》,傅任敢译,人民教育出版社,1984,第76页。

泛传播而为公众所掌握。恩格斯对此评价道:"印刷术的发明以及商业发展的迫切需要,不仅改变了只有僧侣才能读书写字的状况,而且也改变了只有僧侣才能受较高级的教育的状况。"[1] 而马克思称赞印刷术是科学复兴的手段,变成创造精神发展的必要前提的最强大的推动力。而且,纸质印刷品使得知识加速积累和增长也成为可能,也使得知识实现在"质"上的提高成为可能,这里指那些复杂而艰深的知识,只有借助纸质的固化符号才能引导面对它们的思考者持续地陷入沉思和深度理解与再创的状态,这就是今天我们"读书"时才能达到的那种深入理解的认知状态,是一种可导致深度学习的知识习得方式。正因为印刷品所决定的知识的"固态显示方式",才导致人类知识发展的加速时代和知识水平提升的质变时代的到来。

"电态知识"是以电子手段来储存、传播和显示的知识。在其数字化阶段,它的信息装置系统中还增加了自动处理信息(即广义的"计算")功能;今天的电态知识通常以硅基芯片为载体,以网络为媒介。基于电子信息技术较之先前媒介技术的优越性,电态知识既保留了口传过程中的气态知识的优点:及时性和互动性,也克服了其不易保存和不易远距离传播的缺陷;同时,电态知识也继承了印刷品中的固态知识易于保存和远距离传播的优点,并克服了其互动性和及时性较差的缺陷,使其具有超时空性、互动性、及时性等特点。

"气态知识"可被称为知识的"前信息技术范式",如果结合前面的分析,此时的"知识"不是严格意义上具有较高抽象性普遍性和科学性的知识,所以也属于一种"前知识形态",这里体现了内容和手段的一致性:不依赖器具信息技术所进行的几乎纯粹的气态知识传播,是一种前信息技术范式的前知识传播。而"固态知识"与"印刷装置范式"关联,"电态知识"

---

[1] 《马克思恩格斯全集》第 7 卷,人民出版社,1959,第 391 页。

与"电子装置范式"关联。

这些不同的知识形态,也是被不同地显示或表达出来的信息或知识形态,所以传播就是知识的显现,而显现(包括认识对象的技术显现)和表达就是传播,这样,知识的传播所涵盖的内容就更为丰富。当信息技术成为增强表达的工具时,也成为一种特殊的知识传播方式,这尤其表现在第三节我们所要探讨的它如何使默会知识或难言知识得以传播的问题上。

由媒介技术变迁带来的传播方式的变革,也引发了一次又一次的"知识革命",进而对于社会的发展、文明的进化、人类的进步产生深远的影响。此时知识作为中介又反过来凸显了信息技术的历史意义,以至于有传媒学者认为"使文明成为可能的并不是文字本身,而是能够有效而全面地记录信息的媒介"[1]。例如当纸作为记录信息和知识的媒介后,"纸引起了极端重要的……一场革命,没有纸,就不会有这么多的人去从事写作,印刷术对人类的贡献也将大大逊色……纸能够用一种普世的物质去代替昔日传递思想的昂贵材料,它促进了人类思想成果的传播"[2]。而印刷传播的出现,则打破了知识被少数人垄断的局面,文明的成果可以普惠大众。

而且,纸和印刷术的相得益彰,使得"纸质文明"和"印刷文明"将人类推向了一个新的时代。这个时代也是知识传播的新时代,文字和印刷使得"知识变成了一种积极的、普遍的交流对象"[3],所以这个时代也成为科学逐渐发展起来的理性时代。

可以说,在依赖媒介技术的信息传播中,媒介装置范式的跃迁带来的是传播方式的根本变革,这尤其表现在当代电子媒介与传统媒介之间的关系上,其中的变迁是:信息传播从通过实物传送到通过电信号的传输,抑或从"运

---

[1] 〔加〕戴维·克劳利等:《传播的历史》,何道宽等译,北京大学出版社,2011,第4页。
[2] 〔加〕哈罗德·伊尼斯:《传播的偏向》,何道宽译,中国人民大学出版社,2003,第14页。
[3] 〔法〕孔多塞:《人类精神进步史表纲要》,何兆武等译,商务印书馆,1998,第102页。

输"模式变为"发射"模式。

从"各种媒介的角度而言，都是以物理存在的形式携带信息的。信息的流动需要通过媒介的运动。图书和手稿从一个地方运送到另一个地方的方式如同运送黏土石碑、令牌或结绳。随着可供利用的电流的发现，重大的变化发生了：远距离的传播不再依赖是否可以得到交通工具……随着19世纪40年代电报的出现，话语被转化为电子脉冲，即摩尔斯电报码的点和横杠，然后穿过网络最终发往各地。这项发明使传播在理论上脱离了运输模式。这样的突破所带来的影响现在依然存在。例如，通过使用传真和电子邮件，信件不再依赖邮递而能迅速地被传送"[1]。这就是从传播中的"运输"（transportation）模式到"发射"（transmission）模式的飞跃，这种飞跃不是没有先行者，如讯息鼓、信号烟雾，以及使用光滑的金属引导太阳光（日光仪）都是早期不通过信使发送信息的方式。

"发射"取代"运输"而成为主导性的传播方式，还是要归功于当代信息器具的发明和普遍使用。这种传播的起点是电报的发明。后来，由于数字化的强大功能，使得今天要传递信息时，只要能将该信息（无论是声音的、文字的还是图像的）加以数字化，那么就可以用有时导电、有时不导电的半导体电路来把这个信息传递到远端。从总体上看，电态知识的传播，是通过电和电磁波的运动来实现的信息送达，作为信息载体的电和电磁波不是一般的电流或电磁运动，而是作为电子符号而存在的，是特定信息的电子代码，或者是通过特定编码之后的电磁形态。在电态知识的传播中，虽然也是通过载体的传送来实现信息传播的，但由于它只传送"软载体"，可以视为"符号流"从而"信息流"的直接传播；所以在这样的传播中，只有电或磁的波动在流动，而没有硬载体的位移，因此它和先前的固态知识的传播方式有了

---

[1] 〔法〕孔多塞：《人类精神进步史表纲要》，何兆武等译，商务印书馆，1998，第150页。

本质的区别,"比特与原子遵循着完全不同的法则。比特没有重量,易于复制,可以以极快的速度传播。在它传播时,时空障碍完全消失。原子只能由有限的人使用,使用的人越多,其价值越低;比特可以由无限的人使用,使用的人越多,其价值越高"[1]。总之这种传播方式无论在效率还是成本或是效果上都大大优于实物搬运的方式。

总之,每一次知识传播方式的变革都源自知识传播相关技术的变革。而每一次相关技术的突破都使得知识得以更准确地保存、更大范围地传播、更快速地传递、更大程度地共享。伴随着知识传播技术的发展进步,人类的知识传播方式也越来越革新和进步。

第二节 知识的网络传播及其特征

知识传播是要把合适的知识传递给合适的人,而要做到这一点就要使用合适的传播工具。在上一节中我们已经看到,不同的技术时代有不同的传播工具,在今天的信息时代,电子网络就是传播知识最合适的工具,它所具有的传播性能,将人类的知识传播推进到一个新的阶段,呈现出前所未有的新特点。

一 以互联网为媒介的知识传播

电子信息时代的知识传播,就是以互联网为媒介的知识传播,它无论在方式上还是在效果上,都和印刷传播时代有了巨大的区别,其中最显著的特征就是我们多次提及的快速传播:知识不再像过去那样主要是负载在纸质的

---

[1]〔美〕尼古拉·尼葛洛庞帝:《数字化生存》,胡泳、范海燕译,海南出版社,1997,前言第3页。

印刷品上以"运输"实物载体的速度进行传播，而是在计算机和网络技术所建构的空间中以电子"发射"的方式和光速来传播。麦克卢汉说，从电报开始，信息就比信使要走得快了[1]，因为在这种传播中，如同尼葛洛庞帝所说，我们是"以光速在全球传输没有重量的比特"[2]，其结果是："电子传播把巨大的距离和时间的瞬时性结合起来，使说话人和听话人相互分离又彼此靠拢。"[3] 电子传播使得新的通讯革命掀起了一波又一波的浪潮，随后出现了电话、广播、电视以及今天的互联网。"我现在获取信息的方式都是互联网传播信息的方式，即通过快速移动的粒子流来传播信息。"[4]

电子传播的多种方式，被波斯特从特定的视角归结为两种基本类型："第一媒介"和"第二媒介"。他认为，电影、广播、电视是一种"播放型传播模式"（broadcast model of communications），为数不多的制作者将信息传递给为数甚众的消费者，这是"第一媒介时代"；随着信息高速公路的介入以及卫星技术与电视、电脑和电话的结合，一种集制作者、销售者、消费者于一体的替代模式产生了，这就是"第二媒介时代"，它是一种"双向的去中心化的交流"[5]。更简洁地说，第一媒介是点对面的单向传播，第二媒介是多向互动的传播，后者具有今天常说的"交互性"或"互动性"，消解了传播者和接收者之间的绝对界限，参与者之间可以及时进行信息的循环互动，是一种"所有人对所有人的传播"。这里所讨论的知识的网络传播，就属于第二媒介的范畴。而知识的网络传播所具有的最显著的互动性特征，就是由网络作为第二媒介所禀赋的技术特征所决定的。

第二媒介还意味着知识的传播与知识的生产不再有清晰的区分，知识的

---

[1] 参见〔加〕戴维·克劳利等《传播的历史》，何道宽等译，北京大学出版社，2011，第150页。
[2] 〔美〕尼古拉·尼葛洛庞帝：《数字化生存》，胡泳、范海燕译，海南出版社，1997，第22页。
[3] 〔美〕马克·波斯特：《第二媒介时代》，范静哗译，南京大学出版社，2000，第87页。
[4] 〔美〕尼古拉斯·卡尔：《浅薄：互联网如何毒化了我们的大脑》，刘纯毅译，中信出版社，2010，第4—5页。
[5] 〔美〕马克·波斯特：《第二媒介时代》，范静哗译，南京大学出版社，2000，第22页。

"传授"和"学习"之间的界限也日趋模糊，网络上的思考过程可以同时也是思想的表达过程，如网民在自己制作的个人网站或微信、微博、博客、QQ等空间中书写自己的见闻、感想、心得等时，就是在向网络世界表达自己的意见和看法，其传播的影响和效果随之形成。

知识的网络传播还具有一个巨大的优势，就是实现可视化：知识可视化——数字化图形、数字化图片、计算机动画、数字化视频——之后的传播，更具喜闻乐见的传播效果。信息技术的可视化使"理性"的知识变得"感性"起来，比如现在基于信息技术开发出了很多软件工具帮助我们进行知识的图形化，用 mindmanager、inspiration 可以创作出很多色彩丰富、样式新颖的思维导图和概念图。又如数字化视频较之传统视频利用信息技术添加了很多特技效果，甚至可以和动画结合起来共同展示知识信息，可以展现宏观世界和微观世界、真实的和虚拟的世界。目前，基于信息技术进行视频处理的软件很多，如 Adobe Pre-miere、Ulead Video Studio 等。这种数字化视频相较图片来说对于传播（传授）技能知识独具优势，它对动作技能知识的展现更加完整。

这样一来，知识的网络传播就具有更加人性化的特征。从口传时代到文字和印刷时代再到电子信息时代，人类借助信息技术的革命实现了所能创造与获取信息形态的丰富化，并反馈到相应的身体信息器官，使作为"信息身体"的人也获得了更多的丰富性。口耳相传的"听觉中心"和纸质传播的"视觉中心"都呈现出信息感受器官的单一性，而电子传播则超越了这种单一性，多媒体的信息显示可以使人的听觉和视觉乃至其他感受器官同时得以"启用"，从而成为一种"大综合"的信息传播和接收方式。具有各种信息功能高度融合的特征，这也是信息存在的"兼容方式"，即从一种形态变为另一种形态的便捷快速，信息世界由此成为一种更加丰富的存在。电子信息技术给人类带来了"综合全面的信息革命"，也随之带来了多形态、文字与形象、声光电、从 3D 到 4D 乃至 nD 的丰富的信息展现，使得人的信息器官被更加全面地调动，人不仅可以理性地理解知识的内容，更可以感性地感受知识的生动，使知识传播的效果大为增强。

总之，知识在互联网上的传播进一步强化了电子传播的效果，如快速化、广域化、便捷化，并拓展了电子传播的新特征，如互动性：在一对一、一对多的传统传播方式基础上，再拓展出多对多的互动化传播，以及与知识生产相交织的同步传播。可以说，知识的网络传播为所有网民建立起一座虚拟的世界图书馆，一座无边界的知识宝库，一个全天开放的知识超市。知识传播与获取的入口变得如此开阔和多样，只要电子终端在手，知识就可信手拈来；我们将知识需求传递到这个虚拟世界的任一角落，我们所需的知识就会被传递给我们——电子传播通道的建立，改变了传播的方式和传播的特征，我们由此进入到一种更加自由、自主、广阔、快速和便捷的知识传播空间之中。

二　移动互联网中的知识传播：以微信为例

互联网已经产生了印刷术无法比拟的知识传播效果，而互联网也是不断发展的，如移动互联网的出现，则将知识的网络传播再度推向新的阶段。

智能手机作为移动互联网的终端，正在为越来越多的人所使用，其上的 App 或称客户端，是一个可满足用户特定需求的单一功能软件。一些 App 具有知识传播的功能，所以知识的网络传播今天也可以在移动互联网上的 App 上进行，尤其是由腾讯开发的微信从社交软件衍生出了较强的知识传播功能，并可以在人际传播、组织传播（如企业微信）和大众传播等层次上全面而广泛地进行传递和交流知识的活动，其中的学术类公众号还具有推送包含学科动态、前沿成就等在内的新知识的功能，借助其作为目前最受欢迎的社交方式之优势，也在我们的今天的知识传播活动中发挥着越来越重要而独特的作用，代表着移动互联网将网络知识传播推进到了更新的阶段，随之也出现了若干需要我们进一步探讨和归结的新特点。

一是结群与分众化。微信中传播者和受众是集于一身或合二而一的，其组合方式主要是由通讯录自动生成的朋友圈以及主动建立的组群（由群主和一般成员组成），后者还衍生出诸如微信教学平台、微信课题组平台、微信学术会议平台等知识交流的长期或临时的组群。无论哪种方式，它们都是与某一微信账号的主人相关联的人群所组成，都会经过不断的选择（包括退群、删除、忽略、屏蔽、拉黑等手段）来形成一个自己认可或乐意接受的组群或朋友圈，进而只接受来自自己"精选"的这些传播者所传播的信息和知识，其中包括借此来满足自己专业化的知识需求（包括订阅专门的微信公众号），由此也形成了一个个不断完善的群内知识系统（也是一个个异质的知识系统）和具有传播功能的知识共享群。由于知识传播总是价值嵌入的，因此微信用户在"知识伙伴"的选择上通常会按自己的价值观作为准入的标准，如果再加上算法推送对个性化兴趣的强化，就会使微信群（即使是知识群）中的极群化或信息茧房现象更加严重；加之人和人之间的微信关系通常是通过直接或间接的"好友"关系而建立的，这就更强化了知识传播中的"结群"现象，或为这种强化提供了人际基础。这也带来了广域性上的新特点：知识的微信传播是一种"广中有窄"的传播，其中微信的广泛使用表明了一种更为大众化的知识传播方式的使用，而其中有选择的内容则是细分的传播，也是主动归类的传播，即一种知识的小众化传播，体现出大众传播的共性和小众传播的个性（细分）的结合与交织，也即"分众传播"的新模式。

二是时空的弹性化。从时间上看，微信可实现即时传播与延时传播（延时的阅读、回应以及延时下载等）的结合，如果说前者使时间压缩，那么后者就使传播的时间膨胀；从空间来看，人和人的空间距离，以传播密度和深度来重新度量，如远隔天边的至亲好友可以天天微信（包括音频视频），其间的空间被压缩；而近在咫尺的同学同事可能联系稀疏，犹如远在天边，距离被拉大，意味着空间膨胀；久不微信，则意味"失联"，相距的空间就膨胀到无限遥远。这种传播也形成了对电子传播一般特点的补充：既广（大众化覆盖）也窄（小众化细分结群）；既快（风驰电掣）也慢（一旦未受到关注），总之更具时空张力，或时空弹性，由此赋予了知识的网络传播以新的特点。微信的知识传播不仅使时空具有压缩和膨胀意义上的弹性，还具有价值向度上的弹性，例如所谓"黄金时间"（即传播效果最佳的时间）不再固定在每一天的某一段或每一周的某几天，而是依据传播者和受众不断变动的日程、精力和兴趣状况随时改变[1]，包括睡前醒后、排队等候、乘车坐船等或短或长的碎片时间都可以成为知识传播的黄金时间，因为它们有可能是人最感"信息饥渴"的时间段，从而在接受知识传播时可以产生最佳的"消化吸收"效果。与此类似，最理想的知识传播空间也不一定固定在教室或图书馆这些传统的最佳场所，而是与碎片化的黄金时间相伴出现的地方。

三是传播的泛在化。基于终端的移动性造就了人际互动的随时随地性，只要移动信号能够覆盖的地方，就有传播的存在，而传播者也不一定只能是知识的生产者或专业人士，因为微信中的"转发"使得千百万受众不经任何专门训练就可以成为知识的网络传播者，这种新的传播方式正在使传播主体泛在化：加入者更加广泛，知识传播更加草根化、大众化。据统计，微信从2011年1月21日正式推出以来，以惊人的速度普及，2013年1月的微信用户就达到3亿人，2014年达到6亿人，2018年达到10.8亿人，2019年达到11.5亿人，2022年超过12亿人。每一个微信用户都是一个现实的或潜在的知识传播者，如此众多的微信用户，使知识传播的泛在化达到了空前的程度。

四是转发凸显传播力。今天闲暇时浏览一下微信是我们获取知识的重要

---

[1] 如腾讯统计的用户活跃高峰时间段每年也会有所不同，如2014年是晚上10点30分，2015年是晚上10点，不像电视的高峰收视时间总是19点到19点30分。

方式之一，而我们每天在微信上接受的知识，绝大多数是由别人转发过来的，我们自己也常常参与其间，将一部分再转发出去。所以微信中的知识天空，其实是由无数的转发信号编制而成的复制品的世界；它五彩斑斓，令人目不暇接，有时还让人流连忘返，我们在传播这些知识时，其原创的源头已被忽视，我们所重视的是它们能否引起自己的转发兴趣和动机。可以说，从直接的传播效果上看，知识的复制（微信中的转发）所产生的传播功能远大于知识的原创功能，衡量知识价值的标准在于点击量（而点击量和转发次数密切相关），在于"粉丝"（fans）量或流量，以至于"转发就是传播力，转发就是生产力"，转发成为决定传播效果的唯一因素；微信的这一知识传播特点无疑向我们提出了这样的警醒：当我们所传播的知识主要是大量的转发文本时，如何保持知识的前卫性，以及避免成为网络知识的单纯复制者？还有，不问来路的知识转发是否能保证知识的准确性？这或许是一部分微信使用者在大量而忙碌地进行转发时需要认真考虑的问题。

五是知识的活化。传统的知识传播，所传播的基本是"死知识"，即书本上或网页上的固定知识。在微信搭建的平台上所进行的知识传播则更多地走向"活知识"的传播，微信群聊和朋友圈堪比聚在一起讨论的会客厅，可以在其中字对字甚至面对面地讨论和互动，交流者之间互相传播是当时运行在各自脑中的活知识，包括即刻激发的思想火花，成为知识产生力瞬间爆发及链式反应的引擎，即认识中的"灵光闪现"可以在这里得到启动、交流和扩散，这就更突出了认识（尤其是创新性认识）的过程性、语境性和互动性。传播本身的动态性和知识本身动态性在这里实现了有机融合，进行中的传播和进行中的认识在这里结成一个新型的技术—生命共同体。

六是反向与多向传播。微信中的知识传播，延续了互联网知识传播的特征：去精英化，不再由"论资排辈"来决定传播的方向，不再将传播等同于"传授"，使得传播的方向不再是传统的传播中那样从精英到平民、从年长者到年轻人的"自上而下"的单向传播,而是谁有问题谁就可以在群中提问,谁能解答谁就给出答案;当老师在师生群中询问某一问题而由他的学生给出答案时,就是一次学生向老师的反向知识传播,尤其是对于一些前沿技术和科学中的新知识来说,反向传播的发生更为普遍。更广义地说,以微信为代表的网络知识传播解构了以精英主义为主体的自上而下的单向知识传播秩序,构建了普通大众广泛参与的多向网状知识传播新秩序。

七是蝴蝶效应。微信上的转发作为一种新的知识传播方式,虽只消举手之劳,但传播效果极其巨大,以至于可以引发蝴蝶效应,造成因传播而来的"社会风暴"。当某一节点引起较多的关注时,这种转发就会像滚雪球一样瞬间带来爆发式的传播效应,甚至导致重大的社会舆情事件,于是知识的传播问题就会演化为社会的群体事件问题,如关于转基因安全性的知识问题,关于PX项目的落户问题,关于垃圾焚烧炉的选址问题……这种蝴蝶效应具有双重性:正向知识的普及可以迅速完成,但错误知识的蔓延也会难以遏制,后者有可能造成伪科学泛滥,社会认知水平的暂时倒退……这就是所谓的"微时代,微平台,大效果"。

八是知识传播与知识生产的一体化。微信中的个体作为知识共享网络中的一个个节点,不仅可以通过转发来传播他人的东西,而且也可以"原发"地传播自己原创的作品亦即由自己生产出来的知识,这就是作为知识传播者和知识生产者双重身份的叠加。从信息容量上,微信较之微博有极大的扩展,不再囿于"140字"的限制,也不仅限于主页面的篇幅,而是可以负载完整的文档,使得原创的文章(包括学术论文和学术专著)可以在这个平台上便捷地进行传播。另外,微信及其朋友圈和公众号都会在每一篇帖子中设置有点赞和评论功能,阅读者在阅读过程中,可以随时通过点赞和发表评论表达自己的观点和看法,其中不乏灵光闪现的真知灼见,一种基于特殊语境中生成的非一般意义上的知识(知识的精华或精彩呈现),即在知识传播中同时也进行着知识生产。我们获取的信息如果来自网上，就同时也是从交流和传播中获取信息；在交流和传播中也可能使信息的内容发生变化，这就对信息进行了加工和处理；这也是网络知识传播所具有的与知识产生相纠缠的一体化特点，只不过微信更强化了这种一体化，并且是在多主体即时交互中所进行的知识生产和知识传播的一体化。

九是后现代性。微信中传播的知识，尤其是那些碎片化知识（如一些健康知识、养生知识），常常缺少权威性，前后冲突，自相矛盾，彼此逆反，"纠错""辟谣"成为家常便饭，使知识的受众无所适从，只得付之一删，或不敢全信，只能半信半疑，或恰如"微信"的字面引申："微弱地信"。微信知识的受众由此也深感"知识的多元化"之困，活生生地体验到了"真理的相对性"，形成一抹后现代景观。由于微信中的信息良莠难分、鱼龙混杂，也使部分受众不堪重负，甚至选择了逃离微信、躲避手机、不再上网，也构成一种后现代的另类时尚，这和前面谈到的知识生产的后现代性是一致的。

十是知识病。不少微信使用者唯恐失去或漏掉微信中的每一条"重要消息"，在无法"智能化区分"重要信息与不重要信息的情况下，只能每条逐一阅读，这种信息或知识强迫症则往往是害怕被"out"而产生的对信息的"疯狂摄取"行为；在微信中发送或转发信息或知识后如果获得点赞，常常反过来刺激起专为追求点赞的微信发送行为，而且响应的人越多，刺激的强度越大，形成所谓的"操作性条件反射"，从而沉迷于其中，以致产生了"为朋友圈而活""被朋友圈绑架"的种种非理性行为和后果，生活也成为"被微信撕碎的生活"。可以说，这是网络成瘾在微信这一媒体上的新呈现，也可称为微时代的"知识病"。

此外还有泡沫化。"冒个泡"被形容为在微信上发个声，微信上的知识传播也具有这种"冒泡"的特点，众人冒泡就形成了泡沫景象，反映了数量的巨大，但每一个组分则十分微小，影响细微；它又可被解读为极易消散，难以持久。微信中传播的知识每天都来去无数，但来也匆匆，去也匆匆，能给人留下印象的为数甚少，对闲暇时间充裕的受众无疑是一种"打发时光"的信息消费新方式，发挥出如同前面分析的"浅阅读"所具有的功能，他们"早上不起床，起床就微信；微信到天黑，天黑又微信"，但并未从微信中增长知识，而是一无所获、空虚无聊地在"刷屏"中度过每一天，所以才有"微信拉低智商"的说法。而对于忙碌无闲的人来说，这种泡沫化的微信往往被视为垃圾信息不予理睬。微信中的知识传播泡沫化问题要得到解决，一方面取决于受众选择能力的提高，另一方面则要靠"知识供给侧"的管理，通过提高微信传播中的"真知识"含量，来提高其普惠性效果。

微信中知识的泡沫化，也是"知识爆炸"的一种表现。在这种背景下，知识的选择就成为一个重要问题。今天的信息时代也被称为知识时代，不仅有所谓的信息爆炸，也相应地有了知识爆炸，原因之一就是前述的知识生产和传播的普及化，几乎人人都可以参与其中，都可以在网络上"展现"自己的知识贡献和转发自己感兴趣的知识。由此也产生了一个双重的问题，一是知识并不见得都能被人注意，更谈不上被接受；另一方面贡献出知识的人则希望自己的知识能产生出知识的效果，真正具有知识的价值。而这里的核心就是知识的选择问题，即知识的生产者希望自己的知识被受众所选择，而受众则希望选择到自己所需要的知识，且希望自己所选择的知识是可靠的、正确的。在知识爆炸的时代，对知识的上述双向选择常常难以"双赢式"地实现，使得一些"知识"还未走向社会就自生自灭，或者即使在网络空间出现，也是"闪现"一下就迅速消失，形同"过眼烟云"，亦即泡沫化；这就使得知识的"存活率"越来越低，知识间的"生存竞争"变得更加激烈。如果将达尔文的"自然选择""适者生存"理论应用于对知识状况的分析，那么在今天可以说已经形成了知识的"过度生产"或"产能过剩"的状况，就如同生物界中物种的"过度繁殖"一样，此时并非所有的知识都能被社会即受众所选择，只有真正适合社会需要的知识才能获得长久的生命力，才能像被环境保留下来的物种那样继续进化，这种进化对于知识来说就是持续地发展和影响人的心灵。

自生自灭或转瞬即逝的"知识"从严格的意义上甚至没有获得知识的"身份"，因为能称为"知识"的现象一定是具有一定程度社会性的现象，是在一定的人群范围内实现了传播的现象，这里也再次引出了"知识的标准"问题。首先，在这里知识不等同于信息，不能认为一个人向网络发布了一条信息就可以称为生成了知识，即信息的制造者不等同于知识的生产者，前面我们在论述"信息与知识"的关系时也阐明了这个道理。其次，网民的见解和看法也不一定都能成为知识，至少要取得一定程度的共识才可能被称为知识，而前提也在于实现了一定程度的传播。此外，网络社会中的知识分歧也使得"知识共同体"和知识的地方性等问题突出起来，从而产生了知识标准的绝对性与相对性问题，以及网络环境中的知识与"伪知识"的划界问题，而网络作为一种"后现代技术"更是使我们面临知识的"后现代状况"问题，例如是否要走向"知识的去中心化"就是其中的一个问题，这也是前面分析到的微信的知识传播所强化的后现代特征问题。

可以说，微信传播或移动互联网也继承了固定互联网的知识传播特征，只不过在移动中延展了这些特征，如：网络知识传播解构了传统知识传播以精英主义为核心的自上而下的单向传播结构，每一个网络用户，作为一个信息节点，都可以作为一个传播中心而存在，并都具有知识发布和信息接受的双重功能，这种多对多的传播和接受构筑了一种以大众为主体的网状知识传播秩序。这种新秩序也发挥了消解"传播暴力"的功能，如广播、电视传播中的齐一化和强制性，受众从毫无权力变得具有权力，他们可以通过"退群""吐槽"等来"炒媒体的鱿鱼"，传播由此进入了双向选择、互相决定对方"命运"的新型关系之中，传播的效果不再取决于单一的传播媒体或少数传播者的意志，而是建构于传播活动的所有参与要素。

总之，无论是形式上还是内容上，无论是功能上还是效果上，微信的知识传播都将网络知识传播推进到了一个新的阶段，赋予了知识传播更丰富多彩的特征，在知识传播的一些方面显现出更新颖和强大的功能，当然也引发了新的问题，需要探讨新的解决路径。无论如何，微信作为知识传播的新手段，彰显了知识的社会属性，更透彻地体现了人的认识活动不能脱离技术平台和社会环境去进行。

第三节 心联网：知识传播的新前沿

互联网是知识传播的利器，移动互联网使这一利器如虎添翼；而当互联网发展到更高的阶段，由人工智能赋予其更高的智能水平时，即所谓"智能互联网"实现后，则它对于知识的传播功能就将超出我们的"常规期待"，开发出超越当前想象力的传播能力。如果说先前的互联网是扩展知识传播的广度、提高知识传播的速度，那么智能互联网则是向知识传播的深度发展：一是将心灵深处的无法表达的知识（难言知识、意会知识）发掘出来加以传播，使不可言传的知识变得可以传播；二是从脑中的知识传播进一步发展为脑能力的传播，在脑能力的传播中形成"协同智能"甚至"全球脑"，由此将知识传播推向更高的阶段。

一 从脑联网到心联网

"互联网+"正在将一切都纳入互联之中，其中也必然包括人脑和心灵，这个过程就是走向脑联网和心联网的过程。

脑联网（Internet of Brain）又称互联脑（Connected Brain），也可以将其

表述为"互联网+脑科学和认知技术",它的技术指向是使人脑接入互联网,抑或将人脑用互联网连接起来,既使人脑成为互联网的一部分,也使互联网成为人脑之间的直接联通手段。

实现脑联网的技术方式有多种,如脑—机(即人脑和电脑)互联或脑—机接口技术达到一定水平后,就可以使得人脑的想法(思维、记忆、意识等)显现在电脑屏幕上,如戴上电极帽甚至耳机就能够检测到来自大脑的信号,并将这些信号传送到电脑中;这样脑—脑互联就可以通过计算机(能和人类思维互动的电脑)这一中介来实现。这种脑—机接口既可以通过在人脑外部安装高度敏感的电极(如上所说的电极帽)来实现,也可以通过核磁共振技术来扫描大脑的信号,还可以通过将芯片植入大脑来进行脑内信号的采集和向外传递来实现。

一种被称为"脑电放大器"(EEG amplifier)的技术在实现脑联网的过程中发挥了重要作用,如英国南安普顿大学的克里斯多夫·詹姆斯(Christopher James)成功地进行了这方面的实验,他将两个受试者"连接到一个脑电放大器,第一个人当其想象移动自己的左手臂为0而右手臂为1时,就会产生和发送一系列二进制数字。他们接入的电脑就会得到这一二进制数字流,并使一个发光二极管灯按不同的频率闪烁,一个代表0,另一个代表1。发光二极管的闪烁模式由于太复杂而不能被第二个人记住,但它却能被对其视觉皮层所进行的电极测量所记载,其中编码的信息随后就从第二个受试者的大脑活动中被提取出来,而电脑则可以破译所发射出来的是1还是0,这就呈现了真实的脑对脑的活动"[1]。

前面所介绍过的"读脑术"或"读心术"是实现脑联网的核心技术,它是对人脑活动进行探测和显现的装置(通常是电子设备),较常用的是脑功

1　D. Altavilla, "The Future of The Internet: Mind to Mind Communication?" 2009-10-11, http://hothardware.com/news/the-future-of-the-internet-mind-to-mind-communication.

能核磁共振技术，通过它我们可以读出一个人看到了什么，或正在想什么，其脑中的思想可以在计算机上转换成图像。这样的技术更是在一些科幻作品中早就栩栩如生地被应用了，如在电影《少数派报告》中，一个能"通灵"的人戴上电极后就能将大脑中预感到的犯罪场景转换成图像在电脑上呈现出来；在电影《未来世界》中，一个正在做梦的女人可以被电视播放出她的梦境。这类构想所表明的就是读心术的可能性：借助特定的装置我们可以从他人的脑中读出其并未说出的想法。

读心术和互联网相结合就成为我们所说的脑联网，所以脑联网也可表达为"互联网+读心术"。关于读出的人脑活动即心灵内容如何与网络互联从而形成脑联网，也有各种不同的技术实现方式，除了前面提到的有形的网络直接与人脑互联之外，还可以通过在脑内植入电极的方式来实现互联，这已在动物实验中得到了佐证，并在人脑与人脑间的交互上也取得了实验上的进展。[1] 脑—脑交互的范式和实验虽然还十分初级，但无疑展示了巨大的前景。

来自美国华盛顿大学和卡耐基梅隆大学的学者在人脑的互联方面于2018年成功迈出了最初的一步：他们首次成功地建立了多人脑对脑接口（brain-to-brain interface，BBI）合作系统，通过脑电图（EEG）和经颅磁刺激（TMS）结合工作，使三名受试者在彼此没有对话的情况下，通过分享意念，成功合作完成俄罗斯方块的游戏，平均准确率高达81.25%。这一试验中的游戏被分解为判断与执行两个部分，其中2人进行判断，他们观察游戏界面，判断是否要旋转图形的角度，同时通过脑机接口发出指令，另一个人通过经颅磁刺激接受前者的指令，完成游戏的操作，且整个过程是无侵入性无损伤的。[2]

对这种由互联网+读心术形成的脑联网，著名预言家库兹韦尔还进行了更

---

[1] R. Rao, et al., "Direct Brain-to-brain Communication in Humans", *Plos One*, 2014, 9（11），pp. e111332；以及 D. Altavilla, "The Future of the Internet: Mind to Mind Communication?" 2009-10-11。

[2] L. Jiang, A. Stocco, D. M. Losey, et al., "BrainNet: A Multi-person Brain-to-brain Interface for Direct Collaboration Between Brains", *Science Report*, 2019, 9（1），pp. 6115ar。

大胆的展望，那就是将大脑皮层与云计算技术连接起来，打造出功能更强大的人类脑。他认为到 2030 年左右，我们将可以利用纳米机器人通过毛细血管以无害的方式进入大脑，并将我们的大脑皮层与云端联系起来，合成一个新皮层，这样我们就有一个额外的大脑皮层了。云端可以直接发送信号至你的大脑皮层。这样一来，即使我们相隔数百英里，仍旧可以通过技术让我们好像同处一室，能够彼此接触和直接交流。[1]

  总之，通过足够精密的仪器我们完全可以越来越准确地探知人脑的神经活动，再将其与其他人脑互联起来，形成新型的脑联网。在脑联网中，脑和脑之间可以通过导线来直接连接，也可以以无线的方式通过交互接受脑电波（无论是被技术性放大还是经过转换之后）来连接；而且既可以在固定位置中也可以在移动中来实现脑对脑的互联，这也正是互联网发展到无线移动互联后所具备的技术支撑能力。而这种脑对脑的互联或脑—网融通所反映的本质或真正指向则是心—网融通的"心联网"，以至于一定意义上脑联网与心联网可以说是同义语，或者说脑联网的实质就是心联网。脑联网强调的是作为"物质存在"的人脑的互联，但人脑互联的目的显然是实现"心灵互联"；脑对脑交互的真谛是心与心沟通。从这种内在一致性上看，脑联网无非是心联网的硬件描述，当然它也是心联网的物理基础，没有脑联网就没有心联网。如果将物联网也纳入我们的考察范围，那么从人—机交互到脑波交互，再到心灵交互，就可以使物联网基础上的万物互联进一步扩展到心联网基础上的"心心相通"，即基于脑联网的脑脑交互，彼此直接传递神经元的活动，甚至消除通过语言交互时的模糊和词不达意，从而成为一种不再有信息扭曲的"心领神会"。互联网向更高水平的发展必然会导向心联网。

---

[1] L. H.：《谷歌科学家：未来纳米机器人可借助无创方式进入人类大脑》，2016-04-25，http://www.robot-china.com/news/201604/25/32630.html。

二　心联网的知识传播意义

心联网的构想和实践有着多方面的知识传播意义。

一是通过心灵的技术性沟通达到对他心的理解和难言知识的传播。

通常情况下，认识主体要进行知识的传播与交流，是将思维内容表达为语言，外化为可观察的符号表征后加以实现的。这也反过来说明，能够纳入知识传播和交流范畴的知识，通常是可以用语言表达出来的知识，即所谓"明言知识"。波兰尼在1966年第一次将知识区分为明言知识和难言知识，难言知识的表达和交流是一个重要的知识哲学问题。在人所具有的知识中，除了易于转化为文字、语言的显性知识外，还有大量难以用语言和符号表达出来的意会知识，如技能（或称手艺技能）知识。通常将意会知识中的技能知识分为动作技能知识和智力技能知识两种，它们富有智慧意味或具有方法论性质，被称为"知道如何做"（Know-how）的知识，它较之关于事实的知识（Know-what）和关于原理的知识（Know-why）来说是更为重要的知识，甚至被视为"知识的知识"，即如何形成知识的知识，其价值和意义显然是巨大的。因为这类知识是发明和创新的"奥秘"所在，也是那些"天才创造者"们的精髓能力所在。但是，"隐性知识是难于转换成语言的理解，这种形式的知识通常深深地植入于个人，通过经验和实践等来反映，通过技能等来表达，通过师傅带徒弟、观察、培训等方式来转移和传递"[1]。由于其表达、被理解从而实现传播的难度极大，这样的技能性知识很难得到传承和共享，所以创造性知识的形成或重大的发明创新才那么弥足珍贵，这无疑是人类知识发展和智慧提升的憾事，也"在限制知识的社会扩散方面起着重要作用，并被认

1　J. Fleck, "Informal Information Flow and the Nature of Expertise in Financial Services", *International Journal of Technology Management*, 1996 (11), pp. 104-128.

为是妨碍科学和技术扩散的一个重要影响因素"[1]。由于所涉及的是技能知识，所以也被称为技术哲学的难题。

现代信息技术的发展从某种意义上展现了理解和传播难言知识的新可能，其初级阶段就是目前我们通过信息技术手段来实现的促进隐性知识向显性知识的转化，例如多媒体和知识可视化技术可以帮助人将那些用语言难以表达和理解的知识通过形象和其他可视化方式来得以表达和理解；通过信息技术对知识进行数字化——对复杂动作的数字化解析——利用特定的软件，如我们经常看到的对运动员比赛过程中复杂技能动作和相互配合的数字化解析，可使其高超的难以言表的技能知识得到清晰形象的呈现，获得极好的传播效果。再如专家系统可以通过在互联网上的应用使专家的隐性知识得以显性化，并实现大规模共享，由此个体的隐性知识转化为组织的显性知识。

而到了高级阶段，则可以通过基于读脑术的心联网来实现对隐性知识的理解、表达和传播。人的知识，即使是没有表达出来的技能知识，只要处于"激发态"，都会在脑内形成特定的脑电波之类的物质性活动或特定的神经网络连接状态之类的物理性存在，读脑术和心联网对这些"客观现象"就可以进行一定程度的"破译"，从而达到对其信息内容的理解，形成"读心"的效果。这一技术原本是用来理解人脑中"明言知识"范围内所想的，但随着认知技术水平的提高，它极有可能扩展到用来理解人脑中的"难言知识"，这无疑是知识理解从表层到深层的发展，是知识交流的新渠道提升为知识挖掘的新工具。这一技术目标一旦达成，人类知识宝库中那些很难得到开发的技能性知识将得到开显和开发。如同波兰尼所说，我们知道的要比能够说出的多得多，当更多的先前不能说出的知识被"大量开发"出来后，人的心灵世界的丰富性和多彩性将更生动地展现在我们面前，从而实现更为容易和迅

---

[1] J. Fleck, "Informal Information Flow and the Nature of Expertise in Financial Services", *International Journal of Technology Management*, 1996（11）, pp. 104-128.

速的传递，这无疑意味着人类的知识传播水平将得到质的飞跃。

这也是人工智能技术发展的必然趋向。随着人工智能的"识别"能力之提高和拓展，从目前的图像、语言识别，到初现功能的脑电波识别，后者的精细与完善，并达到可以精准地读懂"人心"时，人的认识内容或储存于脑内的心灵信息，就不一定非要通过语言表达等传统的方式来实现了，而是可以通过脑和脑的联通来达到心和心的交流，一种超越语言的直接的"心灵沟通"式的认识传播和交流方式由此实现，以其克服"词不达意""言不尽意"以及"只可意会不可言传"等自然传播中存在的局限，使脑内认知状态即信息内容可以充分地表达，使人与人之间"淋漓尽致"的沟通和交流得以实现。此时，心联网"感受"或"探测"到的也许就是运载隐性知识的某种脑状态，如脑中的神经电脉冲。这样，隐性知识虽然不能被我们的日常语言所编码，却能被0和1的电子符号编码，信息技术直达人的知识深处，也是心灵深处，起到真正以"挖掘"或"抓取"神经电脉冲数据的方式来传播知识的作用，由此将知识传播的能力提高到一个崭新的水平。

就是说，心联网使"心灵相通"成为易事，使人和人之间的"相互理解"可以超越外在的语言而直接实现，所以难言的操作技艺层面的知识无疑也可以通过心联网来直接传递，甚至这方面的知识还可以"靠下载来学习"（learning by downloading），或者说通过脑机接口技术的进步来克服语言表达上的藩篱，由此实现知识和技艺的直接习得与获取，那些"只可意会不可言传"的技能知识由此可以有效交流和传承，技术哲学的难题[1]便"迎刃而解"，或至少是开辟了解决这一难题的新通道。这样，借助于心联网，我们可以进一步拓展知识传播的范围和层次，实现从显性知识到隐性知识的全覆盖传播。

当心联网为我们消除了不可言说、词不达意、表达障碍、不可翻译等认

---

[1] 科学技术哲学领域一般认为，科学哲学的难题是科学划界问题，技术哲学的难题是作为技能知识的意会知识的表达（即如何转化为明言知识）问题，科学技术史的难题是李约瑟难题。

知困难或认识论难题后,同时也为我们提供了如同前述的"经验的另一种来源",更加"珍稀"和"昂贵"的体验,如遨游太空的新奇、翼装飞行的历险,此时都可以"下载"到"我"的体验世界中,如同"我"亲历过这些难忘的征程,人类由此进入到"体验的新时代"。

二是从知识传播扩展为脑力传播,形成新型的"协同智能"和"全球脑"。

心联网不仅能帮助我们实现对知识传播的全覆盖,而且还有可能实现从知识传播到进一步拓展为认识能力的传播,即在心联网平台上实现脑力的动态集成。从系统和复杂性哲学来看,联通起来的大脑形成一个新的系统,大脑和互联网这两个复杂巨系统整合为一体后达到一种新的系统复杂性,由此涌现出新的更高水平的智能,诸如形成新型的"群体智慧",产生出"协同智能"(collaborative intelligence)等。研究表明,多个大脑互联后可以形成一个同步工作的新的"有机脑",能够完成单个人脑不能完成的更复杂任务。尼科莱利斯发表在 Scientific Reports 上的动物实验研究报告指出,当多只老鼠的大脑相连形成"脑联网"时,它们完成计算任务的能力要比任何一只老鼠独立完成的能力要强得多;例如,在一次测试中,不同的老鼠大脑提供了不同的气压和温度信息,然后由多只鼠脑联网后计算得出的下雨概率的准确率更高。"一旦我们发现可以让它们行为互相相关,我们就建立了一种新型电脑——可以处理任何硅芯片计算机可以处理的任务。"尼科莱利斯表示他的团队正在努力实现无创人脑联网的设想,通过它,人们大脑中的知识、经验、思想和智慧直接碰撞、"重组",产生出新的见解和观点,这无疑将会"创造一个由单独大脑组成的超脑"[1]。用库兹韦尔的话来说,我们的大脑容量有限,至少比计算电子元件慢 100 万倍。而一旦接入这样的心联网,就相当于将新的知识和技巧嵌入我们的大脑,也相当于人脑与机器相结合,我们的大

---

[1] Katie Zhuang:《脑联网:大脑串联成的有机电脑》,2015-07-20,http://jandan.net/2015/07/20/organic-computer.html。

脑将可以和电脑运转得一样快，由此将形成创造性更强、分享性更广的新智能[1]，大大增强人的认知功能。

人脑联网的规模还是可以不断扩大的，最后可以达到将全球的人脑都实现互联的程度，这就是"全球脑"的概念。在脑组织结构中，当神经元的数量达到了临界值，再以特定形式加以组织后，意识、智慧就随之产生，而全球脑则以类似的原则产生出更高层次的智能。拉兹洛（Ervin Laszlo）在《全球脑的量子跃迁》中做出了一个惊人的推论：单个人脑不过有 10^{10} 个神经元，地球上 56 亿人（现在已超过 80 亿）就是 5.6×10^{15} 个神经元，如果他们通过互联网连接起来，会不会形成一个新的大脑呢？可以预言的是，在"全球脑"中将实现全球的人脑和人脑之间、人脑和电脑之间的互联，形成人类与机器的最大互联系统，我们的脑与其他人的脑就可以进行"'适应性共振'，这样我们就可同不同的人们及自然发生微妙但是有效的联系。我们甚至可以与最近死亡的人进行交流"[2]。这个大脑所具有的智能和创造力将达到何等水平呢？这似乎超出了我们单个大脑所能进行的任何想象。

【本章小结】知识传播是知识活动的重要环节，因此应该成为当代认识论的重要组成部分。信息时代的知识传播具有过去时代所不具有的许多新特征，知识的电子传播到互联网传播再到移动互联网传播，使知识实现其社会价值的方式和路径更为丰富，知识传播的效果也更为即时、广域和便捷，互动式的知识传播更是极大地增强了传播的效果，尤其是在微信上的知识传播，将知识的网络传播推进到了一个更新的阶段，造就了知识传播的一系列新特征；而到了智能互联网或心联网的阶段，当代信息技术还在知识传播的深度上为人类开辟了新的可能，这就是使难言的意会知识甚至脑能力也可以纳入传播的范围之中，从而为解决技术哲学难题提供了诱人的前景。

1　〔美〕雷·库兹韦尔：《奇点临近》，李庆诚等译，机械工业出版社，2015，第Ⅲ页。
2　〔美〕欧文·拉兹洛：《全球脑的量子跃迁》，刘刚译，金城出版社，2012，第 147 页。

第十一章
知识悖论：信息技术对认知活动的双重影响

悖论是以互相矛盾或自反的方式呈现出来的难题，电子网络时代的知识活动出现了种种新的问题，其难以解决时就集结为种种知识论悖论，或称认知悖论，引发无数的争论和迷思，如"数据越多越好还是越少越好？""计算机是解放人的智力，还是使人的智力退化？""Google使人越来越聪明还是越变越傻？""微信使我们见多识广还是无所适从？"如此等等。这些悖论贯穿于知识活动的各个环节，从为进行知识活动而开始的信息获取，再到知识的生产、传播与应用，以及知识主体在能力上的进化与退化，都存在着这种知识悖论。这些悖论也是当代认识主体在日常的认知活动中经常面临的困境，所以当代认识论研究对这些悖论的关注，是一种回归"生活认识论"的要求，还是信息革命背景下探究认识论的归宿。

第一节　知识获取悖论

知识是由信息提升而来的，所以知识的获取离不开信息的获得，信息获取是知识活动的初始环节，只有获取足够的信息，才能以此为"原料"进行加工处理信息的知识生产活动。这里所说的"足够的信息"是一定数量的信息，网络获取解决了过去难以获得足够信息的老问题，但又产生了因"信息爆炸"而被过多信息吞没注意力的新问题，由此形成关于知识信息获取的疑惑：究竟多少信息才是在量上合适的信息？

信息的多少通常与数据联系起来，尤其是当"大数据"时代来临后更是如此。

在第五章第一节第二目的"人工智能与信息认识论的相遇"中，我们曾经分析了数据（data）是形成信息和知识的原材料，但数据并不等于信息和知识。由于数据是形成信息和知识的基础，所以谁掌握数据资料，谁就有可能从中获得有价值的信息和知识，在这个意义上，数据和信息具有等同性，并且从数据的这种功能上看，无疑是数据越多越好。数据的贫乏导致信息的贫乏，导致我们难以对问题做出正确的判断和决策，如同我们处在黑暗之中，什么也看不见。在这种意义上，数据也可以进一步作为"信息量"的代名词：较多的数据中包含着较大的信息量，因此数据问题就可以简要地表示为信息量的多少问题，而数据悖论就是信息量的多与少之间的悖论。

在信息技术落后的时代，由于采集数据、搜索信息的手段所限，一般人都处于数据或信息量的缺少（"营养不良"）状态，这就限制了人的眼界，知识面和思维的开阔性不足，难免具有"井底之蛙"和"鼠目寸光"的局限。

而到了信息时代，数据和信息短缺状况得到了根本改观，电子或网络信息的便捷获取使我们生活在信息的海洋之中，过去的信息贫乏变成了今天的"信息爆炸"，信息像潮水一样不停地向我们袭来，以至于使人应接不暇。面对海量的信息，我们无从判别什么信息才是自己真正需要的信息，或者说有用而真正需要的信息在此时变得更难寻找。对于从事学术研究的知识生产者，面临着在浩如烟海而又良莠不齐的电子信息资源中如何选取有效资料的难题；对于普通人来说，则可能整天都在"读网"，泡在"信息的海洋"里，却感觉一无所获。此时就如同黑格尔的一句名言：在纯粹的光明中就像在纯粹的黑暗中一样，什么也看不见。

　　由此带来的困境就是，信息越多越好还是越少越好？这也是信息过载与信息贫乏之间的"信息量悖论"。缺少信息时我们盼望有充足的信息，但信息"充足"到可随手拈来时，我们又不知如何选择。今天我们谁也不愿意回到因技术落后而导致的信息匮乏时代，但又应对不了太多的信息在我们周遭喧嚣；"人们常常被潮水般地涌来的数据资料弄得晕头转向，他们往往很关心数据资料的可靠性和可释性，但又往往难于获得简明扼要的可以理解的信息"[1]。当选择的可能性爆炸式增长时，人很可能会逐渐丧失判断能力，而听凭各种"专家"或者"数据分析师"替我们做出抉择，最终沦为数据洪流的奴隶。所以在今天，无序的信息常常不具有资源的功用。上述的数据问题带来的还有这一悖论的延伸：信息多而见识少，人脑整天被走马灯式的事件和消息轮番轰炸，但并不能或并不想从中去深思些什么而形成见解和看法。就是说，人脑面对过多数据时，就会产生理解和选择上的困难，人在处理庞大而多样的数据信息时，很难从中归纳出有意义的、具有代表特征的模式。当这一情形表现在我们通常的阅读活动中时，就会形成所谓的"阅读悖论"：阅读一种"有信息、无知识"，主要是为了信息猎奇而并不进入真正的"认识过程"，出现所谓"信息丰富、思想贫乏"的奇特现象，也是所谓"信息过多会排挤观念"的写照，亦可称之为网络环境中的"认知失调"或"信息与知识生态失衡"。

　　信息爆炸与信息匮乏常常是殊途同归的，例如，"在一些国家和地区，每天都在收集大量的信息，并以不同的形式保存和利用，信息浩瀚如海；在另一些国家和地区，情况恰恰相反，几乎很少有信息产生或可以获取，人们忍受着信息饥饿。很显然在当今世界上，一方面是信息爆炸，一方面是信息匮

---

[1]〔日〕猪濑博、〔美〕约翰·皮尔斯等：《信息技术与现代文明》，韦典源等译，贵州人民出版社，1988，第214页。

乏，两者同时存在。信息技术已经促进了信息的传播，但是，由于经济、政治、宗教、思想意识、教育和其他种种原因，不同地区所据有的信息总量仍然存在着巨大的差异。不到世界总量30%的人口饱食着过多的信息，而占世界总量的70%以上的人口却处于信息饥饿状态"[1]。

可以说，当面对"信息是越多越好还是越少越好"的问题时，从原则上讲，信息稀缺的时代是越多越好，而在信息爆炸的时代则是越精越好、越有序越好。在斯蒂伯（Jeffrey Stibe）看来，解决问题的最好方法是具有大量准确的信息和精确的计算。但是，恰恰是根据有限信息的预测，让我们的大脑发挥思考的作用。他引用德国管理大师歌德·吉仁泽（Gerd Gigerenzer）的话说：当一个人不得不预测未来的时候（或者一些现在未知的事情），当未来很难预见的时候，当一个人没有太多信息的时候，最有利于做出判断和决策的情况是"有刚刚够用的信息，不多也不少"[2]。有研究表明，在信息过多时，如果减少信息量或适当地拉开信息呈现的间隔，我们的决定就能够改变，在一定情况下甚至信息越少，我们越容易得出正确的答案。而在信息爆炸的今天，太多的信息，使得我们反而难以做出正确的判断和决策。

数字时代的数据悖论还有多种其他扩展形式，例如大数据时代出现的"数据大而使用者少"就是其一。当今的大数据技术显示了大数据分析的优越性和准确性，改变了过去的小数据时代对对象认识的不全面性，即只能根据样本或抽样来认识对象的全貌，而是达到了涵盖一切要素的整体把握。但同时，由于大数据分析不能再靠人脑和简单的电脑来完成，而是需要云计算、超级计算机以及相关专家、专门操作运行的人员等来进行。某种意义上从小数据分析到大数据分析就如同从小科学时代进入到大科学时代，也可称为从

---

[1]〔美〕詹姆斯·凯茨：《互联网使用的社会影响》，郝芳等译，商务印书馆，2007，第215—216页。
[2]〔美〕杰夫里·斯蒂伯：《我们改变了互联网，还是互联网改变了我们?》，李昕译，中信出版社，2010，第59—66页。

"小技术时代"进入到"大技术时代"。现实中能够使用大数据大技术的人（认识主体）其实很少，一般人对其只能是可望而不可即。因此，这一具有强大优越性的认识工具只能掌握在少数人手里，"大数据"并未能导向"多使用"，这种集团化占有所导致的仍然是结构性短缺的数据困境。可见大数据时代还并不是大数据技术可以普遍分享的时代。对于无法和不能使用大数据的人，反而是小数据更有价值。因此同样类型的数据，对不同的人的认识论价值是不同的，一些有用的数据可能在转换使用者后就变得无用，从而不具有认识论意义。这也是数据悖论的存在情形之一。

第二节　知识生产悖论

作为电子网络平台上的主要知识活动，网络中的知识生产中也充满了种种悖论，如知识的数量和质量之间的龃龉，知识生产自动化所带来的抵牾，以及信息技术在知识生产中的使用是更有利于创新还是不利于创新？

一　知识生产的数量与质量之间

当代信息技术的广泛使用，使得知识的产生或生产方式具有了网络化、电子化等新特点，知识被"制造出来"成为越来越容易的事情，以至于在一定意义上我们进入了"知识产生力暴涨"或"认知盈余"时代，甚至出现了"写书的人比读书的人多"的情形；知识从供不应求变为供大于求。但这只是量的状况，从质上来说，真正"优质"的知识，能在读者脑海中留下印迹从而有生命力有影响力的知识，则并不多见。或者说，当知识的生产日益"繁荣"时，知识的泡沫化现象也变得更加突出，虽然更多知识和学术成果在出现，却更少的精品能被发现，更难有"经典"的形成；而知识量的无序扩展，必然产生出大量不能进入传播的知识，它们自生自灭，造成知识产生力的浪费，这就是知识生产中数量与质量之间的悖论。

互联网作为新媒体较之传统媒体的新特点之一，是它作为"自媒体"消弭了传播主体与客体之间、信息接收者与创造者之间的鸿沟，使信息的制作者、销售者、消费者可以集于一体，通过网络、手机等技术工具人人都成了信息传播者，新媒体由此成为"所有人对所有人的传播"。这一传播方式也改变了知识的生产方式，使其变成了一项如前所说的"群众性"事业，极大地体现了知识生产过程中广泛的参与性或民主性，也带来了知识产出的巨大数量。如前所述，无论从存量、增量还是流量上，在网络中生产的知识都达到了空前的规模，在数量上堪称史无前例，这在前面分析网络百科和微信的知识生产时已看到。但随即导致的是质量上的鱼龙混杂，大量不设门槛的信息的真实性和知识的权威性受到了质疑：在充分自由状态下形成的信息和知识的可靠性如何保证？这就是在网络平台上所生产的知识之数量和质量之间的关系问题，当其难以协调（顾及知识产出的数量就难保质量，而顾及质量就难保知识的数量）时就会演化为悖论问题。

作为知识生产的网络模式，给无数人提供了一个虚拟空间，在其中可以及时互动地生产知识，不受国界和地理条件的限制，也不受身份地位的限制，从而是一种"更加"民主的知识生产方式。所以维基百科的编辑说，他们正在寻求"一种不断地联合一个共同体中的读者以追求真理的模式"[1]，在这种模式中，每个编辑者都站在前人的肩膀上，很容易从零开始写一个条目，尤其是对于科技主题。就任何人都可以进入这个网站对词条进行编辑而言，"我们一起从事于表述对于各种主题的所知（构成了免费的人类知识）。我们中的每个人都从这种设计中获益。很难单独写出完美的文章，但是当一起工作

---

1 〔美〕凯斯·桑斯坦：《信息乌托邦：众人如何生产知识》，毕竞悦译，法律出版社，2008，第173页。

时，事情变得容易了"[1]。正是这种公众的参与使得维基百科在词条的规模上和实时性上都是先前那种只依赖专家所编写的百科全书所无法比拟的。

但是，数量的激增所带来的是质量的可靠性问题，包括知识的真实性和权威性问题。信息被数字化和民主化，变得普遍而唾手可得，记录信息的媒体变成了网络，在网络世界里，错误的信息很难被根除。于是，谎言和虚假腐蚀了我们的信息库。所以，当网络信息都由业余者编写时，我们要分辨对错就更困难了。由于越来越多的网络信息未经编辑、修改和核实，我们不得不对任何信息都持批判态度。[2] 美国计算机科学家拉尼尔（Jaron Lanier）首创"蜂群思维"这一概念来描述网络上的认知现象，并提出了这样一个问题：人多的智慧一定比人少强吗？他认为，网络的匿名性会使许多创意的真正来源变得无法知晓，它还会激发人性恶的一面，导致网络上经常充斥着网络暴民掀起的各种口水战。[3] 此外，网络上还经常出现被故意散布的虚假信息和谣言。

于是我们看到了这样一个两难的选择：如果不让更多的人参与知识的生产，就不会有知识的快速增长和传播，即不能形成数量的优势；如果知识可以由任何人来生产，其可靠性和权威性就会受到影响，即造成质量问题。这可以说是信息时代知识生产新方式中所蕴含的悖论。这一悖论也存在于普通网站的自由参与与信誉度之间的博弈关系中。通常，读者可以自由发表意见而不加过滤的网站，其知名度和信誉度常常会受到影响，像在读者可以自由上传书评的亚马逊网站，随着书评数量的增长，书评的质量就会下降。[4] 基

---

1 〔美〕凯斯·桑斯坦：《信息乌托邦：众人如何生产知识》，毕竞悦译，法律出版社，2008，第165页。

2 〔美〕凯斯·桑斯坦：《信息乌托邦：众人如何生产知识》，毕竞悦译，法律出版社，2008，第44页。

3 〔美〕杰伦·拉尼尔：《你不是个玩意儿：这些被互联网奴役的人们》，葛仲君译，中信出版社，2011，第12—13页。

4 参见胡泳《信息渴望自由》，复旦大学出版社，2014，第3页。

恩（Andrew Keen）甚至认为："Web2.0革命不但没带给我们更多的知识、文化和共同体，反而带来了更多由匿名网友生成的不确凿的内容，它们浪费了我们的时间，欺骗了我们的感情。"[1] 知识的数量和质量之间的不可兼容在这里达到了十分尖锐的程度。

可喜的是，维基百科也在不断进行提高其质量的尝试，这就是在第九章"知识生产"的第三节中所介绍的若干举措，如对发表物来源的核查，排除编辑者个人的意见和信仰以及未经核实的研究，排除版权上有争议或对仍在世者有争议的资料。当然，如何在不压制群众性知识生产积极性的前提下不断提高知识的权威性和可靠性，可能是维基百科以及整个网络知识生产所面临的一个长久课题，这一质量和数量之间的矛盾，还需要经过漫长的努力去加以克服。

二　知识生产的自动化及其问题

从上面的论述中我们不难看出，人类社会的信息化、网络化、数字化和智能化的发展，不是创生了一个与现实世界相平行的虚拟世界，而是削弱了虚拟与真实之间的界限，创生了一个超记忆（hyper-memorisability）、超复制（hyper-reproducibility）和超扩散（hyper-diffusibility）的世界。[2] 在这个世界里，对于那些希望从复杂的互联网知识库中"挖掘"信息和获得知识的人来说，智能搜索引擎或软件机器人成为唾手可得的天赐法器，既便捷，又快速。这种知识生产的自动化不仅在某种程度上解放了人类的脑力劳动，变革了传统的科学研究方式，而且使我们前所未有地拥有了能够进行自动识别和预测

---

[1]〔美〕安德鲁·基恩：《网民的狂欢：关于互联网弊端的反思》，丁德良译，南海出版公司，2010，第16页。

[2] J. Ganascia, "Views and Examples on Hyper-Connectivity", In L. Floridi, eds., *The Onlife Manifesto*, Springer International Publishing Press, 2015, p.65.

的有力工具。但是，以机器学习技术为核心的智能系统，与其他技术系统一样，同样既可以赋能于人类，也蕴含着不少陷阱。

知识生产的自动化是建立在深度学习等算法基础上的。在此之前，计算机虽然也能根据特定的输入给出特定的计算结果，但整个信息系统本身却是"确定性的"，也就是说，我们向信息系统输入所要查询的内容，信息系统只是根据软件开发者事先设计好的编码规则，在现有的知识库中，进行自动搜索并输出结果。这样的信息系统本身不会比程序员知道得更多，20世纪70年代到80年代产生与发展起来的专家系统就是如此。这个专家系统是在人类专家所拥有的权威知识之基础上建造起来的。建造专家系统的过程通常被称为"知识工程"，主要包括知识获取（从人类专家那里获得知识）、知识表示（选择适当的知识表示形式）、软件设计以及编程实现等阶段。

然而，深度学习算法的提出彻底地改变了这种状况。深度学习是机器学习研究的一个新领域，其动机在于建立、模拟大脑进行学习的神经网络。深度学习不仅能够把复杂的模式识别分解为层次简单的模式识别，而且能够在与世界的互动过程中进行自学，比如，被广泛使用的人脸识别技术就是以深度学习算法为基础的，人们只要向软件系统提供足够多的数据，软件系统就能够自动生成一个有效识别人脸的"神经元"。更重要的是，软件系统识别率的提高不再依赖于程序员对算法的改进，而是依赖于算法本身的自主改进，或者说，软件开发者在进行编码之前，并不需要知道答案，也不可能预见到答案，软件系统会自主地训练自己，学习如何在尽可能没有人为干预的情况下把杂多的数据形式自动地转化为有效信息。

近些年来，随着算法、算力和数据量的协同并进，人们借助于自动化的信息处理技术已经把知识嵌入一个新的数字容器中。这就为智能搜索引擎等软件机器人提供了大显身手的用武之地，使其能够在大量碎片化的杂多数据（包括图像、视频、文本、数字、语音等）中发现人类仅通过归纳和演绎等传统方法不可能发现的内在关联，从而为各个领域的科学研究带来了新发现，变革了传统的科学研究方式。知识生产的自动化不仅提高了知识生产的质量与效率，而且随着机器学习、数据挖掘、图像识别、云计算、自然语言理解、传感器、计算机视觉、量子信息等技术的广泛应用，还涌现出了无人工厂、无人商店、无人饭店、无人旅馆、无人驾驶、机器赋诗、机器作曲、机器绘画、机器翻译、自动推送信息、自主诊断病症等新生事物。这一趋势表明，知识生产的自动化发展正在使我们从常规性的、重复性的、低知识层次的工作中解放出来，从事更有创造性、更加个性化、更高知识层次的工作。

然而，问题在于，当我们习惯性地依赖于自动化的知识生产方式并据此做出决定和采取行动时，自动化的知识生产技术在赋能的同时，也相应地带来了许多更加令人担忧的新问题。

首先，随着以知识抽取、知识表示、知识融合和知识推理等技术为核心的知识图谱技术的不断优化发展，我们对信息与知识的获取方式，从文本互联的 web1.0 发展到知识互联的 web2.0（使文本变成机器可读的知识结构）之后，现在又发展到人与知识互联的 web3.0（形成可读可写的大规模协作网络）。人与知识的互联不仅使网络更加智能化和更能理解人类的语言交流模式，或者说，更加接近于人类的思维，而且极大地提高了智能搜索、智能问答、个性化推荐等自动化的服务水平，出现了基于大数据的预测与挖掘技术、数据分析模型与知识推理等技术融合发展的智能决策系统。

然而，智能搜索等技术对我们获取信息方式的改变，不仅塑造了我们对世界的认知，而且框定了我们感知世界的认知窗口。网站的自动信息推送对个人行为习惯的强化，不仅固化了我们对自己的认知，而且遮蔽了我们认知自己的想象力。特别是，智能手机和微信推送功能的日益普及，使我们在浩瀚的数字世界里变得越来越被动，从对信息的主动搜索变成了对信息的被动接受。这标志着以问题为导向的搜索时代的式微与以信息过剩为特征的投喂时代的开启。在投喂时代,当点击率和可读性取代了真理性与可信性成为新的评判标准时,人们的阅读品位与注意力将会不自觉地被从众心理和大众趣味所裹挟,表现出"点击替代思考""思想让位猎奇"的现象。这表明,当我们在无形中把独立思考的能力出让给智能机器或算法时,也相应地使我们进入了知识获取碎片化的时代。这是极其危险的,很有可能导致人与机器关系的逆转:不是人来操纵机器或算法,而是机器或算法来操纵人。

其次,更令人担忧的是,基于图像生成模型的深度伪造技术直接摧毁了我们一直以来信奉的"眼见为实"的信条。在科学的早期岁月里,检验知识真假的方式是向观众当面演示。当科学发展到精密科学时期时,虽然科学家运用封闭的实验室里的精密测量与观察替代了公开的粗放式的当众演示,但实验测量依然起着最主要的作用,仍然是科学家确立科学事实的首要依据,乃至作为第一个科学哲学流派的逻辑经验主义曾极力主张,把基于实验的观察命题看成是检验理论命题真假的重要依据。当科学发展到互联网时代时,科学家之间的跨实验室合作和跨国合作将成为常态,视频科学会议日益普遍,远程讨论与沟通成本降到最低,出现了数十人甚至上百人合作发表学术论文的现象。在这种合作研究模式中,知识产权很难分配到某一个个人,而是属于整个共同体。在这种情况下,诉诸知识权威或科学家的陈述或陈词来获得知识,成为普通百姓了解科学发展与掌握前沿科学知识的主要渠道。由此,我们是否应该有理由相信专家的知识,就变成了一个值得探讨的认识论问题而受到哲学家们的关注。

然而,当科学发展到人工智能时代时,人们利用深度伪造技术不仅可以创造出现实并不存在的人物肖像,而且还可以合成真假难辨的深度伪造视频,达到凭借权威人士表达伪造者心声的目标。这不仅使得网络谣言和网络欺诈更加防不胜防,使得视频录像失去了从前具有的令人信服的真实性,而且使得来自专家权威的知识性陈述或陈词变得更加鱼龙混杂,从而直接摧毁了我们推崇的"眼见为实"的传统信念,极大地降低了新媒体行业的社会信任度,强化了我们对失信社会的担忧。这表明,人工智能深度伪造技术更具有破坏性。这也是为什么 2019 年 6 月 13 日美国众议院情报委员会专门召开听证会来探讨这一技术对国家、社会和个人带来的风险以及防范和应对措施的原因所在。

最后,当人类生存的物质世界成为智能化的世界时,常态化的在线生活使人具有了另外一种身份:数字身份或电子身份。一方面,无处不在的网络,使私人空间或私人活动成为对公共空间和公开活动的一种新延伸,过去的国家机密或私人信息,现在会在毫不知情的情况下被复制、传播乃至盗用。而人的网络数据与信息的不可删除性和人的注意力的货币化,又使人的行为被随时随地置于网络监视之中。这不仅强化了信息的不对称和权力的不对称,使人们失去了对自己信息控制权的同时,也失去了对自己信息的删除权。在欧盟关于数据保护条例的讨论中,从互联网中消除信息的决定权,成为一个最有争议的话题,其中,技术性的问题比我们想象得更加复杂。比如,你的手机几个月内的通信内容,即使在你关机的状态下,也能够被他人检测出来,还有发生在美国的斯诺登事件等,都是现实事例。

另外,编码逻辑的活动越来越标准化和碎片化,自动算法系统作为新的认知层面,建构了个人的电子档案,能够实时地解读和编辑个人行为、能够筛查个人的心情、追踪个人的喜好甚至抓取个人的信息感知趋向,进行有针对性的信息推送。而这种推送服务,不仅会加固社会分层,而且具有利用价值。比如,保险公司有可能在掌握个人病史的情况下,提高保费,大学招生部门有可能把个人网络档案作为决定是否录用学生的参考依据等。这样,与传统的社会化和社会控制机制相反,在知识生产自动化的今天,人的社会化成为无形的和不可解释的。这就增加了社会现象的不透明性和人的透明性。在这种情况下,如何形成新的社会契约就成为全人类共同关注的重要议题。

三 促进还是有碍知识创新？

知识创新是知识生产的最高形态，也是最重要的形态，同时还是从量到质的转化环节：知识的发展不仅有随着受众扩大而形成的量的发展，更重要的是其质的发展，这就是新知识的不断形成，或"知识创新"的不断出现。所以信息技术对于知识创新的功能和作用也是认识论需要关注的重要问题。那么现代信息技术的使用是否有助于人的知识创新能力的提高？这也是当前引发许多争议的一个知识哲学问题。

目前，还不能从直接性上谈论信息技术是促进还是阻碍了知识的原创性生产，或网络知识生产方式是更有利于还是不利于知识创新，但从间接性上看，它表现的是一种"双重效应"，从而也是一种"悖论"性的存在。

如间接的有利在于：信息技术的使用使我们摆脱了许多简单、重复的脑力劳动，一些诸如信息搜集之类为创新做准备的认识活动，也因为网络而大大提高效率，甚至一些"工具性"的认知活动还因人工智能的使用而替代了人的亲力亲为，消除了脑力工作中重复和烦琐的部分，由此节省了人们大量非创造活动（如由人充当搜集信息的工具）的时间，为真正的创造腾出了更充裕的时间。在电子网络环境下，由于信息资源的充足，部分知识生产工具可以共享等，都为知识的原始创新和动态生长提供了优越的条件。甚至网络的技术特征也间接地具有激发创新活动的功能，这种功能是其他手段无法比拟的。因为网络的"互联"造就了人与人之间持续的思想互动，通过交流产生新看法的机会大为增加，形成对创造力的唤醒和调动，成为将协作者的智力加以系统集成的强大工具，形成放大了的集体智慧，从而具有在创造性上取得更大突破的能力。

在一篇《探索银河，发现新物种，科学家如今得靠社交媒体来工作？》的报道中，列举这样一些事例：2015 年多伦多大学邓洛普中心的天文研究员达斯汀·朗（Dustin Lang）利用 WISE 太空扫描的数据来制作星空地图，并将其中一些成果发到了 Twitter 上，本意只是表达一下自己对工作的热爱。没想到后来在自己的这篇 Twitter 下有评论指出，银河中心的隆起区域似乎有些不太一样。这时另一个研究所的一名研究员梅丽莎·奈斯（Melissa Ness）也注意到了这些讨论，并意识了其中的特别之处。几周之后，两位研究员在密歇根的一场学术会议上碰面，最终碰撞出了思想的火花，随即两人的研究成果发表在 Astronomical Journal（《天文学期刊》）上，证明银河系的中心隆起区域存在一个"X"形的结构。另一个事例是，德国植物学家保罗·龚雷拉（Paolo Gonella）在社交网络 Facebook 浏览新闻时，无意中从一个网友的发帖附图中发现了一个新植物品种，它是从未被发现的茅膏菜属植物，具有食肉和食虫的特性。龚雷拉认为："作为一个植物学家，我认为 Facebook 是一个重要的工具。网站不仅能让我接触到其他植物学家，也能让我与全球植物学爱好者们进行联系。"今天，Twitter 和 Meta（即 Facebook）已经成为西方科学家推广其传播行为最常用的平台，Google+也吸引了越来越多的注意；而 Hi5、MXit、Orkut 则在发展中国家广泛使用。[1] 这些都表明了当代信息技术对于科学知识创新所具有的直接有利作用。这种有利作用我们曾在讨论 e-Science 中的一阶知识生产时也予以了具体的说明，从而印证了计算机科学家吉姆·格雷所归结的："IT 和计算机科学将在推动未来科学发现中发挥关键作用。"[2]

不仅在专业的科学知识生产中，就是在日常的认知中，网络中知识和信息间的"超链接"，也可以获得应有尽有的数据，以及更广泛的互动和协作，这些新的手段和条件可以使知识的创造者凝聚更多的智慧，产生更强大的相

---

[1] 资料来源：http：//www.sohu.com/a/107424435_362051，2016-07-25。
[2] 参见〔美〕托尼·赫伊等《第四范式：数据密集型科学发现》，潘教峰、张晓林译，科学出版社，2012，第 233 页。

互激励和启发,从而使行进于其中的思想活动形成新的联想和灵感,导向多重意义上的创造或创见。

与此同时,当代信息技术对知识创新也有若干间接的不利,主要表现为:由于复制和粘贴的简单易行,大量的"知识产品"无非是对旧有知识的重新组合甚至简单重复而非新知识的产出,而复制能力并非创新能力,甚至两者之间可能还存在互逆的关系:复制水平的提高通常意味甚至导致原创能力的降低。所以菲利普·布雷(Philip Brey)认为,计算机对人会产生认知与仿真模拟两种作用。当在认知角色中时,计算机不仅可以增强和扩展人类的认知能力,也能使得人类的思维与计算机之间的协作更加和谐;但是在模拟角色中,计算机并不能有效地拓展人类的能力[1],无疑也就有碍于人的创新。

再如,网络不断使人的注意力发生转移,使人在思考时容易变得分散、肤浅,从而影响思考的深度,从长远来看,这会有碍于我们的创造性。还有,网络中的知识生产,大量属于诸如词条编撰的"二阶知识"生产,还有更多的引用二阶知识来阐发自己看法的"三阶知识"生产,这样的知识生产基本不属于知识创新的范畴;如果多数网络知识产生主要是这种形式的活动,显然就会湮没原创性的知识创新活动,所以才会有前面所说的景况:网络时代知识的数量虽然发生着爆炸性的增长,但是真正具有创新价值、前沿意义和学术地位的知识并不多见,这也是之所以有"网络拉低创造力"的部分根据。此外,还有网络依赖问题,英国发明家特雷弗·贝里斯(Trevor Baylis)指出,互联网的普及催生出严重依赖网络和搜索的"谷歌一代",他们正在失去创造力和动手实践能力,从而面临"脑死亡"的威胁;他们长大后,世界上将不再有发明家。[2] 尼古拉斯·卡尔认为:我们现在越来越多地使用屏

---

[1] P. Brey, "The Epistemology and Ontology of Human-Computer Interaction", *Minds and Machines*, 2005 (3-4), pp. 383-398.
[2] 黄燕芳:《太依赖网络 青少年恐面临"脑死"》,《新闻晚报》2012年12月27日。

幕型媒介，这加强了视觉—空间智能，让人能够更好地从事需要同时追踪多个信号的工作，比如空中交通控制。但是这同时也会带来"高阶认知过程中的新弱点"，如"抽象的词汇、反思、归纳问题的解决、批判性思考以及想象"能力的匮乏，一言以蔽之，"我们正在变得更加浅薄"[1]。此外，网络的信息运行由于建立在数字化的代码机制上，通过代码的升级换代可以不断增强网络的控制力，使得限制知识的自由传播也变得更加容易，如美国政府在这方面的一些做法就将"对因特网的未来产生极大的负面影响，它们会从根本上阻碍因特网带来创新和发展的机会"[2]。

总括起来就是说，当代信息技术对于知识创造来说，具有双重的悖论式效应，如超链接和数字化写作在有利于将思想碎片通过数字化书写组成思想体系的同时，也在超链接和搜索引擎的随意使用下使思想碎片化和间断化，使知识生产进入后现代方式，也就是当印刷术造就了现代性时，电子媒介造就了后现代性；而后现代和现代之间，谁更有利于知识的原创，也并非定论。

人工智能作为当代信息技术的前沿，它对于知识创新的作用也处于争论最为激烈的"风口浪尖"之上。目前，由于人工智能还处于较低的发展阶段，所以只能对我们的知识创新起辅助作用。但如果基于终极算法的超级人工智能出现后，就会具备知识创新的功能，这时，从作为人的工具来说，它无疑增强了人的知识创新能力，使得作为人机融合的知识生产系统协同进化到了一个更高的水平；但从工具具有替代人的功能的角度看，超级人工智能的更强创新能力或是使人自己的知识创新相形见绌而放弃自己的"天职"，让渡给机器去替我们创新；或使人的知识创新工作就像先前的体力劳动那样，被先进的工具所必然地替代，这样都会导致人自身与知识创造的"绝缘"，即增强我们创造能力的工具最后使我们彻底失去了创造能力，这更是我们不

---

[1] 〔美〕尼古拉斯·卡尔：《互联网让人变得更愚钝?》，《参考消息》2010年6月16日。
[2] 〔美〕劳伦斯·莱斯格：《代码：塑造网络空间的法律》，李旭等译，中信出版社，2004，序言。

愿意看到的。当然，这一悖论是否会出现，还要取决于"人工智能究竟能不能创造出新知识"，这既是一个技术可能性问题，也是一个当代知识哲学问题，它没有答案，但具有强大的驱动力和无穷的探索魅力，这也正是那些具有恒久价值的认知悖论的意义所在。

四 算法悖论

由于算法是人工智能的核心技术，所以在当代知识生产的活动中，即使人工智能只是一种辅助的工具，也表明了算法对知识生产的日趋深度的介入。从前面我们曾分析过的人机之间在认知功能上各有优劣的关系来看，算法在知识生产中可以起到对人类认知的赋能作用，如提高知识生产的效率、精度，还可以克服人因情感因素或价值偏向的介入而导致的认知结论的不公正性。但是如果更深入地考察算法在知识生产中所隐含的复杂功能，则会发现它的作用并非上述那样单纯而积极，其中也是一个悖论的集合体。

人工智能发挥作用的世界是由数字化行为构成的数字世界，大数据技术的发展使得在线数据的用途发生了质的变化，而算法和智能机器人对数据世界的利用，又进一步把我们带入基于大数据进行预测或决策的新时代，由此使我们生活在一个社会—技术—认知高度纠缠的复杂系统之中。问题在于，当数据成为我们认识世界的界面时，我们已经无意识地把获取和加工信息的任务交给了算法本身。或者说，我们的日常生活，比如游戏、购物、订餐、旅行、交通、工作、交往、家务劳动等，越来越以软件赋能的数字设备和网络系统等信息技术为媒介，并受到这些技术的拓展和规制。从根本上说，软件是由算法构成的。基于算法的软件正在某种程度上操纵着我们的社会生活，并形塑着我们的日常实践，比如，搜索引擎、安全加密交易、推荐系统、模式识别、数据压缩、自动纠错、优化、强化、激励等。算法等于逻辑加控制，其中，逻辑是使问题域和抽象形式与解决方案具体化，即做什么；控制是提供解决问题的策略与指南，即应该如何做。也就是说，算法是为解决特定问题设计的一系列操作指令或步骤，也是思考问题和解决问题的方法与思想。在当前的实践活动中，算法不仅成为当代社会中新权力的"经纪人"，而且重塑着社会与经济系统的运行，乃至科学研究方式。[1] 然而，与一般的方法有所不同的是，算法不仅能够赋能与赋权，而且其本身就构成了一种权力的行使和对于传统权力模式的替代。因此，当我们生活在极易受算法操纵的时代时，探讨借助于算法所得到的知识本性，以及揭示算法本身所蕴含的认知偏向就变得特别重要。

第一，对于仅仅使用（而不是设计）算法的人来说，算法系统具有黑箱的性质，或者说算法系统是不可解释的，因为算法通常隐藏在可执行的文件之中，是无法理解的，而且算法系统是网络化、分布式的，能够在与环境的互动中自主地进行动态优化和调整等。使用者对算法的不理解性来源于两个方面，一是信息保护，比如信息科技公司为了在竞争中获胜和保护其知识产权，程序员或编程人员的工作是极其保密的，使得用户在使用产品时，并不知道算法是如何起作用的；二是算法本身的动态优化，比如人类无法理解打败国际围棋高手李世石的"AlplaGo"走棋子的策略，更有甚者，2018年新研发出来的"阿尔法折叠"甚至可以根据DNA的序列测出蛋白质的三维结构，如此等等。获得2018年图灵奖的杰弗里·欣顿（Geoffrey Hinton）在2014年把由算法系统提供的这类知识称为"暗知识"（dark knowledge）。过去我们把知识分为两类：明言知识和意会知识，然而，这类由算法自动地产生出来的"暗知识"，却是人类既无法言说，也无法意会的一类新型知识。

那么，我们应该如何对待这类知识？显然成为有必要进一步研究的一个

---

[1] R. Kitchin, "Thinking Critically about and Researching Algorithms", *Information, Communication & Society*, No. 1, 2017, p. 15.

认识论和知识论问题。这类知识有可能成为一种新的知识类型吗？还只是代表了我们暂时没有能力搞清楚其机制的自动化决策呢？我们通常认为，知识是得到辩护的真信念，而这类由算法提供的知识有资格成为得到辩护的真信念吗？我们应该据此修改我们关于知识的传统定义吗？无论我们对这些问题做出什么样的回答，由算法提供的"暗知识"都在某种程度上强化了前面我们所提出的"域境论知识观"的观点。

第二，算法的设计是负载文化的。文化是先于算法设计而存在的，植根于现存的社会制度、实践、态度及其价值趋向之中，然后通过设计者的设计理念和预期嵌入程序设计之中。或者说，算法是在更广泛的社会技术系统中形成的，是在文化、历史和制度的交集中创建出来的，依赖于开发它们的条件，在本质上，应该被理解为是关系的、域境的和视情况而定的。比如，有人运用社会心理理论来理解人与计算机之间的互动方式，他们选择了43名具有软件设计经验和大约15年教学经验的教师，其中34名是女教师，9名是男教师，然后，把他们分成三组，分别为7年级的男孩、女孩和学生设计一个正确使用逗号的程序。实验结果表明，为女孩设计的程序可归类为"学习工具"，而为男孩和学生设计的程序大多数像是"游戏工具"。特别是，设计者在为学生（没有明确性别）设计软件时，他们心理预期的目标用户是男学生，从而表明在教育软件中有性别偏向，也揭示了为什么计算机对男孩比对女孩更有吸引力的原因所在。这也证明了人际交往的社会心理理论在人机交互中和工作中的有用性。[1] 这也是设计者在提供算法时无意识地内嵌于其中的文化偏向。

第三，算法本身是有技术偏向的。尽管算法的创建者认为，算法减少了偏见，消除了决策的主观性，但是，就像算法不是完全中性的、公正的知识

---

[1] C. Huff and J. Cooper, "Sex Bias in Educational Software: The Effect of Designers' Stereotypes on the Software They Design", *Journal of Applied Social Psychology*, No. 6, 2006, pp. 519-532.

表达一样，它们的运行也不是冷漠的和非政治的，它们塑造了我们理解世界的方式，建构了新的权力方法和知识体系。[1] 算法的技术偏向来源于技术设计，体现在设计过程的几个方面。比如硬件、软件和数据库等计算机工具的局限性，将社会意义赋予算法的过程，伪随机数生成算法的缺陷等。举例来说，我们现在习惯于使用航班电子预订系统来买机票，这套预订系统用起来方便而简单，我们只要输入旅行地点，预订系统就开始在航班数据库中进行搜索并检索出能满足或接近满足要求的航班选项，然后根据不同的标准对这些选项进行排序，比如时间排序、价格排序等。我们看到的是预订系统排序后的航班选项。但是，当我们利用公务机票预定系统来搜索国际航班时，只能搜索到国内航空，搜索不到国外航空。这说明机票预订系统的界面隐含有技术偏向设置，最近多次报道的大数据杀熟等现象也是如此。算法的效用或算法的权力并不总是线性的或可预言的。算法作为更广泛的关系网络的一部分，在运行时也会有副作用，并出现意想不到的结果。算法的技术偏向通常隐藏在代码中，很难被准确地找出来，因为算法不只是程序员创建的，还会在与用户的互动中自主地发生改变。

第四，算法的输出具有路径依赖性。由数据驱动的算法能够根据不同用户的需求自动推送相关产品。比如你在网上搜索了某个产品之后不久，浏览器就会自动地推送出类似的产品。因此，大数据和人工智能可以自动地为习惯于网络化的人画出个人画像，比如，消费习惯、着装习惯、饮食口味、交往人群、个人的偏好等。搜索引擎的自动推送服务和查询结果排序，还能为用户提供个性化服务，比如，你在网站上的购买记录，成为搜索引擎发出自动推送内容的行动指南。可见，搜索引擎在爬取、索引、储存和最终排序内容的意义上，已经成为一台"认识论机器"。这样，搜索引擎的路径依赖性

---

[1] R. Kitchin, "Thinking Critically about and Researching Algorithms", *Information, Communication & Society*, No. 1, 2017, pp. 18-19.

第十一章　知识悖论：信息技术对认知活动的双重影响　597

在方便我们查询的同时，却在某种程度上遮蔽了我们的眼界，起到固化单一性和弱化多样性的作用。就是说，从信息获取时算法就介入了对我们知识活动的控制，从传统媒体的编辑分发、到互联网时代的搜索引擎分发，再到移动互联网时代的推荐引擎分发或智能分发（也称"算法型"分发模式），算法从按媒介"把关人"的意愿向我们推送他们认为我们应该看到的信息，发展到投其所好地向我们推荐我们喜欢看到的东西（不再是人找信息，而是信息找人），使得"我所看到的都是我想看到的"，于是难以获得客观的全面的信息；虽然信息茧房现象一直都有，甚至在前网络时代也存在，但推荐算法的介入，无疑更强化了这一现象，使得信息获取一方面因为网络优势而增加了宽度，但又因为算法的限制而收窄了范围，导致悖论式的效果。

　　第五，算法也会出现解读错误、计算错误等现象。莱利（Patrick Riley）将这些错误归结为三个主要方面：其一，拆分数据方式有误。研究者在建立模型时，通常会把数据分成训练集和测试集，训练集用来让模型学习，而测试集用来检测模型对训练集的描述效果。这种拆分通常是随机的，但在实际生活中，数据却很少是随机的，而且采集数据时的背景很可能和应用机器学习模型时的场景不一致。其二，隐藏变量。在理想的实验中，研究者只是改变想研究的变量，而保持其他变量不变。但是，在现实的实验中，却通常是做不到的，隐藏变量很复杂，这些不可控变量会在机器学习模型中引起危害。其三，搞错目标。机器学习算法要求研究者写出"损失函数"，其中规定了各种错误的严重程度，例如，是产生两个1%的失误更好，还是一个2%的失误更好，有时难以预先判断，很多人会使用很少的一组函数，结果无法捕捉到真正关心的问题。[1]

　　可见，对算法的更广泛的理解需要在整个社会—技术—认知框架中来进

1　P. Riley, "Three Pitfalls to Avoid in Machine Learning", *Nature*, Vol. 572, No. 7767, 2019, pp. 27-29.

行。在不考虑算法的更广泛的社会—技术—认知框架前提下来审视算法，就像不参考司法制度、法院等基础设施、警察等执行者以及法律界的商业行为等来考虑法律一样。盲目迷恋算法和代码是以牺牲社会—技术—认知框架的其余部分为代价的。[1] 我们需要关注"暗知识"的本性以及揭示算法本身负载或内嵌的文化、技术与设计偏向、输出知识的路径依赖性以及算法的解读错误等问题。知识生产中形成的观点之争、结论之争，往往要追溯其背后的算法之争；而为了从算法上纠正认知错误，有可能提出提高各种算法素质的问题，"换句话说，开发基础的算法识字水平变得越来越重要。公民越来越需要对影响我们公共和国家生活的程序化系统做出判断。即使您不够流畅地阅读数千行代码，构建模块的概念（如何将变量，循环和内存缠绕），你也可以说明这些系统的工作方式以及它们可能出错的位置"[2]。或者说，在"算法为王"的时代，必须有更多的人具有对算法纠偏的能力。

五　常规与反常：人与算法之间

由上面的算法悖论自然会触及这样一个问题，如在进行知识发现或生产时，算法的介入会否使这个过程变成一个自动化的过程？[3] 人在知识生产中还起作用吗？算法使我们在知识生产过程中的主观能动性得到增强还是削弱？知识生产需要借助算法而走向模式化吗？

还是以科学发现为例，在大数据时代，科学研究的目标、过程及其结果

---

[1] R. Kitchin, "Thinking Critically about and Researching Algorithms", *Information, Communication & Society*, No. 1, 2017, p. 25.

[2] E. Pariser, *The Filter Bubble*, Penguin Books Ltd., 2011, p. 124.

[3] 例如早在 2010 年，史蒂文·约翰逊（Steven Johnson）在《伟大创意的诞生》（Where Good Ideas Come From）中提到一个软件——DEVONthink。这个软件能记住你读过的文章，然后通过算法，检测到各文本之间微妙的语义连接。它可以通过跟踪同时出现的词语的频率，来发现不同词语之间的关联继而建立起不同想法之间的关联。

都可以由算法等计算机技术确立和完成。这似乎标志着算法在科学研究中已经开始取代人的作用。图灵奖获得者蒂姆·格雷（Tim Gray）等一批计算机学者对此十分欢迎，他甚至由此提出科学已经进入了"第四范式"，其中科学的"第一范式"是经验的观察与描述现象，"第二范式"是理论的概括与推理，"第三范式"是计算机模拟实验，"第四范式"则是数据挖掘与处理。[1]

进入第四范式后，大数据冲击下的现代科学已经将挖掘数据的算法作为一种通用的研究手段。对科学研究的一般情形而言，对特定数据群进行归纳概括、进而模式识别，这本身就是一种比较成熟的"解谜题"活动，进而会在特定的学科环境中形成范例；于是，该活动的广泛实施即代表科学研究处于库恩所说的"常规科学"阶段。在新计算机技术的支持下，现代科学能够以算法实现这种活动，还可以借助算法的实施来对范例进行改进与扩展。大数据已使当今的常规科学呈现出一种新的形态，即在其范例、范式保持不变的基础上，主要依靠算法等新型计算机技术自动化地识别数据模式，而不再主要依靠人工的实验、观察和数据处理等方式来完成科学研究。

"开普勒计划"（Kepler Mission）就是上述常规科学研究的典型案例。该计划是始于2009年的一项天文观测任务。它由NASA执行，其主要目的是寻获太阳系外的、围绕其他恒星旋转的未知行星（尤其是大小、形态、行星表面环境等与地球相似的行星）。[2] 该计划长期观测了数十亿颗恒星，所有观测结果（如星系的大小、恒星的光度等等）都形成一系列数据，由此积累的数据量非常庞大。因此，NASA不得不运用算法来处理这些数据并发现其中的模式。在开普勒计划中，算法所做的"研究"工作就是根据行星凌星原理，识别符合特定图样的曲线图，再进一步提取该曲线图的细致特征。这些曲线

---

[1] T. Hey, S. Tansley, K. Tolle (eds), *The Fourth Paradigm: Data-Intensive Scientific Discovery*, Washington: Microsoft Research, 2009, p. XVIII.

[2] M. Rhode, E. Budding, "Analysis of Selected Kepler Mission Planetary Light Curves", *Astrophysics & Space Science*, Vol. 351, No. 2, 2014, p. 451.

图及其细致特征就是算法需要提取的数据模式，而且它们都对应着开普勒计划所真正需要研究的事物——未知的系外行星及其性质。上述工作的原理清晰、研究方法无疑义。当然，它们早已被天文学普遍接受、遵循，算法只是将其交给计算机施行而已，施行的结果则是不断扩充天文学所掌握的系外行星的范围。

从中可见，大数据中的常规科学在进行研究时，其实就是在识别符合特定需要的数据模式，此后才将模式对应为待考察的自然现象、事物或规律。这就使常规科学研究和发现的对象呈现数据模式化的趋势。同时，研究处于常规科学阶段就代表着其范式的稳定，特别是其理论预设、形而上学共识和方法论习规的清晰和无疑义。那么，在大数据中这样的研究完全可以由算法自动化地实现，它代表着常规科学的另一个变化趋势：研究的算法化、自动化。由此，算法至少可以取代人在常规科学研究中的作用，这会进一步引发"在整个科学中，人的作用和意义在哪里"的担忧。

人的作用则表现在科学研究中所发现的"反常"之上，也就是常规科学的范式不能纳入其中从而为算法所"遗漏"的对象，如上述"开普勒计划"中的"戴森球"[1]。在开普勒计划的进行中虽然观测到了一颗编号为 KIC 8462852 恒星的光度发生了变化，因此极可能存在一颗围绕它旋转的行星，但这种变化并不符合行星凌星的模式，因此被 NASA 的算法忽视。不过，最终通过其他非算法的方式，天文学家终于重新关注这颗恒星，并指出那个围绕它旋转的天体很可能就是戴森球。

"戴森球"的案例表明，算法能够高效识别数据中隐含的已知模式，可是会忽略那些未知的、不能转化为算法可归纳情形的数据样式。这时，就需要

1　戴森球（Dyson sphere/Dyson Shell）是一种由太阳系以外的文明建造的、围绕他们的"太阳"旋转的巨型（主要是指大小在行星级别的）人造天体。关于这种人造天体的理论设想由天文学家戴森（Freeman Dyson）于 1960 年提出。参见 F. Dyson, "Search for Artificial Stellar Sources of Infrared Radiation", *Science*, Vol. 131, No. 3414, 1960, p. 1667。

人来提出新的理论，新理论能够指出"未知"样式其实在预示着该理论创新的证据，而不是被算法忽略的无意义数字。新理论的提出也表明将未知样式纳入传统范式的困难，从而是针对传统范式的一种"反常"，进而需要进行范式转换、由转换后得到的新范式来容纳反常，这个过程也是围绕着新理论来进行的。以后当这个范式建构完善并形成新的常规科学时，它仍然可以被算法实现。可是在其完善之前，科学依旧面对着一个未知且不稳定的理论世界，这时就仍然依赖于人的思维和创造能力。

因此，在大数据中，科学对反常的两项应对——识别和容纳——都围绕着理论创新来进行。这种需要恰恰表明，即使在大数据的冲击和此后的常规科学算法化背景下，人的作用在科学中依然不可或缺。从一方面来看，这是指在如此背景中的反常是算法不能发现和处理的。于是，对它的应对以及应对所依赖的理论创新也都必定拒斥算法化。从另一方面来看，理论创新本身即允许甚至鼓励在不需要任何数据的前提下进行大胆的设想和构造，正如戴森设想出戴森球、后来的天文学家还设想不同形状的戴森球将造成何种凌星现象等。如此大胆的设想与构造正是人所独有的能力，而且该能力是任何通过挖掘数据与进行归纳的方式运行的算法都不能提供的。

除了理论创新之外，对反常而言还需要另外一种应对方式：鼓励公众（即非专业科学家）的参与。在该案例中公众参与就是通过肉眼等非算法的观察手段来检查算法处理过的数据，以此为算法查漏补缺、识别反常。它还进一步表明，为应对大数据冲击导致的极端反常，有效的公众参与必须以数据的公开为前提。科学数据公开化使公众获取科学研究资料的门槛大大下降，他们的研究能力也相应会得到更多的支持——主要是数据代表的翔实经验证据的支持——并因而得到科学共同体的承认，由此就使科学共同体的潜在人员范围大大扩大。正如疑似"戴森球"案例所显示的那样，这显然会提高极端反常被识别（即不被忽略）的概率。不过公众参与的作用并不仅限于此。

相对于传统的范围较狭窄的科学共同体而言，在这种开放且范围广大的群体之中产生理论创新的数量和频率也可能相应提高。也就是说，公众参与除了借助人自身的观察能力为算法查漏补缺之外，还有一种间接的应对反常的作用，即潜在地鼓励了理论创新。总之，通过上述两种方式，公众参与事实上都在使科学共同体变得不那么僵化、更加灵活且易于应对反常。于是，它同样表明，在应对大数据中的科学反常时，人的作用是算法不可取代的。这时，数据公开、引导公众参与本身就是一种主张、鼓励人们在科学研究中主动发挥作用的态度。

总之，大数据的冲击已经使科学随之发生了一些相应的变化。这些变化尽管没有影响到科学的本性和科学方法论的原则，但还是使科学展现出了一些新形态。如此变化同时发生在常规科学和反常之中。常规科学的变化就是它的算法化，这使常规科学逐渐成为能够不需要人的直接介入而"自主"运行的研究活动，从而节省了人力。而反常的变化则是它的极端化，由此使科学更加需要理论创新和公众参与，也就是对人的研究能力和素质提出了更高的要求。这两个变化趋势对应于不同的科学研究阶段——算法化常规科学遇到极端反常后，人的作用就应该迅速介入以应对之；在应对成功后科学就能够进入新范式，这时就能够以新范式的理论为基础构造新算法，以此使新范式的常规科学算法化，直到遇到下一个反常。正如库恩所说，在科学变迁中范式建立（常规科学）、反常、危机、革命、新范式建立的形态会交替循环出现。常规科学算法化与反常极端化的两种趋势之间也并不互斥，而是相继交替发生，并共同促进科学形态的整体变化。进而，两个趋势的结合使在科学研究中的人与算法分工更加明确，使人与算法形成更加密切的协作。

第三节　知识传播悖论

知识在进入网络中传播后，也会出现种种难以调节的矛盾关系，如知识的共享和基于知识产权保护的垄断之间的关系，知识信息的公开透明化与隐私保护之间的关系，以及人与人之间的知识差别基于网络的扩增即知识沟问题。

一　共享与垄断之间

知识是一种信息，信息具有基于信息技术逻辑的共享特征。信息技术最基本的功能就是信息处理和信息传播，而为了提高信息处理和传播的效率，就必须实行信息共享，或者说信息共享是实现信息技术基本功能的内在要求。例如信息的源代码如果不在团队中共享（所谓"开源"），协作就无法进行，软件就无法编写；信息的内容如果不在一定的人群中共享，信息就不能实现传播，也不能进行信息交流，信息就不成为真正的信息：向他人传达意义、并不断与其他信息形成新组合、创生新信息，产生信息的增值。可以说，随着信息技术使信息传播的范围更大，信息交互的频次更高，信息增值的效果更好。因此，信息技术的功能或使命使其内在地决定了信息共享是技术上的必然要求，从而是它的内在逻辑。

但是，当信息的商品属性介入信息活动中之后，就有了信息开发成本的回收和利益保护问题，于是就与信息共享之间发生了矛盾。美国学者罗伯特·考特（Robert Cooter）和托马斯·尤伦（Thomas Ulen）这样表述了信息共享与信息垄断之间的矛盾："在信息方面确立产权的每一种方法的显著经济特征在于这些产权都是垄断权。这似乎是个悖论，因为……通过给予思想的生产者以垄断权，该生产者就有一种强有力的刺激去发现新的思想。然而，垄断者对产品索取高价将阻止该产品的使用。简而言之，这个问题的困惑在于没有合法的垄断就不会有足够的信息生产出来，但是有了合法的垄断又不会有太多的信息被使用。"[1] 这里的信息主要指知识，这里的信息垄断主要体现为知识产权保护。可以说，在一定范围内，知识的垄断必然限制知识的使用，而知识的共享则必然要求打破知识的垄断，因此两者之间存在着矛盾，而且在一定的阶段和领域还有日趋尖锐的趋势。如果知识垄断体现的是一种生产关系，而知识共享是一种在知识的使用中创造新的知识产品的知识生产力，两者之间的矛盾就形同于生产关系与生产力之间的矛盾。

知识悖论在信息时代尖锐化的一个突出事例，是发生在2013年年初的"施瓦茨事件"。亚伦·施瓦茨（Aaron Schwartz）在年少时因为在信息技术上的特殊才能而成为美国有名的"网络神童"和"IT天才"，也被誉为"乔布斯式的人物"。成年后他逐渐成为一个信息共享的追求者，一个"用远大的理想全身心投入到自由事业"中的人：他极力反对美国致力于保护网络知识产权的《禁止网络盗版法案》（SOPA）和《保护知识产权法案》（PIPA），提倡在互联网上自由共享知识和信息。他下载信息供社会公众使用，用自己娴熟的黑客技术从美国著名的学术期刊数据库中下载了480万篇论文（含2000万页的收费资料），然后上传到网络让人们免费共享。施瓦茨拥有众多支持者，他们呼吁网络信息自由开放，而不是被收费墙束之高阁。这些拥护者称施瓦茨为"数字时代的罗宾汉"。但他也因此而受到了美国联邦法院13项重罪的起诉，其罪名就是"数字偷窃"；如果罪名成立，他可能面临35年的监禁。施瓦茨在美国司法体制恫吓胁迫之下，不堪重负于2013年1月11日上吊自杀，年仅26岁。

这一尖锐的事件引发了美国社会的大争论，反映了信息时代追求信息知识共享和保护知识产权的"信息垄断"之间的难以调和的矛盾。

信息知识共享是信息时代科技进步与信息创新的必要条件，它有助于突

---

[1] 〔美〕罗伯特·考特等：《法和经济学》，张军等译，上海三联书店，1991，第185页。

破个体的有限性，让每个个体的创新思想汇聚成可以提高人类整体智力水平和整体素质的信息创造力。但信息知识垄断限制了其价值的最大限度发挥，不利于知识和信息的交流，不利于新信息新知识的广泛传播，不利于科技新成就的广泛应用，不利于信息在流动中激发更多的信息生成和知识创新，从而也形成了对信息知识生产力的发展和信息知识财富增值的束缚。

信息和知识只有在不断流动之中实现充分共享，才有意义，也才有生命力。当信息和知识在今天的技术平台主要转向互联网之后，因为互联技术逻辑而更加凸显出平等交互、多元自由、开放共享的核心价值，而且互联网上确实也存在着近乎无限的可共享的知识和服务，使得具有共享逻辑的信息技术，实际地影响或促进着生活世界走向越来越多的共享；当我们的时代和社会选择使用信息技术时，就意味着踏上了一条通向知识共享的道路，共享信息和知识随之成为一种日常生活方式：我们在网络上浏览新闻、观看视频、学习知识、互送邮件，在社交平台上与他人谈天说地……如今人们已经须臾不能离开在博客、微博、微信上分享见解和经验，向朋友圈和好友群转发精彩而富有启发性的文章，这些都是信息知识共享。"人人参与、人人分享"的技术逻辑演化为生活世界中的一种最普通的现象。在这种共享中，我们不求"独占"所知的信息，而是力求尽可能及时地与他人分享它们，因为我们深知只有分享了的信息知识才是传播出去并实现了价值的信息和知识。所以"现代的新座右铭是：'如果你体验到了什么，就记录下来。如果你记录了什么，就上传。如果你上传了什么，就分享'"[1]。

信息和知识共享如此重要，而且电子网络也提供了实现这种共享的便捷手段，但在现实中我们并不能全面地无区别地实施这种共享，这是因为知识生产仍是一种需要投资或付出成本的活动；要不断维持其进行，必须有持续

---

[1] 〔以色列〕尤瓦尔·赫拉利：《未来简史》，林俊宏译，中信出版集团，2017，第350页。

的投入和经济支持，而知识产权保护或知识信息垄断是为了使知识生产的投资者获得回报并继续支持知识生产的可持续进行，如果在知识传播中不进行这种保护，就不会有持续的知识创新，尤其是一阶知识的生产和创新。

　　合理地对待这一悖论，在当前的知识传播中就需要区分公共投资还是非公共投资的知识产品。对于前者需要的是纳入开放的知识传播空间中去实现尽可能广泛的共享，对于后者则需要进行严格的保护。就是说，目前我们还必须区分具有不同属性的两大部分知识：可无偿共享的知识和需要有偿使用的知识。可共享的人类共同的知识财富是前人积累的或后人捐献的，不涉及用其来参与社会分配；而有偿使用的知识资源涉及提供者或创造者需要通过它来获取社会的分配，以补偿前期付出的劳动。在信息生产力还没有发展到可以充分共享知识成果的程度时（犹如物品还不能实现按需分配时），在自然人和法人的脑力劳动成果还受到知识产权保护的时代，如果对有偿才能使用的信息资源通过不正常的手段加以无偿使用，就等同于对他人信息财产的偷盗，因而是不道德的，甚至是违法的。基于一部分知识产权是以署名的方式受到保护的，所以在写作和发表物中那些不注明出处的引用，就是以抄袭和剽窃的形式表现出来的知识产权侵犯。上述行为会严重破坏网络社会的正常运行，败坏知识使用和传播的风气，挫伤信息生产者的积极性。

　　这种冲突也可能是由法律与道德发展不同步导致。在苏马斯·米勒（Suemas Miller）看来，法律相对于社会发展来说是"迟钝的工具"，而道德则是"利器"，所以相对于法律来说其滞后性会小一些，于是"在一些一次性，即不会重复出现的情况下，对于代理人来说做出的道德上最好的行为也许不是合法的行为"[1]，正如施瓦茨的行为虽在道德上被评价为行侠仗义，但在法律上属违法行为，这种道德与法律的冲突在许多人看来是法律的落伍、

---

[1] 〔澳〕苏马斯·米勒：《集体责任、信息和通信技术》，载〔荷〕范登·霍文等《信息技术与道德哲学》，赵迎欢等译，科学出版社，2014，第207页。

第十一章　知识悖论：信息技术对认知活动的双重影响　607

滞后造成的，所以他们大力呼吁要修改相关的法律条文。

这种冲突还常常体现为道德和法律之间的边界不清。《世纪道德》一书中也专门分析了这一问题，作者认为，在知识产权领域，法律和道德经常纠缠在一起，很难理清，不能简单地把道德问题化为法律问题，也不能简单地认为只要依法办事便尽到了行政人员的道德义务，"法律和道德并不总是吻合的。法律的强制条款并不必然地为信息技术中复杂的道德问题提供充分的指导方针"[1]。具体来说，在保护软件方面，著作权法和专利法能够做到什么程度？是否只能给予源代码这种保护？是否还应适用于命令结构和命令序列甚或"外观和感觉"即用户界面的一般外观的保护？在软件程序或应用开发过程中的资源投资是否产生财产所有权？如果有的话，如何协调这种权利与自由无碍的信息交换所产生的社会善之间的关系？软件公司依靠不泄露协议保护商业秘密，但此类协议的约束力究竟能有多大效力？如何才能区分雇员一般性知识和公司专有信息？[2] 显然，如果保护过度，信息共享的信息道德追求就难以实现。所以，寻求网络空间中的"无法不稳"与"无德不兴"之间的协同，寻求知识生产者的知识捐献与知识消费者的知识付费相结合，使两者各自意识到两种知识行为的重要性，从而走"合作共赢"的道路，才有可能逐步克服知识共享和知识产权保护之间的悖论关系。

如何逐步克服知识产权保护的法律与知识信息共享的道德理想之间的冲突，不同的社会角色对这两个方面往往有不同的偏向，例如在像美国这样的发达国家，工商界的主流人士更偏向于知识产权保护，而学术界的主流人士则偏向于知识共享，甚至主张"信息共产主义"[3]，在他们看来，知识产权保

1　〔美〕理查德·斯皮内洛：《世纪道德：信息技术的伦理方面》，刘钢译，中央编译出版社，1999，第21—22页。
2　〔美〕理查德·斯皮内洛：《世纪道德：信息技术的伦理方面》，刘钢译，中央编译出版社，1999，第10页。
3　如执教于哥伦比亚大学法学院的伊本·莫格勒（Eben Moglen）教授曾经发表《网络共产主义宣言》，呼吁废除知识产权，实现知识的自由流通。

护无非是保护既得利益的手段。

当然，互联网的逻辑是趋向知识和信息越来越便捷的共享，由其驱动的分享经济也正在使"共享重于占有"的理念越来越深入人心，这种理念对于知识生产者来说也具有引导作用，使得他们在追求合法的知识产权保护的同时，还可以在更高境界上无偿提供自己生产的信息，即进行"知识捐献"。捐献物品和金钱是现实社会的善举，而将自己一部分用辛勤劳动创制的知识产品提供给社会成员共享，可以使需要这些知识而又无力购买的人从中获益，从而对其发展以及对信息之社会价值的实现产生积极作用，这无疑是一种信息利他行为，属于可助益社会和能够造福更多他人的"善举"。鉴于施瓦茨案例，一些学者开始了这种"知识捐献"行为，它与信息共享以及自愿原则等可以融洽地对接。事实上，将专利权保护的产品无偿奉献于社会的先例早已存在，如在信息社会前，本杰明·富兰克林发明了许多有用的东西，像避雷针、里程表、双光眼镜等，但他没有申请任何专利，因为他认为："由于我们享受着其他人的发明带来的便利，所以我们也应该为能有一个机会用自己发明的东西来服务他人而感到欣慰，而且我们应该免费且慷慨地同大家分享我们的发明。"[1] 这种善举在信息社会同样存在，如20世纪60年代美国的"自由软件运动"，我国也有许多提供开源代码的网站和提供各种书籍、音乐无偿下载的站点。网络学校、百度百科、维基百科、谷歌学术等新的知识传播方式，都在将我们带入免费阅读的时代，这也使我们看到了克服信息悖论的前景所在。

二　隐私悖论

在知识和信息传播的过程中还存在一个尖锐的问题，就是隐私的公开与

---

[1]　参见〔美〕迈克尔·奎因《互联网伦理》，王益民译，电子工业出版社，2016，第151页。

保护之间的冲突，从而形成了所谓的隐私悖论。互联网上的隐私悖论有若干表现和表述，如一种表述为：用户一方面享受披露个人信息带来的丰富社会服务，另一方面也面对着隐私安全问题；另一种表述是：网络使用者一方面抱怨自己的隐私受到侵犯，另一方面又对外主动爆料自己的个人信息，乐于在网上晒心情、晾隐私，以引起他人的关注，即一方面担心隐私安全，另一方面又热衷于分享个人隐私信息[1]；类似的表述还有：社交媒体用户一方面希望通过信息分享实现心理认同，另一方面又担心自己的隐私遭到泄露。"隐私悖论"概念最初由布朗（Doug Brown）于2001年提出[2]，巴尔内斯（Susan Barnes）于2006年将其表述为：在隐私关注态度和隐私保护行为上存在不一致。[3] 我们在这里将要讨论的则是：一方面，为了网络安全而需要网络监管；另一方面，这种监管又会导致隐私不保，两者之间也会形成一种悖论的关系，可视之为原初意义上的隐私悖论的一种延伸。

知识和信息的传播，使得信息在共享中变得公开而透明，是信息的认识论属性和政治属性的理想结合，即信息彻底发挥使受众"知晓"的功能，并在此基础上实现其他社会功能，如监督、管理、民主化等。但在这个过程中，一些从个体的角度并不愿意被公众知晓的信息，也有违意愿地被纳入传播过程，造成隐私的泄露。而保护隐私无疑是必要的，因为"隐私是每个人真正自由的认证"，"它使我们做我们自己""实现真我"，并在与外界隔绝的情况下"变得更具有创造性，获得精神上的发展机会"；它也是人们"对自己道德行为负责的一种方式"，"如果人们没有隐私权，那么他们就要一直在公众场合戴着面具，这不利于他们的心理健康"[4]，所以"有的哲学家认为隐私是

---

[1] T. Dienlin, S. Trepte, "Is the Privacy Paradox a Relic of the Past? An indepth Analysis of Privacy Attitudes and Privacy Behaviors", *European Journal of Social Psychology*, 2015, 45 (3), pp. 285-297.

[2] D. Brown, "Killing Privacy With Legislation?" *InteractiveWeek*, 2001 (16), p. 16.

[3] S. Barnes, "A Privacy Paradox: Social Networking in the United States", *First Monday*, 2006, 11 (9), pp. 66-67.

[4] 〔美〕迈克尔·奎因:《互联网伦理》，王益民译，电子工业出版社，2016，第207、209页。

一种基本的不能削弱的权利……隐私权是一种其他重要权利诸如行使个人自由或个人自主权的必要条件"[1]。隐私问题主要是伦理学性质的，但也是认识论性质的，其涉及的认识的范围、权利、私人知识与公共知识的划分等，就是具有认识论属性的问题，或者说是认识论问题与信息问题交织而形成的知识伦理或信息伦理问题。

在信息的网络传播时代，只要使用网络，就会留下痕迹，我们时刻都暴露在"第三只眼"之下：各种网购网站监视着我们的购物习惯，各种搜索引擎监视着我们的网页浏览习惯，各种社交软件记载着我们的社交关系网。人的活动被信息技术记录为数据后还被大数据技术进行"隐私挖掘"，使每一个人在数据采集和分析面前都无处遁形，因此大数据技术对于人的隐私造成了新的威胁。有关研究表明，有些大数据技术所采集的数据（如匿名的数据记录）初看不会涉及隐私，但通过数据挖掘技术及其交叉分析等，就可发现和提取出隐含在其中的用户隐私。而人工智能的人脸识别更是使个人隐私的技术化收集"无微不至"。总之，在越来越先进的信息网络的笼罩下，每一个人就如同被多台透视镜照射下的"透明人"，他们的在世忙碌形同在无缝之网中"裸奔"，而且一旦犯错，便永远被记录在案。所以斯皮内洛认为"信息时代出现的最具爆炸性的问题之一便是个人隐私权的保护"[2]，福雷斯特（Tom Forester）也认为："在一个只需一敲击键盘，计算机就能存储、处理和传输大量个人信息的社会，对个人隐私的保护显得异常困难。"[3] 用扎克伯格（Mark Zuckerberg）的话说，"要想隐私不被泄露，最好的办法就是放弃对社交媒体的使用"。但这对于习惯于"数字化生存"的一代来说，已经不

---

[1] 〔美〕理查德·斯皮内洛：《世纪道德：信息技术的伦理方面》，刘钢译，中央编译出版社，1999，第167页。

[2] 〔美〕理查德·斯皮内洛：《世纪道德：信息技术的伦理方面》，刘钢译，中央编译出版社，1999，第162页。

[3] 〔澳〕汤姆·福雷斯特等：《计算机伦理学》，陆成译，北京大学出版社，2006，第8页。

可能了，而拒绝使用社交媒体就意味着"社会性死亡"[1]，这一状况也被称为"隐私的终结"。

为了调解这一悖论，学界提出了各种方案，如凯文·凯利所提出的解决之道是：改变我们对隐私的定义和看法，把无处不在的监控视为一种"互相监控"，一种使人与人的关系更加对等的行为。他甚至举例来说明其好处：假设我是个卖菜的，菜市场里的摄像头可以监控我，同时也会帮我看管财物，这就是监控的好处。或者对有的人来说，正是通过爆料自己的一些隐私、对外分享自己的生活，来获得关注，在这个意义上，他认为个人化程度越高，所需的透明度就越高；绝对的个人化，需要绝对的透明度；而如果宁愿保持隐私，也不开放自己，就只能接受个性不受重视的现实，只能做一个无名氏。所以他主张与隐私相关的匿名如同人体中的重金属元素一样，少量存在是必要的，但多了就有害，因为它会成为一种逃避责任的手段（大多数网络暴力都是匿名的）。[2]

在高曼（Alvin Goldman）看来："在促进人们表达真正信仰和避开错误信息方面，是那些过滤的通信系统还是那些不具有认识论优点的通信系统更居优势，这仍是一个开放性问题。"[3] 在今天，信息过滤和信息守门人等信息审查制成为维护网络安全的必要手段，预防犯罪和恐怖活动还需要允许司法权力机构收集个人信息，于是对于政府机构来说，要"找到隐私保护的平衡点十分困难"[4]。所以探讨这一问题的目的，就在于寻求对这一悖论的有效处置，从而做到既能保护公民和社会的安全，又不过度侵犯网络用户的隐私、

---

[1] B. Debatin, J. Lovejoy and B. Hughes, "Facebook and Online Privacy: Attitudes, Behaviors, and Unintended Consequences", *Journal of Computer-mediated Communication*, 2009, 15（1），pp.83–108.

[2] 〔美〕凯文·凯利：《生活在完全没有隐私的世界是种什么体验?》，2017-06-09，http://www.sohu.com/a/147585939_464033。

[3] 〔美〕艾文·高曼：《博客的社会认识论》，载〔荷〕范登·霍文等《信息技术与道德哲学》，赵迎欢等译，科学出版社，2014，第96页。

[4] 〔美〕迈克尔·奎因：《互联网伦理》，王益民译，电子工业出版社，2016，第255页。

干涉个人的生活；既打击网络犯罪和克制网络失范，又不破坏网络的开放性、便捷性，如此等等。

在原则确立的前提下，就是如何把握区别对待的艺术了，即区分哪些是需要公开透明的个人信息，哪些不是；哪些人是需要被实施信息监控的（网络监控），哪些不是；哪些机构具有收集个人信息的权利，哪些不具有，即在隐私信息获取的对象（内容对象和人员对象）和主体上有明确的区分。当然，最难处理的是居于两者之间的中间地带，使得隐私悖论在网络信息空间中将会长期存在，尤其需要在那些边缘地带不断摸索缓解其紧张性的既包括技术方面也包括制度方面的措施和方法，如在技术上进一步减少社交软件自身带来的隐私风险，制度上对那些以营利为目的而非法获取互联网用户隐私数据的行为主体给予严厉的法律和经济制裁。

三　知识沟及其相关问题

知识沟（Knowledge gap）又称信息沟或知识格差，它是这样一种理论假说：大众传播会带来社会分化，不同的群体或个人之间在各种因素影响下会形成知识上的差距。

美国传播学者蒂奇纳（Phillip Tichenor）、多诺霍（George Donohue）和奥利恩（Clarice Olien）最早在实证研究的基础上对这个问题进行了系统的分析。他们指出，随着大众传媒信息或社会体系中的信息流量不断增加，处于不同社会经济地位的人获得媒介知识的速度是不同的，社会经济地位较高尤其是受过较好教育的个体比地位较低、受教育较少的个体获取信息的速度更快，因为，教育水平越高，人们的阅读和理解能力就越强，先前储备的知识也越多，拥有的社会资源和社会支持也越多，由此与社会经济地位较低者相比，就会形成一个类似于"数字鸿沟"（Digital Divide）的知识沟。于是，本来是追求知识平等的信息技术却造成了更大的知识不平等。

传播学者赛佛林（Werner Severin）和坦卡德（James Tankard）也认为，随着大众传媒向社会传播的信息日益增多，社会经济状况较好的人将比社会经济状况较差的人以更快的速度获取这类信息。因此，这两类人之间的知识沟将呈扩大而非缩小之势。[1] 这样，"信息流的增长往往产生负效果，即在某些群体中知识的增长远远超过其他群体；'信息沟'将会出现并扩大一个社会群体与另一个社会群体之间在某一特定问题上的知识距离"[2]。

信息网络技术为更多的人平等地接近知识创造了更好的条件，公众参与网络知识活动的机会越来越多，本应利于知识沟的缩小（如知识网络知识生产的大众化具有使知识精英与普通民众间的知识沟缩小之势），但事实是，网络的普及和媒体的发达不是缩小而是加宽加深了不同认知群体之间的知识沟。一些以知识储存为主的数据库，尤其是学术资源，需要付费才能使用，使得只有隶属于购买了这些资源的学术机构的知识工作者才能接触和使用，而普通公众则无法进入，由此形成巨大的知识获取差别。其实，造成知识沟的传统原因（如受教育的程度，获取知识和信息的动机、兴趣及对知识和信息的关注度等）在网络传播时代仍然存在，由于电子网络具有增强知识获取的效用，所以对既有的知识沟成因也起到放大的后果，即知识多者增长得越多，而知识少者增长得越少，虽然后者从知识的绝对量上可能是增长的，但与前者的差距即相对量则是拉大的，这就是知识沟加深的结果。从直接性上我们看到的是这样一个知识悖论：电子网络技术本来提供了更平等和更民主的知识生产机会，也提供了更强大的知识传播能力，但却导致了更大的知识鸿沟。

知识沟问题作为主要体现于知识传播中的悖论，还有其他许多类似的表

---

[1] 〔美〕沃纳·赛佛林、小詹姆斯·坦卡德：《传播理论：起源、方法与应用》，郭镇等译，华夏出版社，2000，第274页。

[2] 资料来源：https://baike.baidu.com/item/知沟理/6581835？fr=aladdin。

现或表述，如"奥威尔悖论"就是其中之一。

"奥威尔悖论"又称"奥威尔问题"，由语言学家和政论家诺姆·乔姆斯基（Noam Chomsky）提出，他在阅读英国作家、社会评论家乔治·奥威尔（George Orwell）讽刺极权主义的政治小说（《动物农场》《一九八四》）后受到启发，发现了这样一个奇怪的现象，无论是在苏联还是在英国，极权主义的表现都很明显，其宣传的虚假性也显而易见，证据更是比比皆是，但人们却依然相信那么显见的政治谎言，由此乔姆斯基提出了如上的政治学悖论问题：为什么证据已如此充分，我们却还是视而不见？或者说：为什么证据如此之多，我们知悉的却如此之少？[1] 因为这一问题是受奥威尔的政治小说启发而提出的，因此乔姆斯基将其命名为"奥威尔问题"。网络知识传播中也存在类似的奥威尔问题，表现为：我们获得知识和信息的技术如此先进，但一部分人的知识仍旧贫乏，甚至因知识沟现象的存在而更加严重。

造成这一问题的原因是多方面的，上述提到的知识沟现象产生的原因在这里同样成立。除此以外，还在于一部分网民对网络这个信息工具的不恰当使用，例如只将互联网作为浏览信息、社交娱乐的工具使用，几乎"屏蔽"了它的知识传播功能；或者将必要的知识记忆也交付给网络，指望用搜索引擎来解决一切知识问题，这种知识功能的替代造成的结果是，有了网络便无所不知，离开网络就一无所知，形成了日益严重的对于互联网的认知依赖。对信息技术的不恰当使用还表现为互联网本来是包含了更多异质化的媒体，却被部分网民单一地使用，其多媒体的优势得不到发挥，他们只使用某种轻松愉悦的媒体，通常是视频或图像，与更多媒体所传递的信息和知识也因此而绝缘，从而即使手握强大的知识传播工具，但发挥不出知识传播的功能。这种休闲化或去知识化地使用互联网的方式，最终将单一化为"娱乐至死"

---

[1] 参见司富珍《语言论题——乔姆斯基生物语言学视角下的语言和语言研究》，中国社会科学出版社，2008，第183页。

的手段，导致"为什么如此多的信息，却只有如此少的知识"之结果。所以美国作家凯莱布·卡尔（Caleb Carr）写道，信息技术只"教会了人们如何收集大量的非常琐碎的信息，却没有同时教会人们如何将收集到的凌乱信息整合成系统的知识"[1]。这一关系也表明，接收的信息多不一定具备的知识多，信息具有"消费品"的意味，用完即弃，看后即忘，犹如过眼烟云；但只有当信息被大脑沉淀下来并加以整理提升、成为具有解释和说明的认知功能后，才可被称为知识，所以它是广义信息活动的深化。如果网络使用者不进入这一过程，就类似于"只动眼不动脑"的"信息扫描"，就会止步于知识形成和知识增长的大门之外。

与知识沟和"奥威尔"问题相类似的，还有前面多次提到的"信息茧房"问题。

"信息茧房"现象存在于信息和知识的获取不够便捷的前电子网络时代易于理解，因为物理空间的阻隔，人们进行思想交流和碰撞的机会较少，自然也阻隔了知识和信息的传播和扩散，人们容易被禁锢于知识和信息的茧房和回音室里。然而，这一现象却依然存在于知识盈余、信息过载的网络知识时代，甚至更甚。由此存在的悖论是，电子网络技术本来提供了更宽广的信息源，但在许多人那里却形成了更狭小的视野、更紧缩的信息茧房，他们只愿看自己想看的，只听自己所选择的东西和愉悦自己的东西[2]，而与茧房之外的人和事形成隔绝。信息茧房概念的提出者桑斯坦（Cass Sunstein）认为，在网络知识和信息空间中，"信息聚合"或"群体极化"（Group Polarization）现象似乎更容易加剧，"鉴于此，极化更加可能，志同道合的人们把自己分为归入舒适宜人的虚拟的共同体，结果不是好的信息聚合，而是坏的极化"[3]。

---

1 〔美〕詹姆斯·凯茨：《互联网使用的社会影响》，郝芳等译，商务印书馆，2007，第17页。
2 〔美〕凯斯·桑斯坦：《信息乌托邦：众人如何生产知识》，毕竞悦译，法律出版社，2008，第8页。
3 〔美〕凯斯·桑斯坦：《信息乌托邦：众人如何生产知识》，毕竞悦译，法律出版社，2008，第105页。

信息茧房反映了"物以类聚、人以群分"的社交现象，持有近似观点的人们更愿意进行沟通讨论，形成一种同质性的圈子文化或"信息舒适区"，在其中不断强化其持续固守的偏向或"信息偏食"的倾向，最后有可能形成极端化的群体性观点，其中不乏认知成见和知识误区，也就是："当想法相似的人聚在一起的时候，他们最后得出的结论会比交谈之前的想法更加极端"[1]，最后导致这样一种悖论效应："互联网提高了人们开阔眼界的能力，且使上百万人正在从中获益；但是许多人因互联网眼界变得狭隘了，而不是开阔了。"[2]

解决知识沟问题以及惠威尔难题和信息茧房问题，需要提高网络使用者的信息素养，如提高他们对知识的兴趣，平衡互联网的各种功能，提升信息共享和信息技术共享的社会水平。

第四节 知识主体悖论：认识能力的进化与退化

在网络中或借助其他信息技术所进行的知识获取、生产和传播，都是围绕知识主体即人而发生的，在上述环节所存在的悖论，必然汇集在人的身上，形成围绕知识主体的困境，这就是人的认识能力进化和退化之间的悖论。

一 基于信息技术的认识能力进化

人类文明史可以说是一部不断追求自身能力提高的历史，当自然的进化

---

[1]〔美〕凯斯·桑斯坦：《谣言》，张楠、迪扬译，中信出版社，2010，第8页。
[2]〔荷〕范登·霍文等：《信息技术与道德哲学》，赵迎欢等译，科学出版社，2014，第80页。

不再能够提高人的生物能力后，人就借助技术来不断提高自身的非生物能力，即通过技术性延长自己生物器官的方式来提高自身的各种能力，包括生产实践能力和思维认知能力。

信息技术作为信息文明的技术支撑，一开始无疑也是为了提高人的能力而来到世间的，这就是提高人的信息处理能力，即所谓智能。如果说支撑工业文明的机器技术主要是提升或扩展人的体能，那么信息技术无疑就主要是提升和扩展人的智能，所以信息技术从总体上就是技术的智能化或智能的技术化，这种智能是非自然的，所以也被称为"人工智能"[1]。简单地说人工智能就是使技术能做人的心灵所能做的那些事情，此时的技术系统就像是延展了人的智能，并在延展的基础上增强了某些局部的智能，如计算能力、记忆能力、搜索能力等，也可称为增强了人的信息能力。当代信息技术作为新的智能工具，越来越广泛地介入到我们的学习、工作和生活中，帮助我们解决了许多先前无法解决的问题、完成了许多先前无法完成的任务、实现了许多先前无法实现的目标，成为人的能力获得提高的客观标志。

在"认识主体"一章中，我们通过信息技术对于主体的"技术赋能"多方面地阐释了这一方面的表现，此处就不再赘述。

二　认识能力的退化及林林总总的悖论

一般地说，技术对于人的能力具有双重作用。一方面，它克服了人的某些缺陷、提高了人的能力；另一方面，由于它对人的特定功能的取代，又使得人的相应能力发生"退化"，于是形成了技术对于人的"能力悖论"。信息

---

[1] 人工智能的边界是变动的，我们通常把正在力求解决的机器智能问题称为人工智能，其实已经解决的机器智能也属于人工智能的范畴。

时代越来越泛在的智能工具技术也是如此：计算机和互联网提高了我们的能力，但也降低了我们的能力（如同我们在"认识主体"那一章讨论认识能力的退化时所初步谈及的那些方面）；成为既是人类进化的手段，也是退化的导因，由此给我们带来了新的"能力悖论"。

在信息获取阶段，网络使我们信息来源无比丰富，眼界可以变得更加开阔，但同时也会影响我们的专注能力，这就是注意力的短暂化、泡沫化甚至丧失。

计算机作为我们的"外脑"，储存了巨量的信息供我们调取，而今的云计算更是把这种储存能力提高了千百万倍。然而这种"脑外记忆"的增强又使得"脑内记忆"能力受到削弱："当数据库中存有万倍于人脑中的信息，而且又容易存取时，这时获取知识还有什么意义呢？当计算机更有效地、更合适地运用知识时，为什么我们还去运用获取的知识呢？也许对于未来的后代来说，所有我们目前称作知识的东西都是枯燥乏味，毫无价值的。"[1]《科学》杂志2011年发布的一项研究称，互联网已经成为一种人的外部/交互记忆（延展认知的一部分），信息被存储在人脑之外，记住知识似乎不再必要，只要记住知识的位置（即在网上的什么地方能找到知识）就足够了，网络由此被比喻为"记忆银行"。平时把不需要记住的东西放在这个"银行"里面，需要用的时候再提取出来，这也被称为"Google效应"。[2] 这一效应表明，在过去，我们所知道的就是我们所能记住的，而在今天，我们所知道的就是我们能从网络上搜到的，知识的搜索如此便捷，使得我们不再愿意像先前那样辛苦地去背诵各种知识要点。这样做的结果是，一方面人脑中对知识的系统掌握难以形成，另一方面是记忆能力的不用则废。这样，网络使得我们搜索

1　〔美〕戈登·帕斯克等：《电脑，信息与人类》，吴轶华译，中国展望出版社，1987，第39页。
2　R. Wittingslow, "Outsourcing Memory: the Internet Has Changed how We Remember", 2012-12-26, https://www.sciencealert.com/outsourcing-memory-the-internet-has-changed-how-we-remember.

知识的能力极大提高，但记住知识的能力则大幅降低，形成了一种认知能力上的新悖论。

这种能力退化更明显地表现在计算能力上。我们现在做数字计算，哪怕是简单的加法，都越来越依赖于计算机或计算器了；甚至我们日常的消费购物等，都用刷卡来完成支付，不再需要调动我们的心算能力去进行找零的计算。一名教授算盘和心算的教师说，只用计算机来计算而不锻炼头脑的人，会变得迟钝。因为跟学习其他所有技能一样，学习算盘和心算也得下苦功。他们得每星期抽出数晚来参加特别课程，可惜喜欢这种头脑锻炼的人越来越少了。在整个"互联时代"，我们使用计算能力的场合越来越少，这就是在"计算机时代"人的计算能力反而普遍退化的严酷事实，可称之为"计算能力悖论"。

当代信息技术中的多媒体技术，使得今天的信息显现成为由电子图像主导的空间，也使得"影像时代"或"读图时代"来临，人的形象思维能力由此获得新的发展空间，但同时也意味着抽象能力的萎缩，因为"图像技术带来的首先是直接性占统治地位，换句话说就是拒绝抽象和中介"[1]，它使得以语言文字为中心的文化形态转向了以形象为中心的文化形态。伯格（John Berger）在其《看的方式》中写道：过去是人们接近形象，比如到美术馆里去欣赏各种绘画作品，现在则是形象逼近我们；人们在虚拟的图像世界中不断长期被动浸淫在图像中，带来了抽象理解力的疲软。今天的网络一代或读屏一代，无论是听觉还是视觉，似乎都出现了"符号厌恶症"，或形成了依赖图像才能理解对象的思维习惯，使得传统的文字作品必须以《图解三字经》《图解资本论》之类的方式才能得到传播和普及。在图像的价值增大的同时，文字的价值似乎在降低，抽象思维的能力也在降低。图像往往造成对

---

1 〔法〕R. 舍普等：《技术帝国》，刘莉译，生活·读书·新知三联书店，1999，第196页。

感官刺激的依赖，形成放纵和宣泄的浮躁思维方式；图像霸权的形成和符号厌恶症相伴，也使人的感觉能力日益单一化、浅表化且技术化；文学作品只有改编成电视剧或电影后才能走红，在文配图中，文字沦为图像的陪衬，这也被称为"网络战胜理性"[1]，或被称为形象感受力与抽象理解力之间的悖论。

科学家用实验来说明了依赖图像的思维所带来的问题。他们把受试的孩子分成两组，一组听老师讲白雪公主的故事，一组看白雪公主的动画片，然后让他们画出各自心目中的白雪公主。第一组画出的白雪公主各不相同，他们还会根据自己的想象赋予白雪公主不同的装束、形象和表情；第二组画出的白雪公主则几乎一样，都是根据动画上的形象"复制"的。若干天后科学家又让两组孩子再一次画白雪公主，第一组孩子因为有了新的想象，画的和上次的又不一样，而第二组的孩子画的则和上次的仍然一样。这说明文字作为一种麦克卢汉所说的"冷媒体"，其间留有人去理解和发挥的大量余地，正是这些余地为人的思考和想象力发展提供了空间；而图形或视频提供给人的则是直接的意义，无须进行"能指""所指"之间的转换和思考，因此在这里，图像化的信息技术似乎成了海德格尔所说的"座架"，它限定了人的认识能力。

还有的学者认为，超文本技术的应用使得传统认知的固定逻辑结构发生了变化，其原有的刚性组织变得更为松散，分叉剧增，内部和局部的逻辑关系变得更为复杂和错乱。因此，传统小步骤的结构化认知策略在当今信息时代变得更像创造能力的培养，而认知逻辑结构的松散化则带来认知过程中"主线消失"，在多分叉结构环境下，认识中的人发现新问题的可能性不断增大，但同时认知目标的逻辑一致性和保持就更为困难，使得认知活动难以收

---

1 〔法〕R. 舍普等：《技术帝国》，刘莉译，生活·读书·新知三联书店，1999，第205页。

敛，或者发生认知目标的快速而多角度的转变，导致认知的稳定性遭到破坏，例如会产生网络迷航的现象等等。[1] 这一特征也突出地反映在今天的写作方式上。迈克尔·海姆说，用笔写作，人们一般要在心中预先谋篇布局，精心计划一番后才下笔；而在计算机上用字处理技术所进行的"电脑写作"则完全不同，它使得写作如此随心所欲，修改、复制和结构调整都异常方便起来。相应的，写作者们变得越来越断章取义、前言不搭后语，文章越来越难读了，因为文章完全成为思想碎片的拼接，整体性和连贯性由此被削弱。电脑作为"字处理机"既取代了我们写字的功能，也替代了我们组织思想的部分功能；电脑写作一方面减轻了纸质学术劳动时的劳苦和繁重，但它所提供的"舒适"又使人担心我们会不会变得越来越不愿意勤奋。人们在电脑写作中多使用拼音输入法，甚至对一些常用的汉字也变得会读不会写，即发生"电脑失写症"。海德格尔在看到打字机出现时，就意识到机械式打字（文字变成了某种打出来的东西）在书面文字的领域剥夺了手写的尊严，并贬低了文字的价值；他担心信息化的大潮将把他的著作吞没，"思"也将随着信息处理事务的兴起而告终。[2] 与"写作的碎片化"相伴的还有"阅读的碎片化"，它们的背后无疑是思维的碎片化，一种难以进行连贯而深入思考的"退化现象"。

面对数据和信息进行分析并做出决策，也是人的认识能力中的一种。在大数据技术出现后，人们可以发现更多、更全面的关联性，从而做出更为精准的决策，这意味着人类决策能力的整体提高。但与此同时，人也可能变得在做决策时越来越要依赖于大数据技术，而先前主要依靠自己的知识、经验甚至直觉和顿悟进行决策的机会则越来越少，相应的能力便会衰减，由此显示出决策能力的降低。将越来越多的认知任务"外包"给计算机和互联网，

---

1 郑晓齐等：《信息技术对人类认知活动的影响分析》，《中国软科学》2002年第3期。
2 参见〔美〕迈克尔·海姆《从界面到网络空间——虚拟实在的形而上学》，金吾伦、刘钢译，上海科技教育出版社，2001，第1页。

还产生着诸如"GPS依赖症""数字失忆症""文字失写症"等等。

不仅基于人脑的认知能力出现上述的退化，而且基于人的感官的感知能力也有类似的退化，对此麦克卢汉有精辟的分析。基于"媒介是人的延伸"，例如笔是手的延伸，书是眼睛的延伸，电话、广播是耳朵的延伸，电子媒介是人的神经系统的延伸，总之人的各种感官在媒介的帮助下得到了不断延伸。但是他指出，新的媒介技术在使人的感官延伸时会还会令人产生一种"迷恋"或"麻醉"的作用，并由此关闭人的感知大门，人对这些技术的依赖和迷恋"就像鱼对水的存在浑然不觉一样"[1]。这样，媒介在延伸人的感官的同时又截断了人的感官。我们的耳朵和眼睛在被延伸得越来越远的同时，其初始的功能也在不断地退化。

如果人在上述各方面都出现"退化"，无疑也会构成人的整个认知能力的退化。在康奈尔大学开展的一项试验中，半个班的学生获准在课堂上使用联网的笔记本电脑，而另一半学生必须关掉电脑。在随后对课堂内容进行的测试中，浏览网页的学生的成绩要糟糕得多。荷兰心理学家克斯托夫·范尼姆韦根（Kostov Van Niewegen）在一项试验中要求两组学生完成同样的任务：第一组可以使用计算机，第二组只有铅笔和钢笔。结果，第二组以更快的速度完成了所有任务，而且完成的质量更高，此外，第二组解决复杂问题的方法还更具创造性。范尼姆韦根对此感慨：纸和笔已经使我们丧失了许多，而今我们连纸和笔都不愿意用了。尼古拉斯·卡尔认为："我们现在越来越多地使用屏幕型媒介，这加强了视觉—空间智能，让人能够更好地从事需要同时追踪多个信号的工作，比如空中交通控制。但是这同时也会带来'高阶认知过程中的新弱点'"，如"抽象的词汇、反思、归纳问题的解决、批判性思考以及想象"能力的匮乏，获取信息的快餐方式，使人没有时间思考，进而懒

---

[1] 〔加〕埃里克·麦克卢汉等：《麦克卢汉精粹》，何道宽译，南京大学出版社，2000，第360页。

于思考，思考能力也就随之下降，一言以蔽之，"我们正在变得更加浅薄"[1]。

凡此种种，就是我们的认识能力借助信息技术发生进化的同时，也或隐或显地发生着的退化，我们在被技术赋能的同时，也越来越深重地走向计算器依赖、搜索引擎依赖、朋友圈依赖……

三 从更多的视野看认识能力悖论

如果更广义地看待认识能力的话，还可以发现对于现代信息技术过度使用所导致的更多方面的认识能力的退化。

盖瑞·斯莫尔和吉吉·沃根指出，由于新技术的影响，人脑正日益丧失基本的社交能力，比如在交谈中参透对方的面部表情或把握对方一个微妙手势的情感内涵能力。斯坦福大学的一项研究发现，我们在电脑前每度过一小时，用传统方式与他人面对面交流的时间就将减少近30分钟。随着控制人类交流的神经回路的退化，我们的社交技巧将变得笨拙不堪，我们会经常曲解，甚至忽略微妙的非语言信息。

在信息爆炸的时代，人们每天消极被动地接受大量信息，没有分析、思考、判断的时间，把思考的任务交给新闻工作者、社会学家及政治家，在需要"看法"的地方则受"意见领袖"的支配，网络舆情师们无形中左右着我们形成"自己的看法"，长此下去人的独立思维能力就可能下降，如同勒庞（Gustave Le Bon）所说："在群体意识中，个体的理智降低，个性被削弱。同一性吞没了特异性，无意识属性取得了主导地位。"[2]

如果我们还承认信息技术对于人的认识进化具有积极意义的话，那么上述现象似乎使我们看到了信息技术所具有的认识论上的悖论：信息技术使我

---

1 〔美〕尼古拉斯·卡尔：《互联网让人变得更愚钝?》，《参考消息》2010年6月16日。
2 〔法〕古斯塔夫·勒庞：《乌合之众：大众心理研究》，晓佳译，民主与建设出版社，2018，第8页。

们知道得如此之多，又使得我们理解得如此之少；信息技术使我们看得如此之广，又分析得如此之浅；信息技术使我们的信息能力如此之强，又使我们的独创水平如此之低；信息技术既放大、延伸和扩展了人的认识，也遮蔽、限制和操控了人的认识。一句话，它是造成我们认识能力和水平既进化也退化的同一根源。当然，也有学者力求协调这些悖论，例如莱文森就通过人类与个体之间、长远与短期之间的不同来分析信息技术的不同认识论效应。在他看来，麦克卢汉关注的"焦点是全人类的属性，而不是个体或群体的变异，是人类的共同属性如何在知识和技术生产的过程中运作，并因此而改变世界。因为知识和技术生产的直接动因是个体和群体，所以这里的预设是，知识能力在一切个体身上都在起作用，只有受到最严重伤害的个体除外"[1]。这里的分析包含了这样的区分，就人类来说，信息技术是一种提升认识能力的因素，但就个体来说，则有可能是导致认识能力退化的因素，我们更应该看重整体性的影响："使用一个媒介时，它对社会产生的深刻影响，比个人用这个媒介具体做什么更加重要。"[2] 此外还有长期效应和短期效应的不同。莱文森认为，"从长远的观点来看问题，电视技术对学习和促进阅读可能是利大于弊的"。而流行的对电视的批评，如"看电视扰乱、抑制甚至损害人的理性思维（尤其是儿童的理性思维），于是电视就带有反认知的后果"[3] 等观点，则有可能反映的只是暂时的情况。

在我们看来，技术的主导功能应是促进人的发展，如果信息技术存在着有碍于认知能力提高的效应，那就表明在我们的认识活动中，仅依赖电子信息技术是不够的；那种可以使我们在认知过程中心到、眼到、耳到、手到甚至口到的传统认识方式仍需践行，它们可以使我们的信息通道全面打开、信

---

[1] 〔美〕保罗·莱文森：《思想无羁：技术时代的认识论》，何道宽译，南京大学出版社，2003，第37页。
[2] 〔美〕保罗·莱文森：《数字麦克卢汉》，何道宽译，社会科学文献出版社，2001，第5页。
[3] 〔美〕保罗·莱文森：《数字麦克卢汉》，何道宽译，社会科学文献出版社，2001，第180页。

息功能全面发挥，从而提高我们的综合认识能力。因此，我们不时也要练练自己的手笔，不要完全丧失认识方式中那种"田园风光"式的原初手段，不能只在芯片和网线构造的空间中进行思想碎片的拼接和组装。

也就是说，我们也需要认识手段或知识形成方式上的"怀旧情结"，甚至认识方式上的"以步代车"：在认识活动日益被信息技术化的同时，也不能丧失艺术化的"原始特征"。这样，或许可以说，我们更需要的是各种认识方式和认识能力的博采众长。今天的电子信息时代也应被视为一种"大信息方式"时代，应兼容而不是湮灭印刷信息方式和口传信息方式，从而也不是去除手写和口述的知识生产与传播能力。作为多媒体综合时代，电子信息方式时代无疑是与口传、印刷的信息方式并存的时代，从而是全面调动我们信息功能和认知能力的时代。也可以说，今天我们既要适应电子信息方式，又要超越电子信息方式；否则，我们的认知能力就会失衡，就会陷于新的片面性。这也是反映在我们认识能力发展中的科技成就与人文传统的对接问题。

认识论是人的认识论，认识论研究的宗旨是服务于人的认识能力的提高，基于信息技术范式的当代认识论则力求合理地应对具有双重性的现代认知技术带给认知主体的悖论效应，在知识活动的平台上成为真正的现代人，进而通过认识能力的积极提升走向人的全面发展。

【本章小结】知识活动的各个环节都在日益深刻地受到当代信息技术的影响，这种影响不仅有积极的方面，也有消极的方面，由此造成了一系列认知悖论。清醒地分析并直面这些悖论，可以更有效地应对信息时代我们面临的认识论新问题和新挑战，并将其转化为认识论新发展的新机遇和新的生长点，而落实到作为知识生产者或认识主体的人的身上，就是博采诸种信息方式之长，以形成有利于自己全面发展尤其是认识能力提升的技术推动，从而成为名副其实的当代认识主体，这也是本书的落脚点。

结束语

　　以上的考察是在梳理学术背景和思想资源的基础上，从认识论的经典视域（认识对象、认识来源、认识主体、认识本质、认识方式、知行关系）和知识论的主要论域（知识观、知识发现、知识生产、知识传播、认知悖论）两大部分探讨了当代信息技术对认识论研究提出的新问题，对新技术时代认识论研究面对这些新问题进行的新思考，从而反思了当代认识论发展的新向度，也提出了应对信息革命对认识论研究新挑战的若干新见解和新看法，其中的核心观点体现在作为主干的十章（第二章至第十一章）所揭示的当代认识活动的十大新特征：认识对象的技术显现，认识来源的网络获取，认识主体的技术赋能，认识本质的 AI 拓展，认识方式的算法分型，知行合一的技术实现，大数据和人工智能语境下知识观的新拓展，知识生产的电子化载入与网络化协同，知识传播从固态运输到电态发射的智能化提升，信息技术双重效应中的知识悖论，并延伸出一系列认识论新问题，如技术显现的实在性，心灵作为认识对象时的读心与读脑的关系，经验的技术性生成，人机之间的认识论分工，人工智能可以为哲学做什么，借助算法如何阐释认知的机理，实践认识论与认知科学的新型结盟，当代认识论研究中的技术大于自然，人的认知发展与人工智能代际演进中的难易互逆，基于脑机接口的知行合一，人工智能嵌入的延展实践，人工智能与人工体能的关系，认识论与知识论的相互关系，知识生产的电子化、网络化、数字化和互联化的新特征，网络化知识生产中的大众性与可靠性的关系，微信平台上的知识传播，心联网对知识传播的纵深拓展，覆盖全部知识互动中的认知悖论，如此等等。通过对这些新特征的阐释和对这些新问题的探究，可以使当代认识论的研究借助信息技术的强大推动而走向新的境地。

当然，认识论所研究的范围远不止这些，当代信息技术也处于不断的发展之中，所以对信息革命中或信息技术范式下的当代认识论问题，不可能由上述内容所穷尽，创新性的问题与见解还远未充分开掘出来，所以这一课题也将留待更多的同仁尤其是后起之秀们去进行无尽的探索。

参考文献

（一） 马克思主义经典著作

《马克思恩格斯文集》第1卷，人民出版社，2009。
《马克思恩格斯文集》第5卷，人民出版社，2009。
《马克思恩格斯文集》第8卷，人民出版社，2009。
《马克思恩格斯文集》第9卷，人民出版社，2009。
《马克思恩格斯选集》第1卷，人民出版社，1995。
《马克思恩格斯选集》第3卷，人民出版社，2012。
《马克思恩格斯全集》第1卷，人民出版社，1956。
《马克思恩格斯全集》第3卷，人民出版社，1972。
《马克思恩格斯全集》第7卷，人民出版社，1959。
《马克思恩格斯全集》第42卷，人民出版社，1979。
马克思：《1844年经济学哲学手稿》，人民出版社，1979。
《列宁选集》第2卷，人民出版社，2012。
《列宁全集》第18卷，人民出版社，2007。
列宁：《哲学笔记》，人民出版社，1993。
列宁：《唯物主义和经验批判主义》，人民出版社，1971。
《毛泽东选集》第1卷，人民出版社，1991。
《毛泽东选集》第3卷，人民出版社，1991。

（二） 中文译著译文

〔澳〕汤姆·福雷斯特等：《计算机伦理学》，陆成译，北京大学出版社，2006。

〔巴西〕米格尔·尼科莱利斯：《脑机穿越》，黄珏苹、郑悠然译，浙江人民出版社，2015。

〔德〕埃德蒙德·胡塞尔：《观念——纯粹现象学的一般性导论》，张再林译，陕西人民出版社，1994。

〔德〕弗里德里希·基特勒：《走向媒介本体论》，胡菊兰译，《江西社会科学》2010年第4期。

〔德〕汉娜·阿伦特：《人的境况》，王寅丽译，上海世纪出版集团，2009。

〔德〕克劳斯·迈因策尔等：《人工智能与机器学习：算法基础和哲学观点》，《上海师范大学学报》（社会科学版）2018年第3期。

〔德〕沃尔夫冈·施太格缪勒：《当代哲学主流》上卷，王炳文等译，商务印书馆，1986。

〔德〕西皮尔·克莱默尔：《传媒、计算机、实在性——真实性表象和新传媒》，孙和平译，中国社会科学出版社，2008。

〔法〕R. 舍普等：《技术帝国》，刘莉译，生活·读书·新知三联书店，1999。

〔法〕古斯塔夫·勒庞：《乌合之众：大众心理研究》，晓佳译，民主与建设出版社，2018。

〔法〕海然热：《语言人：论语言学对人文科学的贡献》，章祖建译，生活·读书·新知三联书店，1999。

〔法〕孔多塞：《人类精神进步史表纲要》，何兆武等译，商务印书馆，1998。

〔法〕列维-布留尔：《原始思维》，丁由译，商务印书馆，1981。

〔法〕莫里斯·梅洛-庞蒂：《知觉现象学》，姜志辉译，商务印书馆，2003。

〔法〕莫尼克·西卡尔：《视觉工厂》，杨元良译，湖南文艺出版社，2001。

〔法〕让-弗朗索瓦·利奥塔：《后现代状况：关于知识的报告》，岛子译，湖南美术出版社，1996。

〔荷〕范登·霍文等：《信息技术与道德哲学》，赵迎欢等译，科学出版社，2014。

〔荷〕约斯·穆尔：《赛博空间的奥德赛》，麦永雄译，广西师范大学出版社，2007。

〔加〕埃里克·麦克卢汉等：《麦克卢汉精粹》，何道宽译，南京大学出版社，2000。

〔加〕安德鲁·芬伯格：《"大拒绝"还是"长征"：如何看待互联网？》，《工程研究》2014年第2期。

〔加〕保罗·萨伽德：《心灵：认知科学导论》，朱菁、陈梦雅译，上海辞书出版社，2012。

〔加〕戴维·克劳利等：《传播的历史》，何道宽等译，北京大学出版社，2011。

〔加〕德里克·德克霍夫：《文化肌肤：真实社会的电子克隆》，汪冰译，河北大学出版社，1998。

〔加〕哈罗德·伊尼斯：《传播的偏向》，何道宽译，中国人民大学出版社，2003。

〔加〕马歇尔·麦克卢汉：《理解媒介》，何道宽译，商务印书馆，2000。

〔加〕乔治·西蒙斯：《网络时代的知识和学习——走向连通》，詹青龙等译，华东师范大学出版社，2009。

〔加〕文森特·莫斯可：《数字化崇拜——迷思、权力与赛博空间》，黄典林译，北京大学出版社，2010。

〔加〕泽农·派利夏恩：《计算与认知：认知科学的基础》，任晓明译，中国人民大学出版社，2007。

〔捷克〕J. A. 夸美纽斯：《大教学论》，傅任敢译，人民教育出版社，1984。

〔美〕埃德温·哈钦斯，《荒野中的认知》，于小涵、严密译，浙江大学出版社，2010。

〔美〕埃瑟·戴森：《2.0 版 数字化时代的生活设计》，胡泳等译，海南出版社，1998。

〔美〕安德鲁·芬伯格：《技术批判理论》，韩连庆等译，北京大学出版社，2005。

〔美〕安德鲁·基恩：《网民的狂欢，关于互联网弊端的反思》，丁德良译，南海出版公司，2010。

〔美〕保罗·莱文森：《莱文森精粹》，何道宽译，中国人民大学出版社，2007。

〔美〕保罗·莱文森：《软边缘：信息革命的历史和未来》，熊澄宇译，清华大学出版社，2002。

〔美〕保罗·莱文森：《手机：挡不住的呼唤》，何道宽译，中国人民大学出版社，2004。

〔美〕保罗·莱文森：《数字麦克卢汉》，何道宽译，社会科学文献出版社，2001。

〔美〕保罗·莱文森:《思想无羁:技术时代的认识论》,何道宽译,南京大学出版社,2003。

〔美〕保罗·莱文森:《新新媒介》,何道宽译,复旦大学出版社,2014。

〔美〕本·戈策尔:《创见互联网智能》,戴潘译,上海译文出版社,2018。

〔美〕伯纳德·巴斯等:《认知、大脑和意识》,王兆新等译,上海人民出版社,2015。

〔美〕查尔斯·汤斯:《激光如何偶然发现:一名科学家的探险历程》,关洪译,上海科技教育出版社,2002。

〔美〕戴维·申克:《信息烟尘 如何在信息爆炸中求生存》,黄锫坚等译,江西教育出版社,2001。

〔美〕盖瑞·斯默尔等:《大脑革命:数字时代如何改变了人们的大脑和行为》,梁桂宽译,中国人民大学出版社,2009。

〔美〕戈登·帕斯克等:《电脑,信息与人类》,吴轶华译,中国展望出版社,1987。

〔美〕格雷戈里·罗林斯:《机器的奴隶:计算机技术质疑》,刘玲等译,河北大学出版社,1998。

〔美〕哈里·亨德森:《人工智能:大脑的镜子》,侯然译,上海科学技术文献出版社,2008。

〔美〕海伦·朗基诺:《知识的命运》,成素梅、王不凡译,上海译文出版社,2016。

〔美〕赫伯特·施皮格伯格:《现象学运动》,王炳文、张金言译,商务印书馆,2011。

〔美〕杰夫里·斯蒂伯:《我们改变了互联网,还是互联网改变了我们?》,李昕译,中信出版社,2010。

〔美〕杰里米·里夫金：《零边际成本社会》，赛迪研究院专家组译，中信出版社，2014。

〔美〕杰伦·拉尼尔：《你不是个玩意儿：这些被互联网奴役的人们》，葛仲君译，中信出版社，2011。

〔美〕凯斯·桑斯坦：《信息乌托邦：众人如何生产知识》，毕竞悦译，法律出版社，2008。

〔美〕凯斯·桑斯坦：《谣言》，张楠、迪扬译，中信出版社，2010。

〔美〕拉塞尔·沙克尔福德：《计算与算法导论》，章小莉译，电子工业出版社，2003。

〔美〕劳伦斯·莱斯格：《代码：塑造网络空间的法律》，李旭等译，中信出版社，2004。

〔美〕雷·库兹韦尔：《奇点临近》，李庆诚等译，机械工业出版社，2015。

〔美〕理查德·罗格斯：《数字方法》，成素梅、陈鹏、赵彰译，上海译文出版社，2018。

〔美〕理查德·斯皮内洛：《世纪道德：信息技术的伦理方面》，刘钢译，中央编译出版社，1999。

〔美〕刘易斯·芒福德：《技术与文明》，陈允明等译，中国建筑工业出版社，2009。

〔美〕罗伯特·考特等：《法和经济学》，张军等译，上海三联书店，1991。

〔美〕罗伯特·索科拉夫斯基：《现象学导论》，高秉江等译，武汉大学出版社，2009。

〔美〕马克·波斯特：《第二媒介时代》，范静晔译，南京大学出版社，2000。

〔美〕马克·波斯特：《信息方式》，范静哗译，商务印书馆，2001。

〔美〕迈克尔·海姆：《从界面到网络空间——虚拟实在的形而上学》，金吾伦、刘钢译，上海科学教育出版社，2000。

〔美〕迈克尔·奎因：《互联网伦理》，王益民译，电子工业出版社，2016。

〔美〕迈克斯·泰格马克：《生命3.0：人工智能时代人类的进化与重生》，浙江教育出版社，2018。

〔美〕曼纽尔·卡斯特：《网络社会的崛起》，夏铸九等译，社会科学文献出版社，2001。

〔美〕尼尔·波兹曼：《娱乐至死》，章艳译，广西师范大学出版社，2004。

〔美〕尼古拉·尼葛洛庞帝：《数字化生存》，胡泳、范海燕译，海南出版社，1997。

〔美〕尼古拉斯·卡尔：《浅薄：互联网如何毒化了我们的大脑》，刘纯毅译，中信出版社，2010。

〔美〕诺伯特·维纳：《维纳著作选》，钟韧译，上海译文出版社，1978。

〔美〕欧文·拉兹洛：《全球脑的量子跃迁》，刘刚译，金城出版社，2012。

〔美〕帕特里夏·丘奇兰德：《触碰神经：我即我脑》，李恒熙译，机械工业出版社，2015。

〔美〕佩德罗·多明戈斯：《终极算法》，黄芳萍译，中信出版集团，2017。

〔美〕皮埃罗·斯加鲁菲、牛金霞、闫景立：《人类2.0：在硅谷探索科技未来》，中信出版社，2017。

〔美〕乔纳森·比格内尔：《传媒符号学》，白冰、黄立译，四川教育出版社，2012。

〔美〕乔纳森·齐特林：《互联网的未来》，康国平等译，东方出版社，2011。

〔美〕斯蒂芬·李特约翰等：《人类传播理论》，史安斌译，清华大学出版社，2009。

〔美〕斯蒂芬·温伯格：《亚原子粒子的发现》，杨建邺等译，湖南科学技术出版社，2007。

〔美〕唐·泰普斯科特：《数字化成长（3.0 版）》，云帆译，中国人民大学出版社，2009。

〔美〕唐纳德·克努特：《计算机程序设计艺术》第 1 卷，苏运霖译，国防工业出版社，2007。

〔美〕托尼·赫伊等：《第四范式：数据密集型科学发现》，潘教峰、张晓林译，科学出版社，2012。

〔美〕维纳·艾莉：《知识的进化》，刘明慧等译，珠海出版社，1998。

〔美〕沃纳·赛佛林、小詹姆斯·坦卡德：《传播理论：起源、方法与应用》，郭镇等译，华夏出版社，2000。

〔美〕西奥多·罗斯扎克：《信息崇拜》，苗华健译，中国对外翻译出版公司，1994。

〔美〕希拉里·普特南：《理性、真理与历史》，童世骏等译，上海译文出版社，1997。

〔美〕休伯特·德雷福斯：《计算机不能做什么》，宁春岩译，生活·读书·新知三联书店，1986。

〔美〕约翰·杜威：《经验与自然》，傅统先译，商务印书馆，1960。

〔美〕约翰·菲斯克等：《关键概念：传播与文化研究辞典》，李彬译注，新华出版社，2004。

〔美〕约翰·塞尔:《心灵、语言和社会——实在世界中的哲学》,李步楼译,上海译文出版社,2001。

〔美〕詹姆斯·波特:《媒介素养》,李德刚等译,清华大学出版社,2014。

〔美〕詹姆斯·凯茨:《互联网使用的社会影响》,郝芳等译,商务印书馆,2007。

〔美〕詹姆斯·凯瑞:《作为文化的传播》,丁未译,华夏出版社,2005。

〔日〕猪濑博、〔美〕约翰·皮尔斯等:《信息技术与现代文明》,韦典源等译,贵州人民出版社,1988。

〔西〕路易斯·布努艾尔:《我的最后一口气》,刘森尧译,广西师范大学出版社,2003。

〔以色列〕尤瓦尔·赫拉利:《未来简史》,林俊宏译,中信出版集团,2017。

〔意〕卢西亚诺·弗洛里迪:《第四次革命——人工智能如何重塑人类现实》,王文革译,浙江人民出版社,2016。

〔意〕卢西亚诺·弗洛里迪主编:《计算与信息哲学导论》,刘钢等译,商务印书馆,2010。

〔意〕马尔切洛·佩拉:《科学之话语》,成素梅、李洪强译,上海科技教育出版社,2006。

〔英〕阿尔弗雷德·艾耶尔:《语言、真理与逻辑》,尹大贻译,上海译文出版社,1981。

〔英〕阿雷恩·鲍尔德温等:《文化研究导论》,陶东风等译,高等教育出版社,2004。

〔英〕安东尼·吉登斯:《现代性的后果》,田禾译,上海译林出版社,2000。

〔英〕彼得·罗赛尔：《大脑的功能与潜力》，滕秋立译，中国人民大学出版社，1988。

〔英〕戴维·克里斯特尔：《语言与因特网》，郭贵春等译，上海科技教育出版社，2006。

〔英〕戴维·莫利，凯文·罗宾斯：《认同的空间》，司艳译，南京大学出版社，2001。

〔英〕弗朗西斯·克里克：《惊人的假说》，汪云九等译，湖南科技出版社，2007。

〔英〕卢西亚诺·弗洛里迪：《在线生活宣言：超连接时代的人类》，成素梅等译，上海译文出版社，2018。

〔英〕罗姆·哈瑞：《认知科学哲学导论》，魏屹东译，上海科技教育出版社，2006。

〔英〕玛格丽特·博登：《人工智能的本质与未来》，孙诗惠译，中国人民大学出版社，2017。

〔英〕玛格丽特·博登主编：《人工智能哲学》，刘西瑞、王汉琦译，上海译文出版社，2001。

〔英〕汤因比、〔日〕池田大作：《展望二十一世纪——汤因比与池田大作对谈集》，苟春生等译，国际文化出版公司 1985。

〔英〕亚当·乔伊森：《网络行为心理学》，任衍具等译，商务印书馆，2010。

（三）中文著作

陈新权：《当代中国认识论（1949—1986）》，北京大学出版社，1989。

成素梅、张帆等：《人工智能的哲学问题》，上海人民出版社，2020。

戴潘：《大数据时代的认知哲学革命》，上海人民出版社，2020。

费多益：《身心问题研究》，商务印书馆，2018。

冯国瑞：《信息科学与认识论》，北京大学出版社，1994。

高新民、储昭华主编：《心灵哲学》，商务印书馆，2002。

顾凡及：《脑海探险》，上海科学技术出版社，2014。

胡潇：《媒介认识论》，人民出版社，2012。

胡泳：《信息渴望自由》，复旦大学出版社，2014。

江崇国：《现代科学技术与认识论的发展》，陕西人民出版社，1989。

李建会等：《心灵的形式化及其挑战》，中国社会科学出版社，2017。

李章印：《解构—指引：海德格尔现象学及其神学意蕴》，山东大学出版社，2009。

刘晓力：《认知科学对当代哲学的挑战》，科学出版社，2020。

刘占峰：《解释与心灵的本质——丹尼特心灵哲学研究》，中国社会科学出版社，2011。

尼克：《人工智能简史》，人民邮电出版社，2017。

司富珍：《语言论题——乔姆斯基生物语言学视角下的语言和语言研究》，中国社会科学出版社，2008。

唐孝威：《心灵解读》，浙江大学出版社，2012。

王晓华：《算法的乐趣》，人民邮电出版社，2015。

魏屹东：《认知科学哲学问题研究》，科学出版社，2008。

邬焜：《信息认识论》，中国社会科学出版社，2002。

吴军：《智能时代：大数据与智能革命重新定义未来》，中信出版集团，2016。

肖峰：《信息技术哲学》，华南理工大学出版社，2016。

肖峰：《信息文明的哲学研究》，人民出版社，2019。

肖峰：《信息主义：从社会观到世界观》，中国社会科学出版社，2010。

许良英、李宝恒、赵中立编：《爱因斯坦文集》第 1 卷，商务印书馆，1976。

杨富斌：《信息化认识系统导论》，军事科学出版社，2000。

尤泽顺：《乔姆斯基：语言、政治与美国对外政策研究》，世界知识出版社，2005。

张鹏翥等：《信息技术：信息技术与现代组织管理》，上海交通大学出版社，2006。

张平等：《信息技术导论》，清华大学出版社，2011。

张守刚、刘海波：《人工智能的认识论问题》，人民出版社，1984。

张怡：《虚拟认识论》，学林出版社，2002。

钟义信：《机制主义人工智能理论》，北京邮电大学出版社，2021。

钟义信：《信息科学原理》，北京邮电大学出版社，2013。

周凌波：《信息技术哲学研究的四个基本问题》，《工程·技术·哲学 2003 年卷》，大连理工大学出版社，2004。

朱杨勇、熊赟：《数据学》，复旦大学出版社，2009。

（四） 期刊论文

曹伯言、周文彬：《人类认识的新阶段》，《哲学研究》1980 年第 9 期。

成素梅、赵峰芳：《"熟练应对"的哲学意义》，《自然辩证法研究》2017 年第 6 期。

程炼：《何谓计算主义？》，《科学文化评论》2007 年第 4 期。

董春雨、薛永红：《大数据时代个性化知识的认识论价值》，《哲学动态》2018 年第 1 期。

董军、潘云鹤：《人工智能的认识论问题》，《科学》2002 年第 4 期。

甘惜分：《传播：权力与权利的历史性考察》，《新闻爱好者》2004 年第 12 期。

高华：《人工智能中知识获取面临的哲学困境及其未来走向》，《哲学动态》2006 年第 4 期。

高华：《认知主义与联结主义之比较》，《心理学探索》2004 年第 3 期。

郝宁湘：《引领科技哲学在 21 世纪的发展潮流》，《科学技术与辩证法》2003 年第 6 期。

胡心灵：《论信息技术对认识主体和客体的影响》，《科学技术与辩证法》2003 年第 1 期。

黄欣荣：《大数据对科学认识论的发展》，《自然辩证法研究》2014 年第 9 期。

黄毓森：《人工智能的认识论批判》，《广东社会科学》2018 年第 5 期。

金吾伦：《信息高速公路与文化发展》，《中国社会科学》1997 年第 1 期。

李建会、于小晶：《"4E+S"：认知科学的一场新革命？》，《哲学研究》2014 年第 1 期。

李永红：《虚拟技术认识论》，《兰州学刊》2006 年第 6 期。

郦全民：《软智能体的认识论蕴含》，《哲学研究》2002 年第 8 期。

刘晓力：《交互隐喻与涉身哲学——认知科学新进路的哲学基础》，《哲学研究》2005 年第 10 期。

刘晓力：《认知科学研究纲领的困境与走向》，《中国社会科学》2003 年第 1 期。

刘晓力：《延展认知与延展心灵论辨析》，《中国社会科学》2010 年第 1 期。

刘亚辉等：《大数据时代的个人隐私保护》，《计算机研究与发展》2014

年第 11 期。

吕乃基：《大数据与认识论》，《中国软科学》2014 年第 9 期。

尼弗里、杨富斌：《电子网络中的知识概念》，《哲学译丛》1999 年第 8 期。

任晓明：《哲学的信息技术转向》，《江西社会科学》2005 年第 3 期。

邵艳梅、吴彤：《实验实在论中的仪器问题》，《哲学研究》2017 年第 8 期。

史忠植：《认知的信息加工理论》，《哲学动态》1989 年第 6 期。

唐宁、安玮等：《从数据到表征：人类认知对人工智能的启发》，《应用心理学》2018 年第 1 期。

童天湘：《智能机器与认识主体：是否存在人工认识主体?》，《哲学研究》1981 年第 5 期。

王海山：《人—机系统认识主体的涵义》，《哲学研究》1982 年第 3 期。

王礼鑫：《马克思主义新认识论与人工智能》，《自然辩证法通讯》2018 年第 2 期。

吴基传等：《大数据与认识论》，《哲学研究》2017 年第 11 期。

徐献军：《现象学对认知科学的贡献》，《自然辩证法通讯》2010 年第 3 期。

徐祥运、唐国尧：《机器学习的哲学认识论：认识主体、认识深化与逻辑推理》，《科学技术哲学研究》2018 年第 3 期。

杨富斌：《认识的中介系统新解》，《哲学动态》2000 年第 8 期。

杨文祥：《百科全书历史发展规律初探》，《图书馆学研究》1994 年第 1 期。

叶浩生：《镜像神经元：认知具身性的神经生物学证据》，《心理学探新》2012 年第 1 期。

叶浩生：《有关具身认知思潮的理论心理学思考》，《心理学报》2011年第5期。

叶浩生等：《身体与认知表征：见解与分歧》，《心理学报》2018年第2期。

张华夏：《科学解释标准模型的建立、困难与出路》，《科学技术与辩证法》2002年第1期。

张怡：《数字化时代的认识论走向》，《江西社会科学》2004年第3期。

章士嵘：《认识论研究方法随想——认知科学学习笔记》，《哲学研究》1989年第3期。

赵涛：《电子网络时代的知识生产问题析论》，《哲学动态》2015年第11期。

郑祥福：《人工智能的四大哲学问题》，《科学技术与辩证法》2005年第5期。

郑晓齐等：《信息技术对人类认知活动的影响分析》，《中国软科学》2002年第3期。

钟义信：《关于"信息—知识—智能转换规律"的研究》，《电子学报》2004年第4期。

钟义信：《机制主义人工智能理论———一种通用的人工智能理论》，《智能系统学报》2018年第1期。

（五） 英文文献

A. Clark and D. Chalmer, *The Extended Mind*, Oxford University Press, 1998.

A. Danigelis, "Mind-Reading Computer Knows What You're About to Say",

Discovery News, 2016-01-07.

A.Goldman, *Knowledge in a Social World*, Oxford: Oxford University Press, 1999.

A.Huth, W.de Heer, et al., "Natural Speech Reveals the Semantic Maps That Tile Human Cerebral Cortex", *Nature*, 2016, 532 (11).

A.I.Goldman, *Simulating Minds: the Philosophy, Psychology and Neuroscience of Mindreading*, Oxford University Press, 2006.

A.Konstantine and B.Selmer, "Philosophical Foundations", in F.Keith and R.William (eds.), *The Cambridge Handbook of Artificial Intelligence*, Cambridge University Press, 2014.

A.Ross, *Strange Weather: Culture, Science, and Technology in the Age of Limits*, London: Verso Press, 1991.

A.Woolley, C.Chabris, A.Pentland, et al., "Evidence for a Collective Intelligence Factor in the Performance of Human Groups", *Science*, 2010 (6004).

A.Kertesz, "On the Denaturalization of Epistemology", *Journal of General Philosophy of Science*, 2002, 33 (2).

A.Sloman, *The Computer Revolution in Philosophy*, Harvester Press, 1978.

A.Turing, "On Computable Numbers, With an Application to the Entscheidungsproblem", in M.Davi (ed.), *The Undecidable: Basic Papers on Undecidable Propositions, Unsolvable Problems and Computable Functions*, Raven Press, 1965.

A.Vedder, R.Wachbroit, "Reliability of Information on the Internet: Some Distinctions", *Ethics and Information Technology*, 2003 (4).

A.Woolley, I.Aggarwal, T.Malone, "Collective Intelligence and Group Performance", *Current Directions in Psychological Science*, 2015 (6).

B. Debatin, J. Lovejoy B. Hughes, "Facebook and Online Privacy: Attitudes, Behaviors, and Unintended Consequences", *Journal of Computer-mediated Communication*, 2009, 15 (1).

B. Latour and S. Woolgar, *Laboratory Life: The Construction of Scientific Facts*, Princeton University Press, 1979.

B. N. Pasly, S. V. Davie, S. A. Shamma, et al., "Reconstructing Speech from Human Auditory Cortex", *Plos Biology*, 2012, 10 (1).

C. D. Frith, U. Erith, "Social Cognition in Humans", *Current Biology*, 2007, 17 (16).

C. Ess, "Reengineering and Reinventing both Democracy and the Concept of Life in the Digital Era", in L. Floridi (ed.), *The Onlife Manifesto*, Springer International Publishing Press, 2015.

C. Huff and J. Cooper, "Sex Bias in Educational Software: The Effect of Designers' Stereotypes on the Software They Design", *Journal of Applied Social Psychology*, 2006 (6).

C. Lum, *Perspectives on Culture, Technology and Communication: The Media Ecology Tradition*, Cresskill, NJ: Hampton Press, 2006.

D. Fallis, "Toward an Epistemology of Wikipedia", *Journal of the American Society for Information Science & Technology*, 2010 (10).

D. Geifman and D. Raban, "Collective Problem-Solving: The Role of Self-Efficacy, Skill and Prior Knowledge", *Interdisciplinary Journal of e-Skills and Lifelong Learning*, 2015 (11).

D. Haraway, *Simians, Cyborgs and Women: The Reinvention of Nature*, New York: Taylor & Francis Group, 1991.

D. Haraway, "A Cyborg Menifesto: Science, Technology, and Socialist-Feminism in The Late Twentieth Century", *Simans*, *Cyborgs and Woman*: *The Reinvention of Nature*, New Youk: Routledge, 1991.

D. Tollefsen, "Wikipedia and the Epistemology of Testimony", *Episteme*, 2009 (1).

D. Ward, D. Silverman & M. Villalobos, "Introduction: The Varieties of Enactivism", *Topoi*, 2017 (36).

E. Pariser, *The Filter Bubble*, Penguin Books Ltd., 2011.

E. Thompson, *Mind in Life*: *Biology*, *Phenomenology*, *and the Sciences of Mind*, Harvard University Press, 2007.

F. Adams, K. Aizawa, *The Bounds of Cognition*, Singapore: Blackwell Publishing Limited, 2010.

F. Adams, "The Informational Turn in Philosophy", *Minds and Machines*, 2003, Vol.13.

F. J. Varela, E. Thompson, and E. Rosch, *The Embodied Mind*, The MIT Press, 1991.

G. Bragues, "Wiki-Philosophizing in a Marketplace of Ideas: Evaluating Wikipedia's Entries on Seven Great Minds", *Mediatropes*, 2011 (1).

G. Dodig-Crnkovic, and R. Giovagnoli, *Computing Nature*, *Turing Centenary Perspective*, Springer-Verlag Berlin Heidelberg, 2013.

G. Graham, *The Internet*: *a Philosophical Inquiry*, London and New York: Routledge, 1999.

G. Lakoff, M. Johnson, *Philosophy in the Flesh*: *The Embodied Mind and its Challenge to Western Thought*, New York: Basic Books, 1999.

H. Dreyfus, *What Computers Still Can't Do*: *A Critique of Artificial Reason*. Cambridge: The MIT Press, 1992.

H. Dreyfus, "How Far is Distance Leaning From Education?" In E. Selinger & R. Crease (eds.), *The Philosophy of Expertise*, New York: Columbia University Press. 2006.

H. Reichenbach, *Experience and Prediction: An Analysis of the Foundations and the Structure of Knowledge*, Chicago: The University of Chicago Press, 1938.

I. Apperly, *Mindreaders: the Cognitive Basis of Theory of Mind*, New York: Psychology Press, 2011.

I. Prilleltesky, "On the Social and Political Implications of Cognitive Psychology", *The Journal of Mind and Behavior*, 1990, 11 (2).

J. A. Fodor, *The Language of Thought*, The MIT Press, 1975.

J. Bolter, *Identity*, New York: New York University Press, 2001.

J. Fleck, "Informal Information Flow and the Nature of Expertise in Financial Services", *International Journal of Technology Management*, 1996 (11).

J. Giles, "Internet Encyclopaedias go Head to Head", *Nature*, 2005 (15).

J. Hardwig, "Epistemic Dependence", *Journal of Philosophy*, 1985 (7).

J. Haugeland ed., *Mind Design II: Philosophy, Psychology, and Artificial Intelligence*, The MIT Press, 1997.

J. Haynes, R. Geraint, "Decoding Mental States from Brain Activity in Humans", *Nature Reiview Neuroscience*, 2006, 7 (7).

J. Hoven, and J. Weckert, *Information Technology and Moral Philosophy*, Cambridge: Cambridge University Press, 2008.

J. M. Kai, G. Schalk, H. Dora, et al., "Spontaneous Decoding of the Timing and Content of Human Object Perception from Cortical Surface Recordings Reveals Complementary Information in the Event-Related Potential and Broadband Spectral Change", *Plos Computational Biology*, 2016, 12 (1).

J. Searle, *Minds, Brains and Science*, Combridge: Harvard University Press, 1984.

J.Stewart, O.Gapenne & E.A.Di Paolo, *Enaction: Toward a New Paradigm for Cognitive Science*, The MIT Press, 2014.

J.Walsh and A. Roselle, "Computer Networks and the Virtual College", *Science Technology Industry Review (OECD)*, 1999 (24).

J.A.Fodor, *Representations*, The MIT Press, 1981.

K.Greene, J.Kniss and S.Garcia, *Creating a Space for Collective Problem-Solving, Encyclopedia of Social Network Analysis and Mining*, Berlin: Springer Publishing Company, 2014.

K.Hayles, *How We Became Posthuman: Virtual Bodies in Cybernetics, Literature, and Informatics*, Chicago: University of Chicago Press, 1999.

K.Leidlmail, "From the Philosophy Technology to a Theory of Media", *Society for Philosophy & Technology*, 1999 (3).

K.Smith, "Brain Imaging Measures More than We Think", *Nature News*, Published Online 21 January, 2009-01-21.

K.Waters, "The Nature and Context of Exploratory Experimentation: An Introduction to Three Case Studies of Exploratory Research", *History and Philosophy of the Life Sciences*, 2007 (3).

L.Burkholder, *Philosophy and the Computer*, Westview Press, 1992.

L.Devgan, N.Powe, B.Blakey, et al, "Wiki-Surgery? Internal Validity of Wikipedia as a Medical and Surgical Reference", *Journal of the American College of Surgeons*, 2007 (3).

L. Floridi, eds., *The Onlife Manifesto*, Springer International Publishing Press, 2015.

L. Floridi, *The Blackwell Guide to the Philosophy of Computing and Information*, Blackwell Philosophy Guides, Blackwell publishing Ltd., 2004.

L. Florido, "The Information Society and its Philosophy: Introduction to the Special Issue on the Philosophy of Information, its Nature, and Future Developments", *The Information Society*, 2009 (25).

L. Sanger, "The Fate of Expertise after Wikipedia", *Episteme*, 2009 (1)

L. Stein, "Challenging the Computational Metaphor, Implications for How We Think", *Cybemetics and System*, 1990, 30 (6).

M. Wheeler, *Reconstructing the Cognition*, The MIT Press, 2005.

M. Burgin, and G. Dodig-Crnkovic, "From the Closed Classical Algorithmic Universe to an Open World of Algorithmic Constellations", in G. Dodig-Crnkovic and R. Giovagnoli (eds.), *Computing Nature, Turing Centenary Perspective*, Springer-Verlag Berlin Heidelberg, 2013.

M. Dummett, *The Origin of Analytic Philosophy*, London: Duckworth, 1993.

M. Hansen, *New Philosophy for New Media*, Cambridge: The MIT Press, 2004.

M. Scheutz (ed.), *Computationalism: New Directions*, Cambridge: The MIT Press, 2002

N. Long, *Development Sociology: Actor Perspectives*, New York: Routledge, 2001.

P. Brey, J. Hartz Søraker, "Philosophy of Computing and Information Technology", In D. Gabbay, et al. eds., *Handbook of the Philosophy of Science*, Amsterdam: Elsevier, 2009.

P. Calvo & T. Gomila, *Handbook of Cognitive Science: An Embodied Approach*, San Diego: Elsevier Ltd., 2008.

P. Dourish, *Where the Action Is: The Foundations of Embodied Interaction*, Cambridge: The MIT Press, 2001.

P. Godfrey-Smith, *Theory and Reality: An Introduction to the Philosophy of Science*, Chicago: University of Chicago Press, 2003.

P. M. Churchland, "Functionalism at Forty: A Critical Retrospective", *Journal of Philosophy*, 2005, 102 (1).

P. Norvig, "The Unreasonable Effectiveness of Data", *Intelligent Systems, IEEE*, 2009 (2).

P. Thagard, *Mind: Introduction to Cognitive Science*, 2nd ed., The MIT Press, 2005.

P. Thagard, "Computing in the Philosophy of Science", In L. Floridi (ed.), *The Blackwell Guide to the Philosophy of Computing and Information*, Oxford: Blackwell Publishing Ltd., 2004.

P. Thagard, "Internet Epistemology: Contributions of New Information Technologies to Scientific Research", In K. Crowley and T. Okada (eds.), *Designing for Science: Implications from Everyday, Classroom, and Professional Settings*, Hillsdale, NJ: Lawrence Erlbaum Associates, 2001.

R. Brooks, *Cambrian Intelligence: The Early History of the New AI*, The MIT Press, 1999.

R. Debes, "Which Empathy? Limitations in the Mirrored 'Understanding' of Emotion", *Synthese*, 2010, 175 (2).

R. Jackendoff, *Consciousness and the Computational Mind*, The MIT Press, 1987.

R. Kitchin, "Thinking Critically about and Researching Algorithms", *Information, Communication & Society*, 2017 (1).

R. Rogers, *Digital Methods*, Cambridge, The MIT Press, 2013.

R. Schlagel, *Contextual Realism: a Meta-physical Framework for Modern Science*, New York: Paragon House, 1986.

R. Geiger, "Beyond Opening Up the Black Box: Investigating the Role of Algorithmic Systems in Wikipedian Organizational Culture", *Big Data & Society*, 2017, 4 (2).

S. Elif, E. Sayan, "A Philosophical Assessment of Computational Models of Consciousness", *Cognitive Systems Research*, 2012, 17-18 (Jul).

S. Gallagher, "Direct Perception in the Intersubjective Context", *Consciousness and Cognition*, 2008, 17 (2).

S. Nichols, S. P. Stich, *Mindreading: An Integrated Account of Pretence, Self-awareness, and Understanding other Minds*, Oxford: Clarendon Press, 2003.

S. Niederer, J. V. Dijck, "Wisdom of the Crowd or Technicity of Content? Wikipedia as a Sociotechnical System", *New Media & Society*, 2010 (8).

S. Russell and P. Norvig, *Artificial Intelligence: A Modern Approach* (3rd Edition), Essex, England: Pearson, 2009.

S. Weinberg, *Dreams of a Final Theory*, New York: Pantheon Books, 1992.

S. Weinberg, "Physics and History", In J. Labinger, H. Collins (eds.), *The One Culture: A Conversation About Science*, University of Chicago Press, 2001.

S. W. Horst, *Symbols, Computation, and Intentionality: A Critique of the Computational Theory of Mind*, University of California Press, 1996.

S. Young, *Designer Evolution: A Transhumanist Manifesto*, Prometheus Books, 2005.

T. Dienlin, S. Trepte, "Is the Privacy Paradox a Relic of the Past? An indepth Analysis of Privacy Attitudes and Privacy Behaviors", *European Journal of Social*

Psychology, 2015, 45 (3).

T.Hey, S.Tansley, K.Tolle (eds), *The Fourth Paradigm: Data-Intensive Scientific Discovery*, Washington: Microsoft Research, 2009.

T. H. Cormen, etc., *Introduction to Algorithms*, *Third Edition*, The MIT Press, 2009.

T. W. Bynum and J. H. Moor, *The Digital Phoenix: How Computers Are Changing Philosophy*, Oxford: Blackwell Publishing Ltd., 1998.

V. Gallese, "Embodied Simulation: from Neurons to Phenomenal Experience", *Phenomenology and the Cognitive Sciences*, 2005, 4 (1).

V.Schiaffonati, "A Framework for The Foundation of the Philosophy of Artificial Intelligence", *Minds and Machines*, 2003, 13 (4).

W.Quine, *Pursuit of Truth (Revised Edition)*, Cambridge: Harvard University Press, 1992.

Z. W. Pylyshyn, *Computation and Cognition*, Combridge: The MIT Press, 1984.

Z.W.Pylyshyn, "Computation and Cognition: Issues in the Foundation of Cognitive Science", *Behavioral and Brain Sciences*, 1980 (3).

索 引

A

阿伦特

412，417

阿姆斯特朗

154

艾斯

376，377，389

艾耶尔

456

安德森

474

奥利恩

612

奥威尔问题

614

B

巴尔内斯

609

拜纳姆

23

贝里斯

591

贝叶斯

230，239，513

悖论

10，20，21，37，45，191，298，366，461，465，577—583，585，587，589，591—593，595，597—599，601—609，611—621，623—627

本能认知

18，334，346，350—353，355，358—360，363，366，367

波兰尼

463，464，572，573

波普尔

386，460，461

波斯特

25，86，310，314，551，552，558

波兹曼

31，32，308—310

伯格

96，99，102，104，307，619

伯格曼

327，497

博登

49，68，166，223，226，229，235，276

布莱

24

布雷

591

布鲁克斯

214，220，282，342，357

C

查尔默斯

35，155，156，160，185，420

D

达米特

202

大数据

1，2，5，19，28，78，93—95，128，129，190，292，293，323，340，357，369，448，449，451，453，455，457，459，461，463，465，467—481，483—485，487，489，491，516，578，580，581，586，593，596，598—602，610，621，626

代理

31，52，55，171，226，256，334，393，407，416，440，465，606

丹尼特

25，53，61，65，70，156，157，166，215，257

德比斯

110

德夫根

524

德雷福斯

25，33，38，47，67，69，95，149，168，214，226，230，234，237，238，248，251，258，276，314，336，362，363，365—368，466

德鲁克

492

迪昂

459

第二代认知科学

18，35，38，42，95，200，221，227，244，246，248—250，253，257—259，261—265，267，270，271，274，278—281，284，289，344，434

第二媒介

558

第四范式

469，590，599

第一代认知科学

60，168，172，201，220，221，224，225，227，244—246，249，256，257，259，261，264，265，268—271，273，276，279，280，283，290，343

第一媒介

558

蒂奇纳

612

电态知识

20，293，502，549，552，554，556

电子显现

81，83—86，104，134，329，503

读脑

17，77，106，112，114，116，117，119，120，150，288，379，386，415，426，569，573，626

读心

17，106—114，116—123，147，158，206，288，294，379，386，388，405，415，569，570，573，626

渡边慧

443

多诺霍

612

多主体系统

416

E

e-Science

20，81，501，502，505—511，590

二元论

154，155，157，158

F

发生认识论

347，352，353，355，360

范尼姆韦根

622

范式

1，8，10—12，14，16，22，23，25—27，29，31，33—35，37，39，41，43，45，47—51，53，55—57，59—61，63，65—67，69，71—73，75，76，156，202，215，221，222，246，260，265，267，272，281，283，285—287，291，294—296，302—304，334—344，346，348，354—357，364，369—372，450，455，456，461，465，467—469，477，479，487，497—500，554，555，570，599—602

费耶阿本德

461

分布式知识

533，541

蜂群思维

583

冯拿地

61

弗雷格

46，47，336，457

弗洛里迪

23，33，129，156，165，166，171，207，209，227，305，307，313，363，376，377，384，388，389，504

索引

符号主义

12，14，47，60，67，75，166—168，205，214，220，224，226，227，241，242，244，247，251，258—260，262，264，281，335，336，339，346，347，369，433，485—487

福多

25，34

福科

462

福雷斯特

610

G

盖尔德

214

感知—行为

50，63，214

高曼

611

格莱默尔

61

格雷

31，469，590，599

格式塔心理学

459，460

葛梯尔

450，483

功能主义

38，45，159，167，225，226，237，281，300，335，347，369，370，416，490

古德曼

32

固态知识

20，293，552—554，556

H

哈贝马斯

462

哈金

89，476

哈肯

459

哈拉维

81，375，412，417，536

哈钦斯

538

海德格尔

47，97，98，103，104，307，314，437，620，621

海勒丝

31

海姆

25，35，36，53，140，307，313，314，318，319，449，501，503，621

汉森
459

豪格兰德
34，60

赫茨
457

宏观认识论
7，13，21，44

后现代主义
453，462，464，467

胡塞尔
96，97，138

J

机器智能
16，17，63，73，179，199，225，281，302，331，335，359，361，362，428，432，617

基恩
33，584

基特勒
23，307

吉登斯
527

计算—表征进路
34，39，42，227，253，265，267

计算机
1，2，5，7，9，10，19，23—28，30，31，33—36，38—40，42—44，47—51，54，60—62，64，65，67，69—71，81，82，112，113，115，117，126—128，131，142，143，145，156，169，171，174，176，177，179—184，186，187，191，193，196，200—203，208，213，219，220，222—239，241—243，245，246，248，249，257，261，264，265，283，287—289，293，296，297，300，303，309，314，318，320，322，323，329，331，333，334，336，351，354，355，362，363，365—368，373，375—381，383，388，389，391，392，395，397—402，405，419，423，426，428，429，431，432，434，443，469，470，480—482，486，494—497，499—503，505，508—512，551，552，558，559，569，570，575，577，580，583，585，586，590，591，595，596，599，600，610，618，619，621，622

计算主义
18，34，50，57，67，95，172，200，201，219—227，229，244—246，257，259，263，264，268—272，274，276，279，281，282，285，296—299，301，343，347，433，434，460

记忆移植
4，17，124，136，141，142，149，172，178

索　引

技术化

3，4，17，18，21，66，70—74，77—79，82，84，91，105，106，111，112，119—123，127，172，173，175，178，223，227，264，288，290—294，296—304，358，381，397，505，510，610，617，620，625

技术实在

89，91，232

加勒斯

111

加涅

202，203

经验

4，12，14，17，33，39，44，49，53，66，69，70，91，92，96，107，108，111，115，123—131，133，135—163，170，193，194，203，205，210，212，215，216，223，224，230，240，241，243，246—248，253，255，256，272—275，287，293，294，296，297，309，312，335，337—342，347—349，352，353，355，360—362，365，369，370，435，450，454—462，465—467，469，487，488，497，516，517，537，539，540，547，572，575，595，599，601，605，621，626

镜像神经元

111，145，146，286

具身匹配说

111

K

卡尔

30，31，33，36，47，187，226，313，322，327，328，449，454，459—461，466，524，558，591，592，615，622，623

卡尔纳普

336，456，458，460

卡普

327，411

卡斯特

8，25，174，492，500，518

卡特赖特

476

凯茨

32，131，580，615

凯文·凯利

194，388，611

考恩

114，328

考特

603，604

柯林斯

467

科尔兹

295

科学实在

91, 92

科学知识社会

88, 462, 467

克拉克

35, 185, 420

克里克

144, 153, 154, 362, 363

孔德

316, 456

库恩

461, 599, 602

L

拉卡夫

138, 246

拉卡托斯

454, 460, 461

拉尼尔

583

拉图尔

88

拉兹洛

576

莱奥内利

93, 475

莱德迈尔

307

莱利

597

莱韦斯克

482

莱文森

2, 3, 8, 9, 32, 36, 294, 317, 503, 517, 520, 553, 624

赖欣巴哈

450, 451, 453

朗基诺

465, 466

类脑智能

116

李普森

444

里科尔

96

联结主义

12, 14, 15, 38, 50, 71, 75, 166, 202, 214, 224, 230, 240, 244, 246, 252, 257, 260, 262, 264, 334, 335, 337—339, 346, 348, 356, 369, 482, 485—487

列维—布留尔

174, 310, 360

罗蒂

461

罗格斯

324—326

索　引

罗林斯

31，322

罗伦兹

459

罗斯

40，462，570

罗素

46，336，457，524

逻辑经验主义

456，458，587

逻辑原子主义

457

M

马尔库塞

437

马克卢普

492

马塞尔

115

麦卡锡

48，65，73，208，336，341，351，363，480

麦克格雷

498，499

麦克亨利

523

麦克卡洛

243

麦克卢汉

25，31，32，36，37，103，307—310，314，317—320，327，514，515，549，551，552，558，620，622，624

芒福德

316

梅洛—庞蒂

99，111，138，151，247，251，311，374

米切姆

23，24，33，313

明斯基

167，336

摩尔

23，556

莫拉维克悖论

361

默顿

458

穆勒

64

N

脑电科学

107，144，154，299

脑机接口

1，2，19，39，54，118，136，139，142，143，150，176，178，185，254—256，302，323，372，373，375—387，

389，391—393，395，397—399，401—413，415—417，419，421，423—427，429，431，433，435，437，439，441—443，445—447，514，570，574，626

脑机融合

7，41，254，302，405

脑指纹

117，118，121

内格尔

151

尼葛洛庞帝

26，31，521，557，558

尼科莱利斯

402，413—415，575

纽厄尔

49，223，288

诺伊

253

P

帕斯利

116

派利夏恩

34，225

佩拉

460，461

皮茨

336

皮茨奇

93，94，470，471，473，475，477

皮亚杰

239，347，349，352，353，355，360

平克

362

普特南

143，144，225，254，455

Q

气态知识

20，552—554

强人工智能

46，48，71，170—173，355，358，442，445，491，512

乔姆斯基

174，614

切克兰德

484

切斯尼

523

丘奇兰德

70，193，225

全智能理论

205

R

人工反映系统

82，83

索　引

人工记忆

141，142

人工情感

1，41，169，262，345，346，356

人工神经网络

14，50，145，205，210，224，230，240，241，243，335，337，338，340，343，346，355，357，358，369，486，541

人工智能

1，2，4，5，7，11—19，22，24—30，33，34，40，44—76，93，95，100，101，107，113，116，161，164—172，174—176，179—184，186，189—196，198，199，201，205，207—210，212—215，218—221，223—231，234，235，238，240，244，251，252，256—262，273，276，277，288，289，292，297，298，303，305，326，334—351，353—372，390，397—399，401，404，409，417，419，423—445，447—449，451，453，455，457，459，461，463，465，467—469，471—473，475，477，479—491，501，510—514，568，574，578，587—589，592，593，596，610，617，626

人机分工

17，164，165，167，169，171，173，175，177，179，181，183，185，187，189，191，193，195，197，199，511，513

人机交互

15，376，595

认识本质

7，10，15，18，28，41，42，50，53，74，75，200，201，204，206，222—224，256，260，261，264，268，279，283，284，290，294，297，301—304，626

认识对象

4，10，16—18，27，74，77—97，99—101，103—107，109，111，113，115，117，119—121，123—127，142，150，163，173，206，290—292，294，322，352，555，580，626

认识方式

3，4，10，18，29，31，36，41，163，174，289，291，305—315，317—327，329—331，333—335，337，339，341，343，345，347，349，351，353—355，357，359，361，363，365，367，369，371，435，553，624—626

认识来源

4，10，17，18，74，124—133，135，137，139，141，143，145，147，149—151，153，155，157，159，161，163，173，290，322，626

认识论

1—80，82，84，86—88，90，92，94—

96，98，100，102—108，110，112，114，116，118，120，122—128，130—132，134，136—138，140，142，144，146—148，150，152—156，158—160，162，164—166，168，170，172，174，176，178，180，182，184，186，188—194，196—202，204，206—208，210，212—216，218，220—224，226—230，232，234，236，238，240—244，246，248，250，252，254，256，258—260，262—280，282—292，294—308，310，312，314，316，318，320，322—324，326，328，330，332，334—336，338—342，344—346，348—350，352，354，356，358，360，362—364，366—368，370—374，376，378，380，382—386，388—390，392，394，396，398，400，402—404，406，408，410，412，414，416，418—420，422，424，426—428，430，432—434，436，438，440—442，444，446—454，456，458—460，462，464，466—468，470，472—474，476，478，480，482—486，488，490—492，494，496，498，500，502，504，506，508，510—512，514，516，518，520，522，524，526，528，530，532，534，536，538，540，542，544，546—548，550，552，554，556，558，560，562，564，566，568，570，572，574—578，580—582，584，586—590，592，594—596，598，600，602，604，606，608—612，614，616，618，620，622—627，630，632，634，636，638，640，642，644，646，648，650，654，656，658，660

认识主体

4，5，10，15，17，18，27，28，34，35，45，48，52，54，71，75，77，78，80—82，87，94，95，127，136，142，150，163—179，181—183，185，187—195，197—199，249，264，268，272，274，290，292，293，302，351，368，441，442，444，511，513，548，572，577，581，617，618，625，626

认知科学

7，8，14，18，33—35，37—39，42，44，52，53，60，61，67，95，111，138，144，147，185，200—203，205，207，209，211，213，215，217，219—227，229，231，233，235，237，239，241，243—251，253，255—259，261—271，273—275，277，279—291，293—295，297，299，301，303，304，350，377，420，626

认知耦合系统

186

认知神经科学

144，147，153，154，224，255

索　引

认知盈余

6，520，581

认知增强

1，146，185，191

弱人工智能

55，71，72，165，167—169，171，172，355，358，442

S

萨伽德

25，32，33，246，469

塞尔

25，33，70，152，168，180，208，219，235，238，431，490

赛佛林

613

桑格

530

桑斯坦

582，583，615，616

舍基

6，520

社会建构论

464

身体技术

83，497

深度学习

41，50，116，172，182，184，192，194，210，230，240，251，321，334，335，337—341，343—349，354，356，358，359，369，370，512，554，585

神经操作

4，17，124，136，143，144，146，172，411

施本格勒

437

施太格缪勒

270

施瓦茨

604，606，608

实践认识论

200，250，267—290，303，304，350，372，389，443，626

实在性

16，17，77，79，81，83，85—97，99—103，105—107，109，111，113，115，117，119—121，123，143，148，309，382，476，626

数据驱动

14，93，94，210，212，213，468，470，475，478，541，596

数据图谱

483

数字方法

29，324—326

思维识别

114，115，118，121

斯查哥尔

465，466

斯蒂伯

381，580

斯蒂格勒

23

斯罗曼

50，57

斯莫尔

187，188，623

斯诺

458，588

斯普林格

113

算法

14，15，18，20，29，33，41，47，53，56，65，67，69，72，73，75，82，94，113，130，135，136，168—170，172，179—185，188，190，191，194，196，200，201，203，205，207，209—211，213，215，217，219，221，223，225—247，249，251，253，255，257—259，261—267，269，271，273，275，277，279，281，283，285，287—291，293，295—297，299，301，303，326，334—350，353—359，361，363，364，366，367，369—371，402，431，432，434，445，448，472，475—477，480，481，484，487，488，490，491，512，513，539—542，544，561，585，587，588，593—602，626

所罗门诺夫

336

索卡尔

463

索拉克

24

T

他心

109—111，121，151，572

泰普斯科特

35，188

坦卡德

613

汤斯

452

通用人工智能

12，14，53，55，57，63，74，170，192，262，355，370，483，488

同构

82，89，157，161，186，229，242，243，335，343，344，347，518，538，540

同理

58，197，208，319，335，343，467

同情

123，286，335，343，345

索 引

同行

45，335，343，344，431，523，524

图灵测试

50，70，343

图像论

457

推算认知

18，266，334，346—348，351—354，356，357，360，361，364

托夫勒

433

W

瓦雷拉

38

网络获取

17，124—137，139，141，143，145，147，149，151，153，155，157，159，161，163，322，577，626

威尔斯

530，540

维基百科

20，33，332，450，502，512，515—545，582—584，608

维纳

30，204，207，547

维特根斯坦

47，336，429，457

温伯格

452，455，456

沃尔什

505

沃尔特·翁

310—312，316，319，320

沃根

187，188，623

乌丁

52

伍利

530

物理主义

122，154—156，158，415

物联网

1，28，331，333，381，406，418，425，468，510，571

X

西卡尔

102，104

西蒙

30，49，207，223，288，336，520

希尔马赫

313

席根塔勒

528

显现

4，11，16—18，20，49，56，67，77—

107, 109, 111, 113, 115, 117, 119, 121, 123—125, 127, 133, 142, 144, 205, 212, 213, 215, 229, 267, 279, 290, 292, 293, 330, 353, 375, 384, 398, 415, 495, 499, 502, 555, 568, 569, 619, 626

现象学

39, 42, 96—100, 102—105, 109—111, 121, 137, 138, 149—151, 214, 247, 251, 258, 281, 374, 377, 386

心机接口

379

心联网

1, 4, 20, 568, 571—576, 626

心灵哲学

17, 61, 77, 107, 123, 147, 151, 153—157, 159—161, 163, 221, 349, 387, 415

心脑互译

119

心脑同一论

122, 153, 155, 386

信息方式

25, 86, 314, 316, 319, 323, 551, 552, 586, 625

信息革命

1, 2, 4, 6, 8—12, 14, 16—24, 26, 28, 30, 32, 34, 36, 38, 40, 42—46, 48, 50, 52, 54, 56, 58, 60, 62, 64,

66, 68, 70, 72, 74, 76, 78, 80, 82, 84, 86, 88, 90, 92, 94, 96, 98, 100, 102, 104, 106, 108, 110, 112, 114, 116, 118, 120, 122, 126—128, 130, 132, 134, 136, 138, 140, 142, 144, 146, 148, 150, 152, 154, 156, 158, 160, 162, 166, 168, 170, 172, 174, 176—178, 180, 182, 184, 186, 188, 190, 192, 194, 196, 198, 200—202, 204, 206, 208, 210, 212, 214, 216, 218, 220, 222, 224, 226, 228, 230, 232, 234, 236, 238, 240, 242, 244, 246, 248, 250, 252, 254, 256, 258, 260, 262, 264, 266, 268, 270, 272, 274, 276, 278, 280, 282, 284, 286, 288, 290, 292—294, 296, 298, 300, 302, 304, 306, 308, 310, 312, 314, 316, 318, 320—322, 324, 326, 328, 330, 332, 334, 336, 338, 340, 342, 344, 346, 348, 350, 352, 354, 356, 358, 360, 362, 364, 366, 368, 370—372, 374, 376, 378, 380, 382, 384, 386, 388—390, 392, 394, 396, 398, 400, 402, 404, 406—408, 410, 412, 414, 416, 418—420, 422—424, 426, 428, 430, 432, 434, 436, 438, 440, 442, 444, 446, 448—450, 452, 454, 456, 458, 460, 462, 464, 466, 468, 470, 472, 474, 476, 478, 480, 482,

索 引 667

484，486，488，490—492，494，496，
498，500，502，504，506，508，510，
512，514，516，518，520，522，524，
526，528，530，532，534，536，538，
540，542，544，548，550—552，554，
556，558—560，562，564，566，568，
570，572，574，576—578，580，582，
584，586，588，590，592，594，596，
598，600，602，604，606，608，610，
612，614，616，618，620，622，624，
626，627，630，632，634，636，638，
640，642，644，646，648，650，654，
656，658，660

信息共享

324，505，603，604，607，608，616

信息化认识论

201，204—206

信息技术范式

8，9，21，22，26，36，40，41，43，
44，76，124，234，447，554，625，627

信息技术哲学

10，22—24，26，27，40，42，76

信息加工理论

18，38，201—204，208，220，222，297

信息茧房

136，435，561，597，615，616

信息垄断

603，604，606

信息文明

432，438，499，504，527，617

信息行为

382，390，394—396，399—401，430，
501

信息哲学

23，27，33，45，97，156，171，207—
209，211，212，313，336，351，363，
376，377，384，388，389

信息主义

25，41

行为认知

18，266，334，344，346，349—354，
356—360，362，364，366

行为主义

12，15，50，69，75，166，168，205，
214，220，244，260，264，334，335，
341，342，344，346，349，356，359，
370，416，485，487

虚拟经验

136，140

学习认知

18，334，346—349，351—354，356，
357，360，361，364

Y

延展认知

35，39，42，175，176，185，186，196，
231，249，253，264，265，277，289，

293，417—427，447，618

延展实践

19，27，372，373，375，377，379，381，383，385，387，389—427，429，431，433，435，437，439，441，443，445—447，626

延展心灵

35，39，186，420，421

伊德

43，78，90，307

伊尼斯

315—317，319，550，555

意会知识

206，451，463，464，568，572，574，576，594

尤伦

603

域境

19，321，449，464—468，472—474，491，595

约翰逊

138，246，253，496，598

Z

在线智能

186

扎克伯格

610

知识产业

492

知识传播

10，19，20，495，502，528，546—551，553—555，557，559—569，571—576，602，606，608，613，614，626，627

知识发现

19，48，62，73，94，183，468—470，475，478—480，491，511，512，598，626

知识工程

19，62，210，297，340，480—483，486，489，525，585

知识沟

20，603，612—616

知识论

19，62，448—451，453，454，461—464，467，468，492，577，595，626

知识生产

6，7，10，19，20，27，28，33，129，135，196，448，453，464，467，468，492—521，523，525，527，529，531，533，535，537，539，541，543—546，548，560，564—566，577，578，581—586，588—593，598，604—608，613，625，626

知识图谱

483，586

知识学

449，454，464，467，487

知识哲学

19，20，448，449，483，491，493，

511，547，572，589，593

知行合一

19，372，373，382，384，385，400，403—405，424，447，626

知行接口

19，27，373，376，380—389，405，406，418，423，424

智能

1，4—6，8，11—18，20，26，27，29，30，33，43，46，48—52，54—57，59，62—66，69—71，73—75，85，94，95，127，128，130，134，135，140，164—173，175，178，179，184，187，189—198，205，207—210，212，214，220，222—225，227，229，233—235，241，244，245，248，252，257，259，260，262，264，266，273，277，282，288，292，293，296—298，300，302，303，321，324，325，327，328，330—335，337—340，342—345，347，351，353—370，382，389，395，397—401，405，408，412，417，420—432，434，436，438—440，443—446，448，468，470，480—482，487，490，494，496，501，510，530，533，540—543，546，547，549，551，553，555，557，559—561，563，565，567—569，571，573，575，576，584—588，592，593，597，617，618，622，626

智能革命

5，448

智能模拟

7，12，13，59，65，73，169，184，214，226，260，341，346，355—357，361，369

中观认识论

7，21，234，290

中文屋

33，70，168，490

终极算法

183，230，233，236，338—340，345，363，367，592

专长哲学

463

专用人工智能

14，167，443，488

自然化

3，4，21，77，84，203，290—296，298—304

后 记

本书是国家社会科学基金重大项目"基于信息技术哲学的当代认识论研究"（项目批准号：15ZDB019）和北京市哲学社会科学基金重大项目"信息技术革命与当代认识论研究"（项目批准号：15ZDA30）的最终成果。子课题负责人成素梅、张怡、吴国林和邬焜教授及其带领的子课题组成员，对于课题的申报和前期丰硕成果的取得做出了积极的贡献；参与最终成果撰写的各部分分工为：

第一章　第二节　第一目：肖峰，赵猛。

第二章　第二节　第三目：戴潘。

第六章　第一节　第三目：肖峰，成素梅；第四目：张怡。

第八章　第一节：成素梅；第二节：苏玉娟，戴潘。

第九章　第二节：肖峰，李静瑞；第三节：成素梅，孙越。

第十章　第二节　第一目：肖峰，李静瑞。

第十一章　第二节：肖峰，成素梅，谭力杨；第三节：肖峰，李静瑞。

其余均由肖峰撰写。

全书由肖峰修改和统稿。

从2015年课题启动到2020年课题结项，再到2022年将最终成果修订为书稿后申报并入选国家哲学社会科学成果文库，历经7年，其间得到所在单位及学术界、出版界和社科管理部门的多方支持和多种帮助，在此对华南理工大学和中国青年政治学院在我申报及完成国家社科基金重大项目和北京市社科基金重大项目的过程中所给予的积极鼓励和支持,对江西师范大学、中国社会科学出版社和全国哲学社会科学办公室在我申报本文库及获批和出版的过程中给予的具体帮助和指导,对责任编辑杨晓芳女士为书稿的精心编辑所付出的辛劳,一并致以衷心的感谢!

肖　峰

2022 年 11 月 30 日